《中国城市通史》

推 荐 语

中国城市化率已超过百分之六十，人们对城市史的关注超过以往任何时期。《中国城市通史》视野宏阔，体大思精，既从总体史角度对中国城市发展变迁的全过程加以探讨，又对不同时期的城市空间形态、城市经济、城市人口、城市管理、城市社会生活等多层面进行细致研究，揭示了不同时期中国城市发展特点，再现了中国城市的发展轨迹。此书在手，读者可对中国城市历史有较为全面、系统、立体的认识。

《中国城市通史》的出版，必将有力推动具有中国特色的中国城市史研究学科体系、学术体系和话语体系的构建。

——熊月之（中国城市史研究会会长，上海社会科学院原副院长，研究员）

《中国城市通史》系统阐述了中国城市的发展脉络和特点，分析了不同时期城市的兴衰流变，揭示了中国城市的本质和特点，阐释了其历史地位和贡献，是对中国城市发展进行总体史研究较为系统的巨著。全书视野宏大，整体史观鲜明，富有时代气息。全球史的视野更加凸显了城市发展的中国特色；文明史和中华民族命运体的高度，展现出各个时期中国城市的绚丽多彩，勾勒出中原城市与边疆城市"一体多元"的历史进程。

——张利民（中国城市史研究会副会长，《城市史研究》主编，研究员）

《中国城市通史》从人类文明史的高度，分时间与空间两个维度全面考察中国城市文明的兴起和发展，探寻中国城市发展的规律，凸显中国城市发展的特点，展现中国城市文明的亮点，是中国城市史研究的集大成之作，具有极高的创新性与学术价值。

——倪玉平（清华大学人文学院副院长，历史系教授）

四川大学基地培育项目

中国城市通史

【民国卷】

何一民◎主编

黄沛骊　何一民◎著

四川大学出版社

项目策划：熊　瑜
责任编辑：袁　捷
责任校对：李施余
封面设计：墨创文化
责任印制：王　炜

图书在版编目（CIP）数据

中国城市通史．民国卷／黄沛骊，何一民著．—成都：四川大学出版社，2020.8
ISBN 978-7-5690-3673-2

Ⅰ．①中⋯　Ⅱ．①黄⋯　②何⋯　Ⅲ．①城市史—中国—民国　Ⅳ．① K928.5

中国版本图书馆 CIP 数据核字（2020）第 136641 号

书名　中国城市通史·民国卷
ZHONGGUO CHENGSHI TONGSHI · MINGUO JUAN

著　　者	黄沛骊　何一民
出　　版	四川大学出版社
地　　址	成都市一环路南一段24号（610065）
发　　行	四川大学出版社
书　　号	ISBN 978-7-5690-3673-2
印前制作	四川胜翔数码印务设计有限公司
印　　刷	成都东江印务有限公司
成品尺寸	185mm×260mm
插　　页	1
印　　张	33.5
字　　数	828千字
版　　次	2020年12月第1版
印　　次	2020年12月第1次印刷
定　　价	260.00元

◆ 版权所有　◆ 侵权必究

◆ 读者邮购本书，请与本社发行科联系。
　电话：(028)85408408/(028)85401670/
　(028)86408023　邮政编码：610065
◆ 本社图书如有印装质量问题，请寄回出版社调换。
◆ 网址：http://press.scu.edu.cn

四川大学出版社
微信公众号

《中国城市通史》编委会

编委会主任：何一民

副主任：熊月之　张利民　高中伟

编　委（以姓氏笔画为序）：

　　　　王立华　王明德　田　凯　付志刚　冯　兵　冯　剑　何一民
　　　　何永之　张利民　吴朝彦　陆雨思　范　瑛　赵淑亮　侯宣杰
　　　　高中伟　黄达远　黄沛骊　韩　英　鲍成志　熊月之　谯　珊

主　编：何一民

序

何一民

城市是人类社会发展到一定阶段的产物，城市的产生是人类社会从野蛮时代演进到文明时代的重要标志之一，因而城市研究理所当然地成为社会发展与人类文明研究中的一项重要课题，成为探究历史奥秘与当代问题的一个窗口、一把钥匙。中国是世界城市发源地之一，中国古代城市之多、规模之大，世所罕见。中国古代典籍中不乏有关城市的记载，蕴藏着丰富的城市史资料，著名的如《洛阳伽蓝记》《东京梦华录》《都城纪胜》《长安志》《宋东京考》等史籍和《两都赋》《两京赋》《蜀都赋》等文学名篇，另外，浩如烟海的地方志书也保存了丰富的城市史资料，但古代中国一直未形成独立的城市史学，国人对中国城市历史的研究起步甚晚。1925—1926年，梁启超相继发表《中国都市小史》《中国之都市》等文，表明中国学者不仅注意到了城市的重要性，而且开始了对中国城市历史的初步研究。20世纪30年代，部分学者发表了一些有关中国城市史的文章，如陶希圣、全汉昇、侯仁之等对长安、北京等城市的研究。此外，上海等城市为了编纂城市志，也对相关城市史资料进行了整理，在一定程度上推动了中国城市史的研究。但从整体上看，当时有关中国城市历史的研究还未受到学界广泛的重视，相关研究成果较少。改革开放以来，城市现代化建设和历史学学科建设的需要成为中国城市史研究的重要推力，从国家"七五"规划开始，中国城市史研究受到学术界高度关注，参与研究者日益增多，研究成果日益丰硕。四川大学城市研究所作为国内高校中最早成立的城市研究机构之一，自1988年成立以来，先后承担了十余项与中国城市史相关的国家社科基金重点课题和年度课题，而我有幸成为改革开放以来最早开始从事中国城市史研究的学人之一。从单体城市研究到区域城市研究，从断代城市研究到城市通史研究，从城市发展与社会变迁研究到城市衰落研究，从内地城市研究到边疆城市研究，我始终认为中国城市史研究学术生命常青，需要不断地迎接挑战，不断地开拓创新。

20世纪80年代中期，当我因教学和研究的需要开始涉足中国城市史研究时，深感对中国城市史的认识不能只局限于某一历史时段，特别是初涉中国城市史领域的硕士、博士研究生，要对中国城市史有整体的认识，才能更好地开展断代的或专题的城市史研究。中国城市历史悠久、内容丰富，要研究中国城市历史，就必须从整体上把握中国城市的发展脉络，这样，城市史研究才能做到宏观与微观相结合，才能从大处着眼、小处着手。因而,中国城市史研究者不能只对某一时段的城市有所了解,而必须对中国城市历史的全貌有所认识,对世界城市历史有所了解,将自己所要研究的对象置于历史的长河中加以考察,才能很好地把握自己所要研究的对象,从而得出创新性的研究成果。由于当时还没有一本关于中国城市的通史性著作,为了适应教学的需要,我冒昧地仅凭一己之力编写了一本《中国城市史纲》。该书虽然仅有三十万字,却耗费了我数年的时间,直到1993年才得以完成,1994年由四川大学出版社出版。该书为国内较早对中国城市史进行长时段研究的著作之一,在此之前,没有任何可资借鉴的资料。该书主要是对先秦至20世纪中叶数千年间中国城市发展脉络进行较为系统的梳理,对城市的发展变迁和特点加以概述和总结,在一定程度上弥补了中国城市史研究的不足,具有一定的学术价值。该书出版后,得到学术界的肯定,获得中国图书奖,并成为历史学、建筑学、规划学等相关学科的硕士、博士研究生了解中国城市历史的一本入门参考书。

但是,由于该书成于20世纪90年代初,缺少相关资料,因而详今略古,仅能以"史纲"的形式对"中国城市史"做一探究,成为中国城市通史研究的探路之作。20世纪90年代以来,关于中国城市的通史性著作相继问世,受到学术界的高度重视。这些通史性著作各有所长,以不同的方式对中国城市的历史变迁进行了研究,具有重要的学术价值,但也有若干不足,因而在讲授中国城市史课程和开展新的课题研究时,我深感有必要对《中国城市史纲》进行修订。由于多种原因,我始终未能下定决心重写。2008年,冯天瑜教授在全国范围内约请相关学科知名专家学者撰写中国专门史丛书,由何晓明教授出面约我撰写《中国城市史》。其时我虽应允,但因正在主持《清史·城市志》项目的研究工作,不能全身心地投入中国城市史的研究工作,只能选择在《中国城市史纲》的基础上进行改写,保留了《中国城市史纲》的框架,按时间顺序对先秦、秦汉、三国两晋南北朝、隋唐、宋辽金夏元、明清(中前期)、晚清(鸦片战争后)、民国等时段的城市情况分章进行概述,力图将不同时代中国城市的风貌、经济、社会、建设规划等特点展示出来,凸显中国城市的发展轨迹及特点。《中国城市史》较《中国城市史纲》增加了三十余万字,内容更加丰富,观点更加明确,条理也更加清晰。该书的一个特点在于尽量对中国漫长的城市历史进行全方位把握和科学分期,简明扼要地阐述中国城市的缘起及数千年间的发展演变,为漫长而复杂的中国城市历史梳理出一条较为清晰的脉络,同时尽可能地展现各个时期中国城市的不同特点。但是,当《中国城市史》出版后,再回头来看,深感不足之处甚多,故而希望整合国内学术界的力量,重新撰写一部大型多卷本《中国城市通史》。

2012年,国家社科规划办公室向全国征求重大招标课题的选题,我将编纂大型多卷本《中国城市通史》的设想加以梳理、论证,并经由四川大学向国家社科规划办推荐,经相关专家评议,该课题被列入重大招标课题指南。于是,我在全国范围内联络了多名中国城市史领域的著名专家学者,准备共同申报该项目。经过两个多月的准备,撰写了十万余字的申报书。当我们满怀信心地等待评审结果时,却得到了一个令人沮丧的消息,在专家评审时,有个别专家并不是对申报书有不同意见,而是认为编纂多卷本《中国城市通史》够不上重大项目,因此功亏一篑,该课题由重大项目降为重点项目立项。由于重点项目与重大项目的经费相差较大,故而难以再请国内其他著名专家参与该课题,只能依托四川大学城市研究所自身的力量进行相关研究。

虽然《中国城市通史》的编纂从重大项目降为重点项目,但我们仍然按照重大项目的相关要求进行研究,其总体框架是基于对中国城市历史基本脉络及总体特点的梳理,按历史变迁将中国城市发展历史分为七个时期,每一时期编纂一卷,分别为先秦卷、秦汉魏晋南北朝卷、隋唐五代卷、宋辽夏金卷、元明卷、清代卷、民国卷,加上总领全套书的绪论卷,凡八卷七册、450余万字。

多卷本《中国城市通史》的编纂充分吸取了学术界目前有关中国城市史研究的相关成果,通过不同学科的对话和不同研究方法的碰撞,对中国城市发展规律和重大理论进行了探讨、提炼和升华,在一定程度上进行了学术开拓和创新。多卷本《中国城市通史》从时间与空间两个维度较为系统地梳理了史前时期至中华人民共和国成立以前数千年间中国城市孕育、发展与变迁的历史过程;重点探讨了中国城市发展与演进的内在规律和阶段性特点;揭示了各个历史发展阶段中国城市的兴衰及其原因,以总体史的方法论对中国城市发展变迁的全过程加以探讨和论述,对不同朝代、不同阶段中国城市的空间形态、经济发展、人口数量、管理制度、社会生活等多个方面的内容进行细致、深入的考察,勾勒出中国城市发展的总进程与不同时期城市发展的全貌。每一卷都涵盖了不同时期中国城市发展变迁的方方面面,体现出中国城市发展的历史逻辑延续性。另外,每一卷又在不同章节根据不同时代的实际情况对中国城市的特殊性加以重点研究,如唐宋时期城市的"市坊"、元明港口城市的兴起与变迁、清代水系城市、民国时期城市的现代化转型等。

多卷本《中国城市通史》较前人著作有一个重要的创新,就是一改过去只重视中国内地城市历史的研究范式,而以中华民族命运共同体的视角对中国城市进行多维度的审视,将今天内陆边疆地区的城市发展变迁纳入中国城市史研究之中,突破了以汉族、中原政权为中心的历史书写模式。这既是本项目研究的一个突出特征,也是以往城市史研究中的薄弱环节。无论是中国城市的起源,还是不同时期中国城市的发展,都将民族地区的城市发展演变纳入整体研究之中,如秦汉魏晋南北朝卷、宋辽夏金卷、元明卷、清代卷等都设置了专篇或专章,强化对民族地区、边疆地区城市发展的研究,尤其是对辽、夏、金三个少数民族政权城市史设置专篇进行研究,着重对与宋朝并立的辽、夏、金等少数民族政权统治区域内的城市进行系统考察,其研究文本多达三十余万字,弥补了过去对辽、夏、金等城市史研究的不足。另外,本套书还专门设置章节对西藏、新疆、内蒙古等民族地区城市的发展进行深入研究。这些都是之前中国城市史相关著作较少涉及的领域,故而具有开拓性和创新性,突破了以往中国城市史研究中狭隘的地域界限,有助于增进人们对中华文明发展全貌的认识,在一定程度上,可以说是填补了学界有关中国古代农牧交接带地区城市史研究的空白。

多卷本《中国城市通史》的编纂遵循"搜采欲博,考评欲精,职任欲分,义例欲一"的基本原则,一方面充分吸收前人的研究成果,另一方面尽可能地深入发掘历史资料,大量地运用新的历史资料和统计数据,参考文献上千种,引用史料数千种。

总体上看,多卷本《中国城市通史》作为一部通史性城市史专著,具有较高的学术价值,但是由于时间跨度太大,涉及的内容繁多,研究难度极大,难免存在不足之处:首先,作为中国城市通史,尚缺少中国当代城市史的内容。多卷本《中国城市通史》之所以不包括中华人民共和国时期城市发展的历史,一是因为中华人民共和国的成立距今不远,相关研究才刚起步,很多问题都没有进行深入研究,学术准备尚不充分;二是有关此一时期城市发展的资料虽然丰富,但有不少重要资料尚未公开,因而会影响研究的学术性和客观性。有鉴于此,按现在一般通史体例,《中国城市通史》的时间下限为1949年,中华人民共和国城市史的编纂可待条件成熟后另行启动。其次,本课题组的研究者虽然运用了大量的历史文献、图表数据,但地图较少,除了元、明、清等几个时期,其他各朝代都缺乏城市地域分布图、城市空间结构图,需要在其后增补,以便对历代城市的地域分布、城市空间结构有更直观的认识。另外,中国城市发展在不同历史阶段的相关问题很多,见仁见智,挂一漏万,难以周全;加之这是一个多人合作的集体项目,研究者水平参差不齐,风格也略异,作为项目负责人,我有时也深感学识不够,力不从心,虽然尽力统稿,但仍然存在不少问题,文字叙述和分析还有若干不足。

多卷本《中国城市通史》的编纂历时六年多,远超最初的计划,相继还有一些专家学者参与相关的研讨和写作,课题组主要成员除项目负责人外,还有冯剑、黄沛骊、赵淑亮、王立华、冯兵、吴朝彦、韩英、陆雨思、何永之、念新洪、王伟、王超、黄灵、田玥、王肇磊等,他们中有的参与了部分专题研究,有的撰写了分卷文稿,主要分工如下:

全书由何一民拟定框架并对各卷进行全面修改;

绪论卷主要撰稿人何一民、何永之;

先秦卷主要撰稿人王立华、何一民;

秦汉魏晋南北朝卷主要撰稿人冯剑、何一民;

隋唐五代卷主要撰稿人冯兵、何一民;

宋辽夏金卷主要撰稿人何一民、陆雨思、王立华、韩英、黄灵、田玥;

元明卷主要撰稿人何一民、赵淑亮、吴朝彦;

清代卷主要撰稿人何一民、念新洪、何永之、王伟、王超、范瑛;

民国卷主要撰稿人黄沛骊、何一民。

此外,四川大学城市研究所还有多名研究人员参与了本课题,他们或收集资料,或撰写与之相关的论著,皆为本课题最终成果的完成做出了贡献。总之,本项目为集体成果,没有大家的努力,很难在几年内完成。

在本项目研究过程中，中国城市史研究会成立，本项目的研究得到了中国城市史研究会会长熊月之教授、副会长张利民教授、周勇教授、李长莉教授、涂文学教授、高中伟教授等人的关心和支持，在此表示诚挚的谢意。时任四川大学出版社社长熊瑜教授对本项目高度关注，并力邀完稿后在四川大学出版社出版。其后，在熊瑜社长和邱小平总编辑的大力支持和推荐下，本项目得到国家出版基金资助，新一届领导班子高度重视本项目的编辑出版工作，王军社长、邱小平总编辑、李天燕副社长多次召集工作会议布置相关工作，为此安排了精兵强将，对本项目的出版予以重点支持，在此深表谢意。

本套书的责任编辑何静、袁捷、舒星、高庆梅、刘慧敏、李施余等以高度的职业责任感投入书稿的编辑，认真地核对文献资料，校对文稿，并与主编和撰稿者反复交流磋商，使书稿的质量得以提升，并避免了一些错误。他们认真工作的态度值得学习，精益求精的精神令人感动，在此深表感谢。

中国城市历经五千多年的发展，到20世纪中叶进入了一个新的历史时期。随着中华人民共和国的成立，工业化、城市化、现代化成为不可逆转的趋势。20世纪末，全球进入城市的世纪，世界上50%的人口居住在城市中。中国也在这一时期加速了城市化进程，农村人口以每年1%以上的比例向城市转移。城市以其巨大的磁力吸引着越来越多的农村人口，大城市、超大城市成为人们向往的地方。工业时代的城市与农业时代的城市相比，有一个明显的差异，就是城市的三维空间越来越大，在部分地区，单体城市向城市群、城市带、城市巨型连绵带演变。城市的发展一方面给人类带来进步，带来福祉和发展的机遇。另一方面，城市存在的问题越来越多，环境问题、交通问题、住房问题、就业问题、安全问题等层出不穷，越来越多的人想对城市说"爱你"却不容易。如何发展城市，同时又避免城市给人们带来的烦恼，已经成为时代的新课题。在提倡新的发展理念，走新型城市化道路的同时，如何向古人学习生存的智慧，以人为本，人与自然和谐相处，也是值得思考的一个重要课题。因而中国城市史研究者需要有一种时代的责任感和使命感，不仅要研究历史，还要关注现实和未来的发展，要站在历史与未来的交汇点去探究中国城市的发展规律，寻找一条适合中国国情的城市发展道路，这样才能在中华民族伟大复兴的进程中，将中国城市建设成为可持续发展的现代化生态城市、智慧城市。

前　言

城市是人类文明的产物，也是文明的载体。城市的兴衰演变与人类历史的变迁有着直接的关系。早期城市的产生与发展，除了与生产力、生产关系的变化有着直接的关系，也与制度文明的变化有着密切的关系，早期国家的形成对城市的兴起与发展起着直接推动作用。中国的早期国家形态经历了从"酋邦"到"王国"，再到"帝国"的发展过程，每一次国家形态的变迁都对城市发展产生了巨大而深刻的影响。秦始皇统一中国后，建立了君主专制中央集权的多民族国家，中国从王国进入"帝国"发展阶段。君主专制中央集权制度从秦朝一直延续到清朝，两千多年间对城市发展产生了深刻的影响。1911年，由资产阶级领导的辛亥革命推翻了清王朝的统治，建立了中华民国，中国历史由此揭开了新的一页。君主专制中央集权统治的覆灭为现代政治、经济和文化的发展开辟了道路，也为现代城市的发展创造了条件。

但是，中华民国的建立，并未改变中国半殖民地的命运。19世纪中叶以来，西方资本主义国家用武力将中国强行纳入世界资本主义殖民地体系，中国城市的发展也由此改变了方向和进程。20世纪伊始，八国联军就强迫清廷签订了丧权辱国的《辛丑条约》，中国完全沦为半殖民地。中华民国建立后，"半殖民地"的枷锁仍被强加在中国这个"东方巨人"的身上，民国城市的发展也因而打下了"半殖民地"的深刻烙印。

中华民国作为一个历史发展阶段，虽然时间很短（仅38年），但是在中国数千年文明史发展进程中有着特殊的地位，城市的发展变化最为剧烈，影响也十分深远。李文海教授曾指出："在中国几千年的历史长河之中，以中华民国为标志的20世纪上半叶，虽然不过是极其短暂的一瞬，但无疑是其中社会生活各方面的动荡和变化最为剧烈、最动人心魄的一幕，也是中华民族从落后走向富强、从衰亡走向复生、从传统走向近代、从列强欺凌到民族独立最为关键的时期。"[①]

中华民国是中国历史上的一个重要转折时期。一方面，帝国主义对中国的侵略进一步加剧，并爆发了日本帝国主义全面侵华的战争，给中国造成了巨大的灾难和破坏；另一方面，中国国内政治变化剧烈，社会动荡不安，经历了五四运动、中国共产党成立等重大事件，以及二次革命、军阀战争、北伐战争、第二次国内革命战

[①] 李文海：《民国时期社会调查丛编·序言》，福建教育出版社，2005年。

争、抗日战争、解放战争等重大战争，终于在1949年迎来了中华人民共和国的成立，中华民族开始屹立于世界民族之林。多次发生的内战和革命，对城市的发展产生了复杂而深刻的影响。与此同时，政治、经济、社会、思想文化等方面的现代变革如潮水般冲击着中国，不仅开埠通商城市变化十分剧烈，而且一批传统的政治型城市也受到现代化影响，相继进行现代化改造。民国时期，城市的数量和规模较清代均有较大的变化，一批现代化的大城市、特大城市兴起，小城镇也有较大发展，城市化整体水平较前有较大提高。虽然从横向比较来看，中国城市和城市化的发展落后于西方发达国家，但是从纵向发展来看，民国城市在剧烈变化之中出现了质量的变化，无论是城市政治，还是城市经济、城市文化，都明显不同于清代的城市。虽然城市的发展极不平衡，在中国内地和内陆边疆地区还有不少城市的变化并不明显，但从总体发展趋势来看，部分大中城市从农业时代向工业时代的转型代表了中国城市发展的新方向。如果拨开政治和战争的云雾，就会发现工业化、城市化、现代化实际上是包括中国在内的世界各国发展的主要趋势，可以说20世纪上半叶全球大部分国家都纷纷以现代工业、科学技术革命为推动力，从传统农业社会向现代工业社会转型。民国时期中国虽然经历了政治变革、政权更替、战争等社会巨变，但在波澜汹涌的激流之下，城市发展的主线仍然是工业化、现代化、城市化，农业社会城市向工业社会城市转型已经成为不可逆转的发展趋势。

民国时期，中国城市出现了早期现代化转型，政治、经济、社会和思想文化等各个方面都发生了根本的变化。这种变化和转型不仅作用于城市，而且对区域和国家产生了深刻的影响。城市作为发展要素聚集的空间，是区域和国家的政治、经济、文化中心，是区域和国家发展的重要推动力量。城市自产生以来，始终承担着社会发展变迁"火车头"的作用。同时，城市的发展又受到区域的自然环境、交通地理、产业构成、经济发展水平、人力资源状况等因素的影响，城市与区域的发展形成互动制约关系，因而研究民国城市需要将城市的发展置于区域的视阈加以考察。

民国时期所发生的种种现代化变迁，无论是经济领域的工业化，还是政治、文化领域的现代化变革，都是以城市为中心展开的，故而对民国城市的发展变迁展开深入研究，有助于更加准确地把握近代中国的社会转型，深化对中国国情的认识。

目 录

第一章 城市发展与城市等级体系的变迁 (001)
 第一节 城市的曲折发展 (001)
 第二节 城市等级规模结构的演变 (054)
 第三节 区域城市的发展与城市体系的初步形成 (067)
 第四节 区域城市的不平衡发展 (125)
 小 结 (135)

第二章 民国城市化的曲折进程 (137)
 第一节 城市化的起步与艰难发展 (137)
 第二节 民国区域城市发展的不平衡性 (167)
 小 结 (203)

第三章 城市管理体制的现代变迁 (205)
 第一节 现代市政管理体制的确立 (205)
 第二节 城市行政民主化与法制化的发展 (232)
 第三节 市政改革运动与城市管理现代化 (256)
 小 结 (273)

第四章 城市人口构成与社会结构的演变 (275)
 第一节 城市人口数量与构成的演变 (275)
 第二节 城市社会结构的演变 (302)
 小 结 (325)

第五章 城市社会生活的变迁与发展 (326)
 第一节 城市居民生活观念的变化 (326)
 第二节 城市居民生活方式的变化 (336)
 第三节 城市劳动生活方式的变化与影响 (356)
 小 结 (379)

第六章 城市婚姻与家庭的变迁 (380)
 第一节 婚姻家庭观念的变迁 (380)
 第二节 城市婚姻的变迁 (394)

第三节　城市家庭的变迁……………………………………………（424）
　　小　　结……………………………………………………………（448）
第七章　中国城乡关系的变迁………………………………………（450）
　　第一节　近代城乡关系变化的趋势………………………………（450）
　　第二节　扭曲的城乡关系…………………………………………（469）
　　第三节　城乡关系变化的特点与影响……………………………（486）
　　小　　结……………………………………………………………（498）
结　语…………………………………………………………………（500）
参考文献………………………………………………………………（506）

第一章　城市发展与城市等级体系的变迁

民国时期，随着政治制度的更替、资本主义工商业经济的发展、现代交通体系的完善以及西方城市文明更大规模的渗透，中国城市获得了前所未有的发展契机，城市化、现代化水平都有明显提升。但半殖民地半封建社会形态，以及接连不断的外患和内乱，使民国时期的城市发展过程充满曲折坎坷。尽管如此，相对于传统时代，无论是城市的物质形态还是社会形态，城市发展仍然在曲折中前行，在坎坷中推进，城市的地位、性质、作用都发生了变化，而且表现出大城市发展迅猛、中小城市发展不足、小城镇发展迅速的演变趋势，并逐渐形成不同规模、不同发展路径的区域城市体系。

第一节　城市的曲折发展

晚清以来，因西方文明冲击和中国社会结构的变动，中国城市逐步从农业时代的传统城市向工业时代的现代城市转型，城市性质、规模、形态、结构和功能等都发生了质的变化。进入民国以后，随着资本主义工商业经济的发展、现代交通体系的扩展以及西方城市文明更大规模的渗透，上述趋势不仅没有减弱反而得到了增强。这一时期，上海、天津、武汉、重庆、广州、青岛等在世界上有影响力的大城市迅速崛起，中小城市尤其是内陆城市和边疆城市的现代化特征也有明显增强。然而，由于帝国主义侵略的不断加深，特别是日本帝国主义于20世纪30年代发动全面侵华战争，加之频繁的内战，严重阻碍了中国城市的正常发展。一方面，城市化水平总体上甚低，1949年，世界城市化平均水平已经达到28.80%，但中国仅为10.60%，差距颇大；另一方面，城市的现代化发展步履维艰，发展极不平衡，中国相当部分城市先后遭到外部侵略战争和内部战争的严重破坏，发展极为艰难。尽管如此，民国时期城市的质变仍然十分显明，城市政治、经济以及文化都发生了根本性的变化，与农业时代的城市有显著区别。

民国时期城市发展呈阶段性特征，大体可分为四个阶段。

民国初期，即北洋政府统治时期为第一阶段（1912—1927），这个阶段辛亥革命时期的政治进步虽然出现倒退，中国陷入军阀混战的局面，但各地城市发展总体呈上升趋势，城市数量有所增加，城市规模有所扩大。

南京国民政府统治时期为第二阶段（1927—1937），南京国民政府建立后，中央政府控制了中国的大部分地区，国家力量对城市发展的影响有所增强，城市建制开始形成比较完整的体系，城市化进程也得到加速，大城市迅速崛起，中小城镇也出现较明显的发展；但随着帝国主义侵略的加深，特别是日本对中国东北领土的占领，城市发展不平衡的特点趋于明显。

全面抗战时期为第三阶段（1937—1945），1937年日本发动全面侵华战争，中国军队节节失利，致使中东部地区大部分城市成为沦陷城市，城市在战争中遭到严重破坏，而大部分沦陷城市在日据时期也因失去发展动力而衰落。同时由于中国的政治中心、工业重心以及大量人口和学校的内迁，西部大后方主要城市在短时间内得到迅速发展。

解放战争时期为第四阶段（1945—1949），由于抗战胜利后国共和谈失败，中国进入解放战争时期。这个阶段因战争的破坏和经济的崩溃，大部分城市发展呈衰落停滞状态。

一、民国初期城市的发展

辛亥革命爆发后，多省独立，随后南京临时政府的建立，标志着中国社会进入一个新的阶段。在政治层面，清王朝的覆亡，标志着从秦统一中国以后实行了2000多年的君主专制中央集权制度的结束，中国进入"共和时代"。在经济层面，自给自足的自然经济解体已成定局，传统经济更趋衰落，工业革命引入中国，资本主义经济逐步确立统治地位。在文化教育领域，新思想新观念在城市中普遍传播，逐渐占据主流地位；现代教育体系进一步确立，并日益社会化、大众化。在社会层面，传统的社会结构解体，旧的阶级、阶层发生剧烈分化，新的阶级和阶层兴起；农村人口向城市聚集。总之，辛亥革命后的一系列社会变迁都主要发生于城市，因而深刻影响着民国初期城市的发展。有研究者便指出，辛亥革命"是一场发生在城市的革命，对城市中旧的制度、旧的势力、旧的文化冲击较大，从而对城市工商业的推动作用较大，对城市现代化的促进作用较大"，"辛亥革命建立共和民国，这不但是中国政治变革和社会改造的新纪元，亦是中国城市现代化的新纪元和新境界。以此为标志，中国城市现代化进程被提升到一个前所未有的新高度"。[①]

（一）城市工商业的发展

1911年发生的辛亥革命是一场流血较少的革命，只有武汉、上海等少数城市中发生过为时极短的暴力活动，多数城市都是和平转移政权。因此这场社会变动对城市的破坏较小，与历史上的多次改朝换代对城市造成较大破坏的情况形成鲜明的

[①] 张宪文、田玄：《辛亥革命：中国城市现代化的新纪元和新境界——提供一个反观辛亥革命自身价值的新视角》，《江海学刊》，2002年第1期。

第一章 城市发展与城市等级体系的变迁

对比。经过几个月的动荡，社会逐渐恢复秩序。袁世凯担任中华民国临时大总统后，中国在政治上出现一个衰退时期。1913年3月，由袁世凯策划导演的宋教仁被刺案发生，成为二次革命的导火线。但中国资产阶级因惧怕新的动乱，担心军事和政治再次陷入混乱，容忍了袁世凯的背叛，对革命党人则不予支持，甚至抱敌视态度。二次革命很快失败，中国在政治上出现了倒退，袁世凯尽力摧毁辛亥革命在政治上所取得的民主成果，解散国民党，压制地方议会，剥夺资产阶级的政治发言权、地方管理权和政治自治权，迫使资产阶级在政治上处于孤立状态，逐渐远离政治，将精力集中于发展经济。但是，正如恩格斯在《反杜林论》中所指出的那样："政治统治到处都是以执行某种社会职能为基础，而且政治统治只有在它执行了它的这种社会职能时才能持续下去"[1]，袁世凯及其后的历届北洋政府为了巩固其统治，亦不得不履行其社会职能，组织恢复发展经济。如袁世凯担任临时大总统不久即声称"民国成立，宜以实业为先务"，并要求农、林、工、商各部制订相关法令，鼓励和保护工商业。[2] 1913—1915年，北洋政府相继制订了一系列旨在扶植和促进工商业发展的经济法令法规，如《公司保息条例》《公司条例》《商人通例》《公司注册规则》《商业注册规则》《中华民国矿业条例》《中华民国矿业注册条例》《矿工待遇条例》等。这些条例保障了投资者的权利，维护了商业信用，有利于刺激资产阶级发展工商业。时人便指出，上述条例虽然多为"具文"，但此一时期，"握有资金者，渐知投资于实业；前此私人资财多喜存于山西票号与外国银行，至是始认为从事实业可获利较巨"[3]。如在上海，穆抒斋、穆藕初兄弟于1915年发起成立股份制德大纱厂，"在虹口购地造厂屋六十余间"，"用电火引擎纺纱"，与之同时，杭州日新等丝绸厂派出代表金溶仲前往沪上"集资，合力在沪设立火机织绸厂"，上海有产者"纷纷认股"。[4] 又如在安徽芜湖，"织布机坊近年逐渐发达，多聚集东北门一带，刻调查已增至千余家，织工约七千人"[5]。再如山东半岛，从1912年到1920年，济南、青岛、济宁、潍县、博山、威海等市县，共设立了各类华资铁厂33家。[6] 因此辛亥革命后袁世凯执政时期，与政治上的倒退不同，城市经济得到一定程度的恢复和发展，部分重要的现代工商城市崛起。在这样的背景下，有产者的投资热情高涨，以至于上海、武汉、天津、广州、长沙、南京等城市几乎天天都有新的企业和公司注册。[7]

---

[1] ［德］恩格斯：《反杜林论》，《马克思恩格斯选集》第3卷，人民出版社，1995年，第523页。
[2] 徐有朋：《袁大总统书牍汇编》，广益书局，1914年，第320页。
[3] 黄秉绶：《五十年来之中国工矿业》，中国通商银行：《五十年来之中国经济》，华文书局，1967年，第163页。
[4] 佚名：《近事：沪江两大实业之进行》，《中国实业杂志》，1915年第6卷第3期。为方便读者检索，本书所引1949年及以前的期刊，均尽量保留卷次信息。但需要注意的是，民国旧刊囿于当时著录的规范性和其后文献保存的完整性，本书所引极个别文献存在作者信息缺失现象，祈广大读者谅解。
[5] 佚名：《芜湖工商业杂谭》，《安徽实业杂志》（续刊），1919年第29期。
[6] 何炳贤：《中国实业志·山东省》（辛），中华民国国际贸易部，1934年，第643—656页。
[7] 张宪文、田玄：《辛亥革命：中国城市现代化的新纪元和新境界——提供一个反观辛亥革命自身价值的新视角》，《江海学刊》，2002年第1期。

市政学者董修甲曾指出，城市兴起的原因具有多样性——宗教、政治、教育、商业和工业都可以促使城市兴起，然而，"惟工商业，既能[使]城市兴起，复能使城市发达"，尤其"工厂制度者，城市发达之根本也"[①]。也就是说，推动城市发展的根本原因在于工商业的发达。伴随着鸦片战争以来西方资本主义国家对中国侵略的逐步加深，各种现代性要素传入中国，推动了中国内部政治、经济、文化等各个领域的变革，中国开始从农业时代步入工业时代。与农业时代政治中心城市优先发展的规律不同的是，工业化、现代化和城市化成为近代中国城市发展的主要动力机制。北洋政府统治时期城市现代化得到提速的首要原因正是源自城市资本主义工商业的空前繁荣。

民国前期，中国城市现代工商业的发展与第一次世界大战爆发有着密切的关系，由于欧洲列强相互争斗，西方国家不仅暂缓对中国市场进行商品倾销和资本输出，反而大规模地采购中国生产的各类轻工业品和原料以满足战时需要，从而刺激了中国民族资本主义工商业的发展，使中国的工商业出现了一个被称为"黄金时期"的发展小高潮。1920年，《纽约邮报》就刊文指出："欧战起后，外货入华，暂时中止，而外国需要中国生货甚急，华货于是畅销于国外，华商即以所获之厚利，投资于新兴之工业，制造种种新物品，此事之发轫，在四年以前，今尚方兴未艾。"[②] 以出口贸易为例，1914—1918年期间，出口贸易总额由4亿海关两增加到9亿海关两，"增加率为百分之一百二十五"[③]。具体如长沙锑矿、铅矿、锌矿的出口，"计自欧洲开战以来，长沙所输出之锑已炼者，增有一万五百六十七担，未炼者增有一十三万一千四百三十担，此外，若铅矿、锌矿之输出，亦多有所增"[④]。出口贸易额的迅猛增长，意味着中国民族资本主义工商业在欧战期间得到发展。如济南"略具规模的现代工业企业"——振业火柴厂、胶东制革厂、兴华造胰厂、裕源工厂、华丰机器工厂、裕兴颜料厂、丰年面粉厂、丰华针厂、鲁丰纱厂，都是创建于第一次世界大战期间。[⑤] 总体而言，在第一次世界大战期间，中国民族资本主义工商业有了质和量的提高，到1919年第一次世界大战结束为止，全国"新式工业"之厂数及其资本额详见表1-1：

---

① 董修甲：《城市发达与工商业之关系》，《道路月刊》，1926年第19卷第1期。
② 佚名：《中国工商业进步之外论》，《北京银行周刊》，1920年第1卷第15期。
③ 寿景伟：《五十年来之中国贸易》，中国通商银行：《五十年来之中国经济》，六联印刷股份有限公司，1947年，第185页。
④ 汉声：《长沙之贸迁状况》，《协和报》，1915年第5卷第47期。
⑤ 济南市工商联：《解放前济南市工商业概况》，济南市志编纂委员会：《济南市志资料》第三辑，济南市志编纂委员会，1982年，第16—18页。

表1-1　1914—1919年全国增加之厂数及资本额统计表

种类	制铁	制糖	水泥	制革	棉制	制盐	烟草	面粉	造纸	印刷
厂数	10	2	4	7	80	20	17	62	7	18
资本额（元）	21 467 000	700 000	2 725 000	4 102 000	46 127 000	639 000	7 030 000	13 710 000	1 765 000	3 819 000

骆清华：《五十年来之中国经济》，中国通商银行：《五十年来之中国经济》，华文书局，1967年。

从表1-1可见，第一次世界大战期间，中国民族资本主义发展出现了短暂的春天，给近代中国工商城市的崛起注入了新的动力。第一次世界大战结束后的一段时间，中国民族资本主义仍然延续了此前的发展态势，这种发展一直持续到1923年。1923年，中国的对外贸易额达16.7亿两，较1918年的10.4亿两增加了6.3亿两。工业发展较前也相当快，1919年华资纱厂的资本较1911年增长2.6倍；较大的织染厂和针织厂较1911年（各35家）分别增加20余家和十余家，缫丝厂较1911年206家净增200余家，铁机织绸厂较1912年1家净增70余家。1911年全国面粉厂和机器磨坊共40余家，到1919年则增至120余家，每昼夜生产面粉的量从4 300余袋增至188 000余袋。从1914年到1919年全国新增的华资火柴厂有42家，资本额共计1 459 900元。此外，机器制造业、制药业、电力业等部门也有较大发展。从第一次世界大战结束到1923年，各重要城市的华资工厂数增加很快，参见表1-2。

表1-2　1923年前部分城市新增华资工厂统计表

城市	1912年以前	1912—1914年	1915—1918年	1919—1923年
上海	48	40	54	170
苏州	2	5	2	6
无锡	8	9	13	24
南京	1	1	—	8
杭州	4	9	4	10
汉口	15	6	9	16
青岛	—	2	2	14
大连	39	4	17	71
营口	3	—	1	10
沈阳	1	2	1	20
抚顺	—	3	—	10
安东	1	1	4	21
吉林	—	2	3	4
长春	—	3	3	8

续表

城　市	1912 年以前	1912—1914 年	1915—1918 年	1919—1923 年
吉林滨江	1	—	1	7
哈尔滨	5	1	9	21
广　州	3	4	4	14
总　计	131	92	127	434

《1930年工商部关于工厂成立统计表》，国民政府经济部档案。"总计"一栏，部分数据有误，已校正。

从表1-2可以看出，自1912年到1923年，中国民族资产阶级在表中城市所兴办的工厂总计653个，比晚清时期的131个多出四倍有余。虽然表1-2所统计的城市和企业并不完全，但亦表明，自民国建立以来，中国城市的工业经济有了较大程度的发展。这意味着，晚清时期中国现代城市因商业贸易而兴起、因商业贸易而发展的特征[①]，在民国初期已经发生明显变化，城市现代化的驱动力不再局限于商业贸易，工业经济起着越来越重要的作用。譬如在上海，"各类工厂象雨后春笋般开设起来，厂址大多在公共租界西北区，沿苏州河的两岸。……可以说，哪里有宽阔的通往江河的水道，哪里就会有工厂"[②]。到1928年，上海有新式工厂逾250家，产业工人约30万名，工业资本总额达3亿元，工业部类则"凡各种工业，我国所有者，上海几无不有之"。以上情况使得上海总商会断言"上海之前途，完全系于各种实业之稳固与发展"，而"非专以繁华取胜。若务于消耗方面争研（妍）斗丽，而非正当实业，不能循分发展，则其覆灭，可翘足而待也"[③]。也就是说，上海的发展已经由工业化主导，过度商业化只能迟滞甚至破坏上海前进的步伐。同上海一样，天津、武汉、哈尔滨、大连、无锡、青岛、北平、南通、广州、长沙、奉天、重庆、成都等城市，在北洋政府统治时期，其工业化水平都迅速提高，现代工业逐渐成为城市经济的支柱性产业。如江苏无锡，民国以前，"一农业地也。人口八十万，农民为多。产品以丝米为大宗。西方机器既入，中国棉织业大盛，无锡纱厂遂多，工业亦逐渐发展"，迄1924年，无锡计有纱厂6家、丝厂15家、面粉厂5家、油厂10家、米厂11家、布厂16家、翻砂厂5家、制镁厂1家、肥皂厂4家、洋伞厂1家、砖瓦厂4家、织袜厂11家、电气厂1家、水泥厂1家，亦正因为"无锡工业蒸蒸日上，宜其有上海第二之称也"[④]。再如武汉，1912—1928年期间，其较大规模的工业企业从120家发展到301家，产业工人则从1.3万人增加到

---

① 何一民：《近代中国城市发展与社会变迁（1840—1949）》，科学出版社，2004年，第79—83页。
② 徐雪筠等：《上海近代社会经济发展概况（1882—1931）》，上海社会科学院出版社，1985年，第208页。
③ 上海总商会：《中国东部工商业现状》，工商部中华国货展览会：《中华国货展览会纪念特刊》，工商部中华国货展览会，1928年，第5页。
④ 茹玉：《无锡之工业》，《上海总商会月报》，1924年第4卷第2期。

11万余人，工业资本额自1 524万元增长到3 000万元，"工业整体规模较辛亥革命前增长了近3倍"①。同时，"工商两业，乃有连带关系者。如商业不发达，工业决不能发达。盖无商业之城市，其工厂所出货品，只能供给本城人民之需用，销路极有限制。故工业发达，全赖商业发达，以推广之"②。虽然资本主义工业对于北洋政府统治时期城市发展的推动作用远胜于晚清，但并不是唯一的。城市资本主义商业仍然是此时期城市发展的重要驱动力。如东北四省（奉、吉、黑、热）在1917年即有商会191个，会董3 578人，会员16 831人。其中，1919年，沈阳的大、小商铺总计3 000余家；安东（丹东）的大、小商铺大约1 000余家，营口则有大、小商铺大约1 500余家，哈尔滨的大、小商铺总计4 000余家。③此外，金融业亦极为繁荣。仅1912年，全国新创银行即达14家之多，其后年有创设，到1927年，全国新创银行总计185家。金融业的蓬勃发展，表明"国内工商业有长足之进步，资金调节之需要增加，增设银行，因有必然之势"④。

北洋政府时期，政治混乱与军阀混战给中国社会带来了巨大的灾难，但从总体上考察，中国城市的现代工商业仍处于向上发展的趋势，可以说这一时期是近代中国资本主义工商业发展的"黄金时代"，从而使城市工商业的现代性得到显著增强。但需要强调的是，这一时期，中国资本主义工商业主要是在沿海沿江通商口岸城市得到发展，因为这些城市处于外国人的直接或间接控制或管理之下，中国的官僚政治和日益膨胀的军阀政治不易染指这些城市的经济，特别是外国租界为资产阶级提供了一种较为有力的庇护。与之相反，内地的一些城市经济却不断地遭受着官僚和军阀的侵害和破坏，发展较为困难。

（二）城市规模的扩大

通商口岸城市经济的繁荣，推动了这些城市的迅速发展，使其城市人口增长较快。特别是东部沿海城市的人口规模扩大较为迅速。天津城市人口在1900年为32万人，而到1912年则达83.7万人，十年间增加了161.60%。青岛城市人口在1911年仅54 459人，到1921年则达83 272人，净增了28 813人，10年间增加了52.90%。上海城市人口在1910年有1 069 913人（其中租界的外国人口为13 536人，租界的中国人口为488 005人，华界的中国人口为568 372人），到1920年则达2 482 223人（其中租界的外国人口为23 307人，净增9 771人；租界内的中国人口为759 839人，净增271 834人；华界的中国人口为1 699 077人，净增1 130 705人），10年间增加了132%。此外，其他的通商口岸城市也吸引了不少人口。这些城市增加的人口除部分来自其他城市外，主要来自农村。城市经济的发展产生的吸引力，使

---

① 皮明庥：《武汉通史·中华民国卷》（下），武汉出版社，2006年，第118页。
② 董修甲：《城市发达与工商业之关系》，《道路月刊》，1926年，第19卷第1期。
③ 孔经纬：《中国资本主义史纲要》，吉林文史出版社，1988年，第175—176页。
④ 杨荫溥：《五十年来之中国银行业》，中国通商银行：《五十年来之中国经济》，六联印刷股份有限公司，1947年，第41页。

日益贫困化的农村人口流向城市，从而使中国城市人口骤然增加。据统计，1919年中国有 10 万人口以上的城市 69 座，5.0 万～9.9 万人口的城市 107 座，2.0 万～4.9 万人口的城市 182 座，详见表 1-3、1-4：

表 1-3 1919 年中国城市人口（十万人以上城市）统计表

城 市	人 口（万人）	城 市	人 口（万人）
上 海	150	广 州	160
天 津	90	北 京	85
杭 州	65	福 州	62.5
苏 州	60	重 庆	52.5
香 港	52.5	成 都	50
南 昌	48	佛 山	45
宁 波	45	绍 兴	45
汉 口	35	南 京	40
济 南	30	扬 州	30
镇 江	26	开 封	28
潮 州	25	沈 阳	25
西 安	25	武 昌	25
长 沙	22.95	周家口	20
哈尔滨	20	赣 州	20
新 会	20	济 宁	20
常 德	18	怀 安	18
湘 潭	18	芜 湖	17.5
江 门	16.8	汉 阳	15
无 锡	15	小 榄	14
温 州	14	泉 州	13
清江浦	13	常 州	12.5
徐 州	12.5	叙 州	12.5
吉 安	12	韶 州	12
顺 庆	12	厦 门	11.4
兰 州	11	万 县	11
安 庆	10	赤 峰	10
潮 阳	10	涪 州	10
烟 台	10	抚 州	10

续表

城 市	人 口（万人）	城 市	人 口（万人）
汉 中	10	衡 州	10
湖 州	10	沂 州	10
嘉 兴	10	保 定	10
光 州	10	赤 溪	10
老河口	10	松 江	10
泰 州	10	潍 县	10
昆 明	10	—	—

中华续行委办会调查特委会编，蔡咏春译：《1901—1920年中国基督教调查资料》（下册），中国社会科学出版社，2007年。

表1－4　1919年各省2万人以上城市数量统计表

省	10万人以上	5万~9.9万人	2万~4.9万人
奉 天	1	6	4
吉 林	1	2	2
黑龙江	1	2	2
直 隶	3	3	7
山 东	5	11	21
山 西	—	3	6
陕 西	2	4	8
江 苏	12	11	11
浙 江	6	5	8
安 徽	2	5	9
江 西	4	5	9
河 南	3	4	18
湖 北	4	5	6
湖 南	4	4	10
福 建	3	3	8
广 东	10	8	20
广 西	—	6	1
甘 肃	1	4	3
四 川	6	8	8
贵 州	2	6	96

续表

省	10万人以上	5万~9.9万人	2万~4.9万人
云　南	1	1	4
蒙　古	1	2	6
新　疆	—	3	5
总　计	72	111	492

中华续行委办会调查特委会编，蔡咏春译：《1901—1920年中国基督教调查资料》（下册），中国社会科学出版社，2007年。

以上两表的数据，是基督教中华续行委办会调查特委会根据海关报告、指南书籍、地理书籍、差会出版物，以及向部分传教士发出特别询问卡片所征集的统计数据进行综合整理而成的，因而很多数据可能与实际情况并不相符。如表1-3所列广州城市人口为160万，该数据明显偏大，据长期居住在广州的传教士对这一时期广州人口的估计，他们认为"大陆居民不超过60万到70万，船上居民为5万人"。另外，据中国政府的统计，20世纪30年代初，广州人口为105万人，而这期间，广州人口并未发生大规模的锐减，因此，表1-3所列广州人口数160万显然不准确。但由于当时没有进行科学的人口调查，故不可能得到更准确、更完全的统计数据，表1-3的城市人口统计数据仍可作为重要的参考资料。从表1-3可以看到通商口岸城市，特别是上海、广州、天津、杭州、福州、重庆、武昌、汉口、香港等城市的人口有所增加。此外，东北的新兴城市沈阳、哈尔滨等城市人口也得到了一定的发展。与之相反，内陆城市人口增长缓慢，一些传统的大城市如扬州、西安、长沙等城市的人口较清代反而有所减少。

开埠通商城市经济的发展和城市人口的增加，推动了城市的空间范围向外扩大，工厂、住宅以及与之配套的辅助行业（商业、服务业）均向郊区迁移，越来越多的郊区被纳入市政建设范围；工厂企业和居民向郊区迁移，也导致城市道路交通系统向城外扩展，进一步推动工业和居民的外移。在多种因素的作用下，上海、天津、武昌、汉口、广州等城市的空间规模不断扩大。由于城市的发展和现代军事技术的进步，古老的城墙已成为多余之物，给从郊区通往市中心的交通造成了很大阻碍，因此广州、长沙、梧州等城市先后将城墙拆掉，使新市区得以扩展，城市面貌和布局发生了较大变化。

因第一次世界大战而带来的中国通商口岸的繁荣和发展，以及城市人口的快速增长，被1923—1924年的世界经济危机及其后出现的三年内战打断，总体上处于停滞状态。

综上所述，民国前期中国的资本主义工商业因多种因素出现了一定程度的发展，而现代工商业的发展则深刻影响着此一时期的城市发展与现代化进程，许多城市的规模、功能、结构等都发生了显著的变化。如城市功能方面，由于这一阶段资本主义工商业的发展，天津、大连、青岛、广州等城市，逐步从晚清时期单纯的商业贸易城市发展为以工业为基础,以商业、金融为主导,以海陆交通为枢纽的多功能经济中心。又如人口结构方面,资本主义工商业在这一阶段的发展,吸引无数失地破产农民进入城市,这不但促进了城市人口的增长,还使工人逐渐成为城市人口中的重要阶级力量。据《醒钟月刊》记者在1928年的调查,是年全国拥有万名以上产业工人的城市计有17个,分别为青岛(26 428人)、南京(17 877人)、南通(12 627人)、宜兴(12 570人)、武进(16 219人)、无锡(70 685人)、苏州(58 814人)、上海(312 914人)、芜湖(15 835人)、汉口(169 992人)、武昌(23 974人)、杭州(16 171人)、福州(16 032人)、潮安(10 538人)、顺德(54 449人)、佛山(17 855人)、广州(239 365人)。① 《醒钟月刊》记者的不完全调查结果表明,在北洋政府统治时期,产业工人已经成为城市人口结构中的重要组成部分,城市的政治、经济生活因而表现出不同于传统时代的新面貌,如1928年天津市人口总计1 391 720人,产业工人则达47 519人,占全市人口3.4%,天津产业工人作为一股新的阶级力量,开始影响这座城市的政治、经济生活。1926年天津纺织工人、交通工人、化工工人就先后举行了7次大规模罢工,表达了工人阶级的经济和政治诉求,为城市社会生活烙上了产业工人的印记。②

(三) 市制的建立与城市地方自治

中国市制的建立与地方自治紧密相关。在清末新政时期,地方自治逐渐被地方士绅尤其是立宪派视为实现宪政的根基。1906年9月,清政府宣布"预备仿行立宪",其中的一个重要内容就是在部分省区试行地方自治。1907年,清廷发布上谕正式分期推行地方自治,并陆续颁布了《城镇乡地方自治章程》《城镇乡自治选举章程》《府县自治章程》《府县自治选举章程》等相关法令,对地方自治的范围、机构设置、职责权限和选举方法等予以规定。按照《城镇乡地方自治章程》的规定,以府、厅、州、县治城厢为"城";城厢以外的市、镇、村庄、屯集等,人口5万及以上的为"镇";人口不满5万的为"乡"。城、镇分设议会和董事会。乡镇的设置,在以后因人口的增减可以变更;一镇人口不满4.5万,一乡人口超过5.5万,可由镇董或乡董呈请地方官向督抚申请,或将镇改为乡,或将乡改为镇。③ 该章程第一次从行政管理上将城和乡区分开来,其中所提出的"城""镇"设置标准,多为后世遵循采纳,标志着中国市制的开端。据不完全统计,在辛亥革命爆发以前,全国共成立了城市自治公所逾850个,镇自治公所530多个,乡自治公所则超过1 970个。④

---

① 《国内一万工业工人以上各城市工人数统计表》(1928),《醒钟月刊》,1931年第1卷第2、3期合刊。
② 李奇流:《中国重要城市之工商业(二续)》,《光明之路》,1931年第1卷第4期。
③ 《城镇乡地方自治章程》,《东方杂志》,1909年第6卷第1号。
④ 丁旭光:《近代中国地方自治研究》,广州出版社,1993年,第92—93页。

清末地方自治主要倚重于城市，故"所谓地方自治实际上就是城镇自治"①。这使得地方自治范畴内的各项事务，主要在城市范围内得到推行，地方力量因此获得参与城市管理和建设的契机。如 1905 年，上海绅商李钟钰等人有感于"道路不治，沟渠积淤"，建议上海道台袁树勋改组南市马路工程局为上海城厢内外工程局，"整顿地方"，改善市政状况，"以立自治之基础"。②袁氏接受了这一建议，会同上海地方绅商制订了《上海县城厢内外总工程局章程》。该章程明确规定，采行官督商办制的上海城厢工程局，其设置目的在于"助官司之不及与民生之大利"，所负责事项包括清查地亩、开筑马路、整理河渠、推广警察、考求工程等。③伴随着上海城厢内外工程总局的设立，上海地方绅商逐渐成为推动城市现代化的一股重要力量。

辛亥革命胜利以后，地方力量对于城市发展的影响逐渐加大，在城市管理方面，"就是市政上发生了极大的变化。这变化就是以前的自治章程，是由中央政府订定，而革命以后，则为各省各自处理。因而引起市与中央及省的关系的转移"④。也就是说，城市管理与控制的权力，在辛亥革命胜利之后逐渐由地方掌握。1911 年，江苏省临时省议会制订《江苏省暂行市乡制》，并在 1912 年、1913 年先后两次修订，对"市"的立法机关、行政机关、监督机关做出规定。虽然其市组织与之前的城镇地方自治组织基本相同，但总体而言这是一部颇具现代特征的城市组织法，该法首次将城统称为"市"，"市"的名称自此被普遍采用，同时将城市与乡村划分为两个不同的管理体系，城市自治和乡村自治亦各具内涵。《江苏省暂行市乡制》颁布后，对各省城乡自治产生了重要的影响，"当时其他各省亦各自推行他们的自治，在共和精神之下，颇有相当程度的进步"⑤。城市政治的民主化、法制化在辛亥革命期间得到一定程度的发展。

然而，袁世凯窃取辛亥革命果实之后，为复辟帝制，开始扼杀地方自治，强调地方自治只能"辅佐官治"，"决非离官制而独立"，并于 1914 年 3 月下令停办各级地方自治组织。与地方自治紧密相连的"市制也不再存在"⑥。城市自治运动因此遭到破坏。

1916 年袁世凯死后，北洋政府虽然名义上仍然是中央政府，但是已经不能整合各省力量，中国政治出现严重的分裂，以新式军阀为核心的地方势力崛起，军阀割据出现。在政治分裂的背景下，不同省区的军阀、地方绅商以及革命党人都在各自所控制的区域再次推行地方自治或联省自治，以与企图建立中央集权统治的北洋

---

① 余子明：《清末地方自治与城市现代化》，《人文杂志》，1998 年第 3 期。
② 杨逸：《上海市自治志》，成文出版社，1974 年，第 129 页。
③ 《上海县城厢总工程局章程》，《政艺通报》，1905 年第 4 卷第 12 期。
④ 顾敦鍒：《中国市制概观》，《东方杂志》，1929 年第 26 卷第 17 期。
⑤ 顾敦鍒：《中国市制概观》，《东方杂志》，1929 年第 26 卷第 17 期。
⑥ 钱实甫：《北洋政府时期的政治制度》（下），中华书局，1984 年，第 324 页。

政府抗衡。① 城市自治再度活跃，地方性力量逐渐大规模地参与城市管理和建设，城市发展由此进入勃兴时期，其中一个重要的标志，就是市制的进一步建立与推行，部分城市开始建立现代管理机构，其现代运行机制也因此而得到确立和强化，城市基础设施也得到显著改善。1920 年，陈炯明以粤军总司令兼任广东省省长的身份，"首倡地方自治，以为各省先导"②，并提议对省会广州开展市政建设，"以原设之市政公所范围太狭，除拆卸城垣辟宽街道外，一切未遑计及，未足以言市政，遂有改组之动议"③。同年底，孙科编制的《广州市暂行条例》经陈炯明核定之后正式颁布，并于 1921 年 2 月 15 日开始实施。《广州市暂行条例》的制订、颁布，使袁世凯统治时期奄奄一息的"市政制度又突现曙光"，依据该条例所建立的广州市政厅，与传统的行政机构有着本质的区别，"是中国历史上第一个现代意义上的独立的城市政府"④。同时，就中央、地方与城市的关系而言，《广州市暂行条例》的颁布和实施，还标志着北洋政府统治时期的广州市政"完全脱离中央，只受省的节制"。鉴于各省地方城市有脱离中央政府掌控的供给制，1921 年徐世昌任大总统后，饬内务部以教令的形式颁布了《市自治制》，将市分为特别市和普通市两种，两者人口都须在一万以上。大部分市皆为普通市，其中有部分市可由内务部认定为特别市，然后呈请总统以教令的形式确定。普通市和特别市都是分权市制，但略有区别。北洋政府试图通过《市自治法》的颁布，在法律层面保障中央政府对各省城市政府的控制权。然而，在当时中央政府式微，地方势力膨胀的背景下，"民国以来，中央所颁的第一个正式市制，因政治关系，除青岛特别市于民国十一年采用其特别市制外，其地（他）各省都未采用"⑤。20 世纪 20 年代，各省建制市纷纷设立，但大多数都是在地方势力的主导下设立的，因而地方势力在一段时间内成为城市发展的主导性力量。

搁置中央政府与地方势力对城市控制权的争夺，以及市政法规的颁布，如广东省的《广州市暂行条例》和北洋政府的《市自治制》，都对新的市建制的确立起到了重要的推动作用，城市从城乡合一的体制中分离出来，成为一种具有独立地位的地方行政建制，并对城市的发展起了重要的促进作用，因而推行市制在 20 世纪 20 年代初期成为中国城市发展的主流，广州、杭州、昆明、青岛、南通、吴淞、杭州、昆明等城市，都先后实施市制，"蓬蓬勃勃，状况良佳"⑥。

市建制的确立，改变了长期以来城市在社会、经济、文化和基础设施等方面无专门机构管理的局面，有力地推动了城市的基础设施建设。1921 年以后，各省地方势力纷纷组建城市政府，并在所辖城市推行各种市政建设。如云南虽为军人主

---

① 胡春惠：《民初的地方主义与联省自治》，中国社会科学出版社，2001 年，第 26—38 页。
② 顾敦鍒：《中国市制概观》，《东方杂志》，1929 年第 26 卷第 17 期。
③ 顾敦鍒：《中国市制概观》，《东方杂志》，1929 年第 26 卷第 17 期。
④ 赵可：《孙科与二十年代初的广州市政改革》，《史学月刊》，1998 年第 4 期。
⑤ 蒋建策：《市政与新中国》，正中书局上海分局，1940 年，第 125 页。
⑥ 张锐：《市制新论》，商务印书馆，1926 年，第 1—2 页。

政,但对确立市建制也十分积极,在他们的推动下,1922年昆明设市。昆明市政公所建立后,立即将城市基础设施建设提上日程。此前,昆明城区街道"窄碍难行,人民往来,拥挤不堪,并且铺房参差,路线不平"。在市政部门的倡导下,地方绅商出钱出力,市政公所始"将本市街道,逐渐政(改)良,建筑细石马路,凡十字街转弯处,概改为钝角,将街道让宽,并规定以后市民改造房屋,均须照此退让,旧时铺面的重橡小厦,亦由市民自动的一律拆去。于是街道顿觉宽展,铺面亦整齐划一,于实际上,美观上,均有莫大的优点"①。南通在城市自治运动影响下,也于1921年前后使城市建设"进入了全面发展和统筹规划的阶段"②。以张謇为代表的地方绅商,不仅继续推动城市工业化,而且积极构建城市交通网络、改善城市基础设施、发展城市社会事业,逐步把南通打造为多功能城市和区域城镇中心。③

北洋政府统治时期,军人集团在城市现代化建设方面扮演了双面角色,既有破坏性的一面,也有建设性的一面④。

首先是破坏性方面。在军阀割据背景下,战争持续不断,造成巨大的人力、物力消耗,致使社会动荡,人民不能安居乐业,城乡经济发展受到影响,严重阻碍了中国城市的正常发展。如1926年孙传芳在江苏时,不仅提高田赋、货物税、杂税等经常性税赋的征收数额,而且"筹办捐税",对上海商民增收淞沪宅地税、货物增税、土布税,许多中小商民因不堪重负而"纷纷歇业"。⑤四川军阀实行防区制,更是给人民带来了巨大负担。各省的军人集团都在不同程度上对自己所控制的城市和农村横征暴敛、巧取豪夺,以致城乡经济遭到极大的摧残。而军阀混战对于城市物态本体、城市工商业的破坏,给城市带来的各种灾难,更是令人触目惊心。如第二次直奉战争期间,军阀炮击西北重镇张家口,"张垣几被一空,损失之巨,达数百万,被火者数十里,实为西北空前之浩劫"⑥。

其次是建设性方面。北洋政府统治时期,各地军阀为了加强统治和提高管理水平,亦不得不采取一些具有现代性的建设措施,一方面鼓励发展民族资本主义工商业和文化教育事业,推进市政建设,以争取地方精英和工商业者的支持;另一方面他们为了生存与发展,也需要壮大自身实力以抗衡中央政府和敌对军阀,因而均在不同程度上推动了自己所控制区域内城市的经济建设与市政建设。如1920—1926年邓本殷占据海南期间,在海口举办市政,"海口市政开办以来,各事均有相当之进展":筑成马路万余尺,建筑中山公园、公共体育场、中山纪念堂、钟楼等……

---

① 静溪:《昆明市政与交通》,《昆明市声》(旬刊),1927年第1卷第1期。
② 于海漪:《南通近代城市规划建设历史研究系列之三:南通城市建设发展(1912—1929)》,《华中建筑》,2005年第6期。
③ 陈金屏:《近代南通城市的历史演进》,《南通师范学院学报》,2003年第3期。
④ [美]吉尔伯特·罗兹曼著,国家社会科学基金"比较现代化"课题组译:《中国的现代化》,上海人民出版社,1989年。
⑤ 记者:《商讯》,《时报》,1926年6月11日。
⑥ 浴:《察哈尔都统易人之经过》,《申报》,1924年12月26日第18619号。

迁移麻疯院，设公共厕所、屠场，清理沟渠等，设警察教练所、水上巡查所，消防队。① 又如 1924—1925 年杨森在控制成都期间，大力改造成都城市交通系统，完善城市卫生设施，"市景面象，较去岁已有绝大之差异"②。继杨森之后控制成都的各路军阀，如王缵绪、邓锡侯等都相继在成都进行各种市政建设，并带动四川北部城市出现城市建设的热潮。重庆英国领事馆的一位外交官就当时四川情况电告北平英国驻华使馆时便指出："目前四川引人注目的特点是，很多大城市出现了现代的崭新的面貌，确实令人惊异。在成都的带动之下，近几年来本省北部的大多城市看起来都经过了大规模的改建。现在，宽阔的街道、一排排整洁划一的房屋和商店以及良好的卫生设备都很引人注目。以潼川为例，那里狂热追求现代化的程度，甚至已经达到要在城市中心广场修建网球场和篮球场的地步。在这方面，省会本身与规模相同的任何中国城市相比毫不逊色。成都的一支中国巡逻队对那些把垃圾倒在大门外边的户主进行体罚，这种情景足以雄辩地证明所发生的革命性变革。"③

在北洋政府统治时期，各省以军人集团为主的地方势力以地方自治为号召，采取各种措施发展所辖区域的政治、经济、文化教育、治安、军事、城市基础设施等，以图壮大实力而摆脱中央政府的控制，从而在一定程度上推动了其控制区内的城市现代化进程。纵观民国初期，虽然外有帝国主义的侵略、内有纷乱的政治局面和持续不断的战争，但城市发展在如此条曲折和艰难的环境下仍有所前进。

二、南京国民政府统治时期的城市发展

1927 年，南京国民政府成立，结束了民国初年军阀混战的局面，并实现了中国大部分地区的统一，国家政治力量对城市发展的影响因素有所加强。1928—1931 年的国际环境又变得对中国经济发展较为有利，因此，中国城市的现代化建设又经历了一个繁荣时期，一些大城市出现畸形发展，中等城市也有较大的变化。总的来说，全面抗战爆发前南京国民政府十年统治时期，中国城市相较北洋政府统治时期有较大的发展，但从地域空间上看，城市的发展仍不平衡。这一时期，中国城市发展的显著特点是：随着资本主义工商业的继续发展，中东部与沿江沿海地区的城市发展迅速；1931 年，"九一八事件"爆发，在日本帝国主义的侵略下东北地区逐渐沦为殖民地，殖民城市呈现出畸形发展的特点；这一时期，蒙、新、藏等边疆地区的城市发展仍较为迟滞。

（一）国家政治力量对城市发展影响的加强

1927 年，南京国民政府建立，从形式上实现了对北洋政府时期国家四分五裂

---

① 廖国器：《海口市政与琼崖建设之关系》，《琼崖建设》，1929 年第 1 期。
② 佚名：《调查：成都市政渐革新》，《道路月刊》，1924 年第 11 卷第 2、3 期合刊。
③ 《托勒（重庆）寄北平函电》，1930 年 9 月 22 日，原件存英国外交部；转引自赵可：《杨森在成都修马路新论》，《成都大学学报》，2000 年第 1 期。

局面的统一。随着南京国民政府机构的逐渐完善，全国的行政、军事、司法、外交、财政、教育等也趋向统一。国家的统一，为此一阶段城市的发展提供了较为强大的国家力量，这与北洋政府时期军阀割据的情况有所不同，国家政权在推动城市化发展方面的作用则更为明显。

1928年7月，南京国民政府公布《特别市组织法》及《市组织法》，宣布"市直隶于省政府，不入县行政范围；市冠以所在地地名称其市；凡人口满二十万之都市，得依所属省政府之呈请暨国民政府之特许建为市"①。规定特别市的设立条件如下：一、首都；二、人口百万以上；三、其他有特殊情形者。普通市的设立条件则为人口20万以上。当时奉准设立的特别市有上海、南京、天津、北平、青岛、汉口6个城市；普通市包括广州、杭州、南昌、武昌、汕头、九江、济南、长沙、厦门、汉口（汉口于1929年6月设特别市，因在1930年7月被定为湖北省会，依法改为省辖市）、成都、贵阳、昆明、兰州、包头15个城市。②

1930年，南京国民政府将上述两法合并改订为《市组织法》，将特别市与普通市一律改称为市，并分为院辖市和省辖市两类，规定直隶于行政院的市设立条件如下："一、首都，二、人口在百万以上者，三、在政治上经济上情形特殊者。"与1928年的《特别市组织法》相比，第三条的内容有所变化。规定直隶于省政府的市设立条件如下："一、人口在三十万以上者；二、人口在二十万以上，其所收营业税、牌照费、土地税每年合计占该地总收入二分之一以上者。"③ 相比1928年颁布的《市组织法》，省辖市设置的条件有较大变化，其中一个重要条件即城市人口由20万人提高到30万人，且对20万人以上城市又增加了财政税收上的限制条件。因此，1930年《市组织法》设市标准的提高，使设市城市数量大为减少。依照《市组织法》，院辖市除原来的6个特别市外，新增重庆与西安两市为院辖市；省辖市有杭州、宁波、连云、苏州、南昌、衡阳、安庆、长沙、福州、汕头、厦门、江门、海口、海菱、成都、万县、自贡、昆明、桂林、梧州、郑州、开封、济南、烟台、贵阳、兰州、包头27个城市。苏州、无锡、安庆、万县、烟台、郑州、开封、宁波、福州、江门、海口、海菱、梧州等地先被设为省辖市，后又废市改县。④

市建制的确立及制度化，在一定程度上对于城市的发展起到了推动作用。1933年至1934年间，上海、南京、天津、北平、广州、青岛、杭州、汉口、武昌、南昌、长沙、济南、福州、镇江、西安等大都市的人口年平均增长率达3.74%，其中以南京的人口增长速度最快，年增长率达9.36%，上海与西安紧随其后，分别达到8.24%与6.65%。⑤ 至20世纪30年代，"我国现在有三个百万人口以上，一百十二个十万人口以上的城市，城市住民与全国人口的比例，虽没有欧美各国那般

---

① 《市组织法》，《市政月刊》，1928年第1卷第9期。
② 秦孝仪：《中华民国社会发展史》（第2册），近代中国出版社，1974年，第958页。
③ 《市组织法》（1930年），《首都市政公报》，1930年第61期。
④ 秦孝仪：《中华民国社会发展史》（第2册），近代中国出版社，1974年，第958—959页。
⑤ 秦孝仪：《中华民国社会发展史》（第2册），近代中国出版社，1974年，第896—897页。

严重，但已慢慢走上都市化的路上，是无可讳言的了"①，城市规模进一步扩大。1919年，中国5万人以上的城市有140个，到1936年增加到191个，其间出现了逾250万人口的超级特大城市——上海；而天津、武汉等中等城市则发展为人口逾百万的特大城市。与1919年相比，1936年逾百万人口的特大城市增加了4个；50万~100万人口的大城市减少了两个；25万~50万人口的大中城市数量未变；10万~25万人口的城市增加到了23个；5万~10万人口的中小城市增加了26个。由此可见南京国民政府统治的这十年间，中国城市发展的速度较快，并表现出人口向大中城市，尤其是特大城市聚集的特点。②

（二）中东部与沿江沿海地区城市的继续发展

随着第一次世界大战的结束，帝国主义卷土重来，以更加凶狠的姿态加紧了对中国的侵略，但与此同时，外国资本的涌入，一方面加强了帝国主义对中国的经济掠夺，另一方面在客观上也促进了部分现代工商业的发展。由于南京国民政府的建立，政治的基本统一，国家政策的导向，中东部尤其是沿江沿海地区城市的工矿业、商业与交通运输业等行业出现较大发展，构成了中东部地区在这一时期内城市发展的重要动因之一。

1927年南京国民政府成立之后，为巩固其统治，并解决当时中国现代化所面临的首要问题——"在共和体制下的国家重建"③，南京国民政府采取了一系列措施发展资本主义经济。时人指出："民国十七年以降，国民政府不但于十八年实行关税自主，二十年裁撤厘金，二十二年废两改元，二十四年实行法币政策，并先后发展银行，增修铁路，更遵循国父遗教，重视基本事业，以矫过去之偏畸，筹备国营工矿，扶助私营工矿，以速其进度。"④ 这些措施的施行，有利于民族资本主义工商业的发展。如关税自主之后，从1929年2月到1934年7月，南京政府先后四次调整关税，"洋货"进口税率上升到30%至80%不等。⑤ 这对于保护民族资本主义工商业发展，刺激民族资本企业扩大生产，起到了积极作用。如1930年12月，武汉裕华公司董事长就在股东大会上发言指出"关税自主，外国货进口无划，国货更不愁销"，因此提议增资扩大生产。⑥ 同时，南京国民政府还积极鼓励私人投资轻工业乃至重工业。1930年5月，南京国民政府颁布"实业建设程序"案，规定轻工业由私人经办，并表示重工业"其能由私人投资兴办者"，政府也当"奖励协助，并予以确切保障"⑦。"依据实业部民国二十一年至二十六年工厂登记，统计全

---

① 殷体扬：《市政问题的研究》，《中国市政问题》，中央警官学校，1942年，第1页。
② 何一民：《中国城市史纲》，四川大学出版社，1994年，第340页。
③ 罗荣渠：《现代化新论续编》，北京大学出版社，1997年，第110页。
④ 黄秉绶：《五十年来之中国工矿业》，中国通商银行：《五十年来之中国经济》，六联印刷股份有限公司，1947年，第172页。
⑤ 朱英、石柏林：《近代中国经济政策演变史稿》，湖北人民出版社，1998年，第346页。
⑥ 《1930年12月7日裕华公司第10次股东会议事录》，武汉市档案馆藏，109-I-310。
⑦ 秦孝仪：《革命文献》（第26），"中央"文物供应社，1963年，第182页。

国，共有工厂3 935家，资本总额377 857 742元。工人总数457 143人。"①

城市资本主义工商业的迅猛发展使得城市经济日趋活跃。以纺织业为例，1912年全国华商纺织厂共有32家，纱锭831 106个；1919年华商纺织厂增至54家，纱锭增至1 650 000个。1923—1933年这十年间，华资纺织厂拥有纱锭数从2 680 000个增加至4 585 000个，年均增长率为7.11%，时人因而赞赏道："国人对于纺织业之努力奋斗，其成绩亦略有可观。"这些纺织厂多集中于上海、天津、无锡、南通、常州、武汉等沿海沿江城市。总而言之，由于民国以来各届政府均在政策层面支持发展资本主义工商业，从而刺激有产者纷纷投资工矿企业。进出口贸易额增加，出口贸易额由1914年的4亿关两，增至1931年的9亿关两，增加了125%；进口贸易额由1914年的4.5亿关两增至1931年的14.3亿关两，增长了217%。②

在现代工业文明的推动下，东部沿海一些城镇因工厂的兴建而得到了快速的发展。如无锡在1932年有工厂171家（其中独资经营工厂71家），包括纺织、制面粉、榨油、碾米、造纸、制肥皂及印刷等轻工业，共有工人44 562人；无锡成为当时中国民族资本企业较为集中的城市。由于现代工业的发展，无锡城市发展迅速，城市规模不断扩大，沿运河密密地分布了数量众多的工厂、仓库、码头以及成片的工人住宅区。在太湖沿岸，资本家、商人则新建了一批豪华别墅、私人园林及相关生活设施，从而形成了新的城市建成区。沿海一带部分城市的工业也在此一时期有较快发展，如广东新会、台山、顺德，福建泉州、厦门及附近华侨集中的城镇，也因华侨投资设厂而出现较快发展③。

与此同时，中国其他城市也在城市工业化进程中获得了不同程度的发展。当时海关关册对这种热潮做过如下的记述："中国工业，日见扩充，各种机器，势必多用。国家之兵工厂、造币厂、铁路、船厂，及制革厂、电灯厂满布各处，开矿熔化等事，均需机器，缫丝厂甚多，各处又有织布、织袜、棉线、汗衫、棉纱，及机器磨坊、面粉、榨油、锯木、造纸等厂，砖及水泥，烛、皂、玻璃、磁器等厂，年胜一年，中国所制纸烟，与进口者相竞，各处大城，自来水逐渐推广，印刷厂，多处已有……"④随着全国城市近代工厂的建设，大量的资本被投入工业部门，工业资本得到了较快的增长，参见表1—5：

---

① 黄秉绶：《五十年来之中国工矿业》，中国通商银行：《五十年来之中国经济》，六联印刷股份有限公司，1947年，第172—173页。
② 寿景伟：《五十年来之中国国际贸易》，中国通商银行：《五十年来之中国经济》，六联印刷股份有限公司，1947年，第185页。
③ 何一民：《近代中国城市发展与社会变迁》，科学出版社，2004年，第40页。
④ 《中华民国六年通商各口华洋贸易情形总论》，戴乐尔、陈道谦：《中华民国六年通商海关全年贸易总册》（上卷），上海通商海关总税务司署造册处印制，1918年，第12—13页。

表1-5　1928—1933年中国登记设立的工厂数与平均资本额统计表

时　间	登记设立的工厂数（家）	每户平均资本额（千元）
1928年	250	471
1929年	180	356
1930年	119	378
1931年	113	245
1932年	87	168
1933年	153	159

《1928—1933年中国登记设立的工厂数与平均资本额》，《申报年鉴》，1936年。

据1933年统计，天津、上海、汉口、无锡、广州、青岛6个通商口岸，工厂数占全国总数的39%，资本额占全国总数的59%，工人数占全国总数的54%，工业生产总值占全国总数的69%；[1] 而北京、天津、上海、广州、汉口、重庆、西安、青岛、南京、无锡、福州、汕头12座城市拥有各类工厂（场）9 679家。[2] 工厂数量的增加是城市发展的重要指标，意味着城市规模的扩大与一批现代工商业中心城市的崛起。

除了资本主义工商业的继续发展，近代交通的兴起也促进了南京国民政府统治时期中东部与沿江沿海地区城市的发展。马克思曾说："交通运输业的变革，是夺取外国市场的武器。"[3] 在近代，传统的交通方式不能满足帝国主义在中国进行资本掠夺与扩张，因而采用先进的交通工具、开辟新的运输路线成为帝国主义开辟中国市场的重要前提条件，新式的交通工具就是在这样的背景下被强行引进中国的。而在1927—1937年南京国民政府统治的十年间，铁路运输业与轮船航运业的兴起或发展对中东部城市发展的影响最为明显。

1895—1911年和1931—1937年两个时间段，中国国内掀起了两次修筑铁路的高潮，铁路里程大大增加。第一次铁路修筑高潮是中国铁路兴起的初始阶段，虽然各地开始兴建铁路，但已筑铁路里程并不长，直到1927年全国已经建成的铁路才3 422.38公里。[4] 第二次筑路高潮期间，新修铁路里程大增，1937年全国铁路里程共达22 000多公里，并形成了近代中国铁路网的基本骨架。[5] 值得注意的是，这些铁路线几乎都分布于帝国主义势力侵入的中东部地区。铁路交通的发展，促进了经济要素的流动和聚集，使中东部地区的铁路沿线城市得到了较大发展，形成了生长点和虹吸效应。如平汉铁路沿线的郑州、石家庄、正定，津浦铁路沿线的徐州、济

---

[1] 西南财经大学经济研究所：《抗日战争时期国民政府财政经济战略措施研究》，西南财经大学出版社，1988年，第194页。
[2] 吴承明：《中国资本主义与国内市场》，中国社会科学出版社，1985年，第73页。
[3] ［德］马克思、恩格斯：《马克思恩格斯全集》（第23卷），人民出版社，2009年，第494页。
[4] 中国社科院近代史研究所：《中华民国史·第1卷·1911—1927》，中华书局，2011年，第450页。
[5] 孙敬之主编：《中国经济地理概论》，商务印书馆，1983年，第491页。

南等城市,皆受到铁路建设的影响而迅速发展。"铁路之建筑使许多城市增加繁荣,尤于两路之焦点。津浦路线会胶济路西来,济南遂成繁市。再南与陇海铁路交叉,徐州因而兴盛。平汉铁路沿线亦发生类似之二城,正太窄轨铁路,西出山西山地与平汉路会于石家庄,陇海与平汉交叉于郑州。其重要性则较逊焉。"[①] 上海、武昌、汉口、天津、广州等城市也因铁路建设而获得新的发展动力。

  帝国主义势力在中国抢夺铁路修筑权的同时,也加大了对中国内河航运权的控制,中国大量新式轮船便是伴随着西方列强的军事侵略而出现的。轮船航运业的发展促进了作为水上交通枢纽的内河轮船港口城市的发展,据统计,1861—1938年,在中国设立的主要外轮公司共有44家,其中就有25家设在上海[②],在全面抗战的前十年间,逐渐形成了以上海为中心的沿江沿海航运的现代化。长江沿岸的南通、镇江、扬州、南京、芜湖、安庆、九江、黄石、鄂州、武昌、汉口、沙市、宜昌、万县、涪陵、重庆、泸州、宜宾等城市,以及东南沿海的广州、厦门、福州、宁波与上海五口城市,都因新式交通的兴起而有相当程度的发展。

  总之,中国城市的现代化,尤其是中东部地区沿江沿海城市的现代化,在南京国民政府统治时期经历了一个繁荣阶段,沿海沿江一带的开埠城市规模显著扩大。到20世纪30年代初,上海人口达350万,天津达150万,广州为105万,南京为75万,汉口为85万(加上武昌、汉阳的人口达百万人以上),此外,无锡、南通、济南、徐州、重庆等城市的发展也较为迅速。

(三) 日本帝国主义的侵略与东北殖民城市的畸形发展

  近代以来,日本帝国主义"不甘处岛国之境",制定了臭名昭著的"大陆政策",将其侵略扩张目标定为中国,并发动了一系列侵略战争。自1927年6月至1931年6月,日本关东军、日本政府及日本军部先后炮制了《关于对满蒙政策的意见》《对华政策要点》及《解决满蒙问题方策大纲》等一系列文件,从寻衅滋事、制造入侵东北借口到具体制定作战计划,做好了一系列武装侵略中国东北的准备。1931年9月18日夜,日本帝国主义者按照预定计划,令盘踞在中国东北境内的日本关东军炸毁了沈阳附近柳条湖的南满铁路路轨,事后诬称沈阳北大营中国驻军破坏南满铁路并袭击在附近演习的日军"守备队",以此为借口发动了对中国大规模的武装侵略,"九一八"事变成为日本武装侵华的开端。从"九一八"事变到哈尔滨沦陷,短短4个月左右的时间,东北三省全部沦为日本殖民地。这一时期东北城市发展的特点是,东北作为日本独占的殖民地和发动侵略战争的大后方,城市出现畸形发展。

  首先,日本侵华战争对东北地区的城市造成了严重破坏。"九一八"事变爆发后,东北地区的中心城市沈阳首先沦陷。随后,日军沿南满铁路展开全面攻势,先

---

① 刘节厚:《华北平原之城市》,《市政评论》,1937年第5卷第5期。
② 严中平等:《中国近代经济史统计资料选辑》,中国社会科学出版社,2012年,第239—243页。

后攻占了南满、安奉两条铁路沿线的重要城镇。9月19日沦陷的城市有营口、田台庄、盖平、复县、大石桥、海城、辽阳、鞍山、铁岭、开原、昌图、四平街、公主岭、安东、凤凰城、本溪、抚顺、沟帮子、长春等；21日沦陷的城市有吉林等；22日，通辽、郑家屯等城市失守；23日，敦化、蛟河等城市陷落；24日，巨流河、新民被占；25日，洮南陷落；1931年11月至1932年2月，黑龙江省的齐齐哈尔、嫩江、大兴、江桥、哈尔滨、双城、锦州、辽西、宾县、海伦等城市，也相继落入日军之手。至此，经过4个月零18天，东北全境城市均被日本侵略者控制[1]，从而使得整个东北地区成为日本帝国主义肆意掠夺资源的殖民地，城市经济遭到破坏。同时，由于"九一八"事变后，日军占领东北，扶植伪满洲国，日本当局及伪满洲国开始限制关内人口出关，使得人口向东北移动的势头有所减弱。

其次，随着日本殖民统治的建立，东北地区的殖民城市出现畸形发展。在城市经济方面，为了最大限度地掠夺东北地区的资源，日本不断加大对东北的开发力度。其一，为加大投资，日本对东北的投资总额由1931年的5.5亿美元激增至1944年的52.7亿美元[2]，巨额的投资和大力的开发使东北地区的工业尤其是重工业得到了较大发展，一些工业城市如鞍山、抚顺、本溪等城市的人口规模也因此有所扩大；其二，为了满足侵略的需要，日寇不仅霸占了东北的铁路等水陆交通设施，还修筑了长达4 000公里的铁路，从而促进了沿线城市的发展，加强了城市之间的联系。在殖民经济得到发展的同时，东北地区的民族工商业与金融业遭到日本殖民统治者的压制与摧残，从而导致了这一时期及全面抗战时期东北地区城市的畸形发展。在城市规划与管理方面，为了巩固对东北地区的殖民统治，日本帝国主义加大了对东北地区城市建设与管理的力度，除了在东北地区普遍设省进行分割控制外，还广泛引进西方城市管理的方法，不断加强对东北地区中心城市的建设与规划，这从"九一八"事变后日本在东北地区投入的城市建设经费中可见一斑，详见表1-6：

表1-6　1933—1937年日本帝国主义对东北各城市的年度建设经费统计表

单位：1 000满元

城市	1933年	1934年	1935年	1936年	1937年
长　春	16 210	33 265	40 688	24 840	29 223
沈　阳	14 413	20 523	18 245	10 038	21 774
大　连	13 239	17 590	19 298	18 580	14 605
牡丹江	—	—	—	10 545	6 116
鞍　山	3 628	6 133	4 354	2 617	4 464
抚　顺	1 292	2 354	2 878	5 594	5 748

---

[1] 张宪文：《中国抗日战争史：1931—1945》，南京大学出版社，2001年，第70—81页。
[2] 吴承明：《帝国主义在旧中国的投资》，人民出版社，1955年，第162页。

续表

城市	1933年	1934年	1935年	1936年	1937年
哈尔滨	3 566	11 249	14 590	6 550	4 296
齐齐哈尔	—	—	—	4 751	2 178
吉　林	—	—	—	1 110	1 642
锦　县	—	—	—	2 233	1 016
安　东	—	—	—	1 292	843
其　他	—	—	—	47 524	70 075

南满铁道公司：《第五次满洲发展报告》《第六次满洲发展报告》。见［英］琼斯著，胡继瑗译：《1931年以后的中国东北》，商务印书馆，1959年。

从表1—6可以看到，从1933年至1938年，东北地区的城市建设经费基本呈逐年增加的态势，这说明日本帝国主义在中国东北地区对殖民城市的建设与开发力度不断增强。有研究者指出："殖民城市的出现体现了中国半殖民地半封建社会的不断深化。但如果从城市行政管理的角度分析，这些殖民城市的部分管理理念和方法，在一定程度上为创建中国城市行政管理机制和中国行政管理制度的改革提供了可资借鉴的模式。"[①] 日本帝国主义列强对东北城市的政治、经济、文化侵略虽然日益加深，但其为巩固侵略果实而在城市内开展的各种建设，在一定程度亦推进了东北地区尤其是中心城市的发展。这也是导致东北地区城市畸形发展的一个原因。

（四）蒙、新、藏边疆地区城市的发展

南京国民政府成立以后，虽然出于统治的需要，中央政府对蒙、新、藏边疆地区给予了一定的关注，但是由于内忧外患不断，政府无力经营，从而严重影响了蒙、新、藏边疆地区的城市发展。

1. 内蒙古地区城市的发展变迁

出于国防与政治变革的需要，南京国民政府在内蒙古地区进行了省制改革，并于1928年发表了《改热河等省区为行省通电》，正式宣布"热河、察哈尔、绥远均改省"，"旧直隶省之口北道十县，划察哈尔；察哈尔原划绥远丰镇、凉城、兴和、陶林四县及后置之集宁县，仍划还绥远"[②]，划分了热河、察哈尔、绥远、宁夏、青海五个行政区域，同时将内蒙古昭乌达盟、卓索图盟划入热河省，将锡林郭勒盟、察哈尔部划入察哈尔省，将乌兰察布盟、伊克昭盟及土默特特别旗划入绥远省，将阿拉善旗和额济纳旗套划入宁夏省，青海蒙古属青海省[③]，从而废除了道一级行政机构，实行省、县二级制。1929年，南京国民政府成立蒙藏委员会，隶属

---

① 张利民：《近代中国的殖民城市》，《江西社会科学》，2012年第10期。
② 熊耀文：《总理对于蒙藏之遗训及中央对于蒙藏之法令》，辽宁民族出版社，2010年，第101页。
③ 孟和宝音：《近代内蒙古行政建制变迁研究》，辽宁民族出版社，2010年，第101页。

行政院，为国家掌管边政的最高机构，并于1931年公布了《蒙古盟旗组织法》，规定蒙古各盟及各特别旗直隶于行政院。随着国民政府加强对蒙古地区的管辖，各省级行政建置的设立，蒙古地区的城市得到一定发展，特别是省级行政中心城市的相继出现，县级城市也有所增设，加快了该地区的城市化进程。详见表1-7：

表1-7 南京国民政府时期内蒙古地区新增或设县治情况（1928—1934）统计表

区　域	县治、设治局	时　间
绥远省	改临河设治局为临河县	1929年
	设沃野设治局	1930年
	改大佘太设治局为安北设治局	1931年
察哈尔省	增设尚义、崇礼、化德设治局	1934年
热河省	增设全宁县、凌源县、凌南县、宁城设治局	1931年
	改林东、天山、鲁北、宁城设治局为县，撤销全宁县	1932年
辽宁省	增设通辽县、突泉县	1929年
黑龙江省	改雅鲁设治局为县	1929年
宁夏省	增设磴口县	1929年

闫天灵：《汉族移民与近代内蒙古社会变迁研究》，民族出版社，2004年；曹永年：《内蒙古通史》（第四卷），内蒙古大学出版社，2007年。

从表1-7中可以看出，南京国民政府统治时期，内蒙古地区的建制城市数量有所增加，共改设和增设了12个县与6个设治局。省制等地方行政制度改革不仅推动了内蒙古地区城市数量的增长，还促进了内蒙古在政治制度方面的进一步"内地化"。

南京国民政府在内蒙古地区除加强省制等地方行政制度的改革外，还进一步加强了对内蒙古地区经济的开发。1929年，察哈尔省建设厅实施蒙旗放垦办法，1931年垦务局在绥远已丈放荒地18万余顷。由于放垦吸引了大批外地人口的到来，仅山西保德县到绥远、甘肃等处谋生的人就约占当地人口总数的15%。[1] 垦务的实施与移民的迁入，扩大了内蒙古地区农业生产的规模，到1930年，察哈尔省多伦耕地面积近60万亩，商都县耕地面积达到了200余万亩[2]；1931年，绥远省所属17县（设治局）的耕地面积约为1800余万亩[3]；昭乌达盟的开垦区域已经扩展到西拉木伦河以北的蒙旗。这一时期内蒙古地区农业的发展，促进了该地区经济结构由单一的游牧业向农牧并存转变。而农牧经济的发展，使剩余农牧产品增多，加速了农牧产品的商品化，从而为城镇的发展提供了广阔的农村腹地。

然而1931年"九一八"事变后，热河沦陷，这一地区中的蒙古族居住地也随之

---

[1] 《山西省保德县风俗调查纲要》，中国第二历史档案馆，全宗号12，案卷号301，目录号527。
[2] 贺扬灵：《察绥蒙民经济的解剖》，商务印书馆，1935年，第97页。
[3] 绥远省政府编印：《绥远概况·农业》，1933年，第16页。

落入日本人之手，伪满洲国成立后，这些地区成为伪满洲国的重要组成部分；而在察哈尔省境内的锡林郭勒盟又公开投日，以"自治"为名，组织蒙奸政权。因南京国民政府对日奉行妥协政策，华北危机不断加深，绥远、察哈尔省内的蒙古各盟旗也相继沦入日本侵略势力的笼罩之下，内蒙古地区的城市遭到帝国主义侵略的破坏。

2. 西藏地区城市的发展变迁

南京国民政府重视改善中央与西藏的关系，在这一时期与西藏的关系相对友好、密切，为城市的发展创造了较为稳定的政治环境。1928年，十三世达赖派人至南京请求国民政府恢复对西藏的管理。1929年，班禅在南京设立办事处。同年，国民政府不但数次派人入藏与地方力量接洽，还成立了蒙藏委员会。蒙藏委员会的创立标志着汉藏关系进入恢复时期，并在南京政府治理西藏的过程中发挥了重要作用。但是西藏地方政府与中央政府关系的改善，却遭到英帝国主义的阻挠。1930至1933年间，英帝国主义数次向康、青等地进犯。西藏当局力破英帝国主义的分裂阴谋，九世班禅在1931年的国民会议中表示"恩启政府之远图，迅拯藏民于涂炭"，"重张上国之声威"①，强烈表达了希望中央加强整顿边疆力度的愿望。然而，由于多种因素的制约，南京国民政府对西藏的管辖力度一直较弱，对西藏发展经济的支持力度也较小，西藏经济发展一直十分缓慢，长期保持着农奴制下的农牧经济体系，西藏城市人口数量少，规模小，除拉萨人口超过5万人以外，其他重要城市如日喀则、那曲、昌都等城市人口较少，城市在南京国民政府统治时期的发展也较为迟滞，由于灾害、疾病等原因，西藏总人口在1927—1937年呈下降趋势。详见表1-8：

表1-8 民国主要年份西藏人口数统计表

单位：人/平方公里

年 份	1912	1919	1925	1928	1931	1936
人 口	1 660 000	1 594 600	1 538 000	1 509 700	1 481 300	1 434 300
人口密度	1.33	1.28	1.23	1.21	1.18	1.15

表中人口数据来源于赵文林等：《中国人口史》，人民出版社，1988年；人口密度数据来源于袁永熙：《中国人口·总论》，中国财政经济出版社，1991年。

由表1-8数据可知，1912年西藏人口为166万，此后一直呈下降趋势，南京国民政府统治时期，这种下降趋势并未改变，至1936年，西藏人口下降至143万人，较1912年净减少了22.57万人，此一阶段西藏并未发生大的战争，因而导致人口持续减少的原因主要是灾害、疾病、瘟疫等，这些因素使当地死亡率大于出生率。从总体上来看，西藏长期以来的人口都相对较少，北洋政府时期最高峰值仅166万人，人口密度仅为1.33；南京国民政府统治时期，最高峰值仅150万人，人

---

① 中国国民党中央委员会党史史料编纂委员会编印：《中国国民党年鉴》（第4编），1934年，第34页。

口密度仅为 1.21。西藏总人口规模的偏小与人口密度的偏小，决定了这一时期西藏城市人口的规模不可能太大，除前藏中心城市拉萨与后藏中心城市日喀则等少数几个城市的人口规模稍大外，其他城市的人口规模都普遍较小。而同一时期的中东部沿海沿江地区的部分重要城市如上海等，都已经发展成了百万人口的特大城市，由此可见，1927—1937 年南京国民政府统治的十年间，西藏城市总体上未能得到发展。①

3. 新疆地区城市的发展变迁

1927—1937 年，由于国内政局动荡，南京国民政府在这一时期对新疆政事缺乏强有力的统驭，致使新疆的政变、骚乱不断。在这 10 年之中，新疆城市的发展在金树仁和盛世才执政期间，呈现出不同的阶段性特点，即金树仁时期城市的破坏与衰败和盛世才时期城市的快速发展。

1928 年 7 月 7 日，新疆发生省长杨增新被刺杀事件，时任政务厅厅长的金树仁被推举为省主席，并获南京国民政府任命。金树仁执政初期，亦曾提倡发展实业，引进人才，建设边疆，使新疆的经济和城市发展一度出现新的气象。但由于金树仁为了加强其统治，扩充武备，采取了一系列的过激措施，导致 1930 年的哈密事变爆发，以此为导火线，整个新疆从杨增新执政时期的稳定局面陷入全面战乱和动荡中，新疆区域社会与城市也遭到了全面破坏，具体表现为城市工商业的衰败与城市人口的锐减等。如 1932 年阿山暴乱期间，"阿山街市被放火焚烧，凡晋商各大商号，均化为灰烬，留者仅三道桥至维商街几家小铺……布尔津、哈巴河两县街市，焚毁无遗"②；据 4 月 18 日《天山日报》，"布尔津、哈巴河两县街市焚毁无遗；巴盖、红墩渠各村庄民舍，尽成焦土。至冲乎尔、盐池、克木齐可苏、巴里巴盖、红墩渠各村庄民舍，尽成焦土。阿山全境除吉木乃外，无房屋可言"③。战乱对商业区的破坏以及由此带来的人口死伤，都打断了城市的正常发展。

1933 年，盛世才执政后，采取强硬的措施，不仅消灭了新疆的分裂势力，而且借助苏联的力量加大了对新疆地区的开发，新疆也由此进入了快速发展的阶段，具体表现为社会经济的显著进步与城市数量的增加。盛世才执政期间非常重视发展农业，一方面在新疆设立农业局，开垦荒地，另一方面从苏联引进先进的生产技术和机器来改变新疆落后的农业生产方式，促使新疆传统农业向近代农业转变。据统计，1933 年新疆的耕地面积达 463 万亩，粮食总产达 463 万石。④ 同时，新疆工业在 1936 至 1938 年发展尤快，据史料，"26 年度（1937 年）全疆小工业铺旧有 273 家，新设 119 家，27 年度（1938 年）设者 24 家"⑤。此一时期新疆的工业企业不

---

① 何一民：《民国时期西藏城市的发展变迁》，《西南民族大学学报》，2013 年第 2 期。
② 吴蔼宸：《边城蒙难记》，新疆人民出版社，2010 年，第 100 页。
③ 布尔津县地方志编纂委员会：《布尔津县志》，"新疆维吾尔自治区地方志丛书"本，新疆人民出版社，2002 年，第 19 页。
④ 赵予征：《丝绸之路屯垦研究》，新疆人民出版社，2009 年，第 272 页。
⑤ 陈纪滢：《新疆鸟瞰》，建中出版社，1943 年，第 97—98 页。

仅数量有所增加，而且涉及行业众多，与人民生活相关的轻工业有较大发展，如纺织厂、电灯厂、印刷厂、锯木厂等现代企业在新疆主要城市相继建立。社会经济的进步促进了新疆城市的发展和人口的增长。据研究，1935年新疆人口已达到257.7万人，比北洋政府时期西藏人口的最高峰值高出近1倍。新疆人口的增多与移民有着直接的关系，特别是甘肃等省迁至新疆的移民数量甚多。据1936年相关人员对甘肃省安西农村的调查，这里的人口向新疆迁移者甚多："据说因为新疆哈密召户，全家移住该处者更多，安西有许多村里，简直已经不见人烟了。"[①] 正是由于新疆城市的发展，为外来人口提供了大量的就业岗位，从而为城市规模的扩大奠定了基础。在盛世才执政时期，万人以上规模的城市数量翻了一番，从清末的5个增长为10个，包括喀什、伊宁、迪化、叶城、叶尔羌、阿克苏、奇台、吐鲁番、和阗与疏勒。[②]

总的来说，1927—1937年南京国民政府统治时期，中国城市化的发展相较于晚清时期取得了较大进步。与此同时，城市发展的不平衡特征亦愈趋明显，沿海城市尤其是东南沿海地区的城市快速发展，广大的内陆地区城市化进程十分缓慢，东西与南北之间的差距拉大。从城市的经济聚集功能上说，只有少数城市的工商业取得了较为明显的协调发展，而大多数城市则经济功能单一或残缺不全，不能真正有效地发挥城市应发挥的经济辐射功能。[③]

三、全面抗战时期城市的变迁

日本对中国发动全面战争以前，中国城市发展尽管历经曲折，但就总体上看仍呈现发展的趋势。但日本发动全面侵华战争后，中国的城市出现三种发展态势，一是东中部城市因沦入侵略者之手，成为沦陷区，其城市化和现代化进程严重受阻，大部分城市处于衰落状态。二是西南大后方因南京国民政府迁都重庆，东、中部城市的工厂、文教事业单位，以及大量的各类人员大规模内迁，从而获得新的发展动力和资源，大后方城市在国民政府制定的都市复兴计划的引导下，[④] 得到较大规模的建设与发展。三是东北城市自"九一八"事变后成为日本的殖民地，在日本占领军所颁布的东北城市建设的"都市计划"的作用下，不少城市得到了改造和扩建，但日本占领军在东北建设城市的主要目的并非促进城市整体发展，而是为更好地进行殖民统治，故东北城市的发展在全面抗战时期继续呈现出畸形发展的态势。

---

① 耕夫：《安西的人祸和天灾》，《东方杂志》，1936年第33卷第10期。
② 张建军：《论清代新疆城市的人口规模》，《中国历史地理论丛》，1999年第4期。
③ 潘君祥、沈祖炜：《近代中国国情透视——关于近代中国经济、社会的研究》，上海社会科学院出版社，1992年，第231页。
④ 李强、黄萍：《行政院工作报告：1934—1947内政》（第5册），国家图书馆出版社，2013年。此文件成文时间为1943年7月。

（一）全面抗战时期东中部城市的衰落

1937年7月7日，日本发动"卢沟桥事变"，全面抗日战争爆发。日本侵略者迅速在平津地区发起全面进攻，7月29日、30日，北平、天津先后沦陷。同年8月13日，日本海军陆战队向上海发起进攻，中国军队奋勇抵抗，但因实力悬殊，上海于11月12日沦陷。之后，日军继续向西侵占了南京、扬州、六合、来安、滁县等长江下游城市。不久，日军在华北进一步扩大侵略，先后攻占了河北、河南、内蒙古、山东、山西的部分城市。徐州会战后，山东、江苏和安徽的重要市县也相继失守。1938年武汉会战与广州会战后，又有江西、湖北、安徽、河南诸省及粤北和珠江三角洲的部分城市陷落，其中包括重要省会城市武汉和广州。

从1938年10月武汉失守至1943年6月鄂西会战。此一阶段，抗日战场在上一阶段的13省基础上增加了湘、桂、滇等省，各省所发生战争、战役的县数多少不一，山西省特多，计有61县。次有浙、鄂、粤、赣4省，均在30处以上；再次如豫、桂2省，也各有20处上下；至于皖、湘、苏、闽、鲁、绥、滇、冀8省，则由15处以至1处不等；15省合计共有295市县[1]。1939年初南昌会战后，南昌、高安、修水、武宁、瑞昌、大城、吴城等江西城市陷落。1939年5月随枣会战爆发，包括沔阳、天门、潜江、汉川、应山、钟祥等江汉平原与鄂北地区的城市，以及豫北唐河等城市相继被日军攻占。1941年3月中条山战役爆发，垣曲、济源、孟县、温县、沁阳、博爱、董封、新乡、焦作、高平、长子、陵川等晋南、豫北的城市也相继陷落。1941年4月，福州战役爆发，福州、连江、长门、长乐、福清等福建城市渐次落入敌手。

从1943年6月鄂西会战结束至1945年8月14日日本政府宣布投降。这一阶段的战斗分为两方面，一方面是中共领导的八路军和新四军以及各游击队广泛在敌后开展游击战，约有84市县做过游击战的重要战场，黄河流域有50县，长江流域有32县，珠江流域有两县[2]。另一方面则是正面战场的大会战。1944年夏，日本陆军发动豫湘桂战役，这场战役规模巨大，贯穿中国豫、湘、桂三省，是日本侵略军在即将战败前的疯狂大反扑，双方投入的兵力巨大，战事异常惨烈，中国军队虽然进行了英勇的抵抗，但损失甚巨，伤亡人数达50万~60万，20多万平方公里的国土丧失，日军在这场战役中占领了中国4个省会和146座城市[3]。

日本侵占东、中部城市，对东、中部城市的城市肌理，如街道、城墙、城内建筑，以及城市工厂、银行、学校等经济和文教设施造成了巨大的破坏。

---

[1] 杨家骆：《中国对日战事损失之估计（1937—1943）》，《近代中国史料丛刊续辑》（第9辑），文海出版社，1974年，第8页。

[2] 秦孝仪：《中华民国重要史料初编——对日抗战时期》第2编《作战经过》（四），"中国国民党中央委员会党史委员会"，1988年，第31页。

[3] 高庆达等：《中华民国简史》，陕西师范大学出版社，1989年，第199页。

1. 日军对占领区实施暴行，实行殖民统治，对这些地区造成巨大破坏

全面抗战时期，日本侵华军队可以说是世界上最野蛮的军队之一，他们在中国犯下了滔天的罪行，日军每攻占一处城镇，特别是遇到抵抗的城镇，都要肆无忌惮地屠杀手无寸铁的无辜平民，其中最突出的例子是日军攻占南京后，制造了震惊世界的南京大屠杀。远东国际法庭在有关南京大屠杀事件的判决书中称："日本兵完全像一群放纵的野蛮人似的来污辱这个城市……犯下了不计胜数的暴行。""日军单独或二三成群地在全市游荡，任意实行杀人、强奸、抢劫和放火……对一点也未开罪他们的中国男女和小孩毫无道理和不分皂白地予以屠杀，终至在大街小巷遍地横陈被杀害者的尸体。""中国人像兔子似的被猎取着，只要看见哪一个人一动就被枪杀。""由于这种不分青红皂白的屠杀，在日方占领南京的最初两三天功夫，至少有12 000人的非战斗员的中国男女和儿童被杀害了。"① 纳粹德国驻南京大使馆在发给德国外交部的秘密电报中概括地描述了日军在南京杀人如麻以及强奸、放火、抢劫的普遍情况后，指出："犯罪的不是这个日本人，或者那个日本人，而是整个日本皇军。……它是一副正在开动的野兽机器。"② 这部野兽机器在日军大本营的驾驭下，在其后的一个多月时间内，制造了多起骇人听闻的集体屠杀事件，被杀害的无辜居民达30余万人，被日军强奸凌辱的中国女性达2万余，历史悠久、具有数千年文物古迹的南京城被烧毁1/3，城内外尸骨遍地，血流成河，瓦砾成山，昔日中国的繁华首都成为血雨腥风的人间地狱。

日军在其他城市和乡村的暴行也是令人发指。如日本在攻占山西高阳县城后，对该地平民进行了惨无人道的大屠杀，"在敌人的血腥屠杀中，一座两万人的县城变成了死城。至于少女、少妇惨遭奸污蹂躏的，更是不计其数，有的被摧残致死，有的因抗拒被杀"③。东方之珠香港在被日军占领后也变成了一座血雨腥风的城市。④ 日军在占领济南后，即在琵琶山下营造杀人基地，无数次地残杀中国抗日军民，"有的被当作练习射击的靶子，有的被当作拼刺刀的对象，有的被浇上煤油烧死，有的被活埋，有的被日军狼狗活活咬死，有的被挖去双眼、心肝……日寇杀人狂妄至极，有时每隔一天就要杀一次，每次人数不等，少则几人，多则几十人，上百人，每逢杀人时，惨叫声不堪入耳"⑤。其他各沦陷区的城市都无不遭到惨重的破坏。南方的重要民族工业城市无锡，在"七七事变"后，遭到日本飞机的不断轰

---

① 梅汝琪：《远东国际法庭审理南京大屠杀事件之经过》，《中华文史资料文库·政治军事编》第5卷（20-5），中国文史出版社，1996年，第575-576页。
② 梅汝琪：《远东国际法庭审理南京大屠杀事件之经过》，《中华文史资料文库·政治军事编》第5卷（20-5），中国文史出版社，1996年，第575-576页。
③ 任达之：《日军血洗阳高实录》，《中华文史资料文库·政治军事编》第5卷（20-5），中国文史出版社，1996年，第594-595页。
④ 黄海云：《香港被日军占领后的悲惨世界》，《中华文史资料文库·政治军事编》第5卷（20-5），中国文史出版社，1996年，第605-607页。
⑤ 刘献林：《日军在济南的杀人刑场"万人坑"》，《中华文史资料文库·政治军事编》第5卷（20-5），中国文史出版社，1996年，第638-641页。

炸，西门外的工业区损失惨重，业勤、广勤、豫康三个纺织厂全被炸毁。1937年11月25日，日本侵略军进入无锡城区，又放火焚烧十昼夜。从火车站至通运路，从三里桥到老北门，从北门到三凤桥等地区，所有工厂、商店、学校、银行、戏院、医院、报馆、寺院等等，尽付一炬；烧毁工厂房屋18 537间，商店房屋54 268间，校舍8 614间，名胜建筑2 105间，民房166 614间，商业繁华区尽成瓦砾，同胞被杀害者达14 150人。徐州、长沙、衡阳、金华等城市也遭到特别严重的破坏。日军进入徐州后，即放火烧了丰储街，焚毁了20余家粮行。5月20日，日军又去徐州东南乡同窝村，将全村男女老幼670余人活活烧死。日军攻占开封后，国民党军队炸开黄河花园口大堤，导致黄河水泛滥成灾，虽然阻止了日军进攻郑州和武汉的计划，却使大片农村和若干城镇受到破坏，数十万同胞惨遭灭顶之灾。日军在占领区烧杀淫掳，无恶不作，实行残酷的统治。全面抗日战争进入相持阶段后，日军多次集中兵力进攻抗日根据地，对中国城市和农村的破坏不断加剧。

2. 日本侵略者对沦陷区进行疯狂的经济掠夺，造成这些城市严重衰败

日军每占领一个城市，就首先抢占银行、银号，掠夺金条、现款等。据统计，1937年7月至1941年12月，中国银行、中央银行、中国农民银行等53家公私银行，在沦陷区的损失共计约4 124.9万元。当日本军队在沦陷区建立殖民统治秩序后，即推行"以华制华"和"以战养战"的策略，同时发行伪币，榨取沦陷区人民的血汗。日本侵略者还以各种不同的方式垄断了沦陷区的工矿企业，对沦陷区进行多种抽血式的经济掠夺，同时以暴力为后盾对以城市为中心的各区域的资源进行野蛮的掠夺。华北、华中、华东、华南等地区重要城市残存的民营工业面临日本殖民化恶浪的冲击，完全失去了自主发展的可能性，只能仰人鼻息，被迫成为日本侵略机器的附属品和军需品加工厂，城市成为日军进行战争的基地。同时在日本侵略者残暴的殖民统治之下，东部沦陷区的城市，如上海、武汉、天津、广州、长沙、南京等大城市经济都处于不同程度的停滞倒退状态。据记载，汉口在全面抗战期间，人口伤亡12 120人，房屋损失7 515栋，各项损失总金额达42 344亿元，其中房屋损失总价为3 076亿元，公用事业及建设损失1 345亿元，金融业损失678亿元，工商业损失8 203亿元，学校损失1 248亿元，卫生设备损失110亿元，工业企业减少75%[①]。

一些中小城市则在战争的打击下一蹶不振。如无锡在全面抗战前是中国民族工业的一个重要基地。日军占领无锡后，无锡的民族工业倍受摧残，申新三厂和庆丰纱厂被焚毁。棉纺织业被直接破坏的纱锭总数达166 614枚，布机3 304台，占全部设备的70%；大型丝厂在全面抗战前共有41家，其中全部被毁的有9家，大部及部分被毁的有26家，残存的几家也处于半停产状态；面粉业三大工厂中，茂新一厂被烧劫一空，工厂成了废墟，茂新二厂被劫掠一空后，厂房充作了日军的病马

---

① 《汉市在抗战时各种损失简表》，汉口市政府：《汉口市1946、1947年度概况概算，抗战时期各种损失简表》，1948年，武汉市档案馆藏"伪汉口市政府档案"，9—31—1087。

院，之后又被日商华友制粉公司强行代管，改名为大丰面粉厂，九丰面粉厂也被日军占有，改名大丰面粉厂，充作日军的军需厂，三厂实际生产能力的 80% 被破坏和被控制，损失在 250 万元以上；粮米业除位于三里桥的米市中心被焚毁外，粮食堆栈中的 130 万石存粮被劫掠，碾米厂均被迫停顿；榨油业最大的恒德油厂，部分机器也被毁坏；其他如色织厂、毛纺织厂、印染厂等，也因遭受破坏而停产，纺织机械工业的设备，除在全面抗战前一部分转为军用被拆运重庆外，未及拆迁的重型设备，都被日军查封盗走。到 1938 年 5 月，日本改变了对无锡经济的掠夺方式，由日商三井、三菱、大风等商行开设粮行控制无锡米市。12 月间，又成立日伪惠民公司、华中蚕丝公司，以管控苏浙皖三省的蚕丝生产和经营，并侵占了无锡 18 家丝厂，将蚕丝的产销经营完全纳入沦陷区经济体系。对棉纺、制面粉、榨油等业残存的工厂，日寇则采取"租赁""委托经营"等办法进行管理。1939 年 12 月，日伪华中铁道公司接管了锡澄长途汽车公司，实行交通一元化。同时，无锡的通信命脉也完全掌握在日本侵略者手中。1940 年，日军大量搜刮大米，使米价不断上涨，以致激起市民抢米风潮。1941 年实行棉花统购，将大部分棉花输往日本国内。总之，在沦陷的数年中，无锡的经济，特别是经过 40 年苦心经营的近代工业，绝大部分被日本侵略者毁灭了。

中国南方的另一个民族工业重镇南通，于 1938 年 3 月被日本侵略军占领，日军在南通野蛮地烧、杀、淫、掠，使南通人民陷入一场空前的浩劫。著名的大生企业集团所属各工厂在停止生产两个多月后，被迫与日本钟渊纺织株式会社"合作"。至 1943 年才由"日汪政权"发还，但生产能力大为下降。

军事重镇徐州沦陷后，很快就建立了汪伪统治机构"苏北行政专员公署"和"徐州市公署"，加紧对徐州地区的煤、铁矿产及其他物资的掠夺。为了解决财政收入不足的问题，日军又在徐州一带推行鸦片"自由买卖"和"自由种植"，甚至强迫种植，到处开设烟馆，导致徐州四乡几乎户户种烟，城乡多遭毒害，给徐州人民造成了深重的灾难。

日本军队在占领华北、华中、华东、华南期间，控制了这些地区城镇的大多数工厂企业，中国民族资本的新式工业和手工业遭到严重的摧残和打击。特别是工业企业占中国民族工业企业总数 60% 的上海、天津、武汉、广州、无锡五大城市，在日军进攻和占领期间，遭到特别严重的破坏和摧残。如上海在日军进攻时期被摧毁的工厂达 2 270 家，损失总额达 8 亿元左右。除上海外，长江三角洲地带的工业设备损失达 50%，武汉的工业企业被彻底摧毁的达 12%。沦陷区内的新式工厂企业，除部分搬迁至大后方者外，其余的大部分均被日军以"军管理""委任经营""中日合办""租赁""收买"等种种手段强占。如沦陷区 87% 的华商纱厂被日寇以委任经营的手段掠夺。其他如煤矿、铁矿、钢铁、电力、盐场、机器缫丝、造纸、水泥等行业也遭到日寇的大规模野蛮掠夺，这些工厂企业的大多数产品和利润则为日寇所占有。①

1941年太平洋战争爆发，日本为了扩大战争，将中国变成日本在世界范围内进行侵略的后方基地，加强了对中国沦陷区的殖民统治，并集中日伪军对抗日根据地进行疯狂的进攻，采取"烧光、抢光、杀光"的三光政策，致使这些地区的城市和农村遭到严重破坏，有些地区变成了无人区。由于日本对华北、华东、华中、华南沦陷区的疯狂破坏、掠夺，这些地区的城市化进程中断。

全面抗战时期，由于中国的主要城市集中在沦陷区，这些城市在日军占领下经济普遍萧条，人口锐减，由此造成了中国城市化进程的中断。但从局部来看，中国另外两个区域的城市化则出现不同程度的发展。一个是东北地区，一个是西部地区。

19世纪东北地区是中国城市化水平较低的区域之一。20世纪以来，随着现代交通的发展、商业的兴盛、移民潮的兴起，东北的城市化出现较快的发展。1931年"九一八"事变后，东北三省成为日本独占的殖民地，日本一方面对东北进行殖民掠夺，另一方面为了满足对中国发动全面战争的需要，将东北作为战争基地，加大了对东北工业、交通、能源、矿山开发的投资。1931年日本对东北的投资总额为5.5亿元，其后逐年增加，到1944年则增至52.7亿元。与此同时，东北的工业化出现加速发展，特别是重工业出现长足的发展。"九一八"事变前，东北工业已有初步发展，主要从事消费品生产，主要工业生产部门集中在大连和哈尔滨等城市，以及南满铁路和中东铁路沿线地区。东北地区在工业化初期最重要的工业是农产品加工业，如大豆榨油厂和豆饼厂，这些工厂绝大部分都设在大连和南满铁路沿线地区，而面粉厂主要设在哈尔滨。沈阳是烟草制造业的中心，英美烟草公司和日本东亚公司都在这里设厂。日本人还在大连、锦州和辽阳等城市先后设立了一些棉纱厂，在沈阳设立了羊毛厂。这一时期，也有不少中国人投资创办工厂，虽然数量较多，但规模一般都很小。重要的和大型的工厂主要掌握在日、俄、英、美等外国人手里。在东北的全部外资企业中，大约有70%属于日本人，25%属于俄国人，其余则分别属于英、美等国商人。② 1940年东北地区5个工人以上的工厂共有12 769家，华资工厂为10 806家，日资工厂为1 853家，另有110家工厂为其他国家的商人创办。1940年东北工厂的资本总共为1 755 772 669元，其中中国资本为298 760 951元，占总资本的17%，平均每个工厂的资本额仅为27 647元；而日本资本为1 417 810 368元，占总资本的80.75%，平均每个工厂的资本额为131 205元；其他国家的资本为39 201 350元，占资本总额的2.25%，平均每个工厂的资本额为356 375元。是年东北各工厂常雇职工共689 516人，其中中国资本企业的工人人数为305 988，占工人总数的44.40%，平均每个工厂的工人数为36；日资企业的工人人数为368 951，占工人总数的53.50%，平均每个工厂的工人数为199；其他国

---

① 祝慈寿：《中国近代工业史》，重庆出版社，1989年，第881—885页。
② ［英］琼斯著，胡继缓译：《1931年以后的中国东北》，商务印书馆，1959年，第11页。

家资本企业的工人人数为14 577，占工人总数的2.10%，平均每个工厂的工人数为132。① 在日本殖民统治下，东北的中国民族工业不断的萎缩，1942年，华资工厂企业的资本额仅占全部工厂企业资本额的3%，而以日本资本为主的外资占资本总额的97%，东北工业完全被纳入日本的殖民地经济体系，其中约有一半的工业企业与军事有关，其殖民性质十分突出。

随着东北工业化的畸形发展，东北城市也出现畸形发展，从城市总数来看，据伪满洲国的统计，1937年为299个，1941年为312个，其中10万人口以上的大城市1937年为8个，1941年则达15个，几乎成倍增长。其各主要城市的人口则普遍都增长了1倍，部分城市人口则增加了数倍。1943年，长春人口达89万，沈阳人口达75万，大连人口达70万。从城市人口占总人口的比重来看，1937年为17.50%，1941年上升为22.20%，5年间增加近5个百分点。从城市人口总数来看，1937年为648万，1941年达957万，计增309万，增加率为47.7%，为同期东北人口增加率16.90%的近3倍，而同期东北农村人口仅增加10.30%，可见东北人口"已有渐向都市集中之趋势"②。全面抗战时期，东北城市化进程因战争的特殊原因出现畸形发展，这种发展使中国和东北地区在当时及其后的时期内付出了极其惨重的代价。

（二）大后方城市的发展

全面抗战时期，虽然战火纷飞，但对于抗战大后方的城市来说，这些城市也获得了一个难得的发展机遇，其快速发展的原因有以下几个方面。

1. 东、中部城市资源和人口向西南大后方转移

城市发展的资源包括政治资源、自然资源、技术资源、文化资源等。全面抗战时期，重庆虽于1940年才正式由国民政府定为陪都，但早在1937年12月国民政府行政机关就先行迁至重庆，重庆从那时起就已经开始履行陪都的职责，只是到1940年才正式被定为陪都，重庆的政治地位由此更为显著。为提高重庆的国际地位，疏散大规模迁移来的城市人口等问题，重庆市不断规划、扩建③。

另外，工厂、技术人员以及文教资源的内迁，也为城市的发展提供了技术资源和文化资源，如成都、重庆、昆明等大后方城市的发展也借助了此类资源的输入。

与沦为殖民地的东北地区不同，西部地区是中国全面抗战时期的大后方，因而与东部沦陷区城市遭到严重破坏，发展停滞甚至倒退相比，西部地区的城市在全面抗战时期却得到一个发展机遇。全面抗日战争爆发后，沦陷区的政府机关、军队、学校、工厂企业以及大批的居民向西南、西北内迁，使这些地区的城市，如陪都重

---

① 陈真等：《中国近代工业史资料》（第2辑），生活·读书·新知三联书店，1958年，第951页。
② 东北物资调节委员会研究组：《东北经济小丛书·人文地理》，京华印书局，1948年，第31—32页。原书所记载1939年东北城市人口为648万人，有误，应是1937年人口，对比第31页和第34页可知原书误印。
③ 张涛：《抗战时期重庆与长春城市发展研究》，浙江大学博士学位论文，2012年。

庆、四川省会成都、陕西省会西安、甘肃省会兰州，以及集中了五六个流亡"省政府"的陕西虢镇、交通枢纽宝鸡等城市，得到很大的发展。如重庆成为陪都后，城市规模和人口不断扩大和增加，1937年全市人口为473 904人，到1946年则达1 245 645人[①]，8年间增加了2.63倍，成为国际知名的大都会。成都在全面抗战前人口最多时有50万人左右[②]，全面抗战中后期，成都城市工商业、文化教育事业都有较大的发展，城市人口也较全面抗战前增加了40%多，达74万人左右[③]。此外，西安、兰州、虢镇、宝鸡等西北地区的城市也得到了相当程度的发展，可以说抗战时的机构与人口内迁带动了西部城市的发展和变化。

全面抗战时期，由于战争而造成了中国东部人口大规模向西迁移，这就是近代中国人口的"西进运动"。"西进运动"所产生的影响是十分广泛的，其中一个重要的后果即推动了西部城市的发展。可以说，没有全面抗战时人口的变动和经济的大发展，也就不会有战时西部城市的发展。

全面抗战开始后，随着战场不断扩大，华北、华中、华东、中原、珠江三角洲等地区相继沦陷或成为战区，于是这些地区的政府机关从中央各部门到各省市政府，以及大批军队、工厂企业、学校、文化团体和部分居民纷纷向西南、西北等地区大规模迁移。由于重庆成为战时陪都，且四川的自然地理条件、社会生活环境等相对较好，因而各政府机关、工厂企业、文化团体多迁往四川的重庆、成都等城市。四川成为大后方接纳移民最多的省。此外，云南、贵州等省也有不少的移民。因而人口西进主要是流向西南地区。

此一时期人口迁移对西南城市发展和社会经济发展的影响还不仅在于迁入人口的数量，更在于迁入人口的质量。全面抗战时期迁往西南的人口构成较为复杂，但其中特别值得注意的有以下几方面的人口。

（1）政府官员、公务员。

随着国民政府政治中心向重庆转移，大批政府官员和公务员也相继迁往重庆及成都、昆明、贵阳等西南大中城市。仅重庆先后接纳和安置的国民政府和国民党中央党、政、军各类机关就达130余个，各级官员和公务员万余人。[④] 他们虽然占总内迁人口的比例较小，但都是高素质的人口，并在社会政治生活中发挥着十分重要的作用。此外中国共产党在重庆建立了南方局，其他民主党派、社会各阶层的政治力量也相继汇集重庆，因而重庆不仅是全面抗战时中国的陪都，大后方的政治、经济、文化、军事中心，同时也成为以国共合作为基础的抗日民族统一战线的政治大舞台。

---

① 何一民：《近代重庆城市兴起原因初探》，《城市史研究》（第3辑），天津教育出版社，1990年。
② 据文献，成都人口在1936年11月为480 369人；1937年2月则为516 863人，取中位数，全面抗战爆发前成都人口最多时大约为50万。《成都市十一月份户口变动调查》，《新政月刊》，1937年第1卷第2期；《成都市二月份户口统计》，《四川月报》，1937年第10卷第4期。
③ 何一民：《变革与发展——中国内陆城市成都现代化研究》，四川大学出版社，2002年。
④ 张弓、牟之先：《国民政府重庆陪都史》，西南师范大学出版社，1993年，第17—28页。

(2) 企业家、企业管理人员、科技人员、技术工人。

此类人口在内迁人口中占有一定的比例。全面抗战初期，沿海沿江有600余家工厂向西南、西北迁移，同时也有成千上万的企业家、企业管理人员、科技人员、技术工人随之内迁，截至1940年，仅工矿调整处协助内迁的工厂就达448家，技术人员和技术工人达1.20万余人，参见表1—9。

表1—9　工矿调整处协助内迁厂矿情况统计表

分布省区	内迁工厂数			内迁技术工人数		
	1938	1939	1940	1938	1939	1940
湖　南	118	122	121	148	2 561	2 777
四　川	134	223	254	1 532	7 688	8 105
陕　西	20	27	27	58	352	432
广　西	21	23	23	55	524	532
其　他	11	23	23	—	288	218
总　计	304	418	448	1 793	11 413	12 164

经济部统计处：《经济统计月报》，1947年第4期"工矿电专号"。

从表1—9可以看到，1938—1940年期间，经工矿调整处协助内迁的厂矿和技术工人主要迁往四川，其数量分别占内迁厂矿总数的56.57%和内迁技术工人总数的66.63%，均在一半以上。迁往四川的工厂大部分安置于重庆附近，如迁川工厂中的103家机械工厂绝大部分都设于重庆南岸、江北、巴县。此外，自发内迁的工厂还有近200家，相当部分亦迁往四川、贵州和云南。由于国民政府迁往重庆，于是国民政府兵工署所辖第10、20、21、24、29、31、50共七个兵工厂先后迁到重庆。国民政府资源委员会及其他部门所属国营厂矿也纷纷迁往重庆、贵阳、昆明、成都等城市。随着日军进攻湘桂，国民党军队大溃退，迁往湖南、广西两地的民营厂矿也有不少再迁往四川。

技术工人和专业技术人员是工厂生产和发展的关键，但由于西南地区工业基础薄弱，技术工人和专业技术人员非常少，而上海等地工厂内迁时，随迁的工人和技术人员并不多，因而内迁工厂在复工时，工人和技术人员奇缺，严重影响后方生产的顺利进行。工调处随即采取措施，派人到邻近各省招募技术工人，贷给安家费和旅费，从而使许多技术工人从四面八方涌向西南，由工调处介绍到各工厂工作。另外工调处还在各地开办各种训练班，分期分批培训新的技术工人，从而初步缓解了后方各工厂对技术工人的急迫需求。为了满足工厂对技工的需求，国民政府还制定了工役制度，规定凡受政府管理的各企业，工人准其抵偿兵役，同时还规定了合法工资和工作时间，并要求工厂主增加工人的福利，使其能安心地在工厂工作。

工调处还招募专业技术人员，向专业技术人员提供旅费，到1940年4月23日，共招募各种专业技术人员1419人，各内迁工厂通过自己的关系自行招募的专业技术人员达3 000余人。[①] 同时教育部也加强了大后方的工业教育，培养了专业技术人才。

人口西进不仅带来了大量的资金、较先进的技术，也带来了大批科研技术人员和管理人员，据1940年3月国民政府中央建教合作委员会发表的《非常时期专门人员总调查》的统计，投身于大后方的339个单位从事开发建设的知识界人士有7 746人。另据资源委员会1941年调查编制的《中国工程名人录》，人数更达2万多人。西南地区现代化工业大生产长期落后，原因是多方面的，而缺乏资金、技术工程人员、技术工人、管理人员则是其中一个十分重要的原因。大批移民迁入西南，不仅带来了大量的资金，也提供了足够数量的具有较高质量的人口，从而为西南发展现代化工业大生产提供了必需的技术工程人员、技术工人、管理人员，以及从事科学技术研究、设计和发明创造的必要人才。这些人才大部分都来到西南，特别是集中到了大后方的经济中心重庆、成都、昆明等城市。他们对于西南经济的发展起着至关重要的推动作用。

(3) 教师、学生、科研人员、文化工作者等。

全面抗战爆发后，为了保存中国的文化教育事业，大批学校（主要是高等学校）和科学文化机构向以战时陪都重庆为中心的西南地区转移。据不完全统计，先后迁往西南的高等学校达56所，占全面抗战前中国高等学校的50%多。内迁教师和学生达2万余人。他们中包括当时中国大多数著名学者、教育家。此外国民政府一流的科研学术单位，如国民政府国史馆、中央工业实验所、中央农业实验所、国立中央研究院物理所、动物研究所、心理研究所、气象研究所、地理研究所、兵工署弹道研究所、中国地质调查所、永利化工研究所等百余个科研学术单位也纷纷迁往重庆、成都、昆明等城市。另外东部城市的大多数著名文化人也相继迁移到西南。据当时的社会学家孙本文的调查，全面抗战时期，中国知识分子中，"高级知识分子十分之九以上西迁，中级知识分子十分之五以上西迁，低级知识分子十分之三以上西迁"[②]。大批知识分子迁往西南，完成了我国文化教育重心向西南的战略转移，不仅保存了中华民族的文化国脉，使其不至于毁于日寇之手，而且促进了西南地区文化教育的空前繁荣和大发展，为中国培养了大批的人才。

总的说来，外省迁往西南的人口不仅有当时中国的多数精英，也有一般的移民，即具有一定科技文化知识或专业技能的知识分子和劳动者，或是具有一定管理经验的人员，从而造成人才汇聚的现象。

全面抗战时期外省迁往西部的人口除了有上述特点外，还有两个重要的特点应值得注意：一是外省迁往西部的人口主要是城市的青壮年，幼儿和老年人较少。二是他们都主要迁入了西部的一些重要的城市。这意味着这些城市的青壮年增多，因而对这些城市的发展产生了巨大的影响。

---

① 吴至信：《抗战期内技术人员调整之一斑》，《新经济》（重庆），1940年第3卷第11期。
② 孙本文：《现代中国社会问题》（第2册），商务印书馆，1943年，第261页。

全面抗战时期东部人口向西部的迁移，是20世纪中国规模最大的国内人口迁移，这次人口"西进运动"的主体是政府公务人员、企业家、科技人员、知识分子、文化工作者以及技术工人，他们的西进使中国的现代化由沿海沿江地区向西推进了千余公里，直抵中缅边境和丝绸之路，极大地推动了中国西南、西北落后地区的开发，特别是推动了当地城市的大发展。

2. 时人的热心建设与国家层面的《都市计划》

全面抗战时期为城市建设的特殊时期。有部分时人认为，全面抗战时期的城市建设，由于"敌人将我城市大量烧毁，不啻为除去建设上之一切障碍"[①]，认为未来的新兴城市建设，将是"在白纸上设计，由空地上兴建"[②]。而张金鉴也认为，全面抗战时期是城市建设"千载一时的好机会"[③]，持类似观点的其他学者还有吴嵩庆[④]等等。也有人认为，全面抗战时期推动城市建设的另外一个因素，即为"'有计划有秩序的建设观念是对于作战努力的一种推动和鼓励'（英公共事业大臣里兹勋爵语）"[⑤]，英国的建筑师、都市计划家也在战时从事伦敦的城市建设，而他们将其建筑计划请示于里兹勋爵时，勋爵的回答则是"努力从事最大胆的设计罢！"[⑥]而时人对陪都——重庆的都市"建设计划工作，有着像英国的业务建筑师和城市计划者的想法"[⑦]。

国民政府制定的《都市计划》，是1939年6月8日由内政部向外正式公布的，该文件规定，可以制定都市计划的城市包括以下几类："一、市；二、已开之商埠；三、省会；四、聚居人口在十万以上者；五、其他经国民政府认为应依本法拟定都市计划之地方。"[⑧]《都市计划》的重点是大后方城市的建设，根据国民政府的指令，重庆、成都、桂林、贵阳、西安、长沙以及昆明等大后方重要城市都相继完成"都市计划"的制定。[⑨] 如1939年，昆明市工务局制定了《大昆明市规划图》[⑩]，昆明市政府还依据相关规划对城市进行了建设，如梁思成等建筑学家在昆明主持修建的南屏街，成为昆明市的商业、金融中心；1939年12月1日，重庆建设期成会成立，该会拟定了《重庆市建设方案》[⑪]；1939年成都制定了建设"新成都"的都市

[①] 周钟岳：《战时都市建设计划·附篇》，殷体扬：《中国市政问题》，中央警官学校，1934年，第87页。
[②] 周钟岳：《战时都市建设计划·附篇》，殷体扬：《中国市政问题》，中央警官学校，1934年，第88页。
[③] 张金鉴：《市政建设的时机与方向·附篇》，殷体扬：《中国市政问题》，中央警官学校，1934年，第91页。
[④] 吴嵩庆：《抗战中对于新市政建设之要求·附篇》，殷体扬：《中国市政问题》，中央警官学校，1934年，第100页。
[⑤] 郑梁：《伦敦之再造》，《市政评论》，1942年第7卷第1—2期。
[⑥] 郑梁：《伦敦之再造》，《市政评论》，1942年第7卷第1—2期。
[⑦] 郑梁：《伦敦之再造》，《市政评论》，1942年第7卷第1—2期。
[⑧] 《都市计划事项》，《内政公报》，1939年第12卷第7—9期。
[⑨] 李强、黄萍：《行政院工作报告：1934—1947》（第5册），国家图书馆出版社，2013年，第453页。
[⑩] 朱林：《论抗战时期〈大昆明市规划图〉的影响》，《保山学院学报》，2013年第1期。
[⑪] 何一民：《抗战时期西南大后方城市发展变迁研究》，重庆出版社，2015年，第238页。

计划①，计划建设"新市村"和"蓉村"②；1940年，桂林市制定了《桂林新市区计划》和《城南郊新市区计划》③；1942年贵阳也制定了"都市计划"。④

值得注意的是，全面抗战时期，国民政府和大后方学界也大力提倡发展小城市，一方面是基于战争期间空袭容易对大城市造成破坏的考虑，因大城市人口、建筑过于集中，容易成为空袭的目标。故而有专家提出发展小城市，创立花园城市。⑤ 对于小城市的规划，有人认为："地方计划取分散主义，不取集中主义；地方计划不以一都市为中心，而以一地方所有各都市各公共团体为中心；不并吞邻近村邑，并尊重其独立性；不求实现单一的大都市，而求于一定区域内，组织联合的复杂的都市生活。"⑥ 全面抗战时期学者提出的小城市计划，既是针对全面抗战前城市人口过于集中的弊端，也是针对战时人口分散的要求提出的都市计划，颇有见地，为后世都市建设计划提供了可资借鉴的经验。

3. 新市、县的设立，为全面抗战时期西南大后方城市的发展创造了条件

全面抗战时期，国民政府新设了一批市、县，提高了城市等级和行政地位，有利于城市的发展。1939年1月1日，设西康省，以康定为省会。1939年9月1日，自贡设市。大后方的省会城市也相继设市，进一步确立和巩固了自身政治地位。如1941年7月，贵阳正式成为建制市⑦，兰州也于1941年设市⑧，1943年3月，西安改为陕西省辖⑨。新县制则从1939年开始谋划，以谋加强国民政府对大后方的统治。从1940年起，全国普遍实施新县制的有川、甘、滇、湘、桂、闽、浙、皖、赣等10省。据统计，至1943年，全国共有19个省1 153个县、市推行新县（市）制⑩。这些新市、县的确立，无疑提高了城市的行政地位，促进了城市的发展。

从总体上考察，全面抗战时期，西南大后方城市相较全面抗战前有较大的发展，其主要表现在以下几方面。

其一，全面抗战所带来的人口、经济、文化等社会、经济发展要素，促进了西南、西北大后方主要城市规模的扩大和功能结构的变化。

一个大城市的人口和一个国家的人口具有本质不同的人口再生产方式，在大多

---

① 陈乐桥：《建设"新成都"与都市设计（附图）》，《成都市政府周报》，1939年第1卷第10期。
② 《成都市青羊场新市村扩大建设计划概要》，四川省会警察局档案，成都市档案馆，1944年，民0038-03-141。
③ 李玲：《桂林近代城市规划历史研究（1901—1949）》，武汉理工大学硕士学位论文，2008年。
④ 胡树楫：《中国工程师学会第十届年会论文提要》，《工业青年》，1942年第2、3期合刊。
⑤ 王俊杰：《都市计划的新倾向和发展西南的方案》，《民意》（汉口），1938年第40期。
⑥ 佚名：《地方计划与大都市计划之差别》，《市政月刊》，1930年第3卷第9号。
⑦ 傅林祥、郑宝恒：《中国行政区划通史·中华民国卷》，复旦大学出版社，2007年，第324页。
⑧ 兰州市地方志编纂委员会：《兰州市志》第7卷《市政建设志》，兰州大学出版社，1997年，第122页。
⑨ 1932年1月，国民党中央决定以陕西长安为陪都，定名西京，直隶行政院，但仅设筹备委员会，并未成立市政府。1943年3月，陕西省政府呈准设立西安市，由该省政府管辖。1947年6月，西安又被升格为院辖市。郑宝恒：《民国时期政区沿革》，湖北教育出版社，2000年，第604页。
⑩ 张皓：《中国现代政治制度史》，北京师范大学出版社，2004年，第220页。

数情况下，一个国家的人口再生产中移民所占的比例不大，所起的作用也不大，因为人口再生产实际上都是通过人口的自然增长来实现的。然而大城市的人口再生产中，移民所占的比例很大，并且起着非常重要的作用，一般说来，没有移民，大城市的发展就无法维持，更谈不上人口数量的增加，每年大城市新增加的居民中，移民人口往往超过新生人口，即人口的机械增长超过了自然增长。全面抗战时期西南城市的大发展，移民起着十分重要的作用。

表 1-10 1843—1949 年间中国西部主要城市人口累计增长统计表
（以 1843 年人口基数为 100.0）

城 市	1949年城市人口（万人）	1843—1949年人口累计增长（%）
重 庆	65.90	400
贵 阳	21.99	400
太 原	21.46	380
万 县	（缺）	300
南 充	（缺）	300
桂 林	9.08	280
梧 州	10.79	250
兰 州	19.51	210
成 都	60.86	190
西 宁	6.00	120
西 安	39.78	40

何一民：《中国城市史》，武汉大学出版社，2012年。

全面抗战前，西南地区的主要城市成都、重庆、昆明、贵阳等规模都不大，1937 年 7 月，成都城市的人口为 517 533 人，重庆城市人口为 473 697 人，昆明城市人口在 1936 年为 142 657 人[1]。在农业社会，拥有四五十万人口的城市就算是大城市了，但是在农业社会向工业社会转型时期，一个拥有 50 万人口的城市还不能说就具有大城市的一切特征。抗战前的成都、重庆等城市规模与前现代时期相比，虽然有所扩大，但现代大城市的特征还不突出，缺乏现代化大城市所必需的多种形式的公共交通、基础设施和众多的高等学校等。

全面抗战时期随着外省移民不断迁入西南，人口向城市聚集的趋势不断加强，重庆、成都、昆明等城市人口急剧增加，1946 年，重庆城市人口达 1 245 645 人[2]，为全面抗战前人口的 2.63 倍，创造了西南地区城市发展史上的新纪录。成都人口

---

[1] 廖国强：《1912—1937 年昆明现代工业与城市化》，《史与志》，1994 年第 29 期。
[2] 陪都十年计划委员会编印：《陪都十年建设计划草案·陪都历年户口总数统计表》，1946 年，第 11 页。

的增加也很快，1947年成都人口为727 422人[①]，为全面抗战前人口的1.40倍。昆明人口也迅速增至30余万人，仅工矿企业的工人就由全面抗战前的2 000余人增至数万人[②]。贵阳、泸州、宜宾、广元等城市人口也成倍增加。

农业社会的城市人口是比较稳定的，如成都城市人口在清中叶至清末就基本上一直保持在25万至30万人。[③] 尽管在某一历史时期部分城市人口的年增长率较高，但其绝对增长数与全面抗战时期相比仍然是微小的。重庆在全面抗战前的人口为473 697人，如果按高自然增长率即年平均增长2%（实际自然增长率远远低于此）计算，八年时间仅能增加至56万人左右。但在全面抗战时期，重庆人口的峰值达到了120余万人，它和成都、昆明等城市人口的急剧增长一样，都是移民造成的。据1943年2月重庆市政府的统计，彼时重庆市83万人中只有52万人是本地居民，其余30余万人均为外来移民，以至于当时从事城市建设研究的学者李森堡明确指出，战时重庆人口膨胀，"其原因并不是生产率高和工商业的吸引，主要的来源，可以说是纯粹的移民"[④]。

人口的西进推动了西南工业、金融业、商业、交通业的大发展，而工业、金融业、商业、交通业大都集中在大城市，如重庆、成都、昆明、贵阳等城市，从而使这些城市的生产资料和工作地进一步集中，它们不仅集中于某一个居民点，而且集中于某一个地区。

在大城市，工作地的集中比生产资料的集中更明显。此外，大城市集中了管理、文化、科学和服务性活动。这些工作所需要的空间要比农业少得多，其密度也高于中等城市和小城市，大城市就业比重比较高，可以作为其间接标志之一。农业社会的城市总共不过有几十种职业活动，而现代大城市则有几百种，乃至上千种的职业活动。城市集中的职业活动比它集中的人口程度要高得多。另外此一时期城市人口在职业活动特征上所表现出来的差别是相当大的，由于经济和文化的大发展，此一时期西南城市的脑力劳动者和第三产业从业者的比重远远高于过去，同时也高于其他中小城市。

---

① 四川省政府统计处：《四川省各县市局乡镇保甲户口数》（续一），《四川经济统计月刊》，1948年第2卷第2期。
② 谢自佳：《滇缅、中印国际公路交通线》，西南文史资料协作会议：《抗战时期的西南交通》，云南人民出版社，1992年，第105页。
③ 何一民：《近代成都城市人口发展述论》，《近代史研究》，1993年第1期。
④ 李森堡：《当前重庆市人口膨胀问题》，《重庆市政月刊》，1944年第2卷第1期。

表 1-11 全面抗战前后重庆主要人口职业统计比较表

时间	农业	工矿业	商业	交通业	家庭服务业	党政军	自由职业
1937 年	5 738	36 989	64 897	43 476	133 018	9 116	10 125
1946 年	5 622	43 397	165 293	42 809	81 335	36 332	8 782

据四川省政府编《四川统计月刊》第 1 卷第 1 期（1939 年 2 月）、陪都十年计划委员会编《陪都十年计划草案》第 16 页的相关资料改制。

人口的西进和由此引起的一系列变化，也改变了西南主要城市的性质和功能、结构。全面抗战前，西南的主要城市如成都、重庆、昆明、贵阳都只是地区性的城市，城市经济不发达，城市的聚集功能和辐射功能不强。全面抗战时期，西南的城市有了很大的发展，特别是重庆从一个地方性的城市一跃而成为中国的政治、经济、文化、军事中心，同时重庆也成为国际性城市，美、苏、英、法、波、荷等30 多个国家在重庆设有使馆，国际善后救济总署中国分会、国际宣传委员会等也设在重庆，不少国家的领导人和外交使者、世界知名人士等也先后来重庆访问，重庆在国际上具有相当高的知名度和影响力。昆明也从一个偏远地区的中小城市一跃成为联结中外的国际运输线的交通枢纽，其政治地位和经济地位空前提高。

其二，城市经济大发展。

全面抗战时期大批高素质的人口迁入西南的城市，促进了该地区的城市化，这种情形显然与和平时期低素质的农村人口大量迁入城市，从而促进城市化有所不同，后者仅能满足城市经济发展对劳动力的需求，而前者则能直接推动城市经济的腾飞。

全面抗战前，中国的现代工业部门大部分集中在沿海沿江的一些大中城市，据统计，1937 年全面抗战爆发前夕，全国有一定规模的企业共计有 3 935 家，其中上海达 1 279 家，占总数的 32.50%，而西南、西北各省仅 273 家，占总数的 6%。[①] 全面抗战爆发后，沿海沿江的城市相继沦陷，这些地区的大中城市的部分工厂、企业、设备和技术人员在沦陷前紧急内迁。这次工厂、企业的内迁，共历时三年多，据 1939 年工矿调查处报告，仅该处协助内迁的工厂就达 448 家，包括机料 71 000吨，复工的达 308 家，随迁工人 1 216 人。其中迁入四川的有 254 家，复工的为 184家；迁入湖南的有 121 家，复工的为 86 家；迁入广西的有 23 家，复工的为 14 家；迁入陕西的有 27 家，复工的为 17 家；迁入其他省区的有 23 家，复工的为 7 家。详见表 1-12：

[①] 林继庸：《民营厂矿内迁纪略》，新华出版社（重庆），1942 年，第 1-3 页。

第一章 城市发展与城市等级体系的变迁

表 1-12 1937—1939 年内迁工厂统计表

工厂类	家　数	复工数	器材（吨）
钢铁厂	1	1	152
机械厂	181	55	13 554
电器厂	29	11	5 300
化工厂	56	36	8 357
采矿厂	8	2	377
纺织厂	97	58	30 803
食品厂	22	11	3 213
教育用品厂	37	24	1 666
其他	17	10	659
合计	448	208	64 081

《工矿调查处1939年11月10日向经济部报告》，中国第二历史档案馆。

据不完全统计，全面抗战时期，内迁的工厂达1 500余家，工人共10万余人。内迁工厂不仅改变了迁入地原来的工业布局，使当地工厂数量增加，而且也给当地发展工业提供了技术和部分设备，推动了后方工业的发展。

除内迁工厂企业外，国民政府也采取了一些措施，倡导和扶持后方发展民族工业，如在低息贷款、原料供应、成品收购、军需加工等方面给民间投资者以种种便利，从而推动了后方工业的发展。到1945年，"后方工厂约6 000余家，资本总额为85亿"[1]。这些工厂主要分布在一些大中城市，如重庆是全面抗战时工业发展最快的城市之一，全市工矿企业增至1 690家，工业职工达10万人，占当时国统区工厂总数的1/3[2]。工业的发展成为城市发展的重要推动力。除重庆外，内迁工厂较集中的其他城镇，如四川万县、南充，陕西宝鸡，湘西沅陵、芷江、辰溪、邵阳等，也都有相当的发展。湖南衡阳的人口，曾一度由10万人增加到50万人；兵工厂较集中的四川泸州也得到扩建；因石油的开采，甘肃玉门也成为新兴城市。

全面抗战时期，为加强和便利后方的联系和物资、人口流通，国民政府对西南、西北的公路、水路交通设施建设十分重视。据统计，从1938年到1943年，西南地区的公路由全面抗战前的2 700多公里增加到近3万公里，汽车由数百辆增加到2 000余辆。西北地区的公路交通发展也很快。公路干线和支线将西南、西北数省的城市连接起来，形成密集的公路运输网，并与水路运输线相连。交通发展引起了城镇的变化，如宝鸡原是陕西西部的一个小县城，人口仅数千人。在全面抗战前，这里为川陕公路的起点，同时陇海铁路也经过这里，因此具有较好的交通条

---

[1] 陈鉴波：《"中华民国"春秋》，学生书局，1984年，第838页。
[2] 《重庆年鉴1987》，科学技术文献出版社（重庆分社），1987年，第3页。

件。全面抗战时期，这两条运输线均成为大后方的交通命脉，宝鸡成为大西北的交通枢纽，于是城市规模迅速扩大，人口猛增至 11 万人。在全面抗战初期，中国的海上国际运输线中断，于是西南的滇缅公路、滇越公路成为中国大后方的国际运输线，故云南昆明成为全面抗战时期进出口物资的集散中心，昆明在短短的几年内，人口由十余万增至 40 万，城市出现空前繁荣。全面抗战时期，由于公路交通突飞猛进的发展，公路沿线的城市都得到了不同程度的发展，一些偏僻的城镇也繁荣起来，如陕西的双石铺，甘肃的天水、华家岭，四川的广元、绵阳，云南的腾冲等，多在汽车站附近发展起了新城区。

总之，在全面抗战时期，由于工厂内迁、交通的发展，西南的部分中心城市得到较大发展。

全面抗战前，重庆仅是一个地区性的经济中心，现代工业的发展水平远远低于沿海城市和长江中下游城市。全面抗战爆发后，随着国民政府迁都重庆，大批工厂、企业、金融机构、科研机构，以及大量高素质人才迁移到重庆，重庆经济出现了跨越式的大发展。如重庆工业经过 8 年的发展，到抗战胜利前夕，有工矿企业 1 690 家，资本总额达 272.6 亿元，职工 10.6 万人[1]，三者分别占国统区工厂总数、资本总额、工人总数的 28.30%、32.10%、26.90%。重庆的工厂不仅数量多，而且门类齐全，形成了以重工业为主的综合性工业中心，其中钢铁冶炼、制造行业的发展尤其令人瞩目。全面抗战时期，重庆的钢铁制造行业从零基础开始，很快发展成为国家的钢铁生产基地。据统计，1943 年底，重庆的钢铁厂有 26 家，是年钢产量为 4 万吨，约占后方全部钢产量 5 万吨的 80%[2]。全面抗战时期，重庆的机器制造工业是诸工业部门中发展较快的部门之一，1942 年发展到 436 家，为全面抗战初期的 10.60 倍；资本 17 388 万元，为全面抗战初期的 8.70 倍；技术工人 11 762 人，各种工作母机 2 400 台。[3] 工业的发展为重庆城市的发展奠下了坚实的基础。重庆的商业在全面抗战时出现了空前繁荣，一方面商业企业和从事商业人员大量增加，另一方面也形成了比较完善的市场体系，成为大后方的对内对外贸易中心。重庆的金融业更是出现了前所未有的大发展，汇集了当时中国国统区的国家资本银行和各省的商业银行及地方银行共百余家，成为中国的金融中心。

成都在全面抗战前现代工业企业寥若晨星，仅有几个小规模的近现代工厂，如造币厂、火柴厂、兵工厂、制革厂、发电厂等。全面抗战爆发后，成都的现代工业也较之前有相当大的发展。据 1942 年的调查，成都共有各类新式企业 105 家，其中化工工厂 35 家，食品工厂 4 家，卷烟工厂 32 家，五金工厂 8 家，印刷工厂 13 家，纺织工厂 12 家，电气工厂 1 家。[4] 据 1945 年 3 月统计，成都共计有工厂 325 家，其中属于纺织工业的 22 家，碱酸工业的 6 家，炼油工业 1 家，酿造工业 16

---

[1] 《重庆年鉴 1987》，科学技术文献出版社（重庆分社），1987 年，第 3 页。
[2] 佚名：《重庆战时经济大事记》，《商务日报》（重庆），1948 年 12 月 16 日。
[3] 傅润华、汤约生：《陪都工商年鉴》（第四编），文信出版社（重庆），1945 年，第 19 页。
[4] 社会部统计处编印：《社会调查与统计第四号·成都社会概况调查》，1944 年，第 29—42 页。

家，制药工业 6 家，造纸工业 1 家，制革工业 1 家，五金工业 3 家，矿冶工业 2 家，印刷工业 10 家，教育文具工业 4 家，建筑材料工业 3 家，火柴工业 3 家，皂烛工业 7 家，其他化学工业 13 家，电气工业 1 家，机械工业 20 家，陶瓷玻璃工业 8 家，食品工业 7 家，烟草工业 177 家，其他性质未详者 14 家①。成都的金融业和商业在全面抗战时期也出现了空前的大发展，仅银行、钱庄就有七八十家。

昆明城市经济在全面抗战前也相当落后，尤其是工业方面，"几乎是一个没有现代工业，甚至没有工业的城市"②。然而，全面抗战爆发后，随着昆明成为联系国际和国内的重要交通枢纽，以及大批党、政、军、工商、文教人员迁入，城市的发展获得了生机与活力。全面抗战伊始，资源委员会即与云南地方当局在昆明合作兴办了 7 个厂矿企业。其后，各类工厂如雨后春笋般地在昆明出现。到 1940 年，昆明的近现代新式工矿企业已达 80 余家，其中机械制造工业 11 家，冶炼工业 6 家，电器工业 7 家，化学工业 25 家，纺织工业 18 家，其他行业 13 家③。昆明的新式工矿企业数量虽然不算多，但重工业所占比重较大，其中有不少十分重要的企业，1945 年，昆明的主要工矿企业有空军飞机制造厂、云南钢铁厂、中央电工器材厂、昆湖电厂、昆明水泥厂、昆明电冶厂、裕云机器厂、昆明化工材料厂、云南五金器具厂等。昆明成为全面抗战时期仅次于重庆和川中的第三大工业区，成为大后方的工业支柱之一。昆明的金融业也有较大发展，全面抗战前云南全省共有银行、银号 9 家，到 1945 年全省共有金融机构 217 家，其中昆明的金融机构则达 48 家④。同时，昆明的商业也出现了前所未有的兴盛和繁荣，1945 年昆明在政府登记领取执照的商号近万家，而未在政府登记的商号则达两万余家，两者合计之数为全面抗战前两千余家的 15 倍左右⑤。

此外，贵阳、自贡、宜宾、广元等城市的经济均有较大的发展，如自贡有工厂 22 家，内江有工厂 30 家，乐山有工厂 48 家，宜宾有工厂 34 家，泸县有工厂 30 家⑥。甚至一些偏僻的小城镇也因处于交通线上而得到发展，如滇缅公路沿线的禄丰、楚雄、镇南、下关、永平、保山、芒市、遮放、畹町等，都因滇缅公路通车而兴盛发展，成为重要的城镇。如畹町在过去只是一个仅有 4 间农民临时居住的草房的小地方，随着公路的通车，这里发展成为人烟稠密的热闹城镇，有工务段、汽车修理所、海关、税局、警察局等机构，此外旅馆、饭店、商店也相当多，成为一个重要的商品聚散地。

其三，城市文化教育空前繁荣。

全面抗战时期，大批学校、文化团体、文化人士迁入西南，促进了西南城市文

---

① 四川省档案馆：《抗战前后四川省工厂概况》，《四川档案史料》，1985 年第 4 期。
② 陈达：《我国抗日战争时期城镇工人生活》，中国劳动出版社，1993 年，第 189 页。
③ 昆明市人民政府经济研究中心：《昆明市情》，昆明经济研究所，1987 年，第 64 页。
④ 中央银行金融机构业务检查处编印：《全国各省金融机构分布一览》，1945 年，第 221-237 页。
⑤ 云南省经济研究所：《云南近代经济史文集》，经济问题探索杂志社，1988 年，第 272 页。
⑥ 四川省档案馆：《抗战前后四川省工厂概况》，《四川档案史料》，1985 年 4 期。

化教育的大发展。

重庆是全面抗战时期的政治中心,因此也成为后方的文化中心,文化教育空前繁荣。全面抗战时期,重庆汇集了中国许多重要的文化机构、文化团体。如新闻出版方面,1941年以前,先后在重庆发行过报刊的报社、通讯社达200余家;据1942年的统计,重庆的出版发行机构有130多家,出版各类图书1 292种,占全国图书总量的33.30%。此外各种杂志则达数百种[①]。重要的文化团体除了中华全国文艺抗敌协会、中华全国戏剧抗敌协会、中国青年新闻记者协会外,还有中国边境文化促进会、东方文化协会、中法比瑞文化协会、中苏文化协会、全国音乐界抗敌协会等,同时一大批著名文学家、历史学家、社会学家、教育学家、经济学家、戏剧家、美术家、电影艺术家等文化界著名人士荟萃重庆,他们在抗战救国的旗帜下,以争取民族自由、民族解放为宗旨,团结各种文化力量,推动了重庆文化艺术的进步和繁荣。

重庆教育在全面抗战时期更是空前繁荣。全面抗战前,重庆只有两所高等学校,随着战争爆发,中央大学、中央政治学校、复旦大学、交通大学等31所高等学校陆续迁到重庆及附近地区,再加上新建的高校,这一时期重庆的高等学校最多时达38所,位列全国各大城市之首。随着高校的增多,大批著名教授、专家也云集重庆,重庆的夏坝、沙坪坝、江津的白沙镇形成了三个著名的学校文化区。同时,重庆的中等教育和初等教育也较前有很大的发展。据1946年的统计,重庆有中等学校72所,在国内各大城市中仅次于上海,位列第二,高于天津、南京、青岛等城市。据1944年的统计,重庆的初等学校共有285所,是全面抗战前99所的2.88倍。[②]

此外成都、昆明、贵阳等城市的文化教育业在全面抗战时期也有很大的发展。全面抗战开始后,先后迁到成都的著名高校有私立金陵大学、私立金陵女子文理学院、私立东吴大学、国立牙医专科学校(1945年冬并入中央大学医学院)、私立齐鲁大学、私立燕京大学、私立上海光华大学等学校,各校与成都原有的四川大学、华西协合大学一起,构成了当时全国著名的华西坝大学文化区。先后迁往昆明的大学有西南联合大学(由北京大学、清华大学、南开大学联合组成)、同济大学、中法大学、国立艺专等学校。先后迁往贵阳的有大夏大学、湘雅医学院等。这些学校都拥有一批全国著名的专家、学者、教授,他们治学严谨,教学有方,为国家、民族培养了一大批优秀人才。

由全面抗日战争所造成的人口"西进运动",对西南城市经济、文化的发展起到了重要的推动作用,但也带来了一些消极的影响,如劳动力过剩,失业人口增多,城市贫民急剧增加,市民生活水平普遍下降;生活物资供应紧张,物价上涨加剧;犯罪率增加,社会治安状况不断恶化等。

---

① 张弓、牟之先:《国民政府重庆陪都史》,西南师范大学出版社,1993年,第240—241页。
② 隗瀛涛:《近代重庆城市史》,四川大学出版社,1991年,第703页。

全面抗战初期，随着人口西进和政治、经济重心向西南转移，西南城市出现大发展。全面抗战时期西南的城市发展虽然存在许多问题，繁荣和发展的时间也不长，但在总体上我们应给予其肯定。可以说，西南城市的发展，在奠定全面抗战时期国家的物质基础方面，取得了相当的成效，不仅在支持抗战取得胜利、维持人民的基本生活方面发挥了巨大的作用，也在一定程度上改变了中国生产力布局不合理的状况，改变了这些城市的性质和功能，如重庆、成都、昆明、贵阳等城市的工业化的起步和现代教育格局，都是在全面抗日战争时期形成的，从而为以后西南地区的社会、经济发展打下了基础。

（三）东北沦陷区城市的畸形发展

日本发动全面侵华战争后，于1937年制订了东北都市的建设计划。由于长春是伪满洲国的"首都"，因而日本调整并重点实施长春市的建设计划，对长春的街道加以大规模的改造，对公园、体育场等公共空间也进行了营造。[1] 1942年在日本的掌控下，伪满洲国又制定了《百万人口规划方案》，对长春等城市施行城市分区规划建设。[2]

沈阳（奉天）是东北地区重要的中心城市，也是"九一八"事变前日本政治势力、经济势力最强的城市。伪满洲国成立后，虽然沈阳未成为伪满洲国"首都"，但因其重要的地位，日本当局将沈阳定位为伪满洲国的"商工业大都会"。但因沈阳存在各方复杂的利益纠葛，其"都市计划"直至1937年左右才正式形成。日本于1937年针对沈阳制订的"都市计划"，其总体目标是将沈阳建设成为伪满洲国的"产业都市""文化都市"。1941年，沈阳市的伪市政公署再次对沈阳进行区划调整，将1937年形成的11区划分为17区。为规避"沈阳"二字，伪市政公署将沈阳区更名为城内区。该区划调整的主要内容，是将原沈阳区和大和区进行拆分，其中大和区北部设立敷岛区，而其东南部，即原商埠地南正界及附界部分被划为朝日区；将原沈阳区东部划出，设立东关区，南部设立大西区，西北部设立小西区。[3] 沈阳城市规划是日据东北后期重要的都市计划方案，其方案形成的背景是全面侵华战争的爆发，随着战争的深入，日本逐渐深陷中国战场。因侵华战争战场远离日本本土，军需、军工等战略物资逐渐供给困难，故伪满洲国成为日本的重点掠夺对象。沈阳具有发展重工业的良好基础，而"大奉天都市计划"的核心指导思想即将沈阳建设成为伪满洲国最大的重工业生产中心，解决日本战略物资的供给问题。因此，"大奉天都市计划"的主要成果是以铁西工业区为代表的重工业生产地带的畸形膨胀。

日据东北时期，黑龙江城市以哈尔滨为基点呈扇形向北部和东部延展，直达中

---

[1] 张涛：《抗战时期重庆与长春城市发展研究》，浙江大学博士学位论文，2012年，第251—252页。
[2] 张涛：《抗战时期重庆与长春城市发展研究》，浙江大学博士学位论文，2012年，第263页。
[3] 张志强：《沈阳城市史》，东北财经大学出版社，1993年，第236页。

苏交界地区，其范围覆盖伪满洲国所设置的三江省、牡丹江省、黑河省、龙江省、兴安北省及间岛省，初步形成了所谓"北边"城镇体系。需要注意的是，这个城镇体系的出现同日本侵略者防苏、反苏的政治军事战略是相关联的。1938年，日本关东军制定"关于'国境'方面国防建设要求事项"，明确在北满地区展开所谓"国防建设"，将其作为"对苏各种准备之一环"①，而具体措施则是增加兵力和进行"五年计划"的产业开发。1938年12月，日本侵略者为掩盖其针对苏联扩军备战的意图，并麻痹东北人民的反抗意志，将上述计划更名为"北边振兴计划"。1939年，"北边振兴计划"与"百万户移民计划""产业开发计划"并列为伪满洲国的三大"国策"。"北边振兴计划"的关键在于迁移人口、以农畜牧业为轴心的经济开发、城市防御设施的普及等，以为进攻苏联做好人员、物资的准备。该计划的实施虽然不是一帆风顺，但经过日本侵略者对东北、华北地区人力和物资的残酷掠夺与压榨，一些交通工程、城市设施工程得以完成，同时也刺激了该地区的经济，在一定程度上推动了黑龙江北部城市和地区的发展。②

必须指出，日本侵略者窃取我国东北时期所制订和实施的都市计划，其目的并非推动城市发展，而是便利其殖民统治。如日本侵略者在"九一八"事变以后逐步升级改造长春的供水系统，但在水源取向和规划供水格局方面，完全服务和服从于少数日伪统治阶层的需要。到1943年，长春城市人口构成中的鸠占鹊巢者——日本人的用水普及率达95%，而作为主人的中国人的用水普及率仅为29%。东北沦陷时期长春城市的发展，因而呈现出典型的殖民地城市特征。③

四、解放战争时期城市的衰落

抗战胜利之后，城市面临着重建的任务，如梁思成这样的建筑学者还满怀信心与希望地展开战后城市规划，期待中国城市得到发展。然而，国共两党战后和谈很快破裂，和平瞬间一去不返。继之而来的三年解放战争，使得战火几乎遍及全国所有大中小城市。尽管共产党方面在夺取大城市的过程中注意保护城市，尤其是历史文化名城，更在解放战争后期通过和平解放的方式使众多城市免于战火的摧毁，但硝烟之下，城市仍然是国共双方首当其冲的争夺地，不仅城市计划无法实施，而且已建成的城市空间结构也遭到严重破坏。中国城市因此在1946年至1949年期间，普遍呈现出衰落的特征。

（一）抗战胜利后的战后城市规划与重建

近代中国城市发展极不平衡。在全面抗战之前，东部和中部城市的发展快于西

---

① 中央档案馆等：《东北经济掠夺》，中华书局，1991年，第265—266页。
② [日]"日满兴亚同盟有志会"：《大满洲建设十年的回顾》，兴亚书院，1941年，第241页。
③ 张涛：《抗战时期重庆与长春城市发展研究》，浙江大学博士学位论文，2012年，第262—263页。

部。全面抗战爆发后，西部成为抗战大后方，这个区域的城市得益于政治地位的提高和东部、中部经济、文教和技术人员转移的优势，走上了发展的"快车道"。但抗战胜利后，随着迁入大后方的工业、学校、政治机关等回迁，战后城市工业又重新集中于东部沿海。详见表1-13。

表1-13 全面抗战前后工业人口的地区分布表（1933、1947年）

	1933年		1947年	
	华厂职工数	%	华厂职工数	%
全　国	789 670	100.00	682 399	100.00
上　海	245 948	31.10	367 433	53.80
天　津	34 769	4.40	57 658	8.50
广　州	32 131	4.10	25 085	3.70
青　岛	9 457	1.20	28 778	4.20
四市合计	322 305	40.80	478 954	70.20

许涤新、吴承明：《中国资本主义发展史》（第3卷），人民出版社，2003年。

从表1-13可知，在以上各城市中，除广州外，其他城市的工业人口较全面抗战前更多，全面抗战后四大城市的职工总数达到了全国的70.20%，即超过三分之二的工业人口都集中在这些大城市，而且与全面抗战前相比，工业人口向少数大城市聚集的情况更为明显。这反映了抗战胜利后，东部沿海城市得到了恢复和发展。不过，需要注意的是，抗战胜利后大城市的"市场活跃，商户骤增，交易频繁的现象，这是一种虚假繁荣，是由通货膨胀所引起的虚假购买力造成的"[①]。

西部城市则因抗战胜利后物资、人员、技术、文化资源的回迁，再度陷入缓慢的发展，甚至趋于停滞。全面抗战时期，重庆作为陪都，成为全国的政治、经济、文化中心，但1945年8月抗战胜利后至1946年5月，据统计，"重庆区登记工厂一千八百家中，就有三四四家停业，占工厂总数百分之一九。五月以后半年多中，重庆区工厂倒闭的情形更触目惊心"[②]。而全面抗战时期最重要的大后方四川省，在抗战胜利后，也面临着众多工厂迁回原省的情况，"迁川工联会原有会员三九〇家，现存一〇〇家。开工者仅二十家"[③]。可见仅25%的工业留在了四川，这对四川在全面抗战期间建立并发展起来的城市工业来说，无疑是沉重的打击。

抗战胜利后，梁思成等建筑学家对战后城市的重建满怀信心与希望，认为"在抗战胜利建国开始的关头，我们国家正将由农业国家开始踏上工业化大道，我们的每一个市镇都到了一个生长程序中的'青春时期'"[④]。梁思成还借鉴和总结欧美国

[①] 许涤新、吴承明：《中国资本主义发展史》（第3卷），人民出版社，2003年，第681页。
[②] 张锡昌：《民族工业崩溃的一年》，《经济周报》，1947年第4卷第1期。
[③] 张锡昌：《民族工业崩溃的一年》，《经济周报》，1947年第4卷第1期。
[④] 梁思成：《梁思成文集》（第4卷），中国建筑工业出版社，1986年，第361页。

家城市建设的经验提出了城市的布局问题，提出城市的"有机性疏散"，即"将一个大都市'分'为多数的'小市镇'或'区'之谓。而在每区之内，则须使居民的活动相当集中。……在区与区之间，设立'绿荫地带'，作为公园，为居民游息之所，务使一个大都市成为多数'小市镇'——区——的集合体，在每区之内将人口稠密度以及建筑面积加以严格的限制，不使成为一个庞大无限量的整体"[①]。

1946年5月，重庆市政府召集陪都建设计划委员会的一些在渝专家，在全面抗战时期所制定的城市规划的基础之上，用时3个月，编制了《陪都十年建设计划草案》，此草案经国民政府批准实行。此后该机构更名为重庆都市计划委员会，重庆都市计划委员会初建时有成员65人，但到1949年10月时仅剩14人[②]，可见战争对城市建设的影响。

解放战争时期，虽然国共两党陷于内战，但国民政府仍进行了一些城市建设，为"使首都的市民们，能了然于都市教育的一般情形和未来计划，同心奋起，努力于教育建设"[③]，南京国民政府都市计划委员会于1947年12月31日至1948年1月4日，在南京白下路新落成的参议会及民众教育馆大楼举办资料展览会[④]，展览会"陈列了很多统计图表，模型，市民多以好奇心进入参观。工务局有一个现代新式建筑及交通管制的模型，颇引起参观者的注意"[⑤]。后随着1949年中华人民共和国的成立，国民政府的"都市计划"遂退出历史舞台。

（二）解放战争时期国内动荡的局势对城市发展的负面影响

解放战争时期国内动荡的局势对城市发展所产生的负面影响是多方面的，最突出的则是通货膨胀导致城市经济趋于崩溃。1945年8月全面抗战取得胜利，但国内局势尚未稳定，此前在战争中"囤货者急于脱手，而资金大量东流，市场银根奇紧，战时生产局又停止加工订货"[⑥]，这些原因共同造成了物价跌落，从1945年8月至1946年2月，物价约跌落30%[⑦]。为挽救濒临崩溃的经济，1946年底国民政府法币发行额3.7万亿元，出售敌伪产业折价0.5万亿元，但仍不能弥补4.7万亿元的财政赤字[⑧]，通货膨胀严重。1947年，物价一年涨了七八倍。[⑨] 解放战争爆发后，国民党军队在战场上节节失利，以及"大额关金券的发行，政府外汇资源的枯竭，美国五亿元贷款的绝望，这一切都使人民对当前的经济状况普遍地抱着悲观的

[①] 梁思成：《梁思成文集》（第4卷），中国建筑工业出版社，1986年，第362页。
[②] 张涛：《抗战时期重庆与长春城市发展研究》，浙江大学博士学位论文，2012年。
[③] 杨骏如：《首都都市计划资料展览会教育专页》，《首都教育》，1948年第2卷第7、8期合刊。
[④] 《首都都市计划资料展览会圆满结束》，《南京市政府公报》，1948年第4卷第1期。
[⑤] 《都城的画面：都市计划展览会开幕》，《中央周刊》，1948年第10卷第3期。
[⑥] 许涤新、吴承明：《中国资本主义发展史》（第3卷），人民出版社，2003年，第682页。
[⑦] 许涤新、吴承明：《中国资本主义发展史》（第3卷），人民出版社，2003年，第684页。
[⑧] 杨德才：《中国经济史新论（1840—1949）》，经济科学出版社，2004年，第510页。
[⑨] 张锡昌：《民族工业崩溃的一年》，《经济周报》，1947年第4卷第1期。

态度，人心惶惶，更促使物价猛烈上涨"①。据1946年的统计，上海市的物价涨速最快，米肉价格上涨了二三十倍。② 面对物价的飞涨，时人曾作诗感叹："升涨竟如上天台，几度呼天想不开。刚被胜利收拾去，又随内战送将来！"③ 物价飞涨，给人民的生活造成了严重影响，时人悲叹道："物价飞涨何时了，袋里钱多少？妻子衣破儿伤风，老父老母又在饥饿中。美国洋货虽可爱，穷人怎能买？问君几时能出头，眼看内战烽火更发愁。"④

国民政府于1948年8月19日开始发行金圆券，力图挽救解放战争时期日益崩溃的经济，但仍未能奏效，通货膨胀日益恶化，货币贬值十分厉害，表1—14中的统计数据很能说明问题：

表1—14　1936—1948年全国商业银行存款额统计表

时　间	当年币值	折全面抗战前币值
1936.12	141 224万元	141 224万元
1946.06	2 300亿元	6 200万元
1947.06	14 290亿元	4 774万元
1948.08.19	600 000亿元	750万元

许涤新、吴承明：《中国资本主义发展史》（第3卷），人民出版社，2003年。

国内局势的动荡，内战的爆发，物价的飞涨，对城市经济造成了严重破坏，城市经济发展在解放战争初期举步维艰，很多重要城市的工商业处于倒闭和停业的境地，具体情况见表1—15：

表1—15　全国各重要城市工商业倒闭及停业统计表

地区	业　别	原有家数	倒闭家数	停业家数	开工家数	时　间
上海	工厂	3 419	2 597	—	—	1946年，下半年
南京	商店	—	500			1946年，下半年
	工厂（制革）	170	—		20	
汉口	工商业	—	162	—	—	1946年，11—12月

---

① 禾：《短言：经济恶化下的物价飞涨》，《经济周报》，1947年第4卷第6期。
② 佚名：《胜利一年物价飞涨，米肉价升二三十倍》，《征信所报》，1946年第156期。
③ 凤兮：《物价飞涨》，《现代妇女》，1946年第8卷第3期。
④ 高墙：《虞美人：物价飞涨何时了》，《笔与刀》，1946年新1期。

续表

地 区	业 别	原有家数	倒闭家数	停业家数	开工家数	时 间
重庆	商号	9 338	—	2 000		截至1946年12月
	中小工业	1 200	960	—	—	
	工协渝分会会员	470		2/3		
	迁川工联	309		290	20	
	机器业	372	—	141	—	
	金属冶炼业	—		2/3		
	牙刷公会会员	11			3	
	制革公会会员	432	—	200		
	玻璃业		28			
	面粉业	27		14		
沈阳	工厂	1 080	—	—	3	截至1946年12月
天津	商店	—	150	—	—	1946年，127天内
长沙	商店		82			1946年12月
蚌埠	工商业		27			1946年12月
开封	商店	—	104			1946年1—12月
成都	商店	719	20			1946年12月15日
	制革业	719	40			1946年1—12月
乐山	大小工厂	40	—	10		截至1946年12月
夹江	造纸业	8 000	—	6 500		截至1946年12月
威远	煤矿	300		260		截至1946年12月
内江	酒精厂	30		25		截至1946年12月

《经济统计：表一、全国各重要城市工商业倒闭及停业统计》，《联合经济研究室通讯》，1947年第9期。

从表1—15中1946年的统计数据可见，在国内动荡局势的影响之下，各重要城市的工商业停业者多在80%左右，城市经济岌岌可危，城市的衰落由此可见一斑。

（三）解放战争对城市的破坏

1945年9月2日，日本投降，国共两党开始和谈，至1946年10月和谈完全破裂，其间双方亦有小规模的战争，但尚属零星战役，至和谈完全破裂后，国共两党的战争全面爆发，在其后的几年间，大规模战争波及全国。1947年7月前，解放军处于战略防御状态，此后，则进入战略反攻阶段，在两年多的时间内，解放军发动了辽沈、平津和淮海三大战役,以摧枯拉朽之势消灭了国民党的主力,然后挥师解放全国。在解放战争期间,除北平、长春、银川、西宁、成都等少数重要城市是通过和平方式解放外,几乎所有的大中小城市都受到战火波及,尤其是东北、华北、西北、华东的城市,更是反复地遭受战争蹂躏。详情参见表1-16:

表1-16 1945—1949年战争破坏城市一览表

区 域	战 役	城 市
华东地区	苏中战役(1946.7.13—8.27)	盐城、高邮、如皋、泰兴、海安、邵伯
	泗县战役(1946.8)	泗县
	淮阴战役(1946.9)	淮阴
	淮河战役(1948.11.6—1949.1.10)	徐州、海州、商丘、临城、宿县
西北地区	陕北战役(1947.3.25—5.4)	延安、青化砭、羊马河、蟠龙、绥德
	宜川战役(1948.2.24—3.10)	宜川
	西府陇东战役(1948.4.16—5.16)	永寿县、武功县、麟游县、宝鸡、延安、洛川
	扶眉宝战役(1949.7.10—7.14)	扶风、眉县、宝鸡
	平凉战役(1949.7.21—1949.8.10)	平凉、天水、秦安、甘谷、武山、兰州、临夏
华北地区	上党战役(1945.9.10—10.30)	上党郡(长治县、长子县、屯留县、襄垣县、潞城县、壶关县)
	平汉战役(1945.1.24—11.2)	高邑、磁县、邢台、邯郸、武安、马头镇
	中原突围战役(1946.6—7)	光山县、礼山县、镇安县、湖阳镇、双沟镇、祁仪镇
	莱芜战役(1947.2.20—2.23)	莱芜、新泰
	泰蒙战役(1947.3.22—3.27)	蒙阴、新泰、泰安
	孟良崮战役(1947.5.11—5.16)	孟良崮
	鲁南战役(1947.1.2—1.20)	峄县、枣庄
	豫北攻势作战(1947.3.23—5.25)	延津、阳武(今原阳)、濮阳、封丘、淇县、滑县、浚县、汤阴
	晋南攻势作战(1947.4.4—5.12)	临汾、运城、蒙城、吉县、乡宁、浮山县、翼城县、新城、芮城县、永济县、闻喜县、绛县、霍县
	中原作战(1947.7—12月)	洛阳、济南、泰安、烟台、安阳、诸城、临沂、商丘、徐州、淮阳、郑县、许昌、嵩县、菏泽、定陶、郓城、新安、渑池、陕县、灵宝、潼关、洛宁、洛南、商县、商南
	胶东战役(1947.9—12月)	招远、高密、掖县、昌邑、威海卫、平度、诸城、招远

续表

区　域	战　役	城　市
华北地区	清风店战役（1947.10.11—10.22）	固城、容城、保定
	洛阳战役（1948.3.7—3.14）	洛阳
	宛西宛东战役（1948.5.1—1948.6.3）	南阳
	襄樊战役（1948.7.2—7.16）	襄阳、樊城
	临汾战役（1948.3.7—5.17）	临汾
	豫东战役（1948.6.17—7.6）	开封、杞县、睢县
	济南战役（1948.9.16—9.24）	济南
	平津战役（1948.11.29—1949.1.31）	天津、唐山、张家口、新保安
	太原战役（1948.10.5—1949.4.24）	太原
东北地区	四平战役（1946.4—1948.3）	四平
	东北夏季战役（1947.5.13—7.1）	沈阳、通化、怀德、四平、天岗、康平、安东（丹东）、昌黎
	东北秋季攻势作战（1947.9.14—11.5）	沈阳、锦州、长春、四平、营口
	东北冬季攻势作战（1947.12.15—1948.3.15）	沈阳、铁岭、抚顺、本溪、锦州、葫芦岛、秦皇岛
	辽沈战役（1948.9.12—11.2）	沈阳、长春、锦州
长江中下游	渡江战役（1949.4.20—6.1）	南京、上海、杭州、武汉、南昌、宁波、温州、九江、南平、建瓯
华南地区	福建五大战役（1949）	福州、平潭县、漳州、厦门、金门，
	广东战役（1949.10—11月）	广州
华中地区	宜沙战役（1949.7.1—7.29）	宜昌、沙市、临沣、新安镇、桃源、常德、陬市、慈利
	衡宝战役（1949.9.13—1949.10.16）	衡阳、宝庆
西南地区	广西战役（1949.11—12月）	容县、博白、廉江、钦州、镇南关
	成都战役（1949.12）	成都

据刘统《解放战争全纪录》（青岛出版社，2010年）相关内容整理。

1945年9月至1948年8月，国共两党的战争主要在部分乡镇和县城进行，国共两军尚未开始就大城市展开争夺，因而部分大城市在此期间还可以开展都市计划，进行抗战胜利后的城市重建，如成都市就于1947年制定了新的城市规划，主要是计划建成成都市所有的自来水工程、城市电灯供电工程以及有轨电车工程

第一章
城市发展与城市等级体系的变迁

等。① 1948 年 8 月，解放战争进入大兵团运动战与大城市攻坚战阶段，与国民党军队将战略目标主要集中在对大城市的争夺上，大城市成为双方争夺的主要目标。因而在这一时期，战争对城市的破坏较为明显。

战争对城市的破坏，主要体现在对城市肌理、城市经济的破坏和城市人口的减少等方面。对城市肌理的破坏，主要是对城墙、街道、空间、建筑物等的破坏。在东北战场上，记者对战后的四平城有如下的报道："四平街上每一栋房子，都千疮百孔的叫人不敢相信一星期竟变成这样子；电线，像初春柳枝一样的垂了下来。"② 可见战争对城市空间、城市物态的破坏。而战争对城市经济的破坏也是十分直接的，在战争的状态下，城市工商业受战争破坏最严重的通常是公私营企业等③，大量的工厂、企业关闭，经济凋敝，人口锐减。

（四）解放战争时期的城市保护政策

解放战争时期，虽然战火纷飞，战争对城市肌理、城市经济和城市人口均造成了重大影响，但与全面抗战时期不同，解放战争时期中国共产党在战争中对城市采取主动保护的政策，注重对城市的保护，尤其是对历史文化名城的保护和对人民生命财产的保护。1948 年，第四野战军在东北颁布了保护城市的"约法八章"④，其中就明确规定要"负责维持全城秩序，免遭破坏"⑤，要保护城市民族工商业，包括工厂、商店、银行、仓库、铁路、邮政、电话、电灯、自来水、学校、医院、文化教育机关、体育场所和其他一切公共建筑等。⑥

中共中央高度重视对城市的保护，要求全党全军都要严格遵守相关的规章制度。1949 年 4 月 25 日，中国人民解放军军事委员会主席毛泽东和总司令朱德颁发了《中国人民解放军布告》。主要内容为："（1）保护全体人民的生命财产。（2）保护民族工商农牧业。（3）没收官僚资本。（4）保护一切公私学校、医院、文化教育机关、体育场所和其他一切公益事业。（5）除怙恶不悛的战争罪犯和罪大恶极的反革命分子外，凡不持枪抵抗，不阴谋破坏的国民党各级政权组织的一切人员，一律不加俘虏，不加逮捕，不加侮辱。（6）一切散兵游勇，均应向当地人民解放军或人民政府投诚报到，交出武器。（7）有准备有步骤地废除封建的土地所有权制度；逐步提高农业生产水平，改善人民生活。（8）保护外国侨民生命财产的安全。"⑦ 解放军在攻占城市之前，十分注重对城市保护政策的宣传，如山东兵团的谭震林就

---

① 《建设成都新计划，川建所已拟就交送法领事馆与法银团》，《征信新闻》（重庆），1947 年第 747 期。
② 林汀：《记四平保卫战：一篇战场实地报告》，《一四七画报》，1947 年第 14 卷第 10 期。
③ 《中共东北中央局关于保护新收复城市的指示（一九四八年六月十日）》，《群众》，1948 年第 2 卷第 24 期。
④ 天虹：《北平是怎样被解放的？》，《群言》，1949 年第 32 期。
⑤ 天虹：《北平是怎样被解放的？》，《群言》，1949 年第 32 期。
⑥ 天虹：《北平是怎样被解放的？》，《群言》，1949 年第 32 期。
⑦ 李景田：《中国共产党历史大辞典 1921—2011 社会主义革命和建设时期》，中共中央党校出版社，2011 年，第 691 页。

曾在干部大会上讲解、宣传中共的城市政策[1]，要求军队全体人员在进驻城市之前和之后都要保护城市。但仍需指出的是，虽然解放军颁布了保护城市的相关政策、法令，但还是难以避免地存在着破坏城市的现象，违反城市政策和保护工商业政策的现象时有发生。据中共东北局的调查，"一直到攻占四平、鞍山，收复吉林时违反城市政策和工商业政策的现象仍然继续发生"[2]。

总体而言，解放战争时期，由于共产党的努力，战火对城市的破坏相对较小，人口减少也被控制在最低程度。尤其是共产党和平解放城市的政策，对于作为战争双方争夺目标的大城市来说，是极大的福音，特别是一批历史文化名城避免了战争的浩劫，具有较大的意义和价值。如古都北平就在多方努力下得以和平解放，当时就有报纸评价道："共方对'北平'的获得，不是军事上的成功，而是政治上的胜利。"[3] 其他和平解放的城市还有长春[4]、长沙、西宁、归绥[5]（今呼和浩特）、银川[6]，而绥远、新疆[7]、云南、西藏全境，都是以和平的方式解放的。

总之，纵观晚清以来的百余年历史，随着外国资本主义、帝国主义势力的入侵和渗透，独立、统一的中国开始逐步沦为殖民地、半殖民地，国家主权遭到严重破坏，国内自给自足的自然经济结构也逐步瓦解，城市资本主义工商业随之兴起，中国的传统文化同样因受到外来文化的挑战而日益支离破碎，近代的中国到处充满着曲折与艰难。因而民国建立以后城市的发展也表现为一个相当曲折的过程。

第二节 城市等级规模结构的演变

中国古代城市是在自给自足的农业经济基础之上形成的。而在农业经济时代，都城一般都是全国规模最大的城市，此外，其他大多数城市的规模大小总是和城市建置的政治行政级别的高低与城市周围农业经济腹地的大小和农业所能提供的经济资源的多少，以及当地商品经济的发达程度有着直接的关系。所以，在前近代时期，中国城市的等级规模结构便表现为以作为全国政治行政中心的首都为重心，以各省的省会城市为区域性中心，其下又在各个相对较小地理空间区域内形成一些规模较小的州府县城的模式。由于几千年来处于农业社会的中国一直没有发生根本性

---

[1] 《关于城市政策：山东兵团谭政委在某纵营以上干部会上的报告》，《军政往来》，1948年第7卷第8期。

[2] 《中共东北中央局关于保护新收复城市的指示（一九四八年六月十日）》，《群众》，1948年第2卷第24期。

[3] 天虹：《北平是怎样被解放的？》，《群言》，1949年第32期。

[4] 《中共中央电贺长春解放：长春解放》，《群众》，1948年第2卷第42期。

[5] 《我乘胜向绥西长驱挺进解放包头包围归绥连下六城歼匪一团大军进抵后套》，中国人民解放军第二十兵团政治部编印：《察绥之战》，1949年，第7页。

[6] 《半月时事：银川解放大军入学》，《察哈尔日报》（增12），1949年，第20页。

[7] 《半月时事：绥远、新疆和平解放》，《察哈尔日报》（增12），1949年，第20页。

的技术革新，家庭手工业和小农业相结合的自然经济所能为城市发展提供的资源相对有限，因而城市的等级规模结构一直都没有大的改变。美国学者施坚雅教授认为19世纪末中国的城市等级规模结构包括：全国性大城市（6个）、区域性大城市（20个），区域性城市（63个），中等性城市（200个）、地方性城市（669个），中心性集镇（约2 300个），中等性集镇（约8 000个）、一般性集镇（27 000～28 000个）。[①] 这些规模大小不等的城市和集镇共同构成了中国当时的城市等级规模体系，也成为近代中国城市规模等级结构发展的基础。

一、区域中心城市的发展

在不同的历史时期，大城市的判定标准不是固定不变的。在农业时代早期，拥有几万人口的城市可能就被称作大城市，而在工业时代初期，一般拥有十万人以上的城市才能被称为大城市，可到了工业时代中后期，只有50万人以上的城市才能被称为大城市。

欧洲从19世纪就开始出现了人口向大城市聚集的趋势。近代欧洲城市发展的主要动力来自工业革命所引起的经济高速增长。这个阶段的标志是大城市和新城市数量的空前增长，拥有100万居民以上的城市也变得较为常见了。到20世纪初，俄国境内这样的大城市已有30多个，而全世界总计有360个。20世纪30年代，伪满政权东北物资调节委员会编印的《人文地理》一书，曾就东北城市的等级划分确定了一个标准，该标准按城市人口数量的多少将城市划分为大城市、中等城市、小城市和小城镇4级：大城市——人口在十万以上；中等城市——人口在两万以上十万以下；小城市——人口在五千以上两万以下；小城镇——人口不满五千而为地方行政中心地。[②] 以上的标准并非唯一的标准，并且与现在的标准差距很大，但它反映了当时的人们对于城市规模标准的一种认识，因而可以作为今天进行研究的参考。

从世界范围来考察，我们可以将是否拥有十万居民作为判断一个城市是否为大城市标准的时代称为城市化发展的第一阶段。但到了城市化发展到第二阶段，即城市化高速发展阶段，一个拥有十万居民的城市已经失去了大城市的一切特征。这样的城市有时表现为公共交通还不发达，或缺乏现代化大城市所必需的多种形式的高等学校。因而根据大城市的总体特征，20世纪后期，人口至少要达到50万才能被认为是大城市。21世纪初以来，世界进入城市时代，全球有50%以上的人口居住在城市之中，超大城市、巨型城市、城市群、城市带已经成为常态，大城市的人口最低标准正在提升，许多拥有百万人口的大城市正在创造小城市无力达到的生活组

---

① [美]施坚雅著，王旭等译：《中国封建社会晚期城市研究——施坚雅模式》，吉林教育出版社，1991年，第156页。
② 东北物资调节委员会：《东北经济小丛书·人文地理》，京华印书局，1948年，第27页。

织形式的条件，例如，地铁只有在百万人口以上的大城市才能获得经济效益。

农业社会的城市是比较稳定的，尽管在某一历史时期，其人口增长率或曾经达到过2%，但其绝对增长数与现代城市的人口增长率相比，还是那么微小。那时，世界各国的城市规模一般都很小，19世纪以前，在整个人类历史上像巴比伦、罗马，中国的长安、洛阳、建康、开封、临安、北京，美国的芝加哥，英国的伦敦（18世纪末）这些达到50万人口的城市总数是十分有限的。1800年，圣保罗有0.50万人，加尔各答有20万人，纽约有6.50万人，莫斯科有24万人，巴黎和伦敦人口也只不过为55万人和86.50万人。1800年，全世界城市人口的最大规模为100万人左右，只有中国的北京、日本的东京达到了这样的规模。1900年，世界城市人口在50万以上的城市仅有49个，至1950年，随着欧美发达国家城市化进程的加快，世界上的大城市已增至188座，其中64%，即120座在发达国家。

大城市的另一个重要特征，就是劳动分工的集约化。农业社会的大城市总共不过几十种职业活动。而在城市化发展的第一阶段，由于劳动分工的进一步发展，城市已经具有两三百种职业活动。在城市化发展的第二阶段，百万人口的城市已具有数千种甚至上万种各式各样的职业活动。

近代以来，各个国家的绝大部分的非农业职业活动都集中于城市。例如，20世纪苏联有三四万种职业活动，其中农业人口的职业活动不超过三四百种，即大约占1%。拿这个数字同农业人口所占的比重相比，最少可以得出两条结论：城市集中的职业活动比它集中的人口的程度要高得多[①]；以每千居民为单位，城市人口在职业活动特征上所表现出的差别是相当大的。在城市，脑力劳动者所占比重高于农业区，而大城市又高于小城市。大城市服务性行业的范围也日益扩大。现代城市的劳动分工同过去的劳动分工不仅在数量上不同，而且在质量上也有差别。

民国时期，中国城市出现了新的发展，一是城市化的起步，二是大城市超前发展和大中城市数量增加。这既是工业化的结果，也是社会经济发展和科学进步的结果，同时也是传统农业社会向近代工业社会转型的标志。由于城市的发展带来了人口的高度聚集所产生的生产及经济上的聚集效益，知识信息的聚集带来了文化科学的发达昌盛，所以民国时期中国大城市的崛起便与封建时代大城市的发展有着本质的区别。

19世纪中叶到20世纪前期，随着中国对外开放和经济的发展，以及中国商业化和工业化的兴起，大城市出现了较快的发展，其他各类城市也都有了较快的发展，城市的等级规模结构已经呈现出比农业时代更为合理的金字塔型发展趋势。1919年，中国已有百万人口以上的特大城市2个，均为开埠通商的新兴城市；50万—100万人口的大城市共有7个，除北京、苏州、杭州在前近代时期就已经是大城市外，其余四个均为开埠后发展起来的新兴城市，天津尤其突出。前近代时期中国最大的城市——北京的人口总量较前有所减少，其排名甚至位于新兴的工商业

---

① ［苏］A.B.巴拉诺夫著，张淑清译：《大城市的社会人口发展》，知识出版社，1988年，第17页。

城市天津之后。这一时期,全国的大中城市有 11 个,中等城市有 30 个,而这种等级的城市数量还在不断增加,规模也在不断扩大(见表 1-17)。

表 1-17　1919—1936 年中国城市的规模分级统计表

人口规模/万	1919 年/个	1936 年/个
250—500	—	1
100—250	2	5
50—100	7	5
25—50	11	11
10—25	30	53
5—10	90	116
合　计	140	191

中华续行委办会调查特委会编,蔡咏春等译:《中华基督教事业统计 1901—1920 年》(下册),中国社会科学出版社,2007 年;沈汝生:《中国都市之分布》,《地理学报》,1937 年第 4 卷第 1 期。

到 20 世纪 30 年代中期,中国已拥有 200 万人口以上的超大城市 1 个,100 万—200 万人口的大城市 5 个,50 万—100 万人口的大城市 5 个,20 万—50 万人口的大中城市 11 个。其中,上海到 1947 年底时人口总数为 540 余万人,已成为当时世界上少有的特大规模的城市。[①] 据《中国年鉴》的统计,20 世纪 30 年代,我国人口在 10 万人以上的城市达 106 个,10 万人以上的城市总人口达 2 900 万以上,其中 50 万人以上的城市 10 座,详见表 1-18、1-19。

表 1-18　20 世纪二三十年代中国 50 万人以上城市统计表

城　市	人口总数	资料年份	城　市	人口总数	资料年份
北　平	1 369 400	1929	无　锡	900 000	1930
天　津	1 391 722	1929	成　都	700 000	1926
上　海	2 818 866	1930	重　庆	624 000	1928
南　京	521 700	1929	武　汉	1 573 900	1927
广　州	829 500	1929	长　沙	535 800	1928

《中国年鉴》,上海日报社,1933 年。

---

① 佚名:《上海人口》,《外交部周报》,1947 年第 36 期。

表 1-19 近代兴起发展的部分大城市统计表

城 市	1901 年	1911 年	1915 年	1921 年	1936 年	1947 年
上 海	—	—	1 000 000	—	3 700 000	4 300 000
北 京					1 400 000	1 630 000
天 津	700 000	800 000	800 000	800 000	1 300 000	1 710 000
重 庆	300 000	498 000	517 520	597 000	600 000	1 000 000
广 州	—		900 000		950 000	1 403 000
沙 市	80 000	90 000	105 280	161 000	—	—
汉 口	850 000	826 000	821 280		1 200 000	750 000
厦 门	96 000	114 000	114 000	300 000	250 000	—
汕 头	38 000	66 000		85 000	200 000	—
哈尔滨	—	35 000	28 600	155 000	550 000	
沈 阳					400 000	1 121 000
大 连		20 000	40 860	116 000	400 000	544 000
青 岛	—	—	44 490		400 000	780 000
南 京	400 000	380 000	368 800	390 000	650 000	1 085 000
长 沙		150 000	250 000	535 000	600 000	
杭 州		350 000	594 230	892 000	500 000	
宁 波	—	—	465 000	—	250 000	
香 港					800 000	
温 州		100 000		198 000	450 000	
福 州				320 100	500 000	
济 南					300 000	
烟 台			54 450		100 000	
威海卫					200 000	

根据麦夷、江美球：《城市社会学概论》（贵州人民出版社，1988 年）第 120 页，罗兹·墨菲著，上海社会科学院历史研究所译：《上海——现代中国的钥匙》（上海人民出版社，1986 年）第 65—66 页，沈汝生：《中国都市之地理分布》（《地理学报》，1937 年第 4 卷第 1 期），李竞能：《中国人口·天津分册》（中国财政经济出版社，1987 年）第 53 页等编制。

1932 年 1 月，中国国内八大都市的人口分别为南京 659 963 人，上海 1 871 822 人，北平 1 435 505 人，汉口 787 716 人，广州 910 377 人，杭州 535 245 人，天津 1 325 489 人，青岛 402 975 人。[①] 另据沈汝生的统计，在 1933—1936 年期间，全国

[①] 国民政府主计处统计局：《各市户口变动》，《统计月报》，1932 年第 11、12 期合刊。

第一章 城市发展与城市等级体系的变迁

5万人以上的城市有189个，其中上海城市人口在200万人以上。见表1-20：

表1-20 民国时期城市等级规模结构体系统计表（1933—1936年）（其中统计年份不等）

等级规模/万	城市数 个	%	人口数 万人	%	城市名称
大于200	1	0.50	348.0018	10.80	上海
100—200	4	2.12	480.2877	14.90	北平、广州、天津、南京
50—10	5	2.70	316.5665	9.80	汉口、香港、杭州、青岛、沈阳
20—50	18	9.52	598.3210	18.60	成都、长沙、大连、济南、武昌、滨江（吉林）、苏州、福州、保定、开封、重庆、南昌、无锡、宁波、长春、镇江、温州、周口店
10—20	48	25.40	665.8611	20.70	如皋、徐州、扬州、南通、常熟、盐城、海门、绍兴、嘉兴、芜湖、安庆、蚌埠、景德镇、汉阳、沙市、宜昌、老河口、湘潭、衡阳、万县、自流井（自贡）、厦门、澳门、汕头、潮州、佛山、潮阳、昆明、贵阳、威海、济宁、烟台、临沂、太原、长安（西安）、汉中、兰州、安东（丹东）、普兰店（新金）、营口、旅顺、锦州、抚顺、牛庄、永吉（吉林省）、张家口、西宁、拉萨
5—10	113	59.70	814.5125	25.20	松江、青浦、淮阴、常州、灌云、嘉定、泰县、高邮、阜宁、宝应、沛县、仪征、沭阳、江阴、兴化、淮安、台州、金华、衢州、余姚、常山、亳州（安徽亳县）、阜阳、合肥、六安、宜城、九江、宁都、赣州、瑞金、建昌、南丰、鄱阳、常德、益阳、邵阳、津市、澧县、耒阳、叙州、泸县、三台、阆中、达县、涪陵、乐山、南充、大足、遂宁、武胜、延平、晋江、建瓯、宁德、龙溪、江门、梅县、合浦、揭阳、石歧、黄冈、高要、南宁、梧州、桂林、腾越、个旧、遵义、唐山、山海关、石家庄、潍县、诸城、黄县、掖县、泰安、益都、莒县、蓬莱、周村、胶县、临清、郑州、洛阳、商丘、安阳、许昌、汾阳、大同、大荔、三原、渭南、安康、故市、天水、临潭、平凉、新民、辽阳、洮南、铁岭、扶余、双城、龙江、归绥（呼和浩特）、包头、宁夏、库伦（乌兰巴托）、迪化（乌鲁木齐）、沙车、疏附（喀什）、奇台、和田。
合 计	189	100.00	3223.5536	100.00	

沈汝生：《中国都市之分布》，《地理学报》，1937年第4卷第1期。

从表1-20可以看到，近代以来中国城市的等级规模结构基本上是呈金字塔型，189个5万人以上的城市中，5万—10万人的城市为金字塔的次底层，占了城市总数的59.70％；10万—20万人的城市48个，占城市总数的25.40％；20万—50万人的城市共18个，占城市总数的9.52％；50万—100万人的城市有5个，占城市总数的2.70％；100万—200万人的城市有4个，占城市总数的2.12％；200万人以上的城市有1个，占城市总数的0.50％。如果将20万人以上的城市视为大城市的话，那么大城市的比例达到14.80％。

又据1948年4月国民党政府内政部方域司编印的《中国之行政督察区》，全国有直辖市12个，省辖市55个，见表1-21：

表1-21　1948年中国主要城市一览表

序号	城　市	隶属关系	城市人口	设市时间（年月）
1	南　京	行政院直辖	1 030 572	1927.5
2	上　海	行政院直辖	4 300 630	1927.5
3	北　平	行政院直辖	1 672 438	1928.6
4	青　岛	行政院直辖	759 057	1929.7
5	天　津	行政院直辖	1 707 670	1929.6
6	重　庆	行政院直辖	1 002 787	1939.9
7	大　连	行政院直辖	722 950	1945.9
8	哈尔滨	行政院直辖	637 573	1945.9
9	汉　口	行政院直辖	641 513	1928
10	广　州	行政院直辖	960 712	1918.10
11	西　安	行政院直辖	502 988	1947.6
12	沈　阳	行政院直辖	1 094 804	1947.6
13	徐　州	江苏省辖	160 013	1945.10
14	连　云	江苏省辖	76 753	1935.12
15	杭　州	浙江省辖	606 136	1927.5
16	蚌　埠	安徽省辖	105 237	1947.9
17	南　昌	江西省辖	203 101	1935.7
18	武　昌	湖北省辖	174 367	1935.7
19	长　沙	湖南省辖	421 796	1933.8
20	衡　阳	湖南省辖	181 424	1933.4
21	成　都	四川省辖	560 013	1945.10
22	自　贡	四川省辖	291 791	1942.8
23	福　州	福建省辖	300 337	无资料
24	厦　门	福建省辖	124 075	无资料

续表

序 号	城 市	隶属关系	城市人口	设市时间（年月）
25	台 北	台湾省辖	269 116	无资料
26	基 隆	台湾省辖	68 754	无资料
27	新 竹	台湾省辖	119 087	无资料
28	台 中	台湾省辖	82 588	无资料
29	彰 化	台湾省辖	59 155	无资料
30	台 南	台湾省辖	165 329	无资料
31	嘉 义	台湾省辖	116 437	无资料
32	高 雄	台湾省辖	143 288	无资料
33	屏 东	台湾省辖	100 086	无资料
34	汕 头	广东省辖	146 864	1930.12
35	湛 江	广东省辖	207 610	无资料
36	桂 林	广西省辖	142 202	1940
37	昆 明	云南省辖	255 462	1935.3
38	贵 阳	贵州省辖	262 740	1930.8
39	唐 山	河北省辖	149 124	1947.5
40	石 门	河北省辖	217 327	1947.5
41	济 南	山东省辖	591 490	1930.2
42	烟 台	山东省辖	135 912	1946.2
43	威 海	山东省辖	222 247	1945.10
44	太 原	山西省辖	251 566	1947.4
45	兰 州	甘肃省辖	156 468	1947.7
46	银 川	宁夏省辖	38 634	1945.8
47	西 宁	青海省辖	55 564	1945.11
48	归 绥	绥远省辖	103 051	无资料
49	包 头	绥远省辖	53 228	1933.4
50	陕 坝	绥远省辖	17 582	1943.10
51	张家口	察哈尔省辖	168 840	1947.6
52	迪 化	新疆省辖	97 980	1945.8
53	锦 州	辽宁省辖	155 435	1947.6
54	营 口	辽宁省辖	154 705	1947.6
55	鞍 山	辽宁省辖	219 751	1947.6

续表

序 号	城 市	隶属关系	城市人口	设市时间（年月）
56	旅 顺	辽宁省辖	44 394	1947.6
57	通 化	安东省辖	81 993	1947.6
58	安 东	安东省辖	315 242	1947.6
59	四 平	辽北省辖	315 242	1947.6
60	吉 林	吉林省辖	239 325	1947.6
61	长 春	吉林省辖	605 276	1947.6
62	牡丹江	松江省辖	200 319	1947.6
63	延 吉	松江省辖	42 792	1947.6
64	佳木斯	合江省辖	168 000	1947.6
65	北 安	黑龙江省辖	70 032	1947.6
66	齐齐哈尔	嫩江省辖	174 675	1947.6
67	海拉尔	兴安省辖	16 146	1947.6

国民党政府内政部方域司编印：《中国之行政督察区》，1948年。

以上67个设市城市，有9个在中国台湾省，即台北、基隆、新竹、台中、彰化、台南、嘉义、高雄、屏东，共有城市人口1 123 840人；有58个在大陆，共有城市人口24 312 775人。大陆的58个设市城市，由于所处地理位置和政治经济条件的不同，发达程度也不相同，大致可以分为三类：

一是沿海沿江地带的18个城市，分别是上海、天津、广州、大连、营口、青岛、威海、烟台、连云（今连云港市）、杭州、福州、厦门、汕头、湛江、南京、武昌、汉口、重庆。

二是东北地区的16个城市，分别是沈阳、鞍山、旅顺、安东（今丹东市）、锦州、长春、吉林、四平、通化、延吉、哈尔滨、牡丹江、佳木斯、北安、齐齐哈尔、海拉尔。

三是内地或边远地带的24个城市，分别是北平、西安、兰州、银川、西宁、徐州、蚌埠、成都、济南、唐山、石门（今石家庄市）、自贡、昆明、贵阳、桂林、南昌、长沙、衡阳、太原、张家口、迪化（今乌鲁木齐市）、归绥（今呼和浩特市）、包头、陕坝（今临河市）。

由于农业时代形成的城市大都具有较好的经济基础，且大多具有位于陆路、水路交通要道的优势，所以民国时期的大城市大多数仍为具有一定历史基础的城市，但其中也有少部分的大城市和特大城市乃是晚清以来因经济发展或交通工具改变，而由原来的集镇或农村发展而成的。同时，民国时期的大城市，大多数分布在沿海沿江地区，其地理区位大都相当优越，在开埠通商前，这些城市虽然大多是中、小城市，经济却都有相当的发展，为其后城市经济的飞跃奠定了基础，但由于受到农业经济时代封建王朝闭关锁国政策的限制，一直得不到大的发展。开埠通商后，这些城市在区域经济发展中的区位优势充分显现，商业贸易发展迅速。作为中国城市早期现代化的重要特征，商业是促进城市发展的主要动力，并且进一步推动了交通运输业、金融业、制造业、加工业的发展。许多城市都是因商而兴，并因商业的繁荣而发展成为区域性甚至全国性的经济中心城市。比如，在开埠之初，天津城市人口仅30余万，随着工商业的发展，其城市人口在1935年达到100余万，成为北方最大的经济中心城市。19世纪中叶，上海仅是长江下游的区域性中等城市，但到了20世纪30年代，上海已经发展成为城市人口达到300多万的全国最大规模的城市。南京、武昌、汉口、重庆等城市也随着开埠后经济的发展而进入大城市的行列。此外，沿海的汕头、营口，沿江的南通、镇江、芜湖、安庆、九江、岳阳、沙市、宜昌、万县、泸县、宜宾等城市人口数量和城市规模都有较为显著的增长扩大，先后成为大中城市。故近代以后城市的等级规模与农业经济条件下的古代城市相比，有着较大的反差。民国时期虽然大城市发展很快，但是具有畸形发展和发展的不平衡的特征，包括因外贸占比过高和过分依赖商业资本优势而带来的某些大城市和特大城市的过分膨胀，使大城市在发展过程中存在着严重的不平衡现象。

二、小城镇的发展

近代中国城市规模等级结构变化的另一个重要特点就是小城镇（2 500—10 000人）的普遍发展。

作为城市体系的有机组成部分，小城镇在古代就有较大的发展。宋代《元丰九域志》明确记载当时中国的城市有1 888个。郑寒松认为明代商品经济的发展程度超过了宋代，因此明代的小城镇数超过了宋代，应在2 000个以上，集市则不少于4 000个[①]。明清时期由于商品经济的普遍发展，联系大中城市与广大农村的小城镇得到了明显的发展，而南方小城镇的发展尤其显著[②]。

19世纪中叶后，中国传统自给自足的自然经济遭受前所未有的冲击，通商口岸附近的村落首当其冲。这些普遍具有较好农业生产条件的村落，为适应市场需要，不断放弃传统作物的种植而改种经济作物，推动了商品经济的发展和农产品的商品化。与此同时，作为沟通"农村"与"城市"的桥梁，沿江沿海的小城镇逐渐发展为大城市向农村收购原料和推销工业产品的基层商业集散中心，并与国际贸易紧密相连，休戚相关，成为世界经济体系的一部分。1864年，江苏嘉定县辖曹家渡始置城，"继而西段开办缫丝厂，东段开办面粉厂，招集男女工作，衣于斯，食于斯，居于斯，不下数千人。……不数年间，洋纱厂、纺织厂、鸡毛厂、牛皮厂、

[①] 郑宗寒：《试论小城镇》，《中国社会科学》，1983年第4期。
[②] 刘石吉：《明清时代江南市镇研究》，中国社会科学出版社，1987年；包伟民：《江南市镇及其近代命运（18840—1949）》，知识出版社，1998年。

电灯厂相继成立,市面大为发达,东西长约二里许,鳞次栉比,烟户万家"①。这一趋势在民国时期有增无减。同属嘉定县的法华乡周家桥,原为一小村落,1916年,无锡荣宗敬、荣德生兄弟在当地购置数十亩土地开办申新纺织厂,"八年欧战发生,纱价大涨,富商购地设厂者接踵而至,地价骤贵,亩值千金,百工麇集,遂成市焉"②。同时,随着新式交通运输方式的兴起,若干新兴的交通小城镇出现了。如黑龙江呼兰县"康金井镇,在县东北,距县治七十里,旧为一小村屯,自呼海路于此设站,乃渐发达。民国十五年又设市政局经理之,占地二百七十余饷,马路市房逐渐兴修,交通亦极便利"③。

在近代中国特定的社会、经济背景下,中国的小城镇自20世纪以来有较大的发展,据顾朝林对河北、河南、江苏(含上海)、山东、山西、浙江和广东7省36州、县地方志的不完全统计,清道光年间之前,全国共有市镇630个,而到全面抗战时则增加到1 106个,增长了近1倍。从新增的小城镇的地理分布来看,呈现出北方增加得较少,中部增加最多,南方次之的特点。

表1-22 1840—1937年中国部分地区市镇增长统计汇总表

各省区部分州、县	1850年前	1851—1937年	增长情况/%
河北2州、县	32	34	106.30
山西3州、县	19	19	100.00
河南4州、县	96	153	159.40
山东6州、县	110	175	159.10
江苏9州、县	110	281	253.20
上海4州、县	70	164	234.30
浙江6州、县	48	111	231.30
广东3州、县	145	169	116.60
合计36州县	630	1 106	175.60

顾朝林:《中国城镇体系——历史·现状·展望》,商务印书馆,1992年。

据1933年的统计,当年中国人口约为45 000万,而城镇人口中,小城镇人口约达10 000万,大中小城市人口则为4 500万。由此可见,在这一时期,小城镇在城镇等级规模结构体系中占有十分重要的地位。20世纪前期,正是中国城镇发展的重要时期,无论是城镇的数量,还是城镇的性质和规模,都发生了显著的变化。因而如果不对整个近代中国转型时期的城镇进行长时段的考察,很难得出正确的结论。

---

① 王钟、胡人凤:《法华乡志》卷一《沿革》,1922年铅印本。
② 王钟、胡人凤:《法华乡志》卷一《沿革》,1922年铅印本。
③ 柯寅等:《呼兰县志》卷一《地理志》,1930年铅印本。

20世纪90年代，慈鸿飞教授考察了1940—1949年期间的镇、集数量之后认为，清末至民国是中国镇、集成长的高峰时期。这一时期，如安徽省平均每县增加了51.60个市集，增长率为661.50%；江苏省平均每县增加了60.60个市集，增长率为225.30%；山东省平均每县增加了48.50个市集，增长率为241.30%。由于安徽基数低，因此增长率最高，但从镇、集增加的绝对数量看，仍以江苏最多。另外，慈鸿飞教授统计了14个省的镇、集数量，并按加权平均数计算之后指出，在20世纪30年代，全国22个省的"镇集总数约达62 440余个（含近750个县城）"，见表1-23、表1-24：

表1-23　20世纪30年代中国部分省份集镇发展概况统计表

省别 \ 镇集数量	镇	集	每省镇集合计	列入统计的县
陕　西	621	640	1261	74
甘　肃	417	432	849	51
宁　夏	23	24	47	6
察哈尔	72	47	119	13
绥　远	80	29	109	20
青　海	25	13	38	8
山　西	664	662	1 326	104
河　南	2 160	7 488	9 648	108
云　南	781	1 586	2 367	101
贵　州	359	524	883	27
广　西	199	1 329	1 528	85
湖　南	308	1 876	2 184	71
湖　北	518	1 100	1 618	41
福　建	458	488	946	40
总　计	6 685（含749个县城）	16 238	23 672（含749个县城）	749

慈鸿飞：《近代中国镇、集发展的数量分析》，《中国社会科学》，1996年第2期。

表1-24　1933—1934年中国部分省份省辖县数统计表

省一区	河北	山东	安徽	江苏	浙江	江西	广东	四川
实辖县数	130	108	59	61	76	82	84	149

慈鸿飞：《近代中国镇、集发展的数量分析》，《中国社会科学》，1996年第2期。

民国时期的城镇发展具有极大的区域发展不平衡性。如辽宁、黑龙江、热河、新疆、吉林、西康等省人口稀少，商品经济较为落后，因而城镇的数量相对较少。

尤其是西康，在其建省以前，所辖31县，除康定（45 000人）、巴安（30 000人）、甘孜（20 000人）、理化（10 000人）外，人口在千人以下的县城有20个，人口在300人以下的县城有15个，最小的县城仅50人（定乡）。①

民国时期，中国小城镇受到商品经济发展的影响而兴盛。据国民政府内政部对1933—1934年江苏、浙江、山东、山西、河南、河北六省548县人口在2 000—20 000间的建制小城镇或集镇的调查统计，共有8 026个。又据慈鸿飞教授的研究，在20世纪30年代，中国内地镇的人口大多在2 000人以上，其中北方镇的总体数量比南方少，绝大多数都在2 000人以上。南方镇的常住人口数量高低悬殊，多数在数千人以上，但亦有部分在两千人以下，甚至更少。至于边远山区，其人口相对更少，故人口数量低于2 000人的镇较为普遍。因而慈鸿飞教授认为，如果假设有15%的镇人口在2 000人以下，除去这部分不计，那么20世纪30年代中国2 000—20 000人的镇计有16 335个。②

按照慈鸿飞的研究结果，如果以每镇平均2 500人计，共有4 083万人，如果以每镇平均3 000人计，则共有4 900万人。前者占全国人口总数44 449万人的9.18%；后者占全国人口总数44 449万人的11.02%。此外，人口5万人以上城市的居民还有3 223万。综合以上数据，则可认为，20世纪30年代，中国的城镇居民人口总数应在7 306万—8 123万，其城镇化率在16%～18%左右，实为近代中国百余年间城市化发展过程中的一个高峰。又据1953年的统计，彼时中国（未计港、澳、台地区）共有建制镇5 402个，人口2 353万人，平均每镇4 356人，如果扣除其中人口不足2 000的镇，还有4 482个镇，人口总数2 229万人，每镇平均达4 973人。③

1953年我国建制镇的数量远比1934年建制镇的数量少得多，另外非建制镇也未被纳入城镇统计的范围。④ 1953年，中国刚从战争的创伤中复苏，还未开始大规模的工业化建设，因而20世纪30年代中国的建制镇的非农业人口数至少不会少于1953年的建制镇非农业人口数。

19世纪中后期至20世纪前期，随着工业化、城市化的启动，中国出现了大城市超前发展和小城镇普遍发展的现象。但因中国人口总数太大，大中城市难以吸纳过多的农村剩余人口，因而小城镇发展是一种自然的选择。小城镇的普遍发展，改变了近代中国城市的规模和结构。不过，20世纪30年代中期以后，先有长达八年的全面抗日战争，继之以为时三年的解放战争，中国的城市化进程被迫中断，小城镇因之受到严重的影响。

---

① 梅心如：《西康》，正中书局，1934年，第14—16页。
② 慈鸿飞：《近代中国镇、集发展的数量分析》，《中国社会科学》，1996年第2期。
③ 胡焕庸、张善余：《中国人口地理》（上册），华东师范大学出版社，1984年，第270页。
④ 中华人民共和国成立后直到改革开放前，中国的建制镇都一直处于萎缩状态。1982年，中国的建制镇只有2 819个，共有非农业人口4 579万人，每镇平均人口达16 243人。新中国成立后的30年间，中国的建制镇少了近一半。胡焕庸、张善余：《中国人口地理》（上册），华东师范大学出版社，1984年，第270页。

第三节　区域城市的发展与城市体系的初步形成

所谓"城市体系"是指在特定地域范围内，依托一定的自然环境条件，具有相当数量不同性质、类型和规模的城市，并以数个特大或大城市作为区域核心，借助综合运输网，与其他城市发生内在联系，共同构成一个相对完整的城市"集合体"[①]。极化作用和扩散作用是城市得以兴起发展的动力所在，也是城市体系发展深化的动力所在。极化作用和扩散作用的强弱程度是与区域经济发展水平相联系的，我们可以根据极化作用和扩散作用强弱及所占的地位，把区域城市体系的发展划分为四个阶段：原始均衡发展阶段；集聚发展阶段，即首位城市生长阶段；扩散发展阶段，即区域第二、三级中心得到加强，在空间上表现为从单纯的"中心—边缘"结构逐渐变为多核心结构；最后阶段，即各城市相对均衡发展，扩散效应和聚集效应处于均衡状态。因此，随着区域经济极化和扩散作用强弱的对比不同，区域城镇体系不断从首位型向均衡型发展。区域中第一位城市规模的增长与高位次城市带动其他城市的发展，是同时存在、同步进行并交替发生作用的。城镇规模分布可能由低级向高级转变，最终形成高级首位型和高级均衡型。无论区域经济处于哪个发展阶段，始终存在着极化和扩散两种作用。这两种作用同时存在，交替发生，其实质就是区域城市中城镇间的相互联系和相互合作。大城市作为区域经济的核心，它不仅是组织区域专业化协作和经济联合的强大生产中心，同时也是物资集散与商品流通中心，以及为自身、周围广大地区乃至全国提供服务的综合性服务中心。

一、区域城市发展与城市体系发展的基础

由于中国幅员辽阔，区域发展不平衡，并未形成完整统一的全国性城市体系，而是以不同的行政、自然或经济地理区域为主，形成了众多区域性城市体系。

在农业时代自给自足的自然经济状态下，中国各个区域的若干大、中、小城市虽然也有较大程度的发展，但是城市之间、城乡之间的联系较为薄弱，城市从乡村榨取各种形式的地租以供地主、官僚消费，而城市手工业、商业主要是为城市的封建统治者及居民服务。乡村基本上处于封闭状态。城乡之间的单向经济关系使各地所需的绝大多数农产品都能在本地范围内得到满足。所以，城市之间的经济联系较为薄弱，区际的商业贸易往来较少；同一区域内的各城市间也缺乏有机的分工协作。

民国时期，中国初步形成了以长江三角洲、京津唐地区、辽宁中南部地区、珠江三角洲、四川盆地城市体系为主的五大城市体系。五大城市体系的初步形成是近

---

① 姚士谋等：《中国的城市群》（第2版），中国科学技术出版社，2001年，第3页。

代以来区域经济不断发展和区域城市之间的联系不断加强而促进的区域城市体系进一步发展的结果。

一个区域城市体系的形成需要一些基本条件,广阔、富饶的经济腹地即是其基本条件之一。

(一) 区域内经济腹地的支撑

城市工商业的发展和城市体系的形成需要相当的农业区域作为其工业生产的原料基地和商品销售市场。因为"一座大城市的最重要、最天然的基础,就是附近农村地带要人口稠密,劳动力充沛,这就为粮食给养、工业制造和对外贸易提供物质资源"[①]。世界进入近代以来,城市发展所需的农业经济基础仍占有重要地位,英国古典经济学家亚当·斯密就指出:"乡村居民须先维持自己,才能以剩余产物维持都市的居民。所以,要增加农村产物的剩余,才谈得上增设城市。""都市的增设,决不能超过农村的耕作情况和改良情况所能支持的限度。"[②] 区域城市体系的形成同样需要有这样广阔的农业经济腹地。民国时期的五大城市体系都无一例外地有着土壤肥沃、农业基础较好的区域经济腹地。长江下游三角洲在宋以后就是经济发达、人烟稠密的地区,以镇江、杭州、上海为边界交接点的长江三角洲地区,在19世纪估计拥有人口4 000万,平均每平方公里约有居民772人,其中约80%的土地为耕地。在这个肥沃的三角洲地带密集地分布着许多著名的商业中心,其中包括杭州、苏州、上海。明清以来,长江三角洲的经济发展水平和人口密度在全国都位居前列,为该区域城市的发展提供了充足的劳动力、广阔的市场等。这种良好的农业经济基础就成为近代长江下游三角洲城市体系形成的有利条件。位于长江上游的四川盆地城市体系的所在地,也是中国著名的传统农业经济区,这为以成都平原为中心的长江上游地区成为中国城市文明发源地之一奠定了良好的基础。

(二) 区域内核心城市的成长

民国时期城市体系形成的另一个关键因素就是城市体系中核心城市的成长。任何一个城市体系都必须依托一两个核心城市才能形成。农业时代,中国部分区域虽然也产生了个别规模较大的城市,但是,这些城市经济实力较弱,缺乏内聚力,且由于交通的落后,与周围的城市联系不密切,城市与城市之间也未能形成有机的分工。故在农业时代,中国个别地区虽然具有城市体系的雏形,却还未能构成一个相对完整的城市"集合体"。

民国时期,现代经济在部分城市中生长、发展,促使一些区域内的重要城市逐步发展成为区域核心城市,这些城市一般都具有较强的聚集力和辐射力,因而围绕

---

① [英]吉本:《罗马帝国的衰落与灭亡》,转引自张仲礼:《略论近代上海经济中心地位的形成》,苏智良:《都市史学》,上海人民出版社,2014年,第222页。
② [英]亚当·斯密著,郭大力、王亚南译:《国民财富的性质和原因的研究》(上),商务印书馆,2004年,第346页。

第一章 城市发展与城市等级体系的变迁

这些城市，出现了区域城市之间的互动，由此推动了区域城市体系的形成。如长江三角洲的上海，19世纪末人口不满百万口，20世纪20年代就达到200万人以上，成为长江三角洲的核心城市。上海的崛起，加强了长江三角洲地区各城市之间的相互联系，南京、杭州、苏州等长江三角洲的大、中、小城市逐渐围绕上海形成了一个城市集合体。毫无疑问，上海的发展对于长江三角洲城市体系的形成所起的作用是至关重要的，如果上海没有快速发展成为特大城市，长江三角洲城市体系是不可能形成的。

京津唐地区城市体系的形成也与天津的发展关系密切。[①] 从宏观地理上看，天津东临渤海，北倚燕山，位于华北平原之东，海河流域下游，位置优越。清中叶后，大运河山东段和河北段已不能通航，漕运衰落，而作为中国政治中心的北京，其附近并无可通航的水路，故水运一直依靠天津大沽港口。天津以其区位优势成为直隶、河南、内蒙古，以及山西、山东北部地区的出海口，其商业贸易在开埠前已获较大发展。天津开埠后，很快成为华北传统市场与国际市场联系的重要枢纽，当时北方其他港口城市的规模不大或还未开放，故天津以其良好的地理位置和广阔的腹地成为北方最大的贸易港口城市。在民国时期，天津与北京作为华北地区的"双核心"城市，对于该地区城市体系的形成起到了至关重要的作用。

四川盆地城市体系也是"双核心"的城市体系。农业时代，四川盆地最大规模的城市为位于川西平原的成都。成都具有4 500多年的城市文明史，而且一直是四川地区最重要的政治、经济、文化中心。重庆，"左挟右带，控扼便捷"，地处四川盆地东南部华蓥山南麓，当嘉陵江与长江汇合处，是长江上游的重要口岸城市。

19世纪中后期，随着帝国主义列强的侵略扩张到长江流域，尤其是重庆开埠以后，重庆逐渐发展为长江上游最大的洋货分销中心和最大的土货购运中心，城市经济快速增长，城市规模逐渐扩大。[②] 在作为经济中心之重庆和作为政治、文化中心之成都的共同推动下，四川盆地逐渐形成互补型的区域性双核心城市体系。

还需要注意的是，晚清以降，随着航运——轮船、铁路——火车、公路——汽车、航空——飞机等新式交通运输方式和交通运输工具的出现与运用，使得城市与城市之间、城市与区域之间的联系日趋紧密，不仅突破了传统时代城市与区域之间的封闭格局，而且强化了区域内核心城市的聚集、辐射和引领作用，从而促进了区域城市体系的形成。较有代表性的则有天津、青岛。

在农业时代，天津对华北地区的经济联系主要依靠南运河、子牙河、大清河、北运河、蓟运河及官道，运输工具在陆路以骆驼和大车为主，水路则为木船。交通工具的落后性，制约了天津与华北地区其他城市之间的经济联系。但天津开埠以后，水路逐渐由木船运输发展为内河轮船运输，从而增强了天津与华北内陆地区的联系。天津海关报告指出："中国人最信服轮船，客运规模也很大，从北京而来继

---

① 樊如森：《天津——近代北方经济的龙头》，《中国历史地理论丛》，2006年第2期。
② 参见隗瀛涛《近代重庆城市史》（四川大学出版社，1991年）第2章第1节、第5节。

续南下的达官贵人,现在几乎完全弃置了陆路,差不多每条驶离该港的轮船,都是显要官员搭乘。"① 同时,19世纪下半叶以天津为中心的铁路网初步建成,改变了传统的商品运输方式。1882年,开平煤矿至胥各庄的铁路竣工,紧接着又于1888年延伸至天津,"自天津至唐山铁路一律平稳坚实,桥梁车机均属合法,除停车查验工程时刻不计外,计程二百六十里,只走一个半时辰。快利为轮船所不及"②。其后随着唐山至山海关铁路、天津至卢沟桥铁路的修建,以天津为中心的京津唐地区铁路网初步形成,进一步巩固和提升了天津在华北地区的首位城市功能,推动了民国时期华北地区城市体系的形成③。

1898年,德国殖民者强迫清政府签订《胶澳租界条约》以后,为了控制青岛而进行了一系列现代交通基础设施建设,筑码头,修铁道,使得青岛不但成为远东乃至国际知名的港口城市,而且随着1904年胶济铁路的贯通,区域内城市如济南、烟台、威海逐渐成为依托青岛发展的"卫星城市",齐鲁大地日趋成为青岛经济发展的腹地。④ 1912年5月津浦铁路全线竣工后,横贯山东全境的胶济铁路"与津浦路相连,北接北宁平汉,南衔陇海京沪,交通之便,不亚于津沪。而西北诸省之对外贸易,恒以青市为枢纽"⑤。青岛的城市影响力迅速溢出山东半岛,辐射到华北、西北地区,从而与天津、北京一起推动着华北、西北城市体系的形成与发展。

在民国时期,驱动城市转型与发展的关键动力还是现代工商业。毕竟,在机器时代,城市发展与工商业发展是一枚硬币的两面,"城市化与工业的发展相联系是带有普遍性的特点"⑥。故晚清以来,一些得风气之先的沿海沿江城市如上海、广州,纷纷向现代工商业城市转型。现代工厂、现代商业设施、现代服务业如雨后春笋般在这些城市出现,城市聚集效应、辐射效应、示范效应倍增,提升了它们影响、左右所在区域乃至全国的经济和文化力量。其中,最具代表性的是上海。

上海之所以迅速发展为长江三角洲城市群的龙头,其决定性因素是其发达的工商业。1928年,时任上海特别市社会局局长潘公展在为《上海之工业》一书所作的序言里就指出:"上海工业不发达,即无异表示全国工业之衰败。"⑦ 言下之意,上海工业兴盛与否,决定着当时中国能不能从传统农业国家转型为现代工业国家。据统计,1895年到1911年这16年间,上海工业产值的年均增长率为9.26%。进入民国以后,上海工业产值进一步走高,1911—1925年期间,其工业产值年均增长率为12.05%。此后,因受国内国际环境影响,上海工业产值的增速有所减缓,

---

① 罗澍伟:《近代天津城市史》,中国社会科学出版社,1993年,第232页。
② 《总理海关事务奕䜣等奏》,中国史学会:《洋务运动》(第6册),上海人民出版社,2000年,第199页。
③ 刘海岩:《近代华北交通的演变与区域城市的重构(1860—1937)》,《城市史研究》(第21辑),天津社会科学出版社,2002年。
④ 任银睦:《青岛早期城市现代化研究》,生活·读书·新知三联书店,2007年,第13页。
⑤ 孙绍佑:《青市之对外贸易观》,《青岛社会》(季刊),1929年第2期。
⑥ [英]安德鲁·韦伯斯特著,陈一筠译:《发展社会学》,华夏出版社,1987年,第71页。
⑦ 上海特别市社会局:《上海之工业》,中华书局,1930年,"潘序"。

第一章 城市发展与城市等级体系的变迁

但年均增长率仍达 6.53%。[1] 如此强劲的工业增长势头，不仅奠定了上海作为民国时期中国工业中心的地位，而且拉动了上海周边如南汇、川沙、宝山、嘉定等县域经济的转型与发展，并影响至苏南、浙东北乃至长江三角洲（长三角），进而辐射到长江流域。[2] 城市经济的发展，尤其是工商业资本主义强大的推力作用，促进了长三角城市之间的联系与交往，逐渐形成一个分工合作、互补发展的长三角城市群——以上海为龙头，以苏州、宁波、镇江、扬州、绍兴等为金融主导型城市，以南通、无锡、常州等为工业主导型城市。[3] 这一工业主导的城市发展模式，得到当时许多中国城市的认同与效仿。比如无锡，"讲到无锡这个地方，大家都知道他是一个工业发达的都市。近代式的工厂，完全由无锡人集资兴办的，大小各种，不下一百六十所，从事于工场劳动的男女工人，不下十万人，大家看了这种新兴的气象，所以给她一个'小上海'的徽号。"[4] 远在西南的重庆亦以上海为蓝本，积极展开现代性城市经济、城市设施、城市文化的建设。[5] 可见，上海在民国时期已经成为长三角乃至全中国城市现代化的典范。

然而，传统的惯性依然强大。在民国时期，中国城市的经济功能虽然有明显加强，但政治行政力量仍然左右着某些城市的发展，具有代表性的是北京、南京。

民国初期，北京虽然保持着首都的地位，但作为全国政治行政中心的功能有所下降，其发展速度明显放缓，特别是城市人口的增加和经济发展速度远远低于天津。[6] 尤其是1927年南京国民政府成立以后，国家政治中心南移，北京的重要性猛然下降，城市活力趋于低迷。市政专家张锐在1930年就指出："数年前观北京都市，前门一带人不得顾，车不得旋之盛况。……及国民革命军攻克北京之后，迁都南京，改北京为北平。于是金陵又复兴盛，北京王气黯然消矣"，而其原因"无他，亦受政治变迁之影响而已"。[7] 北京的衰落所映衬的则是南京的复兴。南京在太平天国时期遭到严重破坏，经过半个多世纪仍未能恢复。不过，随着国民政府建都南京，其城市规模、城市设施、城市经济、城市文化等可谓得到了飞跃性发展。这与南京作为国家政治行政中心的地位息息相关。1937年6月，时任南京市政府秘书长的王淑芳在总结南京在1927—1937这十年间城市物质建设和文化建设所取得的成就时就指出："南京市为我国之首都，乃中枢所寄托，应以全国之人力财力，使

---

[1] 徐新吾等：《上海近代工业主要行业的概括与统计》，《上海研究论丛》（第10辑），上海社会科学院出版社，1998年。
[2] 参阅戴鞍钢《港口·城市·腹地：上海与长江流域经济关系的历史考察（1843—1937）》（上海社会科学院出版社，2019年）第八章"工业的引领"。
[3] 马俊亚：《长江三角洲地区中等金融城市中货币资本的积累及其融通功能》，范金民等：《江南地域文化的历史演进文集》，生活·读书·新知三联书店，2013年，第416页。
[4] 王伯秋讲演、金婉范记录：《我对于无锡建市之感想》，《无锡市政》，1929年第3号。
[5] 参阅张瑾《权力、冲突与变革：1926—1937年重庆城市现代化研究》（重庆出版社，2003年）第4、5、6章。
[6] 张立民：《近代华北城市人口发展及其不平衡性》，《近代史研究》，1998年第1期。
[7] 张锐：《中国市政史》，《中国建设》，1930年第2卷第5期。

之繁荣发展，期与欧美之名都相颉颃，而成为政治、经济、军事、教育、交通之重心。"[1] 南京国民政府时期两度担任南京市市长的刘纪文亦坦诚地说："夫南京既为全国首都，则其一切建设，皆为全国人民所需要，自非其他各市市政之仅属一地方事业者所可比拟，故京市之建设经费，由全国人民共同负担，实属正当办法。"[2] 这些话语充分表明，南京正是因为1927年4月取代北京成为"国都"，政治行政资源发生挪移，才获得了发展契机，逐渐再现六朝古都的辉煌。到全面抗战爆发以前，南京已经发展为一个人口近百万的国际都市[3]，成为沪宁杭城市群中的重要一极。

不过，青山遮不住，毕竟东流去。在工商业资本主义推动城市发展具有决定性作用的大势下，民国时期城市发展的动力、城市功能已经"多元化"。传统时代完全由政治行政力量主宰城市"生"与"死"的模式，已是明日黄花。

二、不同区域城市体系的初步形成

民国时期，由于农业时代日趋崩溃，工业时代来临，城市的孤立发展已经不能满足社会经济发展的需要，区域城市向城市体系发展已成为一种必然的趋势。

（一）华东地区城市体系的初步形成——以沪宁杭地区为例

沪宁杭地区所依托的长江三角洲，是一片沃野千里、水网密布的平川，农业耕作历史较长，本地区农业、手工业与商业在农业时代中后期十分繁荣。明清时期，该地区部分城市的商品经济便有较大的发展，成为我国资本主义萌芽的较早发生地。长江下游地区在明清时期也是人口密集的地带，有着良好的农业基础和水运交通条件。19世纪中叶，沪宁杭地区人口密度达750人每平方公里，居全国之首，至19世纪80年代，人口密度已达1 100人每平方公里，为全国平均水平的9倍。这些都成为沪宁杭地区近代城市体系形成的前提条件。而民国时期沪宁杭区域城市的发展与城市体系的形成，主要有以下三方面的原因。

一是具有面向海洋、依托长江的区位优势。长江下游是近代中国城市最密集的地区，其中以上海、南京、宁波和南通的区位最好，这也是本区域内城市体系形成与发展的重要空间优势。从我国沿海航线看，上海距北方重要的通商口岸城市大连1 037公里，距北方最大的通商口岸城市天津1 389公里，距南方商业贸易中心城市广州1 685公里，正当我国沿海南北航线之中间位置。同时上海也位于中国最大的河流——长江的出海口，溯长江向上可直接联系四川重庆、成都两大城市，连通中

---

[1] 王淑芳：《十年来南京市政之回顾》，南京市政府秘书处编印：《十年来之南京》，1937年，第1—2页。

[2] 刘纪文：《南京市政府成立十周年感言》，南京市政府秘书处编印：《十年来之南京》，1937年，第6页。

[3] 孙本文、席汝楫：《南京人口的分析》，《社会建设》，1948年复刊第1卷第4期。

第一章 城市发展与城市等级体系的变迁

国东、中、西三大地带,其腹地之广,居全国各大城市之首。然而,在开埠以前,上海的区位优势并没有得到充分发挥,其城市地位和影响力在长江三角洲远不及苏州、杭州。尤其是苏州,在明清"江南早期工业化"①形成与发展期间,凭借其活跃的城市工商业经济和四通八达的水路交通,到清代中期发展为一个人口超过150万(包括郊县人口)、众多"卫星城市"环绕的"特大城市",稳居长江三角洲经济中心城市的龙头。② 开埠以前的上海则依附于苏州发展,只可称"小苏州"。不过,开埠以后,随着上海资本主义工商业的发展,以及新式交通工具的广泛运用,它与周边及其他地区城市之间直接或间接的经济联系日趋紧密。如,现代轮船在长江航道行驶之后,安徽庐州、安庆、宁国、三河、南陵等地以大米为主的农产品,"先集芜湖,再运上海"③。又如1914年沪杭甬铁路通车,使得宁波"自然成为上海的一个附属港口。除金融市场之外,其他全都附属于上海"④。长江上游的重庆、成都、嘉定(今乐山)的商家,在上海开埠带来的巨大商机的吸引下和便捷交通条件的支持下,"直接派有代理人常驻上海"⑤。由此可见,开埠以后上海的区位优势逐渐凸显,经济腹地空前扩大——从长江三角洲延伸到长江下游苏、浙、皖三省,进而辐射整个长江流域乃至全国。上海的辐射力、影响力走向全国的同时,长江三角洲的城市经济中心亦由苏州转移到上海,逐渐形成以上海资本主义工商业活动为主要联结纽带、唯上海马首是瞻的新区域城市体系。⑥

二是农业生产集约化程度高和商品经济发达。长江下游地区农业开发历史悠久,太湖流域的商品粮闻名全国,宁波、镇江、扬州、南通等地区也盛产粮食和其他农副产品,从而为本地区城市体系的生存与发展提供了保障。

明朝初期,随着京杭大运河全部开通,江南运河的西岸得到开发,长江下游的经济迅速恢复和发展,农田面积增加,粮食产量增长,商业日趋繁盛,理学名臣丘濬因此称:"东南,财赋之渊薮也。自唐宋以来国计咸仰于是,其在今日尤为切要重地。韩愈谓'赋出天下而江南居十九',以今观之,浙东、西又居江南十九,而苏、松、常、嘉、湖五郡又居两浙十九也。……谚有之言:'苏松熟,天下足'"⑦。这里所指向的是明朝政府在江南征收重赋以充国用一事,其他意义不论,就经济而言,这段话足以反映出明代江南地区的富甲天下。从城镇发展的常态看,明代江南地区经济的活跃、繁荣,必然有利于其城镇的发展。到明朝中期,江南商品经济发展更为迅猛,农业商品化、家庭手工业的专业化和市场化程度加深,种桑养蚕和植

---

① 所谓"江南早期工业化",其时间范围大约"始于明嘉靖中后期,终于清道光末",李伯重:《江南早期工业化(1550—1850)》(修订版),中国人民大学出版社,2010年。
② 李伯重:《工业发展与城市变化:明中叶至清中叶的苏州》(上)(中)(下),《清史研究》,2001年第3期、2002年第1期、2002年第2期。
③ 王鹤鸣:《芜湖海关》,黄山书社,1994年,第74页。
④ 丁贤勇、陈浩:《1921年浙江社会经济调查》,国家图书馆出版社,2008年,第371页。
⑤ 姚贤镐:《中国近代对外贸易史料》(第三册),中华书局,1962年,第1549页。
⑥ 戴鞍钢:《上海开埠与江南城镇格局演变》,《社会科学》,2014年第1期。
⑦ 丘濬:《大学衍义补》卷二十四《经制之义》(下),明刻本。

棉业空前繁荣，机杼声声不绝于里，舍本逐末者不计其数。如万历年间距离嘉兴15余公里的王江泾镇，七千余户居民，不务农耕，"多织绸，收丝缟之利"①。这一趋向在明清鼎革之际因战争影响虽有所停顿，进入康乾时期，再度走向兴旺。如距离吴江县治30公里的黄溪，在康熙年间"居民多业机杼"，户数则由明末数百家增长至"二千余家"，且因"货物贸易颇盛，遂称为市"②。以上明清江南商品经济高度发展的点滴镜像，表明围绕商品生产、交换、流通，江南许多市镇经历着"都市化"③的过程，这又刺激了苏州、无锡、常熟、嘉兴、湖州等一批大中小城市的发展，并在上海崛起之前形成了一个以苏州为中心的城镇体系。这势必有利于民国时期沪宁杭地区城市体系的形成与发展。

　　三是现代工业的发展与区域性基础设施的建设。鸦片战争之后，中国逐渐沦为半殖民地半封建社会，帝国主义列强在中国各地进行掠夺性侵略，沪宁杭地区受害尤重。一方面，列强在沪宁杭地区尤其是上海设置缫丝厂、轧花厂、皮革厂、制药厂、饮食厂、卷烟厂、火柴厂等新式工厂，以攫取中国廉价原料和劳动力。据统计，截至1894年，外国资本家在上海设置了45家工厂企业，资本总额达975.2万元。④另一方面，列强还在沪宁杭地区通过设置银行、参与交通基础设施建设等方式进行大规模的资本输出。如1916—1921年期间，美国金融资本先后在上海开设了花旗银行、美丰银行、友华银行、运通银行、大通银行等美资银行的分行⑤，通过对中国政府、中国民族企业放贷以操纵中国经济命脉。此外，列强还以强迫、诱惑等方式输出资本，谋夺港口、铁路、公路等基础设施的建筑权、经营权，以便于对中国进行殖民侵略。如1897年，英国逼迫清政府修建沪宁及苏杭甬铁路，并签订借款合同。不过，外国资本主义的入侵，"不仅对中国封建经济的基础起了解体的作用，同时又给中国资本主义的发展造成了某些客观的条件和可能。因为自然经济的破坏，给资本主义造成了商品的市场，而大量农民和手工业者的破产，又给资本主义造成了劳动力的市场"⑥。沪宁杭地区成为列强倾销商品、攫取原料、剥削劳动力的重灾区的同时，相伴而来的资金、技术、新的生产方式以及高额利润所产生的示范效应也在客观上推动了该区域民族资本主义的发展。截至1911年，上海民族资本已经可以在纺织、缫丝、食品、印刷、船舶、机器制造、制皂、面粉、火柴等工业部门同外国资本主义势力展开有限竞争，且棉纺织（2 310.2万元）、缫丝（1 394.1万元）、面粉（1 395.2万元）三个行业的产值超过千万元。⑦此后，

---

① 李培修、黄宏宪纂修：（万历）《秀水县志·舆地·市镇》，民国二十四年（1935）铅印本。
② 陈蘷缠修、倪师孟纂：（乾隆）《吴江县志·镇市村》，乾隆十二年（1747）刻本。雅尔哈善等修，习寯等纂：（乾隆）《苏州府志·乡都》，乾隆十三年（1748）刻本。
③ 刘石吉：《明清时代江南市镇研究》，中国社会科学出版社，1987年，第2页。
④ 徐新吾、黄汉民：《上海近代工业史》，上海社会科学院出版社，1998年，第27页。
⑤ 徐新吾、黄汉民：《上海近代工业史》，上海社会科学院出版社，1998年，第158页。
⑥ 毛泽东：《中国革命与中国共产党》，《毛泽东选集》（第二卷），人民出版社，1966年，第620—621页。
⑦ 徐新吾、黄汉民：《上海近代工业史》，上海社会科学院出版社，1998年，第106—107页。

第一章
城市发展与城市等级体系的变迁

在辛亥革命的胜利、第一次世界大战的爆发等内外因素的作用下，上海工业获得了新的发展契机，工业资本、工厂数、生产和管理技术、工业部类都有显著增长。1912—1914年期间，上海每年新增设工厂数分别为28家、29家和26家，相较于1910、1911年的各新建厂数（9家）比，增长两倍有余；1923—1924年期间，分别增设工厂94家、81家。① 截至1928年，上海全市大小工厂计有1 781家，包括纺织工业、化学工业、食品工业、印刷工业、机器工业、器具工业、日用品工业及其他工业等八大类。② 不仅上海城市工商业经济在民国时期飞速发展，甚至苏北南通也逐渐转型。著名民族企业家张謇以1895年所创办的大生纱厂为起点，几经努力，到1911年为止，打造出一个拥有18个大型企业、资本总额548.3万元的"全国最大的资本集团"，经营范围包括棉纱纺织、榨油、面粉、轮船、电力、水利、运输、银行等。③ 这个自成体系、工农业协调发展、上下游产业衔接的现代实业集团进入民国以后继续拉动南通城市经济的发展，使得"民国十年以前，南通实业突飞猛进，朝气蓬勃，可谓黄金时代"④。

而且，在晚清到民国期间沪杭宁地区的区域性基础设施建设也成效斐然。在上海、杭州、苏州、南京、无锡、宁波等主要城市，现代城市公共设施、公用事业都奠定了后续发展的基础。尤为重要的是，"欲求都市之繁荣，自必先谋交通之发达，否则货流不畅，行旅阻滞，虽有丰产宝藏，不能输之四方；虽有奇景胜迹，不能招致游人。欲求市面繁荣，其可得乎？故无交通即无繁荣，一定不易之理也"⑤。相对完善的交通网络及与之配套的新式交通工具的广泛使用，可谓沪杭宁地区自上海开埠以来城市化进程领先全国的又一关键。

在内河航运方面，以上海开埠为契机，密布江南地区的水上航道不断拓展并大量使用轮船这一新式交通工具，推进了长江三角洲地区城市与城市之间、城市与乡镇之间的联系。如太湖流域的宜兴、荆溪，"自光绪二十九年以后轮船航行，常、锡、溧阳、乌溪、湖州均即日可达，从此征帆改驶，商业日增，土产流出殆难数计"，但在此以前，"虽一苇可杭，顾风雨不时，往往停顿，或因以裹足"⑥。相较于内河航运，铁路、公路运输不仅使长江三角洲区域内部联系更趋便捷，而且与区域外部亦连为一体。1909年8月沪杭铁路全线通车以后，上海到杭州的旅程大幅缩短，杭州人夏衍颇为感慨地回忆道："原来从上海到杭州之间小轮船需要20多小时，而现在铁路只需要6小时就可到达。"⑦ 铁路的快捷改变着人们的出行方式，有利于区域内人力和物产的流动，有利于区域一体化进程。截至1936年，江苏铁

---

① 上海特别市社会局：《上海之工业》，中华书局，1930年，附表："上海历年开设厂数表"。
② 上海特别市社会局：《上海之工业》，中华书局，1930年，第6—11页。
③ 伍贻业：《张謇与南通"近代化"模式》，《历史研究》，1989年第2期。
④ 宋希尚：《五十年来的回忆》，李通甫：《南通张季直先生逝世四十周年纪念集》，文海出版社，1966年，第7页。
⑤ 张光钊：《杭州市指南》，杭州市指南编辑社，1934年，赵志游《序》。
⑥ 徐保庆、周志靖：《光宣宜荆续志·道路》，民国十年（1921）刻本。
⑦ 夏衍：《懒寻旧梦录》（增补本），生活·读书·新知三联书店，2006年，第10页。

075

路全长 1 038 公里，由省内线路与省外线路两部分构成。省内线路共计五条，包括京沪（南京下关—上海北站）、淞沪支线（上海北站—吴淞口）、三民支线（上海北站—上海市中心区）、京市线（南京下关—南京白下路）、贾汪线（柳泉—贾家湾）；同江苏省外接通的铁路则有六条，即津浦线（南京下关—天津，接轨北宁线、平汉线、平绥线）、沪杭线（上海北站—杭州，衔接杭江线、杭甬线、浙赣线）、陇秦豫海线（连云港—西安）、京芜线（南京—芜湖）、苏嘉（吴县—嘉兴）、运台支线（陇海铁路运河站—台儿庄）。① 可以认为，民国时期长三角地区主要城市基本被铁路联为一体并与区域外部贯通。

铁路不能到达之处，则由公路弥补。1936 年，江苏全省共建成公路 2 784 公里，"干路支线，交错纵横，全省各县，几于皆可贯通，与邻近诸省如浙江、安徽、江西间亦可联络通车，往来无阻"②。1920 年浙江始有公路，到 1935 年 12 月，共有线路 4 676 公里，通车达 3 136 公里，以杭州为中心较为著名的线路有京杭路（南京—杭州）、杭沪路（杭州—上海）、杭昌路（杭州—昌化）、杭绍路（萧山—绍兴）。③ 江浙两省的公路最终都交汇于上海，不仅使长江三角洲形成一个四通八达的公路网络，而且弥补了铁路不能"县县通"的缺陷，使区域内部城市与城市之间、城市与乡村之间的联系更为紧密。如 1935 年 8 月全长 140 公里的锡（无锡）沪（上海）公路通车以前，常熟前往上海只有轮船，既没有铁路也没有公路，以至于"上海有些人都没有到过常熟"④，自通车以后，往来则大为便捷。综上可见，从晚清到民国时期，沪宁杭地区已经建造成一个包括内河航运、铁路运输、公路运输的交通网络，终端则指向上海港海运而联结世界，盖"上海卓然为全国第一商港，立于中国及东洋之海运中心"⑤。

总之，民国时期长江三角洲地区已经启动并卓有成效的工业化进程，以及大大缩短了城市空间距离的交通网络，使得区域内城市在原料、劳力、资本和技术上的互联互动更为紧密，从而推动了长江三角洲诸城市形成一个有机整体。

那么，民国时期的沪杭宁城市体系所指为何？这个城市体系包括上海、南京、江苏南部和浙江的一部分。其中，上海是沪宁杭城市体系重要的组成部分，其行政区划在清末到民国时期的变动颇大。1909 年，清政府颁布的《城镇乡自治条例》分自治区域为城、镇、乡三种，据此，上海县划分为一城（上海城）、二镇（东泾镇、浦淞镇）、十二乡（法华乡、漕泾乡、塘湾乡、曹行乡、引翔乡、三林乡、陈行乡、杨思乡、闵行乡、北桥乡、颛桥乡、马桥乡），但不包括两个租界（法租界、

---

① 殷惟龢：《江苏六十一县志》（上卷），商务印书馆，1937 年，第 10—11 页。
② 殷惟龢：《江苏六十一县志》（上卷），商务印书馆，1937 年，第 11 页。
③ 葛绥成：《浙江》，中华书局，1939 年，第 127 页。
④ 曹沪柳：《锡沪公司回忆点滴》，常熟市政协文史委员会：《常熟文史资料选辑》，上海社会科学院出版社，2009 年。转引自戴鞍钢：《港口、城市、腹地：上海与长江流域经济关系的历史考察（1843—1937）》，上海社会科学院出版社，2019 年，第 180 页。
⑤ 韦息予：《上海》，大江书铺，1932 年，第 6 页。

公共租界）。民国元年（1912），江苏省参议会颁布《江苏省暂行市乡制》，决议改"城"为"市"，上海行政区划变动为19个市、乡：上海市、闸北市、浦淞市、洋泾市、法华乡、引翔乡、漕泾乡、曹行乡、塘湾乡、颛桥乡、北桥乡、马桥乡、闵行乡、三林乡、陈行乡、杨思乡、塘桥乡、陆行乡、高行乡。1927年上海特别市成立，辖境跨五县，计三十市、乡，北面抵达长江口，与宝山交界；西面接壤嘉定、青浦、松江界；东南与南汇交界；东与川沙接界。南北约五十余公里，东西约35公里，面积约900平方公里。然而，上海特别市与江苏省政府交接时，双方发生纠纷。国民政府中央不得不派人调处，先行接收上海县属上海、闸北、洋泾、浦淞、引翔、塘湾、法华、杨思、漕泾、陆行、高行11市、乡，及宝山县属的吴淞、殷行、江湾、彭浦、真如、高行等六乡，其余13市、乡（曹行、塘湾、闵行、北桥、颛桥、马桥、三林、陈行、莘庄、七宝、周浦、杨行、大场）为暂缓接收区域，称待将来时势上有必要时再行接收。1930年6月，上海特别市改称上海市，不过，市行政区划仍无变动。① 即便如此，在总计32.82平方公里的租界（公共租界22.60平方公里，法租界10.22平方公里）收回以前，上海仍然是一个残缺的、屈辱的城市。1945年8月，抗战胜利结束，"市区光复，主权损失几及百年之租界，亦由盟邦交还。于是金瓯无缺，主权复完"，同时"暂将全市依警局所辖地段划分三十二区"，全市面积合计893.16平方公里。② 此外，上海人口自开埠以来，"随着交通商业的便利繁兴，由于外乡人士的纷至沓来，却天天在增加之中"，有人估计，"同治初元，尚不及六十万之数，光绪季叶，已增至八十万矣"。进入民国以后，1914年，上海县内各市乡公所着手调查境内户数人口，总计196 629户，1 173 653人。1915年，淞沪警察厅也举行了一次辖区人口调查，所辖六区，共115 864户，585 707人。1920年，淞沪警察厅进行第二次人口调查，调查范围为南市、浦东、闸北、吴淞，计有人口651 661人。但这两次调查，"仅以淞沪警察厅所辖区域为范围，并非上海县属全境，而且吴淞在当时也还未正式划入县区以内，故民国十五年内，上海全县市乡人口，自不得不以民国三年那一次调查，作为统计上的正式根据"。也就是说，在1927年上海特别市成立以前，上海人口大约在120万左右。上海特别市成立以后，人口调查趋于正式，调查方式也相对详密完善，1929年全市人口达1 670 621人。在四年内（1926—1929）从1926年的120万左右跳升至167万余人，其原因在于"市政日臻完善，市面日见繁盛，故迁入户口亦日见增多"。1930年，上海人口突破300万大关，达3 085 617人。此后，上海人口一直在增长，到1937年，据估算，彼时上海人口总计3 775 371人。全面抗战爆发后，上海人口因战争影响而有所减少，1945年12月底，上海市民政处据上海警察局户籍报告整理，全市人口共有3 370 230人。随后再次增长，1946年上海人口为3 830 039

---

① 韦息予：《上海》，大江书铺，1932年，第50—58页，引文见第54页。
② 上海市通志馆年鉴委员会：《上海年鉴·土地·人口》（1946），中华书局，1946年，B，第3—4页。

人，1947年增长到4 494 390人，较全面抗战前增加近百万。① 总体而言，民国时期的上海已经发展为一个工业化程度高、城市经济相对发达、市政设施较为完善、人口众多的国际性大都市。

民国时期沪杭宁城市体系的另一个重要城市是南京。南京在长江下游三角洲南部，位于东经118°53′，北纬32°2′。顺流而下，南京到镇江约120公里，到上海吴淞口约400公里；溯江而上，到芜湖约67公里，到汉口约670公里。② 在明清时期，南京下辖上元和江宁两县。1912年，并上元入江宁，疆域未改。1927年设市以后，南京区域包括江宁城厢内外及浦口，面积157平方公里。1934年3月，南京市与江苏省政府在多次谈判后议定划界，实行交割，增加燕子矶、孝陵卫、上新河三处，辖区因此扩大到465.95平方公里。1946年3月，国民政府为重建南京计，将原江宁县所属汤山、麒麟、东流、古泉四个乡镇并入南京，至此，南京全市面积增加为559.56平方公里。③

在太平天国运动期间，南京所受摧残极为严重，人口损失巨大，城市经济在相当长的时期内都处于萎缩状态。如它历史悠久的丝织手工业，"当其鼎盛时，织机达三万余台，织工二十余万人，产值千万元以上。洪杨兵燹，零落殆尽"④。进入民国以后，南京及其附近屡遭兵灾，故"从清末到民十五，南京的市政，都在因循苟且之中，全没有热烈的生命"⑤，城市工商业、城市基础设施建设、城市教育文化事业等都停滞不前。

随着1927年4月18日国民政府定都南京，昔日六朝古都获得了发展新的契机，这首先表现为城市人口的迅速膨胀。民国元年，南京人口仅269 000人；经过十余年，至1927年南京特别市成立之初时，人口已达360 500人；此后人口爆炸式增长，1933年南京人口为659 617人，1937年12月日本侵略者制造"南京大屠杀"之前，南京人口突破百万大关，达1 006 968人。⑥ 其次，南京城市经济得到恢复与发展。据调查，在商业方面，1934年南京市共有商店18 303家，符合营业税缴纳标准者达13 003家；可称为工业者总计847家，其中营造厂达480家，"且多十六年以后成立"；在金融业方面，1927年以前"南京止（只）有中国、上海、交通、江苏四银行，今已增至二十家"⑦。最后，南京交通建设"大跃进"，地理区位优势得到巩固与提升。晚清以来，欧风熏染，南京交通已趋向现代化。"民国肇建，益事建设，尤其十六年奠都设市以后，水、陆、空三界交通，无问遐迩，充量

---

① 上海市文献委员会编印：《上海人口志略》，1948年，第5—18页，引文见第5—6、9、11页。
② 陈子展：《南京》，新生命书局，1934年，第20—21页。
③ 南京市文献委员会：《南京小志》，中华书局，1949年，第33页。
④ 建设委员会经济调查所统计科：《中国经济志（南京市）》，建设委员会经济调查所，1934年，"弁言"第2页。
⑤ 南京特别市市政府秘书处编译股：《首都市政要览》，南京特别市市政府秘书处，1929年，第2页。
⑥ 南京市文献委员会：《南京小志》，中华书局，1949年，第37页。
⑦ 建设委员会经济调查所统计科：《中国经济志（南京市）》，建设委员会经济调查所，1934年，"弁言"第1—3页。

发展"。在市内交通方面，原有的铁路、马路得到延长、拓宽，新式交通工具大范围使用；在对外交通方面，1931年开始大规模修筑公路，"国道、省道、县道，次第兴建，计日完成"①，沪宁铁路与津浦铁路则在1933年实现联运，航空、水运皆有长足进步。诚如此，南京在抗日战争前已经成为长江下游地区最重要的城市之一，并与上海形成了政治、经济、文化等方面的互动。

杭州是民国时期沪宁杭城市体系的又一重要构成。杭州地处两浙的中心，与景色秀丽的西子湖比邻，面对气势磅礴的钱塘江，交通发达，气候温和，物产丰富，商业素称发达。不过，在太平天国运动期间，杭州几经战火，人口和财富遭到严重损失。1896年，依据1895年签订的中日《马关条约》，杭州被迫开埠通商，屈辱地"迈开了走向现代化的步伐"，其城市经济、城市文化、市政设施都逐渐告别传统。② 在杭州城市现代化启动的同时，其建置变动不大，以杭州府治及仁和、钱塘二县为主。民国建立后废府置县，仁和、钱塘合为杭县。1927年，国民革命军克复浙江，浙江省政府将杭县城区、西湖、会堡、湖墅、皋塘、江干六区划为市区，即东南沿钱塘江至闸口一带，西至云栖、天竺，北至湖墅、拱宸桥、览桥，另设杭州市。1927年5月17日成立市政厅，6月20日改称市政府，此为杭州建市之始。1930年5月，国民政府颁布修改过的《市组织法》，依照其分区原则，杭州全市划分为13区。彼时杭州市东西相距26公里，南北相距30公里，东北与西南相距36公里，西北与东南相距23公里，总面积为650平方公里。③ 城市人口则从建市以来一直呈增长态势。1927年10月，杭州人口为380 031人；1928年12月，即增至451 147人。此后继续增长，1930年12月突破50万关口，达506 930人，1934年9月升至546 434人。④ 不仅城市人口持续增长，财政收入和市内外交通基础设施亦大幅改善。1927年，杭州市财政收支分别为542 172元和525 636元。此后十年，财政收支一直保持增长，1936年收支均为2 323 380元，相较于1927年，增加了三倍有余。在交通方面，浙赣铁路全线通车，京沪、沪杭、杭徽（杭州—合肥）、杭广（杭州—广州）、杭福（杭州—福州）等国道和浙江省内公路网次第完成，杭州已经成为皖赣等内地省份进行出口贸易的商品汇聚之地。因此，1937年时任浙江省财政厅厅长的程远帆指出："世界都市之进步，无不与人口、财政、交通三者为正比例。过去十年之中，杭州市之人口、财政、交通，既均有激急之进步，则整个杭州市之进步，从可知矣。"⑤

除以上三个城市外，民国时期沪宁杭城市体系还包括江苏南部和浙江的一部分地区。民国成立后，江苏设五道（金陵、沪海、苏常、淮扬、徐海），共60县，省

---

① 南京市文献委员会：《南京小志》，中华书局，1949年，第46—52页，引文见第46、50页。
② 汤洪庆：《杭州城市早期现代化（1896—1927）》，《浙江学刊》，2009年第6期。
③ 建设委员会调查浙江经济所统计科：《杭州经济调查》（上编），建设委员会调查浙江经济所，1932年，"史地"第1页；顾彭年：《杭州市政之沿革》，《杭州市政季刊》，1933年第1卷第1期。
④ 周象贤：《杭州市建设概况》，《市政评论》，1935年第3卷第1、2期合刊。
⑤ 程远帆：《十年来杭州市之进展与今后之期望》，《市政评论》，1937年第5卷第7期。

治设于江宁县,旋废除道制。1927年南京国民政府成立以后,以南京为首都,设置南京特别市与上海特别市,直隶中央政府,江苏省则治61县,省会设在镇江,共有五个通商口岸:上海、镇江、南京、苏州、吴淞。① 在全面抗战爆发以前,有四份关于江苏人口的统计报告,分别为清宣统元年(1909)至三年(1911)民政部的户口统计报告、北京政府编印的民国元年(1912)内务部的人口统计报告、民国十七年(1928)各省市人口统计报告、民国二十一年(1932)年人口统计报告,"其数目不一,总之皆在三千万迄三千四百万之间",又据1932年江苏全省人口数据测算,人口密度为每平方公里295人弱,"为全国人口最密之省"②。浙江省在民国初年分为四道(钱塘道、会稽道、金华道、瓯海道),共75县,省会为杭州。1927年"废道置县",计75县,全直隶浙江省政府。1928年,杭县、瑾县分别改为杭州市、宁波市,不久,宁波市撤销。浙江全省有一市及75县。1933年,全省人口20 724 473人。浙江省内各地区人口密度差距颇大,以1933年人口总数为准,杭州为最密,达到每平方公里806人;其余75县中,每平方公里人口在200人以上的,只有绍兴;160—200人的,有海宁、崇德、平湖、瑾县、镇海、萧山等六县;人口密度最小的为遂昌县,每平方公里只有15人。③

必须指出的是,民国时期的沪宁杭城市体系,是近代以来中国最大的城市体系,等级规模较为完善,并可将其分为三级。第一级是本区域乃至中国最大的城市——上海。第二级城市是南京、杭州、苏州、宁波、常州等;第三级城市为嘉兴、宜兴、湖州、扬州、丹阳、常熟、江阴等。此外,还有众多的县城、建制镇和集镇。更需要注意的是,民国时期沪杭宁城市体系或长江下游城市体系最典型的特征为首位城市型④,即首位城市上海所占比重极大,与下一级城市之间的规模较为悬殊,城市体系的高级城市职能过分集中于上海,从而造成地区内人口和各种城市职能的高度聚集。以1919年的数据为例,除上海(150万人)外,该城市体系包括10万人口(含)以上的城市17个:杭州(65万)、苏州(60万)、南京(30万)、宁波(45万)、绍兴(40万)、扬州(30万)、镇江(26万)、淮安(18万)、无锡(15万)、温州(14万)、清江浦(13万)、常州(12.5万)、徐州(12.5)、松江(10万)、泰州(10万)、湖州(10万)、嘉兴(10万);此外5万—10万人口的城市有15个,2.5万—5.0万人口的城市有38个。江苏约83%、浙江约87%的人口居住在2万人口以下的城市和乡村中。⑤ 显然,在沪宁杭城市体系中,人口大量聚集于上海,因而可能挤压并延滞了其他城市的人口城市化进程。并且,几乎

---

① 李长傅:《江苏》,中华书局,1936年,第7页。
② 李长傅:《江苏》,中华书局,1936年,第87—89、93页。
③ 葛绥成:《浙江》,中华书局,1939年,第3、62、68、29—33页。
④ 首位城市是指在一个相对独立的地域范围内(如全国、省区等)或相对完整的城市体系中,处于首位的,亦即人口规模最大的城市。
⑤ 中华续行委办会调查特委会编,蔡咏春等译:《1901—1920年中国基督教调查资料》(下册),中国社会科学出版社,2007年,第1508—1511页。

所有城市都唯上海马首是瞻，城市职能没有得到充分发展。如杭州，尽管居于沪宁杭城市体系中的第二等级，但在上海的"阴影"下，"所谓的杭州贸易，仅仅是指将钱塘江本支流域，以及把杭州附近的生产物资买到上海，再从上海将外国货以及其他省份的产品购买回来，再分配到钱塘江本支线流域及杭州附近"①。宁波"因地理位置上过于邻近上海，自然成为上海的一个附属港。除金融市场之外，其他全都附属于上海"②。杭州、宁波这类沪宁杭城市体系的第二等级城市都必须俯首于上海，其他城市亦可想而知。据实业部国防贸易调查局1933年的实地调查，嘉兴、湖州"虽有沪杭铁路与京杭国道及苕溪运河之交通，而与杭州发生经济关系，反不如上海为密"③。到了民国中后期，长江下游城市体系的首位型特征更加明显。1949年，上海城市人口达550万人，而人口居第二位的城市——南京不到100万，至于杭州、苏州等城市人口还较前有所减少。总之，民国时期长江下游各城市之间的经济联系与交往更趋紧密，但首位城市上海如众星捧月的镜像，还意味着民国时期沪宁杭城市体系发展不平衡、不充分，从而形成了上海独立发展，缺少相应的中心大城市与之相辅的格局。

（二）华北地区城市体系的初步形成——以京津唐和山东地区为例

华北地区面积辽阔，地貌类型多样，不但有中国最大的冲积平原——华北平原，还有高原、盆地、山地和丘陵，自然环境复杂。从春秋战国迄于唐宋，华北平原的经济发展水平长期居于全国前列。不过，在12—14世纪期间，频繁的战火使得这一地区的经济发展遭到严重破坏，兼之两宋以后经济、文化重心南移，其经济地位日趋逆转。明清时期，随着政治中心的北返及政府政策的支持（如移民屯垦），华北平原的经济逐步恢复并有所发展。河北、山东、河南、山西等地大量曾经荒废的土地得到充分利用，粮食作物和农副产品的种植、产量都有明显提高，商品经济亦有进步，并在以陆路和运河为主的交通运输网络的推动下，形成了完整的商品流通网络和城镇体系。而且，"华北传统城市，以首都北京为核心，沿着纵横交错的官道和河道向四周辐射开去，形成了由两个省会城市和若干府、州、县城镇等组成的上下垂直的城市等级格局。这些省、府、州、县城镇既是各级政府所在地和军事要冲，又是不同层次的区域经济中心。区域经济中心的划分往往以地域界限为基础，以大宗商品作物和工商业经济的分布为依据，而城市则是区域经济转运的中心。"④就是说，华北在前近代时期形成了一个以北京为核心、以传统交通网络为纽带、依托传统商品生产和交易布局、多个次级城镇经济区并存、城市功能服务于

---

① 丁贤勇等：《1921年浙江社会经济调查》，国家图书馆出版社，2008年，第46页。
② 丁贤勇等：《1921年浙江社会经济调查》，国家图书馆出版社，2008年，第371页。
③ 实业部国防贸易局：《中国实业志·浙江省·商埠及都市》（第三编），浙江省国防贸易局，1933年，第3页。
④ 苑书义等：《艰难的转轨历程——近代华北经济与社会发展研究》，人民出版社，1997年，第189—193页，引文见第193页。

政治、军事需要的城市群落。需要注意的是，前近代时期的华北次级城市经济区，既有聚焦于北京的共性，又因资源禀赋的差异而有其各自的独立性，"上述各个经济区，都是围绕一个区域城市运转的"①。这意味着，传统时代华北各城市经济区之间的横向联系相对较弱，经济活动主要表现为内向型的短距离区域贸易，跨区域的长途贸易较少，因而未能形成一体化的城市体系，以至于城市之间的关联性较弱，城市之间功能相互独立，自成体系。②

如果说自然经济已经足以支撑传统城市运转，当生产方式、社会结构发生激烈变革，就难免左右支绌而不得不做出选择：顺应大势以求新生，或者就此沉沦走向衰落。在华北平原，鸦片战争以后随着帝国主义侵略的不断深入，随着半殖民地半封建社会的逐渐到来，其城市相继发生变迁。一些传统交通城市和工商业城市如临清、保定告别昔日繁华而日趋冷清，另一些城市如天津、石家庄、唐山则趁势而起，转型为新型城市。

鲁西临清，自明永乐十三年（1415）南北大运河全部贯通以后，迅速发展为华北平原繁华的商业都市之一。1488 年途经临清的朝鲜人崔溥在其《漂海录》中曾有如下描述："（临清）在两京冲，商旅辐辏之地，其城中及城外数十里间，楼台之密，市肆之盛，货财之富，船舶之集，虽不及苏、杭，亦甲于山东，名于天下矣。"③到明清交替之际，临清因战争而有所衰落，进入清代又恢复昔日盛况。据乾隆《临清直隶州志》，彼时"临清居运河之冲，南接淮关，北接天津关，帆樯并集，百货流通，商贾操厥奇赢，趋利若鹜"④。在鸦片战争的前夜（1820 年，嘉庆二十五年），据估计，临清城市人口应在 10 万人以上。⑤ 然而，在 1774 年（乾隆三十九年）到 1863 年（同治二年）这百年之内，临清先后遭遇王伦起义、太平军北伐、黑旗军起义三次兵祸，"迭经兵燹，元气不复"⑥。更为紧要的是，伴随新的生产方式、交通方式逐渐出现与使用，海运兴起，河运衰败，临清的区位优势荡然无存。1901 年清廷废除漕运，1912 年津浦铁路通车，这前后相继的两击，使得临清逐渐从通商大埠沦落为荒凉小城。到 20 世纪 30 年代，昔日繁华的临清街市只剩"西门内三两人家，已不成其为街市，北门之内，则白骨如莽，瓦砾苍凉，过其地者，不胜今昔之感焉"⑦。

河北保定，在传统时代是拱卫北京的"都南屏翰"，并在清代成为直隶省会，

---

① 苑书义等：《艰难的转轨历程——近代华北经济与社会发展研究》，人民出版社，1997 年，第 193 页。
② 陆军：《论京津冀城市经济区域的空间扩散运动》，《经济地理》，2002 年第 5 期。
③ 唐力行编、朴元熇校注：《崔溥漂海录校注》，上海书店出版社，2013 年，第 110 页。
④ （清）张度、邓希曾纂修：《临清直隶州志·关榷志》，乾隆五十年（1785）刻本。
⑤ 梁方仲先生曾经估算嘉庆二十五年（1820）临清直隶州人口为 967 911 人，有论者据此并结合清中叶人口生育暴涨的背景认为，"临清城内人口当在 10 万人以上"。叶培兴：《明清以来临清城市兴衰研究》，山东师范大学硕士学位论文，2017 年，第 23 页。
⑥ 徐子尚、张树梅等纂修：民国《临清县志·建置志》，民国二十三年（1934）刻本。
⑦ 徐子尚、张树梅等纂修：民国《临清县志·建置志》，民国二十三年（1934）刻本。

其政治、军事地位使其成为太行山东麓、冀中平原西部的名城,"彼时督军驻节保定,布、按以次各廨林立,而客游于斯,就食于斯者,亦肩摩而趾错。且维时商贾以无所扰,获利较丰,又辐辏而云集也"①。时移世易,19世纪晚期以来,随着北京门户由陆地的南大门转移到东部海港,政治中心转移到天津,铁路枢纽南移到石家庄,保定昔日的辉煌渐行渐远。②到20世纪30年代,"对于冀察方面,北平、天津是人人时常注意的。至于保定,却似乎早已陷入角落里,不为世所重了"③。

在临清、保定这类华北传统交通城市、行政消费型城市渐趋衰落之际,一些往昔的荒野僻地因缘巧合而顺势崛起,较为典型的是石家庄。

1928年底,保晋公司总稽核王镶为了让石家庄"转运业蒸蒸日上,商工业顺序发展,而直晋两省之富源,亦将赖以开辟而无阻",在实地调查的基础上博采众议,撰成《开展石家庄商埠计划书》。其中论及石家庄兴起之因果时,王氏指出:"石家庄一农田之小庄耳。自京汉铁路成而变为车站矣。自正太路成而变为要埠矣。"④又据学者考证,光绪二十四年(1898)石家庄全村计93户,男女老幼共532人,在所属获鹿县198个自然村中,其户数列138位,口数则较全县的"村均人口数"少138.17人(全县各村平均人口数为670.17人)。⑤这么一个蕞尔小村,之所以一跃而为华北"要埠",关键就在于京汉铁路(1903年石家庄火车站建成,1906年全线贯通)、正太铁路(1907年通车)相继运行,使得石家庄成为华北两大铁路的交汇点以及沟通直隶与山西资源的节点,从而迅速发展为一个新型工商业城镇。1926年发表的一份文献就注意到,在京汉铁路通车以前,石家庄住户"概营农业","其时石家庄并无商民之足迹。迄光绪二十九年,京汉铁路通车,始渐有商民来往,迨光绪三十三年秋间,正太铁路通车,而石家庄之地位益形重要,自是以后,商贾云集,行栈林立,筑建繁兴,昔日寂寞荒僻之农村,遂一变而为繁盛市场矣"⑥。进入民国以后,石家庄由农业社会转型为工商业社会的态势继续发酵,并首先表现为城市空间和范围的不断扩大。民国初年,石家庄(旧称石门)市区范围仅限于正太路及京汉路车站附近,面积约1平方公里,到1926年,"全市面积东西约八九里,南北约六七里"⑦。1936年,"全市面积约有四十余方里"⑧。其次是人口城市化持续增长,人口职业结构发生根本性改变。1913年石家庄有200多户,1917年增至千余户、六千人左右,1926年人口达四万,"大小商户二千余家";

---

① 金良骥等修,姚昌泰纂:《清苑县志·户口》,民国二十三年(1934)铅印本。
② 张慧芝、徐蕊:《渐行渐远:近代保定和北京城市的关系》,《城市史研究》(第31辑),社会科学文献出版社,2014年,第30—38页。
③ 絮如:《河北省府所在的保定》,《申报周刊》,1937年第2卷第12期。
④ 王镶:《开展石家庄商埠计划书》,《河北工商月报》,1929年第1卷第3期。
⑤ 李惠民:《近代石家庄城市化起点的人口规模研究》,《河北广播电视大学学报》,2006年第6期。
⑥ 佚名:《石家庄之经济状况》,《中外经济周刊》,1926年9月25日第181号。
⑦ 佚名:《石家庄之经济状况》,《中外经济周刊》,1926年9月25日第181号。
⑧ 井守文、孙长元:《河北省石门义务教育进行概况——一个城市义务教育实验之调查》,《河北月刊》,1936年第4卷第7期。

1936年，人口达63 000余人，"百分之六七十业工商，百分之三四十业农"；1947年11月12日石家庄解放以后，有人口20万，"公务员、军队不计在内"[①]。最后，城市经济结构发生改变，工商业日益成为城市发展的支柱性产业。1924年，石家庄有经营棉花、货栈、煤炭为主的大小商号数百家，有近代工矿业十家左右（大兴纱厂，井陉、正丰、民兴、宝昌等煤矿），另有中国银行、交通银行、直隶（河北）省银行等七八家金融机构，钱庄有30余家，"可称商业发达之区"[②]。在全面抗战爆发以前，石家庄已呈现出取代保定成为直隶（河北）省冀中经济及贸易中心的势头。[③] 此后，即便经历了全面抗战、解放战争的影响，石家庄的城市现代化进程仍然向前推进。到1947年底，已经解放的石家庄有棉织、钢铁、机械、面粉、五金、肥皂、烟草、化学、食品等大小工厂五百多家，大小商店数千家，并且，在中共城市政策的指引、推动下，"城市、乡村间的鸿沟没有了，城市是乡村的城市，乡村是城市的乡村，农产品潮涌般涌进城市，工业品源源的流向农村"[④]。

需要指出的是，晚清到民国期间，临清、保定等传统华北名城的日趋衰落和石家庄的崛起，证实了美国学者周锡瑞的一个观点："与中国其他地区相比，铁路对华北近代城市发展的影响要大得多。"[⑤] 京汉、正太、平绥、陇海、津浦等铁路线的建成和运行，不仅改变了华北地区人口迁移和货物转运的范围与方式，提高了运输效率和运输能力，而且推动了工矿业的发展，促进了铁路沿线城市的商品流通与经济开发，进而使华北传统城市格局发生变动，"旧有的以北京为中心，以官路、水路为网络，以消费为功能的城市格局，迅速朝着以贸易及工业城市天津、青岛为中心，以铁路、港口为网络，以贸易或生产为功能的近代化城市格局演变"[⑥]，初步形成了以北京为政治中心、以天津为经济中心的京津唐地区的"双核心"城市体系，从而改变了华北传统单一核心城市体系的历史。而京津唐城市体系在民国时期兴起和变革的原因，主要有以下一些。

首先是区位优势。北京地处华北平原的西北隅，西、北和东北部三面环山，东南是伸向渤海的平原。北京恰好处于山地和平原的交接地带，渤海东部被辽东和胶东半岛所环抱，形成狭窄的渤海海峡，庙岛群岛绵亘峡口，扼渤海咽喉，成为保卫首都的天然屏障。昔人对北京地理位置的重要性有如下论述，"幽燕之地，龙盘虎踞，形势雄伟，南控江淮，北连朔漠。……驻跸之所，非燕不可"[⑦]。这充分说明

---

① 佚名：《石家庄之经济状况》，《中外经济周刊》，1926年9月25日第181号；井守文、孙长元：《河北省石门义务教育进行概况——一个城市义务教育实验之调查》，《河北月刊》，1936年第4卷第7期；严信民：《今日之石家庄》，《经济通讯》，1948年第3卷第24期。
② 佚名：《石家庄之调查》，《大陆银行月刊》，1924年第2卷第8期。
③ 江沛、熊亚平：《铁路与近代石家庄城市的崛起：1905—1937》，《近代史研究》，2005年第3期。
④ 严信民：《今日之石家庄》，《经济通讯》，1948年第3卷第24期。
⑤ 周锡瑞著，孟宪科译：《华北城市的近代化——对近年来国外研究的思考》，《城市史研究》（第21辑），天津社会科学院出版社，2002年，第20页。
⑥ 江沛：《近代交通体系初步形成与华北城市变动（1881—1937）》，《民国研究》（2011年秋季号），社会科学文献出版社，第20页。
⑦ 宋濂：《元史·霸突鲁传》，中华书局，1976年，第2942页。

第一章 城市发展与城市等级体系的变迁

优越的地理位置是北京成为我国文明古都的重要因素，也是今天建设首都极其有利的条件。而天津不仅是拱卫北京的门户，也是华北地区重要的水运、陆运、海运码头，"地当九河要津，路通七省舟车……当河海之冲，为畿辅之门户"[①]。这样的区位优势使得北京、天津在晚清到民国期间，其影响力迅速辐射到整个华北区域，从而推动了地区城镇群的变革。

其次是北京千余年的古都优势。民国时期曾有人指出："国都者，何物也？即三千五百万方里之国境上，文物政令辐射线之中枢也，即民国万亿斯年悠悠长期进展之发轫点也，即对外势力伸张之基础穴、对内统一之操纵指挥策源地也。"[②] 此论虽然粗糙，但也大体提示了"国都"在国家政治、经济、文化版图里的重要意义。北京是我国千年古都，这一深厚的底蕴使得长期以来大量的人口、物力、财力聚集于此，形成了城市发展的巨大潜力，同时相邻地区更因"国都"效应外溢而不断兴起，如天津因漕运而诞生，通县因漕运储粮而设镇。以北京为中心，包括天津、唐山、秦皇岛、山海关、北戴河、承德、保定、张家口、通县、蓟县等，成为我国城镇较早得到发展的地区之一。此"传统"在晚清、民国期间并没有终结。以人口城市化为例，宣统二年（1910）北京城内人口合计为 760 000 人，进入民国以后，1917 年增至 811 566 人，1935 年为 1 113 966 人，1948 年为 1 513 529 人，城市人口的年平均增长率分别为 0.93%、1.77%、2.4%。[③] 可见，虽然国家政治中心在民国时期逐渐南移，但北京作为"古都"的这一遗产仍然发挥着巨大的聚集作用，推动着北京城市化进程。同时，北京的城市功能也逐渐从消费性城市向商业性、生产性城市转移。据 1925 年京师警察厅的一份统计报告，是年北京城市人口总计 1 443 205 人，其中妇女 593 385 人，余下 849 820 名男性市民中共有商贩 201 064 人、工人 210 296 人、车夫仆役等 74 193 人、官员 61 468 人、学生 83 361 人、平民 182 445 人、不事生产者（僧道、乞丐）36 993 人。[④] 这份统计报告虽然被时人批评"缺点甚多"，仍可一窥 20 世纪 20 年代北京工商业的发展情况。在总计 849 820 名男性市民中，从事工商业（商人、工人、小贩）和服务业（车夫仆役等）者共有 485 553 人，占比达 57.1%。又以总人口数 1 443 205 人计算，则北京在民国初期从事工商业和服务业者占比达 33.6%。而且，到 1937 年，北京所生产的工业品"不独行销于国内各地，且为外人所推许，出口运销国外"[⑤]。1949 年底，北京的工业产值已经超过农业产值，占工农业总产值的 55.4%；而在工业中，轻工业占 64.1%，重工业占 35.9%。[⑥]

再次为天津和唐山的崛起推动了京津唐城市体系的形成。第二次鸦片战争以

---

① 李鸿章、黄彭年纂修：(光绪)《畿辅通志·舆地略》，宣统二年（1910）石印本。
② 白眉初：《国都问题》，《国闻周报》，1928 年第 5 卷第 25 期。
③ 李慕真、仇为之：《中国人口·北京分册》，中国财政经济出版社，1987 年，第 45、49 页。
④ 壬：《北京的人口》，《现代评论》，1925 年第 2 卷第 47 期。
⑤ 北宁铁路经济调查队：《北宁铁路沿线经济调查报告》（一），北宁铁路管理局，1937 年，第 115 页。
⑥ 李慕真、仇为之：《中国人口·北京分册》，中国财政经济出版社，1987 年，第 21 页。

后，英、法、美等国先后在天津设立租界，天津成为多个帝国主义国家所控制的半殖民地城市，其城市经济也因列强的经济侵略而畸形发展。在此背景下，天津逐渐成为华北地区的重要经济中心，成为华北城市体系的龙头之一。[1]

民国时期，天津逐渐从原来依附于首都北京的内贸型商业港口城市，发展为经济功能强大，辐射范围广泛，与北京并列的外贸型工商业城市，进出口商业贸易成为天津城市重要的经济支柱。相较于晚清时期，1913年，天津洋货年进口值增长了62.6%，土货年出口值增长了近30倍，成为中国仅次于上海的第二大口岸。此趋势一直延续到抗日战争前后，1932—1936年的五年间，天津港平均贸易额占华北（包括青岛）贸易总额的58.7%（其中出口占59.3%，进口占57.7%）。1937年天津对外贸易占全国进出口贸易总额的12.0%，居全国第二位，仅次于上海；1938年这一比例即升至24.7%，几乎与上海相等。[2]

对外贸易带动了城市商业的繁荣。截至1929年7月，天津八区共有商店17 124家，商业兼手工业者4 011家，店员、工友、学徒等从业者总计75 159人。[3] 国内晋、闽、粤等省都有商帮活跃于天津，他们从英、美、日等国进货，运销全国，使天津成为北方的物资集散转运中心。外国资本的输入、商业的发达，还刺激、带动了现代工业的发展。不过，"天津之重要工业，均起于民国年间，尤以欧战时为最盛"，1928年，天津全市共有工厂2 186家，资本总额为31 226 944元，工人47 519人。[4] 到1947年，天津的工厂数、工人数、资本额、生产净值等主要指标均仅次于上海，居于中国近代工业城市的第二位，北方的第一位。[5]

随着天津经济地位的上升，天津的政治行政地位也发生变化，逐渐从一个府县城市升级为省级政治行政中心城市。1928年7月，天津特别市成立，这不但对天津进一步运用政治行政力量聚集人力、物力、财力以推动城市发展起了重要的作用，而且改变了此前北京在华北地区"独占鳌头"的城市格局，"京、津两城已完全平起平坐"[6]。

天津政治、经济地位的上升，刺激了其人口城市化的进程与速度。1906年天津人口为42.5万人，1928年为112.0万人，增长了163.5%，"天津由不足50万人的中等城市，一跃成为人口超百万的特大城市"[7]。此后，天津城市人口继续增长，1936年为125.5万人，1948年达191.4万。同时，天津城市的外延不断扩展，城市空间也不断扩大。天津开埠以后，1903年其建成区面积达到13.4平方公里；到1928年天津特别市成立时，它的市区面积已经拓展到36.2平方公里；1937—

---

[1] 罗澍伟：《试论近代华北的区域城市系统》，《天津社会科学》，1992年第12期。
[2] 李洛之、聂汤谷：《天津的经济地位》，南开大学出版社，1994年，第6—7页。
[3] 天津特别市社会局编印：《天津特别市社会局一周年工作总报告》，1929年，第795页。
[4] 龚骏：《中国都市工业化程度之统计分析》，商务印书馆，1933年，第75—76、81页。
[5] 严中平等：《中国近代经济史统计资料选辑·工业·上海等十二个城市的工业》，科学出版社，1955年。
[6] 樊如森：《近代以来华北城市关系演变与经济中心定位问题》，《南开史学》，2020年第2期。
[7] 张立民：《天津城市人口的形成和发展》，《天津经济》，2004年第2期。

1945年间,塘沽新港的开发再将城市建成区扩大到49.7平方公里。[①] 天津城市的居民生活、工商业发展所必需的物理空间得到了充分保障。

唐山地处冀东平原,北据燕山,南临渤海,位于滦县与丰润之间。唐山原为一偏僻村落,"初无市镇之可言"[②]。不过,鸦片战争以后,随着帝国主义列强侵略的加剧,迫使清王朝开展洋务运动以自救,唐山附近丰富的煤矿资源得到统治者的重视。1876年,直隶总督李鸿章鉴于轮船招商局"燃料完全仰给于外国,金钱损失甚巨"[③],乃派唐廷枢前往唐山筹谋开采,拉开了唐山"因矿兴市"的帷幕。1878年7月,唐廷枢任总办的开平矿务局成立,"用新法采煤,此地始渐形发达"[④]。1879年开平矿务局修建了我国第一条标准轨距的铁路——唐胥铁路,东起唐山矿,西至胥各庄,全长8公里。1888年,唐胥铁路延至天津。此后,这条铁路不断伸展,首先向西修筑至北京,接着又向东修筑至奉天,时称"京奉铁路"。1911年底京奉铁路全线贯通,唐山"移住者益众,遂成为繁盛之都市"[⑤]。嗣后,北宁铁路唐山制造厂(俗称"南厂")、启新洋灰公司、华新纺织厂等相继在唐山成立,"因是人烟日益稠密,各种商业以及其他较小工业之组织亦相竞并起,继续扩张……工厂林立,烟云洒空,不特为北宁铁路之中枢,亦北方大港之屏藩,且以市面繁荣,俨然博得小天津之称誉"[⑥]。20世纪30年代,直隶于河北省政府民政厅的唐山特种公安局成立,唐山开始与丰润、滦县二县脱离关系,行政独立。1947年6月30日,国民政府行政院颁布《唐山、石门市政府组织规程》,唐山正式建市。在唐山城市工商业不断发展、城市行政日趋独立的同时,其城市人口也日益增长。1926年秋,唐山有人户10 342家,47 623人,其中外来移民计有9 985户、44 853人。[⑦] 1929年,唐山人口约六万;1935年7月增长到85 000人,工人则达15 000人。[⑧] 到1949年,唐山已经是"全国著名的工业重地之一",人口包含矿区在内约有30万人,工人高达83 243人。[⑨]

最后,发达的交通运输条件和丰富的农矿资源成为京津唐城市体系在民国时期逐步成型的重要推力。交通地理的变迁是影响城市兴衰的关键原因之一。在传统时代,官路和运河是京津唐地区的主要交通孔道,交通沿线城市都颇为兴盛,城市网络也大体依此展开。但随着新式交通工具的运用,尤其是津浦、京奉、京张、京汉、正太等铁路的开通,不但使京津唐地区城市与城市之间、城市与区域之间的联系进一步加强,也使京津唐地区与东北、华中、华东、华南、内蒙古等地发生直接

---

① 乔虹:《天津城市建设志略》,中国科学技术出版社,1994年,第82—84页。
② 佚名:《唐山工业调查录》,《河北实业公报》,1932年第15期。
③ 王成敬:《唐山地方志略》,《地学杂志》,1935年第4期。
④ 佚名:《唐山之经济近况》,《中外经济周刊》,1927年第213期。
⑤ 佚名:《唐山之经济近况》,《中外经济周刊》,1927年第213期。
⑥ 佚名:《唐山工业调查录》,《河北实业公报》,1932年第15期。
⑦ 佚名:《唐山之经济近况》,《中外经济周刊》,1927年第213期。
⑧ 王成敬:《唐山地方志略》,《地学杂志》,1935年第4期。
⑨ 林里:《解放后的唐山工矿业》,《新华周报》,1949年第2卷第7期。

的经济联系,进而带动华北城市体系的变迁,最终形成了"以铁路为网络,沿海商埠为中心,由区域中心城市、交通枢纽城市以及小城镇构成的近代城市系统"[1]。同时,工商业的发展助长了对资源的需求,一些曾经被视为不毛之地的地区因富有各种农矿资源而得到开发,进而改变了京津唐城市体系的传统格局。

总之,在民国时期初步形成的京津唐地区城市体系同长江三角洲、珠江三角洲等城市密集区一样,都是我国重要的人口、产业和城镇的聚集区,其规模等级、空间分布、职能分工及城镇网络等具有以下特征。

第一,在规模等级上,形成了以两个一级中心城市为核心的城市体系,各中心城市形成圈层式的地域空间结构模式。两个核心城市(北京、天津)与唐山一起,形成多核心、组团式的空间分布格局。第二,由于大多数城市在空间上沿铁路线布局,距离很近,再加上两个中心城市的辐射性很强,城市腹地重叠交错,形成了复合型的城市组团。第三,该地区主要中心城市的经济结构趋同化明显,尤其是北京、天津在民国时期已基本成为综合性的加工工业城市。这种工业结构的类同性,虽然在一定程度上促进了区域经济的协调发展和城镇网络的进一步完善,但同时也削弱了城市间的经济联系。第四,京津唐城市体系带动了整个华北城镇格局的变迁,逐步形成一系列以交通枢纽和工业综合体为基础的城市经济带,如北京—保定—石家庄—邯郸城市经济带,石家庄—阳泉—太原城市经济带,北京—张家口—归绥—包头城市经济带,天津—沧州城市经济带。[2]

民国时期,山东城市也有明显变迁,城市体系亦因此重构。山东是中国人口较为密集的省份之一,也是中国开发最早的地区之一,城市发展历史悠久。19世纪中叶,山东全省共有108个城镇,除周村不是政治行政中心城镇外,其余107个城镇都是府州县治所所在地。这些城市主要分布在两条交通线上,一条是大运河沿岸的济宁、临清、东昌和德州;一条是沿鲁中南山地北麓东西陆路分布的济南、周村、博山和潍县。其分布特点是以两条交通线为纽带,大体形成"丁"字形的城市链,"这些城市就像各级官府的统治网一样,成为国家机器的重要组成部分,是实施有效统治和发号施令的政治中心"[3]。

不过,到19世纪晚期,随着帝国主义对山东侵略的深入,山东城市发展逐渐脱离传统轨道而出现新的变化趋向。首先,临清、德州、济宁等运河城市逐渐衰落。如有"神京门户""九达天衢"之称的德州曾经是大运河上著名的商业城市,但随着漕运的终结(1903年),尤其是津浦铁路的运行(1912年),逐渐由盛转衰,到20世纪20年代,昔日繁华的德州段运河东岸已是"商业寥落、人烟萧条"[4]。铁

---

[1] 张利民:《中国华北城市近代化国际学术研讨会综述》,《城市史研究》第21辑,天津社会科学出版社,2002年,第505页。

[2] 苑书义等:《艰难的转轨历程——近代华北经济与社会发展研究》,人民出版社,1997年,第200页。

[3] 王守中、郭大松:《近代山东城市变迁史》,山东教育出版社,2001年,第1—2页。

[4] 李瑞杰、张立胜:《近代运河之衰与德州区域城乡经济的变迁》,《运河史话》,2012年第3期。

第一章 城市发展与城市等级体系的变迁

路运输的兴起同样对济宁造成冲击。据国民政府实业部1933—1934年间的调查，"济宁为运河沿岸之中心地点，在铁路未筑以前，东至沂州，西至汴梁，南至徐州，北至济南，莫不以此为百货转运之起点，商业之盛，甲于全省。……津浦通车，于是四方商贩均改由铁路运输，贸易重心渐移向济南、徐州一带，该县市况顿见停滞，不复如昔之蒸蒸日上"①。明清时期，在山东传统城市体系中权重仅次于济南的济宁，其昔日的辉煌已渐趋凋零。

其次，以青岛、烟台为代表的港口城市和以潍县、泰安为代表的铁路沿线城市强势崛起，改变了山东城市发展的动力机制及城市体系格局。青岛在1897年被迫开埠以后，"经德日数十年之惨淡经营，昔之荒僻孤岛，已成为建筑巍峨之近代都市，山东之贸易出入，华北航运之枢机悉系于是，为吾国重要国际商埠之一"②。烟台是山东半岛最早被迫开埠的港口城市，不过，1861年开埠以前，"本福山县一渔村也"，"开为商埠，遂成为山东一大商埠"③。即便青岛开埠对烟台的地位形成挑战，但在全面抗战爆发以前，"烟台市面，虽不如青岛繁盛，要不失为一般的重要口岸，较之龙口、威海等处，且胜一筹"④。其人口城市化也呈现出长期增长的趋势。1872年烟台城市人口为27 000人，1895年则增至35 000人。进入民国以后，1914年烟台城市人口突破五万关口，达54 500人。⑤ 1929年烟台城市人口首次跨越10万的门槛，达119 305人，1931年更升至131 659人，1937年则达156 000人。⑥ 青岛、烟台、威海卫等港口城市的崛起，不仅改变了山东城市过去以济南为首、城市功能重政治、轻经济的格局，并使山东形成"以沿海城市为中心的，多层次结构的市场体系，以沿海城市为起讫点的新商路网络，以及以进出口型商品为主导的商品流通体系"⑦。

在青岛、烟台等港口城市异军突起的同时，随着胶济铁路、津浦铁路的修筑、运行，泰安、潍县等传统城市获得发展契机而逐渐转型。泰安境内，"向无交通舟楫事业，囊昔之可纪者，在陆路则有驿路及大路，在山岭则有盘路"⑧。不过，1912年津浦铁路全线贯通并设置"泰安站"后，"泰安旧山郡耳，自此以后，顿然改观，物质文明日益增盛，交通便利之效也"⑨。如商业方面，"泰安商业，在清代因交通不便及经商者对于商业知识之浅薄，故极形落后。自津浦路通车以还，交通上顿然改观，来往客旅频繁，商贾云集，外货日渐输入。城厢市镇，商店林立，当

---

① 实业部国际贸易局：《中国实业志·山东省》（第四编），山东省国际贸易局，1934年，第226页。
② 实业部国际贸易局：《中国实业志·山东省》（第四编），山东省国际贸易局，1934年，第14页。
③ 唐辰忱：《烟台琐记》，《关声》，1935年第3卷第12期。
④ 实业部国际贸易局：《中国实业志·山东省》（第四编），山东省国际贸易局，1934年，第62页。
⑤ 支军：《1872—1937年烟台城市人口空间演变》，《城市史研究》（第25辑），天津社会科学院出版社，2009年，第221页。
⑥ 刘精一：《烟台概览》，复兴印刷书局，1937年，第2页。
⑦ 庄维民：《论近代山东沿海城市与内地商业的关系——以烟台、青岛与内地商业的关系为例》，《中国经济史研究》，1987年第2期。
⑧ 实业部国际贸易局：《中国实业志·山东省》（第四编），山东省国际贸易局，1934年，第194页。
⑨ 葛延瑛修、孟昭章纂：《重修泰安县志·政教志》，泰安县志局1929年铅印本。

时商业上最发达者，首推土产，次属洋货"①。铁路所带来的经济效益，还刺激地方政府大修公路，截至1933年，泰安所修筑的公路计有县道8条、镇道19条、村道10条。泰安与莱芜、蒙阴、沂水、新泰、东平、肥城等县的经济交往、人员流动更趋活跃，如"泰莱路系由泰安赴莱芜博山要道，商贾往来甚繁"②。泰安"因路而兴""因路而变"这一现象还证明了马克思的一个论断："随着交通工具的变化，旧的生产中心衰落，新的生产中心兴起"③。这话同样适用于潍县。潍县属于胶东，明清两代隶属于胶州府；民国初年废府后隶属胶东道，后北京政府又废道，潍县乃直隶山东省政府。潍县向为鲁东富庶之地，所谓"太公望用之而富，管仲因之而霸"，传统商业贸易颇盛，有"银潍县"之誉。④ 胶济铁路通车以后，地处济南、青岛之间的潍县，如鱼得水，城市经济更趋发达。1904年5月1日，山东巡抚周馥、直隶总督袁世凯联合上奏请求将济南、潍县、周村自开为商埠，以进一步推动这些城市的经济发展，并突破德国人的势力范围。1904年5月15日，清廷批准济南、潍县、周村自开商埠。在"胶济铁路"和"自开商埠"的双重加持下，潍县的发展日新月异。1933年1月，胶济铁路车务处在全面调查了潍县的县情后指出：潍县"工商两业，自昔称胜。自胶济通车后，尤有长足进步。商业控制之领域日广，生产有工业化之趋势。县城为经济中心，为青岛济南间最大之市场，在本省各县中，工商各业，实无出其右者"⑤。

最后，山东传统城市体系中的"龙头"济南逐渐转型，其城市功能不再局限于区域政治中心，还发展为与青岛比肩的工商业城市，并成为交通枢纽城市。

自周代以降，济南就是山东半岛的名城。1376年（洪武九年），山东承宣布政使司衙门从青州移到济南，济南因此成为山东省的政治中枢。入清以后，济南仍为山东省会，各级各类衙门密布于济南城内，其城市功能以服务于政治、军事需要为准，城市的消费性大于生产性，城市经济仍属于自然经济范畴。有论者因此指出，在清代中叶以前，济南"不过是用城墙围起来的乡村"⑥。

随着胶济铁路的开通，德国人凭借经营青岛之势，以铁路为工具向山东腹地渗透和扩张的企图昭然若揭，加之正在修筑的津浦铁路将与胶济铁路会接，若不加以遏制，则山东全境，乃至整个华北，势必危若累卵。1904年5月1日，山东巡抚周馥、直隶总督袁世凯联合上《山东内地铁路畅行拟请添开商埠折》，其中称："查得山东沿海通商口岸，向只烟台一处，自光绪二十四年德国议租胶澳以后，青岛建筑码头，兴建铁路，现已通之济南省城，转瞬开办津镇铁路，将与胶济之路相接。

---

① 实业部国际贸易局：《中国实业志·山东省》（第四编），山东省国际贸易局，1934年，第203页。
② 实业部国际贸易局：《中国实业志·山东省》（第四编），山东省国际贸易局，1934年，第195、197—198页。
③ ［德］马克思、恩格斯：《马克思恩格斯全集》（第24卷），人民出版社，1972年，第516页。
④ 实业部国际贸易局：《中国实业志·山东省》（第四编），山东省国际贸易局，1934年，第81页。
⑤ 胶济铁路局车务处：《胶济铁路经济调查报告·分编三》，胶济铁路局车务处，1933年，第681页。
⑥ 聂家华：《论近代济南的城市化及其特点》，《山东农业大学学报》，2005年第3期。

第一章 城市发展与城市等级体系的变迁

济南本为黄河、小清河码头,现在又为两路枢纽,地势扼要,商货转输较为便利。函应援照直隶秦王岛、福建三都澳、湖南岳州府开埠成案,在于济南城外自开通商口岸。"[1] 话里话外,其宗旨就是以"自开商埠"抵御德国人的侵略。同年5月15日,清廷批准了这份奏折,济南、潍县、周村相继自开商埠。获得清廷的同意后,山东巡抚衙门紧锣密鼓地在济南城西关外圈地,划定东起十王殿、西至南大槐树、南沿长清大道、北抵胶济铁路的这片区域为自开商埠区,"于界内作为华洋公共通商地点,并许华洋商人租地杂居,济南遂不独为山东政治之中枢,更为山东工商业之要埠"[2]。自开商埠成为济南从传统城市走向现代化城市的开端。

民国时期,济南从传统城市向现代城市转型的趋势更为强劲,其工业化程度有了显著提高。1924年《中外经济周刊》连载的一份未署名的关于济南工厂状况的调查报告就指出:"济南新式工业,在前清末叶,寥寥无几,民国以来,异常发达。"[3] 也就是说,济南的新式工业萌芽于晚清,兴盛则在民国时期。这里的所谓"新式工业",按当时的标准,系指"采用电力及气力为原助力,有大规模之工厂"[4] 的工业。诚如此,国民政府实业部在1933年调查济南工厂发展情况后,将彼时济南总计449家工厂按机器工业、半机器工业、手工业进行分类,其中机器工业有20家,半机器工业216家,余为手工业。不过,"机器工业之面粉、棉纺,半机器工业之火柴、织布、铁工、砖瓦等六业,实居济南工业之重心,其出品价格为二千八百四十九万元,几占全埠工业产值百分之八十七"[5]。可见,济南城市工业化在民国时期主要由现代工厂支撑。截至1936年3月,济南共有工厂137家,使用机器动力的工厂则达60家,资本总额计10 033 000元,男女工人合计10 936人。[6] 同1933年相比较,济南工厂总数在1936年明显减少。这一变化极有可能是资本少、技术含量不高的传统手工业逐渐被市场淘汰的结果。值得注意的是,使用机器动力的现代工厂数量从1933年的20家增加到1936年的60家,表明济南城市工业化的水平和质量在民国时期有了大幅提升。这又意味着民国时期济南金融业和人口城市化有了长足进步。毕竟,没有资金和人力资源支持的工业化是不可能持久的。实业部调查报告特别点明:"济南金融,在民国元年至十三年中,最为稳定,中国、交通、实业、边业、山东商业、懋业、东莱、工商、道生、齐鲁、通惠、上海等银行,于斯时相继成立,恒大、裕茂、瑞生祥、春和祥、阜丰、同升等银号,亦尽量扩充,小银号开设者尤多,故当时市面,颇现活跃,工商实业亦随之进展"。嗣后,遭遇军阀张宗昌"祸鲁"和日本侵略者制造的"济南惨案"双重打击,济南

---

[1]《山东内地铁路畅行拟请添开商埠折》,《袁世凯奏议》(中),天津古籍出版社,1987年,第929—930页。
[2] 实业部国际贸易局:《中国实业志·山东省》(第四编),山东省国际贸易局,1934年,第1页。
[3] 佚名:《济南工业之勃兴及其现状》,《中外经济周刊》,1924年第86期。
[4] 实业部国际贸易局:《中国实业志·山东省》(第四编),山东省国际贸易局,1934年,第86页。
[5] 实业部国际贸易局:《中国实业志·山东省》(第四编),山东省国际贸易局,1934年,第20—21页。
[6] 佚名:《济南市工厂调查报告》,《济南市市政府市政月刊》,1936年第10卷第5期。

金融业趋于沉寂。"迨民十八北伐成功,时局稍安,工商业渐次恢复,银行银号,先后复业,至民国二十年,大陆、山东商业、中鲁、中央、民生、平市官钱局等银行,相继开办,济南金融界,又见活动矣。"① 同时,大规模的机器生产活动以及繁荣的商业贸易,极大增强了济南在城乡人口流动中的拉力,"富商大贾麟萃麇至,即负贩小民亦皆提携妇孺,侨寓其间,以谋生计"②。宣统二年(1910),济南城市人口为 258 500 人,"迨民国成立,因革命军兴,人口曾一度减少",1914 年济南人口下降为 245 978 人。此后,济南人口打开了上升的通道。1929 年为 379 549 人,1930 年为 392 053 人,1931 年突破 40 万达 402 982 人,1933 年为 427 772 人。③ 纵然经历了全面抗战和解放战争,济南人口仍然有增无减。1948 年 9 月,济南即将解放之际,人口已达 70 万。④

总之,运河城市的衰落、口岸和铁路沿线城市的兴起、济南的转型,对于民国时期山东城市的发展、山东城市体系的影响颇深颇巨。山东城市不再以政治关系为纽带互动,而代之以经济关系。山东城市体系也因此重构。青岛是经济中心,济南继续发挥政治功能的同时也发展为工商业中心、交通枢纽中心,并各自矗立于民国时期山东城市体系的顶端,形成双中心城市体系格局。其他重要城市则沿胶济铁路线东西向分布,与青岛和济南以经济为纽带共同发展。以 1919 年的一份统计资料为准,在这个城市体系中,人口 30 万以上的城市有 1 个(济南),人口 20 万以上的城市也有一个(济宁),人口在 5 万—10 万的城市有 8 个(青岛、烟台、潍县、沂州府、莱州、黄县、周村、登州府),人口在 2.5 万—5.0 万的城市有 24 个。⑤

(三) 西南地区川、贵、滇城市体系的形成与发展

1. 四川城市体系的形成与发展

四川盆地不但是中国古代三大农业区域之一,也是中国城市的发源地之一。晚清到民国时期,四川盆地逐步形成以重庆和成都为双核心的城市体系,该城市体系具有如下三个基本特征。

(1) 四川城市发展历史悠久,城市职能与类型丰富多样。成都作为中国历史悠久的城市之一,有着 4500 多年的文明史,以成都为中心的长江上游地区是中华文

---

① 实业部国际贸易局:《中国实业志·山东省》(第四编),山东省国际贸易局,1934 年,第 48—49 页。
② 毛承霖:《续修历城县志·地域考》,历城县志局民国十五年(1926)铅印本。
③ 实业部国际贸易局:《中国实业志·山东省》(第四编),山东省国际贸易局,1934 年,第 8 页。
④ 新华社:《济南介绍》,《新华社电讯稿》,1948 年第 106 期。
⑤ 中华续行委办会调查特委会编、蔡咏春等译:《1901—1920 年中国基督教调查资料》(下册),中国社会科学出版社,2007 年,第 1508—1511 页。

第一章
城市发展与城市等级体系的变迁

明的发源地之一。① 数千年来，成都平原经济发达，文化兴盛，城市密集。并且成都一直是中央政府在西南地区的统治中心，在元明以后更成为四川省省会。重庆，地处四川盆地东部的河谷丘陵地带，长江与嘉陵江的交汇口。由于有两江水利之便和重要的地理位置，自古以来为军事要地。东汉时期，重庆就是物资集散的港口。隋唐以后，重庆与下游地区的联系日趋密切，商业活动日益兴盛。南宋时，重庆由州治改为府治，其辖区范围也大为增扩，遂发展为川东地区政治、军事、经济、文化中心。明朝中叶，重庆的织布、缫丝、酿酒等工场作坊逐步兴起，手工业日趋繁荣。到了清代，重庆逐步成为西南地区的物资集散和商品交换的重要中心。② 清末，重庆被辟为商埠，逐步变为资本主义世界的商品流通市场和半殖民地性质的工商业城市。1929年，重庆正式设市。到全面抗战前夕，重庆已有各类工矿企业400余家，人口47万，市区面积93.5平方公里，且其所拥有的工业企业数，职工人数和各项固定资产设备数几乎占国民党统治区的1/3，是全国大型的工业基地之一。

在民国时期，四川盆地西部形成了以成都为中心，包括德阳、绵阳、乐山、雅安、广元以及都江堰、广汉、大邑、峨眉山等城市为主的川西城市体系；盆地东部形成了以重庆为中心，包括一个特别市、一个管理局（北碚管理局）、20个县（涪陵、合川、万县、达县、开江、梁山、开州、酆都、岳池、大竹、垫江、忠县、广安、渠县、云阳、宣汉、江北、石柱、长寿、邻水）的川东城市体系。截至1946年，川东城市体系总计有城市人口1 186 917人，其中，人口50万—100万的城市1个（重庆），10万—20万的城市1个（北碚管理局），5万—10万的城市1个（万县），2万—5万的城市5个（涪陵、合川、开江、梁山、酆都），1万—2万的城市有11个，余下有3个城市的城市人口不足万人。③ 川东、川西两城市体系所覆盖的城市大都具有千年以上的建城历史，多为区域性的行政管理中心，其城市功能具有多样性，如自贡自古为盐业城市，内江为"甜城"，泸州、宜宾为"酒城"。④

近代以来，四川地区逐渐形成了盆地西部以成都为中心，包括德阳、绵阳、乐山、雅安、广元以及都江堰、广汉、大邑、峨眉等城市为主的川西城市体系；盆地东部以重庆为中心，包括涪陵、万县、达县、南充、泸州、自贡、内江、宜宾以及合川、江津等在内的川东城市体系。这些城市大都具有千年以上的建城历史，多为区域性的行政管理中心，其城市功能具有多样性，如自贡自古为盐业城市，内江为

---

① 20世纪后期以来，成都平原相继发现了多座早期古城遗址，其中新津宝墩古城和大邑高山古城的修筑年代距今4 500年左右，宝墩古城的面积达288万平方米，其规模在现已发掘的同时期中国早期城市遗址中排名第三。20世纪30年代，成都附近广汉三星堆发现了商代早期遗址。80年代考古学家又发现了两个距今3 000多年的大型祭祀坑，上千件青铜器、玉器等国宝出土于此，使古蜀文明重见天日，被西方考古学界誉为世界第九大奇迹。
② 隗瀛涛：《近代重庆城市史》，四川大学出版社，1991年，第5—6页。
③ 杨克毅、谢觉民、朱克贵：《川东地理考察报告》，中国地理研究所印行：《地理专刊》（第1号），1946年，第64页。
④ 赖小路：《近代四川城市发展与社会变迁》，四川大学博士学位论文，2014年，第68页。

"甜城"，泸州、宜宾为"酒城"，万县为川东门户，它们在城市的历史文化上与建筑风貌上也各有特点，别具特色。①

（2）城市布局与江河分布关系密切。四川境内山势起伏，河流纵横交错，长江在其境内汇集了嘉陵江、岷江、乌江等几条大的支流，再加上二级和三级支流，在盆地内构成了较为完整的树枝状河流网络系统。在人类文明史中，城市绝大多数分布在沿江、沿河，或位于两条或多条河流的交汇口。据统计，四川全省有20座城市分布在长江及其支流的高河漫滩和一级阶地上，如重庆地当长江与嘉陵江汇合口，宜宾位于岷江与金沙江两大河流的汇合口，乐山位于岷江、青衣江与大渡河的汇合口等。因此，四川城市（镇）虽有饮水、航运和灌溉之便，但也常常遭遇洪水的威胁。

（3）区域内城市分布不平衡。在四川盆地内，城镇密度较大，平均每1 000 km² 即有36座城市，全省约80%的城镇分布在盆地内。而全省23座重要城市中有21座分布在盆地，包括大城市2个（重庆、成都），中等城市6个（自贡、乐山、泸州、绵阳、内江、宜宾），小城市13个（达县、德阳、江油、涪陵、万县等）。特别是成都平原城镇分布最为密集，县城之间的平均距离为25 km左右，为全国城镇分布最为密集的地区之一，仅次于长江三角洲。而盆地周边山地，平均城镇密度仅为盆地的一半，县城之间的距离在50 km左右，乡镇之间的距离为20 km左右。四川西部的横断山脉边缘地区，是干旱、半干旱地区，居民以藏族、彝族、羌族等少数民族为主，经济相对滞后，人口稀少，城市数量也少，规模甚小，与川西成都平原的城市形成鲜明的对比。

需要指出的是，1937年日本发动全面侵华战争，中国东部和中部的城市化进程被迫中断，许多城市的物理空间遭到严重破坏，城市经济停滞、倒退，城市人口急遽减少。但西部地区的城市却获得了一个发展机遇。全面抗战爆发后，沦陷区的政府机关、军队、学校、工厂企业以及大批的居民向西南、西北内迁，使得这些地区的城市，如陪都重庆、四川省会成都的城市化进程明显增速。重庆成为陪都后，城市规模和人口不断增加，1937年全市人口为473 904人，到1946年则达1 245 645人②，8年间增加了1.6倍，成为国际知名的大都会。成都在全面抗战前，人口最多时为50万人左右，全面抗战中后期，较战前增加了40%以上，达74万人左右③。即便战后内迁人口返乡，1947年重庆城市人口规模在全国设市城市中仍列第七位，达1 002 787人；成都城市人口规模在全国设市城市中列第十位，达727 422人，在全国城市中均位于前列。④ 并且，重庆、成都的城市景观、城市工商业、文化教育事业等的现代化水平相较于战前都有显著提升。如在战前重庆文化

---

① 赖小路：《近代四川城市发展与社会变迁》，四川大学2014年博士学位论文，第68页。
② 何一民：《近代重庆城市兴起原因初探》，《城市史研究》（第3辑），天津教育出版社，1990年。
③ 何一民：《变革与发展——中国内陆城市成都现代化研究》，四川大学出版社，2001年。
④ 国民政府主计处统计局：《各大城市户口》，《统计月报》，1947年第113—114期。

第一章 城市发展与城市等级体系的变迁

教育事业相对落后,精神文化生活相对贫乏,"去现代文化的水准还差得很远"①。全面抗战爆发以后,报章杂志、科研教育机构、文化教育团体、文化教育活动纷纷涌现在其街头巷尾,有人因此感叹,重庆在"精神上并不感觉到枯寂"②。在武库街、簧学街一带还形成了一个影响力辐射整个大后方的"文化区",聚集着众多书店、报社、杂志社以及学术文化团体,"最活跃蓬勃的当然是杂志。……全国性的刊物都集中在这里,百种左右的大小期刊造成了空前的盛况"③。

同时,四川城市经济在全面抗战时期也有一定的发展。全面抗战以前,四川由于自然地理条件的限制,交通不便,远离中国近代兴起的经济中心,与国内外资本主义市场的联系薄弱,加之政治混乱,军阀割据,战争频仍,赋税沉重,阻碍了城市经济的发展。据不完全统计,全面抗战前四川的工厂数仅占全国的2.93%,工厂资本仅占全国的0.58%,工人数仅占全国的2.85%。④ 全面抗战的爆发,掀开了四川工业发展史上的重要一页,据国民政府经济部统计处1942年的统计,彼时四川工厂在数量上从全面抗战前的115家增加到1 645家,增幅达1 330%;工业资本总额则由2 145千元飙升到1 130 012千元,增幅高达52 581%,所以,经济学家李紫翔感叹道:"短短四五年的时间,使工业落后的四川'迎头赶上'的走完了东南先进省区五六十年的迁缓发展的过程","从全后方战时工业上说,四川工业无疑的已占到最大的和最重要的地位。"⑤

2. 贵州城市体系的形成与发展

由于自然、历史、政治等多重因素的影响,贵州城镇发展十分滞后,城市体系的形成更为缓慢。全面抗战前,贵州有行政建置城市81个,其选址、发展、演变均秉承传统,根据所在地理单元的实际情况,沿河流、交通要道进行布局。其原因在于,贵州高原多山地,适宜于城市建设的空间有限,地势较为平坦、海拔较低、生产条件相对较好的河谷平坝地带因此聚集着大部分城市。同时,云贵高原因地质运动和亚热带季风气候的共同作用而被分割得极为破碎,形成了若干相对封闭的小地理单元,这也导致位于云贵高原东部的贵州城市之间因地理原因而联系不甚紧密。加上历史时期,统治者为便于治理贵州,尽量控制县级城市的人口规模和辖区规模,使得全面抗战前贵州的城市密度为4.60座/万平方公里。不过,贵州的城市密度虽然较高,但是人口稀少,工农业均不发达,上规模的城市数量极少。据1919年调查,贵州全省5—10万人口的城市仅有贵阳和遵义,而人口在2万—5万的城市有5个(铜仁、安顺、镇远、兴义、黔西),全省约96%的居民散居在小镇

---

① 胡庶华:《理想中的重庆市文化区》,《重大校刊》,1936年第4期。
② 陈澄之:《战时首都的文化生活》,《读者导报》(西安),1943年第32期。
③ 张宗植:《重庆与重庆文化的动向》,《战时文化》,1939年第2卷第1期。
④ 李紫翔:《抗战以来四川之工业》,《四川经济季刊》,1943年第1卷第1期。
⑤ 李紫翔:《抗战以来四川之工业》,《四川经济季刊》,1943年第1卷第1期。

及乡村中。①

全面抗战爆发以后,贵州作为东部工业迁驻的重要省份之一,接纳了大批现代工矿企业,使得贵阳、遵义等城市在较短的时间内建立起现代化的工矿业体系。仅1938—1939年,从上海、南京、武汉、长沙等地迁移到贵阳的大小工厂即达101家,此后,仍有不少工厂陆续迁到贵州②。这些工厂为贵州城市发展带来了大量的机器、设备、资金,为贵州城市工业化启动创造了物质条件。同时,一批具有现代思想的知识分子、懂得现代城市管理的管理者、熟知现代生产技能的产业工人以及其他专业人员也参与贵州建设,为贵州城市现代化发展增添了智力和技术支持。

随着现代交通的发展,特别是滇黔、川黔、湘黔等战略公路以及省道、县道和黔桂铁路的修建,使得贵州城市空间格局在悄然间发生了深刻的变化:一些市镇因陆路交通的发展上升为县级城市,一些城市则因交通变迁失去了区位优势逐渐衰落而被裁废。如省溪、青溪、丹江、后坝等县城被裁废;纳雍、道真、望谟等县城因交通变迁而分别迁至交通便利的大定县大兔场、正安县土溪场、贞丰县王母等城镇,并随着现代交通的发展和县政府的迁入而由全面抗战前的市镇上升为县级城市③。而且,全面抗战前后贵州交通网络现代化的初步展开,使贵州传统的城市分布格局在根本上发生了历史性的改变,即由沿河流分布变迁为沿陆路交通节点分布的格局。据统计,沿川黔等公路及黔桂铁路贵州段分布的城市有贵阳、黄平、修文、遵义、都匀等40余座④,占全面抗战时期贵州城市的半数以上。现代交通为贵州城市的发展提供了强大的推力,不仅促进了城市发展水平的提升,而且还使城市之间的联系进一步加强,打破了全面抗战前贵州城市条块分割的空间格局,并强化了贵阳在贵州城市体系的中心地位。

3. 云南城市体系的形成与发展

云南是一个山区与丘陵纵横交错的省份,山区、半山区占全省总面积的94%,其中海拔3 500米以上的高山面积约占总面积的15%,海拔在1 000—3 500米的中山面积占60%,海拔1 000米以下的低山面积约占8%,平坝面积只占6%。广大山地可大致分为滇东高原、滇西高原、滇西南高原和西北横断山脉的高山峡谷地带。

城市的发展受制于它生存空间所提供的自然地理环境,云南特殊的地形地貌对城市分布造成了重要影响,并具体体现在以下几个方面。

一是云南地广人稀,坝区与山地二元社会并存,城镇主要集中在农业发达的坝区。云南虽是我国的大省区之一,总面积达35万余平方公里,但民国时期全省人

---

① 中华续行委办会调查特委会编、蔡咏春等译:《1901—1920年中国基督教调查资料》(下册),中国社会科学出版社,2007年,第1508—1511页。另,参阅王肇磊:《抗战时期贵州民族地区城市发展略论》,《中国城市史研究会2015年年会暨学术研讨会论文集》,第436页。
② 顾朴光:《抗战时期贵州工矿业的发展》,《贵州民族学院学报》,1999年第3期。
③ 吴鼎昌:《黔政五年》,贵州省政府,1943年,第15—16页。
④ 林辛:《贵州近代交通史略》,贵州人民出版社,1985年,第177—89页。

第一章 城市发展与城市等级体系的变迁

口仅1 300万人,各县人口密度较低,高者如昆明,其每方公里的人口尚不到300人,而其他各县多在百人以下;低者有少至15至25人者,如镇南、广通、腾冲、龙陵、得党等地的人口密度均在30人以下。在云南省起伏纵横的高原山地之中,被称为"坝子"的断陷盆地星罗棋布,地势较为平坦,有河流通过,土壤层较厚,宜于农耕,往往是城市密集、交通纵横交错之地。以滇西为例,滇西大理坝子位于横断山脉以东,并与剑川坝子、鹤庆坝子、弥渡坝子等连在一起,分布着大理市、剑川、鹤庆、巍山、祥云、弥渡、宾川、洱源、漾濞、永平等大小不一的城镇,自古以来都是云南社会经济较为发达的地区。而横断山脉西部的山上则生活着拉祜族、独龙族、怒族、傈僳族、布朗族等少数民族,这些居民散居于大山中,直到新中国成立后还保持着刀耕火种的生活方式,城市的建立更无从谈起。坝区与山地二元社会的对立,形成了巨大的差异。

二是受交通制约,各个坝区的城市相对独立,联系并不密切,没有形成大型城市。城市史家刘易斯·芒福德指出:"除掉战争以外,交通就是城市中最主要的动态因素,那么缺少交通……便构成了城市发展的一种威胁,甚至根本威胁到城市的存在。"[1] 在1910年滇越铁路通车前,云南内部和通往外部的道路以曲折的传统土路为主,交通运输工具则以骡马等为主,内外联系极为艰难。时人因而指出:"滇省地处边陲,交通异常梗阻,以内地颇少联络,昔日往返中原,辄需要数月,自法国在该省建滇越铁路以来,较前大为便利,虽仍须假道法属越南,然时间已经济不少。"[2] 即便"经济不少",从昆明经滇黔驿道前往到贵阳,全程约700公里,车行需20日;从昆明到四川的泸州,全程929公里,需行25日;由我国昆明至缅甸八莫的滇西大道,全程1 170公里,需行33天;而通往越南、老挝、缅甸的另一条孔道"昆车旱道",全程890公里,需行25日。[3] 可见,交通仍然是制约民国时期云南城市社会经济发展的一个重要因素。

三是云南城镇在地理分布上东多西少。以云岭东侧和元江为界,可将云南分为东、西两大部分,其面积大体相当。东部由于开发较早,交通便利,人口密集,经济较为发达,而西部的横断山脉纵谷区及其南延部分,经济落后,城镇较东部为少。就云南全省来说,城镇最密集的是滇池周围及滇中地区,最稀疏的是滇西北地区。

全面抗战爆发,为云南城市的发展带来了新的机遇,东部大量企业和人才的迁入,让云南工业在短时期内的增长超过了过去几十年的总和,使原本相对闭塞的云南城市缩短了和东中部发达地区的差距,其具体表现如下:一是城市规模和人口有所扩张。以昆明为例,在全面抗战前昆明城区面积为6.0平方公里,1949年则扩

---

[1] [美]刘易斯·芒福德著,宋俊岭等译:《城市发展史——起源、演变和前景》,中国建筑工业出版社,2005年,第77—78页。
[2] 蒋用庄:《滇越铁路与云南交通》,《交通杂志》,1934年第2卷第6期。
[3] 云南公路运输史编写组:《云南公路交通史运输篇资料汇编》(一),油印本,1987年,第16—17页。

展到 7.8 平方公里。在人口方面，1936 年昆明城市人口为 145 440 人，至 1938 年，城市人口增为 205 896 人，较两年前约增五分之二。① 二是城市经济结构发生变化，现代工商业获得较大发展。现代工业是衡量一个城市经济实力的重要指标，不过，在全面抗战爆发前，"云南地域之工业为原始的，于原料、技术、需要之方面，适合于特殊地域要求之工业外，存在者少，纵然存在亦不能与外国产品竞争"②。在全面抗战爆发以后，随着东南沿海地区的沦陷，资金、技术、人才、设备源源流入云南，一大批中小企业应运而生。抗战期间，"轻重工业，需要日甚，本省由萌芽渐著成效"③。据云南省 1945 年统计，是年云南全省有注册工厂 226 家，较 1937 年增长近 5.38 倍；工业资本是全面抗战前的 8.2 倍；工人数是全面抗战前的 4.9 倍④。数年时间，云南工业产值超过了过去几十年的总和，是工业发展的极盛时期。

（四）东北地区城市体系的初步形成

东北地区具有较好的自然环境，平原广阔，河流众多，其农业、航运、水电和渔业因而有较好的发展条件。同时，丰富的森林资源和矿藏，亦有利工矿业的发展。这一切，为东北地区城市的发展奠定了良好基础。然而，在 19 世纪及以前，东北地区社会经济状况落后，城市发展具有数量少、规模小、功能单一的特点，发展相当缓慢，其中多数城市为行政中心或军事重镇。⑤ 进入 20 世纪，在内外力的共同作用下，东北城市迅速发展，并逐步成为中国城市化水平较高的地区之一，城市体系也初步形成。

1. 19 世纪末至 1931 年城市体系的初步形成

第二次鸦片战争后，清廷在内外压力下弛禁，于 1860 年开放东北局部地区，1897 年全面弛禁。同时，航运和铁路的兴起进一步推动了东北移民，故"闯关东"的关内人越来越多，逐步形成一股移民洪流。1900 年，东北人口大约为 1 000 万人，到 1912 年，即增长到 1 842 万人，1920 年增加至 2 003 万人，"九一八"事变之前猛增至 3 174 万人。⑥ 随着移民大幅增加和经济的开发，城市也开始得到发展。1902 年，东北最大规模的城市——沈阳，人口仅 20 万人。但到 1930 年，东北地区 20 万人以上的城市已有 3 个（沈阳、长春、哈尔滨），10 万—20 万人的城市有 2 个，3 万—10 万人的中等城市则增至 17 个，包括安东、锦州、大连、辽阳、牛庄、吉林等，1 万—3 万人的小城镇，则从原来的 20 个增加到 53 个，如复州、开

---

① 张肖梅：《云南经济》，中国国民经济研究所，1942 年，第 32 页。
② 邱怀瑾：《云南经济之概观》，《边事研究》，1936 年第 4 卷第 4 期。
③ 云南省通志馆：《续云南通志长编》（下），云南省志编委会印，1985 年，第 339 页。
④ 孙代兴、吴宝璋：《团结抗战——抗日战争中的云南》，云南大学出版社，1999 年，第 179 页。
⑤ 何一民：《清代东北地区城市发展与变迁》，《四川大学学报》，2010 年第 1 期。
⑥ 崔玉良：《解放以前的东北人口》，《人口学刊》，1985 年第 1 期。

平、新民、铁岭、瑷珲、伯都讷（依兰）、呼兰和齐齐哈尔等。① 东北地区城市化水平逐渐提高，1907 年东北城市化水平为 6.0%，1915 年上升到 7.7%，1925 年和 1930 年均达 10.2%，城市人口绝对数逐年增加，详见表 1-25：

表 1-25　1907—1930 年东北地区城市发展情况表

城市人口规模	1907 年	1915 年	1925 年	1930 年
20 万人以上	—	—	3	3
10 万—20 万人	2	3	1	2
5 万—10 万人	4	3	9	6
3 万—5 万人	7	10	6	11
1 万—3 万人	24	34	51	53
城市数量小计	37	50	70	75
城市人口数/千人	1 062	1 544	2 629	3 031
增长指数	100	145	248	285
农村人口数	16 717	18 566	23 873	26 544
增长指数	100	111	137	159
城市人口水平（%）	6.0	7.7	10.2	10.2

［日］满史会，"东北沦陷十四年史"辽宁编写组译：《满洲开发四十年史》（上卷），内部印行本，1988 年。

从表 1-25 可见，在 1931 年"九一八"事变爆发之前，东北地区的城市化已经处于起步阶段。同时，各城市之间的空间互动也十分密切，城市体系初具雏形。而且，多数城市集中于铁路沿线或松花江、辽河流域。其中，松花江流域主要有哈尔滨、吉林、佳木斯、依兰、三岔口、富锦、扶余等城镇。在辽河流域，随着辽河航运业的蓬勃兴起，辽阳、新民、开原、铁岭、通江口等小城镇的城市经济有了明显增长，城市聚集功能增强，发展为中等规模的现代城市。② 此外，随着中东铁路、南满、北满等铁路的建成和扩张，哈尔滨、大连、长春、沈阳、公主岭、四平、通化、满洲里、齐齐哈尔、海拉尔、绥芬河等铁路沿线城市逐渐兴起，窑门、富拉尔基、海林、陶赖昭等市镇也逐渐发展起来。有人因此总结道，"城市兴起于铁路、码头等交通线附近"是晚清到民国初期东北城市的发展特点之一。③

在地理分布方面，东北地区的城市人口规模由平原地区到丘陵地带再到山地依次递减，大城市多集中于交通极为便利的平原地区，中小城市则散布于交通相对方

---

① 《中国都会人口总表》，阮湘、李希贤：《第一回中国年鉴》，商务印书馆，1924 年，第 54-55 页。
② 侯峻、曲晓璠：《近代辽河航运与沿岸城镇的兴起》，《社会科学战线》，1998 年第 6 期。
③ 王彬：《简析近代东北城市的兴起》，《辽宁大学学报》，2001 年第 4 期。

便的丘陵之间，位于山地的城市，其人口数量较少，城市规模较小。

在城市类型方面，此一时期的东北城市表现出较为明显的过渡特征，既有传统型的政治、军事中心城市，又有新兴的商埠、港口城市，交通枢纽城市以及工矿等专业性城市。[①] 东北数省先后共开辟商埠 28 处，包括绥芬河、通辽、辽源、辽阳、新民屯、铁岭、通江子、大连、法库门等。[②] 在工矿城市方面，则有抚顺、阜新、鹤岗、北票、扎赉诺尔、鞍山、本溪湖、大连、哈尔滨、营口和安东等。

总之，在"九一八"事变之前，因帝国主义列强的殖民侵略、大量移民的涌入及现代交通运输业的发展，东北地区不同规模和不同类型的城市不断兴起，城市功能、市政设施、文化教育设施乃至社会结构都逐渐由传统向现代演变，出现了所谓的"城市化运动"[③]。

2. 1931—1945 年东北城市体系的形成与畸形发展

"九一八"事变以后，东北不但沦为日本殖民地，而且慢慢成为日本全面侵华、侵略东亚其他国家的大后方。为此，日本在独占东北地区的 14 年间，加大了对东北的殖民开发。1931 年，日本在东北地区的殖民投资总额为 5.5 亿美元，到 1944 年，激增至 52.7 亿美元[④]。同时，日本还向东北地区大规模移民，许多城市的人口畸形膨胀。如孙吴县城在 1932 年前只是一个无名寒村，1935 年日本侵略者为修筑北黑铁路，在孙吴移民、设站，这里便开始从"村落"向"城市"演变，人口一度达到 10 万余人。[⑤] 总之，东北地区在被日本占领的 14 年期间，因日本的殖民开发、殖民掠夺，其城市出现了畸形的发展。

据 1933 年《申报年鉴》，东北在 10 万人以上的城市共有 10 个，详见表 1-26：

表 1-26　20 世纪 20 年代东北地区 10 万人以上城市一览表　　单位：个

省　份	城　市	人　口	调查年份
辽宁省	沈　阳	245 300	1928
	大　连	237 000	1928
	安　东	140 000	1926
	牛　庄	100 000	1921
	锦　县	100 000	1921
	洮　南	118 500	1928
	通　辽	123 406	1928

---

① 李鑫：《"九一八"事变前东北城市发展变化的特点》，《通化师范学院学报》，2011 年第 1 期。
② 费驰：《晚清开埠通商与东北城市运动述论》，《东北师范大学学报》，2010 年第 6 期。
③ 曲晓范、李保安：《清末民初东北城市近代化运动与区域城市变迁》，2001 年第 4 期。
④ 吴承明：《帝国主义在旧中国的投资》，人民出版社，1955 年，第 162 页。
⑤ 宋玉祥、陈群元：《20 世纪以来东北城市的发展及其历史作用》，《地理研究》，2005 年第 1 期。

续表

省　份	城　市	人　口	调查年份
吉林省	吉　林	100 000	1907
黑龙江[1]	哈尔滨	319 700	1929
	富　锦	140 000	1929
合　计	10	1 623 906	—

《人口十万以上各城市表》，申报年鉴社：《申报年鉴·人口》，申报馆特种发行部，1933年。

[1]：原表为"吉林省"，今据上下文及所辖地域订正。

由表1-26可知，东北地区10万人以上的城市主要集中在辽宁省，共有7个10万人以上的城市，规模最大的城市为沈阳，约24.5万人，其余城市除大连人口略低于沈阳外，均在10万人以上、15万人以下。沈阳历史悠久，为清代陪都，大连则是晚清以后兴起的开埠通商的港口城市，城市吸引力相较其他城市强，人口城市化自然较高。吉林省只有省会吉林市的人口达到10万人。黑龙江省虽然在东北地区的北端，却有两个10万人以上的大城市，其中哈尔滨的人口达31.9万人，为东北地区城市规模最大者，这主要与铁路的修建和对外开放有密切的关系。

1931年"九一八"事变后日本侵占我国东北地区，为控制东北、殖民东北，侵略者加大了对东北地区城市的开发力度，因此东北城市总数和规模等级都有一定的变化。据伪满洲国的统计，1937年东北地区的城市数量为299个，其中10万人口以上的大城市为8个，占城市总数的2.70%；1941年，东北地区城市数量增加至312个，10万人口以上的大城市则增加至15个，占城市总数的4.80%。① 相对而言，大城市数量增加较快，基本符合世界城市发展进程中大城市优先发展的规律。1940年沈阳人口达113万，长春有54万人，哈尔滨有66万人，大连有55万人，连同抚顺、鞍山、本溪等城市，形成了一个庞大的城市集群。此外，中等城市分别为60个和86个，分别占城市总数的20.10%和27.90%，小城市分别为192个和172个，分别占城市总数的63.90%和55.50%，小城镇均为39个，分别占城市总数的13.30%和11.90%。城市人口的比重也逐年增加，从1937年的17.50%上升至1941年的22.20%；城市总人口则由1937年的648万增加到1941年的957万，增长率达47.80%，同一时期东北总人口增加率为16.90%，农村人口增长率则为10.30%，东北人口"已有渐向都市集中之趋势"②。

从东北地区城市分布的特点来看，大城市多集中于平原地区，包括北部平原和南部平原。其中，南部辽河平原的大城市数量最多，城市人口数占东北城市人口总数的40%以上，南部平原的大城市包括沈阳、抚顺、本溪、营口、阜新、鞍山、

---

① 王肇磊：《抗战时期东北城市数量、规模、布局与体系的变迁》，《大连海事大学学报》，2015年第6期。

② 东北物资调节委员会：《东北经济小丛书·人文地理》，京华印书局，1948年，第31—32页。

辽阳和锦州8个，中等城市有四平、北票、通辽、铁岭等24个。北部平原面积甚大，横跨吉林、滨江、龙江三省，为谷仓地带，北部以哈尔滨为中心，南部以长春、吉林为中心，有呼兰、缓亿、扶余等中等城市。丘陵、高原地带城市分布相对较为松散，数量也偏少。如东北部，包括三江、东安、牡丹江、间岛四省及其西部邻接山地，区域内城市以牡丹江、佳木斯最大，中等城市则有富锦、延吉等19座。而东边道地区，以通化和安东二省为中心的丘陵地带尽系山地，大城市仅有安东和通化。①

表1-27 1935年和1940年东北主要城市人口表

时间 城市	1935年12月	1940年10月
沈 阳	527 241	1 135 801
大 连	362 808	555 562
长 春	311 521	544 202
哈尔滨	458 379	631 984
抚 顺	85 171	269 919
安 东	166 238	315 242
鞍 山	33 127	213 865
营 口	129 310	180 871
佳木斯	—	128 667
吉 林	128 754	173 624
阜 新	—	143 288
锦 州	87 695	142 606
牡丹江	—	199 217
齐齐哈尔	96 652	133 495

［英］琼斯著，胡继瑗译：《1931年以后的中国东北》，商务印书馆，1959年。

从城市发展类型来看，日本侵占时期的东北城市可分为两类：一是原有的传统城市，如沈阳、大连、哈尔滨、长春和吉林等，这些城市的地理位置优越，多位于交通枢纽地带，因而成为日本殖民侵略的重点，日本相继对这些城市进行大规模殖民投资和移民，从而使这些城市在短期内出现较大发展，沈阳更是发展成为百万人口的特大城市。另一类是日本出于军事及其他侵略需要而新建的城镇，如牡丹江市、图们江市、佳木斯市等。以牡丹江为例，这里原本无"城市"可言，"九一八"事变后，日本侵略者将此地作为军事要地，成立牡丹江"都邑计划局"，建各种军事设施，如兵营、仓库、飞机场、铁路等，新修筑的滨佳、图佳两条铁路线亦以牡

---

① 何一民、易善莲：《近代东北城市殖民地化的进程及特点》，《社会科学辑刊》，2003年第1期。

丹江为交汇点。1937年，在侵略者的规划下，伪满洲国设牡丹江省，牡丹江正式设市，并作为政治统治的中心，内设含牡丹江市公署、牡丹江省公署、东满总省公署的市、省、总省这三级伪政权地方机构的同时，还驻扎着日本宪兵队、关东军情报部、第六宪兵团等军事机关。在日伪统治时期，牡丹江城市人口增长很快，"自1936年2.50万人，至1941年达19.86万人"①。1940年，牡丹江工商业组织达5 900多家，共98种行业②，牡丹江畸形发展成为东满地区最大的城市和有名的外贸口岸，各国商人云集，各国国旗飘扬，被誉为"旗都"和"国境商业都市"。

综上所述，伪满时期东北城市化速度超过当时国内其他任何地区，城市体系基本形成，各种类型城市的空间分布表现为中心地等级系统。不过，日本在侵华战争期间视东北地区为它的殖民地，故其城市布局的宗旨主要在于经济掠夺和战略需要，而非推动区域经济合理发展，这导致东北城市分布的不平衡性加剧，平原地区城市稠密，丘陵地区相对稀疏；东部、中南部地区的城市较多，西部、北部地区则较少。

3. 1945—1949年间，东北城市发展呈相对停滞状态

全面抗战结束后，日军在撤离时对东北城市进行大肆破坏，导移民大批逃亡。同时，苏联红军大量运走东北的战略物资并拆迁厂矿设备，造成东北经济发展停滞，城市发展缺乏动力。另外，在美国支持下，国民党在东北挑起内战，东北城市在战争的摧残下遭到进一步破坏。不过，从总体上看，该时期东北地区的城市化水平仍居于全国前列，辽宁、吉林、黑龙江三省的城市人口比重均超过全国平均水平。③

这一时期，国民政府在东北开展缩小省区的试验，东北地区被划分为辽宁、安东、辽北、吉林、松江、合江、嫩江、黑龙江和兴安等九省，另设有大连、哈尔滨、沈阳三个特别市。1947年6月，国民政府在东北设置15个普通市，即锦州、营口、鞍山、旅顺、通化、安东、四平、吉林、长春、牡丹江、延吉、佳木斯、齐齐哈尔、北安和海拉尔，约占全国57个省辖市的1/4，这是中国政府在东北地区正式设市之始。但从大中城市的数量来看，1947年东北10万人口以上的城市有大连、哈尔滨、沈阳、营口、鞍山、锦州、安东、吉林、长春、牡丹江、佳木斯和齐齐哈尔12个④，与1941年的16个相比则有所减少。另外，东北部分城市人口也大幅减少，如伪满洲国时期东北的政治中心长春，因在该时期政治地位下降而出现衰落，城市人口由1943年前后的80余万，减至1949年的10余万。

总之，晚清以来尤其是民国时期，东北地区的城市获得了较大的发展，城市数量增加，城市规模扩大，城市化水平高居全国之首。然而，这种表面的城市化成果

---

① 牡丹江市公署编印：《牡丹江市概要》，1942年，第7页。
② 牡丹江市政协文史办公室：《牡丹江文史资料》（第5辑），1989年，第9页。
③ 当时全国城市人口平均水平为10.60%，而辽宁为18.10%，吉林为22.00%，黑龙江为24.20%。何一民：《近代中国城市发展与社会变迁（1840—1949）》，科学出版社，2004年，第241页。
④ 内政部：《中华民国行政区域简表》，商务印书馆，1947年。

是以社会的倒退和经济的畸形发展为代价的,是"用中国人民的血汗建成的"[①]。例如,在伪满洲国时期,日本侵略者为了侵占东北,通过强行征用劳工、武装移民等方式,迫使大批东北农民离开自己的家园进入城市之中,沦为苦力和劳工,从而使城市人口在短时期内迅速增长。[②] 东北地区城市化水平之所以快速提升,日本侵略者暴力、血腥的殖民掠夺是其推力之一。

(五) 中部地区城市体系的发展

中国中部地区包括长江中游、黄河中游和江淮地区,该地区历史悠久,是中华文明的重要发源地。尤其是黄河中游地区,其文明兴起甚早,城市文明出现亦早,城市数量多,影响大。从秦至北宋的千余年间,黄河中游是中国最重要的城市集中区。长江中游地区也是中华文明的早期发源地之一,中国早期城市遗址之一的城头山城即诞生于此,距今6000余年。位于长江和淮河之间的江淮地区也很早就得到开发。可以说,在农业时代中国中部地区是中国城市最发达的区域。不过,南宋以后,中国经济重心南移,黄河流域的人口大量减少,经济发展受阻,城市也渐趋衰落,此种趋势一直延续到清末、民国时期。与黄河流域城市在南宋以后渐趋衰落不同,随着中国经济重心由北向南的转移,长江中游地区和江淮地区的城市文明在宋元以后发展迅速,民国时期更有长足的进步。

1. 黄河中游地区城市的发展

黄河中游地区的城市,包括陕西、山西、河南三省的大部分城市。秦岭山脉自西往东横亘于陕西省中部,将其分为两半,岭北为渭河平原,岭南为汉水谷地,这两条河流域的人口颇为稠密,城市主要集中在渭河流域。渭河地区为汉族的发祥地之一,城市历史悠久,较为发达,古都西安为中国古代拥有百万人口的大城市之一。五代以后,西安逐渐失去了全国政治中心的地位[③],日渐衰落,但仍保留了省会的建置,依旧是陕西的政治、军事、经济和文化中心,也是当时黄河中上游地区规模最大的城市。民国时期,陕西共有90县,城市行政建制数量虽多,但城市的规模普遍较小。1922年,陕西只有2个10万人以上的城市,一是渭河流域的西安,其城市人口约20万人,另一个是汉水之畔的汉中,计有10万人。[④] 20世纪30年代,西安和汉中的城市人口几乎维持不变,分别为20万人、10万人。[⑤] 由此可窥千年古都西安在民国时期城市发展的迟滞。全面抗战爆发以后,在内迁工厂和人口的刺激下,西安城市经济有所发展,城市人口亦相应提高。1943年,改设西安

[①] 王肇磊:《抗战时期东北城市数量、规模、布局与体系的变迁》,《大连海事大学学报》,2015年第6期。

[②] 孙邦:《伪满史料丛书·经济掠夺》,吉林人民出版社,1993年,第741—789页。

[③] 何一民:《中国城市史纲》,四川大学出版社,1994年,第116页。

[④] Boris P. Torgasheff著,启译:《中国都市人口之研究》,《钱业月报》,1930年第10卷第6期。

[⑤] 申报年鉴社:《申报年鉴·人口·国内人口》,申报馆特种发行部,1933年,D,第10页。

第一章 城市发展与城市等级体系的变迁

市。到 1946 年 12 月,西安城市人口跨越 50 万的关口,达 549 199 人。[①] 此外,关中渭河流域以西安为中心,还分布着数十个城镇,这些城镇的规模一般不大,但分布较为密集。同渭河流域有所区别的是,秦岭南端的汉中地区在历史上属于蜀文化圈,开发历史较早,汉中平原被称为小成都平原,农业发达,清以后人口较为密集,而到了民国时期,则形成了以汉中为中心,包括 5 个城市人口规模在 5.0 万—10.0 万,8 个城市人口规模在 2.5 万—5.0 万,9 个城市人口规模在 1.0 万—2.5 万的城市群。[②] 相对而言,汉中地区的人口城市化水平在 20 世纪 30 年代左右高于渭河流域。

山西位于黄河中游东岸,民国时期全省共有 105 县,汾河流域人口较密,聚集城市也较多。而且,远在明清时期,山西沿南北驿路已经形成了几个区域内的次级经济区:以金融业、服务业为主的平遥—太原经济区;以盐业为主的运城经济区;以煤铁、丝织业为主的潞泽经济区;以茶马互市为主的大同经济区。[③] 这些次级经济区的形成不仅表明明清时期山西城市之间的经济联系颇为频繁,还意味着彼时山西区域核心城市太原的辐射力弱,没有形成以其为核心的城市等级体系。此一情况进入 20 世纪以后逐渐改变。决定性因素则是列强侵略的加剧和交通方式的变迁。

1936 年 12 月全国经济委员会编印的《山西考察报告书》曾经指出:"晋省在昔以商业著称,握全国金融界牛耳者,垂数百年。彼时每届年终,在外商人汇会之款,四五千万元。全省经济,入多出少,绰然优裕。洎乎清季,商业衰败,社会经济情形,为之一变。"[④] 那么,繁荣百年之久的山西经济支柱——传统商业、金融业为什么在清季从"盛"转"衰",以至于"社会经济情形,为之一变"呢?其主要原因就是帝国主义列强的侵略和工业资本主义的兴起。1923 年出版的《山西调查记》一书的作者就指出:"晋省当清代时,人民之营商务者,声名远播于中外,踪迹遍及国中,岁入在二千万以上。迨至海禁大开,迭遭庚子辛亥之乱,商人失业而归,工业不振,洋货几遍全省,加之……等项暗中消费,年达千万左右,幅员虽广,耕作地仅有五十万顷,人口虽有千万以上,无生产力之女子已去二分之一,男子老幼侍人事畜者又去四分之一,其能从事生产业者,不足四分之一,不特前此二千万之岁收归于乌有,而反加以消费千万元焉,则国民经济焉有不显恐慌之景象乎?"[⑤] 也就是说,列强的侵略及因此引发的近代中国社会动荡、工业资本主义的兴起,加之山西耕地缺乏、劳动力不足,导致山西传统商业逐渐崩溃,太谷、祁县、平遥等传统商业中心也相应衰落。如有"小北京"之称的太谷,长期以来因"土地硗瘠,人民耕种外,惟恃经商",但在 20 世纪 20 年代商业远逊于前,"闾阎生计,日形艰窘",其原因盖"商务自清季已行凋敝,改革以来(注:指辛亥革命

[①] 国民政府主计处统计局:《各大城市户口》,《统计月报》,1947 年第 113—114 期。
[②] 何一民:《近代中国城市发展与社会变迁(1840—1949)》,科学出版社,2004 年,第 245 页。
[③] 王尚义:《晋商商贸活动的历史地理研究》,科学出版社,2004 年,第 70—73 页。
[④] 全国经济委员会编印:《山西考察报告书》,1936 年,第 2 页。
[⑤] 陈希周:《山西调查记》(下卷),共和书局,1923 年,第 64 页。

后),凡外埠设有分庄者,因直接间接之损失,或则缩小范围,或竟停止营业,较之昔日一落千丈矣"①。同时,交通方式的变迁尤其是铁路网络的构筑亦使得山西经济重心逐渐汇聚到太原。在1907年以前,作为山西巡抚驻节之所的太原"虽居省会要地,然商务未兴,户口不繁"②。1907年正太铁路通车以后,太原城市居民日渐增多,城市经济活动日趋活跃,"自火车通轨,太原岁益繁荣,开前此之所未有,四方人士来居者日众,游历者日多"③。到了民国时期,随着1921年平绥铁路的全线贯通、1933年同蒲铁路的兴筑,以及太原至大同、太原至运城、平定至辽县、太原至军渡等以太原为中心的公路网络的构筑,太原逐渐成为沟通华北、联结全省的交通枢纽。④太原的新式工业亦逐渐兴起。1930年中原大战结束以后,阎锡山退守山西,推行"山西省政十年建设计划","而其中,以工业计划案,尤为切要"⑤。1933年成立的西北实业公司则是山西现代工矿业建设最重要的抓手。在全面抗战爆发以前西北实业公司共有33家工厂,其中,除煤矿外,西北毛织厂、西北印刷厂、西北窑厂、西北电化厂等基本上全部分布在太原,并且规模相当巨大。如西北毛织厂资本额占山西全省毛织业资本总额的90.6%,职工数占65.3%,年产值占85.2%。⑥可见,民国时期的太原,已经从一个区域性行政中心城市转型为覆盖山西乃至辐射华北的工商业中心城市、交通枢纽中心城市。民国时期的山西城市体系亦开始重构。一个以太原为轴心、以铁路沿线城市(如大同)为支干、联结新兴资源型城市(如阳泉)及传统工商业城市的城市体系格局逐步形成。不过,频繁的天灾人祸、地方政府的过度盘剥,以及经济虽有进步但仍不足以支持人口增长需要等原因的作用下,民国时期山西城市体系的城市规模不大。1920年,省会太原的城市人口最多,但仅八万人左右,其次为汾州,计6.5万人,2.5万—5.0万的城市有6个(潞安府、祁县、曲沃、运城、忻州、太古),1.0万—2.5万的城市有15个。⑦1935年太原城市人口首次超过10万,达136 179人。⑧直到1946年12月,太原城市人口仍仅255 997人。⑨

河南是华夏文明的重要发源地之一,数千年来以河南为主的中原地区创造了灿烂的文化,但也成为历朝统治者争夺的焦点,因而经常有战争在这片大地上发生。就"战争"与"城市"的关系看,城市作为一定地域范围内的政治、经济、军事、

---

① 刘玉玑修、胡万凝纂:(民国)《太谷县志·生业》,民国二十年(1931)铅印本。
② 马仲达:《三十年来太原市街衢之变迁》,《晋阳日报社三十周年纪念特集·三十年来之山西》,晋阳日报社,1936年,第135页。
③ 郭象升:《太原指南·序》,山西民社编印:《太原指南》(再版),1937年,第1页。
④ 胜任:《山西之交通》,《现代评坛》,1936年第1卷第16期。
⑤ 张荻南:《三十年来山西之工业》,《晋阳日报社三十周年纪念特集·三十年来之山西》,晋阳日报社,1936年,第69页。
⑥ 刘建生:《山西近代经济史》,山西经济出版社,1995年,第614页。
⑦ 中华续行委办会调查特委会编、蔡咏春等译:《1901—1920年中国基督教调查资料》(下册),中国社会科学出版社,2007年,第1510—1511页。
⑧ 山西民社编印:《太原指南》(再版),1937年,第2页。
⑨ 国民政府主计处统计局:《各大城市户口》,《统计月报》,1947年第113—114期。

文化、交通的中心，聚集着财富和权力，容易引起征服者或掠夺者的高度重视，"占据城市中心，就能最好地从政治上和经济上控制地区"，故城市经常成为战争攻击的首选目标。[1] 历史上河南的很多重要城市正是因此毁于一旦，譬如两汉、隋唐时期的洛阳、北宋时的汴梁。到了民国时期，河南仍然是四战之地，如南京国民政府时期的中原大战、全面抗战、解放战争，都有局部或重大战役席卷河南大地。这显然不利于民国时期河南城市的发展。如 1925 年二三月间，冯玉祥国民军所属胡景翼部与刘镇华镇嵩军旗下的憨玉琨部在禹城、登封、洛阳一带发动的"胡憨战争"，便对九朝古都洛阳的"物"与"人"造成严重破坏和摧残，以至于一位洛阳人在战后投书《现代评论》进行控诉："自从胡憨战争把洛阳当做战场后，打来打去，洛阳忽由繁华腾达的都市变为凄凉萧条，疮痍满目的局面了。我暑假到家的时候，距战争结束只有三日之久，而市面仍多关闭，满街尽是戴今圈帽的军人"，这些"兵匪"在洛阳城里打家劫舍、欺男霸女，"老百姓都眼看着有田不能耕，有家不能住，生命财产自由日濒于危险"[2]。又如 1948 年 6 月，国共双方围绕开封展开攻防以后，"商业区如宋门大街、自由路、中山路、马道街，政治区如省府街（省政府及各机关所在地），文化区如老省门、学院门等大小建筑，浓烟蔽空，夷为火海"[3]。而且，民国时期的河南城市不仅长期遭遇战争的威胁，还长期面临自然灾害如沙尘暴尤其是"黄灾"的肆虐。20 世纪 30 年代，开封流传这么一首民谣："电灯不明、马路不平、黄土满城"。在亲历者看来，这首民谣正是彼时开封城市景观的速写。然而，"电灯不明、马路不平"都可以通过人力改进，"那从北来的黄土，正以其可怕的自然力，要吞灭那未来的开封。所以电灯不明和马路不平，将来都可以改进，只有这可怕的黄土，是开封不可反抗的厄运"[4]。黄河历史性的泛滥更是长期悬在民国时期河南城市上空的一把达摩克利斯之剑。1921 年黄河决口，"河南开封县河口，又遭横决，漂没人畜庐舍，不计其数"[5]。1933 年黄河再次决口，河南、河北、山东顿成"泽国"，其中河南受灾面积 998 平方公里，"而开封决口，水由黄河灾及苏北"[6]。可以说，民国时期河南所遭遇的长期性战争威胁和自然灾害肆虐，严重削弱、损害甚至摧毁了诸如城市物态本体、城市人口、城市经济、城市交通、城市腹地等城市发展的要素[7]，河南城市发展因此困难重重。

即便如此，就黄河中游地区看，河南的大中城市数量在民国时期仍然相对比陕西、山西为多。彼时河南全省县级以上的城市有 108 个，主要分布于北部的黄河流域，西南部的汉水流域，以及东南部的淮河流域等三大流域。大中城市则主要集中

---

[1] ［美］帕特里克·奥沙利文等著，荣旻译：《战争地理学》，解放军出版社，1988 年，第 193 页。
[2] 陈云青：《洛阳人呼吁之声》，《现代评论》，1925 年第 2 卷第 44 期。
[3] 王均：《论开封的攻防战》，《新闻》，1948 年第 2 卷第 7 期。
[4] 刘绍愚：《开封剪影》，《现代青年》，1937 年第 7 卷第 7 期。
[5] 佚名：《时事话·黄河决口》，《少年杂志》，1921 年第 11 卷第 8 号。
[6] 孙本文：《一月来之社会·灾荒·去年黄河水灾概况》，《时事月报》，1934 年第 11 卷合订本。
[7] 蔡云辉：《战争对近代中国城市发展的影响》，《社会科学辑刊》，2005 年第 5 期。

在北部黄河流域中下游，并在民国前期形成了以当时河南省省会开封为中心的河南城市体系。20世纪20年代，河南10万人口以上的城市有4个，其中开封城市人口达28万人，周家口城市人口为20万人，光州城市人口为10万人，郑州城市人口为10万人；有4个城市人口在5万—10万，彰德城市人口为6万人，固始城市人口为6万人，归德城市人口为5万人，南阳城市人口为5万人；另外人口在2.5万—5.0万的城市有16个（汝州、卫辉、许州、怀庆府、杞县、清化镇、淇县、睢州、洛阳、汝宁、遂平、永城、柘城、襄城、鹿邑、邓州）。[①] 然而，民国时期的河南城市体系并非一成不变，而引发其变迁的关键因素则是铁路。

费尔南多·布罗代尔曾经指出："无论何地，城市的存在都有赖于对地域的控制；而对地域的控制又全靠纵横交错的道路、得天独厚的地理位置以及城市为不断适应新情况而实行缓慢或突然的演变。"[②] 这就意味着交通条件发生变化势必造成连锁反应——提升或降低地理位置的重要性，进而影响城市的"生"与"死"。其实，在传统时代，洛阳、开封这些城市之所以成为区域乃至全国性政治中心，关键之一便是得天独厚的地理位置及沟通四方的交通网络。如河南省会开封有"中原""中州"之称，"地当中国东南部与西北部交接的要冲，可说是中国一块腹心之地"[③]，在北宋和元明清时期实乃中原陆路的交通中心。然而，随着1906年京汉铁路全线贯通并自北而南穿越河南全省，以及1909年汴洛铁路（陇海铁路的前身）通车，河南区域城市体系逐渐重构。首先，一些昔日的"强县"走向衰落，一些不起眼的小城凭借铁路优势一飞冲天。如春秋时期就已经筑城的尉氏县，"陆路旧为南北要冲，商务颇有可观。自京汉铁路成，日形减色"，到1920年，"今巨宅空闲，迁徙他处。县城各市镇，均受影响"[④]。形成对照的是，汉末始建城的许昌在明清时期"非通商大埠"，但京汉铁路过许昌，遂成"全省之中央，为交通冲突"。许昌及其附近的襄城、临清出产烟叶，每年约6 000—7 000吨，此前销售不畅，铁路通车后，每年"由铁路输出二百余车"，并且，英美烟草公司、南洋兄弟烟草公司先后前来许昌开办烤烟厂，"对峙于铁路左右。秋季烟叶收后，乡人来此求售，异常繁闹。公司收买烟叶，加以烘焙，装包运往沪汉，制为烟卷"[⑤]。许昌逐渐发展为全国闻名的烤烟贸易市场。其次，郑州从一个县级行政治所逐渐发展为河南最重要的商业都市、中国中部地区的交通枢纽中心和物资集散中心。1931年，一位过客在历经半月的实地考察之后指出："豫省之精华在郑州，而郑州之精华，则又集聚

---

① 中华续行委办会调查特委会编、蔡咏春等译：《1901—1920年中国基督教调查资料》（下册），中国社会科学出版社，2007年，第1510—1511页；Boris P. Torgasheff著，启译：《中国都市人口之研究》，《钱业月报》，1930年第10卷第6期。
② ［法］费尔南多·布罗代尔著，唐家龙等译：《菲尼普二世时代的地中海和地中海世界》（上卷），商务印书馆，1998年，第456页。
③ 汪藻香：《开封一瞥》，《申报周刊》，1936年第1卷第22期。
④ 林传甲：《大中华河南省地理志》，武学书馆，1920年，第114页。
⑤ 吴世勋：《河南》，中华书局，1936年，第123、127页。

第一章 城市发展与城市等级体系的变迁

于车站一带"[1]。言外之意，郑州的"新生"端赖于铁路。事实确亦如此。在京汉铁路、汴洛铁路修筑之前，郑州只是一个普通小城，城区"昔年户数五百，人口三千"；在成为京汉铁路与汴洛铁路的交汇点之后，人口和新的经济要素逐渐聚集郑州，城区"骤增万人，东西街最繁盛，西门外为车站所在，旅店、菜楼、剧场、澡堂，市上人力车，亦百余辆之多"[2]。以此为契机，郑州地方势力先后在1908年、1922年两次推动自开商埠，这座中原小城逐渐发展为河南省最重要的商业都市，"贸易颇盛，为河南省之冠"，城市性质开始告别"城乡一体"，"在民元以前，城乡尚称一致，均属朴质不文，自民十至今，城乡风俗人情，遂渐异其趋"[3]。最后，河南省省会开封作为区域城市体系中心的地位遭到挑战，逐渐从"中心"退居"边缘"。事实上，郑州在民国时期的崛起，是以开封的不断衰落作为陪衬的。在京汉铁路兴建之初，因张之洞等人考虑铁路安全而使开封失去成为新交通枢纽的机会，故待陇海铁路贯通以后，"僻居东隅的开封，随着现代化进程的开始，在整体经济形势中也就不得不处于弱势"[4]。其商业、手工业、机器工业等城市经济要素几乎全方位落后于郑州，以至于时人感叹道："开封这省城，仿佛似一个破落门第，不但各项商业落后，而且手工业仅有奄奄一息的汴梁绸……机场封闭，机工另外谋生。"[5] 其城市人口相较于20世纪20年代的28万人不增反减，1946年为278 150人。[6] 更深远的影响在于，开封地势低洼，随时面临着黄河决堤的风险，这一地理环境本来就已动摇其作为河南省行政中心的地位，此时再遭遇郑州强势崛起的冲击，其在河南城市体系中的地位已逐渐动摇。中华人民共和国成立以后，河南省委向中央提出将省会迁往郑州的申请，经批准后，1954年10月河南省省会由开封迁往郑州。[7] 至此，开封与郑州从民国时期就开始的"竞争"，最终以城市身份的相互转换而告终。

总之，随着铁路的发展、新经济因素的增长、郑州的强势崛起，民国时期河南城市体系已发生变迁，开封的中心地位在事实上已名存实亡，郑州则逐渐成为区域性经济中心——1948年，其城市人口已达到23万人[8]。同时，铁路沿线一些在农业时代后期开始衰落的城市，如洛阳、信阳、荥阳、巩县、孟县、偃师、新安、渑池、三门峡等城市因交通区位的改变，又恢复活力，获得了新的发展。而且，城市与城市之间的关系不再由政治力量决定，而代之以经济联系。

---

[1] 孙肖泉：《郑州旬日》，《旅行杂志》，1931年第5卷第10号。
[2] 林传甲：《大中华河南省地理志》，武学书馆，1920年，第172页。
[3] 编者：《日趋繁荣之郑县——本省社会调查之三》，《河南省政治月刊》，1932年第2卷第5期。
[4] 朱军献：《边缘与中心的互换：近代开封与郑州城市结构关系变动研究》，《史学月刊》，2012年第6期。
[5] 忠汝：《破落了的开封》，《星华》，1937年革新第1号。
[6] 国民政府主计处统计局：《各大城市户口》，《统计月报》，1947年第113—114期。
[7] 张勇：《河南省会变迁研究（1951—1957）——区域政治中心变迁与城市发展历史的探索》，华中师范大学博士学位论文，2017年，第33—34页。
[8] 佚名：《郑州介绍》，《新华电讯稿》，1948年第134期。

2. 长江中游地区城市的发展

长江中游地区包括江西、湖北、湖南等省区。这里的城市文明兴起很早，距今 6 500 年左右，就已经出现了目前所知中国最早的城市——城头山古城。春秋战国时期，楚国在长江中游地区建立若干城市。秦统一中国后，长江中游地区的城市被纳入中华民族命运共同体一体化进程之中，唐以后更获得较大发展。清中后期，随着南方经济的快速发展和中国被迫对外开放，长江成为连接中国东、中、西部的重要纽带，并被西方列强用武力纳入世界资本主义体系之中，该区域的城市直接或间接地与世界经济发生了联系。

清代湖南的城市多分布在湘江水道沿岸，以长沙为政治中心，以湘潭为经济中心。五口通商之后，湘潭的交通区位优势更加突显，成为中部地区物流和对外贸易的中转地，"湘潭亦中国内地商埠之巨者，凡外国运来货物，至广东止岸后，先集湘潭，由湘潭再分运至内地。又非独进口货为然，中国丝、茶之运往外国者，必先在湘潭装箱，然后再运广东放洋。以故湘潭及广州间，商务异常繁盛"①。以至于"作为省会的长沙，其经济中心功能（Economic Center-place Function）却位在紧邻的县级城市湘潭之下"②。不过，民国时期，随着交通运输路线的改变，湘江沿岸的城市逐渐受到影响，湘潭的地位有所下降，尤其是粤汉铁路逐次开通后，长沙、株洲的发展逐渐超越湘潭，"自粤汉铁路成，陆路商务渐移株洲矣"③。

株洲，昔日湘潭县治下的一个小集镇，自从株萍铁路、粤汉铁路相继兴筑开通之后，城市地位日趋重要，城市经济发展迅速，"株洲，地属湘潭，本来并不知名，自从株萍铁路兴筑以后，地位日高，现在粤汉铁路经由株洲，湘黔铁路以株洲为起点，资源委员会以株洲为重工业区，株洲将来的地位，或可甲湘潭等地而上"④。到 1935 年，随着粤汉、浙赣铁路的全线贯通以及湘黔铁路的动工，株洲不仅发展成为湘东粮食、煤炭、瓷器等的集散地与贸易中心，更成为南方铁路的重要枢纽。⑤

同时，随着 1903 年长沙自开商埠，以及上述铁路的开通，长沙的"省城效应"得到提高，城市经济功能逐渐释放，"长沙经济属区之范围甚广，北至津市、澧县、石门、慈利等地，南通永兴、郴县、祁阳、零陵，而远达广西之全县，东至浏阳、醴陵，以达江西之萍乡、安源，西至沅陵、辰溪、芷江、洪江、黔阳等地，其范围之广，几及全省"⑥。民国建立以后，"划长沙城附近为市区，从此市县分治"，长沙因其行政功能的提升和区位的改变，逐渐发展成为湖南第一大城市，1933 年 10

---

① 容闳：《西学东渐记》，岳麓书社，1985 年，第 84 页。
② 李玉：《近代之前长沙、湘潭的商务差距及其形成原因》，《天府新论》，1998 年第 4 期。
③ 傅角今：《湖南地理志》，亚新地学社，1933 年，第 323 页。
④ 杨开道：《湖南省》，中华平民教育促进会，1938 年，第 13—14 页。
⑤ 曾桂林：《铁路与近代株洲城市的兴起（1898—1951）》，《株洲师范高等专科学校学报》，2007 年第 6 期。
⑥ 平汉铁路管理局经济调查组编印：《长沙经济调查报告》，1937 年，第 1 页。

月1日，长沙市政府成立，长沙正式设市。① 到全面抗战爆发前，据平汉铁路管理局经济调查局调查，"长沙为湘省进出口货物之总汇，交通便利，商业为全省之冠"，"湖南全省之工厂，十九皆设长沙"②。20世纪20年代，湖南形成了以长沙为中心的区域城市体系，其层级结构明显，10万人以上（含）的城市有4个，分别是长沙（53.6万人）、常德（18万人）、湘潭（18万人）、衡阳（10万人）；5万（含）—10万人的城市也有4个，分别是宝庆（9万人）、益阳（8万人）、津市（5.8万人）、沅州（5万人）；2万（含）—5万之间的城市有9个（攸县、新化、武冈州、辰州府、宁乡、郴州、茶陵、洪江、岳州）。③

湖北位于长江中部，扼汉水下游。在1932年以前，湖北全省共有一市68县。1932年，经国民政府行政院批准，划孝感、黄陂、黄安及河南罗山等四县的各一部分，增设礼山县，同时将安徽英山县划归湖北。1936年，又将江西九江县属之江北部分，划归湖北黄梅县管辖，因此，在全面抗战爆发前，湖北全省共有一市70县。④ 而这一市，即为武汉市。

就整个长江中游地区的城市体系看，晚清民国时期实以武汉为中心。清中期以后，随着汉口的发展，位于长江与汉水交汇处的武昌、汉口、汉阳三城形成鼎立之势，发展为组团城市。三城各具特色，功能互补，联系密切。随着长江流域经济的发展和对外的开放，至民国时期，在平汉铁路、粤汉铁路的助推下，武汉已经是中国中部地区城市规模最大、人口集中、经济发达、交通便利的中心城市。1932年，实业部国际贸易局在对武汉工商业情况进行实地调查后指出："武汉居全国中心，地处冲要，全国物产，以此为重要散集市场。商业繁盛，几以上海相埒。"⑤ 1933年出版的《武汉指南》亦言："武汉昔称九省通商要镇，自平汉、湘鄂两路完成以来，直接与武汉通商发生贸易者，何只九省。……商店三万，工厂及千，机关之众，学校之多，与夫水陆交通舟车往返频繁，实为全国之冠。"⑥ 武汉的聚集和辐射范围超越长江中游地区，成为整个长江流域贸易体系的中转点，上接宜昌、重庆，下达上海，经济枢纽地位非常明显。

民国时期武汉城市工业经济亦颇壮观，且呈现增长趋势。武汉工业萌芽，始于清光绪年间张之洞在武昌、汉阳创办的各类官营新式工厂，"区区武昌一隅，各业工厂应时而兴，且均具相当规模，盖已极一时之盛，第董其事者大都昧于工业智识，终至亏累闭歇，其能勉强支持者，迨辛亥革命兴，亦几荡然无存，良可惜

---

① 邹欠白：《长沙市指南》，民国十五年（1936）刊行本。
② 平汉铁路管理局经济调查组编印：《长沙经济调查报告》，1937年，第3、4页。
③ Boris P. Torgasheff 著，启译：《中国都市人口之研究》，《钱业月报》，1930年第10卷第6期；中华续行委办会调查特委会编，蔡咏春等译：《1901—1920年中国基督教调查资料》（下册），中国社会科学出版社，2007年，第1509—1511页。
④ 湖北省政府秘书处统计室编印：《湖北省年鉴》，1937年，第1页。
⑤ 实业部国际贸易局编印：《武汉之工商业》，1932年，第1页。
⑥ 周荣亚等：《武汉指南》，新中华日报社，1933年，第1页。

也"①。民国初期,因第一次世界大战爆发,中国资本主义获得发展契机,武汉城市工业经济也走向复苏。1926年,武汉共有工厂46家②。到1937年,据湖北省省政府秘书处统计室调查统计,武汉三镇共有工厂516家(汉口408家、武昌58家、汉阳50家),资本总额共计4 700万余元,工人4.3万人。③武汉一地,可谓民国时期湖北城市工业经济的根基之地。而湖北其他各个城市,工业经济稍有规模者,仅江陵、广济、蒲圻三县,"各有工厂五家至十家不等,资本首推江陵,计达二百余万元,次为蒲圻,计为三十万元,再次为广济,计八万二千余元。此外,如大冶、光化、宜昌、应城、沔阳、襄阳、荆门、随县、宜都等县,仅各有工厂一、二家,其资本之最大者,不过四十万元左右,工人数除大冶约七百人外,其余或数人乃至三十余人而已"④。

随着城市工商业的发展,交通条件的改变,武汉的人口迅速增加。据1930年7月全市的"户口大清查",是时武汉人口共计71.9万人;1931年1月再次调查,武汉人口达80.4万人,"较民十九年实增加八万余人",但"汉市人口,实不只上述之数。盖每次户口调查之时,仅查陆地,从未查过水上住户。……武汉水面住户不下十五万人,是则汉市人口,当有百万"⑤。到1932年,武汉城市人口突破百万大关,武汉成为民国时期特大城市之一,汉口人口密度高达每平方公里5 970人⑥。1930年前后,湖北10万人口以上的城市尚有沙市(19万人)、宜昌(11万人)和老河口(10万人);此外,樊城、荆州、武穴等城市人口约在5万—10万人,安陆、潜江、枣阳这三个城市的人口在2.5万—5万人。⑦

江西省位于长江的南部。其北边和安徽、湖北两省交界,东邻浙江和福建,西边与湖南接壤,南方毗邻广东。江西全省地势相对整齐,不过,南北较长,东西较狭,形状"很像抽去叶柄的桑叶一般",全省共有81个县级以上城市,且大多分布在南北流向的赣江流域。⑧

清中叶江西的城市商业有较大发展,江西商人将本省出产的稻米、烟叶、茶叶、樟脑、木材等农林产品及瓷器、纸张、炮竹、纸扇等手工业品贩卖到全国各地,以至于"江西商人遍布长江上游各省,远及云贵四川,下迄淮扬沪宁,而尤以湖南、四川为多,且恒操其金融之枢纽";并且,茶叶、樟脑和瓷器更是江西对外贸易的大宗商品,在1840年以前,"当东印度公司,与中国通商之时,义宁州、浮

---

① 湖北省政府秘书处统计室编印:《湖北省年鉴》,1937年,第291页。
② 刘再苏:《武汉快览·工厂一览表》,世界书局,1926年,第78—81页。
③ 湖北省政府秘书处统计室编印:《湖北省年鉴》,1937年,第291—292页。
④ 湖北省政府秘书处统计室编印:《湖北省年鉴》,1937年,第292页。
⑤ 周荣亚:《武汉指南》,新中华日报社,1933年,第2页。另据皮明庥先生测算,武汉人口在1930年即已经突破百万。见皮明庥:《近代武汉城市人口发展轨迹》,《江汉论坛》,1995年第4期。
⑥ 湖北省政府秘书处统计室编印:《湖北省年鉴》,1937年,第112页。
⑦ Boris P. Torgasheff著,启译:《中国都市人口之研究》,《钱业月报》,1930年第10卷第6期;中华续行委办会调查特委会编,蔡咏春等译:《1901—1920年中国基督教调查资料》(下册),中国社会科学出版社,2007年,第1509—1511页。
⑧ 周杰:《江西一瞥》,商务印书馆,1928年,第2页。

梁、武宁、铅山之茶，恒溯赣河而上，逾梅岭以入广州"①。不过，五口通商以后，中国对外贸易的中心从清中期的广州逐渐向上海转移，曾经兴盛一时的沿湘江翻越南岭和沿赣江翻越南岭的两条中国内陆地区对外贸易的运输线也相继衰落，而位于赣江沿岸的城市，其发展也深受影响。如铅山县河口镇曾经是江西四大名镇之一，是明清时期发展起来的茶叶、竹纸等土特产的加工、贸易中心，号称八省通衢。但晚清民国时期，随着中国对外贸易路线的改变和制茶、制纸业走向衰落，加之1929年浙赣铁路全线贯通（没有经过河口镇），河口镇的商人纷纷迁徙他处，该镇从此没落。② 与铅山河口镇形成对比的是，1858年列强逼迫清政府签订《天津条约》，九江被开辟为商埠，"英、俄、美、日、荷、法各国都驻有领事。又加之汽船、南浔铁路，所以商务便日胜一日起来"③。1927年，九江关全年输入贸易额为国内输入400万两、国际输入1 200万两，全年输出贸易额则为1 800万两，所以，时人称其为"本省唯一大埠"④。

民国时期江西新式工业主要集中在南昌和九江两城。1935年出版的《江西之实业调查统计》一书指出："就江西全省论，南昌和九江为工业集中地，制革业、碾米业与印刷业，南昌较为发达，纺织业与面粉业则九江尤为繁盛。"⑤ 截至1935年，南昌共有棉纺厂4家、针织厂10家、电镀厂2家、肥皂厂13家（较大规模的有5家）、玻璃厂3家、面粉厂17家、碾米厂90家、制冰厂1家（另有无数规模较小而无法统计者）、印刷厂63家（规模较大者6家）、机器翻砂厂31家、制帽厂约40家、砖瓦厂1家，而制革业则"规模狭小。资本自200元至2000元不等，大概为合伙或独资者……完全用手工制造"⑥，故无法统计。相较而言，南昌城市工业经济还十分幼稚，手工业仍然占有较大比重，但值得注意的是，上述南昌工厂，除两家创办于晚清（创办于光绪八年的罗兴昌机器厂、宣统元年的恒泰面粉厂）外，其余都是在民国创办的，这充分说明南昌城市经济在民国时期有了长足进步。

随着城市社会的变迁，民国时期江西逐渐形成了新的城市体系。据1928年统计，江西的首位型城市为省会南昌，其城市人口规模达48万人，成为民国前期全国城市人口城市化率较为靠前的城市。此外，江西还形成了两个20万人口（含）以上的城市，景德镇因制瓷业而发展为人口达25万的大城市，而位于赣江流域的历史文化名城赣州也发展为人口达20万的大城市；同一时期江西还有两个10万人口以上（含）的城市，分别为吉安（12万人）、抚州（10万人）；另外，还有九江（8.5万人）、宁都（6万人）、浔州（6万人）、瑞金（5万人）、建昌（5万人）、饶

---

① 佚名：《江西之产业》，江西省政府经济委员会编印：《江西经济问题》，1934年，第1—8页，引文见第5、1页。
② 钟建安：《近代江西城市发展研究（1840—1949）》，四川大学博士学位论文，2008年，第92—93页。
③ 周杰：《江西一瞥》，商务印书馆，1928年，第8页。
④ 周杰：《江西一瞥》，商务印书馆，1928年，第8页。
⑤ 卫士生：《江西之实业调查与统计》，实业部统计长办公室，1935年，第39页。
⑥ 卫士生：《江西之实业调查与统计》，实业部统计长办公室，1935年，第39—49页，引文见第49页。

州（5万人）、南丰（5万人）等7个5万（含）至10万人口的城市，有9个2万（含）至5万的城市（樟树、宜黄、乐平、石城县、崇仁、河口、广昌、乐安、金谿），①其余的城市则在2万人以下，形成了宝塔形的城市规模体系。

3. 江淮地区城市的发展

江淮地区主要指淮河以南、长江以北的广大地区，包括安徽、江苏的部分地区。安徽是清代康熙年间才建立的行省，时称江南安徽省。在1932年以前，安徽共有60个县级以上的行政建制城市。此后，由于英山划归湖北，婺源划入江西，增设了嘉山（1932年）、立煌（1932年）、临泉（1934年）、岳西（1936年）四县，彼时安徽全省共计62县。② 这些县城主要分布在安徽中部的长江流域及淮河流域。安徽的城市总体上发展较为缓慢，城市规模普遍较小，20世纪20年代安徽城市人口规模最大的城市为芜湖，仅13.6万人，其次为安庆，有11.1万人，此外，亳州的城市人口达到了10万人③；而5万（含）至7万人口的城市有4个，即庐州（7万人）、颍州（7万人）、六安（5万人）、宁国（5万）；2.5万（含）至5万人口的城市共有9个（屯溪、大通、无为、黟县、宿州、正阳关、全椒、怀远、南陵）④，其余的城市都在2.5万人以下。

芜湖位于长三角的西南部，北望江淮平原，唐代始设县。芜湖之所以在民国时期发展为安徽最大的城市，其原因在于"交通有长江之便，内河之利"，特别是1876年芜湖开埠通商后，成为安徽唯一的通商口岸，由此"轮帆云集，成为米市中枢"，合肥、巢湖、含洲（含山）、无为、宣城、六安等市县出产的米、茶等农产品，"均由此转运卸栈"⑤。芜湖开埠后，帝国主义列强相继在芜湖租界区内大规模建造楼房、仓库、火车站、码头等，并在租界区外修建官署、油库，设立海关、创办公司。⑥民国建立以后，芜湖的航运业进一步发展，1922—1931年，通过芜湖海关的船只年均5 991艘，年均总吨位910余万吨，其中英船占45%，日船占28%，中国船只占27%。并且，随着现代交通的发展，20世纪30年代的芜湖，"近以铁路公路，纵横交错，行旅往来，日益称便，昔日内河数日之行程，今则数小时可达。江北出产米麦杂粮甚丰，多数运至芜湖出口，当米出口最高峰度时，为数达六

---

① Boris P. Torgasheff著，启译：《中国都市人口之研究》，《钱业月报》，1930年第10卷第6期；中华续行委办会调查特委会编，蔡咏春等译：《1901—1920年中国基督教调查资料》（下册），中国社会科学出版社，2007年，第1508—1511页。
② 安徽省政府编印：《安徽概览》，1944年，第2页。
③ Boris P. Torgasheff著，启译：《中国都市人口之研究》，《钱业月报》，1930年第10卷第6期；中华续行委办会调查特委会编，蔡咏春等译：《1901—1920年中国基督教调查资料》（下册），中国社会科学出版社，2007年，第1510—1511页。
④ Boris P. Torgasheff著，启译：《中国都市人口之研究》，《钱业月报》，1930年第10卷第6期；中华续行委办会调查特委会编，蔡咏春等译：《1901—1920年中国基督教调查资料》（下册），中国社会科学出版社，2007年，第1510—1511页。
⑤ 王静澜：《芜湖商业》，《生力》，1936年创刊号。
⑥ 周忍伟：《举步维艰：皖江城市近代化研究》，安徽教育出版社，2002年，第2—3页。

第一章 城市发展与城市等级体系的变迁

百万石,与其曰产米之区,实际为聚米之地"①。民国时,安徽的民族资本主义工商业也进一步发展起来。如章干臣等人在1890年创办的益新面粉厂,开办资本为20万元,到1921年,"已增至五十万元。有东、西、南、北四分栈。查该厂始用机器碾米,因不得法,改为机器制面,营业颇为发达。每年收进小麦约十三万左右,日夜出面七百二十袋。全年计之,约有二十六万袋"②。芜湖对外交通亦不断改善,1930年开通了芜湖至当涂的长途汽车和通南京的长途电话,1934年修建了湾里飞机场,修通了芜湖至宣城的铁路,1935年,芜湖至南京的铁路通车。1949年4月24日芜湖解放时,芜湖城区面积有14平方公里,建成区为7平方公里,人口有140 157人。形成对比的是,省会安庆在晚清民国时期,由于战争的破坏和现代经济的边缘化,城市日益衰落,"工商业不很发达,日用诸物仰给外货的输入不少。本地的出品有茶叶、竹木、麻漆、蜜枣、席篓、腐乳、药材等"③。截至1934年底,安庆(怀宁)共有碾米厂、染厂、织厂、面粉厂15家。④ 这些所谓工厂,事实上使用机器生产的并不多。不过,虽然城市经济不发达,城市人口也较少,1927年5月16日安徽省政务委员会仍然推动安庆设市。然而,1929年2月8日,安徽省政府第79次常会,"议决裁撤安庆市政府,所有市政府所属公安、财政、工务、教育四局应办事宜,划归民政、财政、建设、教育四厅接管";之所以要裁撤安庆市政府,其关键就在于"安庆人口总额,不足二十万,无设立市府之必要"⑤。全面抗战时期,随着安庆的陷落,安徽省会一度迁移到立煌县。抗战胜利以后,因安庆被日寇严重破坏,故1945年10月,安徽省政府迁至合肥,"这里是安徽较为适中的地点"⑥。合肥成为安徽行政中心后,人口城市化飞速发展,1946年12月,其城市人口突破百万,达1 367 938人⑦。但合肥城市经济的现代化程度不高。1949年1月21日合肥解放,其时,"全市仅有1台4尺车床和一些卷烟、碾米、打铁的手工作坊,私营耀远电灯厂业已倒闭,只有20多名工人和几台木织机的新生棉织厂是合肥最大的工厂"⑧。另外,随着津浦铁路贯穿安徽全省,铁路沿线的城市如滁县、淮北、蚌埠等城市也快速发展起来,特别是蚌埠,"自津浦铁路通车,以荒凉村市,一跃而为皖北重镇,据长淮八百里之要冲,豫东、新蔡、固始、沈丘、项城、淮阳、商水、鹿邑、柘城等,十余县土产,多数来归,西北涡河之亳州、涡阳、蒙城,及颖河之太和、颖州、颖上等,所产之粮食、油类、牛羊皮、药材,西南溧河线之六安、霍山所出茶麻,本省计十余县,咸来集中转口,诚商业之

---

① 王静澜:《芜湖商业》,《生力》,1936年创刊号。
② 《芜湖各工厂之状况》,《工业杂志》,1921年第9卷第5期。
③ 胡去非、严新农:《安徽省一瞥》,商务印书馆,1931年,第8页。
④ 安徽省政府统计委员会编印:《中华民国二十三年度安徽统计年鉴·安徽省各县工厂统计表》,1934年,第329页。
⑤ 佚名:《安庆市政府裁撤之原因》,《申报》,1929年2月16日,第三张第11版。
⑥ 树繁:《复员中的合肥》,《中央周刊》,1946年第8卷第19期。
⑦ 国民政府主计处统计局:《各大城市户口》,《统计月报》,1947年第113—114期。
⑧ 戴震:《合肥解放前后》,《江淮文史》,1999年第3期。

巨区，亦皖北之门户也"①。蚌埠逐渐成为铁路枢纽，人口和经济发展很快，到1949年1月20日解放之时，这座城市已经成为"安徽北部第一个商业城市"，人口约30万。②纵观民国时期安徽城市发展历程，安庆作为省会的带动功能较弱，皖北的蚌埠和皖南的芜湖事实上成为民国时期安徽城市转型的主要推动力量，并因此重构了安徽城市体系，即以蚌埠为核心的沿铁路线展开的皖北城市体系和以芜湖为核心的沿口岸码头发展的皖南城市体系。

（六）闽广地区城市体系的发展

1. 福建城市体系的发展

福建位于中国东南沿海地区，依山傍海，地形以山地丘陵为主，西北部偏高，东南部偏低，山岭之多，"为东南各省冠"③。福建全省因山岳密布，耕地较少，有分布在沿海一带的四个平原，即漳州平原、福州平原、兴化平原、泉州平原，合计面积为1 864.9平方公里，占全省面积1.57%④。福建海岸线较长，北起沙埕，南达诏安，直线距离535公里，曲线长度则为2 841公里，"沿海一带，岛屿颇多，大小共达六百零三"⑤。福建的农业经济较为落后，历史上开发较缓，城市数量较少，东部沿海平原地区以及闽江北部地区居民较稠密，西部山峦地区居民稀少，人口分布不均衡，"以沿海一带密度最高，晋江每方公里平均有五百零六人"，但西北部一带的明溪县平均每平方公里不足20人，宁洋县则不足16人。⑥ 因此，福建的主要城市大都分布在沿海一带及闽江北岸地区。在行政建制方面，民国时期福建县级以上城市有64个，福州为省会，另设有一市（厦门市），两个特种区（柘洋和周敦），并且，这64县中的三和县和永吉县成立于1940年；全面抗战时期，福建省会还一度从福州迁到永安，"这个山城就变成了福建政治、经济和文化的中心"⑦。

清朝中后期，随着海洋经济的发展，福建城市社会逐渐转型。特别是鸦片战争以后，因《南京条约》签订，福州、厦门被迫开辟为商埠，福建自此被纳入世界资本主义经济体系，城市现代化因素增强。如福州"自从开港以后，就一日繁盛一日，凡闽江流域与其他各地的木材和茶，都运向福州出口，过去曾与汉口、九江等地相提并论，称为国内三大茶市，与汉口、安东同称为三大木材市场。其次，纸、鲜果、漆器、皮箱、纸伞等的出口，年值也相当可观"；1937年全面抗战爆发以后，沿海口岸被日军封锁，福州对外贸易受到影响，即便如此，1939年福州海关对外贸易总额仍达到4 790万元，占福州、厦门、三都三个海关贸易总额的64%以

---

① 佚名：《蚌埠商业调查》，《中行月刊》，1931年第3卷第1期。
② 新华社：《蚌埠介绍》，《新华电讯稿》，1949年第234期。
③ 福建省政府秘书处统计室编印：《福建要览》，1940年，第1页。
④ 福建省政府建设厅编印：《福建经济概况》，1947年，第1—2页。
⑤ 福建省政府秘书处公报室编印：《福建省概况》，1937年，第2—3页。
⑥ 刘诚：《福建乡土地理》，福建省政府教育厅编辑委员会，1942年，第12页。
⑦ 林观得：《福建地理》，建国出版社，1941年，第4—5页，引文见第5页。

上。① 厦门开埠以后，逐渐发展为"国内贸易联络折冲的地点，货物运输起卸的商埠，输入的物品，以棉、布、呢绒、毛织品、米、面、烟草、金属类为大宗。输出的物品，以锡箔、冰糖、茶、纸为大宗，大蔗、桂圆、桔子、酱油、粗瓷等次之"②。1933 年，厦门设市。

以福州、厦门的先后开埠为引子，经过七十年左右的发展，福建的县域经济在民国时期逐渐走向专业化、分工化。如其特产茶叶，即有绿茶、红茶、清茶、白茶的区别；而种植茶叶的县份，则计有 33 县，分东、南、西、北四路，其中，"绿茶生产以北路与东路为主，红茶以北路、西路为主，清茶以西路、南路为主，南路未产红茶，北路未产清茶，白茶生产仅限于西路与北路"③。而且，为了稳定市场，避免茶叶价格大起大落并回击洋商的操纵垄断，在民国时期，福建的茶叶产业还形成了一个由政府主导、商人和茶农参与的茶叶产供销联盟。1938 年初，福建省政府将"茶仓管理所"及"福州出口红茶联合运销处"合并为茶叶管理处，统筹管理，指导各茶庄建立分区联合组织，予以贷款，派人监督制造，并由福建贸易公司特设茶叶部，负责推销。茶叶部成立不久，厦门陷落敌手，"省局一度紧张，为求安全计，除首春白毫三百余箱因运榕已久，且有季候关系，必须提前开盘，在地售卖外，余皆于 6 月底陆续运港，设茶叶部办事处，以利对外贸易"④。经营茶叶的洋行和茶商对政府主导的茶叶运销先是持观望态度，后为势所迫，不得不加入进来。这种茶叶运销方式不仅维持了茶叶市场的稳定，更关键的是，"由贸易公司茶叶部主盘，成交后按法定汇率换算法币汇闽，以资付还茶商，吾区茶叶市价向操于洋行之手，至是虽仍与洋行贸易，但主权在我，公开论价，真正价值得以表现"；不仅保护了茶商利益、抵制了洋行垄断，茶农也获利匪浅；1940 年，福建全省计有茶商 1 691 人，这些茶商在获得地方政府的"保驾护航"之后，积极性提高，穿行于"各城镇以收集茶农所产之茶，然后加以选择，分类包装再运至输出口岸"⑤。在这个产、供、销一体化的模式下，茶商、茶农的利益得到了一定程度的保护，抵制了外国商人的垄断盘剥，并因政府提供资金支持、技术指导、市场信息，从而改变了民国初期福建茶叶产业发展所遭遇的两个瓶颈："茶山之主既无新学知识又暗于海外事情，未能洞悉世界嗜好之变迁及将来之得失，仅顾目前小利，墨守遗传成规"，及"培养茶树者率皆小农或寒贫之家，规模狭小，既无竞争之能力，又缺乏统一机关"⑥。茶叶成为全面抗战时期乃至此后福建最大宗的出口商品，远销欧美、苏联，极大地刺激了福建县域经济的发展。

不过，据 1940 年出版的《福建要览》所述，全面抗战以前福建的城市工业化

---

① 刘诚：《福建乡土地理》，福建省政府教育厅编辑委员会印，1942 年，第 27—28 页。
② 刘诚：《福建乡土地理》，福建省政府教育厅编辑委员会印，1942 年，第 29 页。
③ 福建省政府建设厅编印：《福建经济概况》，1947 年，第 68 页。
④ 福建省政府建设厅编印：《福建经济概况》，1947 年，第 73 页。
⑤ 福建省政府建设厅编印：《福建经济概况》，1947 年，第 78 页。
⑥ 张遵旭：《福州及厦门》，1916 印行本，第 10—11 页。

建设仍然以手工业为主,新式工厂不多,且新式工业都集中于沿海主要城市,"本省工业仍未脱离手工业形态,其著者为造纸、榨油、制糖、瓷窑、纸伞、漆器、砖瓦、织布等。新式工业则仅有衣食及其他日用品,如肥皂、蜡烛、汽水、碾米、锯木、罐头、火柴、印刷等,且均丛集于沿海各主要都市"①。1935年,福州共有大小工厂2 565家,其中规模较大者为马江船政局、福建造纸厂、福州电气公司、建华火柴厂等数家,"其余虽名为工厂,实则仍为小工艺店之变相",资本总额为6 680 000元,"惟资本在一万元以上者仅七十五家"。同期厦门工厂数虽少于福州,但符合《工厂法》规定的工厂数总计21家,资本总额达到5 335 000元,"设将其他规模较小者合计,则厂数与资本额均大于此,若以单位面积及人口为准以比较之,则厦门实为本省工业经济最发达之区"。必须指出的是,全面抗战爆发以后,随着海上被敌人封锁,厦门失守达7年之久,福州沦陷两次,"原有工厂除小部分内迁外,其余多为敌所毁,民生需要益感困难"②。为此,福建地方政府积极展开生产自救以满足战时需要,从1938年开始,先后创办了铁工厂、造纸厂、酒精厂、纺织厂、炼糖厂、卷烟厂、瓷器厂、皮革厂、灰炭厂、电工厂、炼硫厂、肥皂厂等。1940年9月,福建省政府合并上述工厂组建福建省企业特种股份有限公司,资本额达1 500万元,工厂达29处,且不再集中于厦门、福州两城。如福建企业公司所属6所电厂,分别设置于南平、永安、建瓯、龙溪、龙岩、沙县等地,其中以永安电厂为最大,计有40匹马力煤气原动机一座,120匹马力柴油原动机一座,480匹马力水力原动机2座,发电容量为372千瓦。③1945年,福建全省符合《工厂法》规定的工厂达82家,内经核准登记者59家,分布地域遍及闽江流域各城,资本总额达5 751 134元。全面抗战胜利以后,福建城市工业的发展虽然呈现出疲态,但总体仍较战前有明显增长。截至1946年12月,全省经登记符合《工厂法》规定的工厂达101家,更关键的是,南平、永安、建瓯等福建内陆地区有了一定的工业基础。

总体上看,福建的城市普遍偏小,福州和厦门虽然是开埠城市,但受到经济腹地较为狭小的制约,相较于东部沿海其他开埠通商城市而言,两市的发展都较为缓慢。20世纪20年代至30年代初期,福建10万人以上城市计有三个,即福州(1928—1932年,其口维持在31万—34万人,此前统计数据因包含闽侯县人口,故无法计算)、泉州(130 000人)、厦门(114 000人),5万(含)至10万人口的城市有3个(建宁、宁德、漳州),2.5万(含)至5万人口的城市有5个(涵江、兴化、古田、龙岩、汀州)。④ 进入20世纪30年代以后,随着福建经济的发展,人口的增加,福建城市整体出现较快的发展趋势,尤其是省会城市福州的聚集力增

---

① 福建省政府秘书处统计室编印:《福建要览》,1940年,第7页。
② 福建省政府建设厅编印:《福建经济概况》,1947年,第149页。
③ 福建省政府建设厅编印:《福建经济概况》,1947年,第149页。
④ 福州市政府统计室编印:《福州要览》,1947年,第4页;中华续行委办会调查特委会编,蔡咏春等译:《1901—1920年中国基督教调查资料》(下册),中国社会科学出版社,2007年,第1509—1511页。

第一章 城市发展与城市等级体系的变迁

强，人口快速增长，1935 年，福州城市人口达 422 988 人；福建另一个区域中心城市厦门，其城市人口也出现较快发展，达 196 084 人。① 1942 年 4 月，在抗战烽烟中，福州筹备设市，设立市政筹备处，1946 年元旦，福州市政府正式成立。② 至此，福建有了两个市建制都市。同时，福建城市以福州和厦门为中心，逐步建构出一个覆盖福建全省的市场网络体系，进而形成一个"双核心"城市体系。在这个"以经济为主要功能"的城市体系中，福州和厦门是区域中心，"连结泉州、漳州、建瓯、南平、长汀、龙岩等区域中心城市、次中心城市和广大县城、市镇等一般节点"③。

2. 广东城市体系的发展

广东位于中国最南部，是中华文明发源地之一，"我国文化，发布于黄河长江三大流域，以珠江为中心者，则以广东为代表"④。广东地形西北高、东南低，地势完全为南岭支脉所覆盖。广东境内有两个三角洲平原，即珠江三角洲平原和潮汕三角洲平原。民国时期的广东交通，相对而言，"向称便利"。在陆路，东、南、西、北四面皆有公路连接外省，且省内公路网络已具雏形；铁路则有粤汉铁路沟通全国，另有广三（广东—三水）、宁阳（新宁—江门）、广九（广州—九龙）、潮汕（潮州—汕头）等铁路衔接省内各地；水路有西江航道可达广西、云贵，北江对接湖南，东江沟通沿江各县，"这些江河，大都上游可通民船，下游可通汽船"；航空则以广州为中心，东可飞上海，南可飞琼崖，西飞龙州，北飞武汉和北平。民国时广东全省面积共有 20 多万平方公里，全省人口 3 000 多万人。广东人口分布极不均衡，以人口密度论，平均每平方公里 136 人。珠江三角洲和韩江下游一带的番禺、顺德、南海、潮阳、澄海等县，"每平方公里平均约达八百、九百人"；北部及南路一带，"人口较稀，如乳源、仁化、连山、始兴、连平、和平、新丰和防城、雷州半岛等地，每平方公里不过五十人"；海南岛上的昌江、感恩、崖县每平方公里不过 20 人。⑤ 诚如此，广东人口较多、经济较发达的城市主要集中分布在珠江三角洲和潮汕三角洲平原上。

民国时期，广东曾经是我国建制市最多的省份。1921 年，广州与汕头同时建市。1925 年，为推动海口、江门、佛山、北海、陈村、九江、石龙、梅箓等沿海通商港口或商贸城镇的发展，广东省政府在这八地设置省辖市。1928 年国民政府颁布《市组织法》之后，以上八个省辖市及汕头，由于人口达不到 20 万的设市标准、市政机构不完备、财政紧张等原因而被国民政府行政院勒令撤销。⑥ 经过一番

---

① 《我国人口十万以上之都市一览表》，《知行月刊》，1937 年第 2 卷第 8 期。
② 福州市政府统计室编印：《福州要览》，1947 年，第 1 页。
③ 林星：《近代福建城市体系的建立及特点》，《中共福建省委党校学报》，2009 年第 8 期。
④ 东亚新闻记者大会：《新广东》，东亚新闻社，1941 年，第 5 页。
⑤ 钟旭元、李次民：《广东乡土教材》，正大印务局，1946 年，第 1—13 页，引文分别见第 4、7、13 页。
⑥ 《变更汕头江门海口梅箓九江等市组织案》，《广东省政府公报》，1929 年第 21 期。

博弈后,除汕头外,其他八市则陆续被取消市制。1945年8月18日,国民政府收回被法国人窃据的广州湾。1946年1月,经国民政府行政院批准,广东省政府将广州湾改设湛江市。① 截至1946年,广东全省共有三个建制市(广州、汕头、湛江)及100个县。②

广东省省会广州,旧称番禺,始建于秦代。它位于五岭之南,交通便利,人口稠密,土地肥沃,商业繁盛,"向为华南重镇"③。清代乾隆年间,随着西方殖民者跨洋而来,广州成为中国唯一对外开放的通商口岸,其城市发展进程日渐偏离传统轨道,"广州因地理上之关系,与国际资本主义接触较早,对于资本主义之文化亦接受较先"④。得风气之先的广州,"虽不曾像南京、北平、长安那样,做过帝王之都,或者像杭州和扬州那样,被诗人词客作为吟哦之地;可是它近年来在南方的地位,无论在政治上或经济上,都占着非常重要的位置"⑤。从政治上看,清季以来广州是反抗帝国主义侵略的桥头堡、是资产阶级民主革命的重要策源地、是20世纪20年代国民革命的摇篮;就经济上而言,广州是近代中国最早接受资本主义生产方式、组织方式、经营方式的城市,是中国对外贸易的主要商埠,是中国参与国际竞争的重要平台。故此,广州的城市地位不仅在南方"占着非常重要的位置",在整个近代中国都位居前列。

随着对外进出口贸易中心在鸦片以后逐渐从广州转移到上海,广州的进出口优势渐失,城市发展一定程度受到影响。时论指出:"在鸦片战争以前,广州几成为中国与各国贸易最要地点,至《南京条约》(一八四二年)之后,香港被割,五口通商,广东公行制度废除,广州在全国国际贸易上之地位渐次下降。"⑥ 不过,由于晚清以来的广州"主要依靠海内外华人(特别是粤人)的沟通与交往,把港澳的国际化,海外华侨的支持和广州本身的地方实力结合在一起,形成新的开放优势,新历史整合使广州并没有因为外贸的落后而衰落,而是在新的动力推动下发展进步,在接受近代新文明和发展资本主义方面,仍然是中国最富有影响力的城市之一"⑦。以工业生产为例,1927年时人曾经认为:"广州是一个商业市,同时又为工业市。但所谓工业都是小规模的手工业,用机器的工业寥寥无几。"⑧ 这一批评话语尚未冷却,在20世纪30年代广州再次展现出一往无前的魄力和勇气,其工业已经走出所谓"摇篮时期",可凭"生产手段之作用于社会结构"⑨。也就是说,广州

---

① 佚名:《昔日广州湾,而今湛江市》,《地图周刊》,1947年第40期。
② 钟旭元、李次民:《广东乡土教材》,正大印务局,1946年,第14页。
③ 广州市政府编印:《广州指南》,1934年,第1页。
④ 广州市立银行编印:《广州之工业》(上编),1937年,第1页。
⑤ 倪锡英:《广州》,中华书局,1936年,第2页。
⑥ 黄荫善、麦叔度:《民国元年以来广州市对外贸易之分析》,《社会科学论丛》,1932年第4卷第1期。
⑦ 张仲礼:《东南沿海城市与中国近代化》,上海人民出版社,1996年,第249页。
⑧ 编者:《述评:广州市的工业》,《广州市市政公报》,1927年第268期。
⑨ 广州市立银行编印:《广州之工业》(上编),1937年,第5页。

第一章 城市发展与城市等级体系的变迁

工业在民国中期已经进入生产工作母机的阶段,这对于推动广州城市经济的发展无疑具有重要意义。据1937年4—6月期间广州市立银行经济调查室调查,彼时广州机器工厂共有36家,完全生产机器的有12家,另有5家既可以生产机器也可以维修,"广州工业之史的发展,初本由修理机器开始,继而由修理而兼制造再进而始有专事制造机器之工厂。七八十年间,能进展至专事制造机器者占百分之五十以上之比率,不可谓非机器工业发展之一种向上现象"[①]。几乎与广州工业化进程有了质的突破的同时,其人口城市化也突飞猛进。1929年,广州人口为829 500人,三年之后,1932年,广州人口达到132万,是当时少数的几个人口达百万的特大城市。[②] 除了广州人口已达百万以外,民国时期广东另外一些城市的城市经济、人口城市化水平都相对较高。彼时广东省10万人口以上(含)的城市另有13个,包括香港(97.4万人)、澳门(19万人)、佛山(45万人)、潮州(30万人)、潮阳(25万人)、广州湾(22万人)、新会(20万人)、江门(16.8万人)、汕头(12.5万人)、韶洲(12万人)、石龙(10万人)、石崎(10万人)、三洲墟(10万人)。[③] 此外,5万(含)至10万人的中等城市还有海口、黄冈厅、肇庆、揭阳、廉州府等,2万(含)至5万人的城市有兴宁、鹤山、南雄、清运、琼州、英德、连州、石龙头、北海、沙头等。[④] 可以说,珠三角人口城市化的程度和大城市的集中度甚至超过长三角以及其他各省区。珠三角城市的市政建设亦颇发达,如汕头,"汕头在广东南部,可算是个繁华的城市。它有着宽阔的马路,华丽庄严的立体建筑,炫耀着夺目的火炬,风驰电掣的汽车,所谓都市的一切文明,在这儿已有可观了"[⑤]。更重要的是,在便捷的交通网络、乡邦意识、经济意识等力量的助推下,广东城市之间的经济联系比较紧密,从而有利于次级区域城市体系的形成和共同发展。如位于珠三角西南部的新会、台山、开城、恩平四邑,民国时期在珠江航运、宁阳铁路和公路网络的支持下,可谓形成了一个以新会为首的特色小经济区,其经济支柱则是外币汇兑。盖"四邑"为著名"侨乡",本地居民多依赖海外亲友汇款回乡支持,久而久之,便形成了一个珠三角知名的外币汇兑市场。其地方经济也因此颇为活跃,从新会到恩平,沿线各市镇"皆市廛密布,人烟稠密","各项新建设,皆较他邑为进步"。然而,1929年世界经济危机影响到海外侨胞的生存,"汇款大为减少,四邑经济,大为拮据"。一种共同体意识由此浮现,"四邑邑人,为救济经济衰落起见,以非从事生产事业者,无以挽救危机,故恩平方面,则谋开发矿业,台山方面,拟发展广海渔业,新开两邑,则农工业发展,尚足救济经济之衰落云"[⑥]。"四

---

① 广州市立银行编印:《广州之工业》(上编),1937年,第6—8页,引文见第8页。
② Boris P. Torgasheff 著,启译:《中国都市人口之研究》,《钱业月报》,1930年第10卷第6期。
③ 《人口十万以上各城市表》,《申报年鉴》,1933年年刊,第9页。
④ 中华续行委办会调查特委会编,蔡咏春等译:《1901—1920年中国基督教调查资料》(下册),中国社会科学出版社,2007年,第1509—1510页。
⑤ 霍曼:《汕头素描》,《新生周刊》,1934年第1卷第18期。
⑥ 佚名:《四邑经济之衰落状况》,《新广东》,1934年第22—23期。

邑"这类次级经济区的城市组团发展的现象正是民国时期广东城市体系的一个特点。到 20 世纪 30 年代,广东的城市空间布局形成了三大组团,一是在珠江三角洲形成了以广州、佛山为中心的城市密集区,二是在潮汕平原形成了以汕头为中心的中小城镇群;三是在北部湾和雷州半岛形成了以广州湾、海口及北海等城市体系。[①]

3. 广西城市体系的发展

广西位于滇、粤之间,境内多为喀斯特山地,人口稀少,分散居住于"坝子"中,经济落后,民族构成复杂,是近代中国经济相对滞后的省份之一,城市发展极不充分。在 20 世纪 20 年代,广西全省共有 84 个县级以上建制城市,但大部分城市的人口均在万人以下,仅有省会城市桂林人口达 15 万人,是广西唯一超过 10 万人口的城市。[②] 这种状况一直持续到中华人民共和国成立也没有发生改变。全面抗战时期,广西遭到日本的侵略,城市发展出现衰落,1941 年 9 月,桂林的城市人口降至 135 568 人,广西另外三大城市南宁(66 472 人)、梧州(51 770 人)、柳州(58 063 人)亦受创,人口均不到 10 万人。[③] 此外,玉林、龙州、百色等次级区域性中心城市人口皆在 2 万—5 万人[④],1 万—2 万人的城市数量也不多,大部分城市人口都在万人以下,部分县城为少数民族聚居区,由各民族土司管理,这些县城的人口如同乡镇一样稀少。

(七)内陆边疆地区城市体系的形成与发展

中国内陆西北边疆,包括"外蒙、新疆、西藏、青海全部,内蒙北部、甘肃西部",该地区面积广阔,但生态环境脆弱,为干旱半干旱地区,以游牧经济为主。"地形与产业,均不利于都市之发展,但为边疆重镇,军事上极为重要,发生防守型城市"[⑤]。民国时期,边疆地区的城市功能仍然以军事、政治为主导的同时,亦出现了一些变化,城市的经济功能有所加强,城市等级体系初步形成。

西藏、青海均位于高原,在地理上是一个相对封闭的区域,绝大部分地区砂石充斥,加之恶劣的高原气候,不利于城市的发展。民国时期,西藏地区人口极为稀少。1919 年西藏地区仅有 200 余万人,大多分散在一些农业区和牧区,拉萨则是西藏地区唯一人口超过 5 万人的城市。即便如此,民国时期西藏与各省的政治、经济、文化联系日益密切,从而推动了城市的发展,"初步形成了以拉萨为区域一级中心城市,以日喀则、昌都、江孜等基巧所在地为二级中心城市,以大、中宗豁为三级中心城市的城市行政等级体系,从而为 20 世纪下半叶西藏城市的发展奠定了

---

① 张晓辉:《辛亥革命后广东近代城市的发展(1911—1938)》,《暨南学报》,2002 年第 5 期。
② Boris P. Torgasheff 著,启译:《中国都市人口之研究》,《钱业月报》,1930 年第 10 卷第 6 期。
③ 《广西省四大城市户口统计》,《广西统计月刊》,1941 年第 1 卷第 11、12 期合刊。
④ 中华续行委办会调查特委会编,蔡咏春等译:《1901—1920 年中国基督教调查资料》(下册),中国社会科学出版社,2007 年,第 1509—1510 页。
⑤ 沈汝生:《中国都市之分布》,《地理学报》,1937 年第 4 卷第 1 期。

基础"[1]。

新疆是中国国土面积较大的省区，不过，新疆地形地貌多样，以高山和戈壁沙漠为主，绿洲所占面积很小。城市和村庄主要分布于土地肥沃的绿洲之上。但新疆的绿洲非常分散，面积一般都不大，对人口的承载能力较弱，因而新疆的城市普遍不大。1919年，新疆5万人口以上的城市只有3个，即疏附（6.5万人）、迪化府（6.0万人）以及莎车（6.0万人）；人口在2.5万—5.0万（含）的城市有5个：奇台（4.5万）、伊宁（4.0万—5.0万）、温宿（4.0万）、和阗（3.0万）、绥来（2.6万）。[2] 而哈密、绥定、吐鲁番等3个城市的人口在2万左右。

民国前期政局动荡，军阀割据，新疆孤悬边陲，执政新疆的杨增新采取稳妥的治理政策，虽然发展较缓，但社会相对安宁。1928年，杨增新遇刺身亡，金树仁开始执政新疆。金氏治疆，措施过激，导致发生动乱，民众陷入苦海之中。1933年，盛世才执政新疆以后，在苏联的支持下，相继采取了若干发展经济的政策，使新疆的经济得到很大发展，尤其是城市基础设施建设有较大改善，城市的数量有所增加，城市规模也不断扩大。不过，盛世才执政后期，背弃"亲苏亲共"政策，倒向国民党，从1944年到1949年，新疆开始进入国民政府的五年直接治理时期。在这五年，新疆实施"新县政"，保甲制度成为城市管理的基层组织和管理原则，但新疆城市并没有得到进一步发展，反而因时局动荡陷入发展的停滞期。[3] 到中华人民共和国成立，全新疆共有78个县级城市，一个省辖城市，在北疆形成了以乌鲁木齐为中心的天山北麓城市带，以伊宁为中心的新疆西部城市群，并在南疆"形成了以喀什、和阗为中心的南疆西南地区城市体系的雏形和以阿克苏为中心的南疆东北部地区城市体系的雏形"[4]。

内蒙古地区地广人稀、气候恶劣，以游牧经济为主，在农牧时代城镇的发展十分滞后。清代中后期，随着大量人口进入内蒙古从事农业生产和工商业活动，该地区城镇有所发展，但普遍都较小。到了民国时期，随着商业贸易的发展，尤其是铁路、公路等新式交通网络的出现，内蒙古地区的城镇规模有了一定程度的增长，许多昔日的村庄逐渐升级为城市。如集宁最初为住户仅30余家的偏僻之村，平绥铁路通车之后，不断迁入移民，商业贸易日益兴盛，商户"四百零七家"，住户增加到1 300多户。[5] 集宁逐渐发展为内蒙古地区重要的产粮县和商品集散地。包头、归化城、丰镇等，同样借助以铁路为代表的现代交通网络融入华北城市体系，成为华北经济大区的重要节点。据1932年发布的一份调查报告，包头在清康熙年间只是

---

[1] 何一民：《民国时期西藏城市的发展变迁》，《西南民族大学学报》，2013年第2期。
[2] 中华续行委办会调查特委会编，蔡咏春等译：《1901—1920年中国基督教调查资料》（下册），中国社会科学出版社，2007年，第1510—1511页。
[3] 刘玉铠：《边疆与枢纽：近代新疆城市发展研究（1884—1949）》，西北大学博士学位论文，2013年，第69—75页。
[4] 何一民：《近代南疆城市规模的变化与制约因素论析》，《四川师范大学学报》，2014年第4期。
[5] 佚名：《平地泉集宁县之经济状况》，《中外经济周刊》，1926年第148号。

"汉人与蒙古交易者所在","乾隆年犹为包头村",晚清则演变为一个军事驻防点。到了民国时期,人口大量聚集,民国十二年(1923)置包头设治局,1924年"绥包铁路成,立商厂筹备处于南门外,增辟外城,议设商埠,安市政厅",1925年改设治局为包头县。① 数年过去,包头又有了新的发展:"包头位萨县之西,恰当平绥路的终点,西北有汽车路可以直达五原,北枕大青山,西临黄河,为西北政治、军事、商业上之重镇。迩来欧亚航线,在包头设有专站,黄河小火轮,亦试航成功,交通愈益便利",彼时包头全县共有人口122 723人,居住在县城的有70 000左右,县城"建筑极其雄伟","商户曾达两千余户",盛产粮食和牛羊、煤矿,并有电灯厂、面粉厂等。② 这个区域的另一个城市赤峰,清初仅为治所,经过州、直隶州的变迁,民国后改为县治。赤峰是汉族和蒙古族进行交易的一个要地,"与东蒙各旗商路畅通,蒙汉杂居,商业独盛。各旗所产牲畜、皮张、毛绒等类,多运此销售。即在此购回米、面、绸布及一切需用之品。各旗王公贝勒人等来往京城,无不道此"③。诚如此,在1903年东清铁路(中东铁路)未开通以前,赤峰"商业繁盛甲于关外各县"④。在民国时期,赤峰成为这个区域第一个拥有10万以上人口的城市⑤,市政设施也有了一些现代气息。总之,在清季到民国期间,内蒙古地区逐渐成长起一批交通枢纽城市、资源城市,并沿铁路线形成了一个依托华北大经济区生存发展的次级城市体系格局。

民国时期,甘肃的自然地理条件较差,沙漠横亘本省西北部,故该地区人烟稀少,城镇极少;甘肃东北部地处黄河水系,银川平原、宁卫平原水资源丰富,有黄河水系各支流带来的灌溉之利,因而农业较为发达,人口较为稠密,城镇数量相对较多。甘肃中部的自然环境也相对较好,故而形成了以兰州为中心的城镇体系,省会兰州位于甘肃中部。20世纪20年代,甘肃人口10万以上城市有多个,主要有兰州(11万,一说25万)、庆阳(30万)、凉州(20万,一说4万)、秦州(15万,一说7.5万)。⑥ 此外,兰州附近还分布有一些规模不大的城镇,如永登、皋兰、榆中、临洮。甘肃西南与川陕交界的各河流域,农业较发达,人口也较稠密,形成了若干市镇,人数虽然不多,但大多较为繁盛。

综上所述,民国时期中国城市主要分布在东部沿海地区、华北地区、东北地区和长江流域地区、黄河流域地区,主要的大中城市集中在以下5条线上:一是北起天津、南至广州的沿海岸线区域;二是北起北京、南达广州的京广沿线区域;三是东起连云港、西至兰州的陇海沿线区域;四是东起上海、西至重庆、成都的长江沿

---

① 学农:《包头县调查概要》,《出路旬刊》,1932年第1卷第4期。
② 《包头现状一瞥》,《西北春秋》,1935年第22期。
③ 魏勃、刘驹宝、卓宏谋等:《调查开辟赤峰、多伦诺尔两商埠特别报告》,《农商公报》,1915年第1卷第1期。
④ 直隶省商品陈列所调查员:《调查实业报告书:赤峰县》,《直隶实业杂志》,1914年第3年第3期。
⑤ 中华续行委办会调查特委会编,蔡咏春等译:《1901—1920年中国基督教调查资料》(下册),中国社会科学出版社,2007年,第1509页。
⑥ Boris P. Torgasheff著,启译:《中国都市人口之研究》,《钱业月报》,1930年第10卷第6期。

岸区域；五是北起哈尔滨、南至北京的京哈沿线区域。而整个西南地区、西北地区、西部地区的广大地带城市十分稀少，95%以上的城市都在东经102°以东的地区，东经102°以西的城市极少，仅占5%左右，这与"胡焕庸线"所展示出来的人口分布大体相同，民国以后，工业化主要在东中部推进，从而使东、西部地区城市之间的差距越来越大。

第四节 区域城市的不平衡发展

民国时期，伴随着城市工业资本主义的发展，城市经济增长逐渐向集群式增长演变。沿海沿江地区出现了一大批聚集能力强、辐射功能大的经济中心城市，经济发展重心加速向沿海沿江地区倾斜。相反，在中西部地区，除武汉、重庆等少数工商业城市之外，大部分城市的发展仍然缓慢，甚至趋于衰退，沿海近代工商业城市与内地传统城市之间的发展不平衡性，更趋严重。不同区域城市发展的二元结构，虽然在抗战时期有所松动，但就整个民国时期看，各大区域之间发展不平衡的格局已经基本定型。

一、区域城市发展不平衡的阶段性考察与表现

（一）区域城市发展不平衡的阶段性考察

城市发展的不平衡性并非一成不变，而是有一定的阶段性，不同的历史发展阶段，不平衡性的表现有所不同，因而按阶段对之进行考察十分重要。

1. 民国初年至全面抗战爆发阶段

民国建立后，无论是南京临时政府，还是北京政府，都延续了清末发展现代工业的基本思路，鼓励中国民间资本大力发展现代工业，并采取了一系列政策予以扶植。同时，第一次世界的爆发，也为中国民族资本主义的成长提供了生存空间，从而使中国的现代工商业出现了一个短暂的黄金时期，工业化、城市化较晚清时期有了明显增长。但此一阶段的工业化、城市化发展极不平衡，主要集中在少数几个区域，尤其以长江下游地区为主，如据1930年国民政府经济部以《工厂法》为标准的统计，1912年到1923年期间，中国民族资产阶级在上海、天津、苏州、无锡、南京等18个城市兴办的工厂数总计653个，而晚清时期仅为171个。[①] 上海的工厂数量和工人数量居全国各城市之前列。1932年，据上海市社会局调查，上海共有

---

① 《工商部关于工厂成立统计表》（1930年），中国第二历史档案馆：《中华民国史资料汇编》第5辑第2编《经济》（四），江苏古籍出版社，1993年，第116页。

中资工厂1 887家，16个工业部类，工人数为212 000人，另有外资工厂175家。①然而之后的几年，上海的工厂数量和工人数量都出现了成倍的增长，1936年上海共有工厂3 600余家，工人数为41万。与此同时，华北、东北地区的工业化、城市化水平也有较大提升，尤其是现代交通网络有了较大发展，从而促进了经济和社会要素向新的经济生长点流动。如1914—1928年期间，天津新设的工厂总计1 286家，每年新设工厂平均达92家。②天津发展成为华北地区的重要的经济中心。又如东北地区的奉天（沈阳），不仅工业生产实力得到增强，而且随着中东铁路与关内外铁路、安奉铁路、奉海铁路次第交汇于此，逐渐发展为奉天省（辽宁省）最大的经贸中心、经济中心和交通中心。1922年，奉天人口为25万人，1931年即增至41.80万人。③

综上可见，从民国成立到全面抗战爆发以前，中国的工业化的确有了长足进展。城市化因而获得了强劲的推动力。如1894年上海的人口不过100万，至1910年达到119万，1936年更达500万；重庆1895年前人口不到10万，1936年达50万；南京1901年有22.50万，至1933年达72.60万。除沿海沿江城市带得到进一步发展外，北方也出现了新兴的东北城市集聚区、华北城市聚集区，中国城市的区域空间分布特征有了新的倾向。如大连、哈尔滨、沈阳等城市逐渐发展为东北中心城市，并且形成了一个以沈阳（包括抚顺、鞍山、本溪等）为核心，以哈大铁路为纵轴，以滨绥铁路和沿海港口城市为两翼，以重工业为城市经济核心的城市群落。而华北地区，则形成了围绕天津、北京展开的"双核心"城市体系。④至此，城市现代化在全面抗战爆发以前逐渐由南向北推进，形成了包含沿海城市带和华北、东北城市带的城市空间布局。

东北城市集聚区的兴起以及华北"双核心"城市群的出现，在一定程度上改变了晚清时期中国城市空间分布"南强北弱"的格局，但西南、西北的广大内陆城市与东部沿海沿江城市之间的发展不平衡性仍然没有缓和，甚至有加剧的趋势。如全面抗战爆发以前的贵阳，符合1930年《工厂法》标准的工厂仅有3家，其余均为手工业，黔人何辑五因而指出，贵阳"在抗战以前所谓工业，只有泥守简陋之手工业，对于现代化之工业从未之见，以言矿业更为一般人为解决一时生活之需要而挖掘，不但未有大规模之组织开采，即小规模之组织开采，亦甚罕见"⑤。西北的兰州，1936年以前，仅有27家大小不等的"工厂"，并且资金少、规模小、机械化程度不高，多以手工业生产为主。⑥在人口城市化方面，1930年，据贵阳市省会警

---

① 上海市社会局：《上海市各业工厂及工人数统计表》（民国二十一年），《申报年鉴》，1933年年刊，U，第18—19页。
② 宋美云：《北洋时期官僚私人投资与天津近代工业》，《历史研究》，1989年第2期。
③ 江沛等：《中华民国专题史·城市现代化进程》，南京大学出版社，2015年，第214页。
④ 张利民：《近代华北城市人口发展及其不平衡性》，《近代史研究》，1998年第1期。
⑤ 何辑五：《十年来贵州经济建设》，南京印书馆，1947年，第55页。
⑥ 马玉彬：《甘肃城市近代化研究——以兰州为例》，《鄂州大学学报》，2014年第4期。

察局统计，贵阳城厢人口仅有9万余人，甚至在1939年全面抗战期间也才12万余人①。西宁，1908年城市人口为32 991人，1947年则为66 466人。② 由此可见，同东北、华北尤其是东部沿海地区的城市相比，西部内陆城市的发展明显处于严重滞后状态。有学者综合分析各种数据后指出，1936年，中国沿海沿江城市的网络密度高于内陆约6.7倍。③ 也就是说，长江中下游地区、华北地区、东北地区三大城市密集分布区，以其不到全国50%的面积囊括了全国50万人口以上的所有大城市和19个中等城市中的16个，成为中国经济重心所在地。这意味着，全面抗战爆发以前中国城市空间布局虽然南北差距明显缩小，但东西差距却越来越大。

2. 全面抗战爆发至中华人民共和国建立阶段

1937年，全面抗战爆发，东部沿海沿江地区相继沦陷，大量人口西迁，导致西南、西北内陆城市人口规模出现扩张性增长。如重庆作为战时陪都，人口由1937年的473 904人，增长到1946年的1 245 646人；成都由全面抗战前的42万人，增长至全面抗战后期的742 188人；贵阳由8万多人增加到30多万人；昆明在短短几年间由10万人增至40万人。甚至连川南的中等城市宜宾，也因"抗战军兴，人口内移"，人口从1938年的60.80万人增至1941年的79.50万人。④ 与此同时，大批工矿企业的内迁也推动了内地城市近代化发展。据相关统计，1937年全国共有厂矿企业3 935家，其中分布于长江下游苏、浙、沪三省、市的就有2 336家，占总数的59%，而地域辽阔的整个西南、西北地区仅有厂矿237个，只占全国总数的6%。⑤ 全面抗战爆发后，据不完全统计，内迁工厂达1 500家，工人10万余人，分布在四川、湖南、陕西、广西、云南、贵州等省的主要城市，工业发展和人口大规模内迁以及随之而来的交通建设，使西南、西北城市获得自近代以来第一次前所未有的大发展，一定程度上改变了当地的城镇布局，涌现出重庆、成都两个特大城市及桂林、贵阳、昆明等一批区域中心城市。在这些城市的带动下，其周边区域的城市亦得到较快发展。1936年，西南、中南、西北地区城市人口在5万人以上的城市占全国同规模城市的5.20%，至1949年，这一比例增至8.40%，增加了3.2个百分点。⑥ 这一比例虽不高，却有着重大意义，表明中西部地区的城市经济较以前更为活跃，并在一定程度上改变了全面抗战前这些地区城市工业经济的落后状况，对改变中国区域城市空间分布的不平衡起到了一定的作用。然而，诚如史家爱德华·吉本所言："在一座没有贸易和工业的城市里所偶然聚焦的财富都会转眼消

---

① 曹鉴庭：《黔行纪略》（三），《旅行杂志》，1933年第7卷第3期；国民政府主计处统计局编印：《贵州省统计资料汇编·户口分布》，1942年，第17页。
② 黄云生：《近代西宁城市人口变迁初论》，《青海师范大学民族师范学院学报》，2008年第2期。
③ 顾朝林：《中国城市地理》，商务印书馆，1999年，第81页。
④ 王文元：《四川宜宾社会经济概况》，《西南实业通讯》，1942年第5卷第3期。
⑤ 陈真：《中国近代工业史资料》（第4辑），生活·读书·新知三联书店，1961年，第92—97页。
⑥ 焦书乾：《论我国中南西南民族地区城市的历史演变》，《中南民族学院学报》，1990年第3期。

散。"① 这就意味着城市经济底子薄、根基弱的中西部城市,因战争带来的"意外红利"具有暂时性和不可持续性。抗战胜利以后,随着大量工厂和人口的回迁,西南、西北内陆城市的发展势头迅速回落。如1946年,一份关于四川工业状况的报道就指出:"自日敌投降后,战时在重庆成立之政府机构及工业企业,均已渐次结束,迁返南京及各沿海一带工业城市,影响所及,工业人员四分之一约五万人顿告失业。即中国银行经营之某纺织厂原有纱锭三万锭,正月份亦仅开足一万锭。卅家酒精厂,歇业者达廿家。中国植物油公司之最大桐油厂亦已歇业。"② 此后不久,随着第三次国内革命战争爆发,西部地区城市的发展更是一蹶不振,甚至不少城市出现较为严重的萎缩或发展停滞。1948年4月,全国共有设市城市66个(含台湾的9个城市),其中西部和中部地区的城市仅有26个,在全国12个直辖市中,位于中西部地区者仅有重庆、西安和汉口。可见,中国西部内陆地区城市虽然曾经因全面抗战而出现较快发展,但终因缺少内在动力而昙花一现,还是没有根本改变民国前期所形成的区域城市空间分布东密西疏、城市发展东西部严重失衡的基本格局。

(二)区域城市发展不平衡的表现

从城市综合实力的角度对区域城市发展进行研究,将有助于深化我们对区域间城市发展不平衡的整体认识。本部分笔者将在收集资料情况和综合各学科关于城市化定义的基础上,从城市工业化水平、城市基础设施建设、市民生活水平、城市商业与对外贸易四个方面对不同区域的城市进行综合比较。

1. 城市工业化水平的不平衡

城市工业化水平是反映城市经济实力的一个重要指标,而不同城市之间工业化水平的差距则可以通过城市工业企业数量、资本规模和工业产值做出评估。1927年,全国共有民营工业企业2 909家,但其中1 150家集中分布在上海、武汉、天津、无锡、广州等几个大中城市,也就是说,全国民营工业企业总数的39.53%集中于沿海沿江地区的几座城市中。并且,以上几座城市所拥有工业资本总额为28 145万元,占全国资本总额的51%。其中,上海一地有606家,占全国企业设立家数的20.83%,创办资本额的25.90%。③ 到20世纪30年代初,这种工矿企业高度集中在东部沿海、沿江城市的不平衡格局呈进一步扩大之势,据1933年以《工厂法》为标准进行的工业普查的结果表明,在全国雇工在30人以上并使用机器生产的2 435家近代工厂中,有2 241家集中在冀、鲁、苏、浙、闽、粤等东部省份,占全国总数92%,上海一地有1 186家,占全国的48.70%,工业企业投资总额方

---

① [英] 爱德华·吉本著,黄宜思等译:《罗马帝国兴亡史》(下册),商务印书馆,2002年,第647页。
② 《四川工业近况》,《化学世界》,1946年第1卷第4期。
③ 杜恂诚:《民族资本主义与旧中国政府(1840—1937)》,上海社会科学院出版社,1991年,第222—225页。

面，上海也占全国总数的一半。① 在广大西部内陆地区，一些商业较发达的中小城市，工业尚未起步。例如迟至1928年，作为通商口岸的广西龙州还没有一家机器工厂，"机制洋式货物工厂，本埠现无一家。去年虽有一制皂厂，小试其端，施因不能与侨越华商所设之中华皂厂出品相竞争，遂告歇业"②。兰州直至1937年才出现了一个电灯厂和两个火柴厂，共三个现代工业企业。在全面抗战期间，西部地区由于工厂西迁以及后方工业一度的超常发展，曾使这种东部"一头沉"的工业分布格局发生了局部改变，但好景不长，这种短暂的发展因战后大批企业东迁而日益衰退，区域工业布局非均衡结构更趋明显。到1947年，根据国民政府经济部发布的有关20个主要工业城市的调查材料显示，仅上海、天津、青岛、广州四个沿海城市，其工厂数和工人数便分别占全国的70%和67%。与此形成鲜明对比的是，如今河南省会郑州，在1949年仅有五家小工厂，130余家小店铺。时广西省城南宁的现代工业企业同样寥寥无几，1949年，该城仅有水电、印刷、火柴等年工业产值不足500万元的四家小厂，固定资产总值40万元，工人204人。③ 此外，从不同区域城市工业总产值占全国工业总产值的比重亦可以看出民国时期东部、中部、西部城市工业发展所存在的巨大差距。据学者的统计分析，1949年，沿海地区城市的工业总产值占全国工业总产值比重为70.20%，中部地区（主要指沿江省区）城市的工业产值占全国工业总产值的比重为14.40%，西部城市（西南和西北）所占比重则是8%。④ 综上可见，民国时期，东部沿海、沿江地区城市的工业发展一直呈上升趋势，且企业日益集中于少数几个大城市，并以其为核心，逐渐形成了沿海、沿江城市工业带。但广大内地城市的近代工业化起步较晚，发展速度缓慢，水平低下。故总体而言，东部沿海、沿江地区的城市因工业的发展而高度聚集，西部内陆城市因工业落后而分布稀疏。西部城市在区域发展中应该具有的核心带动作用因而无法发挥，进而影响了区域经济的整体发展。而且，此种格局时至今日仍然存在。

2. 城市基础设施建设的不平衡

城市基础设施是城市建设的物质载体，是城市开展经济与社会活动的前提条件，是城市存在和发展的基础保证，亦是城市近代化的重要体现。近代以来，中国大中城市陆续兴建了若干城市公用基础设施，这些设施的运营为城市社会经济各方面的发展提供了有力的支撑，增强了城市的聚集和辐射能力。不过，民国时期各城市的公用基础设施建设，由于政治、经济、文化各方面发展的不平衡性的存在，同样有着区域差异。

---

① 国民政府社会部：《战前及战时登记之工厂及工人数》（二战前登记：地域别），《社会行政统计》，1946年第21期。

② 《关册·龙州》，1928年，第7页。杜恂诚：《民族资本主义与旧中国政府（1840—1937）》，上海社会科学院出版社，1991年，第223页。

③ 广西地方志编纂委员会办公室：《广西北部湾经济区简志》，广西人民出版社，2008年，第29页。

④ 熊文焕、张晓华：《中国经济地理概论》，河南人民出版社，1993年，第49页。

上海、天津、武汉、广州等沿海、沿江城市，在西方舶来的现代城市文明的影响下，城市基础设施建设快速发展，城市交通、通信、能源供应等都有较大改善。据相关统计，1895—1913年期间，仅外国资本对沿海地区城市基础设施的投资就达1 151.40万元，约占工业投资额的十分之一。这些资金多被用于交通、电信和能源方面的建设。如19世纪60年代到20世纪20年代期间，上海公共租界越界筑路即达41条之多，面积近50 000亩。[①] 1910年，上海城市自治公所接管城内公共事务之后，先后修筑马路40余条，改善了城市交通混乱、马路狭窄的状况。上海电信建设始于1871年，在民国成立以前，效益并不突出。但民国成立以后，随着工商业经济的发展，电信设施的投资额日趋加大，1932年上海共装电话44 605部。

相较于东部城市，广大西部内陆城市的基础设施建设不仅起步晚，而且数量、质量都相差甚远。如1929年的新疆迪化（乌鲁木齐），"全城市政不举，警务久弛，故沟渠不通，污浊异常。加以冬令大雪盈尺厚，春暖遂成泥泞，将军署前，深没马腹。时过上巳，始能安步"[②]。重庆大规模近代市政基础设施建设始于1926年，在此之前，城内没有马路，以滑竿、轿子为陆上主要交通工具。1929年该市才修成市内第一条城区公路——中区干道，该干道由通远门外七星岗起，经观音岩、两路口、上清寺，达曾家岩，全长3.50公里。[③] 1941年，贵州全省城乡才共装电话729部，而早在1919年，芜湖各机关、商家，已安装电话256部。

使用电力是城市近代化的一个重要标志，而用电量及电力设施的分布情况可以反映出城市近代化的水平。据国民政府建设委员会的统计，1932年，全国共有各类电厂667家，包括独立的电厂518家和工厂自备电厂149家。这些电厂主要集中在沿海地区的江苏、浙江、广东、河北、山东、辽宁等省，沿海沿江地区合计600家，占总数的90%，内陆地区仅67家，占总数的10%。[④] 从发电量看，1933年沿海地区的江苏为225 361千度，浙江为42 220千度，广东为93 642千度，山东为54 833千度，河北为48 826千度；而内陆地区的贵州为286千度，云南为3 498千度，广西为3 291千度，甘肃为175千度。[⑤] 由此可见，沿海与内陆地区在发电量和用电量方面的差距极大，沿海地区的城市用电量是内陆城市的几十倍甚至上百倍。出现用电量分布不平衡的原因，主要是东部沿海城市集中了全国绝大多数工矿企业，工业用电量大，占据主导地位；而内陆地区部分城镇虽已有了电力工业，但大多规模小，发电量有限，电力工业主要供应城市照明用电，故而用电量小。全面抗战胜利后，城市电力生产和供应在各地区间的不平衡性更为加剧，1947年我国发电设备装机容量为100.27万千瓦，其中东北和沿海地区就占了89.90万，占全国

[①] 唐振常：《上海史》，上海人民出版社，1989年，第512页。
[②] 问天：《最近新疆迪化调查记略》，《东方杂志》，1929年第26卷第3号。
[③] 隗瀛涛：《近代重庆城市史》，四川大学出版社，1991年，第471页。
[④] 隗瀛涛：《中国近现代不同类型城市综合研究》，四川大学出版社，1998年，第651－652页。
[⑤] 陈真：《中国近代工业史资料》（第4辑），生活·读书·新知三联书店，1961年，第879页。

总数89.66%，而内陆西北、西南山区仅4.6万千瓦，占全国总数4.60%。[①]

自来水工业也是近代城市基础设施建设项目，是城市近代化的标志之一。在民国时期，自来水厂主要设立在沿海、沿江工商业发达的城市，而内陆地区城市则大都沿用传统方式使用生产生活用水。据相关统计，1933年全国共有自来水厂24家，主要分布在上海、南京、杭州、汉口、广州等城市，内陆地区仅梧州、昆明、成都、重庆4地各有1家。沿海、沿江地区城市的自来水厂不仅数量多，而且规模也远大于内陆城市，如上海1933年供水量占全国总供水量的54.55%，其次是天津、南京等城市，而内陆地区供水量还不到总量的5%。[②]

总体看来，近代中国城市基础设施的建设水平呈现出由东至西递减的格局，这种分布的不平衡性在相当程度上制约着广大内地城市的产业升级，以及居民整体生活方式的更新和改善，同时也是内陆地区城市近代化水平低下的一个重要体现。

3. 城市市民生活水平的不平衡

民国时期，经济发展的不平衡性，城市产业布局和基础设施建设的不平衡性，导致不同区域的城市居民之间生活水平也呈现出巨大差距。这可以从城市居民的收入和消费水平中得到印证。详见表1-28：

表1-28 民国时期城市工人家庭收入水平和消费水平的地区差异统计表

地 点	被调查家数	每户等成年男子数	平均每户全年总收入（元）	平均每户全年消费支出（元）	消费倾向	储蓄和投资倾向
华 北	498	4.07	321.39	311.91	0.970 5	0.029 5
华东、华中	3 817	3.78	384.69	300.27	0.780 6	0.219 4
华 南	477	3.77	407.51	401.41	0.985 0	0.015 0
西 南	55	5.50	120.00	180.96	1.508 0	-0.508 0

张东刚：《总需求的变动趋势与近代中国经济发展》，高等教育出版社，1997年。

从表1-28可知，华东、华北、华中、华南地区城市工人家庭生活水平普遍要高于西南地区。平均每户全年总收入额最高的地区为华南，其次为华东、华中、华北，再次为西南，最高与最低者之间相差2倍多。在消费支出方面，也表现为华南、华北、华东、华中、西南依次递减的特征，沿海与内地城市居民的消费支出相差近一倍多。一般而言，消费倾向与收入呈负相关，也就是说，收入水平越高，消费倾向就越低，储蓄或扩大再生产倾向所占份额就越大，反之亦然。从上表可见，华东、华中城市工人消费倾向最低，仅为0.780 6，即其将总收入中的78.06%用于消费支出，并有一定剩余，说明其生活水平最高。而华北和华南地区的城市工人家

[①] 魏新镇：《工业地理学》，北京大学出版社，1982年。转引自冯方祥：《欠发达民族地区科学发展研究：以内蒙古呼伦贝尔市为例》，经济日报出版社，2013年，第50页。

[②] 巫宝山：《中国国民所得（一九三三）·外一种：国民所得概论》，商务印书馆，2011年，第344—348页。

庭的收入和消费基本持平，没有剩余，居全国中间水平。但西南地区的城市工人家庭的消费倾向却高达1.5080，这意味着西南地区城市工人家庭的支出超过收入达50%之多，家庭严重入不敷出，生活水平十分低下。

4. 城市商业与对外贸易发展的不平衡

民国时期，各区域城市商业与对外贸易的发展也极不平衡。沿海沿江城市商业发展程度普遍高于内地，城市在进出口贸易中所占份额也远高于内地城市。如1915年，上海商业共有163种专业店、号，商铺近3100多户。1928年，各地方商帮在上海即拥有6084户。[1] 反观内地，却是另一种景象。如20世纪40年代的广西，柳州有商店376家，南宁有141家，梧州有646家。[2] 由此可见，沿海地区城市与内地城市在商业方面所存在的差距，可谓天渊之别。而在贸易方面的差距，则更为突出。如1929—1931年期间，上海、苏州、杭州、宁波、温州、重庆、万县、宜昌、沙市、长沙、岳州、汉口、九江、芜湖、南京、镇江等城市的进口贸易额占全国进口贸易总额的比重为57.40%，出口贸易额占全国出口贸易总额的37.10%；华南地区的广州、汕头、福州、厦门、潮州、九龙、拱门、三水、梧州、南宁、琼州、北海、蒙自、思茅、腾越等城市的进口贸易额占全国进口贸易总额的比重为15.50%，出口贸易额占全国出口贸易总额比重为14.60%；华北地区的天津、秦皇岛、龙口、烟台、威海、胶州等城市的进口贸易额占全国进口贸易总额比重为12.40%，出口贸易额占全国出口贸易总额比重为15%；东北地区的大连、哈尔滨、山海关、安东、珲春等城市的进口贸易额占全国进口贸易总额比重为14.70%，出口贸易额占全国出口贸易总额比重为33.30%；广大西北地区城市的进出口贸易额则为零。[3] 这一统计数据或许较为粗略，甚至误差颇大，但总体上仍反映出以下趋势：东部沿海沿江地区的对外贸易额占了全国贸易总额80%以上，而内地除广西、云南部分通商口岸有少量进出口贸易外，其他城市的对外贸易量十分有限，基本可以忽略不计。综上可见，东部沿海沿江城市与广大内地城市之间在城市商业和对外贸易方面存在着严重的不平衡性，呈现出"一边倒"的景象。

总而言之，民国时期不同区域之间的城市发展不平衡，导致不同区域之间城市的工业化水平、基础设施建设、市民生活水平，以及城市商业与对外贸易等，都严重失衡，这反过来又加剧了城市发展的不平衡。

二、城市发展不平衡对区域发展的影响

民国时期，不同区域之间的城市发展不平衡对区域发展产生了重大影响，主要表现在以下两个方面。

---

[1] 丁日初：《上海近代经济史》（第2卷），上海人民出版社，1997年，第219—220页。
[2] 广西省政府统计处编印：《广西年鉴·柳州等四十一县市商店家数及资本总数》（二十九年十二月），1944年，第682页。
[3] 严中平：《中国近代经济史统计资料选辑》，科学出版社，1955年，第67—68页。

第一章 城市发展与城市等级体系的变迁

一是城市对于区域发展的推动作用出现明显差距，东部沿海地区的城市在区域发展中的核心地位越来越重要，西部内陆地区城市的"增长极"作用发挥不充分，区域整体发展相应滞后。

民国时期，资本主义工商业相对发达的东部沿江沿海地区，虽然面积在全国国土面积中的比重仅为12%，但工业比重却在70%以上。而广大的西南、西北内陆地区面积占国土面积的比重为68%，工业比重却仅占全国的9%。这使得城市对于区域发展的推动作用出现强弱之别。如长江下游地区，随着工业化水平的日益提高，逐渐形成了以上海为增长极（中心城市），南京、苏州、南通、无锡、常州、扬州、镇江等为增长中心（次中心城市），广大中小城市为基点的"金字塔型"城镇体系。在这个城镇体系中，上海依靠其资金和技术优势，对周边次中心城市产生辐射效应，从而促进了这些城市经济、社会的发展。而周边的次中心城市又发挥着传导作用，将技术、资本、设备等经济发展要素扩散到广大中小城镇。譬如无锡就是这样的次中心城市，无锡之所以在全面抗日战争爆发以前发展为工业产值仅次于上海、天津、武汉、广州的全国第五大工业城市，其中最重要的原因就是"上海'跳跃式'辐射的结果"[1]。与此同时，工业化的传导效应经由无锡进一步向广大集镇和农村扩散。全面抗战爆发前，一篇关于无锡丝业发展情况的报告这样写道："无锡缫丝工厂四十五家中，设于无锡市区者有三十七处，其余数处则散设于各乡区，良以无锡市区，交通便利，人口集中由以致之也。但正在筹建之六七处中，以位于镇间者为多，而位于无锡市区反少，可见无锡工业现已有从城市而渐扩展至乡间之趋势。"[2] 由此可见，在民国时期以上海为核心的长江下游城市体系中，工业化经由上海向次级中心城市和城镇扩散。上海作为增长极逐步带动整个区域的发展。这种现象并非出现在上海一处而已，在华北城市群的发展中，天津同样成为"华北区域城市近代化的龙头，对整个华北区域城市化进程产生了极其深远的影响"[3]，天津通过自己强大的工商业辐射能力，影响石门（石家庄）、秦皇岛、保定、太原、张家口乃至包头、绥远等次级中心城市，这些次级中心城市又进而往下传导，从而推动了整个区域的发展。需要指出的是，在长江中下游和华北城镇体系中，作为增长极的上海和天津与各自腹地各大、中、小城市之间的经济联系并非单向的，如在长江下游地区，次级中心城市和广大的城镇在接纳增长极辐射出的资本、技术、工业产品的同时，也将各种生产要素如茶、丝、棉花等源源不断地输送到上海市场，上海城市经济因而得到腹地大、中、小城市的资源支持，进一步夯实了区域经济发展壮大的基础。

然而在西部地区，中心城市对区域的带动作用相对较弱。如20世纪40年代的成都，"由于社会的自然演进，渐渐地由手工业姿态演进到新的工业化雏形。可是

---

[1] 胡勇军：《极化效应：近代上海崛起对江南城市群的影响》，《江汉学术》，2015年第3期。
[2] 庄明：《无锡丝纱布业之调查》，《上海法学院商专季刊》，1937年第13期。
[3] 江沛等：《中华民国专题史·城市现代化进程》，南京大学出版社，2015年，第34页。

受了天然环境的限制和人为条件的支配,它的工业发展也并不怎样迅速",其表现于近代中国从业人数最多、区域协作相对紧密的纺织业方面,"到最近为止,尚没有一家机器织布厂",于是,成都平原的射洪、三台、中江、蓬溪等地的农民就拒绝栽种产量大、棉质好的"美棉",因为"要农民对于美棉有信仰,能继续不断地种植,则须先要求美棉的出路"①。也就是说,成都的工业化虽然已经启动,但还不足以带动经济腹地协同发展。同时,内江、江津、广元、绵阳、南充、泸州等四川盆地城市体系的二级城市,其工业化、城市化水平更不足以承担"次级中心城市"的责任。如南充,直到1949年其城市人口仍只有6万人,产业构成更是完全为手工业。四川盆地城市体系内的其他二级城市,大体都是如此。缺少了"二级城市"这个中间环节,加之区域"核心城市"自身发展不充分,区域城市之间的经济联系因而松散,尤其是中小城市功能趋同,互补性弱,现代工业化所需要的分工与协作得不到充分发展,故区域整体发展进程相对缓慢。

总之,正是因为不同区域之间的城市发展水平极不平衡,高低不齐,中心城市对于区域发展的带动作用也就有了强弱之别。不同区域之间的发展差距进一步拉大。在长江下游城市体系、东北城市体系中,首位城市、次中心城市、中小城镇之间的经济联系相对密切,产业多能互补,从而增强了整个区域的经济活力,在一定程度上推动了区域的整体发展。但在其他城市体系尤其是内陆城市体系中,区域核心城市自身就发展不充分,加之城市体系结构不合理,因而寄望其拉动区域整体发展,无疑还有很长的路要走。

二是城市为区域经济社会发展的主要载体,城市发展不平衡势必影响区域经济开发的速度、广度和深度,延缓区域经济开发的进程。

首先,城市发展失衡制约了区域资源的开发利用,使资源优势难以转化为经济优势,导致区域经济发展缓慢。例如,在成都平原的城市体系中,上自成都,下至各次级城市、城镇,由于工业化发展不充分,丰富的自然资源不能得到充分的开发利用。而自然资源不能为近代工业所用,又反作用于城市发展,影响城市的现代化进程。时人就曾指出,影响工业化进程的因素众多,其中尤与工业发生密切的关系的,是原料的供给。然而,成都平原丰富的自然资源却得不到开发利用,在农产品方面,"如乐山、洪雅、夹江是白蜡的产区,其在医药上与工业上的用途很大,但就现状而言,可以说都还没有大加利用";在矿产资源方面,"成都平原同样也缺铁,可是在其外围的地方却有很大的铁矿,如广元境内的合儿山、椒树坪、大浪会等处蕴藏量约一百余万吨,洪雅境内的张村、高庙、炳灵祠等处约二百余万吨,西康雅属荥经、天全、汉源等处约八十万吨。现在开采的产量,广元年约三千吨,荥经、天全、汉源等处年约一千五百吨,洪雅年约一千吨,灌县年约六百吨,峨眉年约五百吨。现在成都附近煤铁的生产量并不很多,正因为附近的工业没有近代化,所以对于煤铁的销量很有限,要是煤铁有了正当的销路,那么,煤铁的开发与增

---

① 张圣轩:《成都工业现状及其发展途径》,《四川经济季刊》,1944年第1卷第4期。

产,那是毫无问题的"①。可见,由于区域内的核心城市发展不充分,无法利用城市经济腹地的各种资源,从而影响了区域的整体发展。那么在当时的条件下,就四川盆地城市体系而言,针对如何解决这个问题,时人提供的方案是:"应该观察各地的物产与交通情形,分为若干工业区域,区域的范围视各地生产条件的关系为假定区域,联合各假定区域完成一个整个的生产区。""成都可能成为一个假定区域,以成都为中心,而成都外围为区域的边缘,这一个假定区域有着优越的天然条件和工业的基础,所以工业的建设比较有希望。"②简言之,就是以工业化推进区域内各城市之间的纵向、横向经济协作,实行产业分工,开发利用资源,转化资源优势为经济优势,打造以城市为中心的经济区,从而推动区域的整体发展。

其次,城市发展不平衡,严重影响了区域城市体系的发育,制约了区域内外生产要素的流动与贸易的发展,阻碍了区域内的技术进步和制度创新,进而影响了区域经济的增长。城市既是区域的生产中心,也是区域的消费中心。城市的聚集与扩散效应是形成区域市场体系最主要的条件。城市的中心作用是与其影响所及的地域范围紧密联系的。在近代中国,客观上存在着不同地域范围的大、中、小多级区域经济中心。一般而言,不同的中心,可简单划分为大城市、中等城市、小城镇、农村集市等几个层次。城镇之间通过交通运输紧密地连接在一起,形成了城镇网络。从产品流通的意义上说,城镇体系就是市场体系,城镇网络也等同于市场网络。大城市一般属于全国意义或省际意义的中心市场,其产品集散能力很强,集散范围可覆盖全国或数个省区。如近代的上海、天津、武汉、广州等城市,是沟通区域与全国乃至与国际市场的枢纽。中等城市是区域内部地方性的市场,是联系地方经济的中心,如长沙、昆明、贵阳等城市。小城镇和农村集市既是某一地区的货物集散地,又是城市与农村地区的贸易中介。近代中国市场的商品流通虽具有不同的方式,但其基本的流通过程是这样一个双向流动过程:城市商品由城镇运往农村集市然后销往农村;而农副产品则经由同一条渠道沿着相反的方向流向城市。因此,小城镇和农村集市在城乡经济交往中处于重要位置,是联系两者经济的桥梁。由此可见,不同等级的城镇在区域经济发展中具有不同的作用,扮演着不同的角色。任何等级的城镇,如果其发展不够充分,都会严重影响区域内外经济交往的正常秩序,从而阻碍区域经济的进一步发展。

小 结

民国时期,随着政制的更替、资本主义工商业经济的发展、现代交通体系的完善以及现代城市文明更大规模的渗透,中国城市获得了前所未有的发展契机。一批

---

① 张圣轩:《成都工业现状及其发展途径》,《四川经济季刊》,1944年第1卷第4期。
② 张圣轩:《成都工业现状及其发展途径》,《四川经济季刊》,1944年第1卷第4期。

在世界有影响力的大城市（如上海）迅速崛起，并基本完成了从传统城市向现代城市的转型。同时，中小城市尤其是内陆城市和边疆城市，相对于晚清时期而言，其现代性有了明显的增强。然而，由于帝国主义侵略的不断加深，特别是日本帝国主义发动全面侵华战争，以及频繁的内战，民国时期中国城市的正常发展在事实上遭到了阻碍。民国时期，中国城市化水平在总体上仍然很低，1949年，世界城市化平均水平为28.80%，中国则仅为10.60%，差距甚大。

整体而言，民国时期的城市发展大体可分为两个阶段，从1912年到1937年为第一阶段，城市发展总体呈上升趋势，城市现代化范围扩大。同时，国家力量通过建立现代城市管理体制，制定各种发展政策，逐步从地方力量手中夺回城市发展的主导权，从而影响城市建设和发展的方向。然而，在第二个阶段，随着日本帝国主义的全面侵华，中国城市的发展势头遭到破坏，一些城市成为废墟，更多城市在政治、经济、文化方面的发展潜力遭到遏制，城市发展总体呈衰退趋势。

民国时期的城市发展尽管充满了曲折和艰难，但相对于传统时代而言，民国城市无论是在城市的物质形态还是社会形态方面，现代化水平都大为提高。如城市管理体制已经告别了城乡合治的模式而走向城乡分治，工商业经济逐渐成为城市发展的根基，等等。然而，由于民国时期各区域间的政治、经济、文化发展不平衡，故民国时期城市发展的南北差距虽然缩小了，但东西差距进一步扩大。即使在全面抗战爆发后，工厂和人员的内迁使西部城市和边疆城市获得了发展的契机，但东西部城市发展严重失衡的基本局面并没有得到根本扭转。

民国时期中国城市发展的严重失衡，主要表现为城市体系发展的不平衡，整体发展不足，局部发展过度，少数大城市如上海畸形发展、恶性膨胀，而大多数中小城市却发展缓慢。在这样的状况下，城市的等级规模结构表现出大城市发展迅猛、中小城市发展不足、小城镇发展迅速的演变趋势，并逐渐形成不同规模、不同发展路径的区域城市体系。

第二章　民国城市化的曲折进程

城市化是人类社会进步的主要特征之一，城市化水平的高低是衡量一个国家和地区社会经济发展程度的重要尺度。狭义的城市化是与工业化相联系的，而中国城市的工业化起步于晚清民国时期。由于该时期中国遭到西方资本主义国家的侵略，工业化是主要受外力推动的，因此现代工业的建立和发展非常艰难，城市对农村人口的接纳能力极弱。而与之同步的，则是农村自然经济的瓦解，使土地等生产资料进一步聚积，大量农村人口与土地相分离，但是城市不能接纳更多的人口，提供更多的就业岗位，因而大量的人口滞留在农村或徘徊在城乡之间，导致城市化进展极为缓慢。民国前期政治动荡，军阀混战，对城市化产生了极大的影响。尽管如此，总体上而言，1937年以前，中国的城市化发展一直处于上升阶段。1937年日本对中国发动全面侵略后，城市化发展相对较快的中东部地区成为日本发动侵略战争和中国人民反侵略战争的主战场，东中部城市发展遇阻，不少城市经济出现严重的萎缩，城市化水平整体下降。解放战争时期，持续数年的战争也对城市化进程产生了直接的影响，因而中华人民共和国建立之初，城市化整体水平相对较低。

第一节　城市化的起步与艰难发展

中国城市化起步于晚清。晚清时期，随着中国对外开放和工业运动的兴起，城市化也开始起步。民国建立后，特别是第一次世界大战时期，中国民族资本主义工商业出现较快的发展，城市化的进程也较快。南京国民政府建立后，中国的工业化和现代化进程也进一步加快，故而城市呈持续发展态势；但是，随着1937年日本对中国发动全面侵略战争，中国城市化的发展进程受到严重影响，东中部地区的城市遭到战争的破坏，人口大量减少，经济萎缩，城市化进程衰退，这种状态在抗战胜利后一度得到改变，但很快又为新的战争所中断，故而城市化发展进程又处于迟滞状态。由于《中国城市通史·清代卷》未涉及城市化等相关问题，故本卷有关城市化的研究将上溯到清代晚期。

一、城市化的历史起点

中国是世界四大文明古国之一，也是世界城市的发源地之一。与其他文明古国和城市发源地相比，中国城市的发展历史从未中断过，而其他文明国家或地区的城市历史都在不同的时期出现了中断。中国的城市在历史上曾多次达到相当繁荣兴盛的水平，城市人口比重之高，城市数量之多，城市规模之大，都远远超过了同时代其他国家；中国古代人口城市化率居于世界前列，据胡焕庸教授、张善余教授等学者的估计，中国城市人口占总人口的比重在唐代就达到了10%左右；宋代是中国历史上商品经济发展的一个繁荣时期，人口达10万户以上的城市较唐代有所增加，城市人口占总人口的比重也超过了唐代。[1] 明代的商品经济和城镇的发展也在历史上十分突出，明初中国就出现了33个大中型工商业城市，城镇数量较前明显增加了。而据郑宗寒的估计，明代全国共有大中型城镇100个，小城镇2 000多个，农村集镇4 000～6 000个。[2] 海外学者赵冈先生、陈仲毅先生对中国古代城市人口的比重则有更高的估计：战国（前300）为14.30%，汉代（公元2年）为18.20%，唐代（745）20.80%，北宋（1077）为20.10%，南宋（1193）为22.40%，金朝（1207）为19.30%，清代（1820）为6.90%。[3] 由于中国古代人口统计存在许多问题，一是城乡人口无精确统计，二是没有采用科学的人口调查方法，因此以上的估计不够精确，学界也有不同的看法，这些都是可以理解的。但总的说来，上述数据与我们对中国古代城市的发展和城市人口比重的整体发展趋势的看法是基本一致的，因而给我们提供了许多有益的参考。前近代时期，由于中国人口的快速增长，城市人口占总人口的比重下降，这是学术界的共识，但在城市人口占总人口比重的分析上，学界则发生了分歧。美国学者施坚雅教授曾对19世纪中国的城市人口做了定量研究，他将居民超过2 000人作为城镇的判断依据，推算出1843年中国计有大小城镇1 653个（但东北、台湾、新疆、青海、西藏未包括在内），城镇人口2 072万人，占当时总人口40 500万人的5.12%。1893年，人口在2 000以上的城镇计有1 779个，城镇人口2 351.3万人，占总人口的6.0%。[4] 由于施坚雅做了大量的资料准备工作，因而他关于中国19世纪40年代的城市化水平的估计长期为许多学者所引用。但也有一些学者对此提出异议，认为他对中国19世纪的城市化水平估计偏低。如胡焕庸、张善余等人认为美国学者施坚雅关于中国19世纪城市化的研究成果具有一定的学术价值——作为城镇人口，其数值较为可信，但若机械地以居民点

---

[1] 胡焕庸、张善余：《中国人口地理》（上册），华东师范大学出版社，1984年，第249页。
[2] 郑宗寒：《试论小城镇》，《中国社会科学》，1983年第4期。
[3] 赵冈、陈仲毅：《中国历史上的城市人口》，《食货月刊》，1983年第13卷第3—4期合刊。
[4] ［美］施坚雅著，王旭等译：《中国封建社会晚期城市研究——施坚雅模式》，吉林教育出版社，1991年，第69页。

第二章 民国城市化的曲折进程

人口规模2 000人以上为界，则数值明显偏低。① 同时，对一部分城镇的人口数，施坚雅的估计也偏低。"如他认为1843年北京人口为85万，杭州45万，南京27万，佛山20万，景德镇18万，自贡4万，清江浦（现淮阴市）则更少。但从国内文献来看，当时北京人口在百万以上。杭州有30万户，人口亦近百万。南京当时设有两江总督署，工商业相当繁盛，仅江宁织造府即有5万工人，全城人口当不止27万。佛山、景德镇的人口一般认为均达数十万，如景德镇'民窑二三百区，工匠人夫不下数十万，借以食者甚众'。若加上官窑，人口则更为可观。自贡在当时是著名的盐业城市，从事盐业人数'合得三四十万'。围绕盐业的辅助劳动和各类工商业人数也很庞大，'为金工、为木工、为石工、为杂工者数百家，贩布帛、豆粟、牧畜、竹木、油麻者数千家'。施坚雅认为自贡仅4万人，显然过低了。清江浦是明、清两代中兴起来的大运河河运枢纽。清初，原驻山东省济宁的河道总督院移至清江浦，乾隆二十六年（公元1761年）又迁清河县治于此，当时漕船多达一万二千多艘，漕军12万人，总人口达50万余人，所谓'舟车鳞集，冠盖喧阗，两河市枥比数十里不绝。北负大河，南临运道，淮南扼塞，以此为最'。而在施坚雅所统计的3万人口以上的城镇中却没有清江浦，这显然是被遗漏了"②。台湾学者刘石吉研究员以江南地区为例，认为施坚雅教授的"统计显然太低估了中国的都市化程度"③。大陆学者许檀在对明清时期山东的各类城镇人口进行了较为深入的研究以后，也认为"施坚雅教授对华北地区（城市化）的整体估计似也有些偏低"④。尽管施坚雅的统计偏低，但目前还没有人提出一个更为精确的统计数据，因而施氏的统计仍然可被作为参照系。

中国古代城市发展并不是呈直线上升趋势，而是呈波浪形曲线发展，古代城市的兴衰与朝代更替有十分密切的关系，大多数王朝的覆灭和更替都是通过战争来实现的，而战争对城市的破坏十分严重，因而两个王朝交替之际往往是社会生产力和城市遭到巨大破坏的时候，城市人口也会出现大幅下降。但总的说来，中国古代城市是在波浪形的曲线发展中呈上升趋势。

明末清初，中国各地的许多重要城市都遭到不同程度的破坏，甚至毁灭，城市发展进入低谷，全国呈现出一片凋敝的景象。面对残破的社会经济状况，康、雍、乾三朝统治者先后采取了一系列措施，如招民垦荒、更名地、治河、蠲免钱粮、地丁合一等，使社会经济逐渐得到恢复和发展。到乾隆年间，农业、手工业和商业的发展水平已超过明朝的鼎盛时期，资本主义萌芽也得到恢复和进一步发展，从而推动了城市的复苏和城市化进程，尤其是经济比较发达、交通便利的东南沿海地区、江浙地区、长江沿岸、大运河沿岸的城市，得到了较快的恢复和迅速的发展。杭州、苏州、常州、无锡、镇江、扬州、淮安、徐州、聊城、临清、德州、天津、通

---

① 胡焕庸、张善余：《中国人口地理》（上册），华东师范大学出版社，1984年，第255页。
② 胡焕庸、张善余：《中国人口地理》（上册），华东师范大学出版社，1984年，第254-255页。
③ 刘石吉：《明清时代江南市镇研究》，中国社会科学出版社，1987年，第136页。
④ 许檀：《明清时期山东商品经济的发展》，中国社会科学出版社，1998年，第238页。

州、广州、宁波、福州、泉州、汉口、重庆、泸州、成都等沿海、沿江、沿运河城市的发展都超过了前代。此外，昆明、西安、太原、贵州等内地和边远地区的省会、府县城市也得到了一定的发展。北京、南京、苏州、扬州、杭州等均成为国内第一流的大城市，其中北京的人口在清代超过百万，成为中国第一大城市。被称为"五方杂处，人烟稠密，贸易之盛，甲于天下"的苏州，也发展成为仅次于北京的第二大城市。清代汉口"户口二十余万，五方杂处，百艺俱全"，成为巴蜀、关陕与华中、中南之间贸易的枢纽，号称"九省通衢"。南京城的人口规模不下八万余户，大约有四五十万人，佛山也达数十万人，"实岭南一大都会也"。此外历来人烟较少、经济落后的边远地区也得到更多的开发，如东三省、新疆、台湾及海南，从而推动了这些地区城镇化进程，出现了许多新城镇。康熙年间，松花江开始出现货运行业，于是沿江涌现出吉林、扶余、嫩江等商业城市。东北是满族的发祥地，故清王朝十分重视对东北的开发，此一时期东北城市发展较快。有清一代，全国共新设县城208个。到嘉道时期，全国有县级以上城市1 800余个，"奉天府及各处省会十八，府一百八十有一，直隶州六十有八，直隶厅一十有二，州一百四十有七，县一千三百九十有四"。除一些历史悠久的城市有不同程度的发展外，清代兴起的城市主要有承德、唐山、本溪、丹东、辽阳、营口、大连、赤峰、长春、吉林、延吉、浑江、白城、齐齐哈尔、佳木斯、海拉尔、满洲里、迪化（乌鲁木齐）、伊宁、哈密、青岛、烟台、汕头、湛江、安顺、个旧等。此外，清代的市镇也因商品和贸易的发达而空前发展，这些中小市镇主要集中在经济发达地区的大中城市附近和水陆交通线上，如上海附近的市镇达210多个，其中形成于明代的有60余个，形成于清初到鸦片战争前的有150余个。清代城市和市镇的数量、城市人口规模及城市经济的繁荣程度，都超越了前代。但清代城市的发展仍受到如下若干不利因素的制约，故城市人口占总人口的比重与历代相比反而有所下降，特别是与同期世界发达国家相比，则明显落后。

（一）清代城市的发展起点很低

明末清初，社会大动乱造成了生产力水平大幅下降，经济破坏严重，人口锐减，许多城市被毁坏，变成废墟。因此清代城市发展的起点很低，而不是在明代城市高度发展的基础上继续发展。清代中前期，经过历代统治者的经营，尽管有不少自然地理环境和社会经济条件较好的城市获得更生和有了新的发展，但其恢复期却长达上百年，不少城市和地区由于元气大伤，恢复难度极大。

（二）清王朝继承历代封建王朝的传统，实行重农抑商的经济政策，严重地阻碍了新兴城市资本主义萌芽的发展

清王朝的财政收入主要来源于农户上交的各种赋税，并通过农民的各种无偿劳役来减少财政支出，因而清统治者采取重本抑末的驱民入农政策，把农民紧紧地束缚在土地上。这种经济政策在清初经济恢复时期曾起到了一定的作用，但当工商业

得到发展之后,特别是城市中已出现资本主义萌芽以后,还实行这种政策,并对城市工商业进行限制、掠夺和摧残,就严重地阻碍和压制了资本主义萌芽的正常发展。另外,长期的封建传统和在城市中盛行的封建行会制,也对城市经济的发展起着阻碍作用。因此尽管许多城市为了满足封建统治阶级奢侈豪华消费的需要而呈现出畸形的经济繁荣,但未能推动资本主义萌芽的发展,更未能使手工业出现工业化趋势,城市对人口的容纳度也十分有限,经济的繁荣难以持久。

（三）清朝实行"闭关自守"政策,只留下广州一个对外贸易口岸,并建立了封建垄断性质的行商制度

清朝的"闭关自守"政策虽然使广州一城因之而得到较大的发展,但中国上万公里海岸线的许多沿海港口城市因失去经济活力而丧失了昔日的繁荣,逐渐衰落。另外,闭关自守政策严重阻碍了国内资本主义萌芽的生长,阻碍了中国科学文化的发展。清朝统治者闭眼不看世界大势,盲目自大,唯我独尊,自以为"天朝物产丰盈,无所不有",因而造成中国在政治、经济、科学文化等方面与西方主要国家的差距越来越大,其结果如马克思所说:"一个人口几乎占人类三分之一的幅员广大的帝国,不顾时势,依然安于现状,由于被强力排斥在世界联系的体系之外而孤立无依,因此竭力以天朝尽善尽美的幻想来欺骗自己,这样一个帝国终于要在这样一场殊死的决斗中死去。"[①]

（四）清代人口增加很快,制约着城市的发展和城市化速度

清代中期是中国古代人口增长最快的时期,全国人口总数达到了历史高峰。据清朝官方的估计,乾隆十四年（1749）全国有1.7亿人,到嘉庆十七年（1812）则为3.6亿人,道光二十年（1840）又增至4.1亿人。虽然官方的估计有不实和夸大的地方,但清代人口高速增长则是一个明显的事实。清代人口增长的原因是多方面的,学界关于这方面的研究已经取得了许多丰硕的成果。值得我们关注的是,由于清代人口增长速度超过耕地总面积增长速度,因而人均占有耕地面积迅速减少,粮食的商品化率必然受到影响,相对削弱了供养城镇人口的能力。另外,清代的经济仍是以自给自足的小农业与家庭手工业相结合的自然经济为主,商品经济虽然有相当程度的发展,但并不在整个社会经济中占主导地位,社会生产力整体上仍处在低水平。这种自给自足的自然经济一旦有了土地和劳动力来源,就具有极强的封闭性、保守性,严重地阻碍着科学技术在生产过程中的应用。虽然我国古代劳动人民有许多创造发明,但是未能形成新的社会生产力,不能打破自然经济的封闭状态。农业生产力的发展极为缓慢,这严重地制约着手工业、商业的进步和城市的发展。由于以上种种不利因素的制约,清代城市虽然在过去的基础上有所发展,城市数量

---

① [德]马克思:《鸦片贸易史（一）》,《马克思恩格斯选集》（第2卷）,人民出版社,1972年,第26页。

有所增多，城市人口总数也较前增加，达到中国历史上的一个新的水平，但是城镇吸纳农村人口的能力有限，清代城市功能仍然以政治行政功能为主，传统工商业的发展受到政治行政体制的极大限制，一般农村人口入城寻找固定职业十分困难，有一技之长的手艺人也往往只能找到临时的工作；而无一技之长者，则多成为苦力，生活无着。因此，进入城市谋生并不是当时农村剩余人口的最佳选择。由于人口的迅速增长所带来的农村人口过剩，相当部分农村劳动力被迫背井离乡，踏上远赴他乡的旅途，他们往往选择从事的还是他们所熟悉的事业——农耕。戴逸教授曾对此有精辟的论述："康熙、乾隆以后，边境统一，秩序安定，经济、交通、技术条件进步，使得以往硗瘠不毛、人迹罕至的边境、海岛成了可以开垦耕作的场所，谋生条件比人口稠密的中原和东南地区更为优裕。在中心地区的人口压力和边疆地区的人口吸引力的作用下，十八世纪迅速增加的人口被强大的冲击波，从中心地区甩向四面八方，四散辐射到边境、海岛，以至海外各国。"[①] 由于全国总人口增长速度过快，而城镇人口的增长速度相对较缓慢，因而清代城市人口数虽然绝对数量多于前代，但占全国总人口的比例反而较过去有所下降。据胡焕庸教授和张善余教授的研究："以1843年中国（缺部分地区）城镇人口2 072万计，比北宋增长近一倍，比盛唐增长大约一倍半。但同期内全国人口总数增幅更大，因此城镇人口比重下降了大约一半，即从10%左右降至略高于5%。从这里也可以看出人口增长过快对城镇化的抑制作用。"[②] 与之相反，同一时期世界城市化却高速发展。1800年世界人口只有3%居住在城市，随着工业革命的兴起，城市化水平有了巨大的提高，城市成为工业革命的摇篮，工业革命则反过来大大加速了世界城市化的进程。作为工业革命先驱的英国在1801年拥有5 000人以上的城市106个，城市人口占全部人口的26%，到1851年则增加为265个，城市人口占全部人口的45%。法、美等国的城市化进程也很快。与之相比，清代中国由于总人口的急剧膨胀，人口绝对数量太大，而城市的发展受到自然经济的制约，城市人口增长速度相对缓慢，因而城市化水平反而较过去大幅下降。中国总人口规模过于庞大，对于城市化的发展起了很大的制约作用。人口基数庞大不仅使中国在城市化起步初期水平落后，发展速度缓慢，而且也成为近代以来直至今天影响中国城市化发展的一个重要因素。

二、城市化的初步发展

　　研究中国近代城市史的学者一般都将19世纪中叶作为中国城市化的起点，但有大部分研究当代中国城市化的学者则将中国城市化的起点定于1949年10月以后，即以中华人民共和国成立为中国城市化的开始。他们最重要的一个依据就是西方城市化的标准——一般西方学术界将城市人口占总人口的10%作为城市化的起

[①] 戴逸：《近代中国人口的增长和迁徙》，《清史研究》，1996年第1期。
[②] 胡焕庸、张善余：《中国人口地理》（上册），华东师范大学出版社，1984年，第255页。

点，而1949年中国的城市化水平仅为10.60%，因而他们就据此认为中国城市化的起点始于中华人民共和国建立之后。这样，多数研究中国城市化的学者一般都不涉及1949年以前城市化的发展过程。我们认为，这种将中国城市化进程起点定于1949年的观点是值得商榷的，其做法有些简单化。按照严格的意义讲，城市化过程是社会生产力变革所引起的人类生产方式、生活方式和居住方式改变的过程。作为一种社会现象，城市化起源于工业化又伴随着工业化，是工业化发展的必然产物，城市化与工业化互为表里，相互促进，也可以说工业化是城市化的内涵，而城市化则是工业化的空间表现。因而判断城市化的起点不应仅以城市化水平是否达到10%为标准，也不应简单地以西方城市化为参照系，更不能以部分西方学者的观点为唯一依据，而应根据各自的国情，以工业化开始为标志。城市化的发展有一个过程，城市人口比重的增减只是城市化某一个方面的内容。中国历史上城市人口比重经常发生波动，如果仅从人口城市化水平看，近代中国人口城市化水平远远低于唐、宋时代的人口城市化水平。但我们不能仅从人口指标上就断然判定中国城市化始于唐、宋时代。唐、宋时代，中国城市人口的比重虽然较高，但是城市人口的聚集是以小农业与家庭手工业相结合的自然经济为基础的，城市的性质、结构、功能等都未发生质的变化。中国城市发生质的变化是在19世纪下半叶以后随着工业化的起步才开始出现的，城市发展的动力也因之发生了变化。如果说城市化是现代化和工业化的产物，那么近代中国的城市化就是与外国资本主义的冲击相联系，与中国现代化和工业化的起步相联系。

在前近代时期，中国城市的发展走的是以军事行政隶属功能为网络，以农村经济为基础的发展道路。19世纪中叶以前的城市分布基本上反映的是农业时代农业经济、军事、行政地理分布，城市主要以土地财产和手工业为核心，与农村的差别较小。

19世纪中叶以来，中国封闭的、独立的、与世隔离的状态被打破，在西方势力的冲击下，中国城市的发展出现了新的趋向，城市发展与现代化相联系，开始走上了与现代化、工业化、政治民主化、市场国际化等相结合的城市化道路，虽然城市化与现代化、工业化、政治民主化、市场国际化的发展并不同步，但城市化的发展方向则与它们基本相同。

中国古代城市数量众多，规模颇为庞大。然而中国古代的城市化受政治行政管理、农业劳动分工、军事国防、传统工商业发展的影响，城市中的居民以统治阶级为主体，城市中虽然居住了相当数量的从事手工业、商业和服务业的各类人员，但他们相当部分都是为统治阶级服务的。中国古代的大中城市具有很强烈的政治性和寄生性，一般是各级封建政治行政中心所在地，大批消费人口聚集在城市中。同时城市的经济功能较弱，因而城市的拉力也较弱，城市人口的增长始终被限制在一定数量之内，一般城市的规模都不大，个别工商业发达的城市人口数量也受到政治变迁的影响。

19世纪中叶以来所出现的城市化是伴随着近代工商业兴起、经济结构发生质变而进行的，经济功能在城市中的作用居于首位，决定着城市的兴衰。近代新型工商业城市既是现代大工业的中心，也是商业、金融中心，同时也是科教文化中心，它们具有更强烈的社会经济文化功能，对政治的依附性比以前的城市更弱。城市人口比重随着工商业的发展而不断增大；城市居民生活方式也随着城市的变化开始了现代化进程。城市的数量较前增加，城市的规模也较前普遍扩大，百万人口以上的特大城市较前增多。

随着中国国门的开启，西方资本主义势力的入侵，中国开始沦为半殖民地半封建社会，城市发展主要动力也发生了变化，从内力的拉动转为外力的介入；从以行政、军事力量为主要推力转为以现代经济因素为主要推力；从以手工业和农业为主，转为以近代工业、商业为主；从以中国传统内贸商业化浪潮为主，转为以外贸商业化浪潮为主，这一系列的转变都说明城市发展的动力逐渐发生了变化。

由于近代中国城市化道路、性质是在近代半殖民地半封建社会的条件下形成的，所以近代城市已不再像宋代的城市那样，是"以土地财产和农业为基础的城市"，"城市和乡村无差别的统一"的现象也不再存在，大城市不再"只能干脆看作王公的营垒，看作真正的经济结构的赘疣"。正如马克思所说："现代的历史是乡村城市化，而不像古代那样，是城市乡村化。"① 人口城市化指标在这个背景下失去了与古代的可比性。

19世纪中叶到20世纪中叶的百余年间，中国近代城市化进程大体上分为三个阶段：1840—1900年的起步阶段；1901—1937年的勃兴阶段；1937—1949年的衰退阶段。

1840—1900年，为中国近代城市化的起步阶段，这一时期，中国城市化主要在沿海沿江部分地区进行，整个国家的城市化进程缓慢。

农村人口向城镇迁移的过程在明清时期就开始出现，但这一时期的农村人口向城镇的迁移是在封建体制的框架内进行的人口流动，与近代以来以现代化为趋向的农村人口向城镇的迁移有着质的区别。鸦片战争后，中国社会在外力的冲击下，开始发生巨大的变化，现代化运动也在这一时期兴起。一方面，由外力直接带来的现代化因素，推动了中国早期现代化的启动；另一方面，19世纪70年代兴起的洋务运动在中国前现代社会中引入并聚合了若干现代性因素，其主要表现为工业化的兴起和由此引发的社会的初步转型。

首先，洋务运动建立了一批机器工厂，这些工厂分工较细，规模较大。如江南制造总局拥有各类工作母机662台，大小蒸汽动力机361台，大小汽炉31座，人员共3592人，房屋2579间。洋务运动首次引进了西方先进的机器和生产工艺，在生产技术方面发生了巨大变革。不仅有官办企业，更产生了股份制公司，一时间各种官督商办、官商合办、商办企业应运而生，如开平矿务局、上海机器织布局等都实行集股经营。

---

① ［德］马克思、恩格斯：《马克思恩格斯全集》（第48卷），人民出版社，2009年，第131页。

第二章 民国城市化的曲折进程

其次,洋务工业化作为一种新的经济因素,冲击和瓦解着传统社会结构,引起了社会组织、社会结构以及社会心理的变革。在社会组织方面,洋务运动以近代军事工业为先导,带动了民用工业、交通运输、邮电、新式教育等新兴行业的产生和发展。这一时期出现了轮船运输公司、铁路公司、邮电局等现代交通、通讯组织,如轮船招商局、开平铁路公司、天津电报局、台湾邮政总局等;还产生了福州船政学堂、天津电报学堂、京师同文馆等一批现代专业学校;创立了现代海军和陆军。在社会结构方面,随着新型职业的出现及社会组织的分化,传统社会阶级层级结构开始瓦解。旧地主、商人、官僚、买办中分化出了现代工商业者,如盛宣怀、朱其昂、唐廷枢等,他们投资新式工商业,成为最早的资产阶级;伴随着早期工业的出现,这一时期产生了无资无产、自由出卖劳动力的现代产业工人,还涌现出了一个由工程技术人员、企业管理人员、新闻工作者、教育工作者等从事新式智力职业的人所构成的现代知识分子群体,此外,还出现了现代军人和现代外交人员。社会心理也悄然发生了变化,传统价值观念受到挑战。如前文所述,重商、务实观念开始萌生,"中学为体,西学为用"的社会思潮打破了闭关自守的观念,成为朝野上下竞相追逐的时尚思潮。世界观的改变对于打破闭关自守、泥古不化的封闭状态具有不可否认的进步作用,也为早期现代化的深入展开进行了广泛的思想动员。

美国学者施坚雅教授在《19世纪中国的区域城市化》一书提出:"19世纪末的城市化并不能完全反映城市化的传统形式,主要原因至少有二:第一,从17世纪80年代到19世纪40年代,中国绝大部分地区中都是和平而繁荣的,这与1850年至1890年几十年间横扫全国六大区域的数次动乱形成鲜明对照。先后兴起的太平天国、捻军、穆斯林暴动等蹂躏了除岭南和长江上游以外的大片土地,摧毁了上百座城镇,使人口减少上千万。长江下游的区域城市体系不复存在,西北和长江中游大区中两个地区的城市体系也受到重创,云贵、东南沿海和华北的城市体系遭到部分破坏。迄1893年,很多地区的恢复性工作只完成了一部分而已。第二,19世纪40年代后,对外贸易迅疾增长,机械化交通设施也得以引进。截至1893年,海外贸易的水平在帝国晚期是没有先例的(当然不包括中世纪时期),机械化运输当然更是一个全新的因素。结果从19世纪40年代初到19世纪90年代初这半个世纪的时间,全新海港城市兴起了,如香港和汕头,其他港市也有惊人的发展,最引人注目者为上海和天津。长江下游的城市体系得以重建。沿海三大区域的城市体系也得到一番富有深远影响的改造。"[①]

施坚雅教授还认为:"就全国来说,1893年的城市人口高于1843年,数量多达2 300万,而总人口却低于1843年,这就表明在这半个世纪中,城市化有了巨大的进展。城市人口增长的大部分应归功于日益增强的商业化,在海岸地区则与频繁的海外贸易和汽船运输有关。然而,绝不应把城市化的一切进展都归之于外因,其

---

① [美]施坚雅著,王旭等译:《中国封建社会晚期城市研究——施坚雅模式》,吉林教育出版社,1991年,第72—73页。

实早在道光年间，就已形成了很多新的集镇，表明在很多地区商业化快于人口增长，而且1843年至1893年间长江上游和云贵区域与机械化运输毫无关联，而是完全依赖于内部的发展。尽管1843年至1893年间发生的事件有其重大的历史作用，但这并未改变各区域在城市化程度上的相对地位。1843年时，三个城市化最高的区域，与1893年一样，是长江下游、岭南、东南沿海，在这二个年份上，城市化程度最低的是华北、长江上游、云贵三个区域。"[①] "有关汉学文献倾向于强调行政管理因素在中国城市化过程中具有独特的重要作用。其论据主要是，中国大多数超过政党规模的城市都是都城性质的，其某一都城人口数量的多少在很大程度上由该城各级衙门的数量、规模和级别所决定的。更高一级的都市设有更多的衙门，拥有更多的衙门官员和更高级别的衙门家眷，这些因素对城市规模有直接影响，因存在一些为适应这些行政机构需要而产生的服务业、商业等，愈发强烈。"[②]

在施坚雅教授看来，"行政成份对城市化影响，在人口密度较低的地区比重大一些"。此外他还提出"凡是试图说明城市的区域差别，都必须考虑除行政因素外的五个密切相关的因素：人口密度；劳动分工，包括区域内外及区域之间的地区性分工以及专业分工；科技应用水平，尤其是交通方面；商品化程度，特别是区域内贸易水平和农村人口对市场的相对依赖程度；区域外贸易水平，既包括各区域之间贸易，也包括对外贸易。这些是制约帝国晚期城市化水平的重要因素"[③]。

我们认为，施坚雅教授对19世纪中后期中国城市化有一定发展的判断是符合历史事实的。同时他认为中国这一时期城市化的发展主要是商业化的结果，也有一定的道理。此外他还提出要从中国内部寻找推动或者制约城市化发展因素的看法也是很有启发性的，这一时期，外力对中国城市化有所作用，但相对较弱，特别是对未开放地区的影响极弱。他不仅强调政治对于城市化的作用，而且也强调其他与之相关的多种因素的作用，如人口密度、劳动分工、科技应用水平、商品化程度、区域外贸水平等，都是很有见地的。相信这些认识对于其他研究者都是有一定参考价值的。

近代中国城市化发展的第一阶段，如果仅从人口城市化的角度来考察，那么其发展速度是非常缓慢的。据施坚雅教授所做的不完全统计，中国人口城市化在1843—1893年的50年间进展非常缓慢，城市人口仅从2 072万人增加到2 351万人，城市人口比重仅从5.10%上升到6%。[④] 施坚雅教授关于19世纪末中国城市化水平的估计在近年来遭到了多位学者的批评，其基本的意见是施坚雅教授的估计偏低。

---

① [美]施坚雅著，王旭等译：《中国封建社会晚期城市研究——施坚雅模式》，吉林教育出版社，1991年，第73—74页。
② [美]施坚雅著，王旭等译：《中国封建社会晚期城市研究——施坚雅模式》，吉林教育出版社，1991年，第75页。
③ [美]施坚雅著，王旭等译：《中国封建社会晚期城市研究——施坚雅模式》，吉林教育出版社，1991年，第76页。
④ [美]施坚雅著，王旭等译：《中国封建社会晚期城市研究——施坚雅模式》，吉林教育出版社，1991年，第70—71页。

第二章 民国城市化的曲折进程

如中国台湾学者刘石吉、美国学者赵冈、中国大陆学者胡焕庸、张善余、行龙、曹树基、许檀等人都对施氏的估计有所修正。赵冈教授对施坚雅教授关于1893年中国城市化的指数进行了修正，修正后的指数为7.70%；行龙教授则在此基础上进一步进行修正，提出了该年中国城市化指数为7.90%的观点，两者比较接近。我们通过对部分地区的研究和对部分资料的考证，也感到施坚雅教授的估计偏低，基本上赞同其他几位学者的修正意见。

中国的城市化水平在19世纪末较之前的半个世纪有所提高，但总的说来整体城市化速度仍然很慢，城市发展依然缓慢。推动或制约这一阶段中国城市化发展的原因是多方面的。从发达国家早期城市化发展的历程考察，工业化是城市化的主要动力。19世纪下半叶中国的工业化开始起步，从19世纪60年代末开始，中国统治阶级中的部分人开始了工业化的早期努力。无论动机如何，由晚清统治阶级发起和领导的洋务运动对中国早期现代化的发展是起了重要推动作用的，这一点已经得到普遍认可。19世纪60—90年代由晚清王朝领导的洋务运动，标志着中国早期现代化的起步。

19世纪下半叶，中国在现代化进程中所取得的成果还是比较明显的。法国谢而耐教授评价道："直到1894年，中国的工业技术水平实际上几乎与大家普遍认为是比较先进的日本旗鼓相当。两国所投入的资本也具备同样的规模。"[①] 然而，中国是一个大国，人口是日本的数倍，但"中国企业之分散以及它相对于其庞大人口而言显得微不足道的数目，冲淡了中国工业化的成果，日本的集中化却产生了一种具有决定性的影响，此外内战和外部威胁也促使中国将主要精力集中到一种非生产性的战争工业上了，而这居然是在为近代经济发展所必不可缺的基础被建立起来之前"[②]。19世纪下半叶，中国的近代企业数量大约只有两三百家，主要分布在沿海的一些大中城市中，除少数企业外，这些企业大都规模不大，资本有限，与幅员广阔的国土面积和庞大的人口规模相比，是极不相称的。因而近代工业对于近代城市所产生的"拉力"也就十分有限。这一时期，推动中国城市发展的主要动力是在外贸的带动下所兴起的"商业化"。近代工业的发展和进出口商业贸易的兴起，是这一阶段城市化的主要推动力，但由于后劲严重不足，制约了城市化的快速发展。

除了现代经济发展迟缓，未形成聚集规模效应等原因外，这一时期普遍存在的社会动乱则是导致中国城市化发展缓慢的另一个重要原因。尤其是长达数十年的民众起义，兵锋所至，对各地区的城市破坏极大。

以太平天国战争为例，这次战争对长江中下游地区城市的破坏是显而易见的。首先战争造成这一地区人口锐减，从而导致了劳动力市场和商品市场的衰退乃至没落；其次战争摧毁了资本市场，更使商业、手工业发展所需的稳定、安静的社会环境丧失殆尽。这一时期，这些城市的发展在长达半个世纪的时间里出现了明显的萧

---

① [法] 谢而耐著，耿升译：《中国社会史》，江苏人民出版社，1997年，第498页。
② [法] 谢而耐著，耿升译：《中国社会史》，江苏人民出版社，1997年，第498页。

条衰退，城市的发展进程被迫延缓，江南各专业市镇向现代化、城市化迈进的进程也被打断。

然而，我们不能把全部的责任都归咎于太平军，战争的另一方清军也应承担责任，甚至是主要责任。因为清军的所作所为更具有摧毁性、破坏性，其火烧苏州城、天京（南京）城等，可谓罄竹难书、罪大恶极。咸丰二年（1852）十二月十四日清将王茂荫在《条陈军务事宜折》中讲道："吾闻贼之所至，专示假仁假义。其到汉口也，先使人按抚市肆，令如常买卖，毋得关门；其买市物也，无有短少，市人安之。官兵一到，反多残害。"① 咸丰十年（1860）初，太平军攻杭州，清军抵抗不力，掳掠有术，湖州外城被"兵勇所焚掠"；在常州，清军将领张玉良"下令毁城根民房，兵勇恣行焚掠，各城外，延烧五里，居民争入城觅栖止"②。清军统帅曾国藩也称："惟安徽用兵十余年通省沦陷、杀戮之重，殆难言喻，实为非常之奇祸，不同偶遇之偏灾。纵有城池克服一两年者，田地荒芜，耕种无人。徒有招徕之力，殊乏来归之户。"③ 此次战争使安徽全省"生者寥寥，昔日良田美园，变成荒原旷场，无复有人过问矣"④。由此可见清军对城镇的破坏甚于太平军。

关于太平天国时期战争对城市造成破坏的记载甚多，不绝于书，此处略引几条如下。

"百姓被'贼'践虐，为数百年来所未有。各州、厅、县田亩抛荒，著名市镇悉成焦土，孔道左右，蹂躏尤甚。虽穷乡僻壤，亦复人烟寥落，连阡累陌，一片荆榛。居民间有孑遗，颠连穷困之状，有不能殚述者。"⑤ 清军攻破天京城后，"沿街死尸十之九皆老者，其幼孩未满二三岁者，亦砍毙以为戏，匍匐道上。妇女四十岁以下者一人俱无"⑥。清军火烧天京城，官署民房，到处冒烟，"十年壮丽天王府"遂成一片灰土，"化作荒庄野鸽飞"⑦，六朝金粉的江南名城，经历这场浩劫后，变成了一座空城，无屋、无人、无钱。如此残破的景象，清朝重臣李鸿章也不得不叹息："东南财赋之地，蹂躏至此，触目尽伤。"⑧ 原来富庶的千里江南，此时已成"人烟寥落的荒村"，"间于颓垣败井之旁，偶遇居民，无不鹄面鸠形，奄奄待毙，伤心惨目之状，实非郑侠《流民图》可比"⑨。

---

① 王茂荫：《王茂荫集》，中国档案出版社，2005年，第28页。
② 佚名：《东南纪略》，中国史学会：《太平天国》（五），上海人民出版社，2000年，第231、235页。
③ 曾国藩：《豁免皖省钱粮折》，《曾文正公全集·奏稿三》，同心出版社，2014年，第83—84页。
④ 金陵大学农业经济系编印：《豫鄂皖赣四省之租佃制度》，1937年，第8页。
⑤ 李鸿章：《裁减苏松太粮赋浮额折》，《李文忠公全集》卷三《奏稿》，时代文艺出版社，1998年，第172页。
⑥ 赵列文：《能静居日记》，罗尔纲：《太平天国史记载订谬集》，生活·读书·新知三联书店，1955年，第50页。
⑦ 何绍基：《金陵杂述》，《东州草堂诗抄》卷六，同治六年（1867）长沙无园刊本。
⑧ 李鸿章：《复方比部鼎锐》，《李文忠公全集》卷五《朋僚函稿》，时代文艺出版社，1998年，第3210页。
⑨ 李鸿章：《裁减苏松太粮赋浮额折》，《李鸿章全集》卷三《奏稿》，时代文艺出版社，1998年，第172页。

第二章 民国城市化的曲折进程

从以上所引的数条资料中,我们可以对太平天国战争对江南诸城的破坏略见一斑,尤其是江苏南部的江宁、镇江、常州、苏州及浙江西部的杭州、嘉兴、湖州,受战争破坏最重。战前的苏州,手工业发达,并产生了资本主义萌芽,商业亦十分繁荣,"阊门内外,居货山积,行人流水,列肆招牌,灿若云锦,语其繁华,都门不逮"[①],"吴阊至枫桥,列市二十里"[②]。苏州市民以工商业者居多,城市化也发展到了一定水平;以商业为特色的城市文化蓬勃兴起。1860年,太平军进攻苏州,清军以守城为名放火烧毁枫桥、上下矿、南壕等城西繁华商业区,大火延烧三昼夜,城外房屋毁其半,凡放火处,掳掠一空,红光烛天,百里外皆可望见。经数百年形成的东、西、中市一带的手工业基地,也被兵燹毁于一旦。太平天国战争之前,苏州有织机9 000台,至1886年,仅有5 500台。同治《苏州府志》卷十三载:1865年,全府人数128.80万,较1851年的365万,减少了65%。这场叛乱的确对苏州造成了毁灭性打击,即使没有其他不利因素发生作用,恢复过来至少也需要40年时间。[③]

江苏南部偏西的三府所属地区,受战争的破坏也很严重。据《续纂句容县志》载:"粤寇之难,荆棘满地,城郭破残,凡祠庙、公署、桥梁之属,无不毁夷殆尽,盗贼凶虣,至此报矣。……自咸丰十年兵火以后,县之南乡户口凋零,不及承平十分之二三。"[④]而江浦县则在战争的破坏后,"瓦砾荆榛,弥望皆是",光绪初年的人口,尚及战前的二十分之一。又据民国《金坛县志》载,"'粤匪'之乱,蕞尔孤城坚守百余日,殉义七万余人"[⑤]。进一步考察江苏各府在太平天国战争前后的人口变化,更可证当时江南城市遭受战争破坏之惨烈(见表2-1):

表2-1 太平天国战争前后江苏部分地区人口比较表

地 区	战 前 时期(年)	战 前 人口数	战 后 时期(年)	战 后 人口数	后/前 百分率%
嘉 定	1813	436 466	1864	233 131	53
句 容	1809	306 968	1900	79 053	26
吴 江	1820	304 057	1864	113 653	37
青 浦	1810	332 164	1865	208 870	63
常 熟	1820	377 918	1865	213 532	57
昭 文	1820	260 819	1865	185 571	71
无 锡	1830	339 549	1865	72 053	21

---

① 孙嘉淦:《孙文定公全集》卷一《南游记》,嘉庆十年(1805)敦和堂刻本。
② 宋徵舆等:《松江府志》卷五四《遗事(下)》,康熙二十年(1681)刻本。
③ 何一民:《近代中国城市发展与社会变迁(1840—1949)》,科学出版社,2004年,130页。
④ 张绍棠:《续纂句容县志》卷二(上),光绪三十年(1904)刻本。
⑤ 冯煦:《重修金坛县志》卷一,商务印书馆,1926年铅印本。

续表

地区	战前 时期（年）	战前 人口数	战后 时期（年）	战后 人口数	后/前 百分率%
金匮	1830	258 934	1865	138 008	53
江阴	1839	564 603	1876	176 603	31
溧水	1847	185 143	1878	30 847	17
高淳	1847	188 930	1869	55 159	29
丹徒	1859	331 713	1867	107 611	32

何一民：《近代中国城市发展与社会变迁（1840—1949）》，科学出版社，2004年。

从表2-1可以看出太平天国时期江苏人口锐减之状况，也可以想象出当时市镇破坏的程度。至于太平天国时期的主战场所在地浙西杭、嘉、湖及太湖沿边诸市镇所受的破坏则更加严重，如长兴县"兵燹之余，民物凋，其列于册者子遗之民仅十之三焉，田赋之入仅十之四焉。故家遗谷十不存五；而城垣、桥庙、官廨之修复者仅十之三焉，而颓废者十之七焉"①。海宁州的长安镇，"被烧房屋十之七，沿乡数里尽伤残。被掳千余，死难被杀万余。鱼池积尸，两岸皆平，前后所陷市镇，惟此为最残"②。又据同治《孝丰县志》记载，该县全盛时期有人口30余万，但遭遇太平天国时期兵祸蹂躏后，"而今则落落星辰，散布四隅者仅八千余，不及三十之一也"③。1864年，太平天国运动走向尾声，时任浙江巡抚左宗棠请求减免遭受兵灾之府县的钱粮，并在奏折里指出："通计浙东八府，惟宁波、温州尚称完善，绍兴次之，台州又次之，至金华、衢州、严州、处州等处子遗之民，则不及从前二十分之一矣。"④据曹树基、李玉尚估算，太平天国战争之前，浙江大约有人口3 127万，经过战火肆掠，战后全省人口只剩1 497万，人口损失1 630万，损失比例高达52%。⑤

太平天国战争时期，战火波及全国16个省，这些省份遭到不同程度破坏的城镇达600余个，关于因战争及战争引起的疾疫、饥饿、灾荒等造成的非正常死亡人数，虽然有不少学者对此做了大量的探索工作，目前还没有精确的估计。据《中国人口史》作者赵文林、谢淑君的研究，从1853年到1870年的17年间，全国人口除1859年略有增长外，其余16年人口均呈负增长，其中1863—1866年人口年均负增长率都在20‰以上，详见表2-2：

---

① 赵定邦：(同治)《长沙县志·恽思赞〈序〉》，光绪十八年（1892）刻本。
② 海宁冯氏：《花溪日记》卷上，中国史学会：《太平天国》(6)，上海人民出版社，1957年，第667页。
③ 刘瀚修、潘宅仁纂：(同治)《孝丰县志》卷九，光绪五年（1879）刻本。
④ 左宗棠：《浙省被灾郡县同治三年应征钱粮请分别征蠲折》（同治三年四月十三日），杨青霖：《左文襄公（宗棠）全集·奏稿卷九》，文海出版社，1964年。
⑤ 曹树基、李玉尚：《太平天国战争对浙江人口的影响》，《复旦学报》，2000年第5期。

表 2-2 1853—1868 年中国全境人口年平均增长率表

公元年代	中国全境人口（千人）	年平均增长率（‰）	公元年代	中国全境人口（千人）	年平均增长率（‰）
1853	434 763	-11.10	1861	412 606	-12.83
1854	433 689	-2.47	1862	406 873	-13.89
1855	430 361	-7.67	1863	397 749	-22.42
1856	425 888	10.39	1864	386 988	-27.05
1857	424 055	-4.30	1865	369 803	-44.41
1858	422 736	-3.05	1866	360 573	-24.96
1859	422 793	0.07	1867	359 819	-2.09
1860	417 967	-11.41	1868	359 048	-2.14

赵文林、谢淑君：《中国人口史》，人民出版社，1988 年。

从表 2-2 中的统计数据可见，太平天国时期及战后数年间中国总人口呈持续减少趋势，1868 年全国总人口数比 1853 年全国总人口数少 7 571.50 万人。由此可见战争对人口发展的不利影响和对城市的破坏作用。

这一时期，一是因为推动城市化的动力不足，二是因为战争的影响，故除少数沿海沿江城市因开埠通商而出现较快发展以外，中国大多数城镇均发展缓慢，部分城市处于停滞衰退，甚至严重衰败的状态。因而这一时期，中国的城市化不可能有长足的发展。

关于近代中国城市化第一阶段的时间下限和第二阶段的时间上限为何时，目前较多学者都采用 1895 年说，国内较早研究近代中国城市化的学者胡焕庸教授等人均持是说。美国施坚雅教授也认为："1895 年《马关条约》的签订可以看作成中国城市发展的一个转折点，因为它的有关条款刺激了通商口岸近代机械工业的兴起，并开启了一个铁路铺设的时代。这样，19 世纪 90 年代，在中国几个区域的城市系统中，出现了较有成效的交通现代化变革。"[①] 但我们认为，《马关条约》的签订虽然对中国社会的影响深远，但近代工业的发展与铁路建设的普遍兴起不是在 19 世纪末，而是在 20 世纪初。20 世纪初的清末新政，标志着中国早期现代化的全面展开。清末新政对中国城市发展所产生的影响是巨大的。因而新政的实行是近代中国城市化第一阶段的结束及第二阶段开始的重要标志。

三、近代中国城市化的勃兴

1901—1937 年，即清末新政改革至全面抗日战争爆发前夕，为中国城市化的

---

① [美] 施坚雅著，王旭等译：《中国封建社会晚期城市研究——施坚雅模式》，吉林教育出版社，1991 年，第 64 页。

第二阶段，这一阶段是中国城市化的勃兴阶段，特点如下：由于近代工商业的发展，一批特大城市兴起，同时小城镇也出现了较快的发展，但城市化的发展在区域间表现出极大的不平衡性。

20世纪初年，清末新政的推行，标志着中国现代化运动的全面展开。在经济上，清末新政打开了被封闭已久的发展资本主义的大门，民族资本主义在清政府的扶持下蓬勃兴起。

民族资本主义的发展是国家现代化的动力之一，而清王朝对民族资本主义的保护与鼓励则是其兴起的一个相当重要的原因。清王朝总结洋务运动的经验，调整了工业化政策，扶持民间工业，将工业发展纳入法治轨道，正式建立了现代企业制度。从1903年起，清政府陆续颁布了《公司律》《奖励公司章程》《公司注册试办章程》等系列法律法规，并规定按投资现代工商业数额的多少和贡献的大小来分授各主持者不同等级的勋号和官阶品衔。这种以行政力量激发民间投资热情来加速资本原始积累的做法，取得了很大的实效。在1905年后，中国掀起了第二次投资设厂热潮，仅在1905—1908年四年间，新设厂矿已达201家，投资合计45 815万元，年平均设厂数超过甲午战争前20余年平均数的20多倍。到1913年，全国共创设了各类工矿企业744家，资本总额达15 548.80万元，平均每家资本额为208 989元。截至1913年，本国产业资本合计为30 386.20万元。其中，制造业（包括公用事业）15 381.20万元，占50.62%；矿业6 974.40万元，占22.95%；铁路48 282万元，占15.89%；航运业（包括电信业）32 024万元，占10.54%。从设厂数与投资额来看，1895—1900年共设104家企业，投资额为2 302.40万元，而1904—1908年共设264家企业，投资额为6 734万元。从投资的地域分布来看，上海仍然是本国资本工业企业最集中的城市，上海一地创办的企业达83家，资本总额为2 387.90万元，分别占总数的15.12%和19.85%。广东、天津、武汉等城市的工业投资环境较其他城市优越，新式工业也有着较快的发展。[①] 与前期相比，这一时期投资新式工业的城市数量和地区范围已经有了较大的增长和扩展，表明新式工业作为新的生产力已在中国城市中发展起来。

20世纪初年的新政改革直接为辛亥革命后资本主义发展高潮的到来奠定了基础。政治上，清末新政直接导致了延续千年之久的政治结构的嬗变与社会结构的分化，加剧了社会动员与社会流动的程度。在这一过程中，绅权作为与皇权抗衡的重要力量脱颖而出，进一步削弱了本已腐朽的清廷统治，为民初政治现代化发展创造了条件。新政改革在政治体制上做了一系列改革，调整、裁汰了部分原有机构，新设了商部、学务部、外务部等新式机构；加大了整饬吏治的力度，并着力考核官员兴办新政之实绩；改革刑律，仿西法行新律；改革军制，废旧军办新军，并在各省设立谘议局，在中央设立资政院，使封建统治体制出现了新变化，从而使现代化改

---

① 以上资料参见陇瀛涛主编《中国近代不同类型城市研究》（四川大学出版社，1998年）第9章相关内容。

第二章
民国城市化的曲折进程

革从器物层面终于转到了制度层面。虽然它远未完成现代政治制度的转化，但毕竟直接触动了千百年来被视为神圣不可侵犯的封建传统政治体制，可以说，这是辛亥革命以前中国社会向前走得最远的一步。政治体制的改革，增加了社会现代化的推动力，涌现了一批具有新知识、新的价值观、崇尚实际的新型现代化人才。这些新型知识分子很快地承担起社会和时代赋予其的使命，成为改造社会及推进现代化的主要力量。

城市化是现代化的标志之一，也是现代化的一个重要的动力源泉。清末新政加快了正在缓慢发展的城市化进程，新型工商业城市迅速崛起，成为中国现代化的启动源与加速器。清末新政一系列措施的实行，大大增强了城市作为现代化中心的凝聚力与吸纳能力，逐渐由原来传统的单一政治中心转变为集政治、经济、文化、教育、交通等多功能于一体的多元荟萃之地。这些新兴城市日后成为中国现代化的主要基地。现代化是"同时具有创新和破坏作用的过程，它既提供了新的机会，也可能使人类付出混乱和痛苦的极大代价"[①]。20世纪初年，清政府进行新政改革，促进了中国城市的早期现代化和城市化的发展，而清末新政改革的契机则是《辛丑条约》的签订，因此以《辛丑条约》的签订作为近代中国城市化第一阶段的时间下限和第二阶段的时间上限是比较合理的。

从20世纪初到抗日战争全面爆发的30余年间，是近代中国城市化发展较快的时期，城市发展也较前一个时期有较大的变化。

20世纪前期，除少数城市的人口出现减少外，相当部分城市的人口都有不同程度的增长，尤其是现代化水平相对较高的通商口岸城市的人口增长较快。如以1843年人口数为基本指数100的话，那么，到1933年时，上海人口指数则为1 520，天津为600，南京为560，北京为150，长沙为190。上海人口在90年里增长了15倍，天津增长了6倍，北京也增长了1.4倍。[②]

此一时期城市化加快的另一个重要特征是一批大城市和特大城市兴起，城市的现代化转型也较前明显。据《最近"支那"经济全书》一书的统计，1915年，中国10万人口以上的城市大约有43个，100万人口以上的城市共有2个，50万—100万人口的城市共有12个，20万—50万人口的城市共有11个，10万—20万人口的城市共有18个。[③] 另外，从相关的统计资料来看，19世纪中后期，中国的城市发展的速度相对较慢，而到20世纪，随着现代经济的发展，部分大中城市的发展速度则明显加快。

据上海日报社1933年所编的《中国年鉴》的统计，到20世纪30年代，我国10万人口以上的城市达到106个，总人口达2 900万以上，50万人口以上的城市10

[①] [美]C.E.布莱克著，景跃进、张静译：《现代化的动力：一个比较史的研究》，浙江人民出版社，1989年，第24页。

[②] 胡焕庸、张善余：《中国人口地理》（上册），华东师范大学出版社，1986年，第260页。

[③] [日]东亚同文书院：《最近"支那"经济全书》，东亚同文会，1935年，第360—361页。

座，详见前文表 1-19 及表 2-3：

表 2-3　20 世纪 30 年代我国 50 万人口以上的城市统计表

城　市	人口总数	资料年份	城　市	人口总数	资料年份
北　平	1 369 400	1929	无　锡	900 000	1930
天　津	1 391 722	1929	成　都	700 000	1926
上　海	2 818 866	1930	重　庆	624 000	1928
南　京	521 700	1929	武　汉	1 573 900	1927
广　州	829 500	1929	长　沙	535 800	1928

上海日报社编印：《中国年鉴》，1933 年。

据国民政府主计处统计局《统计月报》的记载，1931 年 1 月，国内八大都市的人口分别为南京659 963人，上海1 871 822人，北平1 435 505人，天津1 335 392人，汉口736 529人，广州877 007人，杭州508 157人，青岛380 250人。[①] 另据近代著名学者沈汝生先生对 1933—1936 年间中国城市的调查统计，全国 5 万人口以上的城市达 189 个，其中上海城市人口数达 200 万以上，北平、广州、天津、南京等城市人口数在 100 万以上，另外汉口、香港、杭州、青岛、沈阳等城市人口数则在 50 万—100 万之间。城市人口数在 20 万—50 万之间的有 18 个城市：成都、长沙、大连、济南、武昌、滨江（吉林）、苏州、福州、保定、开封、重庆、南昌、无锡、宁波、长春、镇江、温州、周口店。参见第一章表 1-20 "民国时期城市等级规模结构体系统计表（1933—1936 年）"。

此外，据胡焕庸等著《中国人口地理》一书，1936 年时，中国 5 万人口以上的城市有 191 个，比 1919 年时多出 51 个。其中，百万人口以上的特大城市 5 个，比 1919 年增加 3 个，而上海更以多达 370 多万的人口成为中国第一个 250 万人口以上的超级特大城市。[②]

全面抗战前，中国的边疆省区城市也较前有很大的发展，特别是东北地区的城市发展较为迅速。

19 世纪后期，东北地区的城市数量对于其广阔的土地而言，是相当少的，城市人口总量也很少，城市化的比重也远远低于全国平均水平。20 世纪初年（1907 年），东北数省的城市规模一般都较小，万人以上的城市仅有 37 个，还没有一个 20 万人口以上的城市，10 万—20 万人口的城市也仅 2 个；1930 年，东北地区城市总数增加了一倍，达到 75 个，另外有 120 余个县城的人口在 2 000 人以上；东北已经出现了 3 个 20 万人口以上的城市，1931 年，沈阳的人口为561 633人；另外，10 万—20 万人口的城市也有 2 个（永吉、滨江），城市人口总数由 1907 年的

---

① 国民政府主计处统计局：《统计月报》，1932 年 11、12 月合刊。
② 胡焕庸、张善余：《中国人口地理》（上册），华东师范大学出版社，1984 年，第 260 页。

第二章 民国城市化的曲折进程

1 062 100 人增加到 1930 年的 3 031 285 人,增加了近 2 倍,① 城市人口的增长比例高于城市数量的增长比例。

新疆地区的城市数量在 20 世纪前期也有所增加,到全面抗战前,新疆万人以上的城市数量达到 24 个,其中伊犁、疏附、阿克苏、疏勒、库车、和阗、叶城七座城市的人口均超过 10 万人。②

20 世纪 30 年代初,中国海关对 1931 年 44 个通商口岸城市的人口进行了估计,认为这 44 个通商口岸城市的人口总数达到 13 500 余万,比 1921 年增加了 40 余万。③

城市发展的另一个重要标志就是城市用地面积的扩大。20 世纪初以来,随着城市人口的增加,城市经济的发展,许多大中城市普遍出现了城小地狭的问题。拓展城市用地成为众多城市管理者和市民的共同要求,"非拓展市区范围,不足以资容纳而维持久远"④。民国建立以来,部分城市就开始拆除城墙,到 20 世纪 20 年代,一个以推倒旧城墙、建设马路、拓宽城市建成区为主要内容的市政建设运动在全国许多城市中兴起。上海是较早拆除城墙的城市之一。民国初年,上海旧城厢外的工商业出现繁盛的局面,南市外的马路设有大达轮业公司、宁绍商轮公司码头、内地自来水公司、电话局、大米行、大木行、上海医院等大型企业和事业机构,咸瓜街也遍布各种商店,城墙成为阻碍工商业和交通运输业进一步发展的障碍。1912 年 1 月,上海沪军都督陈其美、上海民政总长李书平下令拆除城墙,陆续建设了环城的"中华""民国"两条马路和其他几条马路。上海作为一个大城市,其发展过程经历了两个阶段:第一阶段,从 1843 年至 1900 年,这一阶段是上海作为一个传统的中等商埠城市向国际性的现代贸易中心城市转变的时期,这一时期,上海城市的范围随着租界的拓展而不断扩大,传统的旧城已经成为现代新上海城的附属品;第二阶段,从 1900 年至 1937 年,这一阶段是上海从一个商业贸易城市向工业城市转变的时期,其城市经济发展逐步进入工业化。上海开放后,所出现的国际性商业贸易和大规模的轮船运输不仅使上海城市迅速发展,而且使它处于中国社会巨大的结构性转变的首位,它率先冲出农业时代进入工业时代,其现代工业地位迅速提高,在就业率和产出率上迅速上升。特别是 20 世纪的工业化和世界经济一体化的形成,使上海从 1840 年的一个默默无闻的中等城市发展为具有世界地位的特大城市,到 1936 年前,上海已与伦敦、巴黎、纽约、柏林具有同等地位。

工业的发展对于上海城市规模的扩展起着重要的作用。美国学者墨菲评论说:"直到 1895 年为止,上海几乎仍旧是个纯粹经商的城市,因此人口从未超过 50 万。……尽管 1843 年至 1895 年间由于外国人创办经商机构的结果,(上海)人口增加了一倍,但是如果跟 1895 年以后伴随着市内现代工业制造发展而造成的人口

---

① 东北文化社编印:《东北年鉴》,1931 年,第 171—175 页。
② 洪涤尘:《新疆史地大纲》,正中书局,1935 年,第 45—57 页。
③ 张梓生、章倬汉:《申报年鉴》,申报馆特种部发行,1933 年,第 6—7 页。
④ 陈丹林:《市政全书》,道路月刊社,1928 年,第 79 页。

激增相比,那么早期的(人口)增长就显得微不足道了。第一次世界大战期间中国与东南亚市场海外竞争的消除,对于上海市内现代工业制造的发展,起了强大的推动作用,从而使上海人口增加 300 万左右。规模小和资金不足的工业在上海的占有优势以及中国工业机构所具有的特性,也意味着:在上海,为了维持这种工业的发展,比维持早期以经商为主的活动,需要更多数量的劳动力。"[①] 我们认为墨菲关于工业对于上海城市的推动作用的看法是符合实际的(虽然我们对于他关于 1895 年为上海工业快速发展的转折点有不同意见)。20 世纪以来上海工业的快速发展,确实成为上海城市发展的重要推动力,一方面使城市人口迅猛增加,同时也导致了上海城市用地规模的扩大。20 世纪以来,上海城市规模加速扩展。1914 年,上海租界面积达到 32.82 平方公里(公共租界 22.60 平方公里,法租界 10.22 平方公里),为上海旧县城的 16 倍。

南京国民政府建立后,为了加强对上海的管理和促进上海进一步发展,决定在不改动租界现状的前提下,建立一个新的上海中心城区,以摆脱租界对上海城市发展的掣肘。新上海建设计划以江湾闸殷路以南、翔殷路以北、淞沪路以东、黄浦江以西约 7 000 余亩的土地作为新的上海市中心区域。虽然直到全面抗战前,新上海建设计划并没有能够得到整体实施,但该计划的部分实施,对于上海城市的拓展已起到了十分重要的作用。到 1949 年上海解放前夕,上海市区面积达 82.40 平方公里,人口达 545 万人左右。

天津在 20 世纪前期成为中国北方最大的综合性多功能经济中心城市,其城市规模的扩大主要也是在 20 世纪前期。首先,20 世纪初年法租界通过扩界使自身面积扩大了近 6 倍。在新扩展的地区,法国人修筑了福熙路和杜总领事路,这两条路的交会处成为天津最繁华的商业区,先后建有国民饭店、浙江兴业银行、惠中饭店、世界饭店、劝业场大楼、光明社影院、明星影院、国泰影院、北洋大戏院、中国大戏院等高大建筑,此外这一带还分布有绸庄、布店 70 多家、鞋帽店 50 余家、饭馆酒楼 50 余家,被时人称为"小巴黎"。[②] 租界不仅是洋人居住的地方,而且也有大量的华人居住,成为华洋杂居的场所。其次,租界的发展也推动了天津旧城的扩展。由于海河沿岸地势较好的地段已为外国租界所占,故天津旧城厢已没有很大的发展余地,因此,驻天津的直隶总督袁世凯决定开发海河以北地区、将东沿铁路、西至北运河、南起金钟河、北至新开路的区域作为开发区,先后修建了新铁路和以大经路为中心的两侧呈放射状的街道网络;另又建成了金钢桥、金汤桥,打通了新市区和旧城区之间的交通。1901 年天津即开始拆除城墙,在墙基上建设了环城马路,其后又大搞道路建设,使城市建成区沿新建道路扩展。

天津新市区的开发体现了行政干预的作用,从晚清到民国,大批政府机关迁到

---

① [美]罗兹·墨菲著,上海社会科学院历史研究所译:《上海——现代中国的钥匙》,上海人民出版社,1986 年,第 24 页。
② 张洪祥:《近代中国通商口岸与租界》,天津人民出版社,1993 年,第 142 页。

新市区，新建的政治机关也多设在新市区；同时，一些工厂和学校也在政策的鼓励下在新市区建立起来，新市区成为天津城市的政治、文化教育中心。随着政治中心和文化教育中心的转移，天津城市人口也大量向新市区聚集，新市区经过20余年的发展，成为人口密集、各业发达、经济繁华的地区。在开发新市区的同时，天津旧城区也得到一定程度的发展，昔日旧城区外的郊区已逐渐变成了繁华的街市，《天津政俗沿革记》载："城厢狭窄，历年开辟。有旧时村庄今与城市相联。相沿日久，直以为街市之名，如锦衣卫桥、海光寺、三官庙、永丰屯、金家窑、望海寺、马家口、卢家庄等皆是。"[①] 工业的发展也直接推动了天津城市地域的扩展，由于建设工厂需要大片的生产和生活用地，而城区已不能满足这种需要，因此大多数工厂都设立在城区和租界边缘地带。随着工厂数量的增加，工厂开始向远郊布局，如天津河北区火车站外的小于庄、德租界南的小刘庄、挂甲寺、郑庄子、河北堤头、陈塘庄、塘沽等地都先后建设了一些大型的工厂。这些大型工厂，工人数量多而且十分集中，因此在这些工厂附近往往形成了新的居民聚居区，为了满足生产和生活的需要，这些工厂区和居住区也相应地建设了一些城市基础设施和生活设施，从而改变了这些地区原有的乡村性质，使天津城市的规模不断扩大。20世纪以来，随着天津经济、文化的发展，天津新市区、租界和旧城区逐渐连成一片，城市规模进一步扩大。19世纪末，天津城市区面积为16.53平方公里，到1919年天津市区面积则发展到33.22平方公里，1934年更扩展到54.75平方公里。[②] 天津成为北方各城市中基础设施先进、齐全，文化娱乐设施集中，具有现代化的交通工具、通信工具，对内对外联系便捷，资金、商品、信息的流通量十分大的多功能中心城市。

广州在辛亥革命后也逐渐拆除城墙，改作马路，城市规模迅速扩展。1948年，广州城市人口达到960 712人，中心城区面积扩展至36平方公里，城市建成区东至现在的广州大道，西临增步河，北界铁道，南越珠江。

晚清时期的厦门城区面积仅为3.46平方公里，除了低洼处的河流以外，实际只有2.93平方公里，居住人口为12万人，人口密度相当大，平均每平方公里有为4万余人。辛亥革命后，厦门市政会以修路为先导，对市区进行改造，1927年，厦门市政督办公署拆除城墙，修建了北门外街、幸福路、故宫路、古城东路和古城西路；同时厦门城市土地开发也进入一个新时期，从1927年至1932年，厦门共开发了土地30处，从而使城市建筑区面积从2.93平方公里扩展至4.20平方公里。1936年，厦门的建成区面积达到6平方公里。

此外，还有若干个大中型工商业城市在经济发展的推动下相继拓展了城市空间。

全面抗战前十余年间，中国的城市化出现较快的发展。一方面是城市的内在发展动力增强，另一方面则是这一时期大批农民离开农村进入城市，出现了所谓"都

[①] 王守恂：《天津政俗沿革记·乡镇》，1938年铅印本。
[②] 罗澍伟：《近代天津城市史》，中国社会科学出版社，1993年，第338页。

市膨胀"现象。农民离村是城市化进程中的正常现象，但这一时期，中国大批农民离村的原因主要不是城市经济发展的结果，亦不是城市"拉力"的作用，而是农村经济的崩溃所产生的巨大"推力"，将无数的农村人口抛向城市。

这一时期，为什么大量农民要背井离乡？20世纪二三十年代，中国和日本都有学者对此进行比较深入的研究。[①] 其中，认识深刻又有代表性的是著名社会学家吴至信。他认为："中国农村经济的崩溃的原因至多，然其中足以造成及加速农民离村者，择要言之，一为天灾，一为兵祸。"在深入调查江苏、河北、河南、广东等中国部分地区农村的农民离村问题后，吴至信指出："中国的离村现象，除极少数靠近工业城市之区域或与工业化有关，而十九由于天灾兵祸之驱迫而成，是被动的而不是自动的，是病态的，而不是常态的。"[②] 1936年，实业部中央农业实验所根据全国22个省区计1 001个县的6 000余名农情情报员所提供的3 319份调查资料整理了一份报告，该报告显示，彼时中国农村的农户离村者占农村总人口数的4.80%。[③] 吴至信以这份报告为基础，结合其他资料估计，中国农民在1934—1936年这三年间离村者达到1 300余万之众。[④]

大量的农民离村，其去向是多元的，但以进入城市为主流。据国民政府主计处统计局的资料显示，农民离村进入城市者占总离村人数的59.10%，其中全家离村到城市中逃难者占14.20%，到城市中做工者占21.30%，到城市中谋生者占15.40%，到城市中住家者占8.20%；农民离村者中青年人所占比重较大，占总人数的65.30%，其中青年男女离村到城市中工作者为占7.70%，到城市中谋事者占20.10%，到城市中求学者占17.50%。[⑤] 由于大量的农民在短期内进入城市，因而造成了中国城市人口拥挤的现象，这给人造成一种假象，即中国的城市化水平已较高，以致在20世纪二三十年代，一些社会学家被这种虚假的城市化现象所迷惑，并做出了过高的估计。如近代著名社会学家许仕廉先生就曾对20世纪20年代中国的城市化水平估计过高。许仕廉在1930年所著的《中国人口问题》中指出："依中国内地会调查，在中国境内人口百万以上的都会三，人口五十万至百万之都会六，人口二十五万至五十万之都会十一，人口在十五万至二十五万之都会十五，人口十万至十五万之都会十五，而人口在五万至十万之都会八十三，人口二万五千至五万之都会一百九十三。"居住在5万人口以上的城市的人占人口总数的6%，居住于1万—5万人口城市的人也占人口总数的6%，那么所余的88%则居住在1万人口以下的城市或村庄。[⑥] 参见表2—4：

---

① 吴至信：《中国农民离村问题》《中国农民离村问题》（续），《东方杂志》，1937年第34卷第15号、第34卷第22号；董汝舟：《中国农民离村问题之检讨》，《地政月刊》，1933年第1卷第5期，原刊《新中华》，1933年第1卷第9期；[日]田中忠夫：《中国农民的离村问题》，《社会月刊》，1929年第1卷第6号。
② 吴至信：《中国农民离村问题》，《东方杂志》，1937年第34卷第15号。
③ 实业部中央农业实验所：《各省农民离村调查》，《农情报告》，1936年第4卷第7期。
④ 吴至信：《中国农民离村问题》，《东方杂志》，1937年第34卷第15号。
⑤ 吴至信：《中国农民离村问题》，《东方杂志》，1937年第34卷第15号。
⑥ 许仕廉：《中国人口问题》，商务印书馆，1930年，第44—45页。

第二章 民国城市化的曲折进程

表 2-4 1920 年前后中国人口城乡分布统计表

人口范围	人口总数	占百分比
全国	44 600 万人	100
2 500 人以下的农村及小村	30 000 万	66
2 500 人至 10 000 人之间的市镇	10 000 万	22
10 000—50 000 人的小都会	2 300 万人	6
50 000 以上的大都会	2 300 万人	6

许仕廉：《中国人口问题》，商务印书馆，1930 年。

如表 2-4 所示，许仕廉先生认为"住在人口二千五百至一万之市镇的，约一亿而弱，占全国人口百分之二十二；住在人口一万至五万的小都会的，约二千三百万，占全国人口百分之六；住在人口五万以上之大都会的，约二千二百万，亦占总人口百分之六。"[①] 按许先生的估计，20 世纪 20 年代末，中国 2 500 人以上城市的人口占全国人口的 34%。十余年后，另一位著名的社会学家孙本文先生认为，若以 2 500 人以上的城镇为线划分城市化标准的话，那么 1936 年前后，中国的城镇人口比重为 28.10%。另据 1934 年出版的《中国农村经济资料》的统计，当时中国共计有 45 000 万人，其中，居住在农村的有 3 亿，占总人口的 67%，居住于人口规模在 2 500—10 000 人的小集镇中的有 1 亿人；居住在 1 万—5 万人的小城市的人口和居住在 5 万人及以上的大、中城市的人口各有 2 300 万人，全国城镇人口比重为 33%。[②] 外国学者杜洛谢夫于 1930 年发表的《中国城市人口》一文则认为，中国人口在 10 万及以上的城市人口总数为 30 880 400 人，人口在 5 万—10 万之间的城市人口总数为 11 356 400 人，人口在 2.5 万—5 万的城市人口总数为 8 604 700 人。按他的估计，中国城市人口不下 1 亿，占全国总人口的 20% 以上。[③] 对于以上对城市化水平的估计，现代学者多数认为偏高。造成这个结果的一个非常重要的原因，就在于近代中国缺乏科学的人口统计，此外，在统计过程中，采样标准的差别也会造成统计结果的差异。因而对中国城市化程度要进行精确的估计，是非常不容易的事情。虽然有不少学者对此进行了尝试，但均难以成为公认的定论。

近代学者沈汝生先生也曾对 1933—1936 年我国城市和城市人口进行过研究，其研究成果多为现代学者所引用。参见表 2-5：

---

① 许仕廉：《中国人口问题》，商务印书馆，1930 年，第 45 页。
② 胡焕庸、张善余：《中国人口地理》（上册），华东师范大学出版社，1984 年，第 267 页。
③ Torgeschef: town population in chuina, *The china critic*, 1930, VOI No. 34.

表 2-5 1933—1936 年中国城市和城市人口统计表

等级规模（万）	城市数（个）	%	人口数（万人）	%
大于 200	1	0.50	348.001 8	10.80
100—200	4	2.10	480.287 7	14.90
50—100	5	2.70	316.566 5	9.80
20—50	18	9.52	598.321 0	18.60
10—20	48	25.40	665.861 1	20.70
5—10	113	59.78	814.512 5	25.20
合　计	189	100.00	3 223.553 6	100.00

沈汝生：《中国都市之分布》，《地理学报》，1937 年第 4 卷第 1 期。

表 2-5 显示，20 世纪 30 年代前期，我国有 5 万人口以上的城市 189 个，城市人口总数为 3 223 万。其中有特大城市 1 个，城市人口达 348 万；人口在 100 万—200 万的城市 4 个，城市人口总数达 480.29 万人；人口在 50 万—100 万的城市 5 个，城市人口总数为 316.57 万人；人口在 20 万—50 万的城市 18 个，城市人口总数为 598.32 万人；人口在 10 万—20 万的城市 48 个，城市人口总数为 665.86 万人；人口在 5 万—10 万的城市 113 个，城市人口总数为 814.51 万人。各类城市人口总数为 3 223.55 万人。[1] 沈汝生先生关于 20 世纪 30 年代中国城市数量和城市人口的统计是根据政府有关部门的调查而来的，相对说来较为准确，为相当多的研究者所采用。据国民政府统计局的统计，1933 年，中国全国人口总数为 44 449 万人。[2] 因而中国 5 万人口以上城市的人口总数占全国人口总数的 7.25%。但沈先生的统计未包括 5 万人口以下的城市和 2 500 人口以上的城镇的人口，因而还需要加上这部分小城市和小城镇的人口。

近代以来，中国东中部的小城镇受到商品经济发展的影响而兴盛，特别是 20 世纪二三十年代，小城镇和集镇的发展出现了一个高峰。据国民政府内政部对 1933—1934 年江苏、浙江、山东、山西、河南、河北六省 548 县人口在 2 000—20 000 间的建制镇的调查统计，此类城镇共有 8 026 个。此外，内政部还对全国其他 22 个省 1 010 个县的建制镇进行了调查统计，共有镇 6 987 个，平均每县 6.90 个。由于全国还有 404 个县未被调查统计，如按每县 6.90 个镇计算，那么这 404 个县共有镇 2 787.60 个，以上两部分再加上江苏、浙江、山东、山西、河南、河北 548 县的镇，共有 17 800.60 个，四舍五入取整数，为 17 801 个。据南开大学慈鸿飞教授的研究，至 20 世纪 30 年代，内地的镇大多数人口都在两千人以上，特别是北方的

---

[1] 沈汝生：《中国都市之分布》，《地理学报》，1937 年第 4 卷第 1 期。
[2] 国民政府主计处统计局：《中华民国统计提要》，1932 年第 11、12 期合刊。

镇，总体数量比南方少得多，但其常住人口都有一个较为一致的趋向性，即绝大多数都在两千人以上。南方镇的常住人口数量差距悬殊，多数在两千人以上，也有少部分在两千人以下。至于边远省区，由于人口较稀少，故不少的镇人口在两千人以下。因而慈鸿飞先生认为，如果全国有15%的镇，其人口在两千人以下，除去这部分不计，那么20世纪30年代中国人口规模在2 000—20 000人的镇计有16 335个。① 目前国内学术界也有学者对慈鸿飞教授关于20世纪30年代中国城镇数量猛增的结论表示质疑，如《中国移民史》第六卷的作者曹树基教授就认为，慈鸿飞教授既没有认真研究国民政府的调查标准，也没有对"市"或"镇"的功能和居民职业展开分析。他的统计其实包括了所有设"市"的、超过1 000人口的较大的农村聚落。而划分标准的不一致，使他得出了近代中国集镇数量猛增以及20世纪30年代中国有1.5亿人口居住于集镇的观点。然而，"即便有大量人口居住于这种'集'、'镇'，也不能说明当时中国的城市化水平"②。我们认为，如果单纯研究集镇数量的增长，则可以不考虑集镇居民的职业构成，但如果是研究城市化的发展，则需要考虑居民的职业构成，特别是非农业人口与农业人口的比例。当我们在研究20世纪30年代的城市化时，强调建制镇的目的就在于考虑到建制镇居民的职业构成。虽然民国时期一般的建制镇人口都不满5 000人，但这些建制镇大多为地方行政中心（县政府或乡镇政府所在地），在镇上居住的居民一般以非农业人口为主，虽然也不排除有一定数量的农业人口居住。因而将建制镇纳入城市化研究的范围是合理的、必要的。

如果按照慈鸿飞的研究结果，20世纪30年代，中国共有两千人以上的镇1.63万余个，那么以每镇平均2 500人计，共有4 083万人，如果以每镇平均3 000人计，则共有4 900万人。前者占全国人口总数44 449万人的9.19%，后者占全国人口总数44 449万人的11.02%。再加上5万人口以上城市的3 223万居民，因而20世纪30年代，中国的城镇居民人口总数应在7 300万—8 100万，其城市化率在16%~18%，是近代中国百余年间城市化发展过程中的一个高峰。以上数据也仅仅是一种推测，还难成为定论。按照1953年的人口统计，中国大陆共有建制镇5 402个，人口2 353万人，平均每镇4 356人，如果扣除其中人口不足两千的，还有4 482个，有人口2 229万人，每镇平均4 973人。③

---

① 慈鸿飞：《近代中国镇、集发展的数量分析》，《中国社会科学》，1996年第2期。
② 曹树基：《中国移民史》（第6卷），福建人民出版社，1997年，第587页。
③ 胡焕庸、张善余：《中国人口地理》（上册），华东师范大学出版社，1984年，第270页。

表 2-6 1953 年全国各省区城、镇等级构成统计表（按 20 世纪 80 年代省市界调整）

省（市）、自治区 \ 市镇等级（万人）	<0.2	0.2—0.5	0.5—1	1—3	3—6	6—10	10—20	20—50	50—100	>100	合计
北京市	—	17	18	3	—	1	—	—	—	1	40
天津市	—	5	8	3	1	—	—	—	—	1	18
上海市	8	9	18	9	—	—	—	—	—	1	45
河北省	14	164	125	44	6	2	3	2	1	—	361
山西省	1	39	48	21	3	2	1	1	1	—	117
河南省	28	162	92	52	3	5	4	1	1	—	348
陕西省	11	78	34	21	—	2	1	—	1	—	148
江苏省	25	175	122	33	10	1	3	6	1	1	377
浙江省	1	37	74	47	5	2	1	2	1	—	170
安徽省	11	145	76	25	6	—	2	3	—	—	268
江西省	49	83	44	24	2	5	—	1	—	—	208
湖北省	195	125	55	31	1	3	1	—	—	1	412
湖南省	135	135	50	35	5	2	3	1	1	—	367
四川省	162	155	75	59	9	2	4	2	1	1	470
福建省	15	120	76	31	2	1	1	1	1	—	248
广东省	97	149	85	44	7	3	4	2	—	1	391
广西区	20	124	44	17	—	1	4	—	—	—	210
贵州省	28	81	38	13	2	1	—	1	—	—	164
云南省	21	59	46	20	1	—	2	—	1	—	150
辽宁省	2	13	12	31	6	3	4	3	3	1	78
吉林省	1	15	37	34	9	1	3	1	1	—	102
黑龙江	3	27	50	41	15	3	2	1	—	1	143
内蒙古	24	44	21	15	5	—	2	—	—	—	111
甘肃省	—	—	—	—	5	—	1	—	—	—	6
宁夏区	—	8	7	3	1	—	1	—	—	—	20
新疆区	18	27	17	11	—	1	2	—	—	—	76
青海区	5	21	3	1	—	1	—	—	—	—	31
合 计	874	2 017	1 275	668	104	42	49	27	14	9	5 079

本表据胡焕庸、张善余《中国人口地理》（下册）整理，其中甘肃省的镇只有总数（213个），而无各镇的分类情况，故表内甘肃省未列镇，只列了 6 个城市；此外，台湾、香港、澳门、西藏缺乏具体的资料，故表中也未列出。另外北京市、天津市、上海市栏中">100"是指中心城区。

很显然，1953 年全国建制镇的数量比 1934 年的建制镇数量少得多，另外，非建制镇未被纳入城镇统计的范围。从中华人民共和国建立后到改革开放初期，中国的建制镇数一直处于减少的状态。1982 年，中国的建制镇只有 2 819 个，共有非农业人口 4 579 万人，每镇平均人口达 16 307 人。中华人民共和国建立后的前 30 年间，

第二章 民国城市化的曲折进程

中国的建制镇较民国中期少了一半。① 1953 年，中国刚从战争的创伤中复苏，还未开始大规模的工业化建设，因而 20 世纪 30 年代中国的建制镇的非农业人口数至少不会少于 1953 年建制镇的非农业人口数，如以 2 300 万人计，那么约占总人口的 5.20％。如果加上 5 万人口以上的城市的人口，在全面抗战前，中国的城市化率应大约为 12.50％。

当代中国研究城市的学者多以行政建制作为确定城市的标准。这一方法是否科学还值得考虑，但用这一方法来研究近代和近代以前的中国城市则会出现若干问题。因而应采用国际大多数国家政府和学术界认同的以人口规模和人口职业构成的方法作为判断城市的标准，并结合中国的国情况来对近代中国城市进行研究。

关于城市的定义，在不同的国家和不同的时代有不同的看法，目前相当多的国家和绝大多数研究者是按居民点的人口规模来区分城镇人口和农村人口的，并明确规定其具体的标准线，即达到或超过此标准线者属于城镇，在此标准线以下者则属于农村。就 20 世纪 70 年代中期而言，世界上关于城镇、乡村的分界线，最低标准是 200 人，最高标准是 10 000 人，但大多数国家以 2 000 人或 2 500 人为分界线，此外，有的国家还兼顾了人口职业构成，其中最基本的指标就是"非农业人口比重"②。1955 年，中国政府颁布《关于城乡划分标准的规定》，明确规定只要符合下列标准的地区就是城镇：(1) 市级或县级政府所在地；(2) 常住人口超过两千，且半数以上的居民为非农业人口；(3) 工矿企业、铁路站、工商业中心、交通要口、中等以上学校科学研究机关的所在地和职工住宅区等，常住人口虽不足两千人，但在千人以上，而非农业人口超过 75％的地区；(4) 具有疗养条件，而每年疗养人员超过当地常住人口 50％的疗养区；(5) 以上四类中，常住人口超过 2 万的县以上政府所在地和工商业地区可列为城市，其余为镇。1955 年中国政府颁布的《关于城乡划分标准的规定》应该说是比较符合当时中国实际情况的，胡焕庸先生等人认为这个规定"对城镇居民点人口规模的下限定得较低，即 2 000 人，但又以非农业人口比重超过半数加以限定，因此同多数国家比较接近"③，从而与国际上多数国家有着可比性。

国内学术界一般在大中型城镇的划分上并无异议，认为一些人口众多的大镇已经是城市，对周边农村具有很强的吸引力。但学术界在小城镇的划分上则有较大争论。曹树基教授认为，因国家人口总数的不同，城镇划分的标准也应不同，清末江南一大批人口只有 100—300 户的"市"也应纳入城镇的范畴。④ 刘石吉先生也认为，施坚雅关于城镇的界定标准过高，这是导致施氏对长江下游城市化水平估计过低的重要原因。因而刘石吉先生认为，19 世纪相当部分人口未达到 2 000 人的江南小市镇也应被纳入城镇的范畴。

---

① 胡焕庸、张善余：《中国人口地理》（上册），华东师范大学出版社，1984 年，第 270 页。
② 胡焕庸、张善余：《中国人口地理》（上册），华东师范大学出版社，1984 年，第 267—268 页。
③ 胡焕庸、张善余：《中国人口地理》（上册），华东师范大学出版社，1984 年，第 268 页。
④ 曹树基：《中国移民史》（第 6 卷），福建人民出版社，1997 年，第 586 页。

城镇人口的标准不是一个固定不变的常数,在不同的时期,因人口总数和社会经济发展程度的差异,城镇人口的标准也应有所不同。如20世纪中后期,一般将50万人口以上的城市才称为大城市,这种大城市的数量也较多。但在20世纪前后,一般将10万人口以上的城市就称为大城市。因此,研究者不应将当代城市划分的标准作为研究历史上城市规模的标准。

20世纪30年代,由于商品经济的发展,全国镇的数量和规模有较大的增加与扩大,如果将2 000人口以上的非建制镇也纳入城镇的范畴,那么当时中国城市化水平应比当时的社会学家所估计的略低,但要比近十余年来多数中外学者所估计的要高,城镇人口占全国总人口的比重在12%—15%之间,这应是一个较为接近实际情况的数据。

四、近代中国城市化的衰退

1937—1949年,为近代中国城市化的第三阶段,即衰退阶段。这一个阶段战争连续不断,规模大,持续时间长,造成的破坏非常大,从而造成了中国城市化整体的停滞和衰退,但局部地区城市出现较快的发展。

此一阶段由于日本发动全面侵华战争,政局动荡,战乱频仍,经济发展受到严重影响,中国东部和中部的城市化进程也被迫中断,许多城市遭到战争的严重破坏,城市人口因多种原因而减少。全面抗战结束后,只出现了很短暂的和平安定时间,随即就爆发内战,因此一度出现的城市化复苏在战争的冲击下再次中断。

1937年全面抗日战争的爆发,改变了中国历史进程,对城市发展也产生了巨大影响。抗日战争时期,中国东部半壁河山沦陷敌手,中国大多数大城市,特别是若干重要的政治中心城市和近代兴起的主要的工商业城市,如北京、上海、天津、武汉、广州、香港、济南、太原、长沙、南京、苏州、杭州、福州、徐州等相继被日军占领,从而使这些城市遭到严重破坏,人口锐减,城市发展中断,其主要表现为:(1)日军对占领区实施暴行,实行殖民统治,对这些地区造成了巨大破坏。(2)日本侵略者对沦陷区进行疯狂的经济掠夺,造成这些城市严重衰败。关于这两个方面的具体情况,在本书第一章"全面抗战时期城市的变迁"与"近代中国城市化的衰退"中已有详尽的阐述,故此处不再赘述。

1945年抗日战争取得胜利,原来随国民政府内迁的机关、企业、工厂、学校及成千上万的内迁人口相继东归,西部地区城市人口有所减少。不过在全面抗战时,由于东部城市的资源向西部聚积,因此这些城市都有不同程度的发展,即使战后机关、企业、人员回迁对它们产生了很大影响,但是这些城市的发展都较战前上了一个新的台阶,部分内迁的企业、工厂、学校和人口仍留在这些城市,同时战时也新设了不少工厂、企业、学校、机关,因此战后西部城市发展水平仍远远高于全面抗战前。如1948年重庆城市人口为98万余人,虽比全面抗战时人口的最大值减少了21%,净减少人口26万余,但和全面抗战前相比,却增加了1倍多。全面抗

第二章
民国城市化的曲折进程

战后成都城市人口减少不多,1946年12月成都人口为726 062人,仅比1945年12月的人口减少了2.20%,净减少16 126人。

全面抗战结束后,东部沿海沿江的城市开始恢复生气,久经忧患和离散痛苦的人民纷纷返回家园,满怀期望,准备重建城市。因此全面抗战后中国城市一度出现了建设与投资热潮。由于战争刚结束,光复区内的经济陷于瘫痪状态,国民政府在光复区城市展开了大规模的经济接收工作,主要是对敌伪财政、金融机构的接收。国民政府在敌伪金融机构集中的包括上海、南京在内的苏浙皖区共接收了黄金511 769 402两,白银8 571 015 498两,美金92 034.73元,日币38 255 585.56元,法币5 452 216 834.94元,有价证券2 350 968 627元,各项金银、货币及有价证券共计17 295 587 823.94元。① 此外国民政府还对光复区的敌伪工矿企业进行了接收,据1946年6月经济部的统计,仅该部接收的工矿企业就达工厂1 831家,矿场71家,电气事业45家,公司行号435家,行政学术机关13家,共计2 395家。② 此外,交通部、农林部、国防部、粮食部等部门也接收了与之相关的敌伪企业。其间,接收大员们争发接收财,疯狂抢洋房汽车、黄金美钞。但总体上说来,接收还是取得了相当成效的。对接收的工矿企业,国民政府针对不同地区不同部门,采取了不同的处理办法,许多企业也相继复工,进行生产。随着抗战胜利,许多内迁的工厂也纷纷迁返原地,或另寻新址寻求发展。国民政府从统治需要出发,先后采取了若干措施,来促进各地工矿企业恢复和发展生产,如发放复工贷款、统筹燃料供应、增加电力供应、代筹工业原料等。③ 因而在战后的一段时期,国民政府统治区域内的光复城市,与战争刚结束时相比,有相当大的发展。这一时期,光复区的城市又呈现出欣欣向荣的景象,城市人口迅速增加,城市规模进一步扩大,如南京因为再次成为国民政府的首都,其聚集规模效益非常突出,城市人口很快就增加到百万以上,上海城市人口也增加到430多万。据国民党政府内政部方域司1947年的统计,全国有5万人口以上的城市共177个。④ 另据1947年的统计,中国大陆当时人口超过5万的城市有116个,即平均每万平方公里范围内有0.77个这类城市,城市与城市间的平均距离达270公里。但是由于中国区域城市发展不平衡,因而在东中部地区城市的密度相对较大,平原地区城市密度大于山区,而新疆和西藏由于多山和沙漠,因而这些地方的城市分布非常稀疏,而且以小城镇为主。

抗战结束后的一段时期,久经战乱和离散的中国人民满怀希望和信心,准备重建家园,但是人们的美好希望很快就落空了,以蒋介石为首的国民政府发动了全面内战,向共产党领导下的解放区发起大规模的围攻,从而使中国失去了一个建设城市和发展经济的契机。由于国民党决心想消灭共产党,因而战争不断向纵深发展,战场不断扩大,许多位于战场的城市再次遭受战争的破坏。在国民党发动的三年内

---

① 陆仰渊等:《民国社会经济史》,中国经济出版社,1991年,第732页。
② 国民政府经济部:《敌伪经济事业之接收处理》,1946年11月,中国第二档案馆藏。
③ 陆仰渊等:《民国社会经济史》,中国经济出版社,1991年,第756—759页。
④ 国民政府内政部编:《中华民国行政区划简表》,商务印书馆,1947年,第215页。

战中，国民党统治区内百业凋敝，民不聊生。

国民党发动战争后，军费开支不断增加，致使财政困难，赤字剧增，如1946年国民政府的财政收入为2.20亿元，但财政支出却达到8亿—10亿元，财政赤字为6亿—8亿元。次年，财政收入为13.38亿元，但财政支出却高达40.91亿元，财政赤字27.53亿元。为了弥补巨大的财政赤字，国民政府除了加紧对人民盘剥搜刮外，开始滥发货币，到1949年初，国民政府发行的货币数量为抗战结束时的3.80亿多倍。过量发行纸币，导致财政、金融危机爆发，从而使通货膨胀异常严重。1947年7月，全国物价上涨了6万倍，到年底上涨至14.50万倍，部分城市涨幅更高。1948年8月，上海的物价和上年1—6月的平均物价相比，上涨了500万倍到1 100万倍。由于通货膨胀，物价飙升，南京政府破产，把国统区财政推向总崩溃的边缘。民族工商业大量减产、停工和倒闭，从1946年下半年到1947年底，上海、天津、重庆、汉口、广州等20余个城市，倒闭的工商企业达27 000多家。工业方面整体较1936年下降10%。1948年内，平津两城市工厂倒闭者十之七八；青岛700余家民营工厂几乎全部歇业；沈阳3 000余家商号有2 000余家倒闭；上海万余家工厂只剩下3 000余家较大的工厂，但开工率仅及平时的20%；重庆、成都等四川城市的工厂，倒闭者也达80%。不仅民营企业纷纷倒闭、停业，连官僚资本企业也一蹶不振。1949年，全国轻工业生产量比1936年下降30%，重工业则下降70%，国统区经济崩溃日益加快，城市发展陷于停滞、倒退。不少城市人口减少，如上海由1949初年的550万降至1950年初的498万，长春由1943年前后的80余万降至1949年的10余万，成都也由1947年的74.90万降至1949年10月的65.69万。战争的破坏和国统区经济的崩溃，造成了中国城市化又一次的大倒退。随着蒋家王朝的崩溃，千疮百孔的各地城市终于迎来了解放，获得新生。①

近代中国城市化的第三阶段，即从全面抗战开始到中华人民共和国建立前，可以说是中国城市化进程中的一个停滞、倒退时期。全面抗战时期，由于日本对中国全面的大规模侵略，中国半壁河山沦陷，战争造成了沦陷区和交战区大部分城市的破坏与衰退，只有西南、西北部分地区和东北地区出现了城市的发展。但这些地区城市的发展不足弥补战争对整个中国城市发展所造成的破坏和负面影响，中国的城市化水平在战争期间大幅度下降。全面抗战结束后的一两年间，中国一度出现战后的复兴，经济和城市都出现较大的发展，但很快又出现新的战争，使城市的发展再度中断，这次战争对城市发展所造成的负面影响则是全面的。特别是1948—1949年间，中国各地的城市因战争而出现全面的衰退和萎缩。令人遗憾的是，一些学者在对近代中国城市化进行研究时，受线形思维的影响，将城市化的发展想象为一个直线上升的发展过程，在时间轴上取几个点，用一条直线相连，从而确定其发展趋势。如1843年中国的城市化水平为5.00%，1893年为6.00%，1949年则为10.60%。但由于1949年是一个非常特殊的年代，受国内战争的影响，大量城市人

---

① 何一民：《近代中国城市发展与社会变迁》，科学出版社，2004年，第164—165页。

口逃离城市,城市经济也出现极度萎缩,因而不能以之作为中国城市化正常发展的一个标志。1949年中国城市化水平不仅低于1947—1948年,更低于1937年以前的发展水平。

近代中国百余年间,城市化开始起步,但总体上看,发展相当缓慢,远低于世界城市化发展的平均速度和水平。其原因首先在于中国城市化的动力严重不足,工业化始终处于低速发展状态。19世纪后期的数十年间,城市化主要靠与外贸相联系的商业化带动,而商业化所形成的城市"拉力"相对较弱,它所产生的聚集经济效应和聚集人口效应都十分有限,20世纪二三十年代,当大批的农村人口离乡进入城市时,城市却未能提供足够的就业机会,因而相当部分农村人口又被迫离开城市,返回土地上劳动。20世纪以来,中国工业化出现了一定程度的发展,但是现代工业的分布却呈畸形状态,主要集中在沿海沿江少数城市中,其中上海一城就集中了50%的中国现代工厂企业,40%的资本总额,46%的全年生产额。而中国内陆大多数城市的现代工业都处于低水平发展状态,相当部分中小城市没有现代工业企业,因而这些地区的城市化动力严重不足,城市化发展不平衡现象十分突出。

第二节 民国区域城市发展的不平衡性

近代中国城市化从一开始就走上了一条曲折崎岖的道路,与欧美等国通过工业革命,提高农业生产力,对外进行殖民掠夺完成城市化的过程不同;中国是在面临来自外部世界的生存挑战和现代化的示范效应的情况下,直到19世纪中期才以开埠通商为契机走上城市化道路。因此,近代中国城市发展始终与中国的半封建半殖民地化同步进行,并且两者错综复杂地纠缠在一起。这就加剧了近代中国城市发展的不平衡性,而这种不健康的发展态势最终也成为阻碍中国城市发展进程的原因之一。

一、区域城市化发展不平衡的原因

在城市发展的过程中,因城市化和现代化带来的城市发展不平衡的问题事实上在任何一个国家都不同程度地存在,并且通过不同方式表现出来。城市化和现代化正是在由不平衡到平衡的过程中完成的。中国从一个古老的农业封建国家迈向城市化,其发展道路必然是特殊的,因而它在城市化过程中的不平衡性也有着独特的表现和作用。近代中国城市发展不平衡有着多方面的原因,首先是自然地理条件的差异性导致区域城市化发展的差异,此外,还与以下几方面的因素有关。

(一)历史继承性

秦汉以前,中国的城市主要集中在黄河中下游地区。魏晋南北朝以后,由于北方少数民族的侵袭,北方战乱迭起,加上气候等因素的影响,发生了几次大规模的人口迁移,经济重心逐渐南移。随着南方水稻种植的推广,农业生产技术的大幅度进步,经济重心及人口的南移,推动了南方手工业、海运、商业进一步发展。隋代完成运河工程,大运河成为中国南北运输的大动脉,沿岸的城市也发展起来,南方经济进一步获得发展。而与之相反,西部地区的经济则呈衰落状态,城市人口也出现减少趋势。1102年,相当于今陕西、甘肃、宁夏、青海、新疆、云南、贵州、四川、内蒙古九省(自治区)的广大区域,人口较前有大幅减少,仅占全国总人口的22.5%;到1290年,则更下降至9.44%。清代,南方的人口数进一步超过了北方,这从清代各省人口的变化中可略见一斑(见表2－7)。这时长江流域、珠江流域、沿海地区成为经济发达地区。城市分布的不平衡性出现了一种新格局。

表2－7 清代各省区人口变化表(节选)

增长指标 地　域	1661—1911年 人口增长倍数	1661—1911年 平均增长率‰	增长速度 位　次	增长数量 位　次
四　川	50.67	15.82	3	1
湖　北	7.00	7.81	10	2
湖　南	9.28	8.95	6	3
广　东	6.95	7.78	11	3(并列)
河　南	6.66	7.61	12	5
山　东	3.65	5.19	14	6
江　苏	2.93	4.31	17	7

该表选自赵文林、谢珍君:《中国人口史》,人民出版社,1981年,第471页。原表共27省,其中宁夏位于第27位,青海位于第26位,西藏位于第25位,内蒙古、新疆、甘肃、陕西分别位于第24、23、22、21位。

明清时期,中国的农业和手工业都有较大的发展,商业也更加繁荣,国内市场进一步扩大,特别是南方的商品经济有相当程度的发展,南方的农业、手工业、商业进一步超过北方,东部地区超过了西部地区,从而推动了这些地区的工商业城市发展。经济发展的差异导致了城市分布的不平衡出现了一种新格局。15世纪初,全国出现了33个大中型工商业城市,这些工商业城市的商品经济较为发达,因此明政府在这些城市都设有"钞关",主要负责收税。明中叶以后,随着商品经济的进一步发展,恢复和发展起来的工商业城市达到20余个,这样明代先后形成了50多个工商业城市,见表2－8:

表 2-8　明代工商业城市一览表

地　区	数　量	城　市
长江下游	9	南京、苏州、常州、镇江、松江、杭州、嘉兴、湖州、宁波
长江干流及支流	15	成都、泸州、重庆、荆州、岳阳、武昌、衡阳、长沙、九江、南昌、清江、临江、吉安、芜湖、仪征
大运河沿岸	8	北京、直沽（今天津）、德州、临清、东昌、济宁、徐州、扬州
福建、两广	5	福州、建宁、泉州、广州、廉州
山　西	5	太原、潞安、蒲州、平阳、大同
其他地区	11	保定、河间、宣化、遵义、开封、洛阳、济南、益都、阆中、西安、桂林

据宁越敏等《中国城市发展史》（安徽科技出版社，1994 年）第 302 页整理。

　　从表 2-8 可见，明代中国的大中城市主要分布在长江流域，该地区共计有 24 个大中工商业城市，其中位于长江下游的工商业城市有 9 个，位于长江干流及支流的工商业城市有 15 个，占全国大中工商业城市总数的 45.28%。其次工商业城市较为集中的是大运河沿岸地区，该地区重要的工商业城市有 8 个，其中有 5 个在南方。另外福建、两广地区有 5 个。自宋以来出现的大中城市向南转移的现象，到明代则越来越突出。

　　明末清初，长期的战乱使中国南北各地的城市遭到严重破坏。清初，清朝统治者为了巩固政权，采取了垦荒、屯田、兴修水利等一系列措施来恢复和发展农业生产；并对手工业生产也实行了一些鼓励政策。因而到康熙末年，中国的社会生产力已经达到明朝后期万历年间的水平。由于大量的农产品和手工业产品被投入市场，促进了商品经济的发展，区域市场和突破区域范围的大市场——全国性市场在清代也有较大的发展。清代已经形成了几条 1 000 公里以上的长距离贸易运输线，除闽浙的南洋航线开通较早外，南北大运河和长江上、中、下游航运线都在清代全部开通；从广州经华南、华中到华北中部的陆路运输线成为内陆大通道；而从上海到华北、东北的近海商运在清代中后期也发展起来。清中叶，中国内河航程达五万公里，已基本具备近代规模。[①] 江河航运是我国古代主要的运输方式，而长江和大运河则是明清时期中国两大运输通道，可以说这是联系中国东、中、西部和南、北方经济的两大动脉，大运河贯穿南北两大区域，长江则连接东、中、西部三大区域。明清以前，大运河沿岸地区已经得到较好的开发，长江沿岸地区的发展也较为迅速，明清时期长江流域经济的发展和全国统一市场的出现，为长江城市带的形成准备了经济条件。同时，由于明末清初时期，受战争、海禁等因素的影响，中国的贸易主要以国内贸易为主，沿海许多大中港口城市因之而衰落，而长江和大运河沿岸的城市则因国内贸易的发展和商品经济的繁荣进一步兴盛。清中期，随着商品经济

---

① 许涤新、吴承明：《中国资本主义发展史》（第 1 卷），人民出版社，1985 年，第 16 页。

的发展,明末清初因受战争影响而衰败的部分长江沿岸工商业城市得到更生和发展,另外也有一些城市因地理交通的区位优势而兴起,成为区域范围内的商品生产、交易中心或长途贩运中心,如上海、汉口等城市自清代中期以来,城市的经济功能得到了空前的加强,相继成为区域内较大的经济中心。

明清时期,中国城市发展的不平衡性较为突出,南方城市有较大的发展,尤其是工商业城市的发展较为迅速;而北方,包括东北、西北和西南地区以及内陆边疆地区的城市,发展仍然较为缓慢。东北地区由于是清朝的"龙兴之地",朝廷禁止汉族人前往开发,因而东北地区直到19世纪末仍经济落后,城镇稀少;西北地区地广人稀,明清时期虽然也出现了一些商业城市,如归绥、多伦诺尔、库伦、迪化、喀什噶尔回城、伊犁、哈密、阿克苏、西宁等,但这些城市的规模多数都不大,而且区域城市密度也低,还未能形成比较完整的城市体系;西南地区除成都平原和长江上游沿岸城市较为发达以外,四川大部分山区和云南、贵州的城市都发展较为缓慢。清中后期,清政府为了加强对西南地区少数民族的统治,在西南地区进行改土归流,新设了相当数量的行政建置,但是并不能改变城市发展不平衡的状况。民国以前,中国城市发展的不平衡性对于民国时期城市发展的不平衡性产生了直接的影响,这种不平衡的发展趋势一直持续到20世纪中后期。

(二) 外部力量的作用

18世纪以来,人类找到了一条普遍适应的生产方式——机器大工业生产。由于大机器生产的推广,社会生产力高速发展,"资产阶级在它的不到一百年的阶级统治中所创造的生产力,比过去一切世代所创造的全部生产力还要多,还要大"[①]。生产力的高速发展,带来了生产力的高度集中,许多小城市变成了大中城市,城市化成为世界历史发展的主要趋势之一。随着农村人口大量涌入城市,封建社会赖以存在的社会经济和阶级基础被工业革命、社会革命彻底挖掉,"自然力的征服,机器的采用,化学在工业和农业中的应用,轮船的行驶,铁路的通行,电报的使用,整个大陆的开垦,河川的通航,仿佛用法术从地下呼唤出大量的人口"[②]。资产阶级开始疯狂地向世界每一个角落寻找、扩大原料产地和商品倾销市场。整个地球不再是由孤立个体组成的世界,变成了此呼彼应的整体。

中国作为古老的以小农业和家庭手工业相结合为经济基础的农业文明大国,不可避免地受到西方资本主义国家工业化浪潮的冲击,中国城市现代化的开端不是本国资本主义经济发展的产物,也不是本国资本主义革命造成的结果,而是由于西方殖民者的闯入,西风东渐,现代性因素在外力作用下被引入中国,推动了中国城市现代化的第一步。西方资本主义因素从通商口岸传入后,以土地、手工业、传统商

[①] [德]马克思、恩格斯:《共产党宣言》,《马克思恩格斯选集》(第1卷),人民出版社,1995年,第277页。

[②] [德]马克思、恩格斯:《共产党宣言》,《马克思恩格斯选集》(第1卷),人民出版社,1995年,第277页。

第二章 民国城市化的曲折进程

业为基础的传统城市开始向以现代工商业为核心的现代新型城市转化,城市面貌出现了改变,城市交通出现了变化,一些城市走上了现代化道路。通过商业贸易,中国经济开始被强制性地纳入世界资本主义经济中,成为世界资本主义市场的一部分。然而这个市场是由西方资产阶级主宰的,中国只是处于这个市场的边缘和依附地位。

古代中国也曾多次遭受外部侵略和挑战,但是这些侵略和挑战主要来自北方的游牧民族。而大多数北方游牧民族的经济、文化与汉族比都相对落后,他们主要是以武力为手段,对中原进行军事侵略和经济掠夺,攻城略池,劫掠民众,而受其影响的地区主要是北部地区。与此完全不同的是,近代中国所遭受的外部侵略主要来自西方资本主义国家,这些国家的经济比中国发达,军事力量也比中国强大,他们以武力为后盾,强迫清政府打开中国大门,通过签订不平等的条约开辟了一批又一批通商口岸。西方资本主义国家对中国的侵略不仅是对中国进行经济掠夺,而且还企图以它们的社会模式来改造中国,强制输入资本主义生产方式和文化,这是近代中国边疆危机与古代中国边疆危机的一个根本区别。19世纪中叶以来,由于西方列强的入侵改变了中国的社会性质,中国从而启动了早期现代化进程。以英国为首的西方资本主义国家主要以海洋为通道,来中国倾销商品和掠夺原材料,因而他们把侵略中国的重点放在中国的沿海、沿江地区,英国强迫清政府签订的第一个不平等条约《南京条约》规定开放的第一批通商口岸——广州、福州、厦门、宁波、上海,都是位于东南沿海的重要工商业城市;第二次鸦片战争结束后开放的10个通商口岸——营口、烟台、台南、淡水、汕头、琼州、汉口、九江、南京、镇江也都是沿海沿江的城市。19世纪中后期,外国强迫中国开放的通商口岸呈现出向内陆、边疆和东北地区扩展的趋势,但最重要的通商口岸仍然是沿海沿江地区的城市。

从1842年到1922年,中国前约开的商埠先后共计79个,地区分布以沿海、沿江和东北三个地区为主,即沿海19个、沿江13个、东北23个、西南9个、西藏3个、西北12个。[①] 东北地区的约开商埠总数虽然最多,但大都是一些比较偏僻和比较小的城镇,通商国家主要是日本和俄国。云南、贵州、四川、西藏、新疆等地区的约开商埠也存在类似的情况。这类城镇因交通运输不便,商品经济落后,对外开放程度十分有限,只能在一定地区范围内起着经济辐射和聚集的作用。而沿海、沿江的约开商埠大都是地位重要的城市,如上海、天津、武汉、广州是中国四大工商业城市,重庆则是长江上游最大的商埠,镇江、九江、汉口、宜昌、芜湖、沙市、万县、安庆等城市则是长江沿岸重要的商品和人口集散枢纽,开埠以前工商业已经比较繁盛。

沿海、沿江约开商埠城市一旦开埠通商后,与国际国内各级市场发生了越来越密切的联系,获得了一种新的发展动力,城市经济迅速增长,城市规模和城市人口日益扩大和增加,城市的聚集和辐射范围也不断扩大。沿海、沿江约开商埠城市得

[①] 隗瀛涛:《中国近代不同类型城市综合研究》,四川大学出版社,1998年。

以优先发展，其原因是多方面的，而交通地理位置则是其中的重要原因之一。沿海、沿江约开商埠城市大多位于全国性或区域性的门户地理位置，水陆交通便利，现代化的水陆交通运输方式兴起较早，经济发达，人口众多，特别是上海、天津、汉口等城市发展迅猛，腹地广阔，影响全国。近代以来外国对华经济入侵主要是从海岸线而来，外力对中国内地的渗入也主要是沿长江自东而西，故位于这些地区的开埠通商城市自然也就成为外国侵华势力在华的主要基地，外国租界也大都设立在这类城市中。同时这些城市成为中国现代化的基地和中心，因而这些城市的发展速度快于其他未开放的城市，获得了优先发展权。

对外开放是近代以来中国历史发展的大趋势，清王朝从闭关自守到被迫开放，后不得不顺应世界潮流，自行开放了若干通商口岸。各地自开商埠的原因较为复杂，既有国际国内的时代背景使然，又有清王朝决策者的观念转变等因素，但从总体上来说，自开商埠是中国现代化变迁过程中的必然产物。从清末到北洋政府时期，中国先后自开的商埠达30余个。

自开商埠同样是对外开放的城市，也设有通商场。在通商场内，各地对外国人经营的商贸机构给予一定的政策优惠，允许外国人在通商场内租地建房。居住在自开商埠的外国人与居住在约开商埠的外国人一样，享有片面最惠国待遇和领事裁判权。但是，自开商埠（除鼓浪屿公地）与约开商埠在本质上有着区别。首先，在自开商埠中，中国政府拥有独立的行政管理权和立法权、司法权。其次，在土地制度方面没有约开商埠租界中的土地"永租权"，对外国人的租地面积也做了较严格的限制，规定每户一般不得超过10亩，租契以30年为期，期满换约。再次，自开商埠的征税权也属于中国政府，外国人在自开商埠内无征收赋税的权力，但有纳税以及捐资修建基础设施的义务。

近代中国的对外开放是以外国资本主义在华利益的需要为转移的。无论是被迫开放还是主动开放的城市，其城市化进程都受到国内外的政治、经济发展的制约。开埠后，各口岸城市的发展、结构、功能的演变，则主要受制于西方资本主义经济的强行楔入，也受制于国内社会政治经济的变化；开埠城市的地位和作用主要取决于该城市经济辐射力与外部世界容纳或抵制这种辐射力的对比。

沿海城市在开放与发展中，以创造投资环境、增强城市功能为基点，不断提高城市现代化水平。同时地区开放又加速了城市现代化的进程，提高了城市现代化的水平。故地区开放与城市现代化相互影响，形成了明显的"共振效果"和"互动效应"。沿海地区有着地缘优势，故近代中国对外开放的区域首先是沿海地区，其次是沿江地区。近代中国由于在交通运输和通信手段等方面都处于落后的水平，因此越区贸易和越项贸易很难进行，商品经济优势不能得到充分发挥。在国际贸易中，区位的优势总是占主导地位的，沿海地区便成为最佳开放区位。沿海开放与城市现代化成为中国对外开放和区域发展的重要问题。在这种条件下，封建统治者对内地城市并不采取积极的发展措施，不但不通过主动开放来振兴内地经济，反而设置种种障碍对内地实行封闭，造成内地的自然封闭性进一步加强，内陆地区与沿海地区的发展差距进一步拉大，这使本来在经济上就较为滞后的内陆地区在整个近代、现代化变动中更加落后。

总体说来，在近代中国的城市化进程中，外力的推动力是有限的，这些推动力仅仅局限于沿江、沿海的开埠通商城市和交通枢纽及附近地区——在这些与"西方空气"接触得较多的地区，城市发展越快，资本主义因素也越多。而内地城市和广大农村受到的作用力则从东向西减弱，这使得长期存在的城市发展不平衡更加严重。

（三）造成城市发展不平衡的还有近代以来的多种内部因素

城市发展水平是经济状态的标尺之一，而城市的发展，首先需要一个和平安定的社会环境，良好的经济环境，稳定的政治环境。任何国家的城市，其发展都有一个从不平衡到平衡的过程，然而这个过程需要一个统一稳定的市场机制来进行调节，需要政府在一定程度上进行宏观调控。然而，近代以来，中国没有经过彻底的资产阶级革命，既无法提供城市发展所需的和平的外部环境，也没有能力对城市社会进行有效调控。城市的发展始终无法平衡，而且随着半殖民地半封建程度的不断加深，城市发展中的不平衡现象进一步复杂化。一些城市像海绵一样吸取着外来养分，孕育着发展生机，不断发展壮大，如上海、天津、武汉、重庆、大连、沈阳、长春等城市。而另一些城市则因经济的不断萎缩及政治地位的没落而日渐委顿，中国众多的内地城市像一群失去地下水分的沙漠作物，没有了来自根部的水分和肥料的供养，又没有天降的甘露，只能听天由命，怎么也避免不了衰落的命运：经济凋敝、人口锐减、基础设施落后、社会风气保守、思想僵化、社会不稳定因素日益增加，城市自身的调适能力减弱，各种矛盾尖锐复杂，社会处于动荡之中。

由内外原因导致的生产力发展不平衡是我国近代城市发展不平衡的根本原因。而战争和自然灾害对近代中国城市化的影响也是十分突出的。从鸦片战争到八国联军侵华战争，从太平天国运动到义和团运动，从日俄战争到日本侵华战争，从第一次国内革命战争到第三次国内革命战争，百年间中国一直笼罩在战争的腥风血雨之中；而与战争相联系的则是连续不断的各种巨大自然灾害，战争与自然灾害都对城市化进程产生了巨大的负面影响。

二、区域城市化的不平衡发展

近代中国城市化发展的不平衡性在地理空间上表现为区域城市化的不平衡性和发展水平的差异。

区域城市化的不平衡性在近代以前一直存在。"不同的地区，它们所具备的自然条件，劳动者素质和历史传承性是不同的。因此在生产发展水平和社会经济特征方面，均表现出不同，存在着差异，这也就是所谓的不平衡性。"[①]

[①] 陈桦：《清代区域社会经济研究》，中国人民大学出版社，1996年，第22页。

中国幅员辽阔，区域城市化发展的不平衡性由于自然地理、政治、经济、文化等多方面原因，以及战争、气候、灾荒等原因而长期存在。古代中国城市集中的地区随着时间的推移而发生变化，从黄河流域到长江流域再到珠江流域，逐渐向南发展。明清以来，随着南方经济的开发，长江中下游地区和珠江流域的发展超过了北方。

到了近代，这种区域城市化发展的不平衡性表现得更为明显。美国学者施坚雅教授较早对中国区域城市化进行了研究。施坚雅教授将中国除东北、台湾等地区的广大国土划分为八大经济区域，他的一个基本观点即中国城市化发展是不平衡的，并对此进行了细致的分析和深入的研究。虽然他的部分研究方法和结论受到质疑，但总的思路和基本观点还是可取的，并对中国城市史研究有着重要的贡献。

根据施坚雅的研究，1893年的中国城镇人口约2 350万人，全国城市化平均水平为6.29%，8个宏观区域中有3个区域的城市化水平明显高于全国城市化平均水平，即长江下游区，为10.60%；岭南，为8.70%；东南沿海，为6.40%。详见表2—9。另据1947年统计，沿海地区城镇人口占全国城镇人口的65.30%，内地占34.70%。

表2—9　1843年与1893年各区域城市化比较简表（不含东北及台湾地区）

区　域	1843年估算数				1893年估算数			
	城市中心地数量	城市人口（千人）	总人口（百万）	城市人口总人口百分比	城市中心地数量	城市人口（千人）	总人口（百万）	城市人口总人口百分比
长江下游	330	4 930	67	7.40	207	4 750	45	10.60
岭　南	138	2 044	29	7.00	193	2 863	33	8.70
东南沿海	125	1 515	26	5.80	138	1 668	26	6.40
西　北	119	1 408	29	4.90	114	1 301	24	5.40
长江中游	303	3 777	84	4.50	293	3 905	75	5.20
华　北	416	4 651	112	4.20	488	5 809	122	4.80
长江上游	170	1 950	47	4.10	202	2 503	53	4.70
云　贵	52	445	11	4.00	81	714	16	4.50
总　计	1 653	20 720	405	5.23%（均值）	1 716	23 513	394	6.29%（均值）

［美］施坚雅著，王旭等译：《中国封建社会晚期城市研究——施坚雅模式》，吉林教育出版社，1991年。"总计"部分数据有误，已校正。

关于区域城市化发展的不平衡性，不能仅仅从数量上分析，还须从城市的质量上进行分析，即从城市的早期现代化程度上去分析，这更能看出近代中国城市发展的不平衡性。

近代中国城市的早期现代化发展也是不平衡的，早期现代化程度较高的城市一般都是新兴的、规模较大的、工业化程度较高的城市，而这些大都分布在沿海、沿江地区，以及后来居上的东北地区。

表2－10 我国近代城市体系等级规模结构（1933—1936年）（其中统计年份不等）

等级规模 （万）	城市数（个）	%	人口数（万人）	%	城市名称
大于200	1	0.50	348.0018	10.80	上海
100—200	4	2.12	480.2877	14.90	北平、广州、天津、南京
50—100	5	2.70	316.5665	9.80	汉口、香港、杭州、青岛、沈阳
20—50	18	9.52	598.3210	18.60	成都、长沙、大连、济南、武昌、滨江（吉林）、苏州、福州、保定、开封、重庆、南昌、无锡、宁波、长春、镇江、温州、周口店

根据沈汝生《中国都市之分布》（《地理学报》，1937年第4卷第1期）表1、表2整理。

表2－11 近代沿海地区城市分布状况表（1933—1936年）

a

指标 地区	面积（平方公里）	（%）	城市数（个）	（%）
沿海区	2 963 429	26.50	147	76.20
中部区	2 569 330	23.00	39	20.20
内陆区	5 640 799	50.50	7	3.60
合　计	11 173 558	100	193	100.0

b

城市规模分布					城市网密度
100万以上	50万—100万	20万—50万	10万—20万	5万—10万	城市数/10万平方公里
5	5	16	39	82	4.96
0	0	3	6	28	1.52
0	0	0	1	6	0.12
5	5	19	46	116	1.73

说明：沿海区为大兴安岭、太行山、河南、湖北、广西省西界以东地区；
　　　内陆区为蒙古高原东部边缘、阴山、大青山、贺兰山、甘肃、西藏高原东缘及云南以西的地区。

根据沈汝生《中国都市之分布》（《地理学报》，1937年第4卷第1期）表1、表2整理。

表 2−12　1947 年中国各省区城市数量统计

省　名	城市数	省　名	城市数	省　名	城市数	省　名	城市数	省　名	城市数
江　苏	28	湖　南	4	广　西	5	河　南	6	绥　远	2
浙　江	6	四　川	7	云　南	4	山　西	3	察哈尔	1
安　徽	6	福　建	5	贵　阳	3	陕　西	2	热　河	2
江　西	7	台　湾	9	河　北	7	甘　肃	2	辽　宁	13
湖　北	8	广　东	13	山　东	16	青　海	1	安　东	2
辽　北	2	吉　林	4	松　江	2	合　江	1	黑龙江	1
嫩　江	1	新　疆	3	—	—	—	—	—	—

国民政府内政部：《中华民国行政区域简表》，商务印书馆，1947 年。

表 2−13　中国近代沿江区域城市分布状况表（1933—1936 年）

a

区　域	面　积		城市数	
	（平方公里）	（%）	（个）	（%）
沿江地区	1 316 390	11.78	80	41.45
全　国	11 173 558	100	193	100

b

城市规模分布					城市网密度
100 万以上	50 万—100 万	20 万—50 万	10 万—20 万	5 万—10 万	城市数/10 万平方公里
2	2	8	22	46	6.08
5	5	19	48	116	1.73

表 2-14 中国近代部分地区城市（镇）发展趋势（1843—1936）

区域		面积（平方公里）	1843 年			1893 年			大城市（人口大于 50 万）		中等城市（人口 20 万—50 万）		小城市（人口 5 万—20 万）	
			城镇数（个）	城镇密度（个/平方公里）	城镇人口比重（%）	城镇数（个）	城镇密度（个/平方公里）	城镇人口比重（%）	（个）	（万平方公里/个）	（个）	（万平方公里/个）	（个）	（万平方公里/个）
内地	西北	746 470	119	1.60	4.90	114	1.53	5.40	1	74.65	2	37.32	7	10.66
	云贵	470 570	52	1.10	4.00	81	1.72	4.50	—	—	2	23.53	3	15.69
	小计	1 217 040	171	1.35	4.45	195	1.63	4.95	1	74.65	4	30.43	10	13.18
沿江	长江上游	423 950	170	4.01	4.10	202	4.76	4.7	1	42.40	1	42.40	6	7.07
	长江中游	699 700	303	4.33	4.50	293	4.19	5.20	1	69.97	3	23.32	10	7.00
	长江下游	192 740	330	17.12	7.40	270	14.01	10.60	1	49.27	3	6.43	8	2.41
	小计	1 316 390	803	8.48	5.33	765	7.65	6.83	3	53.88	7	24.05	24	5.49
沿海	东南沿海	190 710	125	6.55	5.80	138	7.24	6.40	—	—	1	19.07	4	4.77
	岭南	424 900	138	3.25	7.00	193	4.54	8.70	1	42.49	2	21.25	7	6.07
	华北	771 300	416	5.39	4.2	488	6.33	4.8	1	77.13	6	12.86	18	4.29
	小计	1 386 910	679	5.06	5.67	819	6.04	6.63	2	59.81	9	17.72	29	5.04
合计		3 920 340	1 653	4.96	5.15	1 779	5.10	6.14	6	62.78	20	24.06	63	7.90

b 1893年

区域		面积（平方公里）	城市数（个）	城市密度（个/平方公里）	大城市（人口大于50万）（个）	大城市（万平方公里/个）	中等城市（人口20万—50万）（个）	中等城市（万平方公里/个）	小城市（人口5万—20万）（个）	小城市（万平方公里/个）
内地	西北	746 470	7	0.09	—	—	—	—	7	10.66
内地	云贵	470 570	5	0.11	—	—	—	—	5	9.41
内地	小计	1 217 040	12	0.10	—	—	—	—	12	10.04
沿江	长江上游	423 950	16	0.38	—	—	2	21.20	14	3.03
沿江	长江中游	699 700	27	0.39	1	69.97	3	23.32	23	3.04
沿江	长江下游	192 740	36	1.87	3	6.42	4	4.82	29	0.66
沿江	小计	1 316 390	79	0.88	4	36.43	9	27.01	66	2.43
沿海	东南沿海	190 710	15	0.79	—	—	2	9.54	13	1.47
沿海	岭南	424 900	11	0.26	2	21.25	—	—	9	4.72
沿海	华北	771 300	43	0.56	2	38.57	4	19.28	37	2.75
沿海	小计	1 386 910	69	0.54	4	29.91	6	9.60	59	1.80
合计		3 920 340	160	0.51	8	22.11	15	12.20	137	5.07

说明：（1）城镇均指2 000人以上的居民点。
（2）统计范围不包括东北、台湾、新疆、青海和西藏地区。
（3）长江下游地区包括江淮分水岭以南的江苏、安徽两省，以及上海市及浙江省的钱塘江和甬江流域；岭南地区包括广东（除韩江流域）和广西，东南沿海地区包括福建及浙江、广东两省的剩余地区；西北地区包括宁夏、陕西两省的黄河流域，长江中游区包括湖北、江西三省，还包括陕西、黔东及河南、广西的长江流域；华北地区包括山西、河南、河北三省大部（京、津在内）、山东全省及江淮分水岭以北的江苏、安徽两省，甘南及黔北，包括四川大部；云贵地区包括云南、贵州两省大部分地区。
（4）沿海小计包括长江下游区城镇。
（5）表中"小计"诸行和"合计"两行中的部分数据有误，以及沈汝生《中国都市之分布》（《地理学报》，1937年第4卷第1期）的相关表（3），已校正。

资料来源：本表根据施坚雅《城市及地方体系的等级系统》表（3），以及沈汝生《中国都市之分布》（《地理学报》，1937年第4卷第1期）的相关表格整理。

第二章 民国城市化的曲折进程

据 20 世纪 40 年代的调查统计,当时中国大陆人口超过 5 万的 116 个城市中,60% 集中在辽宁、河北、山东、江苏、浙江、福建、广东、广西和上海、天津、北京等沿海地区。其主要位于江苏、辽宁、山东、广东 4 省(以 5 万—10 万人口的中小城市居多)。在 16 个 50 万人口以上的大城市中,有 12 个在沿海地区;而内地只有 4 个大城市:哈尔滨、成都、西安、长春。其中 6 个 100 万人口以上的特大城市,除北京外,其余 5 个在沿海沿江地区。近代以来,东部沿海和沿江地区的城市不仅发展快,而且现代化程度高,在全国占有举足轻重的地位,而广大内地和西北、西南边疆地区的城市大多数都规模小,发展缓慢,现代商业贸易不发达,现代工业很少或者完全没有。

如陕西的西安、渭南、咸阳、宝鸡、汉中,甘肃的兰州,山西的太原、大同,河南的开封、洛阳、许昌等历史上重要的区域性中心城市,近代以来,由于没有现代工商业的支撑,没有与世界市场发生直接的联系,因而发展缓慢、停滞,甚至出现萎缩。

表 2-15　1953 年全国各省区城、镇等级构成统计表(按 20 世纪 80 年代省市界调整)

省(市)、自治区 \ 市镇等级(万人)	<0.2	0.2—0.5	0.5—1	1—3	3—6	6—10	10—20	20—50	50—100	>100	合计
北京市	—	17	18	3	—	1	—	—	—	1(市区)	40
天津市	—	5	8	3	1	—	—	—	—	1(市区)	18
上海市	8	9	18	9	—	—	—	—	—	1(市区)	45
四川省	162	155	75	59	9	2	4	2	1	1	470
湖北省	195	125	55	31	1	3	1	—	—	1	412
广东省	97	149	85	44	7	3	4	1	—	1	391
江苏省	25	175	122	33	10	1	3	6	1	1	377
湖南省	135	135	50	35	5	2	3	1	1	—	367
河北省	14	164	125	44	6	2	3	2	1	—	361
河南省	28	162	92	52	3	5	4	1	1	—	348
安徽省	11	145	76	25	6	—	2	3	—	—	268
福建省	15	120	76	31	2	1	1	1	1	—	248
广西省	20	124	44	17	—	1	4	—	—	—	210
江西省	49	83	44	24	2	5	—	1	—	—	208
浙江省	1	37	74	47	5	2	1	2	1	—	170
贵州省	28	81	38	13	2	1	—	1	—	—	164
云南省	21	59	46	20	1	—	2	—	1	—	150
陕西省	11	78	34	21	—	2	1	1	—	—	148
黑龙江	3	27	50	41	15	3	2	1	—	1	143
山西省	1	39	48	21	3	2	1	1	1	—	117
内蒙古	24	44	21	15	5	—	2	—	—	—	111
吉林省	1	15	37	34	9	1	3	1	1	—	102
辽宁省	2	13	12	31	6	3	4	3	3	1	78

续表

市镇等级(万人) 省(市)、自治区	<0.2	0.2—0.5	0.5—1	1—3	3—6	6—10	10—20	20—50	50—100	>100	合计
新疆区	18	27	17	11	—	1	2	—	—	—	76
青海区	5	21	3	1	—	1	—	—	—	—	31
宁夏区	—	8	7	3	1	—	—	—	—	—	20
甘肃省	—	—	—	—	5	—	1	—	—	—	6＋207
合计	874	2 017	1 275	668	99	42	49	27	14	9	5 079＋207

本表据胡焕庸、张善余《中国人口地理》(下册)的相关内容整理，其中甘肃省的镇只有总数(213个)，而无各镇的分类情况，故本表内甘肃省未列镇，仅列了6个城市；此外，台湾、香港、澳门、西藏缺乏具体的资料，故表中也未列出。另，此表与表2－7的数据来源相同，可互相参考。

从表2－15的统计来看，中华人民共和国建立初期，全国城镇共计5 286个，分布极不平衡，四川数量最多，达470个；湖北居第二，有412个；广东391个，江苏377个，湖南367个，河北361个，河南348个；城镇在200个以上的省(市)、自治区还有安徽、江西、福建、广西以及甘肃；浙江、贵州、云南、陕西、黑龙江、山西、内蒙古、吉林等省(市)、自治区的城镇在100—200之间；而辽宁、新疆、青海、宁夏等省(市)、自治区城镇则在100个以下。由此可见，区域差异十分巨大。另外由于各省(市)、自治区的面积和人口也有差别，因而城镇数量也有差别，但是，按面积或人口总数而论排位则可能会发生变化，如江苏省面积只有10.26万平方公里，但是有城镇377个，平均每万平方公里有33.74个；而城镇数量最多的四川省有56万多平方公里，因而，每万平方公里仅有8.39个城镇，其差距就明显呈现。东部省区的城市密度明显大于中西部，城市密度最小的新疆，每万平方公里仅有0.45个城镇，其城市密度仅为江苏省的数十分之一。由此可见，近代城市分布的区域差别较大。

除了城市数量和密度有明显的区域差别外，民国城市化的区域差别也十分明显。参见表2－16：

表2－16　1949—1953年各省区城城市化统计一览表

地　区	总人口	城镇人口	城市人口占总人口比重
全　国	—	—	10.60%(1949年统计)
黑龙江	—	382.90万	24.20%(1949年统计)
吉　林	—	222.30万	22.00%(1949年统计)
台　湾	—	—	21.2%(1947年统计)
辽　宁	—	—	18.10%(1949年统计)
广　东	—	—	13.60%(1949年统计)

第二章 民国城市化的曲折进程

续表

地 区	总人口	城镇人口	城市人口占总人口比重
江 苏	—	—	13.60%（1949 年统计）
内蒙古	—	68.40 万	12.20%（1947 年统计）
新 疆	—	—	12.20%（1949 年统计）
浙 江	—	246.00 万	11.80%（1949 年统计）
西 藏	—	—	12.70%（1953 年统计）
陕 西	—	192.90 万	11.40%（1953 年统计）
甘 肃	—	161.00 万	11.40%（1953 年统计）
福 建	—	128.00 万	10.80%（1949 年统计）
宁 夏	—	—	10.40%（1949 年统计）
江 西	—	125.0 万	（1949 年统计）
湖 北	—	220.0 万	8.8%（1949 年统计）
青 海	—	12.30 万	8.30%（1949 年统计）
	—	20.90 万	（1953 年统计）
湖 南	—	236.00 万	7.90%（1949 年统计）
河 南	—	—	7.40%（1949 年统计）
河 北	—	—	6.70%（1949 年统计）
山 东	—	228.40 万	4.70%（1953 年统计）
安 徽			
四 川	—	—	4.30%（1949 年统计）
	—	673.70 万	10.20%（1953 年统计）
广 西	—	166.70 万	（1953 年统计）
贵 州	—	110.00 万	（1953 年统计）
云 南	—	130.70 万	（1953 年统计）

本表据胡焕庸、张善余《中国人口地理》（下册）中的相关内容整理。

由于民国后期处于战争状态，因而 1949 年的城市人口统计可能有较大误差，有部分地区甚至无准确的城市人口统计，相关地区可参考 1953 年的人口统计数据。中华人民共和国建立后，大规模的战争已经结束，社会安宁，人口统计采用了较为科学的方法，较为准确，具有一定的参考价值。

通过对上列统计数据的分析，可以发现以下几方面的问题。

一是民国时期城市化发展的区域差别极大。据 1949 年的统计，全国城市化平均率为 10.60%，但各地区的差别极大，城市化水平最高的省为黑龙江，高达 24.20%；其次为吉林，也高达 22%；台湾居第三，达 21.20%；辽宁为 18.10%，广东和江苏皆为 13.60%，内蒙古、新疆为 12.20%，浙江为 11.80%，以上各地区高于全国平均水平。需要注意的是，以上各地区的城市化水平虽然高于全国平均水平，但其彼此间也有很大的区别。广东、江苏、浙江等省经济较发达，城市密度较大，但由于人口基数较大，因而城市发展速度虽然较其他地区快，平均城市化水平却并不高。江西、湖北、湖南、河南、河北、山东、安徽、四川、云南、贵州等省城市化水平则低于全国平均水平，这与各省总人口较多有十分密切的关系，由于这些都是人口大省，特别是四川、河南、河北、山东等省的人口极多，因而这些省的城市化水平较低，对全国城市化水平的影响极大。1949 年湖南城镇人口为 236 万，湖北城镇人口为 220 万人，但由于这些省人口总数较多，故城市化水平都较低。四川虽然有两大城市，其中重庆城市人口虽近百万，但由于四川的人口总数多，农村人口多，因而四川的城市化水平相当低，不及全国城市化平均水平的 1/2。另外，西藏、陕西、甘肃仅有 1953 年的统计数据，虽然其城市人口占总人口的比重都在 10% 以上，但很难得出其城市化水平高于其他地区的结论。因为四川在 1949 年的值为 4.30%，但在 1953 年统计时则增至 10.20%，城市化率提高了 1 倍多，因而 1953 年的统计仅供参考。

二是城市化水平较高的地区，与工业化发展有着密切关系。城市化水平的高低与工业化水平有着直接的关联，它直接反映着城市现代化的程度。但由于中国各地区的特殊性，因此一些地区城市化水平的差异并不反映经济水平的高低。晚清民国时期，中国的工业化兴起，但发展极不平衡，海内外资本、企业和技术主要向沿海、沿江的重要交通枢纽城市集中，特别是向上海等少数城市集中。据统计，1895—1913 年设立的 1 万元以上的 463 家民族工矿企业，在沿海的就有 367 家，约占 80%，在内地的仅有 94 家，约占 20%，而贵州、陕西等内陆省份一家也没有，其地域分布的不平衡性，由此可见一斑。参见表 2-17：

表 2-17　1895—1913 年各地区城市厂矿数占全国总数的比重表

地　区	省　区	城　市	厂矿数占全国的比重（%）
东南地区	—	—	57.22
	—	上　海	17.84
	江　苏	—	10.48
	江　苏	无　锡	1.67
	江　苏	镇　江	1.55
	江　苏	苏　州	1.20
	江　苏	南　通	1.20
	浙　江	—	4.10
	福　建	—	2.80

续表

地 区	省 区	城 市	厂矿数占全国的比重（%）
东南地区	安 徽	—	2.80
	湖 北	—	6.94
	湖 北	武 汉	5.60
	广 东	—	12.26
	广 东	顺 德	7.32
	广 东	广 州	2.26
北部地区	—	—	27.84
	今东北三省		14.54
	辽 宁		7.64
	河 北	—	9.48
	河 北	京、津、唐	6.23
	山 东		3.82
其他地区	—	—	14.94

汪敬虞：《中国近代史工业资料》（第2辑），科学出版社，1957年。

另据1933年的调查资料，全国除东北及甘、宁、青、新、滇、黔等边远地区外，共有近代工厂2 435家，其中河北、山东、江苏（包括上海）、浙江、福建、广东沿海6省共有2 241家，约占92%。[1] 另据1947年对全国主要城市的调查资料，这些城市中共有工厂14 078家，其中几个重要城市工厂数所占比重相当大，如上海有工厂7 738家，占总数的54%，青岛占3%，天津占9%，广州占3%，4个城市合计占69%。[2]

东部沿海、沿江地区工矿企业的集聚必然相应导致人口、资源的集聚，城市进一步发展，形成良性循环，而西部绝大部分城市因缺乏资金投入和先进技术则会陷入恶性循环。洋务运动时期左宗棠在西北主持兰州织呢局，由于道路损坏，水源不足，原材料粗糙，技术工人素质差，最终失败。时人认为，兰州织呢局失败的原因主要是兰州周边的农牧业地区风气未开，交通不便，整体商品化水平低："左文公前任甘督亦尝购买机器，纺织呢绒。然牧场未立，万里甘凉，艰于转运，资本太重，不利行销。"[3] 从左宗棠的失败教训中可以看出，内地的落后导致近代工业缺乏经济基础，人才匮乏，进入20世纪后，再加上军阀统治、战争等因素，更恶化

---

[1] 汪敬虞：《中国近代史工业资料》（第2辑），科学出版社，1957年，第869—919页。
[2] 陈真：《旧中国工业的若干特点》，《中国近代经济史论文选》（上），上海人民出版社，1985年，第22页。
[3] 陈炽：《续富国策》，张登德：《中国近代思想家文库·陈炽卷》，中国人民大学出版社，2015年，第243页。

了一些内地省份的投资环境，使之跌入恶性循环的轨道。

另外，从以上统计来看，20世纪中叶东北地区是中国城市化水平最高的地区，这与东北地区工业发展水平最高和铁路交通网络最密有着直接的关系；而东北地区工业与交通的发展，与日本侵占东北时期不断加强对东北地区的工业建设和交通开发有着直接的关系。东北地区总人口相对较少，晚清以来，其人口以移民为主，民国时期东北移民进入城市的比例远比内地农村人口进入城市的比例要高，由于东北城市工商业发展较快，对劳动力的需求较大，因而城市人口比重增加较快；另外，东北地区较国内其他地区更早结束战争，1949年中共在东北各级城市相继建立了新政权，较早恢复和发展城市经济，进行城市建设，由此推动了城市化发展，因而东北各省城市化水平较其他省区更高。1949年黑龙江城市化水平居全国之首，达24.20%；吉林省城市化位列第二，有城镇人口222.30万人，占全省人口总数的22.00%；1949年辽宁省城市化水平为18.10%，在全国各省（市）中排名第四，位于台湾之后。台湾在甲午战争之后为日本所强占，日据台湾期间，台湾的工业化水平也得到较大提高，因而城市化水平相应提高。日本投降后，台湾回归祖国，其城市化水平仍然保持了较高的水平，据1947年的调查，台湾的城镇人口占全省人口总数的21.20%。但值得注意的是，内蒙古、新疆、青海等省区经济并不发达，但由于区域人口总数较少，城市一旦略有发展，整个区域城市化水平便会迅速提高，如青海省1949年的城镇人口虽然只有12.30万人，还不及东南一个大中城市的人口数，但由于全省人口总数太少，因而其城市化水平仍然高于湖北、湖南、四川等省。

三是地理条件优越、交通便利、工商业发达的沿海沿江地区的城市化具有发展优势，一批新兴城市相继崛起。16世纪以后，全球进入海洋时代，内陆城市的发展逐渐滞后于沿海城市。19世纪中叶以后，中国被纳入以海洋为交通渠道的世界资本主义体系，中国东部沿海、沿江的部分重要城市首先被西方列强通过不平等条约纳入全球贸易体系，成为对外开放的通商口岸。这些沿海、沿江城市拥有地理位置优越等条件，一方面具有较大的吞吐能力，便于商品的集散，进口商品除了被城市本身吸纳外，还可以顺利地转运至周围地区及次一级城市；另一方面又十分便于外国商船或商队的停靠聚集。现代城市的发展与现代交通的发展有着直接的密切关系，铁路运输、轮船运输等现代交通运输方式的兴起对城市的不平衡发展产生了巨大的影响，故而民国时期重要大中城市主要集中在现代交通运输线的节点上。近年来国内有的学者把近代中国区域城市分布的不平衡状态描述为地理空间的"弓箭型"和"井字型"。"弓箭型"指新兴城市多集中在中国东部的沿海地区、沿长江横贯东西的航线以及连接南北的京广铁路线上，在地理空间上形成一个"弓箭型"的城市带和华东、东北两大城市密集区。① 所谓"井字型"指城市集中分布在三纵两横的5条线上，南北向的3条线为东南海岸线、京哈铁路线、京广铁路线；东西向

---

① 乐正：《近代城市发展的主题与中国模式》，《天津社会科学》，1992年第2期。

的 2 条线为长江沿岸线和陇海铁路线。这 5 条贯穿中国东、西、南、北的运输线构成了一个"井"字形,近代以来形成的中国的主要城市群和主要的大中城市多数都集中在这 5 条线上。工业时代,经济要素的流动对于城市的发展具有十分巨大的作用。城市是一个开放的巨大系统,城市的开放则需要各种要素的流动,而现代交通体系的建设水平则是决定经济要素能否快速流动的重要条件。现代交通的建设首先要依托现有的城市体系,同时也对现有城市体系产生重大影响,部分重要城市成为交通枢纽,由此产生巨大的虹吸效应,资本、技术、劳动力都向这些城市聚集,从而推动这些枢纽城市的发展,以上海为代表的一批新兴城市崛起;而部分传统城市在农业时代虽是极为重要的城市,但一旦未被纳入现代交通和工业体系之中,其衰落的命运就不可避免,中原重要城市开封在 20 世纪的衰落就是很好的证明。在铁路、公路等现代陆路交通出现前,沿海和沿江的港口城市,由于借助成本低廉的航运占尽运输优势,对外与世界市场、对内与各地商埠联成网络。在铁路、公路兴建之后,这些地区又得益于自己的铁路、公路的交通枢纽地位而使市场扩大,与腹地建立起密切联系。所以,西风东渐的影响,地理环境、交通区位的有利条件,传统商业的资金积累,地域文化传统等多种合力的作用,使沿江沿海地区、交通枢纽地区的城市化与内地拉开差距。

四是民国区域城市化发展不平衡还表现为城市分布东多西少,特别是重要城市的分布,从沿海到内地,从东南到西北逐渐减少。民国城市的这一分布格局与中国人口的地区分布和经济发展水平分布呈正相关,也与近代以来海洋经济的兴起有着直接的关系。中国人口的分布受到地形地貌和气候变化的影响极大。"胡焕庸线"既是气候分界线、自然条件分界线,也是人口分界线、民族分界线,"胡焕庸线"以东以南的地区占全国面积的 43.80%,人口却占全国总人口的 94%,因而中国主要的城市都集中在"胡焕庸线"以东以南的地区。近代以来,西方主要资本主义国家崛起,海洋经济占主导地位,沿海地区成为工业时代最发达的地区。中国现代化属于外生晚发传播型,现代化要素均由外部传入,而最早接触现代化要素的是沿海、沿江的开埠通商城市,因而中国的城市化也首先从沿海、沿江地区开始,并呈向中部和西部递减的趋势。从某种程度上说,资本主义因素渗透的多少决定了区域城市化的发展程度。例如,1843 年,长江上游和下游之间,城市化率的差距只有 3 个百分点;而到 1893 年,这种差距已扩大为 6 个百分点。[①] 1893 年,中国长江下游、岭南、东南、西北、长江中游、华北、长江上游和云贵八大区域的 3 920 340 平方公里土地上,有城镇 1 779 个。其中,长江下游、东南、长江中游和华北的京广线以东地区,有城镇 1 189 个。直到 1949 年为止,无论城镇数目还是城镇人口,东部地区都占有绝对优势。民国时期,中国重要的城市主要集中在京广线以东地区(包括东北地区);而其中广大西部地区(包括西北、西南和部分中原地区)的重要

---

① [美]施坚雅著,王旭等译:《中国封建社会晚期城市研究——施坚雅模式》,吉林教育出版社,1991 年,第 74 页。

城市相对较少，其中青、康、藏、新、蒙等地区，城市数量较少，城市规模也普遍较小，以小城镇为主。西部地区因交通不便，社会动荡，原有的城镇不但没有发展近代工商业，反而遭到战乱的破坏。20世纪30年代前，由于西北、西南边疆一直面临着外国侵略的威胁，为了充实边防，政府对边疆开发的步伐也加快了，促进了边疆地区的城镇发展。全面抗战前，西南地区因铁路的修筑（以云南为主）和水路运输的发展（以四川为主），使一批中小城镇也得到了一定的发展。全面抗战时期，西部地区成了抗战的大后方，集中了全国的许多人力、物力和财力，加强了开发，其中交通的发展尤为显著。例如，1934年，陇海铁路通车到西安，改变了关中地区的运输条件。大批工厂、机关、学校内迁，大量军事公路的修筑以及矿产的开发，也促使广大西部地区的城镇发生了变化。因交通发展而出现变化的城镇还有陕西宝鸡和凤县的双石铺，甘肃兰州、天水，云南昆明、腾冲等地。其中，昆明市在滇缅公路被日寇切断以前，曾经达到非常繁荣的程度。短短数年之间，人口即由10余万增至40余万。宝鸡原为陕西西部的一个小县城，因川陕公路和陇海铁路的通车而成为大西北的交通枢纽。

民国时期，资本主义市场主要在沿海、沿江等地区形成，向内地的伸展十分缓慢，广大的内地因极端强大和坚韧的自然经济势力处处设防，顽固地抵制现代经济的扩张和资本主义市场的深入拓展。如在豫北地区，手工产品在当地农民日用品中所占的比重达70%—80%；在安徽肥西县上派镇，80%的手工原料来自附近农村，因而当地农民生产和生活的需要，决定着各手工行业生产的品种和整个营业状况[①]。因此，直到中华人民共和国成立以前，统一的资本主义市场仍未形成。民国时期人们曾期望这些发达地区的现代化因素能够向传统的腹地传播，让现代化在全国整体推进。然而，在近代中国，发达地区和传统腹地不仅没有建立相互间联系、相互促进的整体联运，反而彼此排斥、封闭，于是在这种畸形格局中，不仅内地与发达地区的差距越来越大，而且发达地区由于市场无法进一步扩大、人口压力过大等原因也受到限制。由此可见，区域城市化的不平衡既压制了不发达地区的起步，又限制了发达地区的进一步发展，由此影响了整个近代城市化进程。

三、各级城市的不平衡发展

近代中国城市体系的发展出现了整体发展不足、局部过度发展的特点，即整体城市化水平较低，而少数地区大城市过度发展，人口畸形膨胀，大多数中小城市发展缓慢，由此造成整体城市化发展缓慢。

据相关统计，全面抗战前，中国50万—200万人口的城市有9个，200万人口以上的城市有1个，这10个城市人口占全国城市人口总数的35.50%，而城市数量仅为城市总数的0.05%左右。其中，仅上海人口就达348万，占全国城市人口

[①] 陈德庆：《中国近代手工业的发展趋势》，《求索》，1991年第6期。

的10.85%，而其余5万—20万人口的小城市占城市总量的85%，人口仅占总人口的45.90%。[①]

大城市之所以出现这种过度膨胀，其原因是多方面的。

一是这些大城市多为通商口岸，帝国主义势力集中，外国殖民者的机构多，城市内部基础设施完善，与大工业配套的能源、环境、人才等资源供应充足。同时，在战乱迭起的时代，这些城市的政治、经济、文化环境相对稳定，对于人、财、物的吸引力颇大。经济学家谷春帆在20世纪30年代就注意到，彼时中国有一个资金从农村流向城镇、从城镇流向中小城市、从内地流向沿海大都市的趋向，其中一个关键因素就是："内地的生产力越低，秩序越乱，则稍可自立的户口，就不能再内地立足，而不得不迁移到城市中去。城市中的富户，更不得不迁移到都市中去。"据他分析，在1923—1927年间，上海的资金流动情况是向外输出，但在1928—1932年间，每年流入上海的银元平均为1 700万元，原因之一就是天灾、兵灾及"东三省事变影响之故"。[②] 再如1937年底至1938年底这一年间，为了躲避战火，上海公共租界的工厂总数猛然增加到4 700余家，计增长十余倍。[③]

二是这些城市多位于沿海、沿江等交通便利的地区，为工商业发展提供了便利条件，资本总是流向那些条件最好、最能获取高额利润的地区，因而这些城市成为现代工商业的集中之地，尤其是上海、天津等城市的虹吸效应极为突出。

三是这些城市不但是接受西方经济、市政、文化影响的先行地区，也是中国政府、绅商进行现代化努力的先行地区。中国早期现代化的第一次努力就是从这几个大城市开始的。如天津，李鸿章在1870年前后常年投入以支撑其城市发展的经费就达30万两白银；到1895年，李鸿章投资经营天津的白银总计约800万两。这个数目相当于以往天津县城一年开支的50—60倍。[④] 袁世凯任直隶总督后，他也在天津进行大规模投资。天津在较短时间内从一个府治所在地，发展为一个以近代大工业为主的近代工业城市和港口城市，这与清政府的投入有着直接的关系。张之洞在武汉的投资规模同样巨大，湖北枪炮厂建厂开始的前期，每年投入的资金都高达36万两，后来增加到80万两[⑤]，加上炼铁厂总投资580余万两，丝麻四局的总投资500余万两，仅此就已达1 100余万两。在张之洞的数十年苦心经营下，武汉从地区性行政中心转变为"实兼采铁、炼钢、开煤之大端为一事"的全国性工业重镇和经济中心。

四是大城市大多凭借优越地理位置通过转口贸易迅速积累资金，它将广大腹地的廉价原材料、农产品聚集加工后运往世界市场，同时作为中转之地将西方工业品销往内地市场，成为两个市场的中介。这些大城市通过不等价交换掠夺内地的物

[①] 沈汝生：《中国都市之分布》，《地理学报》，1937年第4卷第1期。
[②] 谷春帆：《中国都市金融的现状》，《中学生杂志》，1933年第41期。
[③] 徐新吾、黄汉民：《上海近代工业史》，上海社会科学院出版社，1998年，第233页。
[④] 涂文学：《洋务运动与城市社会现代化》，《近代史研究》，1996年第2期。
[⑤] 涂文学：《洋务运动与城市社会现代化》，《近代史研究》，1996年第2期。

资、资金，从而逐渐发展起来。而殖民者又通过进出口差价使资金流往国外，所以这些畸形繁荣的大城市是半殖民地半封建国家特有的产物，它们的繁荣建立在广大内地中心城镇和农村的极度贫困上。

与少数大城市畸形发展形成鲜明对比的是多数中小城镇发展缓慢，甚至出现衰落。中小城镇发展缓慢或衰落的原因也是多方面的。

一是大多数原生型中小城镇在近代以后失去了发展动力。这些城镇在农业时代的发展是以自给自足的小农业和农产品商品化的发展为经济基础的，"其民，男务居贾，与时逐利，女攻纺织，居者可万余家，颇多儒，有登乡书者"[①]。但随着中国被纳入世界资本主义经济体系，中国在现代工业化的冲击下面临严重的发展困境，传统自给自足的自然经济开始解体，支撑这些原生型中小城镇的经济基础反而成为制约它们转型和发展的桎梏。小农业与家庭手工业相结合的自然经济仅以养活人口为目的，限制了农村人口向城镇的流动，扼制了城市现代工业的发展，从而决定了这些城镇只能在小规模、低水平的基础上缓慢前行。传统农业、手工业经济较发达的山东、山西、四川等省的城市化比例较低，其原因之一就是小农业和家庭手工业在农村的兴盛阻碍了城市化的发展。全面抗战前夕，山西全省年产3 380 577匹土布，其中有2 486 600匹由家庭个体生产，占总量的73%。[②] 由于自然经济的顽强存在，这些原生型中小城镇城市化的动力严重不足，只有现代工商业的发展才能为城市提供更多的就业岗位，容纳更多的人口，然而这些原生型中小城镇都不具备这些条件。同时，民国时期农村普遍出现的贫困，人口过度的增长，以及低下的生产力水平，不能为这些原生型中小城镇的发展提供坚实的基础。在大城市引力与乡村推力皆弱化的情况之下，原生型中小城市的发展自然就滞缓，走向衰落。

二是近代以来交通路线的改变也导致了部分城市的衰落，除运河城市全面衰落外，一些建立在旧商路上的城市在近代也因商路的改变而日渐萎缩，如"河南之周家口、湖北之樊城、江苏之王家营、山东之德州等处，昔称孔道，繁庶无比，今皆井里萧条，往来之车，日无数两，留宿之舍，镇无几家"[③]。除了商路的改变导致部分城镇衰落外，中国对外防御体系的改变也导致部分城镇的发展陷入停滞，建立在军事要地的一些政治、军事重镇如西宁、银川，以及河西走廊和长城周边的城市，在其古代因中原王朝面临北方游牧民族的武力威胁而得到中央朝廷的重视，因而其运用政治行政和军事的力量来推动这些城市发展。但近代以来，中国的门户转移到东南沿海，这些地区的城镇失去了往日的重要性，因而日渐衰落。例如银川始建于西汉，历史上曾经有过辉煌的发展。但近代以来，银川虽然有优越的自然条件、丰富的特产资源，但经济一直较为落后，近代工业仅有1943年成立的一家官

---

① 吴仰贤等：《嘉兴府志》卷四，光绪五年（1879）刻本。关于"原生型城市"，参阅乔志强、陈亚平：《江南市镇原生型城市化及其近代际遇》，《山西大学学报》，1994年第4期。
② 实业部国际贸易局编印：《中国实业志·山西省》，1937年，第25页。
③ 屠守仁：《奏陈铁路宜慎始疏》，中国史学会：《洋务运动》（六），上海人民出版社，2000年，第203页。

商合营的面粉公司,以及另一家仅有一台 20 千瓦旧式发电机的宁夏电灯公司;其城市发展缓慢,到解放前城区面积尚不足 3 平方公里,人口约 3 万人,75％以上的城市人口是文盲或半文盲,工业人口不足千人,且多为手工业作坊工人,城区都是土路,没有排水设施。

三是持续的战争造成中小城镇发展滞缓,大城市畸形繁荣。近代以来,中国大多数地区战火不断,每次战争都使中小城镇受到极大的影响。如太平天国运动对长江中下游中小城市造成严重破坏,特别是苏州经此战争以后,在数十年内一蹶不振;但上海因特殊原因,幸免于难。在其后长期的军阀混战中,小城镇所受战争的影响也远较大中城市更大。抗日战争中,有若干中小城遭到日军严重破坏,如"七七事变"后,日机三次轰炸芜湖,导致市区受破坏惨重,日军进城后又烧毁大片房屋,明远电厂设备被破坏一半,裕中纱厂被改为医院,益新面粉厂也被占据。南昌被日军占领后,市区遭受空前浩劫,房屋被拆毁 77.90％,水泥路被损坏 85％,碎石路及下水道被损坏 50％,到处是残垣断壁,一片凄凉。无锡的民族工业更是倍受摧残,原有的大型丝厂 41 家被毁 35 家,残存的几家也处于半停产状态;米市中心被摧毁,碾米业停工;机械工业的设备被查封盗走。[1] 另外,每一次社会动乱或战争,都会导致中小城镇居民携款涌向相对安全的大城市,部分富商大贾甚至不惜变卖家产迁往大城市,由此使上海、香港、重庆等大城市在动乱中得到巨大发展。就香港而言,在 20 世纪前期被国内各地商民视为"世外桃源",几乎每一次动乱都会出现逃港风潮。20 世纪初,每年流入香港的财富都达千万元以上。辛亥革命后,内地的动乱也使不少清朝官僚、遗老等加入迁香港的移民潮中。全面抗战前期,香港置身于战争之外,因此成为内地资本大迁徙的目的地之一,尤其是广州等地沦陷后,大量游资入港,使香港获得了大量内地人才、资本。

四是经济要素的流向严重地影响着中小城市的发展。除了战乱、灾荒的影响使中小城市的资金流入大城市外,由于大城市的经济中心性急剧增强,大量资本迅速从中小城市流向通商口岸等大城市。如南浔镇是湖州最大的丝市,该镇著名的四大商家——刘、顾、庞、陈,俗称"南浔四象",均迁往上海、苏州、广州等大城市办厂设店。资金向大城市集中虽然对推动大城市的都市化和现代化起着积极作用,但对于中小城市的城市化来说,无疑是雪上加霜,釜底抽薪,使其失去了工业化的启动资金,城市化受到进一步限制。内地的中小城市受资金不足的影响更大,而对城市化具有决定性影响的工业化因素却未能同步进入内地中小城市,导致中小城市发挥不出吸纳农村人口的能力,从而进一步制约了城市发展,中小城市无法发生本质转变而走上新的城市化轨道。

五是因新式交通的发展而造成相当部分中小城镇的相对衰落。在许多城镇因新式交通的发展而兴盛的同时,另外一些城镇却因新式交通的发展和传统商路的改变而衰落,如大运河沿线的临清,江苏的淮阴、淮安,上海附近的嘉定,湖北的襄

---

[1] 戴均良:《中国城市发展史》,黑龙江人民出版社,1992 年,第 325、326 页。

阳、樊城等，都是因商路的改变及新交通线的开辟而相对衰落的城市。其中，淮阴和嘉定是比较典型的。据当代学者的分析，这两个城市衰落的原因都与新式交通的兴起有关：先是安全而且廉价的海轮运输代替了落后的运河运输，使运河沿岸城市与运河运输相关的产业受到打击；接着是1911年津浦铁路通车，使中国运河运输完全为铁路所代替，运河长距离运输变成了短距离运输，运量大减，因而过去依靠运河运输而得到发展的淮阴和嘉定，现在却因不在新式交通运输线上而走下坡路，先后趋于衰落。[1] 位于运河北端终点的河北通县，是天津至北平重要的货运中转站，南北商品经运河被运至通县后，再装大车运到北京，故通县得以成为京津之间的一个繁盛的商业城市。但有了京奉铁路后，天津运往北京的货物多由铁路直达，通县以商品转运为中心的产业链解体，城市也就急剧衰落。涿县原在重要驿道上，南北车骑往来都经过此地，又有水路通达天津，商货往来频繁，其同样也因京汉铁路的修成通车而走向衰落。道口本为卫河水运枢纽，商业繁盛，但铁路建成后转移了大量货流，导致这个豫北的商业中心顿为陈迹。

除运河城市外，北方的一些繁华城镇，也因新的交通路线的开辟而自己未在新路线上顿失旧时风采，反趋衰落，如张北在清代为内地通往蒙古和西伯利亚的门户，东经多伦可至东北三省，西经呼和浩特可达甘肃、宁夏；1902年根据《中俄条约》被开为商埠，其商品经济更是盛极一时，内外蒙古、新疆、甘肃所产物品都汇集张北城，然后再运至京、津，故此地商业兴盛。然而京绥铁路建成之后，甘、新产品改为经呼和浩特直接运至京、津，不再取道张北，使它徒具盛名，而到民国以后，最终难逃衰落的命运。法库门位于沈阳北面，居东北地区南北交通的要冲，晚清开埠后，该城商业也甚为兴盛，东北各地的大豆、高粱、粟、麦粉等商品多集散于此；然而南满铁路建成后，该城虽然仍为一个商埠，但是铁路已经改变了东北商品交换的模式，故而该城的商业顿形衰落。瑷珲系东北毗邻俄国的边疆要地和边境贸易中心，然而中东铁路建成后，中俄商货一般多经由铁路运输（也有一部分商货经由松花江水上运输），瑷珲变得不再重要。此外东北原驿道中枢或军事、政治重镇，如吉林省宁安（宁古塔，今属黑龙江省）、扶余（伯都讷）等城镇在民国都经历了同样的遭遇，由盛而衰。

山东地区因交通变迁而衰落的典型城市则是周村（周口店），该城本是山东的经济中心之一，其经济影响范围除了胶东外，复伸至鲁西、鲁南、鲁北各县；随着胶济铁路建成通车和济南开埠，鲁西物产移聚济南，周村的经济地位下降；其后张博支线建成通车，鲁南各县的商业贸易份额又为博山分占，周村的经济地位更是日益衰落。烟台于1862年被迫开为通商口岸，到20世纪初，成为华北地区对外的一个重要贸易港；1903年烟台的进出口贸易额占山东进出口贸易总额的72%，足以反映烟台在当时的兴盛情况。但自从华北地区的铁路渐成系统之后，烟台的经济地位下降，1913年烟台进出口贸易额在山东全省进出口贸易额中所占的比重跌到

---

[1] 戴均良：《中国城市发展史》，黑龙江人民出版社，1992年，第325、326页。

第二章 民国城市化的曲折进程

35％；1914年山东龙口港也对外开放，山东已先后有青岛、龙口、威海和烟台四个对外开放口岸，烟台的客货运输由此衰落下去。烟台港由于港口设施不如青岛先进，而内陆交通又远不如青岛便捷，因此在竞争中处于明显的不利地位。①

河南西部在未有铁路以前，凡华北地区所产货物多先集中于唐河上游的赊旗镇，再溯唐河、汉江运至汉口，而滇、黔、湖、川北运货物也多取道于此。故赊旗镇行栈林立，蔚为巨镇。自京汉铁路开通后，河南运往汉口的货物出于伏牛山以东者由火车运载，以西者由唐河船运。后唐河渐涸，赊旗镇失水运之利，又无火车之便，于是衰落下去。位于唐、白河及汉水汇合处的樊城，在京汉铁路建成之前，鄂北、豫南、陕南的货物多聚于此；自铁路开通以后，其在交通上的地位亦不如以前之重要。②

华东商业巨镇——镇江遭受铁路运输的打击最为显著。镇江地居长江与运河的交汇点，鲁、豫、皖、浙各省商货辐辏，在历史上曾是商业巨镇、通都大埠。豫东、鲁南等地外运物产，向来循运河运至此集散（内运的货物反其道而行）。京汉、胶济两铁路先后通车，货物半往汉口，半往青岛。津浦铁路一通车，南京又分占了它的部分商务，镇江乃趋向衰落。镇江土货出口额在铁路建筑前后几年间发生了明显的变化，1903年为1 676 663海关两，1904年胶济铁路通车后为2 090 202海关两，1906年京汉铁路通车后为1 400 279海关两，1911年津浦铁路通车为436 652海关两，1912年则下降到210 827海关两。从以上数字可以看到，在铁路通车后，土货出口货额下降了很多。镇江的转口贸易，无论是转往安徽，还是转往山东、河南，在1906年京汉铁路通车后，日见衰落，这表明它作为商业中心的地位日益减弱。常州自近代以来，其江南工商业重心的地位每况愈下，先是境内运河河道淤塞变窄，商旅视为畏途；其后因沪宁铁路通车，原为常州经济辐射范围的江南宜兴、溧阳、江阴、金坛等地及江北的货物纷纷转经无锡运至上海，北方货物也大量经铁路运往无锡、上海。常州经济地位逐步下降，以致常州人士感叹道："自沪宁通车以来，吾邑实业不但未见发展，且重心均有渐移于无锡之势。"③清江浦地当淮、运两河的交汇点，封建时代江南漕船悉集于此，又为从南方人入京舍舟登陆的要道，曾有江北首府之称，是历史上的商业重镇。津浦铁路通车之后，清江浦顿失旧时的繁盛景象。

五口通商前，广州是中国唯一的外贸港口城市，中国各地的货物大体上是经两条商路运至广州：一条是长江下游和福建等地的货物经江西赣江，越大庾岭，而达广州；一条是长江中上游的货物集中于汉口，然后越南岭而达广州。五口通商后，上海取代广州成为主要的外贸城市，长江流域的货物被直接运往上海出口，福建的

---

① 《山东航运史》编委会：《山东航运史》，人民交通出版社，1993年，第210—212页。
② 张瑞德：《平汉铁路与华北的经济发展》，《"中央研究院"近代史研究所专刊》(55)，1987年，第66页。
③ 居柏青：《交通引力与城市发展——常州个案分析》，《江苏省中国经济史学会1990年学术讨论会论文集》，内部印行本。

主要产品红茶等也大都经福州出口。这样原来通往广州的两条商路变得冷冷清清，原商路沿线的城市也就衰落了①。

蒙自原为滇南名城，对法贸易甚盛。滇越铁路未通车前，由越南入口的洋货多从陆道经蒙自转运。滇越铁路初定线路本为沿富良江上溯至蛮耗，折北经蒙自城西以达阿迷，因蒙自绅民激烈反对，于是放弃平地而走山道。滇越铁路通车后，铁路由城东十余里的山上经过，大量货物不经过蒙自，其地商贸因而衰落，市面冷清，一落千丈。②

从以上例子可以看出，铁路的敷设相比起其他交通方式来说，对于城镇兴衰的影响更大。部分位于车站附近的本不闻名的集镇或人烟稀疏的村落，因铁路的建设而迅速兴起，成为重要的城市或集镇，在这类城镇中，最典型的莫过于石门（石家庄）；而过去曾经繁盛一时的城镇，由于在清末民国时期未能被纳入铁路运输体系，则转趋衰落，甚至被淘汰。

在上述诸多原因的共同作用下，近代中国区域性城市发展失去平衡，率先发展的大城市被置于世界资本主义市场的边缘地位，受到资本主义市场的支配，并利用它们在中国市场的中心地位，向中国倾销洋货和掠夺农产品或工业原料。本来就资本枯竭的中国市场，在不平等的半殖民地经济体制下，资金外流，原料外流，民族工业进一步受到压制，中小城市和农村的发展与大城市脱节。这种不平衡的二元城市化体系使少数大城市快速发展，而广大中小城市发展却长期处于滞后状态，从而导致城市化整体水平低下。

四、城市内部结构发展不平衡

晚清至民国，中国城市的发展并不是基于自身内在的自然生长力以及有意识的自我开拓，而是在外部力量的作用下进行的。在半殖民地半封建社会的条件下，近代中国的城市出现了较大的发展变化，但是各城市自身并没有足够的力量来维持内部结构的平衡。因此无论从区域的角度来看，还是从城市结构角度来看，近代中国的城市内部结构发展均明显失衡。

（一）城市经济结构发展不平衡

城市经济结构的不平衡性主要表现为以下两方面。一是城市产业结构不平衡，其主要表现在商强工弱，从晚清到民国，中国城市经济迟迟没有完成由商业化向工业化的转变。在全国各大城市工商业资本的总额中，商业资本所占比重极大。据相关统计，1929年汉口的商业资本占工商业总资本的72.60%，1933年南京的商业资本占工商业总资本的62.40%，上海的商业资本占工商业总资本的66.80%，

---

① 何一民：《中国城市史纲》，四川大学出版社，1994年，第276页。
② 薛绍铭：《黔滇川旅行记》，重庆出版社，1986年，第71页。

第二章 民国城市化的曲折进程

1935年北平的商业资本占工商业总资本的93.38%，比例最高。① 另据统计，1937年以前，中国各主要城市的商业资本占工商业资本总额的70%左右；1945年全面抗战结束后，商业资本占工商业资本总额的比例更是上升到90%，工业资本只占10%左右。② 民国时期的民族资本主要还是以商业资本为主，无论从投资额、雇佣工人数目还是从产值总量来看都是如此。1933年，全国商业资本是工业资本的10倍，商业从业人数相当于工厂职工人数的24倍。③ 造成城市产业结构的不平衡和不合理性的原因是多方面的，主要与西方资本主义对中国的侵略有关，中国城市经济商业化浪潮出现较早，而工业化浪潮出现较晚，工业也大多为商业服务。开埠通商城市的半殖民地性质决定了这些城市只是商品集散地，而不是生产基地；开埠通商的城市的商业主要为帝国主义在华倾销商品和掠夺原料服务，这必定使民族工业受到抑制，导致民族工业既丧失了产品市场，又得不到必要的先进技术和廉价原料。晚清民国时期，发展工业生产的困难重重，一方面是国内发展现代工业的软硬件环境都相当恶劣，政治极度腐败，各种超经济盘剥被强加在工厂企业身上，加上战乱频仍，农民、手工业者生活贫困，国内市场极不稳定，使现代工业生产发展举步维艰；另一方面中国工业企业与外国企业居于不平等地位，受到外国资本的排挤、打击，处境十分艰难，不少企业在内外多重挤压中苦苦挣扎，因而投资现代工业企业者相对较少，有钱者多视发展现代实业为畏途。与之相反，商业的丰厚利润，诱使地主、官僚、高利贷者的剩余资金流向商业部门。据郝延平的估计，中国内地贸易年利润可能为投入资本的20%，而国际贸易则为40%，沿海商人的平均年利润可达30%。④ 因此商业投资可使投资者在短时间内致富，比起周期长、风险大的工业投资更为诱人。综上，资金流向使工弱商强的格局更加稳固。

二是近代工业长期处于低水平发展状态。晚清以后，城市工业部门形成了二元结构，即现代工业企业虽然有所发展，但总量不大，工业部门内部虽然存在大量的传统手工业作坊，新创办的工业企业还有不少仍处在工场手工业向近代工厂工业过渡的状态，如宁波丝织业中最大的华泰丝厂，动力织机只有20余台，手工织机则在百台以上。无论是传统的纺织业还是新兴的火柴业、针织业，都不能排除手工业产品，甚至还普遍利用个体家庭进行生产，一些江南织席、织袜厂"仅司收发而已"⑤。在机器大工业已在发达国家取得支配地位的20世纪上半叶，这种工业的二元结构只能使资本关系在现代化转变中严重受阻，大工业生产难以发展；而且使商品经济在原有基础上低层次发展，经济结构无法实现现代化转型。

工业化二元结构的长期存在，阻碍了工业体系的形成，使工业部门结构极不平衡。据相关统计，在1913—1920年由民族资本开设的千余家工厂中，只有30%属

---

① 陈真：《中国近代工业史资料》（第4辑），生活·读书·新知三联书店，1961年，第83—85页。
② 陈真：《中国近代工业史资料》（第4辑），生活·读书·新知三联书店，1961年，第83—85页。
③ 张寿彭：《试论中国近代资本主义商业的产生和特点》，《兰州大学学报》，1986年第3期。
④ ［美］郝延平著，陈潮、陈任译：《中国近代商业革命》，上海人民出版社，1991年，第310页。
⑤ 彭泽益：《中国近代手工业史资料》（第3卷），生活·读书·新知三联书店，1957年，第99页。

于重工业，其余70%的工厂属于轻工业，民国时期的重工业部门基本上是由外国资本控制，钢铁工业中的99%、机械采煤工业的76%都由外资控制。[①] 可见民族工业不仅比例失衡，而且受制于人，这从上海1894年外资工业与民族工业的投资情况中即可见一斑，见表2－18、2－19：

表2－18　1894年上海外资工业按行业投资的结构比例表

业　别	家　数	资本额（万元）	％
（1）船舶修理厂	8	323.80	33.20
（2）纺织业	6	197.00	20.30
（3）印刷业	7	93.80	9.60
（4）公用事业	3	148.00	15.20
（5）制药业	3	32.00	3.30
（6）食品、卷烟业	6	59.20	6.10
（7）其他	12	120.50	12.30
合　计	45	974.30	100.00

注1：各行业的资料来源如下：（1）（3）（5）（6）（7）项来源于孙毓棠编《中国近代工业史资料》第1辑（上册）（科学出版社，1957年）。（2）项引自上书及徐新吾主编之《中国近代缫丝工业史》（上海人民出版社，1990年），（4）项见汪敬虞：《十九世纪西方资本主义对中国的侵略》（人民出版社，1983年）。

注2：纺织业只包括缫丝、轧花业。孙毓棠书中所提供的资本额均以全国总数计算，上海部分则按总数的三分之二计算。

此表引自徐新吾、黄汉民：《上海近代工业史》，上海社会科学院出版社，1998年。

表2－19　1894年上海民族工业31家工厂投资额估计表

业　别	厂　数	％	银两（万两）	折合银元（万元）	％
船舶与机器修造业	7	19.90	13.50	18.80	3.10
轻工业	24	80.10	422.60	586.90	96.90
其中：造纸业	1	3.20	30.00	41.70	6.90
印刷业	7	22.60	10.00	13.90	2.30
缫丝业	8	28.50	206.10	286.30	47.30
棉纺织业	3	9.70	144.00	200.00	33.00
轧花业	3	9.70	26.50	36.80	6.10
面粉业	1	3.20	1.00	1.40	0.20

---

① 许涤新、吴承明：《中国资本主义发展史》（第2卷），人民出版社，2005年，第1044页。

第二章 民国城市化的曲折进程

续表

业 别	厂 数		投资额		
	厂 数	%	银两（万两）	折合银元（万元）	%
火柴业	1	3.20	5.00	6.80	1.10
合 计	31	100.00	436.10	605.70	100.00

徐新吾、黄汉民：《上海近代工业史》，上海社会科学院出版社，1998年。

从以上两表的对比中可见，在上海工业中占优势的是外资企业，无论从工厂数量、规模，还是从投资额来看，外资企业都占尽优势；另外外资企业在技术、管理等方面的优势也是民族资本企业无法比拟的。上海是民族资本企业集中的地方，但上海民族工业从诞生开始就开始面临着资金力量雄厚的外资企业的抑制和排挤。19世纪末，上海的民族企业只有31家，外资则有45家，民族企业中资本额达50万元以上的大型企业只有四家，而1万—10万元资本的小型企业在整个上海的私人民族资本工业中所占的比重竟超过总数的一半；占58.10%，而外资企业中资本额50万元以上的虽也只有4家，但10万元—50万元的中型企业有25家，占总数的55.60%，小型企业仅占35%左右。1894年的全部企业中（棉纺织业因外资受到限制除外），民族资本企业每厂平均投资额为外资企业的66.90%。另外，从表2—19可见上海工业结构的不合理，民族工业的大部分投资被局限在轻工业的某些部门中，而另有相当一部分工业部门却从一开始就为外国资本所控制和独占。如1894年上海船舶与机器修造业的民族资本企业共有7家，但投资额仅占总投资的3.10%，而轻工业投资额占总额的96.90%。出现这种畸形发展状态，其原因是多方面的，主要与外国资本对某些行业的垄断和对中国民族资本的排挤有关，而中国民族资本受自身力量薄弱的限制，难以与外资抗衡。如1886年创办的上海制冰厂在1890年遭遇德资制冰公司的恶性竞争，最终被吞并。[①] 在重工业领域，民族资本企业的技术和设备都依赖于国外进口，因而民族资本企业在制造技术、设备和业务经营等方面对外国资本形成严重的依赖性，这些都使中国民族资本企业居于不利地位。

经济结构中的商强工弱格局及工业部门本身的畸形发展对城市化进程造成了严重影响。商业化的发展对工业化既有推动作用，又有抑制作用。工业化的低水平发展使传统生产部门和现代生产部门的比例关系始终无法改变。据估计，1920年，在中国农业和交通运输业的总产值中，新式产业只占7.80%，而传统产业占92.20%。[②] 这使城市对农村人口的拉力减弱，城市化受到很大制约。由于工业化才是城市化的主要动力，而工业化的低水平不平衡发展限制了城市对劳动力的需求，城市的拉力转变为推力。据学者的研究，1871—1880年，因手工纺纱的减少

---

① 徐新吾、黄汉民：《上海近代工业史》，上海社会科学院出版社，1998年，第59页。
② ［美］郝延平著，陈潮、陈任译：《中国近代商业革命》，上海人民出版社，1991年，第310页。

以致无活可干的劳动力大增,与机器织纱对劳动力的吸收能力相比,后者只是前者的 10%—20%。[①] 因此低水平发展的现代工业部门无法容纳越来越多的过剩人口。而城乡二元经济结构使广大农村与城市差距越来越大,所以当广大农村处于饥饿状态的众多人口向城市涌来之时,大部分人被阻挡在城市之外,不能在城市中生存,他们中有部分人为了维持生存而不得不在城市郊区寻找栖身之处,由此形成了城市的棚户区和贫民区。

（二）城市社会结构发生巨大变化,各阶层、群体之间的发展也不平衡

晚清民国时期,城市社会结构的演变也经历了一个从平衡到失衡的过程。19世纪中期开始的帝国主义对中国的侵略,使中国的政治、经济和社会发生了重大变迁,传统的社会结构受到巨大冲击,原有的政治权力、意识形态、社会制度牢固结合的金字塔结构瓦解后,新的多元社会结构形成。国家不再是唯一提供资源和发展机会的源泉,多元化的社会也为个人提供了各种机会,改变了人们的社会地位。晚清民国时期,阶级结构发生了巨大变化,新兴阶级产生,除资产阶级、工人阶级之外,还出现了与传统社会截然不同的市民群体、商人群体和知识分子群体等,人口结构变得更加多元化和复杂化。人口结构中工商业人口比重增加,据 1929 年印行的《嘉兴新志》,嘉兴的 9 个主要市镇中工商业者占很大比例,如王店镇有商业店铺 291 家,石佛寺镇有商业店铺 95 家,南汇镇有商业店铺 126 家,塘汇镇有商业店铺 97 家,新塍镇有商业店铺 406 家,新篁镇有商业店铺 229 家,新丰镇有商业店铺 152 家,凤嗐余镇有商业店铺 100 余家,钟埭镇有商业店铺 268 家,濮院镇有商业店铺 76 家,各市镇的商店之多,可推其商人之多,这还不包括小商小贩。[②] 在大中城市中这种变化更加突出。下面以成都为例加以分析。

社会劳动者是分别在社会的各个生产部门和非生产部门中进行劳动的人,其分布形成了各个部门的劳动力比例。人口的部门构成划分是以劳动者所在部门的经济活动性质为依据划分的,并受到社会结构变动的影响。清末成都城市开始出现早期现代化变动,除传统的社会部门之外,增加了一些新的社会部门,城市人口社会构成发生变动。具体情况参见表 2—20：

[①] ［美］费正清等编,中国社会科学院历史研究所编译室译：《剑桥中国晚清史》（下卷）,中国社会科学出版社,1985 年,第 35 页。

[②] 陈亚平：《近代江南城市化市镇的社会结构》,《河北学刊》,1993 年第 5 期。

表 2-20　1909 年成都城市人口部门、行业构成表

部门、行业	数　量	新、旧
政府部门	69	旧
局　所	71	新、旧
学　校	314	新
公　司	9	新
工　厂	6	新
医　馆	24	新
教　堂	17	新
会　馆	28	旧
旅　馆	320	旧
大当铺	32	旧
小当铺	18	旧
茶　铺	518	旧
酒　肆	558	旧
轿　铺	243	旧
流差铺	79	旧
剃发铺	691	旧
官膏铺	5	旧
批发膏店	98	旧
寺　庙	263	旧
巫　教	95	旧
阴阳生	38	旧
接生婆	41	旧
装水烟户	931	旧
戏院	2	旧
大戏班	9	旧
影戏班	14	旧
傀儡班	1	旧
房经纪	70	旧
银市经纪	49	旧
人经纪	47	旧
宰　房	78	旧

续表

部门、行业	数量	新、旧
娼寮户	311	旧
优伶户	111	旧
挑水夫	589	旧
背夫	380	旧
收荒人	900	旧

四川省城警察局：《宣统元年省城警区第一次调查户口一览表》，《四川官报》，1910年第2册。

从表2-20中可以看到，晚清的成都已出现了一些新的部门，如公司、工厂、学校、医馆等，此外还有一些部门在表上未直接显示，如谘议局、报馆、邮局、电报局、警察局等。人口行业、部门的变化表明人口的职业结构也随之发生变化。而这种变化到民国时期就更加明显。参见表2-21、2-22：

表2-21　1916年成都人口部门构成表

部门	分支部门	人数	百分比（%）
农业	农林业	345 501	47.3
	鱼业	625	0.09
工业	工厂、手工业	84 998	11.65
商业、金融业	批发商、零售商	89 333	12.24
	银行、钱庄等	—	—
服务业	饭店、旅馆等	—	—
文化、教育、卫生	学校、报馆、医馆等	2 322	0.32
政府社团	政府、社团等	1 098	0.15
其他	运输装卸	205 875	28.21
	杂业、妓女等	—	—
合计	—	729 752	100

《四川省内务统计报告书》，1916年。引者按，上表"人数"一栏的合计数据略有误差，应为729 752，"百分比"一栏的误差可忽略不计，故此处不再校正。

表2-22　1938年成都城市人口部门构成表

部门	人数	百分比（%）
农业、渔业生产部门	1 982	0.69
工矿业生产部门	58 624	20.05
商业、金融业、服务业	80 466	28.17

续表

部　门	人　数	百分比（%）
交通运输部门	26 439	9.25
文化、教育、卫生部门	15 634	5.47
党政军机关	12 440	4.36
人事服务部门	90 063	31.53
合　计	285 648	100.00

四川省政府统计处：《四川省会警区户口统计表》，《四川统计月刊》，1939年第1卷第2期。引者按，上表"百分比"一栏略有误差，但不影响最终结论，故此处不做校正。

1916年成都人口的统计是以成都县和华阳县两个县的行政管辖区域为空间范围的，故包括了大量农业劳动人口，其时成都城市人口仅30余万人，故在手工业、商业、服务业及装卸运输业等行业中郊区的人口不少。20世纪30年代，成都已经独立建市，因而统计时就不包括大量的农村人口，当时随着四川军阀割据的结束，成都的工业、商业、金融业等行业得到发展，故在这些部门中从事劳动的人口增多，这在1938年的统计数据中得到反映。另外据1934年的有关调查，成都的金玉珠宝店有342家，银行有38家，绸缎布匹铺有1 714家，杂货店有2 705家，钱庄有546家，杂粮店有1 031家，茶社有748家，零售商店有612家，旅馆有451家。[①] 以上各行业较民初都有较大的发展，因此这些部门所需劳动人口也较前增多。1938年，成都城市人口中的28.17%从事以上有关部门的劳动，绝对人口数达80 466人。

社会经济结构的变化在导致人口部门构成发生变化的同时，也导致了人口职业构成的变化。人口职业构成与人口部门构成既有密切的联系，但也有一定的区别，它是按照个人工作的性质来划分的，而不是按个人所在的单位来划分的。人口的职业构成是动态的，是在不断发展变化的。同时，近代各类型各批次的人口调查也并未按统一的标准进行，故我们只能从一些大体相近的统计分类中来观察近代城市人口职业构成的发展演变。

民国时期，中国部分大城市的人口职业构成较前发生了相当大的变化，并呈现出两大特点，一是分工更细，二是一些新的行业和职业出现，社会成员之间的异质化加大。具体来说，这些变化主要表现在以下几方面。

（1）城市管理人员和公务人员增多。在君主专制时代，中国有城市但没有或很少有城市管理部门和专门的城市管理人员，而且兼管城市的官吏和衙役也较少。辛亥革命后，尽管中国的国体和政体都发生了很大的变化，但仍无以城市为行政单位的管理机关，这时的城市管理工作主要由警察来承担。清末民初，成都警察总局有长警1 200余人。到20世纪20年代，随着成都建市，成都城市管理逐渐走上正轨，各种管理机构相继建立，因而包括警察在内的公务员数量大增。1937年，成都的

---

① 四川省会公安局：《四川省会公安局工作年报》，1934年刊印。

公务员达9 342人,是1916年的7倍多。全面抗战爆发后,国民政府和外省的一些党政机关也迁入成都,使公务员人数进一步增加,1938年成都的公务员共有12 458人,其中党务人员有1 310人,行政人员有4 674人,军事人员有5 943人,警察有531人,占所有职业人口总数的4.40%。到1946年,公务员人数更加增多,达27 671人,占全部职业人口总数的7.60%,是1937年的近3倍、1938年的2倍多。从事公务员职业的人口增多,反映了成都城市的政治行政功能加强和政治行政管理的现代化趋势。[1]

(2) 从事商业、金融业的人口增多。成都自古以来就是四川的经济中心和商品集散地。晚清时期,成都的商业就较为发达,民国以来商业进一步发展。1937年成都城市从事商业的人口达42 964人,占全部职业人口总数的36.95%,占全市人口总数的9%。由于这一年仅统计了男性职业人口,故商业人口与职业人口比值较为吻合。全面抗战爆发后,因战争造成的人口流动改变了中国人口的分布状况,大量东部和中部地区的人口内迁四川,人口的增加刺激了成都商业的进一步发展,成都从事商业的人口数直线上升,1938年成都商业人口达80 466人,为职业人口总数的28.17%,占全市人口总数的17.80%,后者分别较1916年和1937年增加了15个百分点和8.80个百分点。1946年,从事商业的人口又较1938年净增10 327人,达90 793人。商业人口的增加,反映了成都城市商业经济的发展和城市服务功能的加强。

(3) 从事新式文化教育事业职业的人口大增。20世纪初以来,随着教育改革和早期现代化的起步,新的文化、教育、卫生等部门的兴起,新的职业也开始出现,如教师、记者、律师、医生等。1916年,成都(包括郊县)有教师1 049人、律师74人、医士1 245人。到1938年,成都(不包括郊县)的教师有5 350人、律师200人,记者、编辑等270人,医务人员1 671人,分别较1916年增加了4.0倍多、1.7倍、8.0倍、0.34倍,同年成都还出现了工程师、会计师等职业。清末以来,成都还出现了若干社团组织,如城乡自治会、商会、教育学会等,从而也出现了新的职业人口,但数量不多。到20世纪30年代,随着社团组织的增多和规模的扩大,此类职业人口也有所增长,1938年成都的社会组织管理者为2 344人,占职业人口总数的0.82%。这类职业人口的增加,是成都城市早期现代化在人口领域内的一种反映。

(4) 从事家庭服务职业的人口增多。成都是四川的政治、经济、文化中心,因而聚集了许多上层社会人士,民国初年的人口统计无此项目,但从其他资料来看,此类人口应不在少数,他们很可能被统计入杂业职业一类之中了。1916年,成都的杂业职业人口的总数为34 908人。民国以来,川内战争频繁,军队增加,官员冗滥,同时不少乡绅、地主、退休官员及外地的有钱人到成都定居。随着有钱有势者的增多,为他们及其家属服务的人口也相应增多。到1938年,成都从事服务职业

---

[1] 何一民:《成都通史·民国卷》,四川人民出版社,2011年。

的人口为90 063人，其中从事家庭管理职业的人口为55 188人，从事侍从、佣仆职业的人口为32 067人，从事其他人事职业的人口有2 808人。此类职业人口占成都城市职业人口总数的31.50%，数量之多，比例之大，为其他各类职业所不能比，这反映了成都城市的消费性质。

（5）从事传统手工艺职业的人口增多。民国以来，随着农村经济的凋敝，离开土地的农民日益增多，他们进入城市后，其中部分人所掌握的传统工艺技术就成为他们谋生的手段。同时，随着城市的扩大和市民的增多，对传统手工艺产品的需求也不断增大，故传统工艺有相当的市场，从业人数也不断增加。据1937年的统计，该年成都做瓦匠、木匠、石匠、铁匠、铜匠、泥水匠的人口有11 354人。因此，成都手工业者数量的增加和手工业在近代的发展，实为近代成都工业化过程中的一种共生现象。

（6）部分传统职业人口减少，甚至消失。如随着城市交通的发展，人力车行业发展很快，1937年成都的人力车夫就达13 753人，并呈增长趋势，而传统的轿铺逐渐被车行取代，轿夫人数逐年减少，到全面抗战中期以后轿夫就完全消失了。清以前，成都人多饮城外河水，因此形成了以挑水为工作内容的行业，清末成都的专职挑水夫就有近600人。但进入民国后，随着自来水公司的建立和业务的扩展，以挑水为生的人口大大减少。另外，晚清时期盛行的以装水烟为生的职业人口，也因纸烟的流行而减少。

（7）非法生活的人口较多。所谓非法生活者，是指那些靠行窃、欺骗、卖淫等为生的人。成都是中国西南的大都会，五方杂处，汇集了不少的江湖游民、散兵游勇、流氓无赖、妓女等。同时，自晚清以来，川内哥老会等民间秘密组织相当盛行，而这些组织多从事非法活动，因而近代成都靠非法活动谋生的人口相当多。据1937年的调查，该年成都的非法生活者达22 488人，其中女性为16 482人，以妓女为主；男性为6 006人。非法生活者数量较多，实际上是城市病的一种表现。

（8）女性职业人口逐渐增多。封建时代，女性受到封建王权、神权、族权和夫权的压制及三从四德等封建伦理的束缚，多被禁锢在家中从事家务劳动，是不能参加社会活动的。但近代以来，随着大环境的改变，女性参加社会活动的人口逐渐增多。据1938年的统计，成都城市的职业女性共计112 977人，占成都城市职业人口总数的39.55%。女性职业人口中，从事家庭管理、侍从佣仆职业的人口为67 628人，占女性职业人口总数的59.90%；从事工业职业的人口有20 862人，占女性职业人口总数的18.50%；从事商业职业的人口有17 054人，占女性职业人口总数的15.10%；从事公务员职业的人口有587人，其中从事党务工作的有160人，从事行政管理工作的有330人，另有45人从事军事职业，52人从事警察职业；此外从事自由职业的女性也在增加，达5 521人。无论是教师、记者、编辑、宗教人员、社团组织工作者及其他职业人员，都有女性劳动者，仅矿业中无女性劳动者。全面抗战时期，随着成都城市早期现代化的发展，职业人口增加，女性职业人口也相应有所增加。据1946年的统计，成都的女性职业人口比1938年净增加了20 443人，占职业人口总数的37%，基本上各行各业中都有女性劳动者，连全面抗战前无女性劳动者的矿业中也开始出现女性劳动者。女性职业人口的增多，是女性走向解放的一个标志，也是成都城市早期现代化的一个标志。

从以上内容来看，近代成都城市人口职业构成中，从事与早期现代化事业相关职业的人口的出现，反映了成都城市早期现代化的发展。但同时从事与早期现代化事业相关职业的人口所占比重并不大，也反映了成都城市早期现代化发展缓慢、水平不高。

（三）城市地域结构发生较大变化，发展不平衡加剧

由于古代城市大多数是作为行政中心和军事中心而存在的，因此传统城市大都是在行政干预下形成了规则的、平衡的地域结构。在严格的城市规划下，封建时代的旧城市大都严整方正，四周筑有城墙，中心建有官署、祭祀场所，道路整齐，整个城市中建筑沿中轴线对称分布。近代以来，随着帝国主义势力的渗入，城市自身经济的发展，城市功能的变化，传统城市的地域结构逐渐被打破。不仅一些新兴城市由于自由发展、缺乏规划而导致城市空间结构不够合理；而且一些传统城市原有的地域结构也在城市发展中失去平衡，无法保持原状。

首先，城市地理空间突破了原来的界限。近代以来，在部分开埠通商城市中，出现了殖民地性质的租界和租借地，其地域空间不断扩大，不少开埠城市的建成区空间范围也随着工商业的发展和人口的增加而迅速扩大。上海开埠不久，因租界的不断扩大，租界成为城市建成区主体，而原上海老城区反而成为附属地。民国时期，上海的城市人口增加了数十倍，城市空间也扩大了数十倍。1944年《益茂周刊》载文称："一百年来上海人口增三千倍。"仅上海租界，就从1865年的500余人增至1942年的1 586 021人[①]。该文以租界来指代整个上海城市，行文虽然夸张，而且有以偏概全的嫌疑，但也从一个侧面反映了近代上海人口的快速增长。除上海外，天津、武汉、广州、重庆等部分大城市的城市规模在民国时期都有很大的变化。

近代工业在城市中的发展也改变了城市的面貌，使城市空间发生了巨大变化。近代工业多为劳动密集型企业，占地规模较大，而传统老城区无法提供空闲土地，故新的工厂企业多在城市边缘地区发展，或集中在车站、码头等交通枢纽地区。经过一段时间的发展，这些工业区逐渐成为新城区。如李鸿章于天津旧城外建天津机器局，"与天津郡遥相对峙，隐然一海疆重镇"[②]。上海的工业区主要集中在沪南区、曹家渡区、杨树浦区等地。这些工业区的兴建、扩展，进一步改变了城市原来的面貌。

---

① 本刊记者：《一百年来上海人口增三千倍》，《益茂周刊》，1944年第8期。
② 沈家本、荣铨等：《重修天津府志·天津机械局记》，光绪二十五年（1899）刊本。

其次，民国时期传统中心城市由于君主专制的崩溃，君权和神权出现弱化，城市不再以官府、祭祀场所为中心；随着城市功能的变化，城市出现了以工商业为主的新中心，如北平的王府井、前门，天津的劝业场，上海的南京路、淮海路等，皆成为城市商业中心区。

再次，城市中出现新、旧城区和贫民区并存的现象。在部分城市中，以租界、新工业区为中心的新城区与旧城区共存，新城区工商业的繁荣、公用设施的先进，与旧城区特别是贫民区的脏、乱、差形成了鲜明对比。日本发动全面侵华战争前，南京的城市建设成就显著，开辟了新商业区，兴建了许多重要道路，城市面貌有了很大改观，尤其是位于山西路的高级住宅区，"有林泉之幽胜，而无城市之喧扰"。据统计，该区有1 700座住宅，共计69万平方米，平均每户400平方米，一般是三层花园洋房，建筑密度在20%以下，宅院绿化面积达64.80%，每户有汽车间、冷暖气，还有专为小区兴建的小型污水处理站。与之形成鲜明对比的则是汉西门和下关一带的多处棚户区，据1935年国民政府的统计，南京市棚户区居民达37 000户，共15万人。在下关棚户区，每户建筑面积10.5~12平方米，建筑密度在60%以上。棚户区地势低洼，无排水设施，一下雨就被淹没。

山东青岛在德国控制时期，殖民者曾精心编制了城市建设规划，德国占领区内建有大量优美的欧式建筑，拥有当时处于世界先进水平的市政设施，建有环式上下水管网，下水道实行雨污分流，主干道宽约20~25米，道路间距80~100米，形成了"红瓦、绿树、黄墙、碧海、蓝天"的城市风貌。而中国控制区被严格地与德国占领区分开，其住宅区、商业区、手工作坊区相互混杂，空间狭窄、布局混乱。中国控制区的干道只有10~12米宽，下水道雨污合流，绿化面积很少。这些城市在地域结构上明显的不平衡性，是半殖民地半封建的显著特征。

小 结

在半殖民地半封建社会环境下启动的中国城市化，经历了起步、勃兴与衰退三个阶段的演变。在第一阶段（1840—1900），由于城市化的推动力不足及战争的影响，除少数沿江沿海城市有了不同于传统时代的发展成效外，全国绝大多数城市都处于停滞发展状态。在第二阶段（1900—1937），随着政治变迁和近代工商业发展，城市的聚集功能逐渐释放，出现了一批特大城市，中小城市也得以较快发展，但城市化的区域不平衡性日趋加剧。在第三阶段（1937—1949），此起彼伏的大规模战争导致中国城市化整体停滞和衰退，但福祸相依，西北西南的城市化进程有了质和量的增长，区域城市发展的不平衡性得到一定程度的矫正。但就晚清到民国这一时段看，区域发展不平衡仍然是中国城市化的基本特征，表现为东部、东北部地区的城市化程度相对较高，中部、广大西部地区相对较低，其关键则在于中国城市化并非自身内在的自然生长力以及有意识的自我开拓之结果，而是在外力作用下进行的。这一原因甚至作用于城市内部结构，以至于城市经济结构、社会结构、地域结构等的发展失衡。

第三章　城市管理体制的现代变迁

民国建立以后，随着城市的迅速发展，城市功能的转变，以及城市政治经济地位的提高，朝野各界逐渐完成了从"城"到"市"，再到"城市"理念的转变。创始于欧洲的近代城市行政建制开始被引进中国，从而开创了中国城市行政的新局面，传统的城乡合治转向城乡分治，城市管理日趋科学化、民主化、法制化。

第一节　现代市政管理体制的确立

清末新政时期，现代性质的市管理机构已经出现于上海、北京、天津等地，然而，仍"不能视为完整意义的城市行政管理机构"[①]。进入民国以后，随着城市的发展，加强城市管理才被提上国家政治议程。在同一时期世界市政改革浪潮的刺激下，地方自治再度兴起，于是，以1928年的《特别市组织法》和《市组织法》的颁布为标志，现代城市管理体制在中国逐渐建立。

一、城市治理理念的更新和运作

（一）"城""市"的范畴与共识

在传统社会，"城"是一个空间概念，主要指城墙范围以内空间；"市"则是指货物交易市场，在国家行政管理体系中并没有"城市"这一行政管理层次。晚清开埠通商以后，受西方的影响，"城市"理念开始为朝野所注意。清末地方自治运动时期，伴随1909年《城镇乡地方自治章程》的颁布，一批以城为单位的自治机构逐渐出现在全国各地。据学者的统计，辛亥革命爆发以前全国各省区共成立了1 000多个以城为单位的议事会和董事会。[②] 也就是说，民国成立以前，在地方自治的管理层面上已经出现了"城"的等级。

[①] 张利民：《艰难的起步：中国近代城市行政管理机制研究》，天津社会科学院出版社，2008年，第134页。

[②] 马小泉：《国家与社会：清末地方自治与宪政改革》，河南大学出版社，2001年，第151-152页。

辛亥革命期间，有的地方开始采用"市"这一概念建立城市管理机构。如上海光复前后，地方士绅便把上海城自治公所改为上海市政厅，设置总务科、文牍科、市舶科、学务科、会计科、工程科，对地方实行有效管理。① 不过，影响更深远的则是《江苏暂行市乡制》。1911 年 12 月 8 日，江苏省临时参议会议决通过《江苏暂行市乡制》，规定凡是县治城厢地方为"市"，其他市镇村庄屯集，人口达 5 万人以上者亦为"市"，不足者则为"乡"。② 据市政专家顾敦鍒言："这是'市'的名词，正式被采用的起头"③。就是说，中国"市"被作为行政区域建制的单位始于《江苏省暂行市乡制》的颁布。许多城市亦以《江苏省暂行市乡制》为蓝本，改称为"市"。如江苏川沙，即在"苏省市乡制颁行后，改称为川沙市"④。"市"的名称逐渐被全国普遍采用，对后世产生了深远的影响。

在地方政府自行改"市"的同时，1912 年，北京政府颁布《市乡组织法》，尝试在国家层面推行欧美式的城市体制。然而，袁世凯窃取大总统职位后，为复辟帝制，以各地方自治团体"良莠不齐，平时把持财政，抵抗税捐，干预词讼，妨碍行政"⑤ 为由，在 1914 年 3 月 2 日下令停办地方自治。清末以来的地方自治运动遭到扼杀，"市制也不再存在"⑥。20 世纪 20 年代，地方自治运动再次高涨，"市制"又重新出现在国家政治生活中。1921 年 5 月，北京政府内政部草拟了《市自治制》交地方行政会议审查，同年 7 月大总统徐世昌以敕令予以公布；9 月，又制定了《市自治制施行细则》。这两部法令在国家层面规定全国开始建立市行政管理体制，并首次采用"特别市"和"普通市"以区分城市等级、城市规模，"中国'特别市'与'普通市'之分，实始于此"⑦。不过，北京政府所公布的《市自治制》，除成立了京都特别市和青岛特别市以外，"也只是一具空文，并没见诸实行"⑧。尽管如此，在中央政府制定的法律中首次使用"市"，实始于北京政府颁布的《市自治制》。该文件对城市的概念进行了法律规范，标志着建立现代市政管理机构已经成为当时国家及社会各界的共识。所以，有研究者认为，国民政府《市自治制》的颁布，"对建立建制市和建立城市行政管理机构具有重要意义"⑨。

（二）世界城市改革浪潮及其影响

当中国社会各界正在摸索着如何建立现代市政管理机构的时候，世界各主要发

---

① 记者：《市政厅内容之名称》，《申报》，1911 年 11 月 24 日第 13927 号，第 19 版。
② 记者：《江苏省议会议决市乡制》，《申报》，1911 年 12 月 12 日第 13946 号，第 6 版。
③ 顾敦鍒：《中国市制概观》，《东方杂志》，1929 年第 26 卷第 17 号。
④ 方鸿铠、黄炎培：《川沙县志》卷十八，民国二十五年（1936）刊本，第 5 页。
⑤ 白蕉：《袁世凯与中华民国》，《近代稗海》（第 3 辑），四川人民出版社，1985 年，第 83 页。
⑥ 钱实甫：《北洋政府统治时期的政治制度》（下册），中华书局，1984 年，第 324 页。
⑦ 钱端升：《民国政制史》，商务印书馆，1945 年，第 720 页。
⑧ 藏启芳：《市政和促进市政之方法》，陆丹林：《市政全书》，道路月刊社，1928 年，第 42 页。
⑨ 张利民：《艰难的起步：中国近代城市行政管理机制研究》，天津社会科学院出版社，2008 年，第 136 页。

第三章 城市管理体制的现代变迁

达国家也兴起了一波城市改革浪潮。工业革命以来,世界各主要发达国家的城市化进程日益加快,城市急剧膨胀。与此同时,城市的管理、建设乃至治安等各种问题不断涌现,迫使各国政府开始思考如何加强城市管理、完善城市基础设施以及健全城市服务功能。一场世界性的城市改革浪潮开始出现,其成果颇让当时的国人羡慕:"20世纪以来,欧美各国,对于都市政治问题,力谋改良,日益进化……(大城市)进步尤为神速,人口均在百万以上,布置极有条理,如最宽洁之街道,最便利之火车汽车,最光明之电灯,最清洁之饮料,最整齐美观之建筑物等,凡所以增进市民生活幸福者,几于无微不至,应有尽有矣。"[1]反观中国城市,大多既无专门管理机构,更谈不上市政基础设施建设,城市环境脏、乱、差是普遍性现象。譬如民国初期的沈阳老城区,"街面尘土飞扬,巷内垃圾、粪便满地,行人吓之,掩口捂鼻"[2]。如此强烈的反差,深深刺激着热心于中国城市发展与建设的人士,产生了在中国采取市政推动地方建设、城市发展,进而以点带面促进民主政治建设、实现国家富强的强烈愿望,"所谓西洋政治,就是立宪政治;立宪政治,就是民主政治,民主政治的初步,就是地方自治;而市政的推行,就是地方自治的一部分的工作。"[3]有人还指出:"文化发源于城市,万恶亦荟萃于城市。创办良好市政,既可振兴一国物质与精神上之文化,使之发扬光大,以崇国家而耀民族。复可改良恶劣不健康之社会,使市民居其中者,得安居乐业,共享太平。故市政为二十世纪各国之急务,尤为我国当今唯一之要图。"[4]总而言之,在当时世界城市改革浪潮的影响下,中国许多有识之士认为,建立现代市政管理机构及加强市政建设,已经是势所必然。

需要指出的是,在当时席卷世界的城市改革浪潮中,以美国的城市改革最为知名,其所创新的强市长制、委员会制和经理制这三种市政体制,对于提高城市管理效率、推动城市发展和建设,以及推进城市民主化建设,成效颇著。[5]故而,20世纪20年代,一批具备欧美留学背景的市政学者,如董修甲、臧启芳、潘绍宪等,纷纷撰文宣传、介绍美国的市政体制改革。董修甲就声称"在20世纪初期,美国对于城市政府,锐意改良进步甚多。对于政府组织,一改再改,其委员会制度,与市议会经理制,为当今最新之组织制度。世界各城市,均注意焉。至城市行政,亦有彻底之改进,其旧有事业,日见发展,逐渐改良,对于新事业,则次第提倡",故中国"不言市政则已",如推行市政则应效仿美国,"力图改良",将原有缺点予以"根本救济"。[6]

---

[1] 谢璋:《重庆新旧市场之改建》,《重庆商埠月刊》,1927年第3期。
[2] 沈阳市城市建设管理局:《沈阳城建志(1388—1990)》,沈阳出版社,1995年,第505页。
[3] 顾敦鍒:《中国市制概观》,《东方杂志》,1929年第26卷第17号。
[4] 陆丹林:《市政全书》,道路月刊社,1928年,第1—2页。
[5] 赵可:《留学生与1920—1930年代市政学的传入及其人才培养》,《徐州师范大学学报》,2009年第4期。
[6] 董修甲:《各国市行政之发达史》,陆丹林:《市政全书》,道路月刊社,1928年,第17页。

1925年5月，留美学生有感于"我国近年都市亦日渐发展，人口已倍于前数十年，而全国可称为有相当市政者，仅广州一区，余则均在旧制管辖之下，其不合于现代趋势而亟待改革者"实多，故以桂崇基为总干事，在纽约成立中华市政协会，"研究欧美市政制度，绝长补短，以求得一适合我国都市之行政与制度"[①]。此后，留美学生陆续回国。1927年11月，留美学生在上海将中华市政协会改组为中华市政学会，以"联络市政同志，调查市政状况，研究市政学术，促进市政发展"[②]为宗旨。这个学会成为市政学者向社会各界传播欧美市政知识的重要平台。留美学生结合当时风起云涌的地方自治运动，积极传播市政知识，首先对市政概念进行了理论规范。如董修甲便曾有如下简单清晰的定义："城市所举办之一切兴革事宜，如卫生、公安、工程、公共营业、慈善、教育等，皆为市政。"[③] 其次，留美学生强调了普及市政知识的重要性，"市政为国家政策之一。所以谋增进地方人民之幸福者也。我国学者知倡办市政之刻不容缓矣，而'市政'二字，以叩诸国民，其不知作何解者，占十之八九。……是以，欲全国市政进行，窃以为应先注意者，必为国民市政学识之增进，然后法制、财政、人材等问题，必迎刃而解。反之，苟国民市政学识不长，则虽法制极佳，财政极充，人材极备，事终不可行"[④]。诚如此，"普及市政知识，为我国当今唯一之急务"[⑤]。为此，他们不仅积极翻译国外最新、最先进的市政研究成果并将之推介于社会，又在当时的国内杂志如《东方杂志》上发表有关市政知识的科普性文章，以图使社会各界人士关注、支持中国的市政改革、市政建设事业。据相关统计，在1920年到1928年期间，热心市政的留美知识分子共翻译、出版了有关城市政府、城市行政、城市规划等方面的著作计78种，而与市政密切相关的地方自治方面的书籍亦有28种。[⑥] 1928年，陆丹林将中国市政学者们发表的文章以及欧美市政研究成果合编为《市政全书》，不仅期望为进一步的研究提供"参考"，更盼望一般人士阅读之后，"也能洞悉欧美市制和规划的得失"，知道"我们举办市政，应采取何种制度改进革新，才能够适应现代我国各地方环境的需求"[⑦]。

通过普及市政知识，有留美背景的市政学者们向社会各界强调了在中国建立现代城市管理体制的重要性与紧迫性，社会各界也予以热烈回应。如上海青年会便曾多次邀请中华市政学会的成员桂崇基、潘绍史等人向该会会员普及市政知识。[⑧] 又如1927年5月，邵元冲就任杭州市政厅长之后，立即聘请桂崇基为参事，帮助策

---

① 《留美学生组织中华市政协会》，《申报》，1925年5月19日第18755号，第4版。
② 陆丹林：《市政全书》，道路月刊社，1928年，第37页。
③ 董修甲：《市政学纲要》，商务印书馆，1927年，第11页。
④ 陈良士：《国民市政常识之培植》，陆丹林：《市政全书》，道路月刊社，1928年，第68—69页。
⑤ 董修甲：《市政学纲要》，商务印书馆，1927年，"序言"。
⑥ 何一民：《近代中国城市发展与社会变迁》，科学出版社，2004年，第274页。
⑦ 陆丹林：《市政全书》，道路月刊社，1928年，第12页。
⑧ 《青年会今晚演讲市政》，《申报》，1926年4月14日19077号，第13版。

划杭州市政建设事业。① 学生群体中还有人发起了利用暑假深入城市进行调查的活动,"做一点促进市政改革的事"②。许多社会名流亦通过留美市政学者们的著述,对市政有了初步认识,逐渐支持在中国进行市政改革。如天津著名教育家马千里曾写道:"到商务印书馆买了几本关于市政的书籍,预备将来天津改为特别市时的筹备。"③ 各地区主政的军人集团也深受该潮流的影响,军阀孙传芳便支持在上海开展市政建设。④

可以说,经过留美学生的努力,在1920—1928年期间,中国社会中上层人士基本达成了建立现代市政管理机构、开展市政建设的共识,从而掀起了一波市政改革的浪潮。这又与此时国内城市的发展状况相关联。

民国建立以来,中国人口城市化进程明显加快。以上海为例,1913年,上海人口总计1 175 129人(含租界、城厢内外及17个郊区村庄人口),到1936年则增加到3 551 523人。⑤ 其他重要城市也是如此。民国初年,由于政体、国体的变革,城市资本主义工商业亦有迅猛发展。1913年至1915年期间,全国注册工厂达124家,资本总额24 424 000元,平均每年注册41.3家,平均每家公司资本196 000余元。1916年到1918年,注册工厂增至374家,资本总额则为74 633 000元,平均每年增加工厂124.67家,平均每家资本额为199 000余元⑥。以上数据表明城市现代工业呈发展趋势。

民国初年,随着君主专制制度的解体,城市出现新的气象,特别是部分新兴大城市以其独特的魅力吸引着大批人口向其聚集,其中既有知识分子、绅商、官僚,也有产业工人、破产农民、无业游民。城市人口数量的增长,人口构成的混杂,必然增加城市管理的难度,同时也对城市基础设施的承载力提出了更高的要求。

当时城市管理现代化虽然已经启动,但现代意义上的独立城市政府并未真正建立。这段时期的市政公所、市政厅或自治公所等管理机构,普遍存在以下缺陷:其一,城市行政管理机构的职能还不完备,主要偏重于市政基础设施建设以及治安和消防等方面,还不能承担全面地管理城市、建设城市、推进城市现代化的历史使命。其二,相关组织机构的设置不稳定,时建时撤,导致管理权限不明确;并且机构管理混乱,内部分工不明晰。譬如"民国十一年以前的昆明市政,确是极可笑而极不发达的,当时仅由高检厅和昆明县署办理,行政机关既不一,大家又不在意,

---

① 《杭州快信》,《申报》,1927年5月22日第19466号,第9版。
② 种因:《学生与市政》,《学生杂志》,1927年第14卷第5期。
③ 《马千里日记》(稿本),天津博物馆藏。转引自张利民:《艰难的起步:中国近代城市行政管理机制研究》,天津社会科学院出版社,2008年,第139页。
④ 张利民:《艰难的起步:中国近代城市行政管理机制研究》,天津社会科学院出版社,2008年,第146页。
⑤ 《最近京师上海人口之报告》,《协和报》,1913年第4卷第6期;《上海人口》,《磐石杂志》,1936年第4卷第2期。
⑥ 陈真:《中国近代工业史资料》(第1辑),生活·读书·新知三联书店,1957年,第14页。

除了排解人民的纷争而外，几无所谓市政了"①。其三，负责者多为旧式官僚、士绅，缺乏专业化素养。如陆丹林就曾指出："负责办理市政的，所谓督办、会办、坐办、局长、所长，等等挂名不做事的大人物，不是官僚，就是绅耆，若聘任市政专家来做政务官和事务官的，实在'寥若晨星'。"②此外，因民国初年各地时局动荡，城市行政管理机构故而时办时停，命途多舛。如汕头市1922年拟办市政，"可惜政局不稳未获批"③。

综上可见，民国建立以后，城市发展的趋势以及现行城市管理体制存在的种种不足，都要求政府尽快建构有利于城市发展的现代城市管理机制。

20世纪20年代，随着城市自治运动再次勃兴，城市居民对于建设城市、发展城市表现出强烈的兴趣和支持的态度。如1922年1月，上海市民成立"纳捐人会"，"督促市政进步"，并声称"吾们既纳捐，须享受纳捐之权利，若纳捐而未享市政之权，吾们无纳捐之必要。现在请看市政道路之污秽，即系市政腐败之证据"，所以要求"市民自治"，建设市政。④又如1924年长沙市政公所兴筑市内道路，但因筑路工人紧缺而影响工期，长沙县知事因而发布告禁止市民雇佣工人，"以便早日完成"筑路工程，"商民咸皆响应"。⑤另外，第一次世界大战结束后，经过艰难交涉，中国政府相继收回了胶澳租借地、哈尔滨等城市的行政管理权，民族情绪因而空前高涨，民众希望政府争取废除领事裁判特权，并收回所有租界。但列强却以中国人"缺乏办理市政之能力"为由予以拒绝⑥。1922年3月，外国驻北京的公使团甚至以哈尔滨管理权被收回之后市政建设有所倒退为由，威胁要"列国共同管理"哈尔滨，"哈尔滨市政年见窳败，殊违各国之期望。倘中国政府仍旧不思改良，各国不得已，惟有置于列国共同管理之下"⑦。由此可见，市政问题在当时已经不只是城市发展与建设问题，更关涉到捍卫民族尊严和国家主权的大问题。

也正是因为城市发展的实际以及广大民众的要求，改革市政成为一种新的时代趋向。在这样的背景下，留美知识分子率先站出来，以世界城市改革潮流为导向，在国内宣传、鼓动市政改革，顺应了时代发展的需要。1920至1928年期间，在留美知识分子的倡导下，中国南北各省相继引进欧美先进的市政理念，在部分重要城市建立高效率的、专门的城市行政管理机构，"打倒旧城廓，建设新都市"⑧，逐渐成为政府、知识分子和普通城市居民的共同愿望。一时之间，一场声势浩大的市政改革运动风靡国内主要城市，由此拉开了城市行政独立化的帷幕。

---

① Y. M：《四年来昆明市政批评》，《孟晋》，1925年第2卷第11期。
② 陆丹林：《市政全书》，道路月刊社，1928年，第10页。
③ 郑莉：《民国市政会厅时期汕头市的两次都市计划》，《城市建设规划学刊》，2014年第4期。
④ 《上海市纳捐人会成立记》，《申报》，1922年1月23日第17575号，第14版。
⑤ 《长沙县保护泥木工人布告》，《大公报》（湖南），1924年9月7日。
⑥ 无用：《市政比赛》，《申报》，1922年6月5日第17701号，第14版。
⑦ 《外人訾议哈尔滨市政》，《申报》，1922年3月29日第17633号，第7版。
⑧ 学清：《打倒旧城郭，建设新都市》，《道路月刊》，1929年第29卷第2期。

二、城市行政独立化的启动

城市行政独立化，始于民国初年，定型于南京国民政府建立以后。

辛亥革命后，中国各城市基本沿用清制，唯江苏省临时议会于1911年10月公布《江苏暂行市乡制》，并于1912年4月、1913年6月对之进行了两次修改。《江苏暂行市乡制》以《城镇乡地方自治章程》为蓝本，其中关于城市的地位、城市自治权限、行政机关组织形式、自治机构人员选举方式等内容，皆与《城镇乡地方自治章程》雷同，唯一不同之处在于《江苏暂行市乡制》规定："凡县治城乡地方为市，其余市镇村庄屯集等各地方人口满五万以上者为市，不满五万者为乡。"[①] 这是首次将"市"作为行政区域建制的单位，并明确了设市的两大标准，一是以县治以上的行政中心城镇为市，二是将人口作为设市的基本标准，前者沿用了中国传统的行政中心标准，后者则参考了国际上以人口为设市标准的方式，只是人口标准的下限设得很高，与西方发达国家有所不同。

1914年，袁世凯以各省开办地方自治的人员"良莠不齐，平时把持财政，抵抗税捐，干预词讼，妨碍行政""藐法乱纪"等为由，下令各省停办地方自治。[②] 1914年12月，北京中央政府公布《地方自治试行条例》。[③] 1915年4月，北京中央政府进一步公布《地方自治试行条例施行细则》[④]，将地方自治的实施分为调查整理、提倡与实行三个阶段。但是，该方案公布后引起各省的公开反对，大家普遍认为北京中央政府设定三个时期，"实属故意延宕时日，毫无实行自治之决心也"[⑤]。"此后数年间，市制也不再存在。"[⑥]

清末民初，以《城镇乡地方自治章程》和《江苏暂行市乡制》为代表的早期城市法，以彼时上海等地的租界管理制度为效仿对象，引进西方传统的分权市制，但对于城市管理的权利分割、相关部门的权力制衡等规定不甚明确，机构设置也非常简单。在停办地方自治之时，多数中小城市自治机构尚在筹办阶段，机构组织不健全，表现出新旧杂糅、风格各异的过渡性特征，亟须全国性城市组织法规加以规范和整合，使在城乡合治体制下独立发展的城市行政权重新获得城乡分治背景下的统一。

从1914年袁世凯停办自治到20世纪20年代初，"中央既未颁统一之市制，各省亦无特殊市制之可言。民国十年，市制中始放一异彩"[⑦]。此即为《广州市暂行

---

① 《江苏暂行市乡制》，陆丹林：《市政全书》（第六编），道路月刊社，1928年。
② 何一民：《中国近代城市发展与社会变迁（1840—1949年）》，科学出版社，2004年。
③ 《地方自治试行条例》，《东方杂志》，1915年第12卷第2期。
④ 《地方自治试行条例施行细则》，《东方杂志》，1915年第12卷第5期。
⑤ 蒋慎吾：《近代中国市制》，中华书局，1937年，第26页。
⑥ 钱实甫：《北洋政府时期的政治制度》（下册），中华书局，1984年，第324页。
⑦ 钱端升：《民国政制史》（下卷），商务印书馆，1939年，第354页。

条例》,该条例的颁布不仅引发了20世纪20年代市制的勃兴,更重要的是,它将欧美新近的市政制度引入中国,推动了城市行政地位的独立和组织机构的现代化进程。

在1928年南京国民政府颁布《特别市组织法》《市组织法》以前,广州、北京等少量城市已经从传统的城乡合治的模式中脱离出来,实行城市行政独立化,并形成两种主要模式:一种是广州所建立的"市政府",随着北伐战争向北推进,武昌、九江、南京、杭州等城市也相继建立了与广州基本相同的市政府。① 另一种模式是北京所率先建立的"市政公所",成都、重庆、昆明、济南、长沙、南通、厦门、福州、青岛等城市相继都采用了市政公所制。②

(一)广州模式

在传统农业时代,中国所有城市"并无专管机构,所有关于公共安宁和修筑街道沟渠的事务,都由各街坊人民自理"③。清末新政时期,广州设置巡警道,不仅"是为政府注意市民公安之始"④,而且其也兼具城市管理职能。清季,广州巡警道曾组织人力修筑珠江长堤,并在市区内拓宽道路,"是为广州市街道改良之嚆矢"。民国建立后,广州设置了工务司,负责拆城墙、辟马路等公共事务,并在珠江岸边修筑了新式长堤。虽然其后广州因陷入政治动荡和军事冲突之中,市政建设工作就此停顿⑤,但是公共市政管理与建设的重要性得到了社会各界的广泛认同。

1918年,广东军政府改组,在胡汉民的提议下,军政府在广州成立了市政公所,这是一个内部组织结构简单,缺乏明晰的权力分配与制衡的早期城市行政组织。广州市政公所下设总办、帮办、坐办,总理市政事务,下设总务、工程、经界、登录四科,这是"广州市创办市政机关之发轫"⑥。但广州市政公所职能较为单一,"他的职务还只限于拆城筑路"⑦。广州市政公所隶属于"中华民国军政府",杨永泰被任命为市政公所总办,魏邦平为帮办,曹汝英为坐办。广州市政公所设置四个科,具体分工如下:总务科主要负责财政、工艺、卫生和档案等事项;工程科主要专管市政建设;经界科则负责测绘、调查以及评价等工作;登录科负责注册、印证、税契诸事务。虽然广州市政公所的职能主要集中于城市基础设施建设等方面,但该行政机构与传统的衙署机构有很大的区别,不仅在广州城市管理史上具有标志性的开拓意义,而且对于中国城市管理的发展变迁也有较大的影响。广州市政公所成立以后,在杨永泰的主持下,拆除了广州的城墙和城门,利用墙基修建了

---

① 何一民:《近代中国城市发展与社会变迁(1840—1949)》,科学出版社,2004年,第289页。
② 张利民:《艰难的起步:中国近代城市行政管理机制研究》,天津社会科学院出版社,2008年,第141—143页。
③ 展公:《广州市政制度之概述》,《湖州》,1925年第1卷第4期。
④ 复生:《广州市市政述略》,《社会评论》,1928年第14期。
⑤ 复生:《广州市市政述略》,《社会评论》,1928年第14期。
⑥ 郭基扬:《广州市政府组织之研究》,《社会科学论丛》,1935年第2卷第1号。
⑦ 展公:《广州市政制度之概述》,《湖州》,1925年第1卷第4期。

第三章 城市管理体制的现代变迁

10公里长的新式马路，发展了城市交通，拓展了城市空间。但到了1920年，桂系军阀莫荣新侵入广东，使广州再度陷入混乱，市政公所的工作趋于停滞。

1920年底，陈炯明驱逐莫荣新，率军回粤，旋即被孙中山任命为广东省省长兼粤军总司令。手握广东军政大权的陈炯明认为中国需要"发展民主政治"，但只有通过"由下而上"的变革才能达成，所以他率先倡导地方自治。① 根据程天固的回忆，陈炯明比较关心地方建设，"有志于整顿一切及建设种种新政"。"比之仅尸位高官而不做事者，实截然两样"②。陈炯明对省会广州的建设尤为重视，"以原设之市政公所范围太狭，除拆卸城垣辟宽街道外，一切未遑计及，未足以言市政，遂有改组之动议"③。陈炯明"高唱地方自治，改组市政公所，组织广州市政厅"④，令留学美国专习市政的孙科等10人组成的法制编纂委员会，负责创建新的广州城市组织制度。孙科等人仿照美国的市制，起草了《广州市暂行条例》，经法制编纂委员会讨论通过，于1920年12月23日由省长核定公布。⑤

1921年2月15日，广东省省长陈炯明颁行《广州市暂行条例》。该条例共有8章57条，实为一部市政组织法规。市政专家董修甲曾指出：《广州市暂行条例》所确定的"市制与前清城镇乡制及苏省暂行之市乡制，完全不同"⑥，它有着三个重要的特点。

一是开创了中国城市独立行政之先河。广州市作为独立的地方行政建置，直接隶属于省政府，未被纳入县行政范围，"市政脱离于县，要自此始"⑦。广州市政制度突破了传统的城乡合治模式，广州市政府成为独立的行政权力机关，并形成了单一的城市行政管理体系。这标志着中国城市从此踏上行政独立化的现代途程。

二是以美国的市政管理机构为范式，广州市"采用美国的市委员制，而参酌地方情形"，将市行政组织分为三个独立的部分：市行政委员会、市参事会、市审计处。⑧ 其一，市行政委员会为执行机关，共7人，由市长及财政、工务、公安、卫生、公用、教育这6个行局的局长组成，"此七委员共同行使委员的职权，惟市长则为委员会主席，对外代表市政府，并负监督执行事务的责任"⑨。市长任期5年，由市民选举产生（在《广州市暂行条例》未被修改以前由省长委任）。市政厅下设财政、工务、公安、卫生、公用、教育六局，各局长经市长推荐由省长委任。市政府另设有秘书处和总务处负责日常工作。各局又下设若干科、所，如财政局便设有

---

① 陈炯明：《与〈字林西报〉记者吉尔伯德的谈话》，《陈炯明集》，中山大学出版社，2007年，第552—553页。
② 程天固：《程天固回忆录》（上册），香港：龙门书店，1978年，第107—108页。
③ 黄炎培：《一岁之广州市》，商务印书馆，1922年，第3页。
④ 钱端升：《民国政制史》（下卷），商务印书馆，1939年，第350页。
⑤ 钱端升：《民国政制史》（下卷），商务印书馆，1939年，第354页。
⑥ 董修甲：《中国市制之进境》，陆丹林：《市政全书》，道路月刊社，1928年，第103—104页。
⑦ 钱端升：《民国政制史》（下卷），商务印书馆，1939年，第354页。
⑧ 展公：《广州市政制度之概述》，《湖州》，1925年第1卷第4期。
⑨ 展公：《广州市政制度之概述》，《湖州》，1925年第1卷第4期。

征收、会计、出纳三科。① 其二，市参事会为代议机关，由省长指派市民十人，市民直接选举十人，工商两界代表各三人，教育、医生、律师、工程师代表各一人，合计三十人，共同组成。参事员的任期为1年，连选可无限期连任，但不得兼任市行政职位。市参事会实为审议机关，有议决市民请愿案咨送市行政委员会办理、议决市行政委员会送交案件、审查市行政各局办事成绩三项职权。② 其三，市审计处负责"办理审计事项"，设处长一人，由省长委任，其地位与市长平等，任期1年，可以连任。③ 广州市政府的组织架构已经突破此前地方自治设立议事会、参事会的模式，类似于美国市长独裁制下的行政委员会制，"将一市的议决和执行权，都集中于少数人的委员会"④。不过，设参事会和审计处作为监察辅助机构，却是《广州市暂行条例》起草者结合中国国情的一项创举。但广州市行政委员会与美国市委员会由市民代表组成有所不同，其成员是由上级政府任命的，故当时就有人指出，"广州市政制度，名义上为委员制，实际上并非委员制也"⑤。不过相比传统的行政机构改革，这个行政组织体系表现出了分工明确化和系统化的特征，不仅有利于城市行政管理的专业化，而且强化了市政机构对城市各项事务的管理，从而为城市有序发展奠定了基础。

三是有着明确的城市管理职能，构建了现代城市政府的基本框架。广州市政制度确定了城市行政管理的范围，且基本涵盖了当时城市生活的各个领域。同时，各相关机构内部分工明确，组织严密，体系相对完整和实用。涉及领域主要包括：其一，城市的财政与公债。其二，城市的街道、沟壕、桥梁建筑以及其他有关的土木工程事项。其三，城市的公共卫生和公共娱乐事项。其四，城市的公安、消防、水患等事项。其五，城市教育以及风纪、慈善事项。其六，城市交通、电力、电话、自来水以及其他公用事业的经营与取缔。其七，城市公产的管制与处分。其八，城市的户口调查事项。其九，中央政府和省政府委托事项。⑥ 由此可见，与传统时代相比，广州城市行政机构在继续保留传统政治功能的同时增强了经济、社会服务、文化教育等功能。这些非政治性功能的增强适应了现代城市全面发展的需要，有利于促进城市的进一步发展。

《广州市暂行条例》颁布后，有些广东省议会的议员认为，该"条例偏重官治，未能与民治潮流适合"⑦，因此请求省长陈炯明暂缓实行此条例。不过，经孙科力争，加上陈炯明、廖仲恺的支持，故"内审本国情形，外参欧美经验"的《广州市暂行条例》最终还是得以通过。

---

① 《广州市暂行条例》，陆丹林：《市政全书》（第六编），道路月刊社，1928年，第35—37页。
② 复生：《广州市市政述略》，《社会评论》，1928年第14期。
③ 《广州市暂行条例》，陆丹林：《市政全书》（第六编），道路月刊社，1928年，第41页。
④ 顾敦鍒：《中国市制概观》，《东方杂志》，1929年第26卷17号。
⑤ 刘懋初：《广州市政制度应怎样改革》，《建国周刊》，1938年第10期。
⑥ 《广州市暂行条例》，陆丹林：《市政全书》（第六编），道路月刊社，1928年，第34页。
⑦ 黄炎培：《一岁之广州市》，商务印书馆，1922年，第4页。

第三章 城市管理体制的现代变迁

《广州市暂行条例》一出台,就在中国学术界引起了争议。有学者提出:"委员会制之重要特点,曰事权集中,曰委员会外不以他机关为辅助,至于监督,则直接委诸公民,凡此种种,广制无一而有,安得谓广制即委员会制乎?"[①] 但大部分的学者还是认为《广州市暂行条例》"是由美制脱胎而加以斟酌损益而成"的城市管理体系,"是变相的市委员会制,而非纯粹的美国委员会市制"[②]。对比美国委员会制,《广州市暂行条例》"斟酌损益"之处有如下几点:

首先,《广州市暂行条例》赋予市长的权力比美国委员会制大得多。美国委员会制的委员各掌管一局,对委员会负责,市长与其他委员的地位平等,无立法否决权和行政任命权,"市长除主席委员会而外,并不比其他委员有较大的权限"[③]。而广州市市长有综理全市行政事务的大权,各局局长由其荐任并向市长负责,"在市行政委员会中,市长当有支配力量"[④],这体现的是权力的垂直隶属关系。

其次,美国委员会制虽将立法权与行政权集中于一个组织,但它强调发展公民创制权、表决权、撤回权以防止少数人专制。《广州市暂行条例》以市民知识水平低下、民主意识淡漠为由,未赋予市民这些权利。

最后,对于新增设的两个机关——市参事会和市审计处,条例赋予的权利极其有限,市参事会只能议决行政机关送交的案件,而不能独立议决,更不能过问市预算、决算事项。对于各局的事务,市参事会只能审查办事成绩,而不能行使监督或弹劾的权利。因此,钱端升认为:"市参事会已名为市民代议机关,其权限未免过狭。"[⑤] 臧启芳的批评更加尖锐:"参事会既不类人民代表机关,又不类省政府对于地方所设的机关……岂非使参事会成为一个空耗地方公款的虚设机关?"[⑥]

在市级机构与上级行政机构的关系方面,《广州市暂行条例》明确规定:"市长由省长指派,市参事会与行政委员会权限上之争执由省长裁决,审计处长亦由省长委任。"[⑦] 一些市政专家认为:"监督机关(省政府)之权力过大,颇碍市之自由发展。"[⑧]

市委员会制被从美国移植到中国,之所以会发生如此大的变化,其原因在于中美两国实行市制的背景不同。美国委员会制是作为分权市制的对立面出现的,"既是一种抗议,又是一种政策"[⑨],因此集权程度较高。在美国这样一个具有深厚的民主基础和悠久的地方自治传统的国家,立法与行政权的集中可通过发展市民权利加以弥补,使行政效率和民主政治在新的基础上实现平衡与统一。而《广州市暂行

---

① 张锐:《市制新论》,商务印书馆,1926年,第62页。
② 顾敦鍒:《中国市制概观》,《东方杂志》,1929年第16卷第17号。
③ 臧启芳:《美国市政府》,商务印书馆,1925年,第365页。
④ 钱端升:《民国政制史》(下卷),商务印书馆,1939年,第365页。
⑤ 钱端升:《民国政制史》(下卷),商务印书馆,1939年,第356页。
⑥ 臧启芳:《美国市政府》,商务印书馆,1925年,第366页。
⑦ 钱端升:《民国政制史》(下卷),商务印书馆,1939年,第354页。
⑧ 张锐:《市制新论》,商务印书馆,1926年,第63页。
⑨ 臧启芳:《美国市政府》,商务印书馆,1925年,第364页。

条例》颁布于中国近代城市转型和地方自治兴起之初，在强大专制传统的裹胁下，难免具有浓厚的官治色彩，民主化程度不能与美国委员会制相比。在这种情况下，广东省省长、广州市市长的开明程度和个人素质就对这部法律的实施及广州市政的发展起举足轻重的作用。当时的广东省省长陈炯明有"观成之望"，从不轻易牵制和干涉广州市行政事务，市长孙科亦"因时会适巧，任用得人"，于是市政当局"措施自由，办理数年，成绩斐然，一时推为全国的模范市"。[①]

但是广州市的市制是建立在长官意志上的，缺乏相应的制度保障，正如市政专家张锐就市政管理人员专门化所说的那样，《广州市暂行条例》"未规定市长及各市行政职员须有专门资格，恐不免有援引及一党垄断之弊（孙科任市长时，对于专门人才极力擢用，故成绩不劣，然惜无明文规定耳）"。[②] 这一论断也被后来的事实证明。20世纪20年代初，孙科三次就任广州市市长。在他离开后，"市政各种规划，为之中断，前经经营粗具之规模，亦蹂躏殆尽"。造成这种"人存政兴，人去政息"的原因，除战争等外部因素外，制度上的缺陷亦不可忽视。

尽管《广州市暂行条例》具有种种缺陷，但它的颁布无疑使民国初期一度遭专制势力扼杀而停办的地方自治运动重新获得开展的合法性。而就其实施的成效来看，广州市政的变化也被誉为"吾国举办市政以来第一次的成功"[③]。因此，该律令在中国城市法制史上具有划时代的意义。《广州市暂行条例》既充分吸取了美国市委员会制的组织原则，同时又顾及了国内的实际情况和政治传统，体现出以杂糅中西为特征的西学中国化倾向，因而具有相当大的可操作性。因此，张仲礼先生把《广州市暂行条例》开创的新型市政体制称为"我国城市实行'市'制及市行政设局管理之始"，"显然比以往的地方自法显示出了更高的层次和政府的正统性"[④]。

如果把《广州市暂行条例》放到更广阔的背景下，我们可以把它作为19世纪末20世纪初世界性市政改革潮流的成果。当上海、北平等城市还在向租界市政管理制度学习之时，广州则直接向代表世界市政发展最新动态的美国市政体制学习，从而在国内领先一步，取得了显著成绩。

1921年2月17日，原来的市政公所被取消，广州市政府正式成立，孙科被任命为首任广州市市长。民国时期中国第一个完整意义上的城市政府——广州市政府的成立，对其后的城市政府的建立产生了重要的影响，特别是其政府组织结构对其他城市产生了重要影响。广州市政府组织结构图如图3-1所示：

---

① 顾敦鍒：《中国市制概观》，《东方杂志》，1929年第16卷第17号。
② 张锐：《市制新论》，商务印书馆，1926年，第63页。
③ 顾敦鍒：《中国市制概观》，《东方杂志》，1929年第16卷第17号。
④ 张仲礼：《东南沿海城市与中国近代化》，上海人民出版社，1996年，第561页。

第三章 城市管理体制的现代变迁

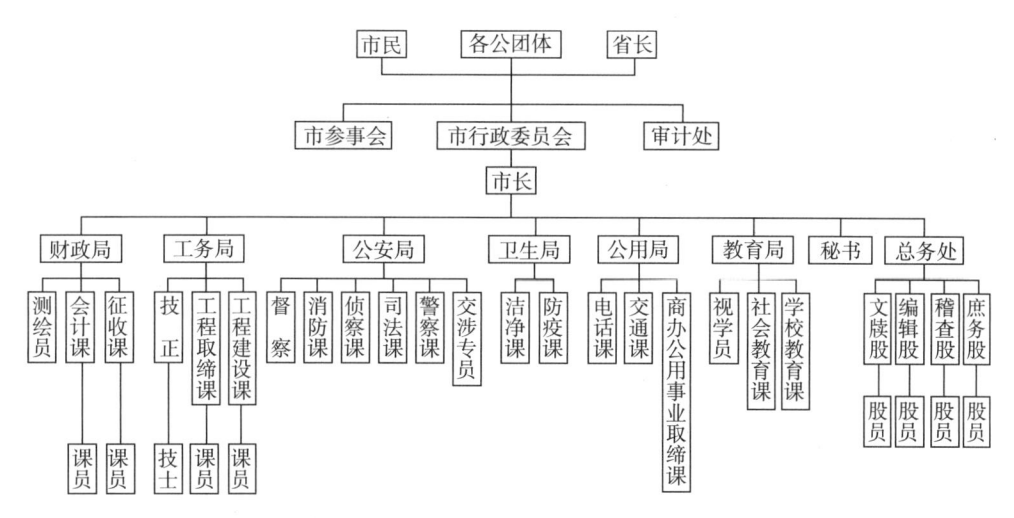

图 3-1　广州市政府组织系统图

郭基扬:《广州市政府组织之研究》,《社会科学论丛》,1935年第2卷第1号。

广州市政府的组织结构不仅为武汉等城市的行政管理体制的建立提供了蓝本,而且也为以后南京国民政府时期城市行政机构的建立确定了方向,南京国民政府建立后的城市政府的组织结构基本上都采用了广州市的模式。

广州市政府的建立对于城市建设、管理起了重要的推动作用。广州市政府成立以后,积极开展各项市政建设,如筑路修渠、拓宽街道、建设公园、加强环境卫生管理、强化治安、大力发展教育等①,城市的交通、卫生、公共设施等社会事业因而得到明显改善,城市面貌发生巨大变化,"一时推为全国的模范市,实为吾国举办市政以来,第一次的成功"②。有人甚至认为:"由此规划,循序渐进,洵为东亚最新市政之模范"③。

总之,广州的市政模式彻底突破了传统城乡合治制度的束缚,不仅适应了城市现代化发展的需要,而且为其他城市提供了可借鉴的市政改革的成功经验,为此后现代城市管理体制的最终确立奠定了基础。1928年南京国民政府所颁布的《特别市组织法》和《市组织法》,"都是以《广州市暂行条例》为蓝本,再加以修改而成的"④。由此可见其影响之深远。

1925年,广州国民政府成立后,广东省政府预备会议公布《广州市市政委员暂行条例》,广州市政体制进一步改变。根据该条例,市政府改组为市政委员会,由广东省政府在农、工、商、教育、现代职业团体及自由职业者中各委任三名委员,组成市立法机关。市政委员会下设五个专门委员分会,对财政、工务、公安、卫生、教育五局职员进行监督,防止各种渎职行为。原市行政委员会改名为市行政

---

① 王国君、王越:《孙科在广州市长任内的市政建设》,《白城师范学院学报》,2013年第6期。
② 顾敦鍒:《中国市制概观》,《东方杂志》,1929年第26卷第17号。
③ 《追记美使之广州市政谈》,《申报》,1923年4月5日。
④ 顾敦鍒:《中国市制概观》,《东方杂志》,1929年第26卷第17号。

会议，由市政委员长及五局局长组成，市政委员长为市行政会议主席。市政委员会议决案由主席（市政委员长）咨请市行政会议执行。这种市政体制以市委员会制为主体，吸收了议会市长制的部分因素，类似于议会——市委员会制政治体制。与《广州市暂行条例》规定的市制相比，《广州市市政委员暂行条例》的行政主导色彩更加浓厚，参事会的辅助代议权限有所强化，市民职业团体代表参与市政也日益制度化。

（二）北京模式

《广州市暂行条例》公布实施5个月后，即1921年7月，在时任中华民国大总统徐世昌的支持下，北京中央政府内务部公布了《市自治制》。次年9月9日又公布了《市自治施行细则》，规定"采市长议会制"[①]。至此，袁世凯统治时期被中断的地方自治得到恢复，而且市制第一次在中央政府的层面得到了确认。按照《市自治制》的规定，"市自治团体以固有之城镇区域为其区域"，"市为法人，承监督官署之监督，于法令范围内，办理自治各项事务"，市因而只是一个地方自治团体，而非一级地方行政建置，不过，市的地位得到了确认。[②] 在1930年南京国民政府颁布《市组织法》前，"市制中明定市为法人者，只有《市自治制》"[③]。

在设市的条件和标准方面，《市自治制》的门槛比较低。《市自治制》规定首都、省会、商埠、县治城厢以及人口1万以上的城镇都可以设市，"但人口不满一万者，得依《乡自治制》办理"。《市自治制》按照城市规模和地位的不同，将市划分为特别市和普通市两类，"特别市由内务部认为必要时呈请以教令定之"，"普通市，除认定为特别市之市外，皆属之"[④]。

《市自治制》还规定，市组织由市自治会、市参事会和市自治公所构成。其中，市自治会为立法机关，市参事会为执行辅助机关，市自治公所为执行机关。设市长一名，为市的法人代表。市参事会只设于特别市，普通市不设。京都市市长由内务部遴选之后，经国务总理呈请大总统任命，其他各市市长则由市自治会就城市居民中具有资格者推选。普通市市长经推选之后，由直接监督的官署呈请内务部任命。[⑤] 这种城市市长的产生办法，在一定程度上借鉴了西方的民主制度。

根据《市自治制》的规定，市在法令的范围内可以办理的城市自治事务，主要包括五个方面：其一，教育；其二，交通、水利及其他土木工行政；其三，劝业及公共营业；其四，卫生和救济事业；其五，其他依法令规定属于市自治的各项事务。

市自治会的职权则包括：其一，议决"市公约"；其二，议决市内应兴应革及

[①] 萧文哲：《我国现代市制之检讨》，《中央周刊》，1940年第29期。
[②] 萧文哲：《我国现代市制之检讨》，《中央周刊》，1940年第29期。
[③] 钱端升：《民国政制史》（下卷），商务印书馆，1939年，第359页。
[④] 钱端升：《民国政制史》（下卷），商务印书馆，1939年，第358-359页。
[⑤] 钱端升：《民国政制史》（下卷），商务印书馆，1939年，第359-360页。

第三章 城市管理体制的现代变迁

应整理的事项；其三，议决以市经费筹办的自治事项；其四，议决市经费之"预算""决算"；其五，议决"市自治税""规费""使用费"之征收；其六，议决市募集公债和其他负担的契约事项；其七，议决市的不动产的买卖和处分；其八，议决市财产、营造物、公共设备的经营和处分；其九，议决市自治公所职员"保证金"事项；其十，答复市自治公所及监督官署之咨询；其十一，议决以依法令规定属于市自治会的事项等。[①]

市自治会由市民选举出来的会员组成，会员无定额，根据城市人口规模的大小按一定的比例产生。一般而言，人口不足 5 万的城市为 5 人；人口在 5 万及以上的城市，每多 1 万人口就增加 1 个会员名额。同时，特别市的会员以 30 人为限，普通市以 20 人为限。市自治会设会长 1 人，由会员互选。

市参事会由市长、佐理员、区董及名誉参事员组成。以市长为会长，除名誉参事没有薪酬外，"其余各职员皆受俸给"。这种设置，明确了市参事会为市行政部门的"议决机关"，以"辅助市长之不逮，俾收集思广益之效"。市参事会的职权包括：其一，议决市自治会之议案；其二，议决市自治会所委托之事项；其三，议定"市规则"；其四，议决其他依法令属于参事会管辖之事项。[②]

市长任期为三年，可连选连任。市长为市之代表，指挥、监督所辖职员，其职责如下：其一，执行市自治会议决事项；其二，办理市自治会选举事项；其三，经市参事会议决后，提出议案并交付市自治会；其四，管理或监察市的"财产""营造物"及"公共设备"；其五，管理市的"收入"与"支出"；其六，依法令及市自治会之议决，征收市自治税及使用费、规费。

《市自治制》是我国第一个由中央政府颁布的关于市建制设置的正式文件。首先，它规定市为法人，"截止（至）民十九年，市组织法、市制中明定市为法人者，仅有《市自治制》"[③]。其次，《市自治制》将市分为特别市与普通市，对此后市行政建置的发展产生了深远的影响。从总体上看，北京政府颁布的《市自治制》在形式上借鉴了西方的城市理念，仿照"三权分立"原则，设置了互相制约、互相协作的自治会、市政公所、市参事会这"三驾马车"。就此而言，《市自治制》规定的市制较清末民初的城镇地方自治有了较大的进步，是对《城镇乡地方自治章程》的发展和完善。《市自治制》虽较清末民初的地方自治有较大的进步，但仍属于我国城市市制初创时期的产物。在 20 世纪初美国市政体制改革取得重大突破的时代背景下，《市自治制》仍沿用传统的欧洲分权市制，因此它与迅速吸收美国先进成果的《广州市暂行条例》相比，不能不说是落后了。《市自治制》的"市"只是一个区域性的自治团体而非一级地方行政建置，所以，其与城市行政独立化仍还有相当的距离。而且，《市自治制》对城市的区划亦不明确，从而制约了地方政府的权力运用。

---

① 董修甲：《论内务部所之市自治制》，《清华学报》，1924 年第 1 卷第 1 期。
② 董修甲：《论内务部所之市自治制》，《清华学报》，1924 年第 1 卷第 1 期。
③ 钱端升：《民国政制史》（下卷），商务印书馆，1939 年，第 359 页。

毕竟，"地方政府所能行使的最大权威也许是划清城市的边界"①。不过，以上还仅是枝节问题。北洋政府《市自治制》最大的问题在于市权不明。在行政权方面，规定"市"可以办理"应兴应革及整理事宜"，但对于"应兴应革及整理事宜""究系何事，并不列举。如此，徒使各市办理市政时，多生误会，多增困难"，实为其"根本上之劣点"。②因此，《市自治制》与《广州市暂行条例》相比，要落后得多。

由于此一时期中国各省多为军阀所割据，群雄并立，北洋政府的政令在事实上并不能通行于全国，故而由北洋政府内政部颁布的《市自治制》仅在北京和青岛两个城市得到了实施。但《市自治制》毕竟是具有合法性的中央政府颁布的，因而它是全国性的制度，虽然在实践中它并没有得到广泛的推行，但还是得到不少地方政府的赞同和支持。

广州的市政改革和《市自治制》的颁布，向国人传递出这样的重要信息：城市市政改革已经是发展地方进而推动中国现代化的必由之路。故此，在广州、北京之后，其他各重要城市亦纷纷跟进仿效。有的直接采行广州市制，如汕头市制即为"仿广州市而略变通之"③；有的则调和广州和北京市制，如成都市制便是"参照北京、广州各市市制"④而成；有的另起炉灶直接以西方市制为蓝本，如"昆明市政公所，仿美之经理制，以主管者一人，负责进行"⑤。

"民国八九年的时候，联邦之说甚盛。影响所及，不但独立各市，在事实上都脱离中央政府的关系，而以省政府为最高的监督机关，而且在法律上也进一步取得同样的地位。"⑥各省"宪法"的颁布即是地方政权法律地位上升的突出标志。从1920年《广州市暂行条例》颁布到南京国民政府成立前，国内颁布的重要市制如下（见表3-1）：

表3-1　20世纪20年代部分省市制一览表

市制名称	起草机构	颁布时间	组织形式	资料来源
《浙江省宪》	浙江省"宪法"会议	1921年9月	市长——议会分权制	陆丹林《市政全书》（第六编）
《广东省宪》	广东省"宪法"起草委员会	1921年11月	市长——议会分权制	陆丹林《市政全书》（第六编）
《湖南省宪》	湖南省自治根本法起草委员会	1921年12月	一、二等市为分权制，三等市未定	陆丹林《市政全书》（第六编）

---

① 安东尼·奥罗姆著，曾茂娟译：《城市的世界——对地点的比较分析和历史分析》，上海世纪出版集团，2005年，第21页。
② 董修甲：《论内务部所之市自治制》，《清华学报》，1924年第1卷第1期。
③ 黄炎培：《一岁之广州市》，商务印书馆，1922年，第107页。
④ 杨吉甫：《成都市政年鉴》（第一期），1928年，第5页。
⑤ 《袁观澜讲演昆明市政》，《浙江警察杂志》，1924年第86期。
⑥ 顾敦鍒：《中国市制概观》，《东方杂志》，1929年第16卷第17号。

续表

市制名称	起草机构	颁布时间	组织形式	资料来源
《胶澳商埠暂行章程》	—	1922年11月	市长——议会分权制	陆丹林《市政全书》（第六编）
《四川省宪》	四川省"宪法"起草委员会	1923年1月	未明确规定	董修甲《市政学纲要·附录》
《奉天市暂行条例》	—	1923年8月	市长——议会分权制	陆丹林《市政全书》（第六编）
《云南省暂行市自治条例》	—	1924年7月	市长——议会分权制	陆丹林《市政全书》（第六编）
《淞沪特别市公约》	淞沪特别市筹备会	1925年5月	市长——议会分权制	《东方杂志》第22卷第11号
《淞沪市自治制》	北洋政府	1925年5月	市长——议会分权制	《东方杂志》第22卷第16号

以上各省颁布的市制有若干共同之处，其主要内容如下。

《浙江省宪》：规定市分为普通市及特别市，均为自治团体，普通市受县监督，特别市受省监督。市民具有选举、创制及复决权。

《广东省宪》：规定人口十万以上的都会设特别市，直隶于省。特别市设市议会，由市民及各团体选举之议员组成；设参事员五人，由市民直接选出，执行具体任务。

《湖南省宪》：规定市为自治团体，按人口分为一、二、三等，一等市受省政府监督，二、三等市受县政府监督，地位与乡相同。一、二等市组织为分权制，立法机关为市议会，行政机关为市长公署，市议会议员及市长皆由全市公民直接选举，又设市委员会为行政辅助机关，以市长为委员长。三等市制度尚未确定。顾敦鍒认为："这种市的地位大概与美国各市相仿佛，都受州政府的监督，而与中央政府则不发生何等关系。"①

《四川省宪》：规定县内工商荟萃之区，人口在1万（含）以上30万（不含）以下者为市，人口30万以上者为特别市，直接受省的监督。

《奉天市暂行条例》：设市政公所，为办理市政之机关，直隶于省政府。市政公所内设总办一名，监督全市行政事宜；设市长一名，总理全市行政事宜；设协理一名，坐办两名，辅助市长策划并办理全市行政事宜。以上各员皆由省长委任。

《云南省宪》：规定市和村同属县的下级组织。市的设置标准方面，除县治之外，人口在200户以上且有足够资力的交易中心，也得设市。市设市公所和市议会，实行分权制。

1925年，北洋政府规定上海为特别商埠。时任江苏省省长韩国钧因考虑到上

---

① 顾敦鍒：《中国市制概观》，《东方杂志》，1929年第16卷第17号。

海特别商埠市政的重要性,下令组建淞沪特别市筹备会,并推举张君劢、阮荀伯、董修甲等负责起草《淞沪特别市公约》。《淞沪特别市公约》规定特别市议会为立法机关,执行机关为市长公署,另设董事会为市长执行事务的辅助机关。该公约的草案甫经出台,即引起了部分学者的批评,阮毅成认为:"今草案上于市长及会外又加了一个董事会,就是容纳一般乡董的,与其如此,倒不如加多市议会议员名额而把他们容纳在市议会里。有人说,这些人长于做事并不长于议事,那么也可请他们任各局局长,现在另设一个董事会,与市议会的权限很分不清。譬如各局局长之任免同意,本为议会的一种权限,现在归到市董事会中,就是市董事会与市议会权限不分清的明证。"①《淞沪特别市公约》上报北洋政府后,没有得到当局的承认,中央政府另组人员制定《淞沪市自治制》,规定议决机关为市议会和区议会,执行机关为市长、市董事会。按照《淞沪市自治制》的规定,市长地位下降,不及《淞沪特别市公约》之可以独裁市自治事务。《淞沪市自治制》还规定,市长与执行辅助机关之间存在制衡关系,这在近代各种市制中仅此一见。

从1920年《广州市暂行条例》颁布到1925年《淞沪市自治制》公布的五年时间,是中国"市政勃兴之时期"②。总结这一时期颁布的近十部城市"宪法",可以总结出以下几个特点:第一,除《市自治制》及湖南、浙江《省宪》外,这一时期颁布的其他法律皆为特别法律,而作为普遍法律的《市自治制》亦"不由国会立法机关订定,而由行政部门定之,殊无立法之价值"③。实际上,民国建立后,虽有城市通律制度,但中央或地方仍可自由通过特别法律。市政专家普遍反对特别法律,认为它使我国城市受到不平等待遇,"虽效法欧洲采用普通市法律之制度,确未得普通市法律之利益也。只以此时我国政治未上轨道,人民颇乏经验,故对于特别法律之弊害尚不能知"。他们认为将来人民在自治经验充足且能认识到特别法律的弊害后,"对于特别法律定知从事反对。至以行政机关代立法机关订定法律,系暂时变通办法,如将来仍不改正之,亦应加以反对也"④。第二,与前一阶段相比,该阶段城市的法律地位有所提高。《城镇乡地方自治章程》与《江苏暂行市乡制》都规定市、乡同级,为县领导下的基层行政建置。20世纪20年代的城市"宪法"皆赋予特别市与县平等的地位,直接隶属于省,不再是县下面一级的地方行政单位。第三,从全国范围看,城市"宪法"的发展呈现不平衡性。就"宪法"内容分析,绝大部分市制仍沿袭欧洲分权市制,只有广州独树一帜,采用美国市政改革运动的成果——委员会制,这就使广州迅速取代上海,成为其他城市进行市政改革仿效的榜样。从颁行城市"宪法"的省的分布范围来看,这次"市制勃兴"主要集中于沿海大城市及个别经济较为发达的中西部城市。在广州等沿海商埠建立起独立的城市政府时,全国大部分城市还停留在市制初创阶段,行政机构简单、权限不明、

---

① 阮毅成:《评淞沪特别市公约草案》,阮毅成:《政言》,(台湾)商务印书馆,1980年,第453页。
② 钱端升:《民国政制史》(下卷),商务印书馆,1939年,第389页。
③ 董修甲:《市政学纲要》,商务印书馆,1927年,第90页。
④ 董修甲:《市政学纲要》,商务印书馆,1927年,第129页。

政出多门，一些偏远地区尚未建立近代意义上的城镇，沿海城市和内陆城市的发展呈现出鲜明的二元特征。

不过，虽然这段时期城市行政独立化已经启动，但城市并没有真正成为一级地方行政的建置，绝大多数的管理机构尚不具有独立的法人资格和行政管理权，总是受到上级政府的牵制与干预。同时，其组织形式也不一致，呈现出新旧混杂的格局。如昆明市制虽然采用了美国的经理人制，但主管者"不由公举，而为省长所委任之督办"[1]。同时，职权和管理内容也不够完善和统一，往往政出多门、职权重叠。如长沙20世纪20年代的城市管理，事实上就有省会公安局和市政公所两套班子，职能相互重叠。[2] 此外，由于政局动荡，往往朝令夕改，这也使得这一时期的市政机构命运多舛。总之，现代城市管理体制的真正建立还有待于下一阶段。

三、现代城市管理体制的初步确立

1927年，南京国民政府建立。1928年，东北易帜，南京国民政府完成了形式上的国家统一。南京国民政府随即按照孙中山的建国程序论，宣布进入所谓"训政"时期，推行地方自治。作为地方自治重要内容之一的城市市政问题，再次成为社会各界关注的焦点："兹革命大业完成，建设百端，首在市政。市政为地方自治之一，凡属国民，均有参与之权利与义务。"[3] 1928年4月，李宗黄向国民政府建议成立首都市政专门委员会，开展南京市政建设，并指出："革命成功，军事为重。建设开始，市政为先。诚以都市商埠，人民之所集中，文化于此胎息，政法效用，切近易睹，民生福利，非此无以立其基，民权运用，非此无以植其始，即本党有无建设之能力，能否得民众之信仰，皆与此有密切之关系也。"[4] 不仅一般的学者、官员有如此认识，当时手握军政大权的蒋介石也认为，"建设之事万端，唯市政最为先务"[5]。诚如此，现代中国城市行政管理体制的建立进入了一个新的阶段。

（一）城市组织法的筹划与确定

广州市政府成立后，政府在市政建设上所取得的成功，使在广州建立的国民政府的领导层对发展市政有充分的信心。随着国民党领导的国民革命军北伐不断取得成功，国民党在沿途攻克的重要城市均仿照《广州市暂行条例》组建独立的城市政府。如1926年底，国民党在武昌成立市政厅，下设秘书处及财政、工务、公安、教育、卫生、土地等局。1927年元旦，更以武昌、汉口、汉阳为"京兆区"，定名

---

[1]《袁观澜讲演昆明市政》，《浙江警察杂志》，1924年第86期。
[2] 郭钦：《民国前期长沙市政现代化初步发展述论》，《湖南社会科学》，2006年第6期。
[3] 陆丹林：《道路全书》，道路月刊社，1929年，第11页。
[4]《李宗黄建议设立首都市政专门委员会》，《申报》，1928年4月23日第19792号，第9版。
[5] 陆丹林：《市政全书》，道路月刊社，1928年，第56页。

武汉，并确定为国都。①1927年5月16日，杭州市政厅成立，"于厅内设总务科，并创设财政、工务、公安、教育、公用、卫生六局"，不久又奉国民政府令，"改厅为府，各局继续进行"②。1927年6月1日，南京市政府成立，下设工务、财政、公安、教育、卫生各局，"旋于六月六日奉国民政府颁布《南京特别市暂行条例》，正式规定南京市为南京特别市，直隶于国民政府"③。此外，上海特别市亦已于1927年5月成立，武汉则在1927年7月改为武汉特别市。由此可见，在国民政府完成国家统一以前，现代城市管理体制已经随着国民党的军事胜利而扩散，只不过国民政府当时还没有颁布正式的、统一的城市组织法对之加以确认。

就在各地城市政府不断成立的同时，国民政府法制局亦着手起草《特别市组织法》和《市组织法》。1928年5月，国民党中央委员薛笃弼召集内务部、南京和上海市政府的代表，讨论由法制局拟定的城市组织法草案。讨论中，特别市政府的隶属问题引起了内政部代表和城市政府代表的争议。城市代表主张特别市直接隶属于国民政府，内政部代表则认为其应隶属于省政府。最终颁行于世的《特别市组织法》，采纳了城市政府代表的意见，确定特别市为特别行政区域，其不仅是自治单位，而且市区内行政事务亦不由省政府代办。④

1928年7月3日，南京国民政府公布了《特别市组织法》和《市组织法》，中国城市发展史上第一次出现了以中央政府的名义颁布的建立城市行政管理体制的法律，改变了此前国内无统一市制的现象，从此"国内市制差告一统"⑤。因而，时人普遍认为，这两部城市组织法的颁布，"实可谓为中国开明市制之肇端，盖市政制度发展至此，已有相当之典型"⑥。

《特别市组织法》和《市组织法》是"以《广州市暂行条例》为蓝本，再加以修改而成的"⑦。依据上面两部法律，中国城市被划分为特别市和普通市两种。

特别市的成立条件是：

其一，中华民国首都。

其二，人口在百万以上的城市。

其三，其他有特殊情形的城市。

具备上述三项条件之一的城市，经国民政府许可，即为特别市，不入省的行政管辖范围，直接隶属于中央政府。

普通市的成立条件则为：

其一，人口在30万以上。

---

① 皮明庥：《近代武汉城市史》，中国社会科学出版社，1993年，第338—339页。
② 《杭州市政概况》，《市政月刊》，1929年第2卷第9期。
③ 傅荣思：《三年来之首都市政概况》，《时事月报》，1930年第3卷第3期。
④ 张利民：《艰难的起步：中国近代城市行政管理机制研究》，天津社会科学院出版社，2008年，第147页。
⑤ 钱端升：《民国政制史》（下卷），商务印书馆，1939年，第398页。
⑥ 蒋慎吾：《近代中国市政》，中华书局，1937年，第27页。
⑦ 顾敦鍒：《中国市制概观》，《东方杂志》，1929年第16卷第17号。

其二，人口在 20 万以上，其所收的营业税、牌照税、土地税，全年合计占该地区总收入一半以上。

具备上述条件之一的城市，由所属省政府呈请，经国民政府特许，即为普通市，不入县行政管辖范围，直隶于省政府。①

特别市和普遍市只有地位高下与规模大小之分，其行政机构组织形式是相同的。按法律规定，各市设参议会为立法机关，市政府为行政机关，市政会议为执行辅助机关。参议会权限如下：其一，审议市政会议议决之事项；其二，向市长提出关于市政兴革事项的议案；其三，将过半数以上议员同意的议案提请市长交付市民覆决；其四，认为市长违法失职时得依全体议员三分之二以上之同意，向省政府、国民政府请求罢免之。市政府设市长，市长是市政府的最高长官，负责综理全市一切行政事务及指挥、监督所属职员。特别市市长由国民政府任命，普通市市长由省政府呈请国民政府任命。市政府之下设各局、科，分掌各项事务。秘书处设秘书长一人，参事二至四人。秘书处负责掌理文牍、庶务及其他不属于各局、科掌理的事项，"辅助市长掌理关于法令起草、审议及市政设计之事项"②。局长、秘书长、参事等职由市长荐任、简任或委任，均无任期及资格限制，"事实上大抵与市长同进退"③。市政会议由市长、秘书长、参事和各局局长组成，设有参议会的市由参议会选举四名代表加入市政会议。

随着南京国民政府颁布的《特别市组织法》和《市组织法》的实施，"市"的性质已被明确定义为地方行政区域兼自治团体，"市"在中国行政区域体系中的地位自此被正式确立。不过，以上两部法律也存在以下两方面明显的缺陷：一方面，设市标准定得过高，不符合中国的实际情况，按《市组织法》规定的标准，在当时能够设市的城市数量很少。另一方面，《特别市组织法》和《市组织法》缺乏自治精神④，"可称为'官办的自治'，还够不上说'官督民办'"⑤。因而这两部法律公布以后，遭到多方社会人士的批评，"市政论者认该制缺乏自治精神，且认市参议会权力过小，指为官办市政；至行政人员之批评，则侧重于行政系统……提议将普通之市之地位明定为与县相等"⑥。

在各方面的批评之下，南京国民政府也对此进行了检讨，并组织力量对原有两法进行修改。1930 年 5 月 30 日，南京国民政府立法院第 87 次会议通过了新的《市组织法》并予以公布，而原来的《特别市组织法》和《市组织法》被同时废止。新的《市组织法》在保留原有两部法律主要精神的基础上进行了局部的修改：第一，对设市条件和名称做了一定的修改，"将特别市之名称取消，而统名之曰市，

---

① 陆丹林：《市政全书》，道路月刊社，1928 年，第 1、8 页。
② 顾敦鍒：《中国市制概观》，《东方杂志》，1929 年第 16 卷第 17 号。
③ 钱端升：《民国政制史》（下卷），商务印书馆，1939 年，第 398 页。
④ 钱端升：《民国政制史》（下卷），商务印书馆，1939 年，第 398 页。
⑤ 庄恭：《中国市制的商榷》，《三民半月刊》，1929 年第 2 卷第 9 期。
⑥ 钱端升：《民国政制史》，商务印书馆，1939 年，第 367 页。

但分隶于行政院之市和隶于省政府之市而已"①。特别市改称院辖市,其设置必须符合原《特别市组织法》规定的三个条件之一,并用"政治、经济"四字代替了"其他"两字,即在政治上、经济上有特殊情形的城市,亦有成为院辖市的资格;另外还规定,如果是省政府所在的城市,虽然符合设置院辖市的条件,但也应隶属于省政府为省辖市;普通市改称为省辖市,设置标准改为必须符合下列两个条件之一:其一,人口在30万以上(含30万);其二,人口在20万以上(含20万),其所收营业税、牌照税、土地税每年合计占该地总收入1/2以上者。省辖市的设置条件也增加了一条,即省政府所在地应为省辖市。新的《市组织法》还规定:市的设置或废止,以及市区的划定或变更,都必须经国民政府核准。这意味着市的建置权彻底归属于中央政府,以前各地自行设"市"的情况将不复存在。由于设市标准不仅未降,反而有所提高,因而新的《市组织法》实行后,全国设置市建制的城市大为减少,"已建立之都市,亦竟有逐渐取消之倾向"②。许多已从乡村中分离出来的城市又被重新施以乡村的管理方法。第二,新的《市组织法》未确立城市法人或自法团体地位,而是规定"本法施行期间,以市自法完成之日为限"③。市"除了代表国家机构外,没有法律地位"④。也就是说,市自治不仅没有放宽,反而有所收紧。由于南京国民政府迟迟不肯放宽城市自治,这些法律条文实际成为一纸空文,其意义最多只是"表示将来市制之趋向"⑤。第三,新的《市组织法》对市参议会职权又做出调整,规定参议会享有立法权与财政权,但剥夺了其原先拥有的罢免市长权。从实际情况来看,参议会仅有"建议讨论,审查补助……借以征集市民公意,改进市政"之权⑥,与法定参议会性质和职权不可同日而语。但在实际运作过程中,作为立法机关的参议会在市政机构中也长期未被组建,"即有之,亦与中央规制未尽同,如汕头市参议会,则系根据西南政务会公布之《市地方自治条例》。至在二十三年以前依《市参议会组织法》而设市参议会者,只有北平市,旋亦奉令停办,若汉口市及上海市之临时市参议会,议员全由聘任,系为过渡之咨询机关,已不符于《市参议会组织法》,亦非依扶植自治时期《县市参议会暂行组织办法》。"⑦

总体而言,1930年的《市组织法》具有以下特征。

第一,设市的标准不仅没有降低,反而较前大大提高。设院辖市除了要满足政治、经济条件外,城市人口方面的要求特别高,需要有100万人及以上的人口才有入围院辖市的资格,所以,全面抗战爆发以前,仅有南京、上海、青岛、北平、汉

---

① 张振东:《中国现行市制之分析》,《市政期刊》,1930年创刊号。
② 董修甲:《中国市政问题》,《清华周刊》,1938年第7—8期。
③ 《市组织法》,《国民政府公报》,1930年第39期。
④ 孙乃正:《中国地方政府之特质与中央政府之控制权》,《社会科学》,1936年第1卷第2期。
⑤ 钱端升:《民国政制史》(下卷),商务印书馆,1939年,第401页。
⑥ 钱端升:《民国政制史》(下卷),商务印书馆,1939年,第376页。
⑦ 钱端升:《民国政制史》(下卷),商务印书馆,1939年,第378页。

口、天津为院辖市。省辖市的标准也较前有明显提高，城市人口的标准提高到30万以上（含30万），如果人口在20万以上（含20万）未达到30万，则其所收营业税、牌照税、土地税等合计占该地总收入二分之一及以上才可能成为省辖市。设市门槛如此之高，必然使许多正在成长的中等城市难以设置市建制，从而限制了城市的发展。如贵阳这样的省会城市，如果不是全面抗战爆发，根本不可能升格为"市"。[①]

第二，对于市的区域划定和市以下的各级组织，做了明确规定，这是1928年的两部城市组织法所没有的。院辖市行政区域的划定，由行政院呈请国民政府决定；省辖市则经省政府转呈行政院，报请国民政府决定。同时，规定市下设区，区下设坊，坊下设闾，闾下为邻；五户为邻，五邻为闾，二十闾为坊，十坊为区。这种划分方法，明显借鉴了传统的里坊制，其目的自然是加强对城市社会的控制。

第三，在法律层面了增加了市民的权利。该组织法规定，市设参议会，由公民选举参议员组成，三年一任，每年改选1/3的议员。该组织法还明确市参议会为全市人民的代表机关，参议员则由市民依据《市参议员选举法》选举产生。规定公民有选举、罢免、复议权。同时，还在一定程度上落实了男女平等的原则。规定市民不分男女，只要年满20岁，并且在市区连续居住一年以上，或有住所达两年以上，便享有城市公民的权利。

第四，在机构设置上趋于简化。市政府作为城市政权机关，下设处、局、科，分别管理有关事务。至于处、局、科的多少，则根据城市的大小以及城市性质而定。同时，市政府除设秘书处和社会、公安、财政、工务四局外，还可根据具体情况，在必要时增设教育、卫生、土地、公用、港务等局，但首都和省政府所在地一般不设公安局，其公安局的职权，则由首都警察厅或省会警察厅行使。

第五，城市行政任务得到明确。据1930年《市组织法》的规定，城市行政任务分别为以下几项：

①户口调查和人事登记。

②配置及管理育幼养老、济贫救灾等设备。

③负责粮食储备及相关调查。

④发展及保护农工商业。劳工行政。选材垦牧渔猎的保护及取缔。监督民营公用事业的。组织和指导合作社及互助事业。改良风俗。发展文教事业。公安及消防。设置及取缔医院、菜市、屠宰场及公共娱乐场所。公共卫生及土地行政。编造财政收支及预决算。公产的管理及处分。公营业的经营管理。修建管理公用房屋、公园、公共体育场、公共墓地等。指导或取缔市民建筑。经营道路、桥梁、沟渠、堤岸及其他公共土木工程。管理河道、港务及船政。上级机关委办以及其他依法令所定由市办理的事项等。

---

① 黄沛骊：《1941—1945年贵阳城市管理体制述评——以〈贵阳市政〉为文本依据》，《贵州社会科学》，2009年第1期。

由此可见,《市组织法》规定的城市行政任务明确、清晰,有利于各行政机构各司其职。①

第六,城市政府实行行政合议制度,设立市政会议,作为行政的辅助机关。市政会议最初由市长、秘书长、参事和各局局长组成;有市参议会的市,则由市参议会选举代表4人参加,代表任期2年,每年改选一半。以后参加合议的行政人员组成范围逐步扩大,改为由市长、参事、局长或科长组成;成立市参议会的市,由参议会互选代表3至5人出席会议,秘书长或秘书列席会议。市政会议定期举行,一般每月不得少于一次。其职权为议决下列事项:

①秘书处及各局(科)办事细则。
②市单行规则及预决算。
③整顿城市财政收入和募集城市公债。
④经营城市的公产、公营事业。
⑤市政府各处、局或科之间的争议。
⑥市长交予讨论的事项。

市政会议的职权通常比省政府会议、县政府会议大,关于市政重大问题,均须提交会议议定,但市长仍有最后的决定权。从某种意义上来说,市政会议在参议会未成立前不完全是市行政辅助机关,而是具有一般立法性质的机构。

通过对以上三部城市组织法的比较,我们可以对南京国民政府时期的市制做一判断。无论是《特别市组织法》《市组织法》,还是新的《市组织法》,仅从法律文本上看,它们都属于议会——市长分权体制;但从实际运作情况来看,这一时期的市制是一个由多种因素交织而成的复杂综合体。首先,新的《市自治法》虽然规定参议员互选代表出席市政会议,但由于各市未成立参议会,亦无议员参加市政会议,因此,"市政会议有议决与执行的全权,所以这个市制也可归纳于委员会市制之内","市参议会亦不过是一种辅助行政会议的审议机关而已"②。其次,市政会议虽采用会议制,议案通过取决于多数同意。但作为市政会议主席的市长具有高度支配权,议案须经市长核定后才能被列入议事日程,表决时票数相同则由市长裁决,这样就形成了事实上的市长行政主导体制,带有美国"强市长制"的色彩。正如蒋慎吾所指出的那样,南京国民政府时期的市制"类似美国,盖其组织及职权,规定市长之职责至为重大,市参议会虽为市民代表机关,并无实在权能,可以制裁市长之执行任务"③。最后,市长与局长等都须受中央政府及中央政府各主管部院及建设委员会或省政府各厅厅长的节制,市"亦不过是中央政府或者政府的特别行政区域而已"④。从这个意义上说,南京国民政府的市制又具有法国市制的色彩。

随着《市组织法》的颁布和实施,全国大中城市陆续设立了独立的行政机关,

---

① 姚骧:《市组织法释义》,世界书局,1930年,第11—13页。
② 顾敦鍒:《中国市制概观》,《东方杂志》,1929年第16卷第17号。
③ 蒋慎吾:《近代中国市制》,中华书局,1937年,第28页。
④ 顾敦鍒:《中国市制概观》,《东方杂志》,1929年第16卷第17号。

第三章
城市管理体制的现代变迁

使城市开始摆脱在传统城乡合治行政体制下受到县级地方政府控制的局面,标志着近代由城乡合治到城乡分治的转变取得了重大突破和实质性的进展。虽然南京国民政府的市制以市长独任为本色,具有保育主义色彩,但是,从市制发展演变的角度看,它还是达到了"近代中国地方行政制度发展的高峰"[①]。

1930年的《市组织法》基本确定了整个民国时期现代城市管理体制的架构,但由于其所规定的设市标准过高,不利于城市的发展和改革,所以1933年和1943年,国民政府不得不两次对《市组织法》进行调整。其调整之处,主要是降低省辖市的门槛,一般情况下要求人口在20万及以上,如果有的城市其人口在10万至20万之间,但在政治、经济、文化上的地位重要,也可以成为省辖市,这样就放宽了设市条件,使城市数量增加。此外,调整后的《市组织法》还取消了省会不设院辖市的规定。[②] 经过这两次调整,院辖市和省辖市的数目逐渐增多。到1947年6月,院辖市增加到12个,省辖市增加到57个,城市总数达69个。[③]

有学者曾指出:"从整个近代来看,如果说租界的市政制度是近代的一个开创性的突破的话,那么20年代后国民政府所制订的新市政制度则达到了近代中国地方行政制度发展的高峰。"[④] 以1930年《市组织法》为代表的城市组织法规的颁布,标志着现代城市管理体制基本在中国确立。城市政府正式成为国家行政体制中的一个单位。城市行政的独立化,城市管理机制的现代化,对于加强城市治理,促进城市建设和城市社会发展,具有积极而又深远的意义。

现代城市管理体制的确立对于城市发展产生了重要的影响。随着《市组织法》的颁布,现代城市管理体制逐渐在中国得以确立,设市城市在政治、经济和市政建设等多方面都取得了显著的进步,其主要表现在以下方面。

第一,越来越多的城市依据《市组织法》建立了独立的城市管理机构,开始摆脱传统县级地方政府的控制,中国地方行政制度基本完成了从城乡合治到城乡分治的历史变迁。20世纪30年代中期,全国共有南京市、上海市、北平市、天津市、青岛市等6个院辖市,杭州市、济南市、成都市、广州市、汉口市、包头市、长沙市、厦门市、武昌市、南昌市、连云市、重庆市等12个省辖市。1947年,院辖市增加到12个,总量增加了1倍;省辖市增加到57个,总量增加了3.75倍。另外,东北地区尚有锦州、营口等10多个省辖市,台湾也有台北、基隆等省辖市未被计算在内。[⑤] 可以说,除了西藏以外大多数省区的主要城市,都设立了独立的城市政府,建立了现代城市管理体制。

第二,随着现代城市管理体制的确立,城市管理日益系统化、分工化、专门

[①] 张仲礼:《东南沿海城市与中国近代化》,上海人民出版社,1996年,第563页。
[②] 熊桂庵:《论中国市制》,《自治月刊》,1949年第4卷第3期。
[③] 李进修:《近代中国政治制度史纲》,求实出版社,1988年,第329页。
[④] 张仲礼:《东南沿海城市与中国近代化》,上海人民出版社,1996年,第563页。
[⑤] 张利民:《艰难的起步:中国近代城市行政管理机制研究》,天津社会科学院出版社,2008年,第147页。

化。以 20 世纪 30 年代末期的成都为例，其组织架构如下：市政府设市长一人，指挥监督所属机关团体及职员。市政府下设：秘书科（置文书、庶务、出纳、统计四股），社会科（置社会、保甲二股及禁烟室），财政科（置财务、土地二股），工务科（置工务、公用二股），教育科（置学校教育、社会教育二股），兵役科，技术室，会计室。① 这个架构在纵向的行政管理层级上，分为市长、科、股、室四级；在管理幅度上，上级机关直接领导和指挥的下级单位数目一般在 2～4 个之间，因而实现了管理层次与管理幅度的统一，符合现代多层制的管理原理。在横向架构方面，每个层级的组织都实行了职能式分工，如科级组织分为六科二室，每科内又按职能分成了二到四个股。这就构建出一个纵向统一指挥，横向分工协调，纵横交错的网络型体系。行政组织内部因而事权集中，权责明确，既便于指挥、控制，又分工精细明确，从而减轻了行政首长的负担，达到行政管理专门化之目的。这种系统化、分工化、专门化的行政组织架构，适应了城市政治、经济、文化等各方面迅速发展的需要，有利于加强城市管理，促进城市发展。

第三，现代城市管理体制的确立，促进了城市行政职能范围的扩大，增强了城市行政职能的经济性、社会服务性和文化教育性。《市组织法》及相关法规和条例的颁布，以法律的形式明确了城市的行政职能，其规定的各项市政事务则涵盖了政治、经济、文化、社会等领域，职能范围较前扩大，分工更加具体化。与此同时，《市组织法》所规定的 20 余项市政府应管理的事务，涵盖了经济、社会服务、文化教育等领域，表明城市行政职能已经多样化，并且经济职能、社会服务职能、文化教育职能日趋增强，突破了传统城市职能集中于政治领域的局面。这也反映出民国时期城市经济、文教事业有明显发展的实情，毕竟，现代城市是"随着生产和贸易的兴盛，社会商品经济活动的频繁而出现的"②。但需要指出的是，民国时期城市行政职能的经济性、社会服务性、文化教育性逐渐增强，并不代表城市政治职能已经退化甚至消失。事实上，民国时期并不存在真正独立的城市政府，无论是中央政府还是地方政府，都将强化城市控制视为维持统治的重点。这也正是国民政府统治时期所创立的现代城市管理体制最为人诟病之处。如 1949 年有人就认为国民政府时期的现代城市管理体制，由于"中央集权政策的束缚，终致形成在制度上凑合粉饰，在事业上百无一成"③。尽管如此，与传统时代相比较，民国时期城市行政管理的非政治、军事职能毕竟有了明显增强，这对于促进城市的发展是有积极作用的，也符合城市管理现代化的世界潮流。

第四，伴随现代城市管理体制的确立，城市管理的法制化有显著进步。有学者指出："现代行政与传统行政的根本区别就在于是否实行依法行政、依法管理"④。众所周知，传统时代的城市管理主要依靠"人治"完成，行政长官的意愿和命令取

---

① 《成都市政府组织规则》，《成都市政府周报》，1939 年第 1 卷第 7、8 期合刊。
② 徐茅：《中华民国政治制度史》，上海人民出版社，1992 年，第 414—415 页。
③ 熊桂庵：《论中国市制》，《自治月刊》，1949 年第 4 卷第 3 期。
④ 何一民：《近代中国城市发展与社会变迁（1840—1949）》，科学出版社，2004 年，第 297 页。

代了法律。然而，现代城市社会的复杂性，使得行政管理必须立基于"法制"，有法可依、有章可循，才能提高管理效率，避免浪费行政资源。

国民政府统治时期，各主要城市依据《市组织法》成立市政府以后，不仅按照中央政府和省政府所颁布的相关法规管理城市，而且自己还制订了若干符合地方实际的行政法规，以便依法行政，城市管理活动因而日趋法制化。如1927年7月到1928年6月期间，上海特别市先后颁布的组织章程、工作细则和专项法规总计188项之多。① 而且，这些法规从原则到实施，从总则到细则，从抽象法理到具体措施都有体现，表明现代城市管理的日益法制化。其他城市同样重视依法行政。如1929年6月汉口特别市政府成立以后，"先后修订公布之各项章程则以数百计"，基本达到了"市政进行，咸资法令"。② 甚至在全面抗战时期，西南城市贵阳在升格为"市"以后，也积极按照依法行政的现代城市管理原则治理城市。在1941年7月到1944年10月期间，贵阳市政府先后制订、颁布了184部地方性法令、法规，涉及官制、官规、民政、财政、教育、工务、警政、卫生、地政、军事、社会、物价管制及市营企业组织经营等方面，基本覆盖了城市社会生活的方方面面。所以，首任贵阳市市长何辑五曾在1944年得意地说："本市政治设施之精神，皆寄托于法令教条之中。"③ 综上可见，城市政府的成立，现代城市管理体制的建构，促进了城市管理的法制化。

第五，随着现代城市管理体制在全国范围内展开实践，城市政府大量聘用各种专业人才参与城市管理，从而提高了城市管理的专业化水平。早在20世纪20年代，热心城市改革的人士即强调"专家治市"，任用专业人士管理城市。如臧启芳就强调，举办市政必须"人尽其用"，"使被用的人能尽量发挥其才学。例如办理市卫生，断不可不用有医学知识的人；办理市教育，断不可不用有教育知识的人"。④ 言外之意，即将专业的事情交给专业的人士。董修甲也指出："市政为建设事业，须有专门人才，以理其事，方可收事半功倍之效。"⑤ 而广州的市政改革之所以取得成功，一个重要原因就在于"多专门人才"⑥。所以，国民政府统治时期成立的城市政府，一般而言都尽量聘用专业人士在相关领域进行专业管理。如汉口特别市成立不久，市政府及主要职能部门便"初步形成了专家治市的局面"，其904名职员中，毕业于国内外各大学及专门学校者总计达408人，占职员总数的45.13%，"汉口特别市知识化、专业化特点十分明显"⑦。又如全面抗战时期的贵阳市政府，亦非常重视录用专业人士参与城市管理，甚至一般职员都被要求具有专业素养。具

---

① 张仲礼：《近代上海城市研究（1840—1949）》，上海人民出版社，1990年，第657页。
② 皮明庥：《近代武汉城市史》，中国社会科学出版社，1993年，第356页。
③ 何辑五：《贵阳市政府法规汇编序》，何辑五：《瑞园随笔》，西南印刷所，1949年，第61页。
④ 臧启芳：《市政和促进市政之方法》，陆丹林：《市政全书》，道路月刊社，1928年，第50页。
⑤ 董修甲：《京沪杭汉四大都市之市政》，大东书局，1931年，第22页。
⑥ 黄炎培：《黄炎培演讲广州市政》，《新建设的中国》（上海《民国日报》六周年纪念增刊），1922年，第23页。
⑦ 涂文学：《集权政治与专家治市：近代中国市政独立的艰难历程》，《近代史研究》，2009年第3期。

体例证如录用警员,"首重资历,以曾受警官教育,及从事警务有年者为遴选目标",并针对警察队伍整体素质低的现实,"先后举办警长警士训练班、户籍警察训练班、交通警察补习班、驻卫警训练班,以期提高其智识,增加其技能"[①]。总之,国民政府统治时期,各城市政府重视聘用专业人士、专业人才参与管理城市,从而提高了城市管理的专业化、科学化水平,对于推动城市发展具有重要意义。

总体而言,随着南京国民政府的建立,国家力量开始推动城市行政独立化,颁布了以《市组织法》为代表的各种城市法规,建立了作为地方行政实体的城市政府,城乡合治传统管理模式从此发生重要变化。伴随着现代城市管理体系的初步建构,城市管理日益走上组织化、系统化、专门化、法制化、专业化的轨道,科学治市、依法治市的现代城市管理原则得到充分体现。城市管理水平的提高,对于稳定社会秩序、改善城市生活质量、推动城市各方面发展具有重大意义。

第二节 城市行政民主化与法制化的发展

民国时期,社会各界之所以热心市政改革,一个关键原因就是社会各界希望通过城市政府的建立推动民主政治的发展。[②] 而伴随现代城市管理体制的建立,一方面,城市行政民主化呈现出曲折发展的面相;另一方面,管理法制化则得到一定程度的落实。同时,市民参政议政经历了从法律条文落实初步实践的变化。

一、城市行政民主化的曲折发展

民国时期,随着现代城市管理体制的创建,城市行政民主化亦被提上议事日程。然而,其发展却颇为曲折复杂,一方面城市民主选举迟迟没有得到落实,另一方面城市行政系统内的管理民主化又有所发展,并且市民参与城市管理的权利几经波折,终于有所实现。

(一) 曲折的城市民主选举

晚清以来,伴随工业化、城市化的启动,西方资本主义国家的民主选举政治也逐渐传入中国,并为一些国人所认同和追求。其中,在建立城市政府的过程中实践民主政治,是当时相当一部分社会精英的共识。市政学者顾敦鍒便曾指出,清末醉心于民主政治者逐渐发现"所谓西洋政治,就是立宪政治,立宪政治,就是民主政治,民主政治的初步,就是地方自治,而市政的推行,就是地方自治的一部分"[③]。

---

① 夏松:《两年来贵阳市之警政》,《贵阳市政》,1943年第4卷第1期。
② 涂文学:《近代市政改革:影响20世纪中国城市发展的历史变迁》,《学习与实践》,2009年第9期。
③ 顾敦鍒:《中国市制概观》,《东方杂志》,1929年第26卷第17号。

第三章 城市管理体制的现代变迁

诚如此,现代中国城市行政体制的建构,从一开始就与民主选举政治挂钩。譬如,清末新政期间,天津试办地方自治便是采用民主选举方式,按照初选、复选的程序,一人一票选出30名议员组成议事会,然后由当选议员投票选出正、副议长,最后"由议事会自行筹设董事会,各按章程办理"①。而此种以民主选举组织市政机构的方式,在民国初期有进一步的发展和表现。

例如,1911年12月江苏省议会所颁布的《江苏暂行市乡制》便规定,城市"公民"有选举权与被选举权,"市"议事会议员由"市"公民选举,然后"市"议事会议员选出"市"董事会的"职员"组成城市管理机构,以两年为期,期满改选。② 北洋政府制定的《市自治制》亦规定,市自治会会员"由市住民选举之","市长由自治会就住民中具有市自治会会员被选资格者选举之",市参事员"由市自治会就市住民中有被选举资格者选举之"③。1921年颁布的《汕头市暂行条例》直接规定:"市长由市民选举之。"④ 1925年江苏地方人士制订的《淞沪特别市公约》亦规定:特别市的立法机关为议会,董事和市长则"由市议会选举,然后由临时执政任命"⑤。总之,在国民政府颁布全国性《特别市组织法》《市组织法》构建现代城市管理体制以前,城市民主选举在部分城市中已经得到实践。

尤其需要指出的是,在第一次国共合作没有破裂以前,国民党也重视城市政权的民主建设。如1926年底,国民党上海市党部就曾经酝酿成立上海市民代表大会,以选出市民代表政府。上海的国民党党员制订了《上海特别市临时市民代表政府组织条例》,设计了这样一种新型的市政机构:市民代表会议为上海特别市最高权力机关,定名为上海市民代表政府,简称上海市政府。上海市政府受国民党中央党部及上海特别市党部指导与监督,直隶于国民政府,并受江苏省政府领导。上海市政府所辖区域为原淞沪商埠公署所管区域、公共租界和法租界。作为城市最高权力机关的市民代表会议分为市、区两级,其代表产生方式为直接选举,即由各工业工会、各店员工会、各农民协会、各商民协会、各军、各学校、各自由职业团体的全体群众开会直接选举,区、市代表或同时选出,或分两次选出。而且,市民代表会议的代表名额按各机关、团体人数分配,每500人选出区代表1人,每1000人选出市代表1人,人员数目不足的正当职业团体,也可选出1人。区代表会议选出执行委员20至30人组成区执行委员会,区执行委员会委员再选出5至7人组成常务委员会,处理全区事务。市民代表会议选出50人组成市执行委员会,即市政府委员会,由市政府委员会选出13人组成常务委员会总揽全市政务。同时,市民代表会议还要选出监察委员7人,监察民政及市民代表会议,如有渎职舞弊等事,可收集证据,向市民代表会议控告。区、市代表会议每月定期举行1次,必要时可由执

---

① 《升任直隶总督袁奏天津试办自治情形折》,《东方杂志》,1907年第4卷第10号。
② 《江苏暂行市乡制》,陆丹林:《市政全书》(第六编),道路月刊社,1928年,第188、192页。
③ 《市自治制》,陆丹林:《市政全书》(第六编),道路月刊社,1928年,第171、175、176页。
④ 《汕头市暂行条例》,陆丹林:《市政全书》(第六编),道路月刊社,1928年,第78页。
⑤ 《淞沪特别市工约草案》,陆丹林:《市政全书》(第六编),道路月刊社,1928年,第100、102页。

行委员临时召集。各级代表任期均为1年，但可连选连任。如果代表渎职，则由其所属机关、团体召集大会撤销其代表资格，同时另选他人补任至任期结束。在革命战争时期，各革命政党可以派代表参加各级执行委员会。市民代表会议的职权包括选举市执行委员，议决全市一切应兴应革事宜，议决市立法、工资、粮食、教育、市政、工程、房租、失业、救济等，议决市税、市公债及市预决算。[1] 此外，议决各代表提议及其所代表团体的群众对市政的意见，议决发展市有产业事件，议决市内各区管辖区域变更事件，议决市执行委员会的报告、提议，议决向国民政府建议等，统统由市执行委员会负责。在市民代表会议开会时期，全体代表分为财政、公安、经济、市政四组，各组议决的结果，分别提交大会执行或建议国民政府采纳施行。市执行委员会设财政、公安、教育、卫生、劳动等七局。市民代表会议的决议，市执行委员会须绝对执行。[2] 以上城市政府组织模式，赋予了市民极大的民主权利，普选出的市民代表大会可谓代表了全体市民，这表明，在国民党没有走向一党专制以前，同样支持城市行政民主化。

然而，随着国民党获得国家大权时刻的临近，开始收紧城市行政民主化的口子。如1927年3月，北伐军占领上海之前，上海市民"本民主国主权在民之原则，以全市农工商学军警各职业团体，公举代表，组织市民代表会，受国民政府之节制，建设民选政府"[3]。北伐军占领上海后，在国民党上海政治分局、上海市党部的支持下，原上海市临时市民代表会议改组为"上海特别市市民代表政府"，并选出白崇禧、钮永建、虞洽卿、杨杏佛、汪寿华、顾顺章等19人为市政府委员。[4] 但是，1927年4月9日，已决心"清党"的蒋介石下令上海特别市临时市政府"暂缓办公"，另组"上海临时政治委员会"，"得以会议方式决定上海市一切军事、政治、财政之权，并指导当地党部各界"。[5] 上海市民代表大会所选出的民选政府随即夭折。

南京国民政府成立之后，虽然颁布了《特别市组织法》《市组织法》从国家层面推动现代城市体制的构建，然而，城市行政民主化继续遭到遏制。如1928年的《市组织法》规定："市长为荐任制"，"由省政府呈请国民政府任命之"；各行局局长亦"由市长呈请省政府任命之"；而且，虽然有市参议会之设，但又规定，"……参议会得于市成立一年后由省政府斟酌市政设施情形呈请国民政府核准设立之"。[6] 这种规定不但杜绝了市行政负责人经由民选的可能，而且使参议会也成为纸上的摆设。如时人便指出："现在吾国的市长，都是国家的行政官吏……如果，罢免与否，政府自有权力，则此参议会要之何用"，而且，"照《市组织法》，俟一年后，再斟

---

[1] 袁继成等：《中华民国政治制度史》，湖北人民出版社，1991年，第173页。
[2] 何一民：《近代中国城市发展与社会变迁（1840—1949）》，科学出版社，2004年，第304页。
[3] 《临时市民代表大会开会记》，《申报》，1927年3月13日第19396号，第9版。
[4] 《第二次市民代表会议详记》，《申报》，1927年3月23日第19406号，第9版。
[5] 《中国国民党上海临时政治委员会布告》，《申报》，1927年4月10日第19424号，第3版。
[6] 《市组织法》（1928年），陆丹林：《市政全书》（第六编），道路月刊社，1928年，第9—10页。

酌情形,设立参议会,始有民意的代表",这就可能造成市政府当局"借口于民众训练,尚未合格,以为延宕之计,来遂其包办的政策"。① 诚如此,1930年的《市组织法》进行了微调,在法律形式上赋予参议会和市民一定的权利,如市民可以依法行使罢免权,但仍然是字面上的权利。② 时人便针对1930年的《市组织法》指出:"我国现行之都市法……规定市长之职责至为重大,甫参议会虽为市民代表机关,并无实在职能,可以制裁市长之执行任务。"③

1936年9月,国民政府迫于各种压力颁布了《市自治法》,其中规定,市设议会,议员由市民大会选举产生,市长亦由市民大会选举产生。④ 由此城市行政民主选举在法律层面正式得到肯定。然而,在当时的政治、经济、社会条件下,通过民主选举产生市长可谓困难重重,加之不久即爆发了全面抗战,故直到中华人民共和国成立前,城市行政民主选举事实上仍没有在较大范围内得到实践。时至1949年,有人仍指出,"市长名义上是地方自治首长,实际纯然是中央派出长官;市长与市议会名义是分权独立,实际是争权对立;市长与市参议会权力的强弱,法律虽然有规定,实际也是归之于议会派系与市长个人权力之消长"⑤。

总之,城市民主选举虽然是民国时期很多人的梦想,也曾在某些城市得到一定程度的实践,但随着国民党集权统治的建立,城市民主选举在实践上不仅没有扩大反而日趋缩小。即便如此,相较于传统社会,民国时期在法律上肯定城市行政首长经由民选产生,仍然是一种进步。

(二)行政合议制度的初步形成

行政合议,亦即行政决策的合议,实为行政管理民主决策的体现。在传统时代,行政决策权完全由君主和各级地方最高长官掌控,无民主性可言。但晚清以来,城市行政决策程序发生了变化,某些城市开始采用通过行政合议决定城市事务的方式。例如,上海最早的市政机构——上海城厢总工程局,其行政决策机构为董事会,成员则包括领袖总董、办事总董、各区长以及各部长。董事会每星期开常会一次,每年开年会一次,"议决事件如何执行之法",也就是做行政决策。而且,如有3名董事请求,还可举行临时会议。此外,议会议决而董事会认为不能立即施行的议案,以及议会未议而董事会认为应办的议案,必须经全体讨论。⑥ 这种会议程序反映出当时上海城市行政决策具有了一定的民主性。

民国时期,随着现代城市管理体制的逐步确立,行政合议有了进一步发展,通

---

① 庄恭:《中国市制的商榷》,《三民半月刊》,1930年第2卷第9期。
② 张利民:《艰难的起步:中国近代城市行政管理机制研究》,天津社会科学院出版社,2008年,第150—151页。
③ 蒋慎吾:《近代中国市政》,中华书局,1937年,第27—28页。
④ 《市自治法》,《新中华》,1936年第4卷第19期。
⑤ 熊桂庵:《论我国市制》,《自治月刊》,1949年第4卷第3期。
⑥ 《上海城厢内外总工程局参事会章程》,《东方杂志》,1906年第3卷第1号。

过行政合议管理城市、决定城市事务日趋常态化。

民国初年,《江苏暂行市乡制》便规定既是城市行政决策机构又是执行机构的城董事会,在进行决策时必须由其成员总董、董事和名誉董事共同讨论完成,而且每月召开一次例会。① 1921年北洋政府的《市自治制》亦规定特别市必须设置市参事会,成员包括由市长、佐理员、区董、名誉参事员,"为行政部'议决机关',辅助市长之不逮,仰收集思广益之效"②。

南京国民政府成立以后,城市行政合议制度正式在全国范围内推行。如1930年颁布的《市组织法》规定,市设市政府为行政机关,"市政府设市政会议,以下列人员组织之:一、市长,二、参事,三、局长或科长。市参议会成立后得由市参议员互选代表三人至五人出席市政会议,秘书长或秘书应列席市政会议",而且,"下列事项应经市政会议议决:一、关于秘书处及各局或各科办事细则事项;二、关于市单行规则事项;三、关于市预算决算事项;四、关于整理市财政收入及募集市公债事项;五、关于经营市公产及公营事业事项;六、关于市政府各处局或科职权争议事项;七、市长交议事项;八、其他重要事项"。③ 同时,市长作为主席,每月至少要召集所有成员举行一次市政会议。随着《市组织法》在全国范围内实行,城市行政合议制度亦逐步普及。

需要指出的是,在城市行政合议制度形成及发展的过程中,参加会议的行政人员的组成范围逐步扩大。在全国性《市组织法》颁布之前,参加城市行政会议人员的组成范围较窄。如1927年5月公布的《上海特别市暂行条例》规定,市政联席会议仅包括市长与各局局长。④ 1928年,武汉市政会议也仅由委员长及委员六到八人组成。⑤ 与前述1930年《市组织法》关于市政会议组成人员数量的规定相比,显然,国家层面规定的市政会议组成人员已经增加。

1943年,国民政府再次修订《市组织法》,规定市政会议组成人员包括市长、秘书长或秘书主任、参事、局长或科长、主办会计人员。⑥ 秘书长或秘书主任在此前仅列席会议,现在则变为组成人员,还新增加了主办会计人员。这部实行到抗战胜利之后的《市组织法》,再次增加了市政会议的组成人员。

民国时期,城市政府行政决策机构的组成人员不断增加的现象,一方面表明随着时间的推移,发展中的城市日益复杂化,需要更多的人员从不同的角度参与决策城市管理、城市发展问题。另一方面,行政决策合议制度的常态化及人员组成范围的扩大化,表明在城市管理水平已有明显提升的同时,也体现出一定程度的民主性。传统时代的独断性决策让位于集思广益的行政合议决策,无疑是一种进步。不

---

① 《江苏暂行市乡制》,陆丹林:《市政全书》(第六编),道路月刊社,1928年,第196—197页。
② 董修甲:《论内务部所定之市自治制》,《清华学报》,1924年第1卷第1期。
③ 《市组织法》,《首都警察厅月刊》,1930年第3期。
④ 《上海特别市暂行条例》,《司法公报》,1927年第1期。
⑤ 《武汉市市政委员会暂行条例》,《武汉市公报》,1928年第1卷第1号。
⑥ 《市组织法》(1943年),《行政院公报》,1943年第6卷第6期。

过,在城市民主选举不能落实的前提下,这种进步也不宜夸大,因为"我国现行之市制,为市长之集权制,一切大权均操诸市长掌握之中。其市政会议之组织份子,虽非市长一人,尚有其他之参事局长、科长等,但此乃市长为集思广益起见,而非委员制也"①。也就是说,市政会议的集体决策只具有参考意义而不具有决定意义,市长集权制的存在,使得有关城市发展、城市管理的任何决策仍然存在独裁的可能性。

(三) 市民阶层在一定程度上获得参政、议政的权利

市民参与公共事务,既是政治现代化的要求,也是城市行政民主化的一个重要表现。民国时期,随着资产阶级共和国的建立,城市市民逐渐获得了法律意义上的公民身份,并被赋予了选举权与被选举权,从而有了参政议政的资格。市民意识也在参与城市发展事务、城市政治活动的过程中逐渐觉醒。

1911年底江苏省议会制订颁布的《江苏省暂行市乡制》,是民国时期最早赋予城市居民以选举权与被选举权的地方法令。该法令规定,有本国国籍、年满21岁、连续居住于所在城市达三年以上、纳税两元以上者,为"市乡公民",并有选举权与被选举权。②

1912年颁布的《中华民国临时约法》,也从国家层面赋予全体公民以选举权与被选举权。但随着袁世凯的上台,公民的选举权与被选举权事实上只是纸面上的概念。到了20世纪20年代,伴随地方自治运动的再度高涨,公民选举权与被选举权再度出现于若干市"宪法"中。其中,1920年颁布的《广州市暂行条例》,是这个阶段最早将选举权与被选举权赋予城市公民的地方性法令。在这部法令中,关于选举权与被选举权有如下规定,"凡市民满二十一岁并具下列资格者得有选举权及被选举权:(一)居住广州市一年以上者。(二)有正当职业者。(三)能诵读本暂行条例条文者。(四)无神经病者。(五)公权未经褫夺者"③。这部法令还"废除财产与纳税上之限制"④。另外也没有性别歧视,女性也拥有选举权,赋予女性选举权可以说在当时具有巨大的进步性。自晚清开始的女性平权运动,至此取得阶段性胜利,女性平权以地方法令的形式得到了认可。可以说,同《江苏省暂行市乡制》相比,《广州市暂行条例》更具有民主性、进步性和领先性。

1921年北洋政府公布的《市自治制》亦对公民的选举权与被选举权做出了规定,但其民主性和进步性明显小于《广州市暂行条例》。在《市自治制》中,市民的选举权和被选举权被一分为二,获得选举权者必须具有以下条件:

1. 具有本国国籍的男子,年满20岁,并在所居住的城市内连续居住一年以上;

---

① 张振东:《中国现行市制之分析》,《市政期刊》,1930年创刊号。
② 《江苏省暂行市乡制》,陆丹林:《市政全书》(第六编),道路月刊社,1928年,第187—188页。
③ 《广州市暂行条例》,陆丹林:《市政全书》(第六编),道路月刊社,1928年,第39页。
④ 钱端升:《民国政制史》(下卷),商务印书馆,1939年,第356页。

2. 每年缴纳直接税 1 元以上；

3. 有动产或不动产 300 元以上；

4. 曾任或现任公职或教员者；

5. 曾在国民学校及以上的教育机构毕业或具备相当之资格者。

拥有被选举权者的条件更严，详情如下：

1. 具有本国国籍之男子，年满 25 岁，并在居住的城市内连续居住二年以上；

2. 每年缴纳直接税 2 元以上者；

3. 有动产或不动产 500 元以上者；

4. 曾任或现任公职或教员 1 年以上者；

5. 曾在高等小学校及以上学校毕业或具备相当之资格者。[①]

按照《市自治制》的规定，妇女和城市贫民显然没有选举权与被选举权，被排除于城市政治活动领域。因而这是一部充满着性别歧视、等级歧视的城市组织法令，具有保守性和落后性。与《广州市暂行条例》相比，具有明显的倒退性。

与此同时，随着地方自治运动的展开，各省相继制定的"省宪"也赋予了城市公民参政议政权。1922 年公布的《湖南省宪法》有"市乡自治制"部分，其中规定，"一等市设市长一人，由全市公民直接选出"，"一等市设市议会，由全市公民直接选出之议员组成"，还规定城市的重要立法，一等市的公民"有直接提案及总投票之覆决权"。[②]《湖南省宪法》允许市公民有创制、覆决权，实"该省宪中最特别之一点……以前各市制所未有者"[③]。此后的《浙江省宪法》，钱端升认为其"效湖南宪法之规定"[④]，所以，该法不仅明确要求"特别市"的议会及其执行机关，"由全市选民公决之"，而且城市的重要立法，特别市的"选民"亦有"直接提案及总投票之覆议权"。[⑤]《广东省宪法草案》亦规定："特别市以参事员五人，掌理市政，由市民直接选举之"，"特别市设市议会，由市民及各团体选举议员组织之"。[⑥]以上"省宪"，虽然只有湖南的实行了两三年，浙江、广东的则根本没有实行，但毕竟它们在法律层面上确定了市民拥有选举权与被选举权，尤其是规定市民有创制权和覆决权，更是一大进步。

然而，以"三民主义"相标榜的国民党，在取得国家统治权、建立南京国民政府之后，对于赋予城市公民以参政议政权这一历史大势，几经度量，几经周折，才于 1930 年在法律层面上予以承认。

国民政府在 1928 年颁布的《特别市组织法》《市组织法》中，对于市民的参政议政权，尤其是选举权和被选举权，并没有做出明确规定，只是在涉及"市参议

---

① 《市自治制》，陆丹林：《市政全书》（第六编），道路月刊社，1928 年，第 172 页。
② 《湖南省宪法之市乡自治制》，陆丹林：《市政全书》（第六编），道路月刊社，1928 年，第 206 页。
③ 钱端升：《民国政制史》，商务印书馆，1939 年，第 357 页。
④ 钱端升：《民国政制史》，商务印书馆，1939 年，第 358 页。
⑤ 《浙江省宪法之市乡制》，陆丹林：《市政全书》（第六编），道路月刊社，1928 年，第 209 页。
⑥ 《广东省宪法草案》，《东方杂志》，1922 年第 19 卷第 22 号。

会"的设置时,才笼统地规定:"市得设立以市民代表组织之参议会,任期两年。"① 这一条款虽然承认了市民有参政、议政的权利,但市民参政、议政的重要权利——选举权和被选举权、罢免权、创制权、覆决权,整部法律文件都没有涉及,缺乏明确规定。这与此前的《广州市暂行条例》《湖南省宪法》《浙江省宪法》相比,毫无疑问是一种倒退。

1928年的这两部市组织法,因其无视现代公民基本权利,时人群起批评,指斥为"官办市政"。迫于哗然的舆论压力,国民政府不得不于1930年重新颁布修订后的《市组织法》,确认了城市公民参政议政的权利。这部城市组织法规定:"中华民国人民无论男女,在市区域内继续居住一年以上,或有住所达二年以上,年满二十岁,经宣誓登记之后,为各该市之公民,有出席居民大会、坊民大会及行使选举、罢免、创制、覆决之权。"② 对于这个具有进步性的变化,曾有人不吝赞誉地说:"照这一段资格的规定,既无财产的限制,又可普遍的参加,中国市一跃而为普选的国家,并且积极的实行平民式的民治,我们应当大家视他为革命史中最宝贵的财产。"③ 钱端升对比了1928年和1930年的三部城市组织法的异同之后亦指出,"十七年之两法未规定公民之资格,十九年之组织法则有规定","此种公民资格之规定,显已表示进步"④。

1932年8月,国民政府制定和颁布了《市参议会组织法》,进一步肯定了城市公民的选举和被选举、创制、罢免、覆决五大权利。该法令规定市参议会为"全市人民代表机关",市参议员经由公民直接选举产生,城市公民可以对市参议员行使罢免权,可以对市参议会的决议行使覆决权。该法还特别规定市议会与市行政机关的争执不再由上级官厅裁决,而诉诸市民公决,即市长应当执行市参议会的决议,市长如认为决议不当,可送交市参议会再议,如三分之二及以上的参议员仍执前议,而市长仍认为不当时,应交付市公民依法覆决。⑤ 从此之后,现代中国城市公民应有的五大政治权利成为定制,一直为相关法律文件所确认。⑥ 如1934年颁布的《市自治法》便再次确认了城市公民的五大政治权利。

然而,国民政府虽然在国家法律层面上确认了城市公民的参政议政权利,但其相应条件又往往随时而发生变化。如全面抗战时期,国民政府又重新规定了各级市民代表大会代表的选举方法,将"直接选举"改为"层层推选",并且要求公民必须宣誓效忠"奉行三民主义,拥护国民政府,服从最高统帅"。公民经登记后方可行使上述诸权,从而"剥夺和限制了绝大部分公民行使民主权利,彰显了国民党政

---

① 《市组织法》(1928年),陆丹林:《市政全书》,道路月刊社,1928年,第11页。
② 《市组织法》(1930年),《首都警察厅月刊》,1930年第3期。
③ 陈念中:《市组织法的内容及批评》,《建国月刊》,1930年第3卷第4期。
④ 钱端升:《民国政制史》,商务印书馆,1939年,第378—379页。
⑤ 袁继成等:《中华民国政治制度史》,湖北人民出版社,1991年,第417—418页。
⑥ 魏贻恒:《民国时期公民投票:理论、制度和实践》,《法学家》,2006年第4期。

权的'党治'特性和专制独裁"①。

综上可见,民国以来城市公民获得参政、议政的权利可谓一波三折,并且只有法律层面的认可,没有得到真正的全面实施,有其历史局限性。即便如此,无论是国家层面还是地方社会,通过法律的形式确认城市公民拥有参政、议政的权利,这一点,不但相对于传统社会是一个巨大的进步,而且也为城市公民争取参政、议政的权利的落实提供了法律依据,必须给予肯定。

二、城市管理法制体系的初步确立

在传统农业时代君主专制中央集权制度下,没有专门的城市管理机构和管理机制,以城市为对象的行政法规也十分缺乏。这种情况自晚清以后随着西方现代城市管理机制的引入,开始有了显著改变。如 1907 年由北京内外城巡警总厅制定,经巡警部批准的城市行政管理法规即达 30 余项;上海在成立城市自治公所期间,亦制定了 18 项城市管理专项法规。② 这种"依法治市"的管理模式已经逐渐成为一种趋势。民国建立以后,在城市管理方面有了进一步的发展,主要表现在"市宪法"的大量颁布和实施、城市管理行政法规的普遍制定与运用,以及行政体制与法律体制相互制衡的体系的确立等方面。

(一)"市宪法"的制定

所谓"市宪法","就是城市的根本法律,凡城市和中央政府的关系,城市政府的职权及其组织,均规定于此种根本法律之内"③。1909 年清廷颁布的《城镇乡地方自治章程》,可以说是中国政治制度史上的第一部具有现代性的"市宪法"。这部章程以法律的形式对城镇区域和乡村区域进行了区别,并对自治的含义、范围、机构、经费以及监督等问题做了规定,从而播下了城乡分离的种子,所以,顾敦鍒认为,该章程的颁布"实是我国市政的第一声"④。

民国建立以后,江苏省议会以《城镇乡地方自治章程》为蓝本制定了《江苏省暂行市乡制》,这算是民国时期的第一部"市宪法","新意乏陈,但却有一点贡献对后来产生深远影响,这就是将城统称为市,使'市'的名称被普遍采用"⑤。此后,随着袁世凯对地方自治的压制,"市宪法"的制定日趋低落。

20 世纪 20 年代,随着地方自治的再次勃兴,以及世界市政改革潮流的影响,

---

① 魏贻恒:《民国时期公民投票:理论、制度和实践》,《法学家》,2006 年第 4 期。
② 张利民:《艰难的起步:中国近代城市行政管理机制研究》,天津社会科学院出版社,2008 年,第 159—160 页。
③ 张慰慈:《欧美各国的市规约》,陆丹林:《市政全书》(第二编),道路月刊社,1928 年,第 31 页。
④ 顾敦鍒:《中国市制概观》,《东方杂志》,1929 年第 26 卷第 17 号。
⑤ 涂文学:《近代"市政改革":影响 20 世纪中国城市发展的历史性变革》,《学习与实践》,2009 年第 9 期。

城市自治逐渐风起云涌。1921年,地方性的《广州市暂行条例》和全国性的《市自治制》相继颁布,"市宪法"的制定迎来高潮。据1928年出版的《市政全书》的统计,在1928年南京国民政府制定的《特别市组织法》《市组织法》颁布以前,先后有南京、上海、昆明、杭州、安庆、汉口、梧州、奉天、汕头、泉州、青岛(胶澳商埠)、北平、天津、哈尔滨等城市制定、颁布了自己的"市宪法"或具有"市宪法性质"的法令。[①]此外,湖南、浙江两省在1922年制定的"省宪"中亦有相当于"市宪法"的法律文件。大体而言,这些"市宪法"具有如下共性。

第一,对城市行政区域进行界定。如1923年4月颁行的《奉天市暂行章程》开宗明义地说:"奉天市行政区域以省会为限,惟应时势之要求得呈请省长扩张之。"[②]

第二,确定城市行政管理模式。不同省区的城市采取了不同的管理模式,或仿效租界设"商埠局",或设置督办公署、特别区,或设立市政局、市政公所、市政厅、特别市等,其中影响最深远的则是广州所采行的市政府建制。[③]

第三,明确城市行政管理的范围。如1924年的《汕头市暂行条例》便对该市的行政范围做了九个方面的规定:一是管理市财政及市公债;二是管理市街道、沟壕、桥梁建筑及其他关于土木工程的诸多事项;三是管理市公共卫生及公共娱乐事项;四是管理市公安及消防事项;五是管理市教育风纪及慈善事项;六是管理市交通、电力、电话、自来水、煤气及其他公用事业之经营及取缔;七是对市公产之管理及处分;八是管理市户口调查事项;九是承办中央政府及省政府委托办理之事项。《汕头市暂行条例》从以上九个方面明确规定了市政机构的各种职能及其权限。

第四,明确规定市政府的机构设置,如1927年颁布的《南京特别市暂行条例》就规定南京市政府下设财政、工务、公安、卫生、教育、土地、农工商七个行局,并明确了各行局的人员构成、职能范围、管理权限等。[④]

第五,有部分"市宪法"还明确了城市的立法机构、监督机构,如《广州市暂行条例》《汕头市暂行条例》等。

彼时各城市自行颁布的"市宪法",有着重要的时代意义。一是各城市根据这些"市宪法"相继建立了市政府机构,从而使这些机构的建立具有合法性;二是以立法的形式确立了城市行政制度,依法建市,依法行政,逐渐成为一种程序。虽然不少城市在政治动荡的局势下,并未能很好地实行"市宪法",甚至部分城市的"市宪法"沦为一纸空文,但是"市宪法"的颁布所蕴含的法制精神开始得到确认。

南京国民政府成立以后,对于改革城市管理,建立全国统一的市行政建置十分重视。南京国民政府建立之后的市政改革,在一定意义上是为了实现孙中山《建国

---

① 陆丹林:《市政全书》(第六编),道路月刊社,1928年。
② 《奉天市暂行章程》,陆丹林:《市政全书》(第六编),道路月刊社,1928年,第75页。
③ 张利民:《艰难的起步:中国近代城市行政管理机制研究》,天津社会科学院出版社,2008年,第140—146页。
④ 《南京特别市暂行条例》,陆丹林:《市政全书》(第六编),道路月刊社,1928年,第21—24页。

方略》所设计的宏伟国家建设方案。此方案的核心在于以铁路为命脉，以工业为中心，建设沿海商埠和港口。在《建国方略》中，孙中山对如何发展中国城市提出了自己的构想。孙中山在《总理遗嘱》中特别指出："凡我同志，务须依照余所著《建国方略》《建国大纲》及《第一次全国代表大会宣言》继续努力。"《建国方略》理所当然地成为中华民国建设的指导纲领，其中关于地方自治和城市建设的论述无疑对热心自治事业和市政发展的人起到了鼓舞作用。1928 年，国民政府即制定、公布了全国性的"市宪法"——《特别市组织法》和《市组织法》[①]，进一步通过国家立法在国家层面上确立了城市政府的地位和职能，城市行政体系因而彻底合法化。此后虽然《市组织法》经多次调整，但通过立法来确定设市的标准、城市的区域、城市市民和公民身份、城市的行政组织模式、城市的职能机构以及城市各级政权构成及其运作制度等成为定例，使城市行政在各个方面的事务都基本上有法可依，充分体现了城市行政的法制精神。

《特别市组织法》和《市组织法》明确将市的性质定为地方行政区域兼自治团体，从而正式确立了市在中国行政区划体系中的地位。但不足之处在于将设市标准定得过高，一是与世界主要国家的设市标准差距过大，也不符合中国的实际情况，按此标准能够设市的城市很少；二是市的权力太小，缺乏自治精神。因而这两部法律公布以后，社会各界对市的设置标准太高反映强烈。因此，南京国民政府立法院又在 1930 年 5 月 30 日公布《市组织法》，废止原订的《特别市组织法》和《市组织法》。新的《市组织法》规定，取消"特别"和"普通"两种名称，但市的等级仍分为"直隶于行政院"和"隶属于省政府"两种，院辖市和省辖市的行政建置仍较为独立，不划入省、县行政管理范围。

此一时期市制的特点如下。

第一，设市的标准较前大大提高，设置行政院辖市除了须满足政治、经济条件外，对城市人口的要求也特别高，需要人口在 100 万以上，循此标准，中国可以成为院辖市的城市特别少，因而在全面抗日战争爆发前，院辖市仅有南京、上海、青岛、北平、汉口五个[②]；省辖市的设市标准也较前提高，除政治、经济条件外，城市人口的标准提高到 30 万以上，如果人口在 20 万以上未达到 30 万，则需所收营业税、牌照税、土地税等合计占全市总收入 1/3 以上才可能成为省辖市。因而根据上述条件，省辖市仅有杭州、广州、汕头、济南、开封、兰州、成都、重庆、长沙、贵阳、厦门、昆明等 16 个城市。有的市不具备《市组织法》规定的条件，则成立市政委员会，如郑州、南昌、九江；或成立市政筹备处，如武昌、桂林、连

[①] 以下有关南京国民政府市政制度的论述，具体法律条文参见《特别市组织法》《市组织法》（1928年），载《国民政府公报》，1928 年第 18 册第 72 期；《市组织法》（1930），载《行政院公报》，1930 年第 39 卷第 153 号。

[②] 根据郭卿友《中华民国时期军政职官志》（上册，甘肃人民出版社，1990 年）第 869 页《中华民国国民政府（总统府）特别（直辖）市沿革表》统计得出。

云、包头等。此外，还有直属于行政院的威海特别行政区[①]。

第二，《市组织法》对市区的行政体系做了明确的划分，规定市下设区，区下设坊，坊下设闾，闾下为邻；五户为邻，五邻为闾，二十闾为坊，十坊为区，这种划分方法借鉴了传统的里坊制。目的是加强对城市社会的控制和管理。区设区公所，区长由市长荐呈内务部或省政府任命；坊设坊公所，设坊长1人，管理本坊事务。另外坊还增设监察委员会和调解委员会；闾设闾长，邻设邻长。

第三，市民不分男女，只要在市区连续居住1年以上或有住所达2年以上且年满20岁的居民均为公民，享有城市公民的权利。符合上述条件者，不分男、女，均享有公民权，充分体现了男女平等的思想，符合当时的世界潮流。

第四，市设市长，属于行政院的市，其市长简任；属于省辖市的市长，市长简任或荐任，均不进行直接选举。

第五，设立市政会议，由市长、参事、局长或科长组成，并须与参议会互派代表。

第六，市设参议会，由公民选举参议员组成，参议员三年一任，每年改选1/3。

《市组织法》的规定过于烦琐复杂，在实践过程中遇到不少的问题，特别是设市标准过高，使城市数量太少，不利城市的发展和改革，同时也不符合世界的潮流，各方面对此反映强烈。因而1933年和1943年，国民政府不得不两次对《市组织法》进行了"根本修正"。两次修订，改变较大者，一是设省辖市的标准略有降低，一般情况下要求人口在20万及以上，如果有的城市其人口在10万—20万人之间，但在政治、经济、文化上具有重要地位，也可以成为省辖市，这样放宽了设市条件，使城市数量增加。二是取消了省会不设院辖市的规定。经过这次修改，院辖市和省辖市的数目才逐渐增多。到1947年6月，院辖市增加到12个，包括南京、上海、北平、青岛、汉口、西安、重庆、广州、沈阳等城市，省辖市增加到57个，城市总数达69个。[②]

南京国民政府的城市政权组织采取独任制，即由中央或省政府任命市长1人，对内管理市政，指挥监督所属机构及职员，对外代表城市政府，发布市令。市政府作为城市政权机关，下设处、局、科，分别管理有关事务。至于处、局、科的多少，主要根据市的大小以及城市性质而定。局或科掌理有关民政、财政、建设、教育及治安、卫生等事项。根据1930年5月公布的《市组织法》，市政府除设秘书处和社会、公安、财政、工务四局外，根据具体情况在必要时可增设教育、卫生、土地、公用、港务等局，但首都和省政府所在地一般不设公安局，至于公安局的职权，则由首都警察厅或省会警察厅行使。

市的任务，总体说来是管理全市各项行政事务。具体而言，则随市的大小而繁

[①] 林代昭、陈有和、王汉昌：《近代中国政治制度史》，重庆出版社，1988年，第415页。
[②] 李进修：《近代中国政治制度史纲》，求实出版社，1988年，第329页。

简不一。据1930年《市组织法》的规定，市的行政任务大致有以下几项：其一，户口调查及人事登记；其二，组织育幼养老、济贫救灾等设备；其三，粮食储备及调查；其四，农工商业的发展及保护；其五，劳工行政；其六，选材、垦牧、渔猎的保护及取缔；其七，民营公用事业的监督；其八，合作社及互助事业的组织及指导；其九，风俗改良；其十，教育及其他文化事业；其十一，公安及消防；其十二，医院、菜市、屠宰场及公共娱乐场所的设置及取缔；其十三，公共卫生及土地行政；其十四，财政收支及预决算编造；其十五，公产的管理及处分；其十六，公营业的经营管理；其十七，公用房屋、公园、公共体育场、公共墓地等的修建管理；其十八，市民建筑的指导取缔；其十九，道路、沟渠、堤岸及其他公共土木工程的规划、建设；其二十，河道、港务及船政的管理；其二十一，上级机关委办以及其他依法令所定由市政府办理的事项，等等。

上述行政任务的执行采取行政监督制。具体办法是依其行政隶属关系进行监督，院辖市由行政院监督，省辖市由省政府监督；其中中央各部、会对院辖市有监督权，省各厅对省辖市有监督权。监督的方式大体为：其一，任免市政府官吏；其二，审核预决算；其三，派员视察或调查；其四，着令呈交报告；其五，批准或批驳市政府的呈请；其六，颁示工作纲领；其七，指导、纠正市政府的工作；其八，撤销市政府的处分。但各部、会对市的命令或处分，凡有违法令或越权者，须事先向行政院提请议决，议案通过后才能停止或撤销。

市政府实行行政合议制度，设立市政会议，作为行政的辅助机关。市政会议最初由市长、秘书长、参事和各局局长组成，有市参议会的市，由市参议会选举四名代表参加，任期两年，每年改选1/2。后来，参加合议的行政人员组成范围逐步扩大，市政会议改为由市长、参事、局长或科长组成；成立市参议会的市，由参议会和市政会议互派三至五名代表出席对方的会议，秘书长或秘书列席市政会议。市政会议定期举行，一般每月不得少于一次。其职权为议决下列事项：其一，秘书处及各局（科）办事细则；其二，市单行规则及预决算；其三，整顿市财政收入和募集市公债；其四，市公产、公营事业的经营、管理；其五，裁决市政府各处、局或科之间的争议；其六，市长交予讨论的事项。市政会议的职权通常比省政府会议、县政会议大，关于市政重大问题，均须提交市政会议议定，但市长仍有最后的决定权。从某种意义上来说，市政会议在参议会未成立前不完全是市行政辅助机关，而是具有半立法性质的机构。

按照1930年颁布的《市组织法》，市应设立市参议会作为代议机构，其成员由公民选举的参议员组成，参议员三年一任，每年改选1/3。但实际上各市的参议会迟迟未能设立。

市的基层组织最初是区、坊、闾、邻。根据1930年颁布的《市组织法》，城市内五户为一邻，五邻为一闾，二十闾为一坊，十坊为一区。

1943年新的《市组织法》颁布后，市内基层组织有较大变动，修改后的市政体系也改为"市以设区，区之内编为保甲"。旧制的区、坊、闾、邻等层级被废除，

第三章 城市管理体制的现代变迁

而采用保甲制度。按规定：一般十户为一甲，十甲为一保，十保为一区。区公所增设副区长1人，在市政府的指挥监督下，区长掌理本区自治事项及市政府委办事项。保设办公处，置正副保长各1人，在区长的监督指挥下，保长掌理本保自治事项及执行市政府委办的事项。甲设甲长1人，管理本甲居民。城市中保甲制度的确立，是国民党战时独裁体制在城市基层组织上的具体表现，同时也是国民党政权法西斯独裁倾向日益加剧的表现。

国民政府城市组织法规的颁布，对市制在全国范围内的推广和确立起到了重要的促进作用。市政府成为国民政府在城市中的行政机关，有利于加强城市的管理，促进市政建设和社会发展。当时研究近代中国市制问题的学者蒋慎吾即指出：1930年南京国民政府颁布《市组织法》是中国开明市制的肇端，"盖市政制度发展至此，已有相当之典型"[1]。当代城市史学者亦认为："从整个近代来看，如果说租界的市政制度是近代的一个开创性的突破的话，那么20年代后国民政府所制订的新市政制度则达到了近代中国地方行政制度发展的高峰。"[2] 从此，中国城市制度进入一个相对稳定的时期。

南京国民政府颁布的市政制度对城市发展的影响具体表现在以下四个方面。

第一，城市相继摆脱县的控制，行政地位普遍提升，城市政府还成为城市型地方区划建置的一级政权实体。此一时期中国的现代大都市、重要商埠和重要的政治城市都成为一级行政区划和县级以上的地方政权，同时在法律上也具有地方自治的性质，与近代西方国家的建制城市基本类同。与上海等城市长期存在的市政机构各不相隶属及划区而治、政出多门的混乱现象相比，经过改组整顿后成立的城市政府，在法律层面上获得了统一的城市行政权。同时，中央及地方各级政府对城市行政控制监督的方式发生重大变化，即由直接控制向间接控制转变，由微观监督向宏观监督转变，由纯行政监督向制度意义上的法制化、规范化监督转变，上级机关对城市行政控制监督机制的这种变化，有利于城市政府充分利用手中的权力对城市进行广泛的治理，放开手脚地推行城市改革。因此，这种转变是符合城市管理现代化发展趋势的。

第二，从城市行政组织的发展演变来看，南京国民政府1928年公布的《特别市组织法》《市组织法》都强调依据"中国国民党党义"、中央与地方法令设市，1930年的《市组织法》进一步去除"党义"而只要求"法令"，规定市设市政府"依法令掌理本市行政事务"[3]。至此，全国城市均依法建立起独立的行政组织——城市政府，从而彻底摆脱了传统县级地方政府的控制，标志着中国地方行政制度从城乡合治到城乡分治这一历史社会变迁在行政组织方面的基本完成。另外，城市行政组织结构与分工日益呈现出明确化和系统化的趋势。从行政管理学的角度来分

---

[1] 蒋慎吾：《近代中国市政》，中华书局，1937年，第27页。
[2] 张仲礼：《东南沿海城市与中国近代化》，上海人民出版社，1996年，第563页。
[3] 《特别市组织法》（1928年）第七条，《市组织法》（1928年）第八条，《国民政府公报》，1928年第18册第72期；《市组织法》（1930年）第十一条，《行政院公报》，1930年第153号。

析，广州、武汉、南京、上海、杭州等城市的行政组织，到南京国民政府时期，都基本实现了现代行政所必需的两个统一：一是管理层次与幅度的统一，二是行政组织纵向结构与横向结构的统一。

第三，从城市的行政职能考察，南京国民政府颁布的市政体制体现了城市行政职能范围的扩大和职能分工的发展，以及城市行政职能的经济性、社会服务性、文化教育性逐步增强的发展趋势。南京国民政府通过颁布《市组织法》及各种法规、条例，对城市政府的行政职能进行了明确的规定和详尽的分工。对市政各项事务的规定，基本涵盖了现代城市行政职能的政治、经济、文化、社会等各个领域，而且职能分工更加具体化，进一步接近现代行政职能的分工方式。

城市行政职能范围逐步扩大，职能分工逐渐明确和具体化，这是中国城市管理现代化的发展趋势。从城市发展的本质分析，城市行政职能范围的扩大，是因为城市的发展致使各项事务日益繁复，出现了一批又一批的新兴行政事务，城市的行政从最初的治安管理、市政建设等，扩展到政治、经济、文化、社会的方方面面。为了提高城市管理的效率，市政职能范围扩大后，市政职能的分工得到了进一步的明确。因此，民国中期出现的城市行政职能的扩大和分工的进一步明确，反映出城市自身在政治、经济、文化、社会等各个领域的进步，也反映出城市行政机关能够更为全面深入地治理城市，以促进城市的现代化发展，这是城市管理体制现代化的重要表现内容之一。

城市行政职能的经济性、社会服务性、文化教育性逐步增强，也是南京国民政府市政体制的特点之一。行政职能从大的管理领域划分，主要包括政治、经济、文化教育和社会服务四项基本职能。在传统城市中，政治职能居于绝对主导地位。进入近代以来，随着城市工商业的发展和社会问题的日益突出，城市的行政职能开始发生变化，呈现政治性职能相对削弱、非政治性职能相对增强的演变趋势。1930年南京国民政府颁布的《市组织法》，对市政府的职责范围做出了较为详尽的规定，其中列举的行政事务达24项之多[①]，涵盖了经济、社会服务、文化教育等基本领域，城市行政管理职能向经济、社会服务、文化教育等领域扩展的趋势，是城市管理现代化发展的必然趋势，同时也反映出近代中国城市区别于传统封建城市的重要特点：近代城市是"随着生产和贸易的兴盛，社会商品经济活动的频繁而出现的"[②]，其全面发展必将导致城市行政职能向经济、社会服务、文化教育等领域的扩展。

必须说明的是，城市行政职能的经济性、社会服务性、文化教育性逐步增强的发展趋势，并不等于城市的政治职能全面弱化甚至消失。事实上，从近代中国城市行政权力开始独立的那一天起，城市政府的运作就受到中央和地方上级政府的严格控制与监督。即使在南京国民政府时期，"独立"的城市政府实际上不可能获得真

[①] 《市组织法》（1930年）第八条，《行政院公报》，1930年第153号。
[②] 徐茅：《中华民国政治制度史》，上海人民出版社，1992年，第414—415页。

正的独立，国民党和地方军阀一直牢牢掌控着城市的政治军事权力，将城市视为维护统治秩序的据点和重镇，在关键时刻，政治军事职能会有所强化。所以，城市政府行政管理的政治职能并没有弱化，更没有消失，而是始终保持着对城市强有力的政治控制。只不过与封建时代相比，城市行政管理毕竟在原先单一的政治军事职能之上逐渐增强了经济、社会服务、文化教育等职能。这些非政治性职能的相对增强通过全面实施强有力的城市管理以促进城市的进步和发展，是符合世界城市管理现代化潮流的。

第四，现代城市管理体现出法制的精神。近代行政与传统行政的根本区别就在于是否实行依法行政、依法管理。封建专制制度下的城市管理是体现长官意志的"人治"，行政长官的意愿和命令可代替法律。源于西方资本主义制度的近代行政则要求确立法制精神，做到城市管理有法可依、有章可循。法制精神的初步确立是城市管理现代化的重要表现。

南京国民政府于1930年5月20日颁布的《市组织法》，整部法令分15章145条，对于凡关于设市标准、市区域、市公民、市职务、市财政、市政府、市政会议、市参议会以及市内部划分为区、坊、闾、邻等基层组织及其运作制度等的内容都有详尽的规定[1]，基本确立了独立的城市行政系统，也大体确定了基本的行政管理制度，使城市行政在各个方面都有法可依，充分体现出城市行政管理的法制精神。

各地城市根据中央政府的《市组织法》成立城市政府后，除遵守中央政府及地方上级政府颁布的城市基本法外，还在日常的行政管理中，广泛颁布、实施具体的行政法规，将城市管理纳入法制轨道，这同样体现出城市管理的法制精神。

（二）城市管理行政法规的广泛制定和运用

民国时期，随着市制的推行和现代城市行政管理体系的建立，各个城市政府为了有效管理城市、建设城市、发展城市，针对地方实际情况制定了诸多管理城市社会、环境、经济、文化等方面的地方性行政法规，城市行政管理日益被纳入法制轨道，城市行政的法治精神得到充分彰显。

譬如，1921年广州建市之后，为了充分运用警察力量保障市政建设，广州市政府立即着手对广州市公安局进行制度建设，在不到一年的时间里，先后颁布了《广州市公安局章程》《公安局设置派出所暂行章程》《管理派出所暂行规则》等20余部章程、规则和条例，对警察的职能、警区的设置、警力的运用、警察的培训以及治安案件的处置、经费的筹措和使用等，进行了详细的规定，使"广州的警政建设趋向法制化"[2]。又如1929年汉口特别市政府成立之后，一年之内，"先后修订

---

[1] 《市组织法》（1930年），《行政院公报》，1930年第153号。
[2] 方靖：《近代西方警政的东渐及其在广州的实践》，暨南大学博士学位论文，2010年，第152-155页。

公布之各项章程则以数百计",到 1930 年 3 月底,已经正式出版的各类法规共计 500 余部,"市政进行,咸资法令"①。再如 20 世纪 30 年代的天津,仅 1931 年 7 月到 1932 年 6 月这几个月内便颁布了各类地方性法规 39 部,1933 年达到 56 部,1936 年则增加到 104 部。②

这些地方性法规,从内容上看,大体可分为两大类:一类是用来明确城市管理机构各部门的分工与职责的规程、章程和细则,适用于各行政职能部门的内部管理;一类是为了建立和维护社会秩序而制定的章程、规则、条例、条令和办法,适用于各行政职能部门的外部专项管理,数量庞大,内容繁杂,涉及城市社会生活的方方面面。例如,1941 年 7 月到 1944 年 10 月期间,贵阳市政府制定、颁布的 13 类 184 部法规,属于城市行政职能部门用来明确工作职责、提高工作效率、加强职员管理的内部管理法规共计 57 部,如《贵阳市政府组织规则》《贵阳市政府办事细则》《贵阳市教育局科室工作章程》《贵阳市警察局警员管理办法》等,余下的 127 部则是涉及城市建设、城市环境卫生、城市交通、城市治安、城市物价、城市税收、城市公共娱乐场所等的专项性法规,如《贵阳市房屋建筑标准条例》《贵阳市卫生清洁法则》《贵阳市行道树管理办法》《贵阳市政府管理人力车章程草案》《贵阳市营业税征收章程》《贵阳市物价管理条令》《贵阳市娱乐场所管理规则》等等。③ 其他城市亦如是。如 1927 年 7 月上海特别市政府成立后,到 1928 年 6 月为止,先后颁布的组织章程、工作细则和专项法规多达 188 部,涉及财政、公安、卫生、工务、公用、教育、土地、农工商等方面。④

总体而言,民国时期各城市政府所制定、颁布的各类地方性行政法规,有些因缺乏系统性和可操作性而沦为一纸空文,但还是有相当一部分地方性行政法规在加强城市管理、推动城市发展方面发挥了积极作用。如,在 1941 年 7 月贵阳建市以前,人力车是贵阳主要的交通工具,但由于对车行的管理"无章可循",无照营业、车容不洁等现象比比皆是,人力车夫甚至任意索取车资,"常与乘客发生争执"⑤。这些现象使新成立的贵阳市政府深感"本市人力车及人力车夫亟待严密管理",遂在 1941 年 8 月 23 日召开的第四次市政会议上制订通过了《贵阳市政府管理人力车章程草案》,在车辆登记、车容车貌、收费标准等方面为管理部门提供管理依据,往昔杂乱无章的人力车管理状况因而得到初步扭转,人力车服务质量明显改善。⑥ 又如 1933 年到 1935 年期间,北平市政府针对以前城市建设杂乱无章的现象,制定、颁布了关于市政建设、房地产、道路交通、建筑业方面的 39 部专项法规,使

---

① 皮明庥:《近代武汉城市史》,中国社会科学出版社,1993 年,第 356 页。
② 张利民:《艰难的起步:中国近代城市行政管理机制研究》,天津社会科学院出版社,2008 年,第 163 页。
③ 贵阳市政府编印:《贵阳市政府法规汇编》,1944 年。
④ 张仲礼:《近代上海城市研究》,上海人民出版社,1990 年,第 657—662 页。
⑤ 夏松:《贵阳市警政之过去与现在》(续前),《贵阳市政》,1941 年第 1 卷第 3 期。
⑥ 《贵阳市第四次市政会议记录》,《贵阳市政》,1941 年第 1 卷第 6 期。

北平的城市建设步入"正规化阶段",迎来了"市政'中兴时期'"[①]。

毋庸讳言,民国时期各城市政府针对地方实际情况所制定、颁布的各种行政管理法规、法令,在内忧外患、政局动荡的历史条件下,难免有跟风、模仿和随意制定的嫌疑,因而许多法规、法令不过是摆设,或根本就不具备可操作性。尽管如此,民国时期大量地方性城市法规、法令的制定,仍然表明该时期的城市管理日趋法制化、规范化,传统时代城市管理的盲目、无序状况逐渐远去。而伴随依法行政的广泛运用,城市管理的现代化水平得到提高,城市发展也得到了推动。因而,民国时期城市行政管理法规的大量制定和颁布,是具有时代进步意义的。

三、城市立法与城市行政相互制约体制的初步确立

民国时期,随着现代城市管理体制的构建,城市行政与城市立法之间建立起一种相互制约的体制,从而提高了城市管理的法制化水平。其主要表现为:在立法机关监督、约束行政机关权力运用的同时,行政机关也对立法机关形成反制,从而达成一种微妙的平衡,为城市有序发展提供了保障。

在民国初期的《江苏暂行市乡制》中,城市的立法权和行政权分属于市议事会和市董事会。市议事会主要负责议决城市"行政范围内应兴应革事宜"、城市法规的制定和城市财政的预算决算。而市董事会则主要负责"议事会议决各事之执行""以法令委任办理各事之执行"。也就是说,市董事会只是市议事会制定的各项有关城市事务的政策的执行机关。并且,市议事会对市董事会"所订执行方法,视为违背法令或妨碍公益者,得声明缘由,止其执行"[②]。不过,市董事会对于"议事会议决事件,视为违背法令或妨碍公益者,得声明缘由,交议事会覆议,若议事会坚持不改,得移交议事会公断"[③]。

北洋政府公布的《市自治制》规定:"市自治会对于市自治公所所定规定及执行事务视为逾越权限,违背法令或妨害公益时,得提案议决,开具理由,呈请直接监督官署核准停止其执行。不服前项之行政处分时,得依法提起诉愿或陈述于省参事会。"[④] 1925年颁布的《淞沪市自治制》还第一次明确规定市议会对市长或市董事会有"弹劾权"[⑤],广州市政厅时期市参事会虽然权限小,但也有"审查市行政各局办事成绩"之权[⑥]。南京国民政府建立后,城市立法体系日益完备,相关法令规定市参议会为城市立法机关,有审查市行政成绩及申请罢免市长的权力,而且还将选举、罢免、创制、覆决诸权利直接赋予广大城市公民。虽然南京国民政府时期

[①] 孙希磊:《民国时期北京城市管理制度与市政建设》,《北京建筑工程学院学报》,2009年第3期。
[②] 《江苏暂行市乡制》,陆丹林:《市政全书》(第六编),道路月刊社,1928年,第191—192、196页。
[③] 《江苏暂行市乡制》,陆丹林:《市政全书》(第六编),道路月刊社,1928年,第191—192、196页。
[④] 《市自治制》第29条,《东方杂志》,1921年第18卷第14号。
[⑤] 《淞沪市自治制》第32条,《东方杂志》,1925年第22卷第16号。
[⑥] 郭基扬:《广州市政府组织之研究》,《社会科学论丛》,1935年第2卷第1期。

的市制与以前各个市制相比，市立法机关对行政的监督权有削弱的趋势，而且并没有真正代表广大市民来对城市行政实行监督，但毕竟其在法律层面对这种形式和程序予以认定，因而对其进步性也不能否认。

综上可知，民国时期现代城市管理体制的建构，从启动之初就依据西方国家三权分立原则，规定城市行政机关的职权不仅由立法机关确定，其行政也要接受立法机关的监督。并且，城市行政机关亦有权拒绝执行立法机关不合法或会对城市发展造成损害的决议。立法权力和行政权力因而形成相互制衡的格局，城市管理的决策失误在法律层面得到遏制，个人和部门专断的可能性被减小。

在南京国民政府成立之前，上述立法机关与行政机关相互制衡的模式，在《广州市暂行条例》、北洋政府的《市自治制》等较有影响的城市组织法中，都予以采行。

如1921年北洋政府公布的《市自治制》就规定，行政机关及其首脑（市参事会及市长）应在立法机关（市自治会）的决议范围内行使行政权力，"市自治会对于市长所定规则及执行事务，视为越权限，违背法令，或妨害公益时，得呈请直接监督官署，停止其执行"；而以执行市自治会决议事项为职责的市长，"对于市自治会议决事件，视为违背法令，逾越权限，或妨碍公益者，有提交覆议之权；如市自治会仍执前议，得呈请直接监督官署，核准撤销之"。[①] 值得注意的是，1925年颁布的《淞沪市自治制》还首次明确规定，如果"市长或市董事会董事违背国家法令或市公约，致市之利益或财产受重大损失"，市议会具有"弹劾权"。[②] 这表明，借助立法权监督、约束城市行政权已经是民国初期现代城市管理体制构建时的通行策略。

但是，南京国民政府建立之初，上述城市立法权与行政权相互制衡的格局遭到破坏，地方城市议会成为事实上的"橡皮图章"。其中原因在于，国民政府推行市长集权制组建城市政府，市长的权力来自上级行政机构的赋予，而非来自选民和同级、上级立法机关的赋予，故而市长主要是对上级行政机构负责，导致"市长之权兼行政立法而有之"[③]。因而原来所设计的行政权和立法权相互制衡的体制也就失去意义。

南京国民政府建立后，一方面为了加强对城市的统治，另一方面也为了表示其民主性，因而在实行市长独任制的同时，南京国民政府也于1928年颁布的《市组织法》中规定建立市立法机关——市参议会，市参议会对市行政有审议、建议、要求覆决及罢免市长等多项职权，但无决议权。随着国民党一党专制统治的进一步加强，1930年修改后颁布的《市组织法》削弱了市参议会对市政府的监督权，并取消了市参议会拥有的请求罢免市长的权力，调整为主要起审议和咨询作用。因而当

---

① 董修甲：《论内务部所订之市自治制》，《清华学报》，1924年第1卷第1期。
② 《淞沪市自治制》，陆丹林：《市政全书》（第六编），道路月刊社，1928年，第116页。
③ 张振东：《中国现行市制之分析》，《市政期刊》，1930年创刊号。

时就有学者指出，此一市参议会"亦不过是一种辅助行政会议的审议机关而已。所以吾说这个市制，也是美国委员会制的变相"①。《市组织法》虽然规定了成立市参议会，但在国民党的控制下，各城市的市参议会在很长一段时期内都基本未得到建立，"只有北平市，旋又奉令停办。若汉口市及上海市之临时市参议会，议员全由聘任，系为过渡之咨询机关，已不符于《市参议会组织法》"②。

为了完善对城市政府的行政监督制度，国民党规定对城市政府依其隶属关系进行监督，特别市（院辖市）由行政院监督，省辖市由省政府监督。中央各部、会对特别市（院辖市）有监督权；省各厅对省辖市有监督权。监督的方式大体有以下数种：其一，任免市政府官吏；其二，审核预决算；其三，派员视察或调查；其四，着令呈交报告；其五，批准或批驳市政府的呈请；其六，颁示工作纲领；其七，指导纠正市政府的工作；其八，撤销市政府的处分。但各部、会主管的事务，对市的命令或处分，认为有违背法令或越权的行为，须事先提请行政院议决后，才能停止或撤销。

全面抗战爆发以后，全国各党派、政治团体、各阶层民众和爱国民主人士纷纷要求国民党结束一党专制统治，实行民主政治，以团结全国人民，共同抗日，挽救民族危亡。在内外压力之下，国民党不得不做出一定程度的让步，1938年，南京国民政府先后颁布了《省临时参议会组织条例》《市临时参议会组织条例》《县临时参议会组织条例》，开始在国统区建立省、市、县临时参议会。根据《市临时参议会组织条例》的规定，市临时参议会的主要职能是议决市政府的重要施政方针，建议市政兴革事项，听取市政府施政报告，为市政府提供咨询。③ 相对于以前，城市立法机构开始获得部分监督行政机关的权力，从而在一定程度上推进了城市行政民主化。

1945年1月，国民政府公布《市参议会组织条例》，新的条例同《临时参议会组织条例》相比，有较大的变化。

首先，市参议会的职权有所扩大，共有十项，包括：议决完成地方自治各事项；议决市单行规章事项；议决市预算、审核市决算事项；议决市税务、市公债的核定事项；议决市长交议事项；建议市政兴革事项；听取市政府施政报告，向市政府提出质询事项；接受市民请愿事项；其他法律赋予之事项。④ 这些法定职权表明，市参议会已初步具备立法机构的性质。其次，参议员不再由当局遴选，而由具有选举权的公民直接选出，任期两年，可连选连任。参议员的名额也有所增加，初定为40名，后增至56名，候补参议员50名，参议会规模因此空前扩大。再次，会议间隔期缩短一半，每三个月开一次会，必要时可召开临时会议，开会时间三至

---

① 顾敦鍒：《中国市制概观》，《东方杂志》，1929年第26卷第17号。
② 钱端升：《民国政制史》，商务印书馆，1939年，第378页。
③ 杨鸿年、欧阳鑫：《中国政治制度史》，武汉大学出版社，2012年，第560页。
④ 《市参议会组织条例》（1945年），中国第二历史档案馆：《中华民国史档案资料汇编》第5辑第2编《政治》（一），江苏古籍出版社，1998年，第993页。

七日。最后，参议会的独立性明显增强，对市政府有相当的监督权。《市参议会组织条例》规定："市参议会决议案，应送市政府执行，如市政府执行不当或延不执行，得请说明其理由，如仍认为不满意时，得报请上级机关核办""市参议会对于市长，认为有违法或失职时，得向监察机关举发之"。[①]

综上可见，作为立法机关的市参议会有了较大的权力，有了一定的民意机关的色彩，对行政机关的制衡有所增强，这有助于推动城市管理体制的民主化、法制化。

随着新的《市参议会组织条例》的颁布，在1946年"制宪国大"召开前后，各城市参议会相继成立。许多参议员充分发挥法律所赋予参议会的权力，在为城市发展大计建言献策的同时，亦公开批评、指斥行政机关施政时所出现的种种弊端，要求予以纠正。如上海第一届市参议会召开时，参议员荣鸿元建议发展职业教育以解决无业人口的就业问题，并加紧建设各种"新村"，以缓解城市平民住房紧张的问题，努力将上海建设成为"全国的模范都市"。[②] 参议员陈高佣则强调："市参议会的任务在于如何促进和如何纠正市政当局的一切施政发令，市参议员对市政设施有积极建设和消极批评的责任……市参议员的言论自亦不能限于片面的积极建议问题，而完全没有消极的批评。"[③] 故而其对上海市政府的税收政策提出严厉批评，认为"将一切市政经费的负担全部转嫁到平民的肩上，这是最不公平而且最不合理的办法"[④]，要求上海市政府做出答复并予以改正。总之，到民国后期，随着国民党政权的失势，尤其是民众民主意识的增强，立法机关对于行政机关的监督和约束不仅在法律文件中得到确认，而且在实际的城市政治生活中也有所落实。人们越来越希望通过市参议会实现政治民主化，建立依法治市的现代城市管理体制，从而推动城市发展。这反映出现代城市管理体制法制化建设在民国时期已经成为不可逆转的历史趋势。

民国后期，相关决策者鉴于参议会也有滥用权力的可能性，故而在颁布城市组织法规时，进一步强调行政机构对参议会交付执行的事项拥有申请复议权和提请公断权[⑤]，从而使城市行政机构并不完全受参议会的绝对控制。而行政机构与立法机构相互制衡，可以最大限度地避免出现城市行政被少数人或个别人独裁专制的局面，这对于城市行政民主化、法制化的发展是有利的。虽然这种行政民主化、法制化在民国时期十分有限，且被付诸实践的时间短暂，但仍然与城市行政现代化潮流相契合。

总之，在民国时期，随着"市宪法"的不断制定和实施，以及大量行政管理法

[①] 《市参议会组织条例》（1945年），中国第二历史档案馆：《中华民国史档案资料汇编》第5辑第2编《政治》（一），江苏古籍出版社，1998年，第995页。
[②] 荣鸿元：《市政献言》，《市政评论》，1946年第8卷第7期。
[③] 陈高佣：《市政与民主》，《市政评论》，1946年第8卷第7期。
[④] 陈高佣：《市政与民主》，《市政评论》，1946年第8卷第7期。
[⑤] 熊桂庵：《论中国市制》，《自治月刊》，1949年第4卷第3期。

规的颁布和运行，城市行政走上了法制的轨道，法治精神初步得到确立。而城市行政中法制精神的初步确立，对于稳定城市社会秩序，提高城市行政管理水平，相对有效地实现行政目标，具有重大意义。

四、市民阶层参政议政的兴起

民众对公共事务的参与，体现了近代政治的现代化趋势，也是近代城市行政民主化的表现之一。

19世纪中叶以来，随着中国社会、经济发生深刻的巨变，具有现代意义的城市市民也开始逐渐出现，并逐渐取得了法律意义上的公民资格与地位，他们从登上历史舞台起，就具有较强的参政议政意识，并通过城市自治机构开始参政议政。

（一）以地方绅商为代表的早期市民阶层开始参政议政

早期市民阶层的主角是一些具有相当社会地位和经济实力的绅商，他们在城市自治进程中，热心公共事务，成为推行城市自治的中坚力量。如上海早期的城市行政管理机关——城厢内外总工程局于1905年11月正式开办，该局是在上海道台决定"以地方之人兴地方之利"的背景下成立的，该局的议事董事候选人及办事董事均是从地方绅商中选出来后呈道台核派的。《总工程局章程》规定："总董必须本籍绅士充当；帮董一本籍一客籍，均须殷实商人，不用绅士；会议董事不论土客绅商。"[①] 在实践中，上海地方绅商积极参政议政，在征收捐税、筹措公款、添辟城门马路、兴办自来水公司、演讲法政、举办慈善事业、严禁鸦片等各个领域内十分活跃。[②] 天津早期地方自治成效卓著，领先全国，以地方绅士及商界、学界领袖为代表的绅商群体在其中扮演了主要角色，他们负责制定自治章程、民主选举议事会等事宜。在议事会议员的选举中，有选举权的达"一万二千四百六十一人，其中有被选举资格者二千五百七十二人"[③]。后来选出的议事会及董事会成员，绝大多数是地方绅商。这些绅商一旦入选议事会和董事会之后，大都尽职尽责，行使参政议政的权力。[④] 1911年秋汉口成立市政会，该会为"官绅商三位一体的以警政为限的近代城市市政管理执行机构"[⑤]。在其他城市，也与上述城市情形相仿。城市中议事会、董事会的成立让地方绅商走上了政治舞台，积极参政议政，从而打破了长期以来的地方官吏大权独揽的局面，在一定程度上促进了城市行政的民主化。

---

① 参见张仲礼《近代上海城市研究》（上海人民出版社，1990年）"政治社会篇"第4章。
② 蒋慎吾：《上海市政的分治时期》，《近代中国史料丛刊续辑》，第389—390辑。
③ 《升任直隶总督袁奏天津试办自治情形折》，《东方杂志》，1907年第4卷第10号。
④ 《记天津议事会请缓行印花税》，《东方杂志》，1909年第6卷第11号。
⑤ 皮明庥：《近代武汉城市史》，中国社会科学出版社，1993年，第100页。

（二）城市公民资格的确立及选举权与被选举权的法定

早期的城市绅商参政议政反映了城市行政民主化进程的起步。但此一时期参政议政的绅商仅限于小部分人群。在传统的封建专制政体之下，没有代议制度，当然，也无所谓什么公民资格与选举权、被选举权等。清末政府开始实行新政，创设立宪制度，并出现了民选之议会，于是开始在法律层面确定公民（选民）资格与选举权、被选举权。1909年颁布的《城镇乡地方自治章程》规定选民资格如下：一、为本国国籍之男子；二、年满二十五岁；三、居本城镇接续至三年以上；四、年纳正税或本地公益捐二元以上。此外，还规定城镇住民中有素行公正、众望所归者，虽不具备上列第三、四两款之资格，亦得以城镇议事会议决，作为选民。若有年纳正税或公益捐较本地选民内纳税最多之人所纳尤多者，虽不具备上列三、四两款资格，亦得作为选民。① 该章程虽然对选民的资格限制很严，民主精神也甚为薄弱，但是，该章程毕竟在法律层面确立了选民的地位，只要符合条件的城市居民均拥有参政议政的权力；而且章程在较短时间内也曾在全国范围内得到实施。如在山东，城镇自治以历城、临清、济宁、胶州、潍县、黄县、宁海州等各城市及长山之周林、福山之烟台为较早，其议事会、董事会均于1910年9月前成立，其余百余个城镇的议事会、董事会均于1911年4月前成立。② 毫无疑问，在设立议事会、董事会的各地城市，其市民（选民）已开始了参政议政的实践。

民国成立后，江苏公布了《江苏暂行市乡制》，正式将"选民"改称为"公民"，并将男性公民的年龄下限放宽，改为21岁。③ 与清末《城镇乡地方自治章程》相比，《江苏暂行市乡制》有一定的进步。

1921年，北洋政府公布了具有法律性质的《市自治制》，对公民的选举权与被选举权做出了明确的规定："市住民内有本国国籍之男子，年满二十岁，并接续住居市内一年以上，合于左列条款之一者，有选举市自治会会员之权。一、年纳直接税一圆以上者；二、有动产或不动产三百圆以上者；三、曾任或现任公职或教员者；四、曾在国民学校以上毕业或与有相当之资格者。""市住民内有本国国籍之男子，年满二十五岁，并接续住居市内二年以上，合于左列条款之一者，有被选举为市自治会会员及市自治公所职员之权。一、年纳直接税二圆以上者；二、有动产或不动产五百圆以上者；三、曾任或现任公职或教员一年以上者；四、曾在高等小学校以上学校毕业或与有相当之资格者。"此外，《市自治制》还规定市长、区董、名誉参事员等行政人员均由市自治会在有被选举权的公民中选举。④ 上述关于选举权的规定中，对年龄限制、居住时限、纳税额等较以前均有所放宽，且又不全列入必要条件，因此可以说较前有较大进步。

---

① 故宫博物院明清档案部：《清末筹备立宪档案史料》，中华书局，1979年，第727—740页。
② 《山东巡抚孙宝琦奏陈山东第三年第一届筹备宪政成绩折》，宣统二年（1910）八月二十五日。
③ 蒋慎吾：《中国之市政》，《人文月刊》，1936年第7卷第3期。
④ 《市自治制》第9、10、31、36、41条，《东方杂志》，1921年第18卷第14号。

在 20 世纪 20 年代初年的联省自治运动中,各省制定的"省宪"均对城市公民的参政议政权做出了明确规定。如湖南"省宪"规定:一等市的市长、市议员、市委员会的半数都由全市公民直接选举,还规定"一等市之公民对于市之重要立法,有直接提案及总投票之覆决权"①。浙江"省宪"也规定:"特别市议会及其执行机关之组织,由全市选民公决之","特别市之选民,对于市之重要立法,有直接提案及总投票之复议权"。②广东"省宪"草案规定:"特别市以参事员五人,掌理市政,由市民直接选举之","特别市设市议会,由市民及各团体选举议员组织之"。③虽然以上"省宪"只有湖南省的草率实行了两三年,浙江、广东的根本未实行,但其均在法律层面确定了市民拥有选举权与被选举权,特别是还明确规定市民有提案权与覆决权,这确是一大进步,其意义也不可否认。

《广州市暂行条例》作为革命政权的产物,其中关于选举权与被选举权资格的规定又有进步:"a. 市民年满 21 岁者。b. 居住本市一年以上。c. 有正当职业者。d. 能诵读本级条例条文者。e. 无神经病者。f. 公权未被夺者。"④ 该条例首次摒弃了性别与财产限制,并不轻易剥夺市民的选举权与被选举权,明显地体现了城市行政的民主性和进步性,与同期的西方资本主义国家的城市行政的民主性相比毫不逊色。

（三）南京国民政府正式确定市公民具有选举、罢免、创制、覆决诸权利

南京国民政府成立后,于 1930 年颁布了《市组织法》,之后又对其进行过几次修正,1936 年还颁布了《市自治法》。这些法令都在某种程度上宣扬了民治精神,如 1930 年颁布的《市组织法》规定:"中华民国人民无论男女在市区域内继续居住一年以上或有住所达二年以上,年满二十岁经宣誓登记为各该市之公民,有出席居民大会、坊民大会及行使选举、罢免、创制、覆决之权。"⑤ 1932 年 8 月,根据《市组织法》的规定,国民政府又制定和颁布了《市参议会组织法》,规定市参议会为"全市人民代表机关",市参议员由公民直接选举,市公民还可对市参议员行使罢免权,对市参议会的决议行使更决权。该法还特别规定市议会与市行政机关的争执不再由上级官厅裁决,而诉诸市民公决,即市参议会所做出的决议市长应当执行,市长如认为决议不当可送交市参议会再议,如 2/3 及以上的参议员仍执前议,而市长仍认为不当时,应提付市公民依法复决。⑥ 上述法令关于市民行使选举、罢免、创制、覆决等权利的规定,已接近和相当于近代欧美各国的民主制度,在当时

---

① 《湖南省宪法》第 113、114、115、117 条,《东方杂志》,1922 年第 19 卷第 22 号"宪法研究号"。
② 《浙江省宪法》第 143、145 条,《东方杂志》,1922 年第 19 卷第 22 号"宪法研究号"。
③ 《广东省宪法草案》第 125、126 条,《东方杂志》,1922 年第 19 卷第 22 号"宪法研究号"。
④ 郭基扬:《广州市政府组织之研究》,《社会科学论丛》,1935 年第 2 卷第 1 期。
⑤ 《市组织法》第 6 条,《国民政府公报》,1930 年第 39 卷第 474 号。
⑥ 袁继成等:《中华民国政治制度史》,湖北人民出版社,1991 年,第 417–418 页。

就受到社会各界的广泛好评，纷纷誉其为该律令的"精彩部分"[①]。但是，国民政府没有实施该法的诚意，使法律等同于一纸空文。广大城市公民参政议政权力的扩大，表明了市民阶层能够广泛参与城市行政管理，但这些都主要就制度而言的。

第三节　市政改革运动与城市管理现代化

民国建立以来，新国体、政体的确立和西方市政改革的浪潮，加速了中国城市改革的步伐，并使中国的城市改革与地方自治运动相结合，将市政改革与国家政治社会改造密切联系在一起，从而使城市管理出现现代化的发展趋势，市政管理机构的功能出现了扩大化、科学化和专门化的新动向。但在民国特殊的政治条件下，市政改革有着很大的局限性和若干不足及问题。

一、市政改革与管理的现代化趋势

纵观近代中国城市管理发展的趋势和过程，在经历了两次市政改革运动后，我国城市管理经历了由简单到复杂，由传统向近代化演变的过程。

第一次市政改革运动是20世纪初年以设巡警、办自治为代表的新政运动。它的直接学习对象是外国人在华设置的租界，目标是向租界看齐。由于受到环境条件、信息条件、交通条件等方面的限制，此次改革虽然使传统的城乡合治体制有所松动，管理者对城市与乡村开始以不同的行政管理方法来实施管理，但城市仍未摆脱对乡村的依赖。这次市政改革运动的成果是在一定程度上推动了城市早期现代化，但由于改革不深入，现代市政体制未能得到良好构建，很快就不适应城市早期现代化的要求，因此其局限性也是明显的。

第二次市政改革运动是20世纪20年代以后，大量欧美留学生回国后将世界各国城市改革的最新成果传播到国内，先进的市政学知识也被他们广为介绍、传播。一时间，向市政改革最成功的美国学习，加强城市管理、推动城市发展的呼声日益高涨。他们的活动影响着20世纪20年代以后中国城市管理现代化的走向和趋势。随着中国人不断走向世界，先进的知识分子开始从整个世界城市发展的潮流角度来思考中国城市的发展问题。这不能不说是近代中国人走向世界，加快中国社会新陈代谢过程的突出表现。

近代中国两次市政改革运动具有两个显著特征，这些特征也是中国城市管理现代化的两个内在特征，它们在相当大的程度上反映了近代中国城市乃至近代中国社会的发展特点。

第一，近代中国市政发展直接受到世界先进国家市政制度的影响，中国城市发

[①] 蒋慎吾：《中国之市政》，《人文月刊》，1936年第7卷第3期。

展已经越来越紧密地与整个世界城市发展联系在一起，日益呈现出与世界城市发展保持同步的趋势。如果说以向租界学习为内容的市政改革运动表明中国城市与世界城市的发展差距还有一至两个世纪的话，那么以向19、20世纪之交美国市政改革运动学习为内容的市政改革运动则证明一些先进中国人在城市发展问题上的认识水平与国际水平间的差距不足半个世纪。如果以此为两个时间来看，至少可以说明近代中国的城市发展在市政管理上已经有了长足的进步，与世界先进水平的差距正在日益缩小。这种现象也是落后国家向先进国家学习，移植和引进先进城市管理模式的必然趋势。从这一角度而言，近代中国市政管理现代化趋势的具体表现形式——两次市政改革运动，正是中国学习、借鉴世界城市管理先进方式的体现。

第二，近代中国市政改革运动与地方自治运动紧密地结合在一起。改革城市管理、实现城市自治，最终达到改良全国政治的目的是近代中国市政发展的一条潜在的主线。民国时期的著名政治学家陈之迈指出，"都市在西方国家是地方自治的源泉，在都市里的人民热烈要求自治，并且扩而充之，形成了民主政治的要求。十八、十九世纪的民主运动大都发创于都市，选举或参政的权利亦多先开放于都市的人民，因此都市是民主政治运动的推动者"[1]，"西洋人在讨论地方自治的时候以都市为注意集中点；所谓地方自治的项目大都是都市里的问题"[2]。随着近代中国城市化的启动和地方自治思潮的传入，"清季以来，谈国是者，咸以地方自治为立国之基础"[3]。1903年，梁启超在游历新大陆期间敏锐地发现西方的城市自治传统是建立近代民主国家的基础，而中国的自治传统为宗族自治，宗族自治和城市自治是中西社会发展的不同主线。近代知识界深受西方城市观念的影响，自觉地将地方自治与城市紧密联系起来，把实现民主政治的愿望寄托在城市自治之上，争取从实现城市自治的途径中寻求国家、社会的改良。欧美国家以城市自治为核心的市政体制本身与国家的民主政治密切相关。因此欧美各国的市政体制改革所带来的政治改良、社会整合，给20世纪20年代以来的知识分子以强烈的刺激，以致使他们得出"晚近政治之进步，其尤著者在于市政"的结论。[4] 特别是美国的市政改革运动对民主政治的巨大推动作用，给深信城市自治是达成真正民主政治的保障，是西方民主国家建国根基的中国知识分子新的启示，并提供给他们解决国内政治、社会问题的新思路。他们普遍认为市政客观上成为衡量国家政治民主化程度高低的标尺，一个国家政治民主程度，"可睹其市政之良窳，而政治之美恶，国运之隆替，胥于是焉判之"[5]。中国市政专家臧启芳在其所译美国著名市政学者M. B. 孟络著《美国市政府》（*The Government of American Cities*）一书时，就明确表达了以改革城市市政来改良全国政治的愿望。他说："我们又当知道市政良恶与全国政治的进步

---

[1] 陈之迈：《中国政府》（第三册），商务印书馆，1945年，第142页。
[2] 陈之迈：《中国政府》（第三册），商务印书馆，1945年，第143页。
[3] 柳诒徵：《中国文化史》，上海书店，1990年，第242页。
[4] 陆丹林：《市政全书·序》，道路月刊社，1928年。
[5] 陆丹林：《市政全书·序》，道路月刊社，1928年。

与退步有密切关系。设若我国各城皆有人注重本城的市政,用心研究,竭力改革,全国政治必不期然而然的显出很大的进步。"他还意味深长地说:"我翻译这一本书实抱了莫大的希望。"① 另一市政学专家宋介也说:"现在我们若想真个把社会改造起来,把平民政治的精神像水银注地无孔不入的一般贯彻中国全体,非从根本上做起不可——开始一种地方运动,就市政的建设上力求进步。"② "说到社会改造,更和地方政治关系密切。我们不拿地方作根据地,社会改造永远不会成功。我们应把市政改良和社会改造当作一件事看。虽然二者有点不同,大体上总是一致的。现代的政治已经一天一天的趋于社会化,而地方政治中更杂了许多社会问题,例如劳动、救恤、感化、教育、公共娱乐、公共卫生等,本来多属社会问题,现在却归入地方政治范围之内。而且,社会改造决不限于精神或制度上,必须兼顾到物质上。我们日常生活,实验于一个物质环境之内。物质环境不良,社会改造那得成功?市政之建设,便可解决这个物质上的社会问题。"③

近代中国部分进步知识分子将市政进步、城市自治与国家政治、社会改造密切联系在一起,实际上是在世界工业化、城市化的发展潮流中深刻地认识到了城市在国家政治、经济和社会生活中日趋重要的地位及作用,把握住了以城市为中心的时代脉搏和社会发展趋势。欧美先进国家城市自治的历史传统以及近代市政改革运动的现实经验,使他们寄望于借鉴欧美先进国家市政改革的成功经验以指导周围的市政改革,推进城市自治,最终达到改良全国政治、建立真正民主国家的深层目标。④ 因此,民国时期一以贯之的市政改革的思想路径和解决目标,体现出近代中国社会的某些特点,打上了深刻的时代烙印。

城市行政日趋扩大化、积极化、科学化和专门化,是百余年来欧美先进国家市政管理的发展趋势⑤,也是世界城市管理现代化的突出特征。近代中国城市自20世纪以来,在学习欧美先进国家经验的基础上进行市政改革实践,也初步表现出如下的一些现代化特征。

第一,城市政府以积极的态度进行市政管理和城市基础设施建设。

在专门的城市管理机构设立以前,城市由于缺乏有效管理,处于自然发展状态。如处于城乡合治传统体制下的成都市区分隶成都、华阳两县。"地方事业,向由两县县令管辖,凡公安卫生及修渠筑道一切工程,则多由市民自行举办,政府从未干涉。"⑥ 以致市内街道大多"恶陋无比"⑦。进入20世纪以后,成都市区街道残破不堪的状况仍未改观。"市区内街道状况,极为复杂。繁盛街面,皆以石板铺之。

---

① [美] 孟洛著,臧启芸译:《美国市政府》,商务印书馆,1925年。
② [美] 孟洛著,宋介译:《市政原理与方法》,商务印书馆,1926年,第1页。
③ [美] 孟洛著,宋介译:《市政原理与方法》,商务印书馆,1926年,第2页。
④ 赵可:《20年代我国留美知识分子对市政体制改革的探索》,《四川大学学报》,1999年第4期。
⑤ 凌均吉:《近百年来欧美市行政之新动向》,《市政研究半月刊》,1938年第1卷第2期。
⑥ 杨吉甫等:《成都市市政年鉴》,1928年第1期。
⑦ 马尼爱:《戊戌时期法国人眼里的成都——游历四川成都记》,《四川文史资料选辑》(第20辑),1979年。

向例，街道由各街居民集资修筑，非至石板破滥不堪，实少修理。崎岖难行，达于极点，设遇天雨，尤为泥滑。若少城及僻静街道，多土路，阴雨一过，非四五日后，全无下足处。"① 道路的破落不仅影响市容，而且制约着城市交通的发展，成为阻碍成都城市早期现代化的一个重要因素。

成都市政管理机构成立后，即主动担负起进行城市管理和城市建设的使命，取代由民间组织自发管理城市的系统，使城市发展开始由无序发展转向有序发展。这一变迁基本上适应了城市现代化的客观需要。

城市基础设施的完善化、高效化和先进化程度是衡量城市现代化程度的一项重要指标。由于城市基础设施建设具有开发的统一性、建设的超前性、运营的整体性、效益的间接性等特征，故只有城市政府出面统一规划、组织、建设和管理才能完成。② 因此，加强基础设施建设是城市政府的一项重要职能。近代城市基础设施的建设和完善主要表现在辟修道路，铺桥筑堤；创办电灯、自来水等公用事业；增设公共娱乐设施等。

在城市政府的积极主导下，大中城市的基础设施建设在近代有了较大的进步。近代重庆在1929年正式设市之前，基础设施十分落后，"三面环水，一面负山，以致建筑不良，街道狭隘，交通梗阻，市面秽污，居是邦者，咸有恶劣污浊之叹"③。在改革市政的声浪中，重庆商埠督办公所督办潘文华主持重庆市改革，整理旧街道、开辟新市场、创办中央公园、整顿城市交通、新建轮船码头、测量沿江马路、筹划自来水、改良电灯电话，使重庆城市基础设施建设从无到有，基本完善，为重庆向城市现代化奠定了基础，也为重庆在陪都时期的进一步发展创造了条件。城市基础设施的现代化也带动了城市各项事业的发展与进步。

成都在杨森主持下完成市区街道的改造后，城市面貌即大为改观。城市交通状况明显改善，修路前唯一的交通器具——轿子，虽屡经改良，"终以迟缓笨拙价昂之故，不能与人力车竞争，不旋踵新者旧者皆渐次归于消灭。乃至今日，自用之家亦多改用黄包车或自行车，市面往时之肩舆，愈益减少矣"④。在轿子被淘汰的同时，人力车、汽车、自行车等现代交通工具也相继在成都街头出现，以其廉价快捷的特点适应了城市生活日益加快的节奏；街道的改造还带动了道路交通和城市卫生管理体系的初步建立。市区街道的改造带动了市面经济的繁荣，加快了社会变迁的进程，但同时也引发了一系列新的问题，需要城市政府完善管理措施、加强管理力度。《成都市橡胶人力车取缔规则》《成都市市政公所取缔汽车暂行章程》《成都市市政公所规定汽车致伤抚恤暂行规则》《取缔营业肩舆规则》等一系列规章制度，对各种交通工具的运营线路、收费标准、事故处理等事项都做出了详细规定。这些规则的制订，是城市政府自觉、主动行使管理职权的体现，有助于现代城市的有序

---

① 杨吉甫等：《成都市政年鉴》，1928年第1期。
② 孙志刚：《城市功能论》，经济管理出版社，1998年，第227页。
③ 《重庆商埠月刊·序》，1927年第1期。
④ 杨吉甫等：《成都市政年鉴》，1928年第1期。

发展，也使以前自在散漫的市民逐渐树立起现代市民意识，在社会心理上真正完成了从乡村向城市的转变。市民的观念、眼界也都随着城市基础设施的建设和管理力度的加强而发生转变，其成为城市早期现代化的推动力量。

地处西南偏僻、闭塞地区的成、渝两市的城市面貌已发生如此令人惊异的变化，而位于沿江沿海地区的其他城市，变化更为明显。如福建漳州"于戎马仓皇之中，经陈氏竟求之整理，不二三年，忽使望而却步之地，一变而为光明灿烂之城"①。青岛收回胶澳租地后，外国人担心在中国的管理下，市政将会败坏，但事实上"自胶澳租借地变还中国以来，市内道路经工程处勤加修治，今已渐复欧战前之旧观。……他日新计划完全施行后，将见青岛市内复有广阔坦平之道路，而能列于东亚领袖大埠之林矣"②。旅居青岛的外国人，其心中的疑虑自然完全消除。

20世纪30年代，城市管理现代化的趋势更为明显。一些大城市的政府部门积极作为，使城市面貌有了较为巨大的改观。以武汉为例，以前华界远不如租界，但是在汉口市政府的积极管理和建设下，"近两年来，市府修路的成绩，出乎我们意料之外，由牛路跳过了马路的阶段，进而为现代的柏油路。汉口法日两租界，觉得自惭形秽，意步市府之后尘而翻造柏油路了"③。租界竟开始向华界的市政建设学习，这不能不说是耐人寻味的变化。汉口"从前残破的房屋、黯淡的市容，无不一扫而空，而且从前蹲伏在路旁褴褛不堪的乞丐，现在已差不多完全肃清了。今日的汉口市，已不是蒙不洁的西子，而是装束入时的少妇"④。汉口的进步还带动了武昌的市政发展。"武昌市政，也有相当的进步，如黄鹤楼焕然一新，几个大衙门通到汉阳门江边轮渡的马路，都在这两年间开辟告成了。其本来的进步，可以说方兴未艾。"⑤ 民国时期，特别是20世纪20年代以后，城市政府对城市事务的积极介入和领导，是城市管理现代化趋势的具体表现之一。正是在这一趋向的主导下，社会才出现"年来自首都以次逮夫各省埠间，改造旧城市，建设进步之新市政者，先后相望，如火如荼"的现象，"此实三民主义下之良好现象，亦足征国人注重市政，均有其相当的表现也"⑥。

第二，城市管理科学化水平提高。

科学化管理是20世纪初美国人泰勒倡导管理革命后兴起的潮流。"现代所谓市行政者，其特异处在以科学的方法管理城市之事务。"⑦ 政府职员考绩黜陟制、合署办公制、财物集中采办制、统一人事管理制等，都是城市管理科学化水平提高的具体内容，这些城市管理制度有利于提高行政效率、节省经费。这些流行于西方欧

---

① 记者：《记漳州市政》，《申报》，1922年7月25日。
② 记者：《青岛路政渐复旧观》，《申报》，1923年8月22日。
③ 菊：《武汉的新气象》，《道路月刊》，1935年第47卷第2期。
④ 菊：《武汉的新气象》，《道路月刊》，1935年第47卷第2期。
⑤ 菊：《武汉的新气象》，《道路月刊》，1935年第47卷第2期。
⑥ 杨正茬：《城市政治之研究》，国立四川大学法学院政治学毕业论文（稿本），四川大学图书馆藏。
⑦ 江康黎：《市行政学》，商务印书馆，1938年，第1页。

美国家的先进城市管理方法传入中国后，也在不同程度上被中国的一些大中城市所采纳、实施。

例如城市政府职员考勤制度，在欧美各国实行以来，该制度在提高政府工作效率、提高职员工作积极性等方面发挥了重要作用。我国各市政府也多仿行其制，"对于职员工作，均有严密之考察制度，成绩优良者，则予以适当之奖励，其不努力者，则予以惩戒"①。所以民国以来市政的进步，"未始非各市政府考勤制度适宜，有以致之也"②。

合署办公可以整合对外办公及财务、庶务，从而有利于集中权责、缩减机构、节约经费。南京、上海、广州、青岛、汉口等大中城市在城市设计时都特别规划了行政中心区域，方便全市行政机关在一地集中办公，以使行政方面获得指挥便捷、监察周密的效果，建设方面则更加经济、美观。具体如1929年7月《大上海计划》通过实施以后，上海市政府考虑到市中心区域的江湾、引翔之间，"北邻新港，东近黄浦，交通便利、地位平坦"，特新建行政大楼以集中办公。1934年上海市新行政大楼竣工，市政府所属机构集中于该处办公，行政效率有了较大提升。1934年，位于中央公园北部的广州市政府新行政大楼也落成，并以其为中心，打造出一片"行政中心区域"，且"惟其建筑系采用合署办法，事实上已适合于合署办公制度矣"③。

集中采购制"亦系科学行政注意之中心"④，广州、青岛、汉口等市，率先试行该制度。广州和青岛两市均设有购料委员会、购办委员会等专职机构，集中采购市政府所需物品。汉口市最初设置总采办处，后改组为采办委员会，1931年时曾一度废撤，后又重新设置，改称购料委员会。自总采办处成立时起，共集中采购价值31.9万元的物品。据当时的汉口市市长刘文岛讲："此种采办集中办法，至有裨益，大概我国各市，除本市外，尚无采用者，或亦未计及其利益极大也。"⑤

统一人事管理制有利于实现人事行政管理的专门化、具体化，让政府工作人员的才能学识，能够胜任工作岗位。民国时期进行统一人事管理的城市尚不多见。只有广州市政府秘书处第一科内设有人事股，专门集中掌管人事安排，呈现出人事管理统一化的趋势。

科学化管理在城市设计中也有体现，即新式城市规划理论和方法在城市建设和管理中被应用。以城市分区和田园城市理论为代表的20世纪城市规划方法，涵盖了19世纪以来诸多学科的最新成果，其核心"即以科学方法从事运输系统、街道系统、公园及娱乐设施、公共建筑学计划，推进都市及其附近地段之合理发展，使

---

① 刘文岛：《汉市之现在与将来》，《中国建设》，1930年第2卷第5期。
② 刘文岛：《汉市之现在与将来》，《中国建设》，1930年第2卷第5期。
③ 蒋慎吾：《近代中国市政》，中华书局，1937年，第125页。
④ 蒋慎吾：《近代中国市政》，中华书局，1937年，第125页。
⑤ 刘义岛：《汉口市之现在与将来》，《中国建设》，1930年第2卷第5期。

其达到社会健康舒适便利以及工商业进步之目的也"①。以《大上海计划》为代表的城市规划方案，充分显示出民国时期中国城市科学化管理已有了长足的进步。

第三，城市管理专门化水平提高。

市政管理是一门科学，它在现实社会中必然要由经验管理阶段走向科学化管理阶段，大批具有市政管理知识的专门化人才是推动市政管理早期现代化的重要因素之一。正如市政学家江康黎所指出的那样："现代政治已由消极的防止方向，转变为积极建设之途径。……科学愈进步，社会之情况，益形复杂，而政府之管理，亦益臻重要。在昔日农业经济或商业经济时代，政府人员，不必有专门智识之限定，只明所谓'诗书文理'即可以'治国平天下'。但时至今日，所谓万能之人，不复存在，专家政治之呼声，遂随科学之进步，而逐渐实现矣。今日之市政府，不但须有工程师、财政家、教育家，即医学家、化学家、天文家、地理家，亦必须具备。盖现代市政府之事务，诚非昔日农村社会之政府所可比拟。今日投身市政府者，非具有专门之常识，必不足以胜任愉快也。"②

专门化趋势在近代中国城市管理中也有鲜明体现。在市政公所时代，"负责办理市政，如所谓督办、会办、局长、所长等，有名无实之人物，非官僚即绅者。若聘市政专家而办理事务者，寥若晨星也"③。旧式官绅把持下的市政既无成绩，又无法将市政改革的新兴推动力量吸收进城市管理机构，以致"好几位专门研究市政的返国后，无所事事，用非所学，天天过那粉笔黑板教书生活"。20世纪20年代以后，这种情况有所好转，大批学有所长的市政专门人才开始被吸纳入城市政府之中，参与到城市管理中，使城市政府的人员构成发生了明显变化。就当时全国的市政水平来看，虽然大多数城市的市政的专门化程度不及20年代广州那样典型，但专门化的趋势已较为明显，体现出"今日之市政，为科学的、为专门的、为技术的"特点。④

以北平和汉口两市为例，1931年北平市政府高级官员的年龄分布，教育背景、籍贯状况如下：

表3-2 北平市政府官员的年龄分布表（1931年）

人数/年龄 机构	总人数	20岁以下	21～30岁	31～40岁	41～50岁	51～60岁	60岁以上
秘书处	137	0	37	45	37	16	2
社会服务处	239	1	94	93	40	10	1
公共安全处	973	1	249	339	271	106	7

---

① 蒋慎吾：《近代中国市政》，中华书局，1937年，第129页。
② 江康黎：《市行政学》，商务印书馆（长沙），1938年，第5页。
③ 杨正苓：《城市政治之研究》，国立四川大学法学院政治学毕业论文稿本，四川大学图书馆藏。
④ 董修甲：《市行政学纲要·序》，中华书局，1929年。

续表

人数/年龄　机构	总人数	20岁以下	21～30岁	31～40岁	41～50岁	51～60岁	60岁以上
财政处	408	7	132	140	107	21	1
公共工程处	188	4	66	68	40	8	2
卫生处	460	41	242	117	44	11	5
特别委员会	408	6	121	133	101	42	4
总　计	2 813	60	941	935	640	214	22

《北平市政府通告》，转引自史明正：《走向近代化的北京城——城市建设与社会变革》，北京大学出版社，1995年。其中"总计"一行部分数据有误，已校正。

表3-3　北平市政府官员教育背景统计表（1931年）

人数/教育背景　部门	总人数	大学毕业 国内高校	大学毕业 国外高校	军事院校	技术学校	高中	小学	无法确知
秘书处	137	41	16	2	1	37	0	40
社会服务处	239	93	8	10	28	79	4	17
公共安全处	973	94	6	432	3	139	170	129
财政处	408	97	5	21	75	120	67	23
公共工程处	188	47	6	34	15	73	12	17
卫生处	460	43	1	25	158	85	12	136
特别委员会	408	119	4	26	28	202	8	102
总　计	2 813	534	46	550	308	735	273	464

《北平市政府通告》，转引自史明正：《走向近代化的北京城——城市建设与社会变革》，北京大学出版社，1995年。其中"总计"一行部分数据有误，已校正。

表3-4　北平市政府官员的省籍状况统计表

人数/籍贯　部门	总人数	河北	北平	山东	浙江	安徽	辽宁	天津	江苏	其他省份
秘书处	137	36	14	29	11	8	2	2	11	26
社会服务处	239	83	27	9	17	11	4	1	17	70
公共安全处	973	530	143	53	35	37	47	31	16	81
财政处	408	177	65	28	22	16	6	40	21	39
公共工程处	188	60	25	21	4	13	17	11	10	27
卫生处	460	207	69	26	18	9	29	19	13	70
特别委员会	408	140	52	42	29	36	11	8	9	153

续表

人数/籍贯 部门	总人数	河北	北平	山东	浙江	安徽	辽宁	天津	江苏	其他省份
总 计	2 813	1 233	395	208	136	130	116	112	97	466

《北平市政府通告》，转引自史明正著：《走向近代化的北京城——城市建设与社会变革》，北京大学出版社，1995年。其中"总计"一行部分数据有误，已校正。

1929年汉口市政府各局职员的年龄分布、教育分布、籍贯状况如下：

表3—5 汉口市政府各局职员年龄分布表（1929年）

人数/年龄 部门	总人数	20岁以下	21~30岁	31~40岁	41~50岁	51~60岁	不 明
秘书处	113	1	60	40	10	2	—
工务局	180	3	94	63	16	4	—
卫生局	64	—	26	23	13	1	1
社会局	83	2	39	30	7	—	5
教育局	69	—	40	20	6	—	3
公安局	203	3	101	74	18	—	7
财政局	192	2	78	83	25	1	2
总 计	904	11	438	333	95	8	18

刘义岛：《汉口市之现在与将来》，《中国建设》，1930年第2卷第5期。

表3—6 汉口市政府各局职员教育程度统计表（1929年）

人数/教育程度 部门	总人数	国外大学毕业	国内大学毕业	国外专门毕业	国内专门毕业	军警学校毕业	中学学校毕业	职业学校毕业	小学毕业	其他	未详
秘书处	113	7	19	—	30	16	30	5	2	2	2
工务局	180	12	25	13	53	7	29	21	7	1	12
卫生局	64	4	9	6	19	6	10	8	—	1	1
社会局	83	—	12	3	30	9	26	2	—	—	1
教育局	69	2	20	1	19	10	—	2	—	—	—
公安局	203	—	11	2	51	65	42	16	8	—	8
财政局	192	3	20	5	32	26	39	29	18	9	11
总 计	904	28	116	30	234	139	186	84	37	14	36

刘义岛：《汉口市之现在与将来》，《中国建设》，1930年第2卷第5期。其中"总计"一行部分数据有误，已校正。

表3-7　汉口市政府各局职员省籍状况统计表（1929年）

人数/籍贯 部门	总人数	本市	湖北	湖南	广东	江苏	江西	安徽	浙江	河北	福建	其他省份	未详
秘书处	113	2	65	15	2	4	2	5	8	2	2	6	—
工务局	180	2	122	22	4	8	5	1	2	2	3	6	3
卫生局	64	—	44	6	—	3	4	3	1	1	—	1	1
社会局	83	2	56	11	3	2	1	—	2	1	—	1	4
教育局	69	1	52	7	1	1	1	1	—	1	2	1	1
公安局	203	2	109	17	33	6	8	5	4	5	3	2	9
财政局	192	4	149	6	3	5	4	7	1	2	1	5	—
总　计	904	13	597	84	46	33	25	23	16	15	12	22	18

刘义岛：《汉口市之现在与将来》，《中国建设》，1930年第2卷第5期。

从北平、汉口两市政府职员的各项构成来看，不难发现民国时期尤其是20世纪20年代以后，城市的管理机构人员构成具有年龄结构以中青年为主，科学知识文化水平较高，来源较广泛等特征，这是城市管理现代化趋势在城市政府人员构成中的表现。特别是专门化水平高的特点，既体现出近代中国社会新陈代谢的时代特征，也表明了专门人才是推动中国近代市政进步和城市发展主要动力的时代趋势。

专门化水平较高实质上也体现出20世纪20年代以后城市政府聘用职员的标准，如汉口市即以"市政为重要建设事业，所有职员，及各项工程人员，应有专门的技术；故本府及所属各局、处绝对以用人唯才为主旨，不分省界性别，凡学识经验有一己之特长者，无不尽量延用，否则无论如何，均不录用"[①]。

成都是一个内陆城市，市政府人员的构成与其他城市略有区别。首先，成都市政府的历届负责人都有一定的军事、政治背景，尤以军人出身者占多数。从市政公所的成立到1937年初，历任督办和市长均为军人，并具有较高的军阶和职务。市政府被控制在军人手中是当时四川的政治、军事形势所决定的。1937年以后，虽然有文职人员担任市长，但是其均与军队有着联系，或以军队为靠山。其次，市政府的负责人更换频繁。成都在市政公所时期（1922年3月—1928年6月），六年间共换了五任督办，平均每一任督办任职时间为一年零三个月，其中最长的一届为两年半，最短的一届仅七个月。市政府时期（1928年6月—1949年12月）的21年间，共换了14任市长，平均每一任市长任职时间为一年半，其中最长的一届接近五年，最短的一届仅两月，一般只一年左右。市政府负责人更换频繁，反映了政局的动荡和各种政治、军事势力的此消彼长，导致市政府不断重新组合。由于成都市政府领导更换频繁，一些政策和措施缺乏持续性和稳定性，因而必然会对市政管理

---

① 刘义岛：《汉市之现在与将来》，《中国建设》，1930年第2卷第5期。

产生一定影响。另外，历任成都市政府的负责人均为四川人，而且以成都及附近县籍人士为主，这一方面是民国废除了流官制，导致户籍回避制度遭到破坏，使本籍人可以担任本地官员；另一方面（而且是主要的方面），是因为随着地方势力的增强，地方实力人物控制了地方政权，再加上地方自治、川人治川的观念成为社会思潮，因而客籍官员很难插手四川和成都政务，成都市政府的领导人大都由地方实力人物安排和举荐自己的亲信担任。成都市政府的公务员也以川籍人士为主，全面抗战前，成都市政府的公务员基本上都是四川人。全面抗战时期，大量外省移民迁入成都，因而成都市政府的公务人员中也逐渐增加了一些客籍人士，但所占比例相当少，仍以川省人为主，详见表3-8：

表3-8　成都市政府公务人员籍贯表（1941年度）

籍　贯	人　数	百分比
四　川	291	93.00
福　建	4	1.30
湖　北	3	1.00
浙　江	3	1.00
贵　州	2	0.60
江　苏	1	0.30
西　康	1	0.30
山　东	1	0.30
未　详	7	2.20
总　计	313	100.00

成都市政府统计室：《成都市市政统计》，成都市政府印，1942年。

成都市政府的人员结构在年龄构成和学历构成等方面则与北平、汉口等城市接近。这反映出此一时期中国城市的共同特征。详见表3-9：

表3-9　成都市政府公务人员年龄构成表（1941年度）

年龄段	人　数	百分比
26岁以下	43	13.70
26—30岁	53	16.90
31—35岁	56	17.90
36—40岁	53	16.90
41—45岁	66	21.10
46—50岁	25	8.00
51—55岁	9	2.90

续表

年龄段	人 数	百分比
56—60 岁	3	1.00
60 岁以上	1	0.30
年龄未详	4	1.30
总　计	313	100.00

成都市政府统计室：《成都市市政统计·1946 年度》，成都市政府印，1942 年。

从表 3－9 可以看到，成都市政府公务员的年龄以 45 岁以下（含 45 岁）为主，计有 271 人，占总人数的 86.58％，46 岁以上的人仅有 38 人，占总人数的 12.14％，因而成都市政府基本上是年轻化的政府；从学历来看，成都市政府的公务员多数都具有相当的学历，详见表 3－10。

表 3－10　成都市政府公务员学历表（1941 年度）

学　历	人 数	百分比
国外大学	4	1.30
国内大学	47	15.00
国内专科	165	52.70
中等学校	54	17.30
短期训练	11	3.50
军事学校	12	3.80
其　他	20	6.40
合　计	313	100.00

《成都市市政统计·1942 年度》。

从表 3－10 可以看到，全面抗战时期，成都市政府具有高等以上学历的公务员共计 216 人，占总人数的 69.00％，其中国内大学毕业者达 212 人，占总人数的 67.73％，他们之中有不少人是在各个专业领域里受过较好训练的专家，这些领域有经济学、政治学、人口学、心理学、社会学、建筑学、统计学、规划学等。另外具有中等学历的公务员有 54 人，占总人数的 17.25％。成都市政府的公务员大都是受过相当的教育和素质较高的专门人才，总体较年轻，这对提高政府工作效率是非常重要的。

市政管理的专门化以及各市政府对专业人才的吸纳，推动了市政专门人才的培养。自 20 世纪 20 年代起，市政改革人士即普遍感到"我国现时市政人才之缺乏，无庸讳言"，呼吁社会"对于此项人才之培养，亦需加以充分之注意"。[1] 著名市政

---

[1] 刘义岛：《汉市之现在与将来》，《中国建设》，1930 年第 2 卷第 5 期。

专家董修甲提出:"是以普及市政知识,为我国当今唯一之急务。"①

社会的需要促使市政学这一新兴学科和相关课程得以在各级各类学校中开设。自20世纪20年代初开始,市政建设、科学管理、工程建设是民国时期城市现代化的三大热点。20年代初的各大学"概皆添授市政学课程",董修甲即在"沪上各大学教授市政",并编著了大量市政学的教材和参考书籍,其"问世以来,颇受热心研究市政人士的欢迎"②。

1923年,张君劢发起成立国家自治学院,"以发达人民政治品格及自治行政之智识为宗旨",其中设有市政科,其课程有"土木行政""都市设计""卫生行政""家宅问题""公营事业""比较各国市政现况""各国市制之比较""美国二三十年来市制之革新运动""德国市制草案""工业发达后之城市与乡村"等。③ 培养了一批市政等方面的人才。

复旦大学也顺应社会发展需要,于1929年新设市政系,其宗旨为"研究市政组织、市政管理与方法,培植市政专门人才"④。其开设的主要专业课程有"市政学大纲""美国市政组织""欧洲市政组织""市公安""市财政""市卫生""市教育""都市设计""中国市政沿革""中国地方政制"和"统计学"等。复旦大学市政系1937年受战事影响奉命停办,但该系在9年时间内培养了一批市政专门人才,对推动近代中国城市管理早期现代化发挥了相当的作用,功不可没。除了复旦大学外,国内还有较多的学校先后开设了市政学方面的课程,据民国时期主编《市政评论》的市政学家殷体扬的回忆,他于"三十年代开始在各大学教授市政学,当时国内有十七所大学设有市政学课程"⑤。由此不难发现,民国时期市政专门人才的培养已经是社会热点。

除了教育机构增设市政学专科,培养市政专门人才外,城市政府亦设立有市政传习所等机构,为政府职员学习最新市政学知识、训练市政技术服务。如1925年时,成都市政公所也曾举办市政讲习所,对在职的政府职员进行市政知识和技能的传授和训练。⑥ 1930年春,天津市政府举办市政传习所,以"培植地方自治精神与普及新式市行政知识"。该传习所学员由两部分构成——"在职公务员"和"自治人员"。前者遴选于天津市政府所辖各行政机构,后者来自天津市各街、村的副街长、副村长,各占一半。据这个传习所的训练主任、著名市政专家张锐所言,培训

---

① 董修甲:《市行政学纲要·序》,中华书局,1929年。
② 董修甲:《市行政学纲要·序》,中华书局,1929年。
③ 《国立自治学院章程》(1923年9月),中国第二历史档案馆:《中华民国史档案资料汇编》第3辑《教育》,江苏古籍出版社,1991年,第237—245页。
④ 《复旦校刊》,1929年11月11日。张仲礼:《东南沿海城市与中国近代化》,上海人民出版社,1996年,第742页。
⑤ 殷体扬:《谈谈城市管理科学的原理及其功能》,吴郝、梅陈:《城市管理探》,中国建筑工业出版社,1988年,第241页。
⑥ 杨吉甫等:《成都市政年鉴》,1928年第1期。

时间总计1年（2学期）的市政传习所，"开办以来，进行颇称顺利"①。

综合以上所述，近代中国的城市管理确如蒋慎吾先生所说："我国市政近亦有科学化、专门化之趋势。"② 这种趋势正是和世界城市现代化发展潮流相一致的，因此，近代中国城市管理的现代化趋势已经形成，其特征即是城市管理的积极化、专门化和科学化。城市管理的现代化趋势在推动中国城市现代化发展中发挥了不可忽视的作用。

二、近代城市管理改革的局限与制约因素

清末民初以来，"通过自治，资产阶级不仅从官僚政治下寻求解放的保护，它还企图为自己的利益建立一套有效的社会控制制度"③。城市行政制度即为其中的一种重要制度。但是，由于近代中国特殊政治环境的影响，城市管理的早期现代化不是一帆风顺的，而是历尽曲折坎坷的；不是充分发展的，而是发育不良的、不健全的。城市管理现代化发育不良的不利因素主要表现在以下几个方面。

第一，城市政治民主化程度不高。

在近代中国，地方自治和城市发展紧密联系在一起，中国先进人士把推动市政发展、城市进步的最终目标确定为实现民主政治。近代市政发展的主线——市政改革运动即基于该思路而兴起。世界城市发展的历程也证明：城市是最先实现民主、开放式管理的区域。但在近代中国，民主化程度始终无法提高，地方自治特别是城市地方自治屡受压制。

备受舆论称赞的《广州市暂行条例》只是一部市政组织法规，而非"市宪法"。此条例并未在法律层面规定广州市为独立的自治团体，也未赋予广州市法人地位，因此广州市市长仍要向广东省省长负责，市政事务受到广东省省长的管制和监督，连市长和各局局长也要由省长委任。④ 在20世纪20年代的市政改革运动中被推崇为全国"模范市"的广州尚且如此，其他城市在城市自治方面的进展也就可想而知。

南京国民政府成立后的几年，虽然为稳固政权在国内建设方面确实费了心思，但从长期来看，国民政府并未真心坚持不懈地遵照孙中山先生的革命秩序论推行地方自治。国民党虽然也标榜实行地方自治，但处处违反地方自治的原则和精神，其"地方自治"体现的仍是高度的中央集权和官治领导，贯彻的是国民党的一党专政。其所谓"地方自治"实行的结果，非但没能给人民带来民主权利和地方昌盛，反而使人民"未得自治之益，而先蒙自治之害"⑤。这一现象反映在市制方面，就是在

---

① 张锐：《促进市政的基本方策》，《中国建设》，1930年第2卷第5期。
② 蒋慎吾：《近代中国市政·自叙》，中华书局，1937年。
③ [美]费正清等编，章建刚等译：《剑桥中华民国史》上册，上海人民出版社，1991年，第832页。
④ 《广州市暂行条例》，陆丹林：《市政全书》，道路月刊社，1928年。
⑤ 梁漱溟：《中国之地方自治问题》，乡村研究院，1935年。

国民党推行的所谓"地方自治"下，市的自治地位并未长期确定。正如梁漱溟所说，中国的"地方自治体欠明确欠坚实，与官制有时相混"①。在确定市在法律层面为自治单位的时期，国民党把持下的市政既不按城市自治的精神建设和管理城市，又不肯实现真正的市民自治。"在各市中，依照《市组织法》而设市参事会者只有北平市。该市参议会成立于二十二年，二十三年八月闭会。正当进行第二届选举之时，中央政治会议以该市人民对于四权运用尚未完善为由，议决暂缓设立一年，该参议会即未继续。"②而上海和汉口两市设立的临时市参议会只属咨询机构，"参议会无法强迫市政府之执行其决议，而市政府亦无执行之法定义务"③。由此可以看出，民国时期城市管理在民主化方面严重滞后。其实这一局面的出现，是与国民党政权以城市为中心加强专制统治的现实情况密切相连的。

在国民政府如此推行名不副实的所谓"地方自治"的恶劣环境中，以市自治为核心培养市民自治精神，以改良全国政治为目标的市政改革运动肯定步履艰难、困难重重。事实上，20世纪20年代以后的市政改革运动对民国城市管理现代化发展趋势的影响主要集中在南京国民政府成立前后的一段时间，其影响随着政治环境的日益恶化而越来越微弱。这种变化与政府创造的外部政治环境的好坏有着密切的关系。可以说，国民党推行的所谓"地方自治"基本上没有给市政改革运动提供长期、宽松、稳定的理想活动空间。

第二，城市管理制度与具体实施严重脱节，缺乏实践检验。

仅就制度层面而言，近代中国城市管理的早期现代化趋势是清晰的，即由城乡合治转向城乡分治，城市管理趋向科学化、专门化、法制化、民主化。但是考察其具体实施情况，各城市的行政制度与具体实施是严重脱节的。从清末到南京政府成立这一时期，中央政府或地方政府颁布了一系列的城市基本法，其中有部分法律法规在非常短暂的时间内被实施过，而有的根本就没有得到实施，完全成为一纸空文。南京政府成立后，中央政府虽然在名义上统一了全国，也颁布了统一的《市组织法》，但其实施状况并不令人满意。首先，地方军阀控制的城市，名义上受国民党中央指挥，实际上各搞一套，如阎锡山在山西就曾经常凭自己的喜好去操纵太原等城市的行政与建设。其次，根据南京政府颁布的《市组织法》，市公民具有选举、罢免、创制、覆决诸权利，但在事实上，除了选举权之外，罢免权、创制权、覆决权均未见真正行使。其他一系列有关城市民主与法制的规章制度，在实施层面也鲜有达到条文规定之标准者。

这种现象的出现，一方面是因为近代中国政局变动频繁、战乱不止，城市行政没有一个稳定的政治环境，各派政治军事集团热衷于城市的攻防，扩大和巩固自己的地盘，没有心思去推行城市行政的民主与法制；另一方面，也与理应在国家现代

---

① 梁漱溟：《中国文化要义》，《梁漱溟学术论著自选集》，北京师范学院出版社，1992年，第254页。
② 钱端升：《民国政制史》，商务印书馆，1939年，第769页。
③ 钱端升：《民国政制史》，商务印书馆，1939年，第767页。

第三章 城市管理体制的现代变迁

化建设中发挥主导作用的政府存在种种弊端和缺陷从而未能负起历史使命有直接关系。在这种背景下，城市管理现代化的法规或条例，只能成为统治者在政治舞台上的装饰品和笼络人心的旗号。大多数的政治家、政客们并不是真心支持和热心推行市政改革的。即使在政局相对稳定的南京国民政府时期，国民党出于巩固自己政治统治的目的，也往往将城市行政的现代化作为政治舞台上的摆设和笼络人心的旗号。国民党一再延长"训政"时间，对城市行政自治的推行根本就不热心。1936年国民政府公布《市自治法》，但未见在城市中真正被实施。1943年经修正后的《市组织法》规定市为自治单位，市政府职权为"办理市自治事项""执行上级政府委办事项"。按照这一规定，市政府应当有相当的"自由度"来决定自己的民政事务。但国民党当局又常常害怕中心城市有了自治权力后对中央政府不利，并因而产生一些消极影响，因此又认为重要的大城市尤其是首都，只能是行政单位不应是自治单位。民国时期城市行政制度与具体实施严重脱节，反映了近代中国城市行政的早期现代化是发育不健全的。

近代中国城市体制和管理总的趋势是渐趋现代化的，但具体到每个城市又有很大的跳跃性，这与当权者的主观努力和意愿有密切关系。不过我们还是应该看到制度的进步性为城市政府履行城市管理和建设职能提供了保障，在一些有胆识有魄力的市长的主持下，一些城市取得的较大成就即与这些制度有关。例如吴铁城在上海、刘文岛在汉口、袁良在北平等，这些制度造就了他们引人注目的政绩。不过由于这些制度缺乏强有力的保障机制，往往是人存政兴、人去政废，制度的作用总的说来不如人的作用大。

第三，城市行政缺乏自主，深受政治因素的制约和影响。

自清末以来，城市行政一直受到政治势力的严格控制。清政府在颁布城镇乡地方自治章程时，一再指出要避免"以自治力不受管辖之意"，致"失国家驭民之权"的误解[①]，并要求各级地方官加强对自治的监督，"庶自治区域虽多，而一一就我准绳，不至自为风气，自治职员虽众，而一一纳之轨物，不至紊乱纪纲"[②]。清政府所提的"准绳""纪纲"，无非就是传统的封建体制，在这种"准绳"和"纪纲"的束缚下，城市行政现代化难有大的发展。在实际实施过程中，清末的广大城市实际上变化并不大，上海、天津、武汉等城市走在了行政现代化的前列，但它们也深受封建地方官府的控制。天津的早期城市自治活动开展得轰轰烈烈，但经过一段时间的变动后还是产生了妥协。[③] 清末上海受清政府的政治影响要相对弱一些，但是到了民国初年，其行政的现代化也仍然受到政治阻碍，其典型的表现有上海市政厅初成立时曾向江苏省议会建议直接隶属于省会官厅，但遭到了否定，未获批准。1914年袁世凯下令解散各地自治机关，这对城市行政的现代化来说是一个沉重的

[①] 蒋慎吾：《中国之市政》，《人文月刊》，1936年第7卷第3期。
[②] 蒋慎吾：《中国之市政》，《人文月刊》，1936年第7卷第3期。
[③] 陈克：《十九世纪末天津民间组织与城市控制管理系统》，《中国社会科学》，1989年第6期。

打击，因为早期城市行政的现代化是在自治的名义下进行的。从袁世凯下令全国解散自治机构到20世纪20年代前，城市行政可以说没有任何进步性可言。到了20年代以后，中国战乱频仍，各地城市的行政权主要掌握于地方军阀手中，名义上的北洋政府颁布的城市自治等法令根本不能在全国施行，地方军阀对自己控制的城市任意宰割，将其作为军事据点和财税来源，城市行政的现代化更谈不上。南京国民政府成立以后，统一了城市行政，在法律层面实行民主制，实际上并没有给城市太多的自治权。如民选市长之法就一直没有得到落实，而是由上级机关简任与荐任。尤其是全面抗战胜利以后，国民党加强了独裁统治，对城市政府的控制更趋严密，乃至于所谓"行宪国大"召开以后，时人颇不甘心地发声："行宪国民大会闭幕已三阅月，而省县自治通则迟迟未见通过，致地方自治之实施，仍滞于停顿状态中。"①

第四，军事强权对城市管理的严重干预。

自民国以来，军阀纷争是中国政局最重要的特点。各派军阀在争夺地盘的过程中，将重点放在对城市的进攻和防守。城市成为军事据点，城市管理受军事因素的影响相当大。首先，城市长官多由军事首长担任。如成都自建市以来到抗战胜利，其间的市长大多数是由出身于行伍或与军阀有着千丝万缕关系的人担任②，由他们出任城市行政长官，无疑给城市管理打上了深深的军事强权烙印。其次，一些地位重要的城市和处于战乱中的城市，都驻有卫戍部队，设有卫戍司令部等军事机关。这些机关有超越城市政府的大权。如南京、上海、北平、天津等城市在南京国民政府时期均设有卫戍司令，"卫戍司令由军事委员会呈请国民政府任命之，直隶于军事委员会"③。"为巩固北京、天津治安起见，特设京津卫戍总司令"，"卫戍总司令由军事委员会呈请国民政府任命之，直隶于军事委员会，战时受国民革命军总司令的指挥"。④ 卫戍司令不是城市行政首脑，却握有城市的治安防务大权，凌驾于城市政府之上，这在枪杆子里出政权的时代是不足为怪的。最后，从近代中国的社会发展轨迹来看，军人干预政治是司空见惯的事。本来，民国时期政府制定的若干城市管理法规，曾借鉴西方资本主义国家的制度，规定现役军人不能担任城市行政职务，但是环顾旧中国的众多城市政府，称得上纯粹文官政府的少之又少。在军事强权至上的年代，任何制度都可能是新旧军阀腰带上的装饰品。

第五，城市警察机构独立于城市政府之外。

从清末兴办警政以来，城市警察机构就担负着管理城市的重任，相当于早期的城市政府。进入民国以后，随着独立城市行政机关的纷纷建立，城市警察机构自成体系地一直延续下来，并始终保持着与行政机关的距离。在城市管理体系中，警察机构基本不受城市政府控制，而归上级警察机构和政府管理。如南京市在南京国民

---

① 刘础新：《行宪后市制之研究》，《市政建设》，1948年第1卷第1期。
② 张学君、张莉红：《成都城市史》，成都出版社，1993年，第296—297页。
③ 《首都卫戍司令暂行条例》，《国民政府公报》，第14册第22期。
④ 《京津卫戍总司令暂行条例》，《国民政府公报》，第17册第66期。

政府建立后设有首都警察厅,"直隶于内政部,归内政部之指挥监督,掌握首都公安事务"[①]。

其实,在城市管理体系中,凌驾于城市政府的机构除军队和警察外的,还有团练组织、城市宪兵、特务、法院等各种组织。特别是民国中后期,军、警、法、团、特、宪六套机构担负着维持城市治安、镇压民主力量的任务。他们之间的联系十分紧密,可以说是六位一体。其作用除防治盗匪外,最主要的就是迫害、打击进步民主势力。[②] 这些机构的存在和活动,严重干扰了城市管理的正常秩序,使名义上统一于城市政府的城市管理权实际上被分割蚕食。城市政府的管理作用被减弱,阻碍了城市早期现代化的进程。

除了上述阻碍城市管理现代化的因素外,城市居民在城市管理新旧体制转换过程中为维护既得利益而自然产生的不适应、抵触情绪,城市政府财政枯竭、无法放手进行城市管理和建设等,也是影响城市管理现代化发展的重要原因。

由此可以认为,近代中国的城市管理确确实实出现了早期现代化的发展趋势,但是其发展历经坎坷曲折,未能得到充分的发展。近代中国的城市管理在现代化中,仍然包含有大量的封建专制因素,这些因素阻碍着城市管理的现代化进程,也阻碍了近代中国城市的进步。城市现代化发展的内在要求呼唤着冲破这些封建专制因素的束缚,以获得自由广阔的发展空间。

近代中国城市行政早期现代化的实质是资产阶级行政代替封建地主阶级行政,这一变革历程始自清末,到南京国民政府成立之后基本完成,但仍存在许多旧的、封建专制的因素。近代中国城市行政变革之所以不彻底,是由近代中国特殊的政治环境决定的。近代中国的资产阶级身上不光有西方资本主义的血液,还与中国封建势力有着千丝万缕的联系。经过辛亥革命的洗礼,资产阶级登上政治舞台,但在城市行政领域中,新兴资产阶级也不得不与旧势力妥协。即使到了南京国民政府时期,城市行政领域也含有许多传统的封建专制因素。民国时期的统治者,从北洋军阀到蒋介石,均对封建专制制度做了巧妙的解剖,保留了它的专制性,剥离了它从封建时代带来的残暴性而代之以资产阶级政治制度的欺骗性,城市行政体制的变革正是从属于这种政治制度的变革的。近代中国城市行政兼有封建专制与资产阶级民主制的某些内容,其中,封建专制因素依然存在,但正在逐步消亡;资本主义民主脉息微弱,但正在缓慢增强。这种此消彼长的变化趋势展示出近代中国城市行政早期现代化过程中丰富而生动的内容。

小 结

民国时期,随着政治制度的变迁,城市资本主义工商业的发展,以及人口城市

---

① 《首都警察厅组织法》,《国民政府公报》,第 32 册第 301 号。
② 参见乔曾希、李参化、白兆渝《成都市政沿革概述》[《成都文史资料选辑》(第 5 辑),1982 年]。

化的加快，建立一套行之有效的城市管理体制，已经是势所必然。

民国前期，国内各股政治势力整合的失败，促使各省地方社会自谋生路，一些社会精英寄望于通过对地方的改造推动国家民族的复兴，加之此时西方民主思潮、政治体制以及世界城市改革浪潮的冲击与影响，地方社会在民国时期率先揭开了建构现代城市管理体制的帷幕。晚清以来就已经松动的城乡合治的传统管理机制加速向现代城乡分治的管理机制转型。以《广州市暂行条例》和北洋政府的《市自治制》的颁布为标志，近代中国开启了城市管理早期现代化进程的新阶段，许多重要城市相继模仿西方市政制度建立了现代城市管理体制。

南京国民政府成立之后，国民党在形式上完成了国家统一，1928年国民政府颁布了《特别市组织法》和《市组织法》，标志着国家权力开始全面实质性地介入现代城市管理体制的创建，城市作为独立的政治行政实体正式在国家政治版图中占有一席之地。"以党治国"的国民政府，之所以大力推行现代城市管理体制，固然有适应城市发展需要的一面，但更隐藏着控制地方社会、维护国民党中央集权统治的企图，因而造成城市管理民主化、法制化的建设道路曲折蜿蜒的局面。

尽管如此，随着现代城市管理体制建设的全面启动，许多城市建立起现代城市管理机构，城市管理日益向系统化、规范化、科学化、专门化、专业化发展，从而提高了城市管理的水平，推动了城市的发展。同时，依法治市也在形式和实践上得到贯彻，而城市政治民主化经历了不断的博弈之后也有所收获。在中华人民共和国成立以前，一个现代的城市管理体制已经初步确立。

第四章　城市人口构成与社会结构的演变

人口是促进社会发展变化的要素。人口的数量、构成和变化与社会发展之间存在着互动关系，而城市作为一定规模人口的聚集区，人口城市化则是城市现代化最重要的标志之一。在民国时期，随着工业化、城市化的发展，加上社会的长期动荡，城市的人口规模、人口构成等都有较为显著的变化，人口城市化进程明显。与此同时，城市社会分工日益复杂，等级职业结构日趋细化，新的社会阶层不断涌现，阶级分别日益清晰。

第一节　城市人口数量与构成的演变

民国时期，城市化和工业化的发展，战争的此伏彼起，农村的日益凋敝，使得大量人口往城市聚集，城市人口数量不断增加，人口城市化率明显提高。即便如此，民国时期人口城市化仍低于世界平均水平，并表现出增长的曲折性和不稳定性，以及分布的不平衡性。同时，城市人口结构畸形化，质量不高。

一、城市人口数量变化

民国时期人口城市化进程加快，城市人口数量明显增长，但城市化率与世界平均水平相比，仍处于相对落后的状况。同时，造成民国城市人口数量增长的原因具有多样性，并表现出自己的特点。

（一）民国时期人口数量变化

有研究者认为："城市人口快速增长是民国时期城市发展进程中最为显著的一个特征。"[①] 这一判断大体是基于民国时期城市人口数量的绝对数的增长所得出的结论，如果从城市人口占总人口的比例来看，其增长的幅度并不高。详见表4-1：

---

① 张宪文、张玉法主编，江沛等著：《中华民国专题史》（第九卷），南京大学出版社，2015年，第365页。

表 4-1　1901—1949 年城市人口总数及城市化率比较表

年份	全国总人口数	城市人口数	城市化率（%）
1901	42 645	4 173	9.8
1920	44 715	4 742	10.6
1931	46 884	5 106	10.9
1936	46 962	5 201	11.2
1949	54 167	5 765	10.6

姜涛：《中国近代人口史》，浙江人民出版社，1993 年；赵文林、谢淑君：《中国人口史》，人民出版社，1988 年；《中国人口年鉴·1985》，中国社会科学出版社，1986 年。

　　从表 4-1 可以看出，在 1901—1949 年这近 50 年间，中国城市人口数量、城市化率总体上虽然呈不断上升的趋势，但增长的幅度仍然较低，近 50 年间中国的人口城市化率仅增加了 0.8 个百分点，一直在城市化的起步阶段徘徊。民国时期，城市人口数量虽然增幅较大，但城市化率并不高，其原因主要在于全国总人口有较大的增加。从 1901 年到 1936 年，全国总人口数增加了 4 317 万人，增长率为 9.08%；与此同时，城市人口增加了 1 028 万人，增长率为 24.63%。也就是说，在 1901—1936 年期间，全国新增人口的四分之三为非城市人口，仅有四分之一为城市人口，非城市人口增长的幅度大于城市人口，因而城市化进程缓慢，1936 年的人口城市化率仅较 1901 年高出 1.40 个百分点。表 4-1 还显示以 1936 年为节点，民国时期城市人口数量、城市化率的变化出现了阶段性特征。在 1936 年以前，城市人口数量、人口城市化率一直呈上升趋势。1920—1936 年期间，全国总人口数新增 2 247 万人，城市人口增加了 459 万人，人口城市化率增长了 1.10 个百分点。然而，1936—1949 年期间，城市人口数量、城市化率明显降低。这 13 年，全国新增总人口数 7 205 万，城市人口只增加了 564 万人。这一现象表明，在全面抗战爆发以前，中国城市的人口数量处于增长阶段，但 1937—1949 年期间，中国城市人口数量的增长则趋于萎缩、停滞。其原因是多方面的，一是从民国成立到全面抗战爆发，中国城市资本主义工商业总体上处于发展态势，城市聚集功能得到增强，提供了大量的就业岗位，吸引了相当数量的农村人口流向城市；此一阶段中国虽然各地战火频仍，但都是局部性的，多发生于偏僻、落后的地区，如国共十年内战的主要作战区域就多集中于广大农村地区，较少在城市展开。这不仅没有影响中国主要城市的人口城市化进程，反而迫使大量农村各阶层人口为躲避战火而迁移到城市，提高了人口城市化率。如汉口的城市人口之所以在 1928 年 12 月至 1935 年 1 月期间从 572 672 人增加到 816 541 人，一个关键的原因就是"周边战乱"，造成了大量农村各阶层人口流入城市。① 二是从全面抗战爆发到中华人民共和国成立这段时期，全国大中城市尤其是东部沿海地区的城市长期笼罩于战争阴影下，城市经济

---

① 罗翠芳：《民国中期武汉人口急剧增长的主要动因》，《湖南农业大学学报》，2012 年第 4 期。

遭到严重破坏，城市人口大量死亡、逃离，人口城市化率因而下降。以上海为例，在全面抗战爆发以前，该市无论是城市工业经济还是人口城市化率都处于上升势头，但全面抗战爆发以后，其城市工业经济和城市人口数量迅速萎缩与减少。详见表4-2、4-3：

表4-2 全面抗战爆发前后上海市工厂数比较表

年　份	工厂数（个）	资料来源
1931	2 326	《安徽建设月刊》1931年第3卷第2期
1934	3 618	《时兆月报》1934年第29卷第8期
1942	1 146	《纺织染工程》1943年第4、5期合刊

表4-3 全面抗战爆发前后上海城市人口数量比较表

年　份	人口数	资料来源
1930年7月	2 944 608	《时时周报》1930年第1卷第1期
1935年12月	3 551 523	《磐石杂志》1936年第4卷第2期
1942年6月	2 694 600	《银行周报》1942年第26卷第7、8期合刊

从以上两表可以看出，全面抗战爆发以前上海城市工业发展迅猛，工厂数从1931年的2 326家增加到3 618家，增加了1 292家。大量工厂企业的建立，意味着需要大量的劳动者，从而使上海的城市化拉力不断增强，可以吸纳更多的非城市人口进入城市工作、居住，故在城市人口数量方面，便表现为上海人口在1930年7月到1935年12月期间，净增了606 915人。然而，全面抗战爆发以后，上海工厂大量减少，或内迁，或遭战争破坏，1942年，全市只有工厂1 146家，与1934年相比减少了2 472家。上海城市化拉力因而遭到削弱，全面抗战爆发前的人口城市化进程亦被打断，城市人口数量大幅减少。1942年6月上海全市人口共有2 694 600人，与1935年12月的人口数相比较，净减少了856 923人。

诚然，全面抗战爆发前后上海城市人口所出现的上述变化，并不完全是工业化的拉力作用减弱所造成的，如战争造成的人口死亡、非工业人口的大量内迁等，也是这一阶段上海人口减少的原因。但归根结底，上海城市人口之所以在此阶段出现大幅减少，与抗日战争有着直接的关系。因战争而导致的城市化水平降低的现象亦出现在东中部其他城市和地区。如杭州自1927年市政府成立以后，"人口是逐年增加的"，1927年杭州全市共有人口384 678人，1937年3月更增至596 205人。但十年以后，城市人口不增反减，据杭州市政府1947年12月底的调查，该年杭州城市人口仅有511 747人。也就是说，经过八年全面抗战以及近一年半的解放战争，杭州城市人口净减少了八万余人，其给出的重要原因为"战争所致也"。[①] 又如南昌

---

① 许良荣：《从人口统计看杭州》，《杭州市政季刊》，1948年新1卷第6期。

城市人口在1928年到1937年期间逐年增加，从224 123人增加到298 576人。但其人口城市化进程却因全面抗战和解放战争的相继爆发而终止。1938年，南昌城市人口骤然减少到126 029人，一年之间减少了57.80%。1947年，南昌城市人口总计266 200人，仍未恢复到全面抗战爆发前的最高水平，较1937年净减少了两万余人。中华人民共和国建立前夕，国民党许多官员、吏属和地方绅商纷纷逃离南昌，使南昌"城市人口又明显有所下降"[①]。

综上所述，民国时期城市人口数量总体虽然呈增加趋势，但城市化水平的发展则有着明显的阶段性特征，以全面抗战爆发为界，可将其划分为两个阶段。在第一阶段（1912—1937），大量农村人口流向城市，人口城市化率持续上升。据时人的统计，1930年中国10万人口以上的城市共有112个。超级特大城市上海的城市人口达到2 828 866人，北平、天津、武汉则发展为百万人口以上的大城市，而人口在50万到100万之间的大城市则有9个，分别为无锡、南京、广州、香港、成都、重庆、漳州、长沙、太原。[②] 以上数据未必准确，但亦从侧面反映出从民国成立到全面抗战爆发这20多年间，中国城市人口数量增长显著，并表现出人口向大城市和特大城市聚集的特点。

从全面抗战爆发到中华人民共和国建立，为人口城市化的第二个阶段。在这个阶段，人口城市化率相较于前一阶段有明显下降。这一点从相关的统计数据中也可以看出来。1949年全国5万人口及以上的城市只有168个，相较于1936年减少了23个。不过，在这个阶段有一个值得注意的现象，即由于抗日战争主要在东中部进行，故而造成东中部地区的城乡人口向西部迁移，西南、西北地区的城市人口数量有明显增长，人口城市化率有所提升，不过从全国来看，并无大的变化。另外，还必须指出的是，民国时期人口城市化率总体上虽然有明显上升，但相较于发达国家的城市化水平，仍然处于落后状况。有研究者指出：1929年中国10万人口及以上城市的人口平均率为6.40%，日本则为17.50%，"此差额之造成，由于日本立场于实业已臻发达之地位，非中国能望其项背"[③]。言外之意，中国工业化不发达，不能为城市人口增长提供持续动力，所以人口城市化率只能滞后于日本等发达资本主义国家。

（二）民国时期城市人口变化的原因

一般而言，人口迁移是由某种"推力"与"拉力"共同作用而完成的。就民国时期人口城市化问题而论，其"推力"和"拉力"主要来自农村经济的破产、工业化的发展、人口压力、自然灾害和政治因素以及现代交通网络的构建等方面。

第一，农村经济的崩溃，农业社会的凋敝，迫使大量被剥夺了生产资料的农村

---

① 孙伟、钟建安：《民国时期的战争与南昌城市人口》，《江西师范大学学报》，2012年第5期。
② Boris·P. Torgasheff 著，启译：《中国都市人口之研究》，《钱业月报》，1930年第10卷第6期。
③ Boris·P. Torgasheff 著，启译：《中国都市人口之研究》，《钱业月报》，1930年第10卷第6期。

第四章
城市人口构成与社会结构的演变

人口流向城市谋求生存,从而导致民国时期城市化的"推力"增强,促进了人口城市化。

鸦片战争以来,随着国门的被迫开放,帝国主义列强开始在中国大量倾销工业产品,农民赖以谋生的传统手工业一落千丈,农村中小农业加手工业的自给自足自然经济加速解体。同时,新兴地主和"没落的地主,就只能加紧其对农民的榨取,增加田租,应用大斛,利用高利贷,吸吮农民最后的一滴血,以苟延残喘"[1]。在外国资本主义势力和本国地主阶级的双重压迫下,各地农民破产情况日益严重,农村社会日趋凋敝。上述趋势在民国时期不仅没有得到遏制,反而愈演愈烈。如四川成都的丝织品市场原本热销本地农民和小手工业者所生产的绸缎、湖绉、大绸、绫纱,"行销省外达二三百万元",但在20世纪二三十年代,"因受洋货抵制,一落千丈,昔时所谓素称名贵之蜀锦,早已不如舶来之花标布矣,绸缎衣料,因外来毛织及洋麻货抵制,无人问津","农户业主多失生计"[2]。又如山东莱阳农村妇女,"往昔大半纺纱",但遭到洋纱、洋布倾销的持续冲击之后,民国初年当地纺纱业已"久经停歇","妇人无业可依"[3]。在帝国主义列强倾销的工业产品的冲击下,传统手工业纷纷破产。

同时,在旧制度大厦将倾的时刻,无论是旧式地主还是新兴地主阶级都加紧剥削农民,征收高额地租,发放高利贷,转移各种苛捐杂税,使农民生活更加贫困。民国时期的地租,据时人的估计,全国平均比例在50%左右,甚至有些地方还有所谓"倒四六""倒三七"的租额,"即地主收入六成至七成,佃户收入是四成至三成"[4]。征收高额地租的直接后果是,农民辛苦一年而颗粒无收,不得不借高利贷,"农民虽知其害,少有能逃脱的"[5]。1934年的定县,"欠债之家数占全县总家数百分之六十七,约四万六千家"[6]。各种苛捐杂税更是层出不穷。在河北农村,"四月麦黄之候,官吏们以为有机可乘,于是接二连三地派长警下乡催缴税捐。什么后备队训练捐,什么遗产税,什么保卫团捐,什么县城隍庙修葺捐,什么人口税,什么遗产税,什么什么可以有一百个以上的什么"[7]。加之农产品市场经常为不良商人所操纵,以致"谷贱伤农",农产品的价格低廉,导致农民的劳动无法维持自身基本生活,只有出卖土地。如1935年江苏宜兴县出卖、典押土地的农户计有6 000余户[8]。越来越多的中国农民失去了最后的生产资料,即土地,彻底变成一无所有者。遭受多重压迫的农民走投无路,"与其坐而待毙,不如另觅出路,尤其是其中

---

[1] 千家驹:《救济农村偏枯与都市膨胀问题》,《新中华》,1933年第1卷第8期。
[2] 佚名:《二十三年度成都市场概况》,《四川经济月刊》,1935年第3卷第2期。
[3] 梁秉锟、王丕煦:(民国)《莱阳县志·工业》,民国二十三年(1934)铅印本。
[4] 旭村:《现阶段的中国农民与都市劳动者的生活概况》,《飞鸿》,1935年第96期。
[5] 李景汉:《农村高利贷的调查》,《民间》,1934年第1卷第14期。
[6] 李景汉:《定县农村经济现状》,《民间》,1934年第1卷第1期。
[7] 伍炽芬:《农村破产写真》,《十日谈》,1934年第37期。
[8] 章有义:《中国近代农业史资料(1927—1937)》(第3辑),生活·读书·新知三联书店,1957年,第125页。

的壮丁，遂不得不抛弃其眷念之故乡，出外谋生于异土"①。据李景汉的调查，1933年河北定县出外谋生者即达10 000人，而1934年春夏之交背井离乡者亦"超过一万人，创空前未有之记录"②。另据时人的统计，20世纪30年代山东农村农民平均离村率为49‰。③ 这些离开农村的农民，大多"相率集中于都市，一旦离开都市便不能生存"④。其时中国城市正处于转型时期，新兴经济正快速发展，城市服务业等第三产业也有很大发展，因而对劳动力的需求正旺，农业人口的离村正好满足了城市对劳动力的需要，城市人口因此而增长。如有学者在对1840—1936年间天津人口的变化进行分析后指出，晚清民国近百年间天津人口如按城市人口自然增长率3‰计算，只能净增人口6万人；但实际上天津在此期间净增的人口近百万，其中仅1906—1928年间实际净增人口就达70万人，移民成为民国时期天津城市人口规模迅速膨胀的主要原因，"其城市化率的提高主要是农民为主的移民所致"⑤。另据李景汉在1924年的抽样调查，其时北平有6万名人力车夫，其中将近一半来自河北、山东等省，他们到北平谋生的主要原因基本上都是乡中"生计极其艰难"⑥。

总之，民国时期农村经济的加速崩溃，迫使大量农民进入都市寻找新的生活出路，从而推动了民国时期的人口城市化。

第二，民国时期资本主义工商业的发展，使得现代工商业集中的城市形成巨大的劳动力需求，加之工业与农业、城市与乡村之间存在的收入差距，以及城市物质文明和精神文明的诱惑，吸引了大量的农村人口向城市流动，因而推动了人口城市化。

列宁曾经指出，资本主义工商业发展必然会导致"工业人口增加，农业人口减少"⑦。也就是说，越来越多的人口将会伴随经济发展从农业人口中分离出来。民国时期，资本主义工商业相较于晚清有了明显发展，尤其是新式工业的发展更为晚清所不及。1911年，全国有新式企业共计600余家，但到1937年6月，仅上海便有机器工厂5 525家、商店86 639家、作坊1 685家。⑧ 又据吴承明的研究，1920年新式工业产值在工农业总产值中所占比重仅为4.90%，但到了1949年，新式工业产值在工农业总产值中所占比重增长到了17%。⑨ 新式工业产值比重的提高，表明

---

① 李景汉：《定县农村经济现状》，《民间》，1934年第1卷第1期。
② 李景汉：《定县农村人口分析与问题》，《民意》，1934年第1卷第2期。
③ 归庭铨：《农村经济衰落之原因及救济方案》，《东方杂志》，1935年第32卷第1号。
④ 黄明日：《中国农村经济衰落之原因》，《东路月刊》，1934年第2期。
⑤ 张利民：《论近代天津城市人口的发展》，《城市史研究》（第4辑），天津教育出版社，1991年，第87页。
⑥ 李景汉：《北京人力车夫现状的调查》，《社会学杂志》，1925年第2卷第5、6期合刊。
⑦ [苏]列宁：《俄国资本主义的发展》，《列宁选集》（第一卷），人民出版社，1958年，第163页。
⑧ 上海社会局：《上海市商店工厂作坊家数统计（1937年2—6月）》，《国际劳工通讯》，1937年第4卷第11期。
⑨ 吴承明：《中国资本主义的发展述略》，《近代中国资产阶级研究》，复旦大学出版社，1984年，第117页。

第四章 城市人口构成与社会结构的演变

现代工业集中的城市可以提供大量的就业机会，从而增强了城市对于人口的吸引力。同时，与传统农业部门相比，新式产业的劳动生产率和利润率都比较高，因而，对于资产者来讲投资新式产业比投资传统农业更具吸引力；同时，农民在城市的劳动所获远比在农村多，城乡收入的差别也由此被进一步拉大。据陈正谟的调查，在20世纪30年代，城市工人家庭年收入最高者收入可达584元9角2分，乡村农民家庭全年平均收入则为113元7角9分。[①] 又据20世纪30年代对江苏上海、武进、无锡等地城乡收入的调查，城市工人比农村一般农民平均工资多50%～500%。[②] 这样巨大的收入差距，以及城市所提供的就业机会的不断增多，势必增大了城市的"拉力"和农村的"推力"，吸引日益贫穷乃至破产的农村人口向城市转移。据中央农业实验所于1932—1935年对全国22个省1 001个县所开展的农村调查，"三年之间，农家离村者，占各县总农家百分之五，总计二百万家"，其中，"赴城市者，占百分之五十九，多系作工谋生或逃难。百分之二十二为逃难而离村"[③]。也有研究者于1928年对上海浦东的工人展开调查，发现"上海苦力，多半来自异地"，其入城多是因为"城里收入高"。[④] 20世纪30年代，武昌附近的农民子弟，"大都到武昌为劳动者或小商业"[⑤]。这种由于城市经济发展而吸引农村劳动力的现象，在民国时期非常常见。城市不仅能为农村剩余劳动力提供更多的工作机会，让他们获得更多的收入，还可以让这些入城者享受到农村所未有的现代物质文明、精神文明的成果，其时现代教育机构尤其是中、高等教育机构大多设置于城市中，尤其是大城市之中，广大农村青年以及他们的子女为了获得受教育的机会就必须进入城市，然后逐渐在城市中定居。上述中央农业实验所的调查报告就指出，在入城市的农村人口中有65%的青年男女是因为求学而进入城市的。[⑥]

第三，人口压力、自然灾害及政治因素，亦是推进民国时期人口城市化的重要"推力"。

早在清中叶，人口压力问题就已经出现，人口自然增长的速度超过了农业发展的速度，人地矛盾冲突加剧，农村对人口的"推力"加强。吉尔伯特·罗兹曼等人甚至认为："人口增长削弱了中国对来自外部的现代化力量做出相应反应的基础。"[⑦] 民国时期，人口压力问题不仅继续存在，而且更为严重。据帕金斯的估计，1913—1933年，中国人口增长了8 000万以上，年增长率为8‰。[⑧] 卜凯因此认为，

---

① 陈正谟：《我国人口之研究》，《统计月报》，1933年第14期。
② 池子华：《中国流民史》，浙江人民出版社，1996年，第94页。
③ 佚名：《农村破产多，农民辗转入城市》，《现代青年》，1936年第4卷第4期。
④ 松芬：《上海浦东工人模范村之组织》，《新广西旬报》，1928年第17期。
⑤ 冠球：《中国农民为什么向都市跑》，《新社会》，1932年第3卷第10期。
⑥ 佚名：《农村破产多，农民辗转入城市》，《现代青年》，1936年第4卷第4期。
⑦ [美] 吉尔伯特·罗兹曼编，国家社会科学基金"比较现代化"课题组译：《中国的现代化》，上海人民出版社，1989年，第189页。
⑧ [美] 德·希·珀金斯著，宋海文等译：《中国农业的发展（1368—1968）》，上海译文出版社，1984年，第286页。

"依目前生产能力，人口增加甚速，实非中国所能堪"[①]。与此同时，农业生产技术落后、土地退化严重并且高度集中，导致农村生产力水平低下，农村人口收入减少，农村的人口承载能力弱化。如河北定县，"大多数的小田产所有者拥有不到三分之一的田产，而占八分之一家数的大田产所有者却拥有将近半数的田产"[②]。农村因而普遍就业率低，存在大量隐蔽性失业人口。据相关调查，20世纪30年代的无锡农村，有15%的壮丁已完全脱离农业，而剩余85%的壮丁全年投入于农业生产的时间也只有152天，因此无锡许多农业劳动力长期处于无所事事中的状态。[③]又据当代学者的研究，20世纪30年代初乃至整个近代中国，农村过剩劳动力占劳动力总数的比重高达60%以上。[④] 如此规模的闲置人口散居农村而无工可做，其生存面临巨大困难。在这样的背景下，农村还常常遭遇自然灾害的摧残，导致农民生活更加困难。以安徽为例，从1840年到1949年，该省平均每1.02年就要发生一次大水灾，旱灾是平均每1.55年发生一次，蝗灾为平均每2.56年一次，地震则是平均每三年一次。[⑤] 在多重压力之下，许多农业人口只有改变安土重迁的观念而背井离乡，其中相当部分的人选择了进入城市之中谋生。如1935年，安徽对江、合巢等地"土著居民"，由于"受水旱灾荒，生计至困，相率荷担携眷离乡"，前往芜湖谋生；前后抵达芜湖者"陆续增至四万余人"，"彼等于木机手工织布有专长，是以现今芜商埠棉织业之发展，几有一日千里之势"。[⑥] 此段史料表明，大量农村人口因自然灾害等而被迫进入城市谋生，一方面解决了自己的生计问题，另一方面也使城市获得了发展经济所必需的劳动力，甚至包括技术型劳动力。农村"推力"的加大和城市"拉力"的增强，使人口城市化在这样的过程中完成。

此外，政治和军事等因素对于民国时期城市人口的变动也有着重要的影响，且较其他因素不遑多让。有研究者根据大量史实得出这样一个结论，即在近代中国城市化进程中，政治、军事因素的影响力仅次于经济因素。[⑦] 晚清太平天国运动时期，太平天国在长三角所发动的政治、军事运动，迫使该区域的有钱人纷纷向上海租界转移，从而在短时期内促进了上海城市人口的快速增长。第一次国内革命战争时期，湖南轰轰烈烈的农民运动也使乡绅、地主为躲避打击而逃离农村，进入城市，"头等的跑到上海，二等的跑到汉口，三等的跑到长沙，四等的跑到县城"[⑧]。又如1927年国民政府定都南京之后，随着政治中心的转移，南京城市人口迅速增加，1927年为360 500人，1928年为497 536人，1929年为540 120人，此后逐年递增，到1937年3月增加至1 019 667人；全面抗战爆发后，经过南京保卫战和日寇

[①] 卜凯：《中国乡村人口问题之研究》，《现代读物》，1937年第2卷第27期。
[②] 李景汉：《定县土地调查》（上），《社会科学》，1936年第1卷第2期。
[③] 冯和法：《中国农村经济资料续编》，黎明书局，1935年，第108页。
[④] 彭南生：《也论近代农民离村原因——兼与王文昌同志商榷》，《历史研究》，1999年第6期。
[⑤] 汪志国：《近代安徽自然灾害与人口的变化》，《安徽大学学报》，2008年第5期。
[⑥] 《芜湖棉织工业日趋发达》，《纺织时报》，1935年第1225期，第3版。
[⑦] 孙蓓蓓、徐峰：《中国近代城市化率及分期研究》，《华东师范大学学报》，2008年第3期。
[⑧] 毛泽东：《湖南农民运动考察报告》，《毛泽东选集》（合订本），人民出版社，1964年，第14页。

第四章
城市人口构成与社会结构的演变

大屠杀,南京人口又迅速减少,至1946年,只有930 005人。[①] 另外,如前所述,民国时期各种大小战争对城市人口变迁的影响更为巨大。总而言之,政治和军事因素实为影响民国时期城市人口变动的一个重要因素。

第四,现代交通网络体系的形成,尤其是铁路的建设,更成为推动民国时期农村人口向城市转移的重要"推力"。

民国时期,华北、东北和长江中下游地区的现代交通网络体系初步形成,导致许多城市因获得交通枢纽的地位而兴起,从而吸引了大量人口前往,促进了人口城市化的进程。以华北地区为例,随着京奉、京包、京汉、胶济、正太、津浦等铁路干线和支线相继建成通车,人口、物资等各种要素流动加速,区域性中心城市天津、济南、青岛等的经济功能大幅度增强,吸纳外来人口的能力增强,城市人口大增,如1910年青岛人口仅为16.50万人,1932年则增至42.60万人,增长了156.10%。此外,部分区域次中心如石家庄、包头、张家口等加快了现代经济的发展,城市人口数量也不断增长。如1909年京张铁路通车之后,张家口迅速发展为华北较大的商埠,城市人口持续增加,到1931年市区人口已近8万人。[②] 在东北地区,完善的铁路网络加快了关内人口向关外城市的流动,形成"移民潮"。据相关研究,1928年通过南满、北满、吉长铁路经大连、营口、安东、奉天四个城市流向长春的人口为327 845人,而经四个城市返回农村的人口仅115 611人,这意味着1928年共有21万余移民在长春定居下来。[③] 此外,长江中下游地区的上海、汉口等城市也因便捷的交通而成为人口流入的首选地。总之,民国时期现代交通网络的初步建立打破了各地方的封闭状态,缩短了空间距离,促进了人口流动,由此也加快了城市化进程。

(三)民国时期城市人口变迁的特点

民国时期,因现代工商业的发展而出现的城市化发展,在后发展工业化和现代化的半殖民地的背景下,城市化的发展受到多方面因素的制约,从而呈出现一些时代特点。

1. 城市人口的绝对数有较大的增长,但人口城市化发展速度缓慢,人口城市化率比较低

民国时期,虽然中国的人口出现向城市聚集的趋势,城市人口总量的绝对数增加较明显,从1893年的33 971万人增至1949年的54 167万人,净增了20 196万人,平均每年增净360多万人。但是同期中国的总人口增速超过城市人口增

[①] 佚名:《民元以来南京人口统计》,《统计季报》,1935年第4期;佚名:《首都人口日激增化,已达一百零两万人》,《政治通讯》,1937年第3期;佚名:《首都人口》,《外交部周报》,1946年12月16日,第3版。

[②] 张利民:《近代华北城市人口发展及其不平衡性》,《近代史研究》,1998年第1期。

[③] 翁有利:《长春人口发展与城市变迁研究(1800—1945)》,吉林大学博士学位论文,2012年,第65页。

加的速度，换句话讲，即农村人口的增速快于城市人口的增速，因而民国时期中国的城市化发展速度缓慢，与世界平均水平相比，差距不断被拉大。1800年，世界城镇人口比重为3%，低于中国的6%；1900年，世界城镇人口平均比重骤增至13.60%，到1949年更达到28.80%[①]，而民国时期中国城镇人口比重的一直在10%左右徘徊，最高时也仅达到11.20%，然而由于战争等因素的影响，至1949年又回落到10.60%，远落后于同期世界城市化平均水平。民国时期，中国城镇人口增速甚缓的现象与该时期城市社会未得到充分发展而滞留于转化阶段的状况相契合。

2. 城市化发展的不平衡性明显

民国时期，由于各地区之间存在自然和社会历史条件的差异，政治、经济、文化的发展极不平衡，各地区的城市化发展亦严重不平衡。其最明显的表现便是沿海、沿江地区与内地城市之间的城市化发展水平差距大。民国时期，由于现代资本主义工商业、现代交通网络以及其他城市物质文明和精神文明的发展多集中在沿海、沿江地区的城市，这些地区城市的"拉力"相对较强，对外来人口的吸纳能力也较强，因而全国城市人口分布也呈现出向这些地区的城市集中的趋势。尤其是东部沿海地区的人口城市化发展较快，部分大城市呈现出优先发展的特点。比如上海人口在1913年仅为1 175 129人，其城市人口总数少于北京（130万余人），居全国第二位。[②] 但是随着上海现代工商业、交通运输业、金融业的快速发展，其城市人口飞速增长，1937年上海的城市人口已经增至380多万，而同期北京因失去首都地位，城市对人口的聚集力下降，特别是随着日本对中国北方侵略的加剧，导致北京城市人口减少，1937年北京人口仅有1 067 152人，不仅较1913年减少了232 848人，降幅达18%，而且仅及上海城市人口的28%。与此同时，长江下游南京的城市人口也出现明显的增加，南京在太平天国时期遭到战争的巨大破坏，人口大幅度减少。民国建立以后，南京迎来了新的发展机遇，一是因南京临时政府的建立，提升了南京城市的政治地位；二是国民政府以南京为首都后，南京作为全国政治中心的地位得以确立，从而促进了经济要素和社会要素向该城市的聚集。1912—1937年，南京城市人口从26万余人增加到100多万人，成为民国前期人口城市化发展最快的城市之一。此外，天津、汉口等晚清开埠通商的重要城市在民国时也出现快速发展，成为百万人口以上的特大城市。然而，在沿江、沿海地区的城市人口数量大幅增加、人口城市化飞速发展的同时，内地若干地区的人口城市化发展却趋于停滞，甚至出现倒退。如西北的政治、经济中心西安，在历史上曾是拥有百万人口的古都，但在民国时期其城市发展却趋于停滞，1928年西安的城市人口计有10万余人，1931年仍然只有10.70万人，1932年为11.40万人，1933年为11.55万人。[③]

[①] 胡焕庸、张善余：《中国人口地理》（上册），华东师范大学出版社，1984年，第251、261页。
[②] 《最近京师上海人口之报告》，《协和报》，1913年第4卷第6期。
[③] 李卓吾：《西安人口与西安教育》，《统计月刊》，1934年第2、3期合刊。

第四章 城市人口构成与社会结构的演变

上述数据表明,在长江重要城市快速发展的同时,黄河重要城市西安却处于发展停滞的状态,城市人口增长极为缓慢,完全以人口自然增长为主。1947年,沿江、沿海地区的城镇人口占全国城镇总人口的比重为65.30%,而内地城镇人口仅占城镇总人口的34.70%。

民国时期人口变迁在空间上的不平衡性不仅表现在数量上,更反映在质量上。沿海、沿江地区及铁路沿线的城市,其人口变迁基本上可以被认为是现代性特征明显的城市人口变迁,而广大内地受传统政治势力影响,经济发展仍然以传统的农业和工商业为主,因而其城市人口变迁主要表现为传统形态的延续,城市人口职业结构中,军政部门及服务性人口所占的比重较大。同时,地区之间城市人口变迁的水平差别还表现在劳动者的性别及素质上。比如纺织工人的地域差异表现为"华北的男工主义,华中的女工主义"——1930年青岛市纺织工人中,男性占93.60%,天津市男性占86.90%,而上海市的纺织工人70%～80%是女性。[1] 山东省在民国时期是人口资源大省,但人口素质普遍偏低,缺乏技术工人和专业人员,需要从江苏、广东等地招聘。

3. 城市化的发展具有时段性、临时性

民国时期,由于城市资本主义工商业的发展、农村经济的破产以及天灾人祸的频繁发生,农村人口大规模地向城市迁移。然而,进入城市的农村人口并没有完全斩断自己与农村社会的联系。一方面,有部分农村人口在造成其离开乡土进入城市的原因消除之后,会离开城市返回农村。如20世纪20年代,因北方旱灾频发,大量河南、河北、山东的难民沿京汉铁路逃到汉口,一时间汉口人满为患,但当旱情好转后,"他们又乘北上列车返回老家"[2];另一方面,大都市、区域性中心城市附近的农村人口经常季节性地往返于城乡,他们成为候鸟型的城市人口,但并未融入城市之中,不是真正属于城市社会的人口。因此,民国时期人口从城市倒流农村的现象时有发生。譬如江苏无锡梅村镇的3 000多名农民,每到农闲时节,都相继"脱离农村而向都市讨生活","成群结队跑到上海做小贩,农忙时再返故乡"。[3] 而在福建,人口的季节性迁移是造成福州、厦门两个城市的人口城市化率不高、经常起伏变化的重要原因之一。[4]

4. 城市化的发展具有不稳定性和波动性

民国时期城市人口变迁往往受经济的波动、政治军事形势的变动、国际局势的变化以及自然灾害等多种不确定因素的影响,以至于城市人口的增长并不稳定,经常处于波动的状态。比如郑州,1934年其城市人口已经达到125 129人,但受抗日战争的影响,其在全面抗战期间城市人口锐减,1945年郑州城市人口

---

[1] [日]田中正俊:《中国近代史讲座》第5卷,转引自宫玉松:《中国近代人口城市化研究》,《人口科学》,1989年第6期。
[2] 皮明庥:《近代武汉城市人口发展轨迹》,《江汉论坛》,1995年第4期。
[3] 倪养如:《无锡梅村镇及其附近的农民》,《东方杂志》,1935年第32卷第2期。
[4] 戴一峰:《近代福建的人口迁移与城市化》,《中国经济史研究》,1989年第2期。

仅有53 990人。解放战争开始以后，随着战争在中原地区的展开，许多农村人口及小城镇人口都聚集到郑州避难，故而1948年10月郑州的城市人口增至186 134人，三年之间，城市人口增长了132 144人，年增长率竟然高达511％。[①] 又如西南地区的成都，其城市人口在全面抗战爆发前后的波动也较大，全面抗战爆发之前成都的城市人口已达到519 404人，但全面抗战前期，由于日本飞机经常轰炸成都，导致城市人口不断被疏散，至1938年末城市人口仅464 150人，较抗战前减少了55 254万人。但随着战争继续，四川等大后方防空能力的加强，大量人口再度流入成都，1945年12月，成都人口增长到742 188人。然而，抗日战争结束后，战时移民开始回流，成都人口又出现减少，1946年12月只有726 962人，同比减少2.20％。[②] 此外，其他如上海、广州、汉口、重庆、北平等城市，其城市人口变迁都存在波动性。

5. 城市化受外部因素影响较大

民国时期有相当部分重要城市的发展是在半殖民地半封建的社会背景下展开的，城市人口的变迁因而表现出一定的半殖民特征，特别是部分通商口岸城市充斥着大量外籍人口，这些外籍人口的存在与半殖民地的社会状况有着密切的关系。据相关统计，1935年前全国各城市共有所谓"外侨"115.80万人，[③] 这些外来人口进入中国重要城市，对城市化的发展产生了重要的影响，尤其是在东北地区。1931年"九一八"事变之后，东北沦为日本的殖民地，大量日本人及附庸于日本的朝鲜人等进入东北地区的各级城市，他们的到来推动了东北城市化的发展；另外，日本侵略者为了加强对东北的经济侵略，将大量关内人口吸引到东北各城市，使之成为日资企业的廉价劳动力，从而使东北城市长春、哈尔滨、大连、沈阳、吉林、齐齐哈尔等在比较短的时间内相继出现了人口畸形增长的现象。1933年就有人指出："自'九一八'事变以来，日人之来我东北者，颇堪惊异，尤以长春为甚"，是年长春的日本人、朝鲜人，以及我国台湾籍人总计有42 329人，较1932年"激增一万一千四百七十八名"。[④] 同时，伪满洲国政府为使其统治长久，对其所谓"国都"长春进行空前规模的移民。[⑤] 于是，长春人口几乎年年增长，到1944年达到899 997人。抗战胜利后，随着日本人、朝鲜人以及战时被迫迁移、被掠夺到长春的关内中国人之撤离、返乡，长春人口迅速减少，1947年4月，长春人口仅有592 524人。[⑥]

总而言之，民国时期城市人口的绝对数虽然有大幅增长，但由于城市发展的不充分、农村经济的破产、半殖民地半封建社会的制约以及天灾人祸不断等因素的存

---

① 刘永丽：《民国时期郑州城市人口变迁研究（1912—1948）》，郑州大学硕士学位论文，2011年，第18页。
② 何一民：《近代成都城市人口发展述论》，《近代史研究》，1993年第1期。
③ 佚名：《全国各省市寄居外人人口统计表》，《申报年鉴》，申报年鉴社，1936年，第176—179页。
④ 佚名：《南满沿线各大都市人口之调查》，《行建旬刊》，1933年第33期。
⑤ 翁有利、周煦凯：《铁路移民与近代长春人口城市化》，《吉林师范大学学报》，2013年第6期。
⑥ 佚名：《长春人口统计》，《河北省银行经济半月刊》，1947年第3卷第9期。

在，人口城市化率远远低于世界平均水平，并且表现出空间分布的不平衡性、季节性、不稳定性、殖民性等特征。

二、城市人口结构的变化

民国时期城市人口结构的变化，主要反映在人口的籍贯结构、性别结构、年龄结构以及职业结构等方面。

（一）城市人口籍贯结构的变化

人口籍贯结构是指各籍贯人口在总人口中所占的比例。城市人口籍贯结构可以反映城市人口的迁移、变化情况，以及城市人口的来源。同时，城市人口籍贯结构还可以反映城市的政治、经济、文化地位。一般而言，在城市人口籍贯结构中，本地人口所占比例大，就说明该城市的人口流动率低，意味着该城市对于外部人口的吸引力和辐射力较弱；反之，则说明该城市各方面发展状况相对良好，吸引了大量外部人口。

民国时期，随着社会转型的加快和工业化、城市化的发展，以及现代交通网络体系的初步建立，人口流动越来越频繁。譬如，蒋梦麟在1917年留学归国返回浙江余姚老家之后，发现村子里"许多人已经到上海谋生去了，上海自工商业发展以后，已经可以容纳不少人"[1]。便捷的现代交通，使人口流动更为便捷。1933年，有人曾作打油诗如此描述京沪线上的人口流动情况："辛丰过后黄篱坝，山洞一穿到镇江。渣泽团资无阻隔，太平尧化两门过。金陵道上闹洋洋，下关已抵车轮停。（看他们）肩负包裹手提箱，依稀蚂蚁乔迁忙。"[2] 同时，农村经济的崩溃以及战争、自然灾害的频频发生，亦迫使大量安土重迁的农村人口背井离乡。有人估计，部分地区农村经济崩溃导致离村人口剧增，"每2000农民中将近有800人辞别故土"[3]。因而农村人口从四面八方涌入现代物质文明、精神文明资源集中的城市，"上海、武汉、南京、天津、广州各大城市之人口一天天地增多，其最重要的原因，便是农民离村他适之结果"[4]。民国时期城市人口的籍贯结构因而首先表现出多元化的特征。以上海为例，其城市人口籍贯结构就颇能说明问题。详见表4-4：

---

[1] 蒋梦麟：《西潮与新潮》，东方出版社，2007年，第123页。
[2] 佚名：《京沪铁路》，《娓娓集》，1933年第2期。
[3] 澄：《中国农民离村问题》，《效实学生》，1935年第5期。
[4] 许涤新：《农村破产中底农民生计问题》，《东方杂志》，1935年第32卷第1号。

表4—4 上海公共租界和法租界华人籍贯构成表（1915年）

籍贯	人数	籍贯	人数	籍贯	人数
江苏	230 402	江西	5 353	山西	2 135
浙江	201 206	山东	5 168	广西	1 464
广东	44 811	福建	5 165	陕西	1 424
安徽	15 741	四川	3 244	云南	1 025
湖北	7 997	湖南	2 798	贵州	944
直隶	7 211	河南	2 481	甘肃	926

《上海公共租界及法租界内中国人数》，《东方杂志》，1915年第13卷第3期。

1915年在上海公共租界和法租界内共有18个省区的人口，再加上本籍人口，总计766 996人，其中在公共租界居住的人口共有620 401人，法租界则有146 595人。另据上海总商会提供的统计表，1915年上海总人口共有100万人①，这意味着此时上海七成以上人口都是外来人口。此种情况，甚至令上海万竹小学的教育人士深感不便，"上海市民，少土著，多寄居，籍贯各异。……（学生）家属既非土著，迁徙不常，对于校中办事之人，不知其品学之何若，不若内地办学之人，家属皆属熟稔之也"②。因此，学校与家长之间的联络经常不畅。

城市人口籍贯结构的多元化，充分表明了上海作为移民城市的特征。据中华人民共和国成立后的人口普查，1950年1月上海城市人口的籍贯结构也表现出多元化特征，仅有15.10％的人为本地籍，外地籍人口占总人口比例为84.90％。③

民国时期重要城市人口籍贯结构的多元化具有普遍性，譬如20世纪30年代的北平，详见表4—5：

表4—5 1936年北平居民籍贯结构表

籍贯	人数	籍贯	人数	籍贯	人数	籍贯	人数
北平	694 264	湖北	9 839	江西	3 749	云南	1 147
河北	544 889	吉林	6 200	四川	2 936	贵州	1 062
山东	68 302	黑龙江	5 934	热河	2 690	新疆	716
山西	35 634	安徽	5 856	绥远	2 465	青海	241
天津	28 037	广东	5 796	陕西	2 021	宁夏	297
辽宁	27 935	福建	5 400	广西	1 590	西康	44
江苏	18 339	湖南	5 326	甘肃	1 465	合计	1 505 863

① 佚名：《上海人口统计一览表》，《上海总商会月报》，1923年第3卷第1期。
② 佚名：《校务一瞥》，《万竹小学》，1918年第3期。
③ 胡焕庸：《中国人口·上海分册》，中国财政经济出版社，1987年，第50页。

续表

籍贯	人数	籍贯	人数	籍贯	人数	籍贯	人数
河南	18 033	察哈尔	4 293	蒙古	1 363	外省合计	811 599

1937年《北平市政府警察局户口统计》，转引自王跃生：《近代中国人口的地区流动》，《人口与经济》，1991年第4期。其中"合计"数据有误，已校正。

　　北平虽然在国民政府建都南京之后政治地位一落千丈，但对于各省区移民仍然具有较强的吸引力。据1929年《市政统计公报》第19期的统计，北平内外城人口共有919 887人。[①] 到1936年，则已增加到1 505 863人，与1929年相比净增人口585 976人。若以3‰作为人口年均自然增长率计算，则1929—1936年这6年期间，北平自然增长人口仅有16 557.97人。由此可见，民国时期北平人口的增长多为机械增长而非自然增长，北平人口籍贯结构因而也表现出多样化特征，虽然与上海相比，北平本地的人口所占比重较高，但外来人口仍然占有很大比例。

　　与城市化发展较快的重要城市相比，部分传统政治城市的人口籍贯结构有所不同，如民国时期西安的人口籍贯结构虽然也表现出多元化的特征，但由于城市化进程缓慢，其本地籍贯人口所占的比重超过外省籍贯人口，见表4-6：

表4-6　1936年西安居民籍贯结构表

籍贯	人数	籍贯	人数	籍贯	人数	籍贯	人数
陕西	129 146	湖北	1 216	福建	584	四川	88
山西	10 607	江苏	1 189	新疆	368	贵州	77
河南	5 092	浙江	1 160	广东	291	蒙古	3
河北	3 076	安徽	870	云南	199	合计	159 000
山东	1 679	湖南	797	广西	184	外省籍总计	29 854
辽宁	1 577	甘肃	684	绥远	113		

《西京居民籍贯》，《西北向导》，1936年第3期。

　　表4-6所反映的西安城市人口籍贯结构虽然也具有多样化特征，但本地籍贯人口却占总人口的大部分，外省籍人口所占比重较低。

　　贵阳在全面抗战时期人口有较大增加，但是仍然以本地人口为主，这表明贵阳在全面抗战时人口籍贯的结构虽因外来人口的迁入有较大的改变，但是与上海等城市相比，仍然有较大差别。参见表4-7：

[①] 袁熹：《近代北京人口研究》，《人口研究》，2003年第5期。

表 4—7　1941 年贵阳市人口籍贯构成表

籍贯	人数	百分比	籍贯	人数	百分比	籍贯	人数	百分比
贵　阳	107 385	58.60	湖　北	2 804	1.60	陕　西	397	0.20
四　川	18 690	10.20	江　西	2 322	1.20	山　西	294	0.10
贵　州	18 084	9.80	河　北	1 986	1.00	辽　宁	225	0.10
江　苏	9 550	6.20	河　南	1 335	0.70	甘　肃	103	—
湖　南	5 255	2.80	广　西	1 250	0.60	吉　林	55	—
浙　江	4 567	2.40	山　东	1 064	0.50	其　他	16	—
广　东	3 164	1.70	云　南	833	0.40	合　计	183 129	100.00
安　徽	3 152	1.70	福　建	598	0.30	非本地籍合计	75 744	41.36

《贵阳市人口按性别籍贯百分比性比例比较表》（1941 年 7 月），《贵阳市政》，1942 年第 2 卷第 2 期。

西安、贵阳等内地城市与上海和北平等城市相比，在人口籍贯结构上所表现出的差异，不仅反映了人口职业结构的差异，而且在一定程度上也反映出民国时期中国城市因经济、政治、文化影响力和发展势头存在的巨大差距而导致的不同地区、不同类型城市的吸引力、辐射力的明显差异。当上海和北平已经发展成为全国性经济中心、文化中心之时，昔日辉煌的古都西安"实在也不过是一个衰老的城市"，"西安街市，商铺多半旧有，而新式不过少数"。[①] 至于贵阳，"在抗战以前所谓工业，只有泥守简陋之手工业，对于现代化之工业从未之见"[②]。城市发展不充分自然无法吸引外来人口前往该城市寻找生存或发展的机会。如江苏常熟的贫苦农民因农村经济崩溃，"唯有向城市另谋生活之道"，但"内地城市，工业尚未发达，无法容纳，大都转趋大城市"。[③] 正是因为中小城市缺乏内在的发展动力，城市人口流动才出现了向大城市、特大城市集中的畸形现象。这就是城市化前期大城市优先发展规律起到的调剂作用。

由于交通以及其他多种因素的作用，在早期城市化进程中，人口流动的空间范围相对较小，一般而言多是就近流动。一般情况下，当农村人口要离开自己的故土时，首先会选择距离自己原籍地比较近的城市谋生，因而离城市较近的地区进入城市的人口相对会多一些。如民国初期在上海人口籍贯结构中，占比较大的人群便是原籍地距离上海最近的江苏人、浙江人。20 世纪 30 年代北平的外来人口的原籍地中，占比较大的省区都在该市周边：河北、山西、山东、辽宁。西安的外来人口则

[①]　惟质：《陪都西安》，《十日谈》，1934 年第 32 期；魏亦亭：《西京旅行一瞥》，《圣公会报》，1934 年第 27 卷第 2 期。

[②]　何辑五：《十年来贵州经济建设》，南京印书馆，1947 年，第 55 页。

[③]　殷云台：《常熟农村土地生产关系及农民生活》，《乡村建设》，1935 年第 5 卷第 3 期。

第四章 城市人口构成与社会结构的演变

大多是本省人士和山西人。全面抗战时期，贵阳人口籍贯结构中最多的外来人口是四川人和本省人。城市人口籍贯结构中外来人口中以附近地区民众占多数的特征在其他城市也有所体现。从1929年到1946年，青岛城市人口籍贯结构中，占比较大的为山东、河北、河南、辽宁等省的人，而来自陕西、甘肃、贵州、云南、广西、黑龙江的人则从几人到数十人不等，没有超过百人的。[①]据1934年对福州人口的调查统计，该城市外来居民超过2 000人的原籍地分别是浙江、广东，而来自黑龙江、绥远等较远省区的人不及10人。此外，民国时期部分城市人口籍贯结构中还有数量不少的"外侨"存在，而一个城市"外侨"的多寡与数量变迁又与这个城市的开放程度和受侵略程度相关联。如上海工部局于1919年10月统计，在"洋泾浜以北租界内连同界外各路以及浦东各处"，共有"外侨"23 307人，其中男性10 527人，女性7 825人，儿童4 955人，且没有计入停泊在黄埔港轮船上的2 257名"外侨"。[②]但在西部偏远的康定城，1946年仅有"外侨"21人。[③]此外，"外侨"在城市人口籍贯结构中也是处于动态的，其数量和构成在不断地发生变化，并且与国际国内政治、经济和文化的变迁相关联。参见表4-8。

表4-8 民国时期青岛人口籍贯结构中"外侨"的数量变化表

单位：人

国　别 \ 年　度	1913	1918	1939	1942	1947
日　本	316	19 260	26 153	39 571	116
德　国	1 855	—	255	443	199
美　国	40	—	170	41	286
苏联（俄国）	61	—	839	952	1 012

根据青岛市档案馆编《人口资料汇编（1897—1949）》第41—44页整理编制。

从表4-8可见，不同历史时期，青岛的"外侨"人口随着第一次世界大战、全面抗战、第二次世界大战等国际国内重大历史事件的发生而变化。如第一次世界大战期间日本攫取青岛之后，青岛的日本人猛然增多，从1913年的316人增加到1918年的19 260人，而失去青岛控制权的德国侨民完全撤离青岛。日本发动全面侵华战争以后，日侨数量更是增至1942年的近4万人。而第二次世界大战结束之后，日本成为战败国，在青岛活动的日本人则锐减至百余人。与之相反，第二次世界大战后苏美两国插手中国内政，增强了各自对远东重要港口城市青岛的影响力，其侨民人数也明显增加。民国时期青岛人口籍贯结构中的上述现象，在其他城市也有所反映，尤其是与外部世界联系较多的城市，如上海、天津、北平、武汉、大连、沈

---

① 青岛市档案馆：《人口资料汇编（1897—1949）》（内刊），第17—18页。
② 佚名：《上海人口统计》，《银行月刊》，1921年第1卷第4号。
③ 佚名：《康定市现在人口性别籍贯之分配》，《西康统计季刊》，1948年第7期。

阳等，都存在类似的现象。

民国时期城市人口籍贯结构的多元化，对城市发展乃至中国社会变迁都具有积极意义。首先，来自天南地北的不同籍贯的人们聚集到同一座城市中生活、工作，增加了城市人口的异质性，有利于消除地域屏障，增强国家、民族认同感。如陈达就指出，全面抗战时期不同籍贯的中国人汇聚于西南地区的城市和乡村，由此"打破了乡土观念壁垒，及放弃了顽固的地方观念"，并增强了"民族意识"[①]。其次，生活在同一城市的不同籍贯的人们，获得了封闭的传统社会所没有的交流融合空间。如1936年在上海举行集体婚礼的99对夫妻，其中有29对为跨省婚姻，其他则多为同省或同县婚姻，而同为上海市籍贯的夫妇仅有两对。此外，不同籍贯的人们生活在同一座城市，有利于先进思想观念、先进技术的传播，从而推动城市的发展。如发端于民国初年的昆明市针织业，传入者即为广东人。[②] 又如全面抗战时期大批不同省区的知识分子、资本家、商人、技术工人陆陆续续移居重庆、成都、昆明、贵阳等西南地区城市，同当地人民一起开发西南、建设西南，以争取抗战胜利，在这个过程中，西南地区城市社会各方面的现代化水平都得到了空前提高。

（二）人口性别结构的变化

人口性别结构反映了一个国家或地区的全体人口中男女人数的比例关系。一般而言，人口性别比例的正常区间为103—107[③]，即每出生100个女婴时男婴出生数为103或107个，高于或低于这个区间，都属于性别比例失衡。人口性别结构受到自然生理、社会、经济、文化等多方面因素的影响，可以反映出社会政治、经济、文化的发展状况。

据当代人口社会学者的调查，发达国家城市大多数是女性略多于男性；与之相反，发展中国家城市的男性多于女性。[④] 其原因在于，工业化初期的城市吸引了较多的农村男性劳动力进城务工，女性则更多地留守乡村，从而造成城市性别比例失衡。而经济发展水平较高的发达国家，妇女可以在城市中获得较多的发展机会，从而使城市性别比例出现女性所占比重略大的现象。

据陈正谟的统计分析，20世纪20年代中国的女、男性别比例为100.00：111.70[⑤]，男性人口明显多于女性人口。又据1947年国民政府内政部统计资料测算，民国后期中国人口的女、男性别比为100.00：109.70。[⑥] 相较于20世纪20年代陈正谟抽样分析的数据，男性比例降低了2个百分点，但男性人口仍多于女性人口。由此可见，民国时期中国人口总体上是男性人口多于女性人口。将中国人口性

---

① 陈达：《现代中国人口》，天津人民出版社，1981年，第102页。
② 彭泽益：《中国近代手工业史资料》（第3卷），生活·读书·新知三联书店，1957年，第105页。
③ 李树茁、果森：《当代中国人口性别结构的演变》，《中国人口科学》，2013年第2期。
④ 谢文蕙、邓卫：《城市经济学》，清华大学出版社，1996年，第196页。
⑤ 陈正谟：《我国人口之研究》，《统计月报》，1933年第14期。
⑥ 刘铮：《人口统计学》，中国人民大学出版社，1981年，第27页。

别比与当时世界各主要国家相比较,则可以反映出中国社会处于现代化起步阶段的事实。详见表4-9:

表4-9 民国时期中国性别比例与主要国家之比较

国 家	调查时间	性别比例
中 国	1917—1929	111.7
美 国	1920	104
英 国	1921	91
法 国	1921	91
日 本	1928	101
德 国	1925	93
西班牙	1920	94
瑞 典	1920	96
苏 联	1926	93

陈正谟:《我国人口之研究》,《统计月报》,1933年第14期。

从表4-9可以看出,20世纪20年代前后,世界主要资本主义国家(苏联为社会主义国家)的人口性别结构是女性人口多于男性人口,男女性别比严重失调,这可能与第一次世界大战有着直接关系,第一次世界大战导致大量男性人口死亡,故而造成男女比例失调。美国、日本没有参加第一次世界大战,因而人口性别结构符合正常比例,男性略多于女性。而中国相较于欧美诸国,人口性别比严重失调,男性远多于女性。其时中国社会仍然处于大动荡之中,局部战争不断,男性的死亡率高于女性,但男性人口仍然远多于女性人口。其主要原因在于我国人民长期以来受到传统社会所形成的人口性别观念的影响,无论是下层民众,还是上层社会,都普遍流行"重男轻女"的思想观念,"女之生存环境不如男之优越,以致其死亡率较高,现存数较低"①。特别是在进入近代以后,社会内部的动乱和外部的侵略,造成广大民众生活极度贫穷,故人们在生育时往往从抚育负担、劳动力价值的角度进行性别选择,"溺女婴"的现象在城乡中普遍存在,从而造成民国时期中国男女性别比例严重失调。

民国时期,中国城市人口性别比与中国总人口性别比相比较,其存在的问题则更加严重。参见表4-10。

---

① 陈正谟:《我国人口之研究》,《统计月报》,1933年第14期。

表 4-10　1929 年、1946 年中国主要城市人口性别比例表

年 代	上 海	南 京	北 平	汉 口	天 津	杭 州	青 岛	西 安
1929	138.09	163.15	156.41	159.95	163.15	185.71	165.04	175.00
1946	126.49	136.14	132.04	113.01	157.12	111.97	121.38	151.72

上海、南京、北平、天津、杭州五市1929年的性别比数据来自陈寅华《最近中国之人口统计》(《统计月报》，1929年，第46页)；青岛市1929年的性别比数据来自卓观澜《青岛特别市中外男女人口比较》(《青岛特别市政府市政公报》，1929年第2期，第173页)；汉口市1929年的性别比数据来源于佚名《汉口的人口》(《时事周报》，1931年第2卷第10期，第153页)；西安市1929年的性别比数据来自李卓吾《西安人口与西安教育》(《统计月刊》，1934年第2、3期合刊，第2页)。上海、南京、北平、汉口、西安、青岛六市1946年的性别比数据来自张庆军《民国时期都市人口结构分析》(《民国档案》，1992年第1期，第129页)；杭州市1946年的性别比数据来自许良荣《从人口统计看杭州》(《杭州市政季刊》新1卷第6期，1948年，第20页)；天津市1946年的性别比数据来自《天津市人口统计》(1946)(载《河北省银行经济半月刊》，1947年第3卷第12期，第42页)。

从表4-10的统计来看，民国时期中国主要城市的人口性别比例远远高于总人口性别比例，更远超合理的人口性别比。若以全面抗战爆发为节点进行分析则可发现，全面抗战爆发前城市人口性别比例的平均值高出总人口性别比近52个百分点；战争结束后城市人口性别比例的平均值有较大的下降，但仍然高出总人口性别比20个百分点。同时，就城市人口性别比例而言，全面抗战爆发前主要城市的人口性别比例皆高于战后，在平均值上亦高了近32个百分点。

民国前期，中国城市化出现较快的发展，大量农村人口离开农村进入城市，但是这些离村的农村人口并非举家迁移，而是家庭中的男性进入城市寻找新的发展机会，女性则多留在农村。虽然上海等城市因轻纺工业的发展吸引了大量江南的女性进入城市，但总的说来民国时期进入城市的女性少于男性，并由此导致若干大中城市人口性别比严重失调。全面抗战爆发后，战争成为改变城市人口性别比的重要原因之一。全面抗战期间，中国死亡人口达一千万人，这必然会反映在总人口和城市人口性别比例上。因为战争期间男性是主要的作战力量，故伤亡也应该多于女性，所以，战后中国总人口的性别比例低于战前。同时，在现代战争中，"城市作为一个国家或地区的政治、经济、文化中心，聚集了相当数量的人口、资源和社会财富，一旦发生战争，城市就自然成为作战双方首先攻打的主要目标"[1]。全面抗战期间，国民党领导的正面战场先后进行了淞沪会战、南京保卫战、太原会战、徐州会战、武汉保卫战等22次大会战，大型战斗则多达1 117次，这些战斗基本上都是围绕城市展开的，因此牺牲者除军人以外，不少城市的男性人口作为保家卫国的主要力量也在战争中死亡，因而这反映在城市男女性别比例中，便是抗战胜利后，全国男女性别比例低于战前。

---

[1] 何一民：《近代中国衰落城市研究》，巴蜀书社，2007年，34页。

第四章
城市人口构成与社会结构的演变

除战争对城市人口性别比例产生的重要影响外,民国时期城市人口性别比还与以下几方面的变化有关。

一是民国时期从农村进入城市的人口主要为男性。因为传统中国社会所形成的家庭分工是男主外,女主内,所以当农村社会发生变动,农业人口需要外出谋生时,往往是家中的男性外出打工挣钱,女性则留在家中照顾老人和孩子,因而从农村流出的人口以男性为多,留守的则多为老弱妇幼。如1931年刊印的《厦门指南》就指出,当时厦门之所以性别比例失衡,就是因为"有许多劳力都只身住厦,其妻女以及家眷多半散住内地"①。调查者在河北定县也发现,农业社会的壮丁多离村而去,留下的只有妇幼。此外,就城市社会而言,城市所提供的就业岗位中,除了纺织这类较为特殊的行业外,其他行业所需要的多是男性劳动力,如码头工人、人力车夫等等,因而吸引着更多的男性劳动力流入城市。诚如此,民国时期城市人口性别比例严重失衡。

二是民国时期的城市中仍然存在着严重的重男轻女现象。如前所述,就中国社会整体而言,在传统社会及近代化转型时期,人口性别比例失衡的一个关键原因即重男轻女观念的影响。在这一点上,城市人与农村人几乎没有什么差别,男性可以传宗接代,因而生子比生女更受欢迎。另外,"城市以高生活程度已压迫,为父母者为减轻负担计,不得不限制生育。再则,城市一般教育程度高于乡村,生育节制较为流行,其对子女性别亦不无相当影响"②。也就是说,民国时期,城市父母们迫于生活压力而节制生育,由此极可能涉及性别选择。在传宗接代、重男轻女的传统观念并没有消亡的社会,为了不影响生计,女婴极可能被放弃,从而影响城市的人口性别比例。同时,民国时期虽然妇女解放运动有极大发展,但实际生活中仍然存在严重的性别歧视。比如女子教育就非常落后,而民国时期的文化教育资源又多集中于都市,全面抗战爆发之前,全国108所专科以上学校"多集中于少数都市"③。这些分布于上海、北平、广州、南京的高等教育机构中,女性学生所占比例非常之小,可谓"凤毛麟角"④。这种接受现代教育的女性所占比例较小的状况,在整个民国时期都没有大的改观。由于不同性别的劳动力在知识文化水平上的不平等,必然会影响到城市人口的性别比例。

民国时期,城市人口性别比例失调,必然会引发诸多社会问题,如婚嫁率就会受到影响。以济南市为例,1929年,济南婚嫁率仅0.88%,1930年婚嫁率为5.34%,1931年婚嫁率为6.82%,1932年婚嫁率为6.11%,1933年婚嫁率为

---

① 苏警予等:《厦门指南》,厦门新民书社,1931年,第328页。
② 张折桂:《我国人口性比例及其研究方法检讨》,《社会研究》,1936年第107期。
③ 教育部高等教育司:《全国高等教育概况》(一九三九年三月),杜元载:《革命文献·抗战前之高等教育》(第56辑),"中央"文物供应社,1971年,第44页。
④ 俞庆棠:《三年来之中国女子教育》,黄季陆主编:《革命文献·抗战前教育概况与检讨》(第55辑),"中央"文物供应社,1971年,第446页。

5.54%。① 如此低的婚嫁率，其原因可能是多方面的，诸如习俗、经济等因素都会对其产生影响，但人口性别比例失调无疑也是其中一个重要的因素。同时，严重的人口性别比例失衡，还会刺激城市色情行业的发展，从而对城市社会风气产生不良影响。陈正谟就指出："男女之数，既失均衡，流弊所至，引起女子早婚，娼妓之发达，性欲犯罪之猖獗。"②陈氏还以北平为例进行说明：1912年，北平人口共有727 863人，娼妓人数则为3 184人。此后各年俱有增加。到1917年，北平人口增加到811 556人，娼妓数目也增至3 887人，"人口增加之指数为112.18，娼妓增加之指数为122.08，是人口之增加，不如娼妓增加之速也"③。

诚然，民国时期城市社会男性多于女性，可以为城市社会提供大量劳动力，这对于城市社会生产及建设事业的发展是有利的，但严重失衡的人口性别比例，不仅不利于城市社会的和谐发展，同时还在某种程度上折射出了社会对女性的歧视。因而时人对解决人口性别比失调的问题提出了诸多建议，除大力发展现代经济，推动文化事业发展以外，还要"积极提高女权，借以增进幼年及青春时期女子之生存环境，而减少其死亡"④。

（三）人口年龄结构的变化

人口年龄结构是指各年龄组人口在全部人口中的结构比例，一般分为老年人、成年人、幼年人（儿童与少年）三个年龄组。20世纪初，瑞典人口学家桑德巴根据各年龄段人口在全部人口中所占的比例，把人口年龄结构分为年轻型、成年型、年老型三个类型，不同年龄组的人口对社会发展起着不同的作用（详见表4—11）。⑤一般情况下，老年人口和幼年人口被认为是消费型人口，如果这两个年龄段人口较多，一方面会导致大量的社会财富需要被用来照顾老人、养育小孩，而相应可投入社会再生产的资本就会大量减少；另一方面，作为社会财富生产者的成年人口势必会相应减少。因此，合理的年龄结构能够给城市经济发展提供持续增长的重要动力。相反，不合理的年龄结构则会严重阻碍经济的可持续发展。

表4—11 桑德巴年龄结构理论

类　型	0—14岁	15—49岁	50岁以上
增加型	40.00%	50.00%	10.00%
稳定型	26.50%	50.50%	23.00%
减少型	20.00%	50.00%	30.00%

---

① 内政部年鉴编纂委员会：《内政年鉴·警政篇》，商务印书馆，1936年，第473页。
② 陈正谟：《我国人口之研究》，《统计月报》，1933年第14期。
③ 陈正谟：《我国人口之研究》，《统计月报》，1933年第14期。
④ 陈正谟：《我国人口之研究》，《统计月报》，1933年第14期。
⑤ 刘铮：《人口统计学》，中国人民大学出版社，1981年，第32页。

根据桑德巴的年龄结构理论进行分析，民国时期城市人口的年龄结构基本属于稳定型。详见表4－12：

表4－12　20世纪20年代中国城市人口年龄结构表

调查者	调查地点	14岁以下 人数	%	14至49岁 人数	%	50岁以上 人数	%
立法院统计处	南京等六城市	6 284	30.00	13 323	64.00	1 148	6.00
杨西孟	上海纱厂	292	27.00	771	70.00	34	3.00
北平社会调查所	北　平	89	40.00	120	55.00	11	5.00
以上城市合计	—	6 665	32.33	14 214	63.00	1 193	4.66

陈正谟：《我国之人口研究》，《统计月报》，1933年第14期。

注：立法院统计处调查的城市为南京、上海、北平、汉口、西安、青岛。

从表4－12可以看出，在20世纪20年代，南京、上海、北平、青岛、汉口、西安6个城市中，14岁及以下的未成年人占抽样总人口的比例为30.00%，50岁及以上的老年人口仅占抽样总人口的6.00%，青壮年人口则占抽样总人口的64.00%。对照桑德巴的人口年龄结构理论，则可认为20世纪20年代的中国城市人口年龄结构大体上介于增加型与稳定型之间，城市人口较为年轻。这一现象在整个民国时期都具有普遍性，如20世纪30年代的天津即如此。参见表4－13。

表4－13　1934年9—12月天津人口年龄结构表

年　龄	男子数	百分比	女子数	百分比	平均百分比
0—14岁	122 496	22.10	106 615	27.70	24.90
15—49岁	356 760	64.40	222 259	57.80	61.10
50岁以上	74 592	13.50	55 846	14.50	14.00
人口总数	938 568					

《天津及察哈尔省近年人口年龄之分配》，《冀察调查统计丛刊》，1937年第3卷第1期。

同20世纪20年代的中国城市人口年龄结构相比，20世纪30年代天津城市人口年龄结构更趋于接近桑德巴的稳定型，老年人口所占的比例有所上升，但城市人口仍以青壮年男女为主。

中华人民共和国成立以前，中国的城市人口年龄结构总体上是向稳定型发展。如1948年北平的人口年龄结构具有一定的典型性：15—49岁人口所占总人口比重为55.60%，0—14岁人口占总人口比重达到26.00%，50岁以上人口占总人口比重则为18.40%。[1] 总体上看，民国时期中国城市人口以青壮年为主，除城市原有人口外，从农村进入城市的人口基本上都以青壮年为主，因而城市青壮年人口占总

---

[1] 周进：《北京人口与城市变迁（1853—1953）》，中国社会科学院博士学位论文，2011年，第83页。

人口的比重远远超过桑德巴所设定的任何一种类型的比重,都高于 50.00% 或 50.50%;同时,未成年人口和老年人口占总人口的比重则低于桑德巴的设定。这种情况是与民国时期城市社会的发展状况相适应的。经济的相对落后、医疗卫生事业的不发达,必然导致未成年人口和老年人口出现高死亡率。如时人就指出,婴孩死亡率之高,竟然让人感到"可怕","中国婴孩死亡率,每百孩达六十之多,此项死亡率之多,实属可怕。……中国人不是生得不多,是已生的孩子夭亡的太多。至于中国妇人的生产率平均是 9.80%,不可谓不多矣。孩子生得愈多则每孩子所得'社会营养分量'减少,结果,孩子夭亡率高"①。高出生率和高死亡率成为民国时期人口的一个重要特征。

民国时期城市青壮年人口所占比重如此之高,也正好说明当时从农村向城市流动的人口是以青壮年为主的。这样的人口特征,固然可以使城市获得大量急需的青壮年劳动力,减少城市经济发展所要承受的消费性人口负担,却是以牺牲农村为代价的。时人就指出,由于"散居四乡的农夫,日日向工厂竞工,集中于城市",造成农村严重缺乏劳动力,荒废农田现象日趋严重,农业生产受到严重影响,农村更加贫困。②农村的衰败反过来制约了城市的可持续发展,因为,"城市居民的食品、材料和产业手段,归根到底,都出自农村"③。若农村不提供生产和生活物资作为支撑,城市发展也就成为空中楼阁。民国时期乃至整个近代中国的城市化之所以畸形发展、速度缓慢,缺乏农村发展的支撑是一个关键的因素。④

(四) 人口职业结构的变化

人口的职业结构,不仅能够反映一个社会的经济结构,还是判断一个社会现代化程度的重要指标。在传统社会,职业结构比较简单,社会分工混乱,缺乏专业性。在现代社会,随着经济结构转型,新的行业不断涌现,职业结构日趋复杂,社会分工日益精细。而传统社会与现代社会职业结构的不同,决定着中国社会自晚清开始转型之后,士、农、工、商的传统职业分类逐渐向现代职业结构转变,以满足急遽变化的社会政治、经济、文化的需要。这一趋势在民国时期得以延续,甚而更为激烈。譬如,民国时期的人口调查与统计不再以士、农、工、商进行分类,而是划分出农业、矿业、工业、交通运输业、商业、公务、自由职业、家事服务、无业等几大类别,然后又细分为数百个职业。⑤

在城市中,人口职业结构的变化更为复杂、多样。这是因为,城市是民国时期社会变迁的主要场域,举凡政治、经济、文化各方面的变迁,都主要发生于城市,

---

① 许仕廉:《民族主义下农村人口问题》,《东方杂志》,1926 年第 23 卷第 16 号。
② 佚名:《我国人口与农业可惊心之统计》,《农声》,1930 年第 136 期。
③ 亚当·斯密著,郭大力、王亚南译:《国民财富的性质和原因的研究》(上卷),商务印书馆,1983 年,第 366 页。
④ 蔡云辉:《论近代中国城乡关系与城市化发展的低速缓进》,《社会科学辑刊》,2004 年第 2 期。
⑤ 童家堑:《我国职业分类之商榷》,《统计月报》,1929 年第 1 卷第 2 期。

并以城市为据点向外扩散。与之相关的各种新行业亦集中出现于城市，为人们放弃传统职业、谋取新职业提供了更大的契机，城市人口职业结构因而复杂化、多样化、细致化。详见表4-14：

表4-14　1929年南京700工人家庭人口职业结构表

职 业	农	工	商	家 务	军 警	政 法	学 界	医 业	交 通	总 计
人 数	552	502	323	760	32	3	46	7	315	2 540
％	21.73	19.76	12.72	29.92	1.25	0.12	1.81	0.27	12.40	100

陈华寅：《南京工人家庭之研究》，《统计月报》，1929年第1卷第4期。

从表4-14可以看出，在20世纪20年代末期的南京工人家庭中，职业结构已经多样化、精细化，不能再用简单的士、农、工、商进行分类概括，而且，非农业人口的比重远远超过农业人口，共有1 988人，占比达78.27％。这表明城市家庭同传统经济生产的距离越来越远，不再依赖传统经济收入生存。同时，工、商两业的从业者合计825人，占比达32.48％，超过从事农业者，这说明城市资本主义工商业的确有了一定程度的发展。

南京工人家庭人口职业结构所呈现的上述面貌，是与民国时期城市社会总体人口职业结构相契合的，详见表4-15：

表4-15　1947年南京等市人口职业分配表

市 别	农 业	矿 业	工 业	商 业	交通运输	公 务	自由职业	服 务	其 他	无职业
南 京	8.42％	0.31％	2.03％	19.78％	4.65％	9.42％	7.21％	22.07％	4.75％	13.36％
上 海	3.59％	0.03％	20.23％	18.58％	5.11％	2.46％	1.83％	5.11％	2.3％	40.76％
北 平	11.95％	1.41％	7.90％	16.26％	4.07％	3.80％	3.20％	5.20％	6.96％	39.45％
青 岛	16.27％	10.12％	14.73％	12.71％	2.21％	2.81％	1.30％	4.69％	6.19％	38.07％
汉 口	8.04％	0.01％	14.72％	19.31％	2.39％	7.16％	1.22％	27.98％	3.96％	15.21％
西 安	6.35％	0.07％	10.12％	19.63％	7.98％	6.77％	3.68％	32.44％	4.43％	10.26％
总 计	7.03％	0.33％	15.31％	17.81％	4.69％	4.2％	2.59％	10.7％	4.01％	33.06％

张庆军：《民国时期都市人口结构分析》，《民国档案》，1992年第1期。

从表4-15可见，民国时期城市人口的职业结构已经突破了士、农、工、商的传统范畴，工商业从业人数具有绝对优势，但这只是少数发展较快城市的状况，从全国范围来看，中国现代工业的发展仍然处于落后状态，现代工业部门所占比例较小，大多数城市的现代工业仍然十分薄弱，不过南京等城市人口职业结构的变化，反映了一种历史发展趋势。城市人口职业结构的变化与城市性质有着密切的关系，与城市的自然、政治、经济、文化环境息息相关。如抗战胜利后的南京作为首都，聚集了大量的公务人员和自由职业者；上海的人口职业结构则充分反映了其全国经济中心的地位,该市从事工商业的人口约占总职业人口的三分之二;胶东半岛富有矿产资源且海洋渔业资源丰富,所以青岛从事矿业和渔业的人口在总职业人口中也占相当大的比例。

总体而言,民国时期城市人口职业结构具有以下几个特点。

其一,从事工商业者在总职业人口中所占比重较大,反映出资本主义工商业已经成为民国城市经济的支柱之一。这一点不仅可以从表4-15中6个城市的人口职业结构数据中得到印证,而且在其他城市人口职业结构情况中也有体现。如1928年广州的工商业从业人员就已经为总职业人口中占比最大的群体。参见表4-16:

表4-16 1928年广州市市民职业统计表

职 业	男	女	总 数	百分比
农 界	5 821	3 598	9 419	2.68
工 界	174 439	44 324	218 763	62.13
商 界	61 318	6 298	67 616	19.20
学 界	3 029	659	3 688	1.05
公仆界	25 078	34	25 112	7.13
自由职业界	2 743	509	3 252	0.92
其 他	12 930	11 340	24 270	6.89
有职业者总计	285 358	66 762	352 120	100
无职业	158 585	258 030	416 615	—
学 生	30 121	12 895	43 016	—
无职业者总计	188 706	270 925	459 631	—
总 计	474 064	337 687	811 751	—

《民国十七年广州市市民职业统计》,《南开统计周报》,1930年第3卷第31期。

据表4-16,1928年广州有职业者共计352 120人,其中从事工商业者就达286 379人,占有职业者比例为81.33%,而从事农业者仅有9 419人,占有职业者的2.68%,"一望而可知广州市,为我国工商业重镇也"[①]。此外,在西南的成都、重庆等重要城市,工商业人口所占比重也较高。

其二,女性走出家庭,广泛从事城市各种职业。在城市现代化发展较快的城市,各行各业中都有女性的身影,特别是规模越大的城市,职场女性的人数越多。这既反映出妇女地位在民国时期已有所提升,也表明妇女已经成为推动城市经济社会发展的重要力量。据《南开统计周报》的调查,1928年广州共有职业妇女66 762人,占广州有职业人口的18.96%。又据1930年国民政府工商部统计,江苏、浙江、安徽、江西、湖北、山东、广西、福建等9省28市共有女工37万多人,占工

---

① 佚名:《民国十七年广州市市民职业统计》,《南开统计周报》,1930年第3卷第31期。

第四章 城市人口构成与社会结构的演变

人总数的46.40%。[①] 1934年上海市政府的调查亦表明，上海工业系统共有女性从业者15.80万人。[②] 需要指出的是，民国时期城市社会中的职业妇女，以劳动密集型企业的蓝领工人为主，集中在诸如纺织、缫丝、针织等生产强度大、报酬少的行业中，在教育、法律、新闻、政治等白领行业中，女性所占比例仍然较小。1928年广州从事教育职业的男性共有3 029人，女性则仅有659人；从政的男性共计25 078人，女性只有34人。其原因固然与女子教育不发达有关，但最根本的还是无所不在的性别歧视。但不管怎样，女性走出家门参加社会生产，成为自食其力的劳动者，既有利于提高她们的社会地位，在诸如婚姻、家庭等问题方面获得一定的平等待遇，同时也有利于城市的健康发展。

其三，无业、失业人口多，城市人口职业结构不合理，严重影响城市的发展。从表4-15、4-16可以看出，民国时期城市职业人口中有大量的无业者，表明城市经济的发展速度跟不上人口的增长速度。而大量无业、失业人口的存在，必然会引发诸多社会问题，进而导致一种"城市病"。如1928年的广州共有成年人口811 751人，但无职业者则高达416 615人，也就是说，广州半数以上的市民没有固定的工作。1947年的上海，无业人口占成年人口的比重达40.76%，而同年6月上海总人口为4 274 486人，[③] 除去未成年人口，至少有百万人口无固定职业。同样，1947年杭州"有百分之四四以上的市民是没有正当职业的"，这些无业者有相当部分在城市中成为社会不稳定的因素，这些无业者"偷盗、抢劫、做妓女"，造成众多社会治安问题。[④]

最后，城市职业人口中仍有相当比例的农业人口，所占比重还颇大。如青岛是一个新兴的城市，但其城市职业人口中从事农业者不在少数，1947年青岛的农业人口占职业人口的比例高达16.27%。这说明民国时期城市现代化还处于低水平发展阶段，现代化生产部门容纳不了大量的劳动力，迫使相当部分城市市民从事农业劳动以维持生存，城乡分离尚未完成。

总之，民国时期城市人口职业结构虽然存在问题，但现代色彩也十分突出。城市社会分工日趋细密，职业构成以经济属性划分，不再以身份等级进行分类，这对于促进城市经济的发展、促进城市社会的变革都具有重要意义。

还需要指出的是，随着城市早期现代化、城市化的发展，作为城市主体的人口在民国时期也相应出现了一些变化。第一，城市人口规模总体呈上升趋势，大量农村人口向城市迁移，城市人口有移民化特征，这一点在大中城市表现得尤为突出。第二，人口结构中性别比例显著失衡，男性人口远多于女性人口，尤其是大城市中性别失衡更为严重。第三，人口的年龄结构表现为年轻化，城市人口增长的红利在城市经济发展中体现充分。第四，人口的职业构成呈现多元化特征，现代职业人口

[①] 吴贵明：《中国女性职业生涯发展研究》，中国社会科学院出版社，2004年，第69页。
[②] 罗苏文等：《上海通史》（第9卷），上海人民出版社，1999年，第139页。
[③] 佚名：《上海人口》，《外交部周报》（第36期），1947年9月3日，第4版。
[④] 许良荣：《从人口统计看杭州》，《杭州市政季刊》，1948年新1卷第6期。

所占的比重不断加大，女性参与社会劳动的人口增多。此外，民国时期城市人口婚姻结构、教育结构也出现了诸多变化，如小家庭制盛行，以及国民教育向大众化、普及化方向发展，从而使人口的教育结构也发生了重大的变化。因有专章讨论，此不赘述。

第二节　城市社会结构的演变

社会结构指"一种制度化或模式化的社会关系结构"[①]。在城市中形成的制度化、模式化的社会关系，就是城市社会结构。社会结构规定了各阶级、各阶层在城市社会中的地位，以及相应的社会活动范围、活动模式和相互间的关系。因此，城市社会结构的演变，主要表现为城市社会阶层结构的变化。[②]民国时期，随着城市资本主义工商业的发展，人口城市化进程加快，城市经济结构和社会功能相应地发生了巨大变化，旧的阶层不断分化、解体，新的阶层逐渐形成、确立，城市社会结构发生了明显演变化。

一、城市社会结构演变的特征和趋势

民国时期，城市经济结构和人口结构的演变，导致城市社会结构不断瓦解与重组，并表现出以下特征和趋势：旧的社会阶层日趋解体和消亡，新的社会阶层逐渐成为城市社会的主体；同时，传统身份等级职业结构逐渐为现代社会职业结构所取代。

（一）城市社会阶层的分化与整合

众所周知，传统城市的功能主要是政治、军事功能，这决定了传统城市的居民是以贵族、官僚为主的政治统治群体，以士大夫、士绅为主的知识阶层，以及为满足特权阶层消费需要而存在的工商业者、体力劳动者；此外，各种寄生性、附属性人口如娼妓、僧人、道士，以及流氓、乞丐等游民，也在城市社会中普遍存在。费正清认为，清代的城市只是"清王朝上层权贵、禁军统领、富商巨贾以及名工巧匠的居住地。在这些城市的人口中，还有在野的名门豪绅、中小商人、官署衙门胥吏、劳工和脚夫，以及没什么文化的僧侣、术士、赋闲的小产业主、落榜举子、退伍军官。此外，还有一批诸如'流浪汉、季节工和无业游民'之类的人"，而这一镜像"与500年前宋代的情况极为相似"。[③]从总体上来看，传统城市社会的居民

[①] 何一民：《近代中国城市发展与社会变迁（1840—1949）》，科学出版社，2004年，第337页。
[②] 社会结构的核心实质是社会阶层结构，参阅郑杭生：《关于我国城市社会阶层划分的几个问题》，《江苏社会科学》，2002年第2期。
[③] ［美］费正清等编，章建刚等译：《剑桥中华民国史》，上海人民出版社，1991年，第37页。

第四章
城市人口构成与社会结构的演变

依据各自不同的身份,形成三个相互隔绝的社会阶层:特权阶层、平民阶层和"贱民"阶层。贵族和官僚属于特权阶层,士、工、商、手工业者、学徒、帮工、苦力等属于平民阶层,而理发匠、戏子、奴婢、乞丐、娼妓等则属于"贱民"阶层。各阶层之间以及阶层内部不同等级群体之间相当封闭,社会流动极为罕见。而作为整体的城市社会,与乡村社会之间,如果没有天灾人祸的发生,可谓老死不相往来,彼此隔绝,缺乏流动性。

然而,晚清以来,随着西方列强的强势侵入,资本主义工商业逐渐兴起于城市中(尤其是通商口岸城市中),中国城市开始早期现代化和城市化,城市"成为新型经济活动、新兴社会阶级、新式文化和教育的场所"[1]。城市的物质环境和文化环境发生了天翻地覆的变化,城市居民的社会关系得到重新调整,传统社会阶层结构逐渐松动,新的社会阶层结构逐渐成形。[2] 这一趋势在民国时期发展到高潮,并表现出以下主要特征。

1. 传统士绅阶层逐渐退出城市历史舞台,新式知识分子取而代之

民国时期,传统士绅阶层赖以存在的政治、经济、文化基础全部坍塌,他们为了生存,要么适应社会变化而转换社会身份,要么抱残守缺隐居终老,再也无法影响社会走向。如太原乡绅刘大鹏在其日记中就记有如下一幕:"屈生玉文,本邑老秀才,穷困无聊,凭借舌耕度日,岁脩仅得二三千钱,捉襟肘见,纳履踵决,专来寻我曰:近日教育科员令其本月二十二日到县考试,若不合格即不准设帐授徒,势必生路告绝,请予庇护,声泪俱下。"[3] 由此可见,民国建立以后传统士绅如果不改弦易辙另谋出路,不更新知识体系、学习新的技能,他们在日益变化的城市社会环境中便没有生存空间。与此同时,受过现代教育洗礼,认同科学理性和民主自由,并拥有一技之长的新式知识分子逐渐发展为一股强大的社会力量,积极参与城市社会政治、经济、文化领域的事务。新式知识分子从晚清开始出现,至民国时期已经形成了一个规模较为庞大的社会群体,关于该群体的人数可以从民国时期部分教育统计数据中略窥一斑。据《第一次中国教育年鉴》,1912年全国专科以上学校共有115所,学生40 114人;中等学校832所,学生103 045人。1930年,全国各级各类学校在校学生已经达到1 151万多人,其中专科及以上学校的在校学生为53 410人,中等学校的在校生为514 609人。[4] 新式学校的学生实为新型知识分子的渊薮,从其数量的增长可以看到新式知识分子已经是民国时期一个颇具规模的社会群体。20世纪30年代前后,新式知识分子基本上取代了传统士绅在城市中的地位,中国知识阶层的传统形态亦因士绅的消失而终结,现代形态从此形成。[5] 新型

---

[1] [美]塞缪尔·P.亨廷顿著,王冠华等译:《变化社会中的政治秩序》,生活·读书·新知三联书店,1987年,第66页。
[2] 邱国盛:《论中国近代城市社会结构的演变》,《唐都学刊》,2002年第3期。
[3] 刘大鹏遗著,乔志强标注:《退想斋日记》,北京师范大学出版社,2020年,第167页。
[4] 中华民国教育部:《第一次中国教育年鉴》,开明书店,1934年,第102页。
[5] 余英时:《士与中国文化》,上海人民出版社,2003年,第5页。

知识分子不再依靠身份等级来维持生存及影响社会，而是凭借专业知识、专业技能在教育、文艺、科技、法律、新闻、出版等行业内立足，这又使得他们日益城市化、现代化。城市是新知识生产和传播的中心，是新型职业的集结地，以知识为生的知识分子，不能不疏远乡土而扎根城市。一个主要以城市为活动空间的新的社会阶层由此诞生，日趋成为影响城市社会走向的重要社会力量。

2. 新兴资产阶级成为推动城市经济发展的主要力量，传统商人阶层日益边缘化

与封建自然经济相适应的传统商人阶层在晚清时期就已经开始分化，一部分商人积极适应经济变迁，改变经营方式、服务方式、组织管理方式，向现代工商业资产阶级转化；另一部分因各种原因无法跟上经济变迁的节奏而逐渐被市场淘汰。进入民国之后，急遽变化的政治、经济、社会、文化环境使传统商人的生存更加艰难，譬如20世纪20年代后山东济南一些仅存的大型典当行商人因各种原因而处境日趋窘迫，终因难以支撑而相继歇业。[①] 与此形成鲜明对比的是，新兴资产阶级依靠政府的政策支持在第一次世界大战后出现的有利的国际经济环境中迅速发展壮大起来，新式工商业取代传统工商业，银行等新式金融机构取代钱庄、票号、典当行等传统金融机构。民国建立以后，虽然时代动荡，但新式商业发展的趋势已经不可改变，据许涤新、吴承明的估算，1912—1920年，资本主义工矿企业产值占工农业总产值比重为14.00%，1936年上升为21.81%，1949年，资本主义工矿企业以及手工业产值占工农业总产值的23.10%。[②] 20世纪二三十年代，许多城市每日都有新的工厂、新的企业注册、开工。同时，新兴资产阶级的构成日益多样化，既有由地主、买办、退休官僚等转化而成的资本家，也有由职业经理人、工程师、技师、教授、技工、学徒和手工业者而逐渐转化而成的新式商业者，且后者所占比重越来越大。如1936年上海共238家现代工厂，其创办人出身商人或工厂主的有69家，有从政经历的有24家，出身买办或职业经理人的有40家，由银钱业主开办的有23家，华侨回国创办的有11家，由工程师、技师、教授创办的有48家，由技工、学徒和手工业者创办的有17家。[③] 由此可见，资本主义生产方式吸引了不同社会角色投资于现代工矿企业，并在追逐剩余价值这一共同目标的过程中，逐渐形成了一个控制城市经济命脉的新兴阶层。

3. 职业化军人集团开始成为城市社会阶层结构中的重要组成部分，并与职业政客结盟，共同控制城市，进而影响城市的发展与走向

晚清时期军人阶层虽开始进入主流社会，影响力亦逐渐增强，但更多的还是作为一种政治斗争的筹码和工具。民国时期，军人阶层有了质的变化，特别是地方军人集团的形成，逐渐转化为一些职业化的、影响地方发展方向的政治军事集团。尤

---

① 庄维民：《近代山东传统商人资本的衰落蜕变及其意义》，《山东社会科学》，2000年第1期。
② 许涤新、吴承明：《中国资本主义发展史》（第二卷），人民出版社，1990年，第1053页；《中国资本主义发展史》（第三卷），人民出版社，2003年，第758—759页。
③ 陈真：《中国近代工业史资料》（第1辑），生活·读书·新知三联书店，1957年，第247页。

第四章 城市人口构成与社会结构的演变

其是北洋军阀统治时期,各地的军人集团日趋政治化,军事将领及其所代表的利益集团在国家政治生活中起主导地位,军人集团渗透、控制或把持了从省到县的各级地方政权,而以文官为主的政治集团和职业政客的地位反而下降,沦为其附庸、工具或摆设。在省一级政权中,军队将领不仅控制了行政权、财政权,也控制了司法权,主要官员都由军人集团任命,在很多地方,营长、团长"可以欺侮地方官员,各级文官必须服从于其穿军服的上司"[1]。军人集团因此成为城市的实际控制者,并通过亲缘、血缘、地缘和师生关系等形成一个庞大的利益集团,[2] 他们对城市和地区的政治、经济以及文化走向起着决定性的作用。如1926—1935年潘文华被刘湘委派管理重庆期间,就以"紧跟上海摩登"为标榜,在重庆展开了一系列物质建设,从而在客观上促进了重庆的城市的现代化发展。[3] 四川军阀杨森在控制成都期间,也根据自己的爱好对城市进行了一系列市政建设。虽然这些城市规划曾遭到五老七贤的反对,但已不能阻止杨森进行市政改革的步伐。同样,成都的保守人士孔教会会长徐子休诸人因得到刘湘、田颂尧等军阀的支持,在成都大成中学大搞祭孔活动,甚至连刘湘所部军官都必须弃戎装而穿长袍马褂前往祭孔,但当刘湘完全掌握成都的控制权后,祭孔活动就停止了。[4] 此外,职业军人集团并没有割断自己同乡村的联系,他们往往利用政治、军事权力占据大量土地,在乡村收取高额地租、发放高利贷,加剧了乡村经济的崩溃,迫使许多农民离乡背井,这间接地推动了城市与乡村之间的人口流动。南京国民政府建立以后,中国在形式上取得了政治的统一,但是不少省区一直为各军人集团所把控。抗日战争的全面爆发,推动了国民政府对西南地区的政治整合,西南地区各军人集团的独立性虽然有所削弱,但其仍然是支配地方政权的重要力量,中央和地方的利益博弈仍然体现为中央政府与地方军人集团之间的博弈。

4. 工人阶级作为一股独立的社会力量开始影响城市社会的政治、经济、文化生活,并同资产阶级展开城市领导权的争夺

民国时期,随着城市资本主义经济的发展,传统的手工业者、帮工、学徒、雇工之分化日趋加快,除部分人仍从事传统职业之外,有相当部分的人开始转化成现代企业中的雇佣工人。同时,随着多种因素造成的城市与乡村之间社会流动的频繁,大量破产农民涌入城市,为发展中的城市资本主义工商业提供了大量的劳动力,在努力适应城市发展的同时,其社会身份亦发生转变,成为产业工人、码头工人和各种行业的雇佣人员,一个具有开放性、进取性、革命性特征的城市工人阶级逐渐形成,并取代了以封闭、保守、落后为特征的传统劳工阶层在城市社会阶层结

---

[1] [加]陈志让著,傅志明等译:《乱世奸雄袁世凯》,湖南人民出版社,1988年,第247页。
[2] [美]齐锡生著,杨延岩等译:《中国的军阀政治(1916—1928)》,中国人民大学出版社,1991年,第60—66页。
[3] 张瑾:《发现生活——20世纪二三十年代重庆城市社会变迁》,李孝悌:《中国的城市生活》,新星出版社,2006年,292-326页。
[4] 徐炯:《大成中学校开学讲演》,《倡明孔教经世报》,1923年第2卷第7期。

构中的位置。随着城市资本主义的发展，城市工人阶级的规模不断壮大。以产业工人为例，1913年全国产业工人数量约有30万，但到1919年，全国产业工人数量已经增至260余万，其中新式工厂工人有83万，矿业工人有70万，建筑工人有40万，搬运工人有30万，铁路工人有16万，海员工人有15万，邮电工人有3万，汽车、电车等行业工人有3万。① 诚然，相对于不断增加的城市人口总量而言，民国时期城市工人的数量仍然较少，但他们在集体劳动中逐渐产生了阶级意识，并开始以罢工等方式反抗资本家残酷的剥削与压迫，其诉求逐渐从经济诉求扩展到政治、经济等多种诉求，成为民国时期城市政治生活的重要参与者。仅1918—1926年的9年间，全国各城市的工人罢工即达1 233次，② 其中既有反对军阀统治、反抗帝国主义侵略的"二七"大罢工、省港大罢工、"五卅"大罢工等著名的工人运动，也有争取工人经济权益与政治权益的各种中小型罢工。工人阶级的产生及其在城市经济、政治、文化生活中所发挥的重要作用，表明由传统的身份等级决定的城市社会阶层结构在民国时期发生解构，新的社会结构开始形成。

  5. 城市无业群体不断扩大，并以自己的方式影响着城市社会和生活

  民国时期，农村经济日益崩溃，天灾人祸频繁发生，加剧了农业人口向城市的流动，但城市资本主义工商业发展极不充分，不少城市根本无力吸纳农村转移出来的大量过剩劳动力，因而城市中出现了一个规模庞大的无业群体。如1931年3月南京总计人口有570 062人，其中无业人口则有292 867人，去除16岁及以下和60岁及以上的人口，无业者仍达111 994人，其中男性8 591人，女性103 403人。③ 1946年12月，重庆人口总计1 005 524人，无业人口则为180 685人，"无业者几占全市人口百分之二十"④。大量没有生活来源的无业者，为了生存只好沦为乞丐、妓女、盗匪、社会闲杂人员，给城市治理带来无尽的问题。如1931年3月，在汕头经营社会慈善救济事业的存心善堂，因被无业者多次勒索而不得不寻求地方政府帮助，汕头市政府在命令公安局前往保护的同时，还特别发布公告对这些无业者予以警告。⑤ 正是因无业群体的存在及其引发的社会问题过多，其在城市中已经成了一个不可忽视的群体，时人指出："中国现在所苦的却纯然是无业，比失业的更难于救济，比失业的更紧急百倍了。"⑥

  总之，随着政治、经济、文化的变迁，民国时期城市社会从传统结构向现代结构转化的速度加快，新式知识分子成为城市文化资源的主要支配者，新兴资产阶级则掌控着城市社会的经济命脉，而传统士绅和旧式商人发生分化，或适应社会变迁

---

  ① 中国人民政治协商会议湖北省委员会：《辛亥首义回忆录》（第三辑），湖北人民出版社，1958年，第128页。
  ② 胡义：《中国革命史讲义》，中国人民大学出版社，1983年，第797页。
  ③ 《首都无业者统计》，《社会杂志》，1931年第1卷第4期。
  ④ 佚名：《渝市人口仍在百万以上》，《征信新闻》，1947年第581期。
  ⑤ 张纶：《布告无业游民人等对于本市各善堂毋得借端强索致乱秩序由》，《汕头市市政公报》，1931年第67期。
  ⑥ 心声：《失业与无业》，《青年友》，1930年10卷12期。

转化为新式知识分子、资产阶级，或彻底放弃对城市社会资源的支配、占有而走向没落。与此同时，职业军人集团成为城市社会结构的重要组成部分，甚至在很长的一段时期内成为城市的主宰者。更为重要的是，工人阶级正式登上了城市的历史舞台，在城市政治、经济、文化各方面展示着自己的阶级力量。此外，在半殖民地半封建社会形态下没有得到充分发展的城市经济，无力吸纳此一时期大量流入城市的农村人口，一个庞大的无业群体因此充斥于城市的每一个角落。

（二）现代社会职业结构的确立

在传统城市社会中，社会阶层划分的基本标准是身份等级，并由不同的身份等级形成了一个完整的等级职业结构体系。传统城市的居民因此而被划分为特权阶层、平民阶层以及"贱民"阶层三部分。不过，在身份等级的支配下，特权阶层可以借助各种制度化、非制度化的渠道占有大量的社会财富，因而并不被纳入职业结构体系。真正的等级职业划分只在平民阶层中展开，所谓"士、农、工、商，斯为四民，乃吾国数千年以来职业分类"[1]。在这个身份等级职业结构中，各阶层可以通过不同的制度化或非制度化途径获取与自己阶层相适应的社会资源，各阶层之间严禁僭越，罕有流动。而且，每个阶层的成员都只能在自己所处等级的范围内择业，不得逾越，所谓"官有世职，即有世禄，其下则士亦恒为士，农亦恒为农，工商亦恒为工商"[2]。在森严的等级制度下，各阶层人员的纵向流动受到很大制约，比如"贱民"阶层就只能选择那些低贱的职业，华南地区的疍户以及江浙九姓渔民女子，直到清同治年间，都一直只能以娼妓为职业。[3]

晚清以来，随着资本主义工商业在城市中兴起，封建生产关系开始向资本主义生产关系演变，社会关系因而"不断地革命化"。胡汉民曾指出："通都大邑贸易繁盛，商人渐有势力，商与官近至以'官商'并称，通常言保护商民，殆渐已打破从来之习惯，而以商居四民之首。"[4] 这种现象表明，传统的身份等级已经不再是决定城市社会中各阶层的社会地位的唯一因素。同时，各种新兴职业如通译、律师、记者、编辑、工程师等不断在城市中涌现，吸引各色人等前往应聘、就业，传统城市社会身份等级职业结构逐渐解体。这一趋势在民国时期愈来愈烈，并最终确立了以功能职业为基本标准的现代社会分层结构的主体地位。

辛亥革命终结了在中国存在了两千多年的君主专制，传统身份等级职业结构彻底丧失了赖以存在的制度基础。民国建立伊始，南京临时政府即以民主共和为原则制定了《临时约法》，规定："中华民国人民，一律平等，无种族、阶级、宗教之区别。"[5] 这从国家根本大法的层面否定了身份等级制度。1912年3月17日，孙中山

---

[1] 萧一山：《清代通史》（第四册），中华书局，1986年，第1611页。
[2] 佚名：《论居官经商》，《申报》，1883年1月25日，第1版。
[3] 王书奴：《中国娼妓史》，岳麓书社，1998年，194—196页。
[4] 胡汉民：《胡汉民自传》，台北传记文学出版社，1969年，第50页。
[5] 《中华民国临时约法》，《临时公报》，1912年第1卷第27期。

签署法令，废除疍户、惰民、丐民、义民，以及"优倡隶卒"等"贱民"身份，并宣布："各种人民，对于国家社会之一切权利，公权若选举、参政等，私权若居住、言论、出版、集会、信教之自由等，均许一体享有，毋稍歧视，以重人权而彰公理。"① 从此，中华民国的制度层面再也没有特权阶层和"贱民"阶层的位置，建立新的功能职业结构的制度障碍得以清除。

与此同时，城市社会转型的速度日趋加快，现代工厂、新兴行业不断在城市中出现，为人们谋取新的职业提供了广阔的社会条件。而且每一种职业都是具有开放性的，不能再凭借身份等级而任意攫取。于是，以职业划分的社会群体替代了传统的以身份等级划分的社会群体，城市居民按社会的不同功能需求从事相应的专门职业，同时亦最大限度地被纳入正规化的职业体系之中，职业成为衡量城市居民社会地位的重要标准，并在此基础上出现了新的阶层划分。

依据社会分工与从业者社会地位、经济收入的差异，民国时期城市社会中各阶层所从事的职业可分为上等职业、中等职业和下等职业。其中，从事中等职业的阶层"包括中小工商业者、中高级技术人员、公务员、教员、自由职业者等"，他们掌握着专业知识，从事着专业化的工作，在政治态度、经济地位、价值观念及社会生活方面已形成一种独特的风格。在这一变化的舞台上，以律师、记者、作家为代表的自由职业者扮演了举足轻重的角色，从而构成了民国社会中等职业阶层的中坚力量。

民国时期，时人按不同分工所形成的职业为基本标准，重新划分全国各地社会群体，如1920年，山西省将全省职业划分为"农业""商业""杂业""劳力""专门职业""工业与矿业""官吏""无职业"八类，并剔除了"绅""工乐""仆役""优伶"等具有身份等级性质的职业。② 又如1926年，南京共有中国籍市民394 010人，警察厅将其按16种职业进行分类，分别为官吏（2 446人）、公吏（13 610人）、教职员（1 266人，其中女性154人）、学生（23 217人，其中女性4 786人）、农业人士（18 210名）、工业人士（53 667人）、商业人士（61 886人）、渔业人士（2 635人）、矿业人士（195人）、新闻界人士（105人）、护士（339人）、僧人（1 038人）、道士（173人）、尼姑（507人）、稳婆（52人）、从事其他各项职业者（69 043人），另有无职业者144 982人。③ 再如1928年，广州市政府依据该市的职业特征，按照"农界""工界""商界""学界""公仆界""自由职业界""其他""无业"的分类，重新划分了社会群体。④

以上各城市按照时代的职业对各自人民重新进行群体分类的现象，一方面表明传统身份等级职业制度已经彻底终结，另一方面亦反映出当时工业化水平有所提高的事实。因为从现代化的角度看，工业的发展必然把城市的所有居民都纳入正规化

---

① 《孙总统令开放疍户惰民》，《东方杂志》，1912年第8卷第11期。
② 杨子慧：《中国历代人口统计资料研究》，改革出版社，1996年，第1379页。
③ 《南京人口职业之调查》，《实业杂志》，1926年第1卷第3期。
④ 佚名：《民国十七年广州市市民职业统计》，《南开统计周报》，1930年第3卷第31期。

的职业体系中,其结果,"每一种谋生手段,甚至包括乞丐和行乞,都带有职业的性质,秩序的性质,这是确保这种谋生手段取得成功所必须有的性质。当然为确保成功还须其他的联系来加强这种趋向:不仅要使自身的职业专门化,还要合理化,还要完善一套具体的技术去自觉地从事这种职业"[①]。而且,现代社会因分工不同而形成的职业专门化、技术化,不仅可以直接反映从业者的经济收入、政治地位和社会声望,还将各个职业群体阶层化,从而构成新的阶层体系。因而经商是一种职业,做官也是一种职业,教师、编辑、记者也是职业,做工同样也是一种职业。在这样的阶层结构中,"许多前现代社会所见到的那种财富、权势和身份关系在一种颇为严格的等级秩序中结合或分离的倾向,随着现代化的演进而趋于消失"[②]。

1933年,国民政府正式公布了以城市居民职业为依据的统一的职业分类标准,共有"农业""矿业""工业""商业""交通运输业""公务""自由职业""人事服务""无业"九个大类。现代功能职业结构自此在国家层面得到确立。无论是统治阶层、知识阶层还是工商阶层、劳工阶层以及游民阶层,较民国以前至少都在制度层面有了质的变化,现代功能职业结构最终得以确立。

城市社会阶层的分化与整合,以及现代功能职业结构的确立,在整个民国时期共同发展,相辅相成,最终促成了城市社会结构的整体性转变。与此同时,其他的一些次要的方面也发生了变化,如血缘、地缘关系的作用不断减弱,并且日益让位于以业缘、趣缘为主导的新型社会关系;城市社会流动频率加快,社会成员之间的异质性不断加大;社会阶层之间、同一阶层内部各成员间的差距也在拉大,进而出现新的分化、整合;城市社会多元化的趋向格外明显。

需要指出的是,旧结构虽然已经解体,但尚未完全退出历史舞台,各个阶层中都还有很多旧结构留下的痕迹。而城市中新的社会结构虽已初露端倪,却仍无法定型。因而,民国时期城市社会结构表现出新旧杂陈的特点。

二、城市社会中的主要阶层

民国时期,随着传统城市社会结构的解体,城市社会各阶层都发生了明显变化。旧的阶级、阶层日趋没落,新的阶级、阶层逐渐形成,并因所占财产、所拥有权力、受教育程度、职业声望、收入的不同而日趋分化,并深刻地影响着城市社会的变迁。

(一)城市上层社会的变迁

辛亥革命虽然推翻了君主专制制度,建立了以三权分立为政治基础的国家,新的国家以人人平等为原则在法律层面重新厘定了社会关系,但在现实生活中,阶

---

① [美]帕克等著,宋俊岭、吴建华等译:《城市社会学》,华夏出版社,1987年,第13页。
② [以]S. N. 艾森斯塔特:《现代化:抗拒与变迁》,中国人民大学出版社,1998年,第9页。

级、阶层的分化仍非常严重。如1936年，上海市商会组织国货陈列展，某位上海上层社会的妇女便声称，国货"对于中下流社会之家庭尚无复遗憾，其如高级社会家庭不合使用"①。也就是说，城市上层社会是不会消费价廉质劣的国产商品的。

辛亥革命推翻了清朝的统治，结束了存在了两千多年的君主专制制度，一个新的时代由此开始，旧时代的统治者消亡，新的统治者崛起，上层社会也随之发生了根本性变化。民国时期上层社会的构成十分复杂，既包括部分新旧官僚集团、军人集团，也包括大资本家、大商人，以及部分知识界精英，他们共同的特征是拥有显赫的社会地位和巨大的权力，有着巨额资产和稳定丰厚的收入，能够影响地方政治、经济和文化的走向，控制着城市的各个方面。

1. 官僚集团

民国前期的官僚集团主要由新、旧官僚组成。旧官僚之所以能够继续掌握城市的政治权力，关键在于辛亥革命的不彻底。当时，除了南方少数几个城市，绝大多数地方的旧政权都被原封不动地保留下来。此后，北洋政府更是大量地任用旧官僚以维持自身统治，因而在相当长的时间里，旧官僚仍然是各城市上层社会的重要组成部分。如北洋军阀统治时期担任农商总长一职者共47人，其中科举出身的就有16人，占比为34%②。各地方的情况也多与此相似。1912—1916年，湖北民政长一职先后由8人担任，其中的汤化龙、刘心源、夏寿康、饶汉祥、段书云等6人都出身旧式官僚。③ 国民政府建立以后，许多城市中的旧官僚摇身一变成为"新官僚"，所谓"军事北伐，政治南伐"。据相关统计，1928年上海市政府秘书处暨各局职员共有1780人，而出身旧式官僚者计有281人。④ 同时，辛亥革命后，大量原来属非统治阶层的人员进入统治阶层，清朝士人通过科举考试和恩荫等进入官僚队伍的方式彻底发生改变；从事政治活动、加入政党成为人民进入官僚队伍的一个重要途径。特别是国民党成为执政党后，国民党员被委任到各城市任职者的人数增多，成为城市新贵。如1932年的济南共有"从政人士4 586名"，其中"科局长以上的60%都是国民党员"，他们与富商、上层知识分子一起构成济南城市社会的"精英层"。⑤ 同样的，在福建福州和厦门，官僚与大资本家、银行高级管理人员、富裕华侨、买办一起构成城市社会的上层，他们"都是城市现代经济发展的最大的既得利益者，他们占有最大份额的社会资源"⑥。总而言之，官僚阶层是民国时期

---

① 诸文绮：《国货与社会阶层》，《染织纺周刊》，1936年第2卷第9期。
② 郭德宏：《社会史研究与中国现代史》，《二十世纪中国社会史研究》，当代世界出版社，1998年，第28页。
③ 苏云峰：《中国现代化的区域研究：湖北省，1860—1916》，"中央研究院"近代史研究所，1987年，第106－107页。
④ 何一民：《近代中国城市发展与社会变迁（1840—1949）》，科学出版社，2004年，第353页。
⑤ 聂家华：《开埠与济南早期城市现代化（1904—1937）》，浙江大学博士学位论文，2004年，第185－186页。
⑥ 林星：《近代福建城市发展研究（1843—1949）——以福州、厦门为中心》，厦门大学博士学位论文，2004年，第245－246页。

城市上层社会的重要组成部分。

2. 高级军人集团

民国初期因国家政权的更替而出现的社会失序，使军人集团获得了掌控国家与地方权力的机会，即所谓的"民国成立，军焰熏天"[1]。在北洋政府中，军人窃据了各部门的重要职位，甚至农商总长一职亦有两位出身行伍者先后出任。[2] 在地方政府中，各省都督、将军、督军的职务，都由军人担任。许多城市的市政机构也为军人或有军事背景者所控制。如1921—1927年，重庆的六位商埠督办皆为军人或出身军人。[3] 1927年重庆建市之后，担任市长一职的潘文华亦是军人。所谓"一人得道，鸡犬升天"，民国时期，势力膨胀的军人在各城市社会中形成了一些盘根错节的利益集团，控制着城市的政治、经济甚至文化资源。如著名的天津恒源纱厂，其重要股东张作霖、曹锟、鲍贵卿、段谷香、田中玉等，都是军人或者军阀。[4] 在20世纪30年代的成都，刘湘等人不仅控制了城市的军政大权、经济资源，甚至还干预城市文化教育资源的分配。1934年刘湘就声称"一个中学生所学的科学，实际上不及一个学徒所学的珠算、簿记有用"，因此建议废除成都各中学堂的"国语""数学""地理""历史"等"无什么用处"的课程，专注于"职业教育"。[5] 综上可见，民国时期很多城市的上层社会阶层中有一部分是由军人集团。在内陆边疆地区，除了西藏，新疆、内蒙古、东北等地区的城市的上层社会也多有军人集团的身影。

3. 资本家群体

民国建立后，工商阶层摆脱了数千年来的束缚，工商业资本家纷纷兴办现代工矿企业，积极参与国际、国内商业贸易，从而出现了一批可以操纵城市经济命脉，影响城市政治生活、文化生活的大中资产阶级，并成为民国城市上层社会的重要组成部分。譬如由旧式商人转变身份而来的虞洽卿，先后创办了四明银行、宁绍轮船公司、中华劝业银行、三北轮船公司、鸿安轮船公司、物品证券交易所等现代企业，成为上海滩乃至全国有名的大资本家。在辛亥革命期间，虞氏由上海只身赶赴苏州，劝说江苏巡抚程德全起义。程氏要求虞洽卿给他一百万巨款，才同意宣布江苏独立。虞洽卿"凑足百万交程，于是苏州易帜，东南革命军的声势大涨"。虞氏所创办的四明银行，在民国初年拥有钞票发行权，其金融实力甚至一度威胁到中央银行的地位，最终在1935年被国民政府财政部接手。在"五卅"运动期间，身为上海总商会会长的虞洽卿，凭借其强大的政治、经济能量，上而协助政府，下而领导民众，责任綦重，最终迫使帝国主义列强做出让步。又如被誉为"中国现代企业

---

[1] 费行周：《民国十年官僚腐败史》，《近代稗海》（第8辑），四川人民出版社，1987年，第17页。
[2] 郭德宏：《社会史研究与中国现代史》，《二十世纪中国社会史研究》，当代世界出版社，1998年，第28页。
[3] 隗瀛涛：《近代重庆城市史》，四川大学出版社，1993年，第563页。
[4] 苏小和：《民国时期天津企业家的困境》（上），《中国经济报告》，2013年第8期。
[5] 划：《刘湘谈教育》，《骨鲠》，1934年第32期。

制度的创办者"的周学煕,在天津、北京两大城市拥有巨大的政治、经济势力,不仅先后与袁世凯、段祺瑞、曹锟等北洋权贵交好,而且创办了很多企业,"包括著名的开滦矿务局、耀华玻璃公司,以及更加具有现代市场意义和城市意义的京师自来水公司,让北京这座古老的中国城市第一次使用上了自来水"①。再如民生公司的创办者卢作孚,在 1925 年以 20 000 元资本开始创业之后,数年时间过去,到 1935 年便几乎控制了长江上游航道,其拥有的轮船数量也从最初的 1 艘增加到 24 艘,总吨数由 7 066 吨增长至 729 822 吨。与此同时,卢氏在重庆北碚"办市政,禁赌博,禁鸦片,办中小学,立医院,设民众俱乐部、图书馆。……创立西部科学院,筹设农事试验场"。1938 年冬季,卢氏还组织力量抢运因交通不畅而滞留在湖北宜昌的兵工、航空、轻工业、重工业领域的 3 万名技术人才、工人,以及 9 万多吨工业器材,从而完成了一次"中国实业上的敦刻尔克"大撤退。整个抗战时期,民生公司更为争取国家、民族的最后胜利而付出了损失 15 艘轮船的代价。② 诸如虞洽卿、周学煕、卢作孚这样的大资本家,在民国时期各省的重要城市中无处不在。他们的来源也比较复杂,有从旧式官僚、商人转变身份而来的,如虞洽卿、周学煕;也有从底层社会打拼出来的,如卢作孚,其成功则主要依靠个人能力而非传统的身份等级。同时,随着财富的增长,他们积极介入城市社会的各个领域,认同并努力推进有秩序的社会改革,反对激烈的社会革命。因此,一方面,他们经常出现在事关城市发展的各种场合里;另一方面,当城市激烈变革的苗头出现之时,又能看到他们阻止与退却的身影。如虞洽卿虽然参与领导了"五卅"运动,但当他在运动中发现产业工人和民众所爆发出的力量后,逐渐开始妥协,"'五卅'对虞洽卿是一个转捩点:以前,虞是偏于民众方面的,以后,则他似乎偏向政府方面了!以前,他是对帝国主义多少取抗争态度的,以后,则他似乎倾向于妥协了"③。虞洽卿表现出的追求稳定、害怕激烈变革的心理,正是民国时期城市社会上层社会阶层的一个共同特征,这个特征或许也正是促使江浙财团支持蒋介石镇压工农运动的重要原因。

4. 精英知识分子群体

新式知识分子阶层的形成,是民国时期城市社会结构变迁的一个重要方面。它意味着传统士绅阶层在城市中的消亡,以及依靠知识、技能而非身份等级便可以立足于城市社会是完全可能的。然而,由于教育背景、职业等级、收入、社会声望、社会关系网络等决定个人社会地位的关键因素存在差异,民国城市社会中作为整体的知识分子群体事实上是分化为多个层次的,一些知识分子可以占有、支配更多的城市社会资源,有些则仅能维持温饱。在城市社会结构的顶端始终站立着一批知识

---

① 苏小和:《民国时期天津企业家的困境》(上),《中国经济报告》,2013 年第 8 期。
② 蔚然:《航业界后起之秀——卢作孚先生与其事业》,《交通职工月报》,1934 年第 2 卷第 9 期;胡先啸:《四川杰出人物卢作孚及其所经营之事业》,《为小善周刊》,1933 年第 2 卷 30 期;佚名:《实业家卢作孚先生》,《地方金融》,1947 年第 2 期。
③ 方腾:《虞洽卿论》(下),《杂志》,1941 年第 12 卷第 5 期。

分子，他们或者凭借自己的文化资本影响着中国或城市社会生活，如陈独秀、胡适、梁启超、章太炎、丁文江、鲁迅、钱穆、吴宓等人；或者通过知识与权力、财富的结盟而获得更多的社会资源、更高的社会地位，如蔡元培、王宠惠、傅斯年、何廉、翁文灏、王世杰等人。这些精英知识分子与官僚、军人集团、大资本家之间既有矛盾和冲突，也有妥协和合作。如蒋廷黻一方面对好友丁文江与北洋军阀曹锟、孙传芳等人交往密切表示不理解，另一方面又接受陕西军阀刘镇华的邀请前往西安讲学，甚至与奉系军阀杨宇霆探讨东北的开发建设及抵御日本的问题。[1] 而且，随着国民政府逐步建立起科层式城市管理体系，逐步推行文官制度和公务员制度，越来越多的知识分子参与到城市权力、资源的争夺中，并在因缘际会之下成为城市上层社会中的一员。在中华人民共和国成立以前，国民政府中有很大一批高官实为通过公务员考试而被选拔任用的，其"地位是举足轻重的"[2]。总而言之，民国时期知识分子的精英阶层，同官僚、军人集团、大资本家一起，共同构成了城市社会的上层。

（二）城市中层社会的变迁

民国时期的城市中层社会主要包括自由职业者群体、公务员群体、中小工商业家群体，其共同特征为：从事非体力劳动并且具有某项专业技能，有固定的职业、固定的收入，生活条件相对优裕。

1. 自由职业者群体

在1933年国民政府行政院公布的职业分类中，医生、律师、工程师、会计师与新闻业、教育业、文化艺术事业等行业的从业人员均被划为自由职业者。这种职业分类是为新兴知识分子阶层量身打造的，与传统的知识分子的职业构成有别。有学者在界定近代中国知识阶层的含义时认为，"知识阶层乃是指具有现代教育背景的、从事抽象符号系统创造、传播和使用的自由职业群体，包括文学家、艺术家、自然科学家、人文学者、教师、编辑、记者等等"[3]。简而言之，民国时期城市社会自由职业者主要是由新式知识分子构成的。而新式知识分子区别于传统士绅的差异之一就在于他们经过现代教育的培养，拥有各类可以适应城市社会政治、经济、文化变迁所必需的专业知识和技能。所以，周谷城才指出："从前的知识分子，只需要讲道德、说仁义、诵读诗书，把自己变成神秘的宝贝一样。……现代的知识分子，则须有专门的知识和技能，始能作资本家的良好工具，始能尽维持资本主义社会的责任。"[4] 由此可见，新式知识分子阶层的产生，正是社会转型的必然结果。掌握现代知识和技能的从事自由职业的新式知识分子阶层，其活动范围多限于城

---

[1] 蒋廷黻：《蒋廷黻回忆录》，岳麓书社，2003年，第105—106、113—115、121—123页。
[2] 金绍光：《戴季陶与国民政府的高等文官考试》，《江苏文史资料选辑》（第24辑），1998年，第12页。
[3] 许纪霖：《近代中国变迁中的社会群体》，《社会科学研究》，1992年第3期。
[4] 周谷城：《中国社会之变化》，新生命书局，1931年，第181页。

市，毕竟在当时的社会条件下，只有城市才能为他们提供更多地运用自己所掌握的知识和技能参与社会资源分配的机会，因而，知识分子阶层日趋城市化。如，知识分子想谋取一份教职，就必须到城市中去，因为当时的教育文化资源基本上集中于城市。以高等教育为例，在1936年全国108所专科及以上的学校中，上海有25所，北平有14所，广州有7所，南京为6所。也就是说，全国将近一半的高等院校集中于以上四个城市中。诚如此，民国时期的知识分子阶层不得不日益城市化。

需要指出的是，新式知识分子所掌握的专门知识和技能对推动城市发展起着至关重要的作用，但相对于城市人口总数而言，新式知识分子在城市人口中所占的比例并不高。在全面抗战爆发以前，南京市知识分子仅占人口总数的1.99%，而北平为6.32%，上海为5.25%，重庆为2.14%，青岛为1.41%，天津为1.36%。[①]这组数据表明：城市社会最需要的教育、科技、医疗、文学、法律、艺术等领域的专业人才，在民国时期非常稀缺。不过，即便民国城市中知识分子所占的比例较小，但其职业分布却是较为广泛的，而且他们所从事的职业多是城市现代化发展不可缺少的。据当时的职业分类，全社会职业共分为9大类约35个行业，每个大类平均有4个行业，其中自由职业者占8个。兹择要略述于下。

（1）教师群体。

民国时期，在城市社会自由职业群体中，从事教育工作、学术研究的大、中、小学教师最多。在1928年广州市政府划分的职业类别中，教师被单独划为一类职业。1934年，南京共有自由职业者15 345人，其中教师便有4 846人，占比达31.58%。在近代社会转型时期，资本主义工商业的发展，新知识的引入，人民观念的更新，乃至政府政令的推行，都需要教育的辅助，因此自晚清以来朝野各界都极为注意普及教育，教育的大众化、普及化是时代的发展趋势，这一趋势持续到民国时期。对教育的重视，意味着学校和教师岗位必然增多，因此到了民国时期，城市社会中自由职业者以教师居多。即便如此，相对于数量庞大的学生群体而言，民国时期城市社会中的教师仍然总是处于紧缺状态。以1934年的南京市为例，南京共有学生49 616人，教师4 846人，教师与学生之比为1∶10.24，教师数量远远不足。

（2）律师群体。

晚清戊戌变法时期，就已经有人开始主张引入律师制度。但直到民国建立以后，随着清朝君主专制统治的垮台，民主共和政体的确立，律师制度的建立才有了现实的可能。1912年，《律师暂行章程》颁布实施，标志着我国律师制度正式建立，律师作为一种职业开始扎根中国。随后，各地相继成立了律师公会，而1912年10月成立的北京律师公会则是"全国范围内第一个经司法部认可的律师公会"[②]。伴随着律师这一职业的出现，旧式讼师逐渐没落直至消亡。据相关统计，

---

① 何一民：《近代中国城市发展与社会变迁（1840—1949）》，科学出版社，2004年，第369页。
② 邱志红：《民国时期北京律师群体探析》，《北京社会科学》，2008年第4期。

第四章 城市人口构成与社会结构的演变

仅在1913年,全国便颁发了2 796份律师证书。[①] 不过,律师在整个民国时期的城市社会里仍然比较少。20世纪30年代,即便在律师数量最多的上海,也是每3 400人中才有1名律师。[②] 律师人数较少的原因是多方面的,首先,在半殖民地半封建社会的背景下,始终未能确立独立的司法审判权,而制度化建设本身就需要较长的时间,所以在制度尚不完善的城市社会中,律师的作用并不显著。其次,法律和政治的现代化,需要人的现代化相配合,如此才能起作用。但在当时,无论是城市上层社会还是一般市民,法律意识都很差,其遭遇法律事件要么依靠强权处理,要么自认倒霉,较少通过法律途径解决,这也影响了律师行业的发展。最后,大多数律师主要是为城市上层社会服务的,很少涉及城市劳工阶层以及其他中下层市民。因此,社会的需求量亦决定了律师人数的多寡。

(3) 新闻出版业从业人员群体。

作为现代传媒的报纸、杂志是在晚清才兴起的,民国建立后,新闻出版业更是得到了较大发展。1926年沈兼士撰文回顾中国报纸发展史时指出:"民国成立了,民气发扬,政党林立,报纸事业风发云涌。……至今存在的,就是地方报不算在内,全国共有一千二百多种。"[③]另外,"创办通讯社的,比创办报纸的更多"[④]。随着市民阶层和市民文化的兴起,社会各阶层对报纸的需求逐渐增大,从而促进报纸本身不断求新求变,内容较前大为丰富,发行量日增,从业人员增多。不过,民国时期新闻从业人员的成分比较复杂,各色人等皆有:"高尚者讲学,提倡社会事业,注意民生,促进文化;其次则放浪形骸,专为鼓吹娱乐事业为事;下焉者,敷衍塞责,但求津贴丰厚。"[⑤] 新闻出版业在民国时期日趋繁荣,意味着民国城市社会需要大量记者、编辑等相关从业人员,才能满足行业发展的需要。同时,新闻出版业从业者的社会地位相较于晚清时期得到了提高。时人指出:"昔日之报馆主笔,不仅社会上认为不名誉,即该主笔亦不敢以此自鸣于世。"而民国以来,"前此贱视新闻业因而设种种限制之惯习,复悉数革除。……往者文人学子所不惜问津之主笔访事,至是亦美其名曰'新闻记者',曰'特约通信员',主之者既殷殷延聘,受之者亦唯唯不辞"[⑥]。于是,记者、编辑、通讯员等职业成为民国城市社会中一个从业人数较多的"自由职业"。以重庆为例,1911年以前全市共有报纸10种,从业者数十人,而全面抗战时期已增至127种,包括记者、编辑在内的从业人员共737人,平均每家报社由约6人组成,从业人数占全市人口总数的1‰以上。[⑦] 总之,记者、编辑、通讯员等已经成为民国城市社会不可缺少的职业群体。

[①] 阮湘、李希贤:《第一回中国年鉴》,商务印书馆,1924年,第279页。
[②] 忻平:《从上海发现历史——现代化进程中的上海人及其社会生活》,上海人民出版社,1996年,第64页。
[③] 兼士:《中国报纸变迁史略》,《青年进步》,1927年第101期。
[④] 兼士:《中国报纸变迁史略》,《青年进步》,1927年第101期。
[⑤] 管翼鹤:《北京报纸小史》,《中国近代报刊发展概况》,新华出版社,1986年,第408页。
[⑥] 姚公鹤:《上海报纸小史》,《东方杂志》,1917年第14卷第6号。
[⑦] 隗瀛涛:《近代重庆城市史》,四川大学出版社,1993年,第431—432页。

(4) 医生群体。

中国自古就有大夫这一职业，但多以个体经营为主，与现代以医院为就业平台的状况有很大的区别。现代医院的兴起受西医的很大影响，其分工相对细致。晚清时期，一些重要的通商口岸城市相继出现了以西医为主的医院。民国建立后，现代医疗卫生事业有了更大发展，医院成为城市现代化和改善市民生活条件的重要内容之一。医生的多少，成为衡量城市社会进步与否的一个指标。民国时期，职业医生主要分西医和中医两类，西医与中医的区别是，其大多在医科大学或专门学校接受过系统的专业教育和职业培训，各种护士也多在护士学校接受过相关的职业教育。据相关调查，20世纪30年代，全国执业的医师中，毕业于国内医学院者占83%，有留学经历者占17%。① 同时，中医也在民国时期开始接受专门化、规范化的培训。如1936年江苏省民政厅颁布了《外科中医训练大纲》，要求全省各市县的中医分批到设于镇江的江苏省立医政学院接受培训。② 1945—1946年，李光复、沈仲圭等人先后在重庆、成都开办中医训练所，组织训练中医。③ 经过专门培训的中医数量开始增多。诚然，民国时期的城市医疗卫生事业是相当落后的，但相较于以前，已有较大的发展。1933年，据国民政府内政部卫生署的统计，全国共有中国籍医生2 919人，主要集中在江苏、浙江、广东三省，另有外籍医生107人。④ 彼时全国医生的数量虽然较少，但总体上呈增加趋势。以北平为例，1927年北平西医仅有58人，但到1935年，北平全市已有医院65家，西医425人，中医1 202人，平均每千人拥有医生1.03人。此外，北平还有助产士168人，护士604人。⑤ 外国教会从晚清以来亦在中国的一些城市开办了很多医院、诊所。1937年，由华英、华美基督教会创办的医院已有300多所，诊所则多达600余间，其中在上海者几乎占了一半，杭州、广州、北平次之。⑥ 综上可见，医生已经成为民国城市社会不可须臾而离的群体。

除上述群体之外，民国城市社会中还有许多服务于各经济机构和文化机构的专业性和功能性较强的会计师、工程师等，作家等文化人的数量也呈逐渐增加的趋势。教师、律师、记者、编辑、医生、会计师、工程师、作家等，一起构成了民国城市社会中的自由职业群体，他们是城市中层社会的主要组成部分。接受过新式教育的自由职业者，虽然在城市总人口中所占的比例很小，但其发挥出来的能量很大，不仅对城市的政治、经济、文化等方面的发展产生了很大的影响，而且对整个国家、民族的发展产生了重大的影响。

---

① 陈明斋：《我国新医学之进展及其现状》，《东方杂志》，1935年第32卷第22号。
② 佚名：《苏省中医外科将分批集省训练》，《医药情报》，1937年第2期。
③ 沈仲圭：《中医训练所第一届毕业同学录序》，《华西医药杂志》，1946年第1卷第9期。
④ 陈言：《全国医生统计》，《时事月报》，1933年第8卷第6期。
⑤ 曹子西：《北京通史》（第9卷），中国书店，1992年，第282页。
⑥ 朱潮：《中外医学教育史》，上海医科大学出版社，1988年，第86页。

2. 公务员群体

公务员群体是民国时期城市中层社会的重要组成部分。该群体主要包括政务人员、党务人员、警察及中下级军官。

(1) 政务人员和党务人员。

建立科层式管理系统是政治现代化的重要特征。民国建立以后，具有政治现代化意义的文官系统和公务员制度逐步确立起来。1915 年，北洋政府颁布《文职任用令》，其中第 2 条规定：除由大总统特擢者外，文官的任用必须符合以下条件：经文官高等考试及格及文官普通考试及格者；经文官甄用合格验收，大总统核定用途，并交由国务院铨叙局注册者；已经正式任命之各文职，依照法令应行转任、补任及升任者。① 1916 年，北洋政府又颁布《文官考试制度》《典试委员会编制法草案》，进一步规范文官考试制度。与此同时，不同部门之间具有"工具理性"特征的职能分工亦开始形成，如北洋政府农商部的文官系统，便设有专门从事技术性工作的技监 2 人、技正 16 人、技士 32 人。②

南京国民政府成立以后，在 1928 年设立了考试院，掌管公务员的考选与铨叙，推行公务员制度，并陆续公布了《考试法》《典试委员会组织法》《考试法施行细则》等一系列法律法规，国民政府公务员考试制度从此正式确立。据相关统计，从 1931 年到 1949 年，国民政府先后举办了 17 次公务员高等考试、16 次普通考试、16 次特种考试。一大批接受过高等教育的优秀人才因此进入公务员队伍。据相关统计，在 20 世纪 30 年代初，受过大学教育和专门教育的公务员在中央和地方政府中分别占甄别合格人数的 38.36% 和 43.41%。③ 这些人"分布在国民党中央政府的各院、部、会，各省市政府，遍及绝大部分的行政机关和专业部门"④。而且，"他们一般办事认真，工作质量和效率较高"⑤。这些人不仅提高了国民党统治下的各级政府部门的行政效率，而且也成为其所生活、工作的城市社会的中间阶层。

此外，党务人员也是民国城市中层社会的重要组成部分之一。在国民政府统治时期，实行以党治国的国民党几乎把持了从中央到地方的各级政府机关。1927 年，国民党既在南京设立中央党部，又在全国各城市设立省党部、市党部、县党部，一时间，每个城市中都有国民党员。如 1941 年，成都市政府共有公务员 313 名，其中 116 名为党务人员，占比达 37.10%。⑥ 这些党务人员事实上很多都属于专业人士，因而被纳入公务员系统而成为维持国民党统治和社会稳定的中坚力量，亦属于

---

① 沅湘、李希贤：《第一回中国年鉴》，商务印书馆，1924 年，第 231 页。
② 沅湘、李希贤：《第一回中国年鉴》，商务印书馆，1924 年，第 208 页。
③ 国民政府主计处统计局：《中华民国统计提要》，商务印书馆，1936 年，第 192 页。
④ 金绍光：《戴季陶与国民政府的高等文官考试制度》，《江苏文史资料选辑》（第 24 辑），1998 年，第 12 页。
⑤ 汪振华：《国民党时期的文官考试制度与文官考试》，《江苏文史资料选辑》（第 24 辑），1998 年，第 37 页。
⑥ 成都市政府统计室：《成都市政府公务人员统计·党籍》，《成都市政统计》，成都市政府印，1942 年，第 28 页。

城市中层社会的组成部分。

（2）警察。

政治现代化的发展使警察成为维持城市社会秩序的重要力量，而警察本身也成为一种职业。中国警察制度始自晚清，进入民国以后有了进一步的发展，其重要性也进一步提升。1935年，国民政府成立中央警官学校，将警察系统与控制地方的其他系统结合起来，使之与军队一起成为维护其统治的两大支柱。1937年蒋介石就曾对中央警官学校的毕业生说："我国有两支主要的力量：军队和警察，一个保卫国家，一个维持治安，它们如同飞机的两翼。但是，由于现代警察任务的复杂性，也由于警察是惟一与公众经常接触的公职人员，因此，在我们的社会里，警察就显得尤其重要。"作为国民政府控制社会的工具，领固定薪水的警察在城市社会职业结构中属于公务员系统，故而也是城市中层社会的组成部分之一。

（3）中下级军官。

民国建立以后，军人既属于统治阶层组成部分之一，也是城市中层社会的组成部分之一，这在由军人集团控制的省区表现得尤为突出。如1933年的成都，该市此时共有82 177户家庭，而出身"军界"者有4 376户，远比出身其他领域的中层家庭多，如出身"新闻界"家庭有114户，出身"教育界"家庭有2 852户，"公务自由者"家庭有1 053户，"警团"家庭有773户。[①] 也就是说，当时成都的军人家庭数量接近自由职业者（"公务自由者"）群体和其他公务员群体家庭数量之总和。即使去除属于城市上层社会的军阀，民国时期城市中层社会的军人数量也颇为可观。这些长期居住于城市的职业化军官，是国家统治机器的重要组成部分，他们与自由职业者、其他类型的公务员一起组成城市社会的中层。国民政府1933年公布的职业分类标准不仅是对这种既存现实的肯定，又使其地位进一步明确化。

总体而言，民国时期城市公务员群体所占比重较大，在城市人口职业结构中所占比重有时甚至超过自由职业者。如1928年的广州，其公务人员共有251 122人，占总人口的7.13%，而同时广州的自由职业者仅有3 252人，占比为0.92%。[②] 由此可见公务人员在民国城市社会中的地位和势力之一斑。

3. 中小工商业家群体

民国时期，随着城市资本主义工商业的发展，经商办厂者日益增多，工商界人士成为城市社会职业结构中占比颇大的一个群体。譬如1934年的福建省会城市福州有职业者共161 789人，其中从事工业者有35 992人，从事商业者则有34 991人，两者合计70 983人，占有职业人口的比重为43.87%。[③] 又如1946年12月的重庆，总人口为1 005 524人，从事商业者计有225 111人，从事工业者则为121 240人，两

[①]《成都市人口总数》，《四川月报》，1933年第3卷第3期。
[②] 佚名：《民国十七年广州市民职业统计表》，《南开统计周报》，1930年第3卷第31期。
[③]《福州人口职业状况表》（1934），福建省政府统计处：《福建省统计年鉴（第一回）》，1938年，第116页。

者合计346 351人，占总人口比例为34.44%①。诚然，这些工商业者也分为若干群体和层次，但以中小工商业者所占比例为最大。以1930年上海的"酱酒业"为例，当年该市经营"酱酒业"者共有700多家，但"资本大者五六千元，小者五六百元"，且"均系贩卖性质，不酿造"。② 这个群体有一定的资产，有相对稳定的收入，其工商业活动涉及城市经济生活的方方面面，但经常因经济变动、经营不善等问题而破产。③ 他们基本都反对激烈的社会变革，同政府既有合作又有矛盾。当政府的政策或行动损害了他们的利益时，他们往往会通过同业公会、商会等组织表达自己的诉求。这个主要通过经济活动分享社会资源的群体亦是城市中层社会的重要组成部分。

（三）城市下层社会的变迁

民国城市人口中数量最多的便是城市下层社会民众。其共同特征是收入微薄（甚至无收入），大多数没有文化，谋生手段少，失业率极高，处于城市社会的底层。其主要由劳工阶层和游民阶层构成。

1. 劳工阶层

民国时期城市社会的劳工阶层包括产业工人、劳动苦力群体和传统手工业者，他们是城市下层社会的主体。

（1）产业工人。

产业工人是伴随机器工业发展而产生的城市无产者，他们是最具时代性的新生劳动阶层。其主要集中在加工制造业、纺织业、面粉制造业、电力业、机械业、化工业、卷烟业等现代生产部门。产业工人数量的多少可被作为衡量城市工业化水平高低的一个指标。在民国时期，资本主义工业发展的不平衡性决定了产业工人主要集中于上海、汉口、天津、广州、青岛、大连等全国性或区域性工业中心城市。成都虽然是西部的区域中心城市，但由于其现代工业发展较慢，因而产业工人数量较少，1933年成都有与机器生产相关的家庭共1 588户，④ 即便按每户都是双职工计算，其产业工人总数也仅3 176人。而1931年上海的各行各业共有产业工人285 700人，其中男性产业工人84 786人，女性产业工人173 432人，童工27 482人。⑤ 上海产业工人的此种性别和年龄结构还反映出民国时期城市产业工人的一个特征：女工和童工占有很大比重。众所周知，现代工厂的特点便是大量使用机器和动力，从而降低了生产对于劳动者体力的要求，女性和未成年人因而可以获得就业机会。同时，相较于男性劳动力，女工和童工更容易管束，薪酬也更低。据上海市社会局1920年的调查，当时上海男性工人每月平均工资为17.52元，女性工人工资则只

---

① 《渝市人口仍在百万以上》，《征信新闻》，1947年第581期。
② 李奇流：《中国重要工商城市之商业》（四续），《光明之路》，1931年第1卷第7、8期合刊。
③ 朱宇苍：《中小工商业的前途》，《钱业月报》，1936年第16卷第4号。
④ 《成都市人口总数》，《四川月报》，1933年第3卷第3期。
⑤ 朗：《上海各业工厂及工人人数统计》，《安徽建设月刊》，1931年第3卷第2期。

有男性工人的60%左右,童工工资更只有男性工人的41%左右。[1] 对于以赚取剩余价值为唯一目的的资本家而言,其自然乐于在对体力要求不高的行业中,如缫丝、纺织、卷烟等行业大量地使用了女工、童工。据邢义信在1930年的调查,女工和童工的数量占了我国9个省29个城市工人总数的53.50%。[2] 女工、童工因而成了近代城市中产业工人的重要组成部分。对城市社会的下层民众而言,女性和儿童进入工厂工作完全是不得已而为之的事情。女工和童工占比大,一方面导致产业工人工资更加微薄、生活水平更加低下,另一方面也导致苦力数量剧增和无业游民的数量的增加。

产业工人作为现代生产方式的代表,他们的出现、成长,不仅标志着城市工业化水平的提高,而且意味着一个新的阶层或阶级已经诞生于城市社会中,并随着社会的发展逐渐形成本阶级的阶级意识,从而影响着城市社会政治、经济、文化的走向。

(2)劳动苦力群体。

劳动苦力群体的基本特征是无固定职业、无固定收入,纯粹通过出卖体力为生,且分布不集中,流动性颇大。如时人在介绍汉口的状况时就指出:"苦力,皆非人家所雇请者,来去自由,散漫无常,且无头目照管,乃毫无统系。"[3] 这个群体既包括传统城市里便有的轿夫、水夫、粪夫、码头搬运工等,又包括现代城市中新出现的人力车夫以及在工厂里从事最脏最累的劳动、按时计酬的体力劳动者。"这批在底层生活里挣扎的人没有太高的要求,只希望用自己的劳力和汗水解决最低限度的生活。"[4] 而苦力群体的普遍存在,"是我国城市近代化过程中比较特殊的现象"[5]。其原因在于,随着工业化、城市化的发展,大量农村人口流向城市,然而发展不充分的城市根本无法完全吸纳流入城市中的全部人口以及找不到工作的城市平民,从而造成大量剩余劳动力闲置于城市中。同时,城市基础设施建设的落后,导致许多工作只能完全依赖劳动力完成。于是,不能找到固定工作又有劳动力可以出卖的苦力群体就诞生了。民国城市中的苦力群体规模颇为庞大。以1919年的上海为例,当年该市有产业工人近10万人,以从事交通运输业工作为主的苦力亦有10万人,手工业工人则为20万人。在这三部分的总人口中,苦力占25%。[6] 苦力群体的大量存在,表明民国时期城市社会的阶级或阶层分化非常严重。

关于苦力群体在城市社会中的生活状况和社会地位问题,目前学界有相当多的研究成果,这里以人力车夫为例做进一步的说明。人力车的出现,是中国城市交通近代化的一个重要表现。当时,"国内各商埠、都会,以至各城镇,几莫不赖以为

---

[1] 朱邦兴、胡林阁、徐声:《上海产业与上海职工》,上海人民出版社,1984年,第42页。
[2] 邢必信等:《第二次中国劳动年鉴》,北平社会调查所,1932年,第4页。
[3] 介山:《汉口之苦力》,《生活》,1926年第1卷第19期。
[4] 于明:《钱塘江边的苦力》,《中国工人》,1946年第12期。
[5] 何一民:《近代中国城市发展与社会变迁(1840—1949)》,科学出版社,2004年,第391页。
[6] 刘金声、曹洪涛:《中国近现代城市的发展》,中国城市出版社,1998年,第93页。

第四章 城市人口构成与社会结构的演变

交通之利器"[1]。但凡有市场需求的行业,其从业者就相应较多,但拉人力车很苦很累,所以在一般情况下,不到万不得已的地步,人们都不会选择其为自己的职业。1924年,李景汉在调查了北京的6 604名人力车夫之后就指出:"在北京一旦失业的人,必须养家糊口的时候,不肯流为乞丐与盗贼,以暂时拉车为最后不得已的一步。"[2] 然而,选择这"最后不得已的一步"的人却非常多。在20世纪20年代的北京,"人力车夫有六万余人,依靠车夫生活的家口约有20万人"[3]。又据上海市社会局的调查,1935年全上海共有人力车24 390辆,人力车夫80 649人。[4] 1934年前后,山城重庆人力车夫的"人数约万余"[5]。1929年济南共有黄包车10 617辆,1933年则已经增加到12 700辆。[6] 这些人力车夫,"为各市中生活最困苦之市民,赤日之下,雨雪之中,辗转呻吟,至堪悯恻"[7]。在城市大街小巷里不辞辛劳而奔跑着的人力车夫,其收入极其微薄,劳动时间极长。如重庆的人力车夫,"工资每日约在五六角左右,工作时间,每日约十五六小时左右"[8]。而且,其随时面临失业的风险。如1947年西安市政府决定开通公共汽车并取缔人力车,全市5 000多名人力车夫"一面吃惊,一面叫苦。惊者,是人力车短期内恐即不能再拉,饭碗将被打破;苦者,是公共汽车行驶,价廉而行速,无形将他们的生意夺去了,无以为生,怎不叫苦?"[9] 走投无路之下,人力车夫要么加入游民群体,要么起而反抗。1929年10月22日,北平2 000多人力车夫沿着西单牌楼、天安门、东单牌楼一线,"见着电车便堵截捣毁。后来军警派队弹压,才告停息。结果,电车被毁坏五十余架,损失约十余万元"[10]。人力车夫的人数、生活状况以及其所面临的困境,折射出半殖民地半封建社会背景下城市社会的畸形发展,大量从农村涌入城市的劳动力没有一技之长,只能从事拉车这样的苦力劳动,沦落为城市贫民。

(3) 传统手工业者。

总体而言,机器大工业取代传统手工业是晚清以来社会发展的大趋势,这就意味着传统手工业者群体必然要经历分化与解体的过程,部分传统手工业者转为现代工人,部分则沦落为城市苦力或游民。但从总体上来说,仍然有相当部分的传统手工业者凭着自身的一技之长在城市中生存。"在半殖民地半封建社会里,资本主义工业得不到充分发展,不仅不能充分发挥机器工业摧毁手工业生产的历史作用,而且还需要手工业生产作为机器工业的补充。"[11] 由于现代工业发展不充分,大量传

---

[1] 王清彬等:《第一次中国劳动年鉴》,北平社会调查所,1928年,第613页。
[2] 李景汉:《北京人力车夫的现状调查》,《社会学杂志》,1925年第2卷第4期。
[3] 李景汉:《北京人力车夫的现状调查》,《社会学杂志》,1925年第2卷第4期。
[4] 上海市社会局:《上海之人力车夫》,《劳工月刊》,1935年第4卷第8期。
[5] 《重庆职工及苦力状况》,《四川月报》,1934年第4卷第3期。
[6] 济南市志编纂委员会:《济南市志》,中华书局,1997年,第288页。
[7] 彭学沛:《改善人力车夫生活方案》,《社会经济月报》,1937年第4卷第6期。
[8] 《重庆职工及苦力状况》,《四川月报》,1934年第4卷第3期。
[9] 李腾龙:《西安的人力车夫》,《劳工报》,1947年第13期,第2版。
[10] 波声:《北平人力车夫大暴动》,《革命新声》,1929年第22期。
[11] 殷本洛:《历史上苏南多层次的工业结构》,《历史研究》,1988年第5期。

统手工业作坊、工场仍然得以保存，许多人仍然依靠传统手工技术谋生。如20世纪20年代的镇江，从事传统棉织、丝织业的人员"占工界人数十分之七"①。又据成都市政府在1934年的调查，当年该市共有依靠传统手工业维持生计者5 206户，机械工业则只有2 687户。② 1948年，北平有毛毯、雕漆、刺绣、宫灯、绒花等19种传承久远的知名手工业，其作坊1 125所，手艺人12 842人，"假如每家有五个人的话，直接依此为生者约有六万余人，此外或须加徒弟约五万人"③。综上可见，民国城市社会中仍然生活着一个人数众多的传统手工业者群体，其职业的现代化水平不高，而且传统的行会制度和学徒制度仍然在这个群体中存在，许多人尤其是学徒的收入比较微薄，只能勉强维持生活。

2. 游民阶层

游民阶层指城市居民中游离于基本社会结构之外的各个边缘群体。这个群体一般无固定职业、无固定生活来源，以正当或不正当的方式谋生，主要包括乞丐、娼妓、盗贼、相士、巫婆、神汉、城市土匪、兵痞流氓等，社会地位极为低下。

游民群体在传统城市社会中就已经存在，但规模不如晚清以来那么庞大。其原因在于，晚清以来尤其是民国时期的人口城市化并不是资本主义充分发展的结果，而是在外力驱动下被动发生的。列强的经济侵略以及持续不断的天灾人祸，造成大量的农民和手工业工人破产、失业，旧的社会结构因而被打破。与此同时，新的经济力量并没有在民国城市社会中得到充分发展，新的社会结构亦迟迟未能形成。当大量人口涌入城市而又不能被城市吸纳时，城市的边缘人口——游民的规模便日趋庞大。④ 以北平为例，1918年北平内外城共有游民5 351人，占人口总数的1.95%；但17年之后（1935），北平的无业游民已增加至64.60万人，占城市人口总数的55.23%。⑤ 即使在当时城市现代化水平最高、资本主义工商业最发达的上海，亦同样如此。据1936年上海市公安局的统计，该市共有无业游民333 486人，占人口总数的15%以上。⑥ 到了1947年，上海的游民占比则上升到40.76%。大量游民的存在，严重威胁着城市社会的稳定与安全。有时人指出，城市社会中的游民"妨害治安""增加犯罪"，徒然浪费社会资源，因而建议城市政府强制收留游民并传授其生产技能。⑦ 然而，产生游民的社会根源问题未能得到解决，要解决游民问题又谈何容易。下面以游民群体中的乞丐和娼妓为例，对这一阶层的社会群体进行简单的

---

① 《镇江手工业之调查》，《教育与职业》，1924年第56期。
② 《成都市最近人口调查》，《四川月报》，1934年第5卷第2期。
③ 陈达：《论北平手工业》，《周论》，1948年第2卷第16期。
④ 关于民国时期的游民问题，毛泽东曾有精辟论述："中国的殖民地和半殖民地的地位，造成了中国农村中和城市中的广大的失业人群。在这个人群中，有许多人被迫到没有任何谋生的正当途径，不得不找寻不正当的职业过活，这就是土匪、流氓、乞丐、娼妓和许多迷信职业家的来源。"毛泽东：《中国革命和中国共产党》，《毛泽东选集》（第2卷），人民出版社，1992年。
⑤ 国民政府主计处统计局：《中国人口问题之统计分析》，1936年，第42页。
⑥ 鸳鸯馆主：《沪市无业游民》，《民生周刊》，1936年第36期。
⑦ 郭兴熊：《市政与游民》，《无锡市政》，1930年第6号。

第四章 城市人口构成与社会结构的演变

说明。

（1）乞丐。

在民国城市社会中，乞丐已经成为一种"职业"。20世纪30年代，上海中华慈幼协会曾经对该市的100名乞丐做了调查，其中有男性乞丐96名，女性乞丐4名，年龄则在13至38岁之间，籍贯涵盖湖北、安徽、上海、河南、浙江、四川、江西、河北、山东、北平、福建等省市。这些人口沦为乞丐的原因主要有天灾人祸及好吃懒做两个方面。令人惊奇的是，当上海中华慈幼协会决定收容救助他们时，愿意接受救助的只有31人，另有69人"甘愿流落"，其理由则是"行乞也是一种经营谋生的方法，一样的与工匠、小贩……维持生活"①。也就是说，民国城市社会中的乞讨者本身并不把乞丐视为不正当的临时性谋生方法，而认为其是一种在城市社会中可令自己有效生存的职业，甚至是一种比做苦力、进工厂当工人还要好的谋生方式。部分在上海公共租界行乞者的收入颇丰，远超一般工薪阶层，"每丐每日之收入，平均约可得十二千文，约合银四元，收入优裕"②。同一时期，上海人力车夫的收入，"所入净数最低的每月只三元四角，最高的是十七元五角，平均是九元二角三分"③。于是，大量职业性乞丐便聚集于城市之中，甚至这一群体还根据籍贯等形成了帮会组织。例如，汉口的丐帮便有"两湖派"（洞庭湖的东湖和西湖）和"三江派"（浙江、江苏、江西）的分别。④乞丐必须加入某一帮派，经头领同意并交纳一定数额的乞讨所得，才能获得在城市某一区域行乞的资格。如在上海行乞，"不是任何贫民可以在马路上求乞的，大概必须对本市一般社会有相当的认识，和乞丐社会交接，拜过老头子或爷叔，讲好'斤头'，始能在某区域行乞"⑤。此外，各乞丐帮派在城市中分别划定了各自的活动地域，互不侵犯，在帮派内部则形成了严密的体系，以保障成员乞讨生涯的长期性和稳定性。总之，民国时期相当一部分城市的乞丐人数较多，并已职业化、组织化，有了某种阶层意识，是城市下层社会的组成部分。

（2）娼妓。

民国时期城市社会游民阶层的另一个代表性群体便是娼妓。该群体的人数之多，令人惊异。详见表4-17。

表4-17 20世纪30年代世界各重要城市娼妓与市民之比例表

城市	每娼妓与市民之比例	城市	每娼妓与市民之比例
伦敦	906	名古屋	314
柏林	582	东京	277

---

① 于建华：《乞丐问题的研讨》，《民智月报》，1935年第4卷第7、8期合刊。
② 陈冷僧：《上海乞丐问题的探讨》，《社会半月刊》，1934年第1卷第6期。
③ 微君：《上海人力车夫的生活》，《健康生活》，1934年第1卷第4期。
④ 皮明庥：《近代武汉城市史》，中国社会科学出版社，1993年，第711页。
⑤ 陈冷僧：《上海乞丐问题的探讨》，《社会半月刊》，1934年第1卷第6期。

续表

城市每娼妓与市民之比例		城市每娼妓与市民之比例	
巴　黎	481	北　平	259
芝加哥	437	上　海	137

陈正谟：《我国人口之研究》，《统计月报》，1933 年第 14 期。

从表 4-17 中所列举的国际性都市中娼妓与市民的比例来看，娼妓数量最多的为上海，平均每 137 位市民中就有一位娼妓，其次是北平，再次是东京。而伦敦的妓女相对较少，每 906 位市民中才有一位娼妓，居于表 4-17 中所列各城市的末位。

民国时期，不仅上海、北平等大城市的娼妓人数众多，其他中小城市亦然。如 1947 年重庆市的娼妓数量甚至远超上海、北平，据时人的记载："重庆市娼妓之多，使人为之骇然。如果以百万人口来计算，至少五十人中有一个。较场口成为半公开的人肉市场，警察抓不胜抓。"[①] 从长时段考察，民国时期中国各城市的娼妓人数呈增长趋势，如 1940 年汪伪政权控制下的南京有娼妓 4 621 名[②]。但到了 1947 年，据南京市警察厅的调查，该市共有娼妓 29 000 余名[③]。

民国时期城市社会娼妓问题之所以如此严重，大体是以下几个方面的原因造成的：首先，畸形发展的城市不能为因被动城市化而大量涌入城市的人口提供就业岗位，加之性别歧视问题的存在，许多妇女为了谋生不得不出卖肉体。如 1930 年天津市社会局调查 2 590 名妇女出卖肉体的原因，其中 1 836 人的回答是因为"经济压迫"，占比达 70.89%[④]。1939 年有人在成都进行同样性质的社会调查，结果显示，接受调查的 424 名妓女中有 276 名是因为生计问题而被迫出卖肉体[⑤]。其次，都市的畸形繁荣造成性消费、性贿赂大行其道，从而导致了色情行业的膨胀。如有人曾指出，民国时期上海色情行业之所以发达，"完全是商业上之原因，上海五方杂处，人口众多，故娼妓需要日增"[⑥]。最后，民国城市社会过高的性别比例失衡，造成了色情行业的畸形繁荣。如前所述，民国时期城市人口性别比例严重失衡，男性远远多于女性。这使许多成年男性在城市中结婚成家变得非常困难，尤其是身处社会底层的贫苦劳动者，"劳动者要满足他们的性欲，不得不去宿娼"[⑦]。同时，其他阶层的男性亦可能因城市人口性别比例失衡而无法通过正常途径满足自身生理需要，从而也加入嫖娼队伍。如 20 世纪 30 年代的北平，据相关估计，经常出入各妓院者

[①] 陈翼：《重庆市的娼妓问题》，《新重庆》，1947 年创刊号。
[②] 《南京特别市娼妓检验人数统计表》，《内政统计》，1941 年第 1 期。
[③] 叶宗行：《南京娼妓三万人》，《快活林》，1947 年第 57 期。
[④] 梁挹清：《娼妓问题》，《更生》，1937 年第 4 期。
[⑤] 冯德美：《成都市妓女堕落原因及其救济方案》，《社会科学杂志》，1939 年第 1 卷第 1 期。
[⑥] 朱祖明：《中国娼妓问题之演变》，《社会月刊》，1934 年第 1 卷第 2 期。
[⑦] 唐海：《中国劳动问题》，光华书局，1926 年，第 11 页。

约有 16.50 万人,占当时该市男性人口总数的 31% 左右。[①] 正是由于城市社会中存在庞大的单身未婚男性群体,且该群体对性有极大的需求,才造成了色情行业的畸形繁荣。

民国时期城市社会中娼妓规模的不断膨胀,娼妓的职业化,不但扩大了城市游民阶层的规模,而且反映出当时城市社会问题的严重性。直到中华人民共和国成立,这些影响城市社会风气、阻碍城市健康发展的问题才得以彻底解决。

小 结

民国时期,随着帝国主义列强侵略的加剧,农村经济日趋崩溃,天灾人祸接踵而至,畸形发展的城市经历了一波人口城市化浪潮,城市人口相较于以前有了明显增长,但人口城市化又呈现出人口主要向大都市、特大都市集中的趋势。同时,城市人口结构亦相应发生变化,如城市人口年轻化、性别比例严重失衡、籍贯结构多样化、职业结构功能化等。此外,与城市政治、经济、文化的变迁相适应,民国时期的城市社会结构亦得到重构,传统身份等级制度被现代职业功能制度取代,新的阶层不断涌现,旧的阶层逐渐没落。各阶层的自我意识和阶层归属感已经相当明显,对本阶层和其他阶层间的处境差距相当敏感。城市上层社会成员作为城市现代经济发展的最大既得利益者,虽然赞同并努力推进有秩序的社会改革,但反对激烈的社会革命。城市中层社会成员也是城市现代化的受益者,中小企业家拥有部分经济资源,党政军警的一般人员拥有部分政治资源,自由职业者则拥有一定文化资源。他们亦希望维持社会稳定,其中的知识分子阶层还希望实现自身价值,促进社会进步。城市下层阶层成员则没有生产资料,收入微薄,生活极不稳定。他们依靠出卖体力维持着低下的生活水平。一般工人、商店小职员担心一旦失去工作就无法养家糊口,他们平时省吃俭用,经常举债度日。而苦力、人力车夫甚至无力组建家庭,不敢展望明天的生活。一旦城市经济衰退,他们很容易被推入无业人员群体中,成为经济衰退的主要承受者。在社会中游荡的无业、失业人群,极易对社会秩序造成破坏。当这一系列的诉求被聚合投射到社会中时,便体现为阶层间的冲突。

---

① 余天休:《娼妓问题的研究》,《社会学杂志》,1933 年第 3 卷第 7 号。

第五章　城市社会生活的变迁与发展

随着民国的建立，城市发展的政治障碍逐渐消除，城市工商业经济日趋繁荣，城市物质文化环境日益现代化，城市社会结构亦重新组合。这种巨大的变化深刻地影响着城市居民生活。首先是城市居民的生活观念发生了变化，而观念是行为的先导，观念的变化又影响、作用于生活方式，于是，传统生活方式日益被趋新的生活方式所取代；其次，城市市民的交往方式、消费方式、日常活动与休闲娱乐方式以及劳动生活方式也发生了变化。

第一节　城市居民生活观念的变化

民国时期，伴随工业化、城市化的推进，城市的物质环境、文化环境越来越现代化。而物质文化的变迁必然对城市社会生活产生影响，于是，城市居民日常生活中的交往方式、消费方式以及休闲娱乐方式都发生了明显的变化。不过，观念是行为变革的先导，因而要研究民国时期城市居民生活方式的变化，首先就需要了解城市居民生活观念的变化。

一、变化中的城市居民生活观念

民国时期城市居民生活观念的变迁大体经历了两个阶段，第一阶段为从民国建立到南京国民政府成立。此阶段的主要特征是破旧立新，传统生活观念逐渐遭到全面否定，以西方生活方式为蓝本的城市新生活观念逐渐形成，并最终导致城市社会生活出现一股崇洋风气，实用主义和物质至上观念也大行其道。从南京国民政府成立到中华人民共和国成立，是城市居民生活观念变迁的第二个阶段。在这一阶段，一方面，市民生活观念中的实用原则以及崇尚物质追求的享乐观和崇洋心态已经发展到极致；另一方面，政治权力加紧干预城市居民的生活观念。此外，新民主主义的生活观念也在这个时期逐步地从农村向城市传播。

第五章
城市社会生活的变迁与发展

(一) 民国建立后,新兴资产阶级对城市社会生活观念的引导

民国建立以后,资产阶级政治和文化精英试图通过改变个人生活方式来塑造新的国民人格,培养国民健康的生活方式,从而改善个人与社会、个人与国家的关系,以巩固新政权。为达到上述目的,在新兴资产阶级上层人物的主导下,一系列涉及城市生活方方面面的法令法规被强制推行,举凡衣食住行、礼仪举止、婚姻家庭、德行嗜好等等,都被烙上了资产阶级的印记。资产阶级的生活观念在形式上获得了正统地位,城市生活因而出现了前所未有的变化。当时曾有人撰文概括这种变化:"剪发兴,辫子灭;盘云髻兴,堕马髻灭;爱国帽兴,瓜皮帽灭;爱国兜兴,女兜灭;天足兴,纤足灭;放脚鞋兴,菱鞋灭;阳历兴,阴历灭;鞠躬礼兴,拜跪礼灭;卡片兴,名刺灭;马路兴,城垣巷栅灭;律师兴,讼师灭;枪毙兴,斩绞灭;舞台名词兴,茶园名词灭;旅馆名词兴,客栈名词灭。"[1] 尽管这一概括还不够全面,但民国建立以后社会生活方式发生的变化却可以从中略窥一斑。

在当时,资产阶级掀起了一股革故鼎新、扬善去恶的风潮,他们凭借国家权力否定与封建礼法精神和等级制相适应的各种生活方式、生活习惯,如发辫、服饰、交往礼节、称呼、缠足等,将其视为"革命"的对象而规定必须予以废除。如南京临时政府统治时期,政府先后颁布了"废除贱民身份,许其一体享有公民权利""禁止买卖人口""革除前清官厅称呼""晓示人民一律剪辫",以及禁止缠足、禁烟、禁赌、禁唱淫戏等一系列法令。[2] 在新政权的强力引导下,当时的社会舆论大力倡导新的生活方式,社会精英还发起成立了诸如社会改良会、服用救国会、尚武会、体育会等团体,积极推行与新的时代精神相适应的城市生活观念和生活方式。其具体表现如下。

(1) 在婚姻家庭生活方面,反对封建宗法家族制度,提倡建立在平等、自由、独立基础上的婚姻家庭观。如,主张家庭成员人人平等,各成员成年以后有财产独立权,个人自立,不依赖亲朋;主张男女平等,自主结婚,承认离婚和再嫁的自由等,反对早婚,提倡节制生育等。[3]

(2) 在日常行为礼仪方面,反对陈规陋习、封建礼节,提倡新的行为礼仪规范。如剪除长辫,废除缠足、穿耳、敷粉等陋习,废除"大人""老爷"等称呼而代之以"先生",以鞠躬、拱手代替跪拜礼,取消烦琐的酬酢等。[4]

(3) 在生活方式方面,提倡健康有益的生活方式,反对有害身心健康的生活方式,如不狎妓、不赌博、不纳妾、不吸食毒品等。提倡现代文明的日常生活行为,

---

[1] 佚名:《新陈代谢》,《时报》,1912年3月5日。
[2] 何一民:《辛亥革命前后中国城市市民生活观念的变化》,《西南交通大学学报》,2001年第3期。
[3] 陶英惠:《蔡元培年谱》(上),《"中央研究院"近代史研究所专刊》(36),1978年,第248—249页。
[4] 《临时大总统关于革除前清官厅称呼致内务部令》,中国第二历史档案馆:《中华民国史档案资料汇编》(第2辑),江苏人民出版社,1981年,第31页。

如不随地吐痰，不随意抛掷污秽垃圾，养成清洁卫生习惯，注意预防传染病，锻炼身体等。

（4）反对封建迷信，提倡科学。上述民国初年资产阶级所提倡的新的生活观念和生活方式，其蓝本基本上来源于以天赋人权、自由平等为原则而形成的西方生活方式，因而被视为代表着社会进步的方向。那时的社会舆论甚至认为，只有接受西方社会生活习尚者，才是文明、开化的新派人物，否则就是愚昧、顽固的保守分子。整个社会开始形成一股崇洋之风。如孙伏园就曾指出，辛亥革命以后社会上流行的基本生活观念是"一切外国的东西都是好东西"，所以青年们"全身服饰尽是外国货"。① 这股以洋为尚的风气逐渐从通商口岸城市向内陆城市传播，以至于出现了如下景象："草冠革履，呢服羽衣，已成惯常，喜用外货，亦无足异。无如政界中人，互相效法，以为非此不能侧身新人物之列。"② 由此可见，唯西方生活方式马首是瞻的"新"生活观念，经过资产阶级尤其是中上层资产阶级的鼓吹和示范，逐渐为一些城市社会的居民所接受。后来就有人批评，民国时期城市社会生活层面的崇洋风气完全是由城市社会中上层人士引导而造成的，"地位愈高，财产愈多，知识愈丰者，其消费的能力愈大，其依赖（洋货）的习性亦愈高"，以至于整个城市社会"无一非洋货，不足以梦魇其欲望"。③

不过，新生活观念虽然在部分大城市中渐渐盛行，但在大多数的中小城市尤其是边远地区城市和小城镇中，传统的生活方式、生活观念仍然有着强大的影响力。例如，1927年刊印的《温江县志》编撰者曾学传就颇为欣慰地说："今之女学，濡染欧风，吾邑犹旷然若远焉，岂非先圣教化之泽入于人心者未亡乎？"④ 也就是说，民国以来在大城市已逐渐推行的新式女子教育，在距离成都不远的温江遭遇抵制。这就意味着温江的女性的日常生活还处于传统环境中。在浙江嘉兴，民国建立以后政府强制推行的剪辫亦遭到地方人士的抵制，以至于青年学生为了剪辫而装病"身藏医院"，才得以达成目的。⑤ 诚如此，民国初期的城市生活方式、生活观念表现出紊乱、失序的面貌。一方面，由于政治体制变革导致传统生活观念失去了权力的保护，其曾经具有的神圣性和道德约束力遭到挑战和解构。许多城市居民尤其是新兴的知识分子阶层不再顾忌自己的生活行为是否符合传统纲常伦理的要求。人们不仅改造身体，如剪长辫、放小脚，甚至否定传统价值观念，如否定忠孝仁义等。有人曾经就愤怒地说："自民国开国以来，一般无识见的人，误解共和的真理，专以放恣为自由，专以蔑伦常为幸福，不管什么国法，什么伦常，闹得无天无日，无父无子。"⑥ 可以看出，城市社会自进入民国以后，其生活观念体系已经开始重构。

---

① 孙伏园：《辛亥革命时代的青年服饰》，《越风》，1936年第20期。
② 佚名：《论维持国货》，《大公报》，1912年6月1日。
③ 章渊若：《民族经济的自救运动》，《交易所周刊》，1935年第1卷第6期。
④ 曾学传：《温江县志》卷十，1920年刻印本，第1页。
⑤ 茅盾：《辛亥年的光头教员与剪辫运动》，《越风》，1936年第20期。
⑥ 佚名：《说共和国民应有之道德》，《讲演汇编》，1916年第6期。

第五章 城市社会生活的变迁与发展

另一方面,由于社会变革的不彻底,抗拒、阻碍新观念传播的力量仍然强大,新的生活观念的权威性并没有得以确立。因而造成了东风压不倒西风,西风也盖不住东风的局面,致使城市生活观念处于混乱状态。于是,民国初期的城市居民的生活方式便表现出新旧杂陈的样貌。如结婚礼仪,"自民国以来,政体虽变,而新郎之戴顶履靴者,仍属有之,煞亦有喜学时髦者大礼服戴大礼帽以示特别开通者。最可笑者,新郎高冠峨峨,履声囊囊,在前视之,固俨然一新人物也。讵知背后豚尾犹存,红丝辫线,坠落及地";四个陪宾则"有西装者,有便服者,有仍服清朝时礼服者,形形色色,无奇不有"。① 与此同时,民国政治情势不断偏离共和轨道,先是袁世凯、张勋等试图复辟帝制,继之以军阀割据,导致城市生活观念出现背离理性的趋向。加之民众愤怒于西方对中国的侵略日甚一日,从而导致城市社会中出现了排斥新生活观念的逆流。不少人"因为多年受着侵略,就和这'洋气'为仇;更进一步,则故意和这'洋气'反一调:他们活动,我偏静坐;他们讲科学,我偏扶乩;他们穿短衣,我偏着长衫;他们重卫生,我偏吃苍蝇"②。一种逆反心理减缓了新生活观念的传播速度,降低了社会对其生活的认同度。

民国城市居民既失去了传统生活观念的压制,又没有新生活观念的约束,这导致城市生活日趋于异化。饮酒狎妓、骄奢淫逸、蓄婢纳妾、观剧豪赌、迷信扶乩,许多曾被抨击的不良生活方式再度风行于民国初期的城市社会。如有记者在"光复之后,尝驱车至我国通都大邑,如武汉,如南京、上海,如天津、北京,意以为当兹风雨飘摇之际,我国民宜如何减衣缩食,卧薪尝胆,以维系一发千钧之民国。乃入其境,观其风,而饮酒挟妓自若也,观剧豪赌自若也,变本加厉,有加无已"③。

在这样的时代背景下,此后新文化运动重建生活价值体系的努力,就不仅仅反映了城市社会对现代化方向和方法的再调整,"而且象征着对城市生活观念、生活方式的重新规划"④。

新文化的倡导者们以"民主"和"科学"为号召,主张以西方价值观念全面改造中国社会,声称"西洋人因为拥护德赛两先生,闹了多少事,流了多少血,德赛两先生才渐渐从黑暗中把他们救出,引到光明世界。我们现在认定只有这两位先生可以救治中国政治上、道德上、学术上、思想上一切的黑暗。若因为拥护这两位先生,一切政府的迫压,社会的攻击笑骂,就是断头流血,都不推辞",从而鼓吹"破坏孔教,破坏礼法,破坏国粹,破坏贞节,破坏旧伦理(忠孝节),破坏旧艺术(中国戏),破坏旧宗教(鬼神),破坏旧文学,破坏旧政治(特权人治)"。⑤ 新文化的倡导者们力图打碎旧世界,树立与现代社会生活相适宜的新观念。他们不仅对传统伦理道德和价值观展开批判,甚至将批判延伸到民族心理、性格和行为方面,

---

① 胡朴安:《中华全国风俗志》(第3卷),上海文艺出版社,1988年,第85页。
② 鲁迅:《从孩子的照相说起》,《鲁迅全集》(第6卷),人民文学出版社,2005年,第82—83页。
③ 佚名:《消费与储蓄》,《大公报》,1913年4月24日。
④ 何一民:《辛亥革命前后中国城市市民生活观念的变化》,《西南交通大学学报》,2001年第3期。
⑤ 陈独秀:《本志罪案之答辩书》,《新青年》,1919年第6卷第1号。

强调对"国民性"中各种不适应现代社会的生活习惯、生活习俗、生活方式进行全盘改造。然而,由于缺乏强有力的政治力量的支持,这种思想启蒙式的引导所收到的实效并不明显。

如当时为了解放妇女,引导城市居民健康生活,社会各界发起了轰轰烈烈的"废娼运动"。先是在上海,随后是在广州,各方人士纷纷响应,进而"弥漫全国"①。1920年5月,王无为、张静庐、赵南公等人在上海发起组建"废娼会","聊为当局稍尽辅助之责,使逼良为娼者无所遁形,远之唤起各地人士之注意,促全国废娼运动之进行"②。1921年9月广东青年会发起贞洁运动,"四方风闻响应,各县议会也纷纷提议废娼,差不多成了全省有力的舆论"③。1922年,浙江省51名众议员联署向国会提出废娼议案。④ 废娼运动号召广大人民放弃这种"最不适宜的生活状态",积极参与正当娱乐,以使"风俗醇厚"。⑤ 其实,当时无论是报纸杂志,还是各种公开集会活动,都大力呼吁中国人养成健康向上的生活习惯,但收效甚微,声势浩大的废娼运动最终仅仅变成了一场"笔墨运动"而已。⑥ 其他方面生活观念的变革,也多类似于此。

总之,民国初期,随着西方生活观念和生活方式持续不断地渗透与示范,城市居民的生活观念已被潜移默化地改变。居民在生活层面从蔑视"夷狄"转为"视洋为崇",以西方生活方式为自己追求的理想生活模式。然而,"分化、重构后初步形成的居民观念和生活方式带有明显的缺陷,生活的指导观念和行为脱节,居民行为分裂异化,功利和实用主义成为居民生活的突出特点"⑦。

(二)南京国民政府成立后,城市社会生活观念的新变化

民国城市居民生活观念在这个阶段,相对于前一阶段而言,实用原则、崇尚物质追求的享乐观和崇洋心态不仅发展到极致,而且几乎传播到全国各主要都市。例如,民国初年,成都"民俗淳朴,实难见桀骜气。乡风古板,尚不入糜丽派"⑧。但到1933年左右,满城都是"摩登"男女。但时人对所谓"摩登"、时尚有不同的看法,有人在《新新新闻》发表公开信,批评现有的"摩登"只是流于表面,真正的"摩登"青年应该是时代的先锋,"具有缜密的知识,丰富的技能,沉毅的精神,和坚强的体力,而能为国家社会作有益的贡献的新兴青年,并不只是装饰得漂亮,进过几天学校闹几口新名词就够"。但"在现刻严重的内忧外患之下",成都青年男女"崇尚荣华",追捧新奇奢侈品和洋派享乐,"徒使消耗率增高,养成奢靡之风",

---

① 《学生同志会讨论废娼》,《益世报》,1923年6月12日。
② 《筹备废娼会纪闻》,《申报》,1920年5月21日第16971号,第10版。
③ 《广州废娼运动》,《妇女声》,1922年第8期。
④ 《浙江省废娼运动》,《妇女声》,1922年第9期。
⑤ 王无为:《文化运动与废娼运动》,《新人》,1920年第1卷第5期。
⑥ 《苏州的废娼运动》,《解放画报》,1921年第10期。
⑦ 何一民:《辛亥革命前后中国城市市民生活观念的变化》,《西南交通大学学报》,2001年第3期。
⑧ 傅崇矩:《成都通览》(上卷),巴蜀书社,1987年,第275页。

第五章 城市社会生活的变迁与发展

以至于某些妇女的丈夫为满足妻子的高消费欲望,"因此而倒行逆施,因此而大捞大刮,形成社会的种种罪恶"。① 此处姑不论该名撰稿者对"摩登"青年的看法是否正确,但至少可以反映出时人的生活观念已经发生了很大的变化。

此一时期,不同城市不同阶层的人,其生活观念、生活方式的差异变得非常突出。尤其是在消费生活方面,收入和地位的差异致使不同阶层的居民具有不同的消费观念。总体上,城市中上层社会倾向奢侈消费,城市下层社会消费以实用为原则。譬如在天津,拥有留声机、相机、汽车、电报机、手表、珠宝等奢侈品,是"新贵阶级的生活追求",而普通民众的消费却几乎全都集中于衣食住行,算得上"奢侈消费"的也就是可以消除疲劳、减缓精神压力的烟、酒、茶。② 另外,生活观念的自我选择成为这个阶段较为突出的特点。此种选择主要是基于对城市生活观念系统的反思,人们试图于自身建构生活范式的努力表现,其目的是在新旧交融、中西互通中建构出既符合时代,又体现传统道德人格的"新"生活。③ 这种持续的努力随着新生活运动的出现而暂时转入低谷。民国城市社会居民的生活观念、生活方式在政治力量的干预下又有所变化。

随着国民党"以党治国"模式的开启,强化对社会的控制成为国民党维护和巩固其一党专制的重要策略。其方式则包括力图将政党政治信仰与行为规范覆盖城市社会,使之成为每一个个体的生活准则。如1928年7月蒋介石在北平对各界代表进行演讲时就声称,要建设中国,中华民国国民就应信仰三民主义,以"总理三民主义为中国唯一的思想"④。城市社会居民的生活观念因而逐渐具有强烈的政治色彩。1934年蒋介石在南昌发起新生活运动,政治对于城市居民生活观念、生活方式的干预从此走向高潮。⑤

新生活运动从对国民食衣住行的改造入手,力图使"礼义廉耻"贯穿于国民日常生活的全部环节,进而使国民生活军事化、生产化、艺术化。⑥ 这一运动既与当时紧迫的民族救亡问题相关联,更隐藏着维护、巩固国民党统治的意图。其故在于,一方面,蒋氏认为国民生活堕落、精神腐化是国家长期积弱积贫的肇因,如全面抗战爆发前夕蒋介石便声称:"现在我们中国一般国民的精神道德之堕落,智识程度之低下,体魄之衰弱,社会之散漫,无一不是我们国家民族的主要病根。这些主要的病根不除,决不能转弱为强救亡复兴。"⑦ 诚如此,对国民进行整体改造就

---

① 宝华:《致所谓摩登妇女的一封公开信》,《新新新闻》,1933年11月22日,第15版。
② 韩红星:《民国天津市民消费文化的建构》,《历史教学》,2011年第14期。
③ 何一民:《近代中国城市发展与社会变迁(1840—1949)》,科学出版社,2004年,第477页。
④ 蒋介石:《中国建设之途径》,秦孝仪:《"总统蒋公"思想言论总集》(卷10),"中国国民党中央委员会"党史委员会,1984年,第323页。
⑤ [英]方德万著,胡允恒译:《中国的民族主义和战争(1925—1949)》,生活·读书·新知三联书店,2007年,第234—242页。
⑥ 蒋介石:《新生活运动纲要》,《新生活周刊》,1934年第1卷第4期。
⑦ 蒋介石:《政府与人民共同救国之道》,秦孝仪:《"总统蒋公"思想言论总集》(卷7),"中国国民党中央委员会"党史委员会,1984年,152—153页。

非常必要，甚而通过开展新生活运动使国民素质得到提升之后，还有助于抵抗日益迫近的日本帝国主义的侵略。1936年蒋介石就曾对蒋梦麟、张伯苓等人明言："我有一个深意藏在这新生活运动里面，我想发动全国人民，利用新生活运动发动全国人民，来作新生活运动"①。另一方面，正如易劳逸所指出的那样，新生活运动从表面上看是一场所谓的儒家道德复兴运动，实质是一次法西斯运动，其目的在于巩固蒋介石的统治地位，维护国民党的一党专政。② 在国民党一党专政的背景下，新生活运动迅速在全国各地尤其是城市中展开，如1936年全国有关新生活运动的各级组织即达1 413个，③ 城市居民日常生活的方方面面开始受到规训。例如，在着装方面，政府要求"莫趋时髦，朴素勿耻，式要简便，料选国货，注意经用，主妇自做，洗涤宜勤，缝补残破，拔上鞋跟，扣齐钮颗，穿戴莫歪，体勿赤裸，集会入室，冠帽即脱，被褥常晒，行李轻单，解衣赠友，应恤贫寒"；又如在行为方面，要求"乘车搭船，上落莫挤，先让妇孺，老弱扶持……喷嚏对人，吐痰在地，任意便溺，皆所禁忌。公共场所，遵守纪律"。④ 这些规训，按官方说法，是要使城市居民过上一种整齐、清洁、简朴、勤劳、迅速、确实的新生活，以重振国民道德，"扫除社会上之恶习"，"培养社会上之生机与正气"。⑤ 为此，抗日战争时期，国民党进一步发起国民精神总动员运动，以作为新生活运动之补充，"新生活运动注重合理生活之养成，由外形的调练而达到内心建设，国民精神总动员注重奋发精神之培植，由内心的奋觉而达到于外形的整饬"，"新生活运动要把'礼义廉耻'表现在'衣食住行'，国民精神总动员要把'礼义廉耻'表现在'管教养卫'"。⑥ 至此，政治力量完成了对城市居民生活观念、生活方式从外到内的规训。

持平而论，新生活运动、国民精神总动员运动并非一无是处，特别是对于扫除不良生活观念和生活习惯，推进民众生活方式"文明化"以及培育民族精神是起了一定积极作用的。1944年《大公报》就发表社评指出："十年以来，这个运动对于国民生活及社会风气，在潜移默化中实发生一种涤秽扬清的作用。抗战局面如此艰辛，然而人心振奋，能以精神力量弥补物质凭借之不足者，新生活运动实有大功。……新生活运动在明耻教战一方面，可谓已发挥了高度的功效。"⑦ 然而，总体上看，新生活运动这个倚重道德与政治力量改造国民的"顶层设计"⑧，不仅忽略了"人欲"，而且在政治紊乱、经济萧条、社会动荡不安的背景下，严重脱离了当时的社会实际，所以效果不彰。

---

① 蒋梦麟：《新生活运动之基本精神》，《新运导报》，1948年第15卷第1期。
② ［美］易劳逸著，陈谦平等译，钱乘旦校：《流产的革命：1927—1937年国民党统治下的中国》，中国青年出版社，1992年，第82—87页。
③ 《二十五年度本会工作概况》，《新运导报》，1937年第4期。
④ 萧继宗：《新生活运动史料》，《革命文献》（第68辑），"中央"文物供应社，1975年，第772页。
⑤ 蒋介石：《新生活运动纲要》，《新生活周刊》，1934年第1卷第4期。
⑥ 萧继宗：《新生活运动史料》，《革命文献》（第68辑），"中央"文物供应社，1975年，第326页。
⑦ 《新生活运动十周年的纪念》，《大公报》，1944年2月19日，第1版。
⑧ 刘文楠：《规训日常生活：新生活运动与现代国家治理》，《南京大学学报》，2013年第5期。

当国民党发起的新生活运动渐渐流于形式之时,另一套同样包含着强烈政治意识的生活观念、生活方式,即中国共产党人所倡导的新民主主义生活观念、生活方式逐渐成形[1],并最终从农村走向城市,主导中国人的日常生活,进而在中华人民共和国成立以后转化为社会主义生活观念、生活方式。

综观民国时期城市居民生活观念的变迁轨迹,在破坏旧的生活观念方式和构建新的生活观念方式的双重努力下,生活观念方面由对封建的反叛到确立资产阶级生活观念,再到重新强调道德生活,其间互相对立甚至互不相容的各种生活观念都在这一特定时期交错杂陈,从而构成多层次的城市生活画卷。不过,揭开民国城市生活纷乱的表象,透过生活观念的变迁仍然可以发现,城市居民一直都没有放弃对现代生活的追求,这是生活变迁的核心和时代价值所在。虽然这种努力和追求取得的实质性成果有限,但居民的这种自觉和努力构成了民国时期城市社会生活的内在活力。

二、城市居民生活观念变迁的特点

一定时期内居民生活观念的变迁总是要受到当时的政治、经济、文化情势的制约与影响,从而表现出与此时社会总体发展情况相适应的特点。民国时期城市居民生活观念的变迁,便展现出与此时的社会形态、政治经济文化发展水平相适应的特质,并主要表现为以下几方面。

(一) 价值取向的双重性

在新旧冲突比较激烈的民国城市社会,其城市居民生活观念的变化表现出积极与消极、健康与庸俗并存的价值取向。一方面,诸如民主、自由、平等、自立、自信等积极健康的生活观念逐渐为城市居民所接受、认同;另一方面,享乐、奢侈、沉沦、放纵、颓废甚至崇洋媚外等消极庸俗的生活观念亦弥漫于城市社会之中。以城市工人阶级为例,陈达于1946年在上海进行"工人生活史"调查时就发现:工人的生活观念分化严重。有的工人充满着自立、自信、乐观的生活信念,不仅"自力更生","向往于独立自主的生活",而且"还要进一步去改造其所处的环境","去改造社会";有的工人则听天由命得过且过,"他们对于目前工人的生活,纵然有所不满,但大都把他归之于命运,也不想去改变"。[2] 又如工人阶级的娱乐生活观念,据1927年林颂河在天津久大工厂的调查,有的工人认为娱乐应该有助于"精神修养",所以下班后就以养鸟、抱孩子散步甚至入工读班读书为乐;有的则主张"及时行乐",所以闲暇时就以嫖娼、赌博甚至吸食鸦片为乐。[3] 总之,民国时

---

[1] 康秀云:《20世纪中国社会生活方式现代化问题研究》,东北师范大学博士论文,2006年,第31—34页。
[2] 陈达:《我国抗日战争时期的市镇生活》,劳动出版社,1993年,第452—453页。
[3] 林颂河:《塘沽工人调查》,北平社会调查所,1930年,第161—162页。

期城市社会中变化着的居民生活观念，存在着双重价值取向，反映出当时城市社会生活的多样性与复杂性。

（二）中西杂糅，新旧并存

民国时期城市居民生活观念变迁的总体趋向虽然趋"新"、趋"洋"，但半殖民地半封建的社会形态决定了"旧"生活观念不可能轻易退场，尤其是因城市政治、经济、文化的发展存在不平衡性，导致传统生活观念在许多内陆城市和中小城市仍然与"新"生活观念分庭抗礼。如全面抗战爆发以前的成都，一方面，"几乎被东南人士遗忘了的蜀国故都，最近更是时代化了。马路、洋房、汽车居然在腹心的内地里，代替了石路、平房、鸡公车"，并且"成都的女人，在今日居然也足与津沪的争时髦了"；另一方面，传统时代的各种观念、价值和行为方式仍然主宰、控制着多数人的生活，因而"东方的和西方的、新的和旧的文明，在这里分明露出他的端倪了"。① 甚至于最为现代化的上海，在实际的社会生活中，直到20世纪40年代仍然存在着中西与新旧生活观念的冲突。如接受陈达调查的一位上海本地女工，其认同自由恋爱和社交公开，"外面结交的朋友很多，她的母亲是反对的，母亲认为一个23岁的姑娘，怎样能随便在外面和男子来往？每天她要是晚10时回家，母亲总要骂她的。有时候，母亲故意把大门关上，好久不开门，让女儿在门外等得发急。母亲说：'你这样迟回来，何必还要回家呢？'可是姑娘的意见是'只要自己人格好，男女的来往有什么关系？'"② 综上可见，虽然西方生活观念、生活方式在民国城市社会中不断地传播开来，但根深蒂固的传统生活观念、生活方式并没有束手就缚，双方之间既对立冲突，又杂糅并陈，鲜明地反映着民国城市社会生活转型的特征。

（三）多元并存，交错共生

有学者曾经指出，由于外部效应与内部因素的相互渗透与叠加，致使中国现代化进程呈现出"复杂多元，交错共生的格局"③。就民国城市社会生活观念的变迁而言，伴随此一阶段大批移民的涌入，城市人口的异质化日趋增强，在社会地位、利益诉求、职业背景、生活旨趣等方面大相径庭的社会群体与社会成员不断出现，由此导致不同的生活观念、生活习惯、生活方式交错共生于城市社会。鲁迅在1919年对此有较为深刻而具体的揭示："中国社会上的状态，简直是将几十个世纪缩在一时；自油松片至电灯，自独轮车以至飞机，自镖枪以至机关炮，自不许'妄谈法理'以至护法，自'食肉寝皮'的吃人思想以至人道主义，自迎尸拜蛇以至美

---

① 友琴：《成都印象记》，《申报月刊》，1934年第3卷第7号。
② 陈达：《我国抗日战争时期市镇生活》，劳动出版社，1993年，第457页。
③ 忻平：《从上海发现历史：现代化进程中的上海人及其社会生活》，上海人民出版社，1996年，第531页。

育代替宗教，都摩肩擦背的存在。"① 千人千面，众口难调，因而复杂多元的生活观念便存在于民国城市社会生活中。如娱乐生活观念，因年龄、阶层、性别之差异，便呈现出多元复杂的面相。在 20 世纪 40 年代的武汉，不同身份的市民对娱乐有着不同的认识并表现为选择不同的娱乐生活方式，"商人，多半爱汉戏。学生，多半爱电影。太婆，多半爱楚剧。小姐，多半爱跳舞。政客，多半爱平剧。小孩，多半爱魔术。文人，多半爱话剧。武士，多半爱国术"②。这种现象表明，转型时期的民国城市社会生活日益多元化、复杂化，并展现出一种传统社会所没有的开放、包容的特质。

（四）传播与接受的不平衡性

民国时期城市社会居民生活观念的变迁，在传播与接受方面有着明显的不平衡性。不同地域、不同城市由于受资本主义的影响存在着时间和空间的差异，其新生活观念的传播与接受因而呈现出不平衡的特点。如 20 世纪 20 年代的昆明市民，对于新式教育、男女同校、女子放足等新的生活方式仍然拒绝认同，"我的子女我要在家请先生教，不高兴进学校"，"如果是男女同校，或进了学校放足；那末，我决不愿意送我的女儿入学"③。同一时期，在上海、广州等东部沿海城市，上新式学校、女子不缠足、男女同校等新生活方式已经广为当地市民所接受。又如当沿江沿海城市居民在消费观念方面已经追求"摩登"、崇尚"奢侈"之时，西南山城贵阳的市民"因受地理关系，犹多古风，较之长江及沿海各省民性，浑厚、忠实多了。……贵阳男女服饰，多朴素，没有争奇斗巧淫靡奢侈的风气"④。甚至在区域内部的不同城市之间也普遍存在不平衡性。如"昆明自滇越通车以后，输入西方物质文明，人民竞尚奢侈，以致生活程度日高一日"⑤，而距离昆明较近的路南亦深受省会居民消费行为的影响，"比如在昆明市见到的旗袍、高跟鞋，在路南城里随时随处可以遇着。在昆明市流行的新歌曲，也朝发而夕至的辗转歌吟在路南的一般'摩登'的口中。她们爱口红、爱蔻丹、爱美丽的衣料"⑥；但在经济不发达、相对偏远的巧家县，直到 20 世纪 40 年代，"起居、饮食、酬酢、往来，虽海上之风由省垣而间接输入，但不过少数人习染，且较之省垣亦相差甚远"⑦。以上事例表明，民国时期城市居民生活观念的传播与接受，经历了由沿海沿江城市到中西部内陆城市，由大城市到中小城市分层梯度推进的过程，从而呈现出如上海、广州、天津等大城市居民对新生活观念、生活方式的认同与接受高于内地省会城市，东南沿海城

---

① 鲁迅：《五十四》，《鲁迅全集》，人民出版社，2005 年，第 360 页。
② 楚风：《信不信由你》，《武汉报》，1941 年 5 月 17 日。
③ 谢彬：《云南游记》，中华书局，1934 年，第 90 页。
④ 于恋曙：《贵阳社会的状况》，《东方杂志》，1924 年第 21 卷第 6 号。
⑤ 谢彬：《云南游记》，中华书局，1934 年，第 88 页。
⑥ 王思古：《转变》，《云南日报》，1935 年 12 月 20 日，第 4 版。
⑦ 陈崇仁、汤祚：(民国)《巧家县志》卷八之三，民国三十一年（1942）铅印本，第 7 页。

市高于内陆城市,区域内部中心城市高于次一级城镇的不平衡性。另外,在生活观念变迁的主体方面,不同阶级或阶层的城市居民,由于社会经济地位的差异以及价值观念、知识结构、民俗心理的不同,对于新生活观念的价值评判和取向也各有不同。如在全面抗战时期的贵阳,城市中上层喜欢"幽静的公园、空阔的球场",但城市劳工阶层却认为"乃是洋派人的洋习惯,不合口味"。[①] 由此可见,民国城市生活观念的传播与接受在城市内不同阶层的居民之间具有明显的层次性。

第二节 城市居民生活方式的变化

民国建立以后,随着城市居民生活观念的变化,居民的日常生活方式也出现了相应的变化。观念变化是行为变化的先导,因而当观念发生变化后,必然表现于实际生活场域,从而改变城市居民的生活方式。民国时期城市居民生活方式的变化表现在多方面。下面主要从城市居民的交往方式、休闲娱乐方式以及消费生活方式的变化展开论述。

一、交往方式的变化

在中国传统农业时代,城市规模较小,所以人际交往多受局限,居民的交往圈子比较狭窄,基本局限于亲缘关系、地缘关系和业缘关系所构筑的情感型网络之中。而且,由于身份等级制度的存在,不同圈子之间的人交集较少,甚至圈子内部也因长幼尊卑的存在而缺乏不同层级成员之间的交往。更为严重的是,女性之间以及女性与男性之间的交往基本被限制于家族、家庭内部,进行社会交往的通道完全被阻绝。同时,城市的公共空间相对缺乏,社会交往场所主要限于茶馆、酒楼、妓院、戏园等寥寥几处,这势必限制人们社会交往范围的扩大。如19世纪70年代的上海,即便开埠已久,仍然缺少适于社会交往的公共空间,王韬就曾抱怨道:"余在沪城,无山可登,无景可玩,阛阓嚣尘,桎梏若楚囚。不得已辄与屠沽辈诣黄垆痛饮,醉后抵掌高歌。"[②]

不过,进入民国以后,随着政治、经济、文化的变迁,城市居民的交往方式发生了天翻地覆的变化。这主要表现在以下方面。

首先,伴随城市化和工业化的发展,城市居民的交往突破了传统的血缘、地缘、业缘关系的限制,不同地域者、相同职业者、共同志趣者等之间的交往日趋频繁,甚至成为生活常态。人口城市化相对较快是民国时期城市发展进程中的一个主要特征,这导致不同籍贯、不同地域的人们汇聚于城市之中为生存而拼搏,素未谋

---

① 青萍:《第一支队西南行进记》,《社教通讯》,1942年新1卷第2期。
② 王韬:《瀛壖杂志》,上海古籍出版社,1989年,第96页。

第五章
城市社会生活的变迁与发展

面的人们发生交往的概率因而提高，传统的血缘关系、地缘关系等不再是人们交往的决定因素。如1937年3月，南京城内共有人力车夫25 000余人，主要来自江苏、安徽两省的湖州、六合、巢湖、宿迁、寿州、宝应、淮安等地，一般"不带眷属者，多数住于车行内，行主不收房租，供给水火，有时亦收较少之房租，月不过三角而已，伙食或由行主包作，每日三餐，取费两角，或由车夫于路途中随时杂吃，于下班时，搭伙煮食米面等物"[①]。也就是说，来自天南地北的相会于城市中的人们，在共同的劳动生活中因互相接触而由陌生走向熟悉以至于"搭伙"，共同的职业经历在这里取代了传统的地缘关系等而成为人们相互交往的新纽带。有些人甚至"自相集合，成了一种非正式的车班，就是在他们所居留地方的生意，别地方的人不能兜揽的"[②]。一个以共同利益为根基的社交圈子由此形成。这种通过职业交集而发生交往的现象，在城市中上层社会中更为明显。如林达祖在成为《论语》杂志的作者之前，并不认识林语堂、邵洵美等人，但因向邵洵美催要稿费而被热情好客的邵洵美邀请到家聚会，得以结识林语堂、季青崖、沈有乾、章克标等人，并在交流中"谈到了文化人爱自己消闲的共同话题。遂提出一起来办本刊物，让大家无拘无束消消闲，以幽默文章发发牢骚，解解闷气"[③]。一个以《论语》为平台的文人小圈子从此出现。又如，鲁迅与萧红的交往也始于共同的职业、共同的志趣。1934年10月，在萧军的陪伴下逃出哈尔滨并暂居于青岛的萧红，创作了《生死场》而不知在何处可以发表，于是她怀着不安和祈盼的心情给鲁迅写了一封信，并附上了《生死场》和此前在哈尔滨印行的《跋涉》。鲁迅不但复信而且答应帮助萧红审阅书稿，从此开启一段情同父女的文坛交往。[④] 再如经济学家何廉和翁文灏的交往，亦是通过创办《独立评论》和为《独立评论》撰稿而发生的。[⑤] 以上事例说明，在民国城市社会中，不同地域、不同籍贯的人们出于各种原因而进入城市之后，共同的职业经历、共同的志趣乃至共同的利益扩大了他们的交往范围和交际圈子，传统的交往关系不再具有决定性作用。

其次，民国城市社会的交往空间、交往工具不断扩大、增多，人们之间的关系由陌生而熟悉、由平淡而深厚的机会大大增多，人们的交往方式日益多样化和外向化。1946年，曾有人在《家》这本刊物上分享了所谓"女性择偶十大秘诀"，其中一条秘诀是："最好参加男性较多的会议、跳舞会、交谊会、职业座谈会等团体。"[⑥] 这条秘诀说明民国城市社会的交往空间、交往场所已经不是传统时代所能比拟的。事实上，随着城市的发展，民国时期城市社会的公共设施日益增多，各种

---

① 彭学沛：《改善人力车夫生活状况》，《社会经济月刊》，1937年第4卷第6期。
② 都锦生：《南京人力车夫生活》，《健康生活》，1934年第1卷第2期。
③ 林达祖：《我和章克标》，林达祖、林锡旦：《沪上名刊"论语"谈往》，上海书店出版社，2008年，第96页。
④ 姜德明：《鲁迅与萧红》，《新文学史料》，1979年第4期。
⑤ 何廉著，朱佑慈译：《何廉回忆录》，中国文史出版社，1988年，第85页。
⑥ 颖：《女性择偶十大秘诀》，《家》，1946年第11期。

以利益、职业、兴趣爱好为纽带而形成的公共团体也不断增多,举凡公园、图书馆、电影院、戏院、饭店、酒吧等,以及报告会、联谊会、酒会、舞会、招待会和各种庆典仪式,都成为人们交往的重要场所与活动。例如,全面抗战爆发以前,上海的茶馆、酒店和咖啡馆便是沪上知识分子阶层"构建社会关系网络的空间场所"①。而1914年开放的北京中山公园,也是胡适、傅斯年、汤用彤、钱穆、鲁迅、林徽因、张恨水等知识分子和新朋旧友交往的重要场所。② 即使到了解放战争时期,城市中的新、老公共设施仍是人们扩大交际圈子的场所。如1946年,一位女性便在刊物上叙述了她在咖啡馆与陌生人相识,最后喜结良缘的际遇。③ 此外,现代交通的迅猛发展、电讯工具的大量使用,亦增强了人们交往的互动性。如1912年,上海公共租界内的电车每日载客量为11万多人次。到1936年,上海市内交通客运量已达平均每日4 542 074人次,也就是说,每个上海人每日平均乘市内交通工具外出1.5次。而同年,上海与外埠之间,仅以陆空两种方式出入者,平均每日就为46 822人次。④ 出行频率的提升,意味着人们的外部交往范围得到扩大。因而有人在分析了民国时期交通、电讯、邮政方面的营运数据之后指出,"现代交通工具的发展极大地改变了城市居民的交往状况,使他们与农村居民及以往城市居民的社会活动空间迥然相异。随着交往空间和交往频率的迅速扩大,城市居民能够更快更多地得到各种信息,能够与更多的人发生互动关系,包括与一些人短暂而表明化的互动关系。于是,在社会交往数量、频率和范围快速增加或扩大的同时,传统熟人社会也悄然隐去,社会关系工具化,人际交往非情感化"⑤。

再次,女性社会交往的正常化。"男主外,女主内""男女大防"等传统交往方式不再具有权威性、宰制性,女性甚至可成为某些社交空间的"女皇"。在传统社会,女子大多因为没有独立的社会地位及经济能力,又受封建礼教束缚,社会交往权利往往被剥夺,"偶然在门口站站,也要遮遮掩掩,探出退进,一见了人,便好似见了老虎一样,往里直逃"⑥。但在民国时期,尤其是经过新文化运动的洗礼之后,"男女平等"逐渐成为城市社会居民的日常生活观念。"社交公开"则是男女平等的重要表现之一。如沈雁冰就声称:"男女既然同是人,便该同做人类的事。男人可到的地方,女人当然也可以到;能这样的便是合理的状态,不能这样的便是反常的状态。"⑦ 陈独秀更指出:"今日文明社会,男女交际率以为常。"⑧ 正是在这些

---

① 胡悦晗:《"集体空间"、关系网络与身份认同——民国时期上海知识群体的休闲生活(1923—1927)》,《地方文化研究》,2014年第6期,第21页。
② 刘媛等:《民国时期北京中山公园社会功能初探》,《北京档案》,2015年第4期。
③ 张宛青:《咖啡馆的一夜》,《现象》,1946年第3期。
④ 何一民:《近代中国城市发展与社会变迁(1840—1949)》,科学出版社,2004年,第489页。
⑤ 陆汉文:《民国时期城市居民的生活与现代性(1928—1937)——基于社会统计的计量研究》,华中师范大学博士学位论文,2002年,第75—76页。
⑥ 沈求己:《现在女子急宜革除的恶习》,《解放画报》,1920年第5卷第4期。
⑦ 沈雁冰:《男女社交公开问题管见》,《妇女杂志》,1920年第6卷第2期。
⑧ 陈独秀:《孔子之道与现代生活》,《新青年》,1920年第2卷第4期。

第五章 城市社会生活的变迁与发展

思想的支持下,许多女性走出家庭进入社会,或在校园求学,或在职场打拼,或参与社会运动,城市社会的各种社交空间渐渐出现了女性的身影。如在20世纪20年代的上海沪江大学,"男女同学也有他们正当的交际,遇星期六及星期日上午男生可到女生宿舍,在客厅里访问亲友。他们都能彼此尊重人格,有高尚的精神"①。到1947年,女生亦可进入男生宿舍,"在男女社交公开的今日,学校里每逢佳节,男女生宿舍开放,借以互相观摩"②。女性社会交往的正常化,甚至促进了城市商业的繁荣,其时饭馆、舞厅、咖啡馆这些社交场所可谓人满为患。如上海的餐饮业,"近数年来,沪上社交公开,酬酢往来,较昔倍盛,是以中西菜馆设立,日见增多"③。又如上海先施公司经营的产自英国的丝纱,"此种丝纱往年来沪不多,近年来因社交公开后,交际场中时有跳舞之会,故需用此料,亦因之而广,因此料用以制跳舞衣服,可谓绝佳"④。此外,各种职业场所亦有大量女性出现,从而促进了城市社会不同身份、不同阶层的同性、异性之间交往的正常化。如在20世纪30年代的青岛,"近两年来各机关及新开商店,为顺应时代潮流,咸有女职员及女店员之任用,尤以胶路局之招考大批女职员,最为显著"⑤。又如在1934年左右的重庆,"本市妇女,昔年并不注重职业,自十六年后,市中各军政机关,乃渐发现有女职员足迹。其职务范围,不外科员、书记、录事办事员、见习生、参议、干事等数种","近年本市商人,多招考女店员,专任司账、营业之责"⑥。总而言之,正如1925年发表于《妇女杂志》上的一篇文章所描述的那样,女性活跃于民国城市的社交场所不再是问题,文中说:"她是一个大学的学生。教育不很发达的中国,她能够由小学而中学,由中学而大学,可算是很难得了。……她会唱歌,也会音乐,并且会跳舞。她到北京饭店去饮宴,她也到外交大楼去赴会。她喜欢长安街兜风,她也乐意上真光电影看戏。"⑦

最后,居民交往礼仪日趋简化,称谓的等级观念逐渐淡化,体现了平等与文明的精神。传统城市社会等级森严,社会分层明确,各阶层之间的交往很少,即使在血缘、地缘、业缘关系框架之内,长幼尊卑和等级观念亦十分森严。在官属称谓中,百姓称官吏"老爷",自称"小人",以示官民之分。下级称上级"大人",自称则带有贬义,如"卑职""卑府",以示地位之高下。在亲属称谓中,内外有别,亲疏有间,长幼有序,男女亦有别,体现忠孝和伦常的尊卑上下之分。这些等级观念体现在传统社交礼仪中便是官大者为尊,辈大者为尊,年长者为尊,男性为尊。人们寻常相见,首先论官阶、叙辈分,按尊卑落座。年幼、位卑者见长辈、上司,

---

① 编者:《男女同学的沪江大学》,《生活》,1928年第3卷第23期。
② 罗塔:《参观宿舍》,《申报》,1947年12月31日第25101号,第9版。
③ 《岭南楼生意兴盛》,《申报》,1922年3月8日第17612号,第16版。
④ 《适用于跳舞等之衣料来沪》,《申报》,1923年4月15日第18007号,第17版。
⑤ 《青岛职业女子统计》,《妇女共鸣》,1931年第45期。
⑥ 《重庆市女子之职业》,《四川月报》,1934年第5卷第5期。
⑦ 林文方:《女神》,《妇女杂志》,1925年第11卷第7期。

百姓见官，都要下跪、叩拜；而长辈、上司最多回以揖礼。总之，传统社会的社交礼仪繁多，称谓烦琐。民国建立以后，为了体现民主共和精神，政府一律革除旧式礼仪，改跪拜为鞠躬，旧式的请安、拱手、相揖等礼仪都被取缔了。1912年8月，新政府公布了新的礼制，规定在正式场合，男子行礼为脱帽三鞠躬，女子为三鞠躬；在非正式场合，男子脱帽致意为礼，女子鞠躬为礼。① 礼仪的改革简化了人与人交往中的烦琐仪节，彰显了一种平等与文明的精神。1912年，孙中山还以大总统的名义发布了一道命令，要求废除体现传统等级关系的旧式称谓："官厅为治事之机关，职员乃人民之公仆，本非特殊之阶级，何取非分之名称。查前清官厅，视官等之高下，有大人、老爷等名称，受之者增渐，失之者失本，义无取焉。光复以后，闻中央地方各官厅，漫不加察，仍沿旧称，殊为共和政治之玷。嗣后各官厅人员相称，咸以官职；民间普通称呼则曰先生，曰君，不得再沿前清官厅恶称。"② 以官职、"先生""君"代替"大人""老爷"之类的称呼，意义在于破除人格上的不平等而代之以平等的人格，这是对传统等级制度的否定。此后，官场中"大人""老爷"等称呼基本上消失了，新的称谓逐渐流行。时人感叹道："人人皆曰平等，而家中所雇佣之佣妇仍以少爷、老爷、老太爷相称，可厌。"③ 于是佣人在家庭中改称"少爷""老爷""老太爷"为"先生"。在青年知识分子和学生中，亦开始风行"某君"这一称谓。不过，不论是在官场还是在民间，尊卑贵贱等观念仍然根深蒂固，许多人对新称谓不以为然；在一些大家庭或大家族中，仍沿用"大人""老爷"的称谓。1934年，国民政府内政部再次通令各省，"取缔老爷、太太、小姐、少爷等腐化称呼，以免贻笑外邦"④。虽然其具体效果未必让人满意，但也表明了在民国城市社会的人际交往中，身份等级观念越来越没有空间。并且，"同志"这个充满理想性的新称谓亦开始在政党和革命队伍中流行，甚至在此后成为社会交往中的主流称谓。

必须指出的是，民国城市社会正处于大转型时期，故城市居民的交往方式虽然总体趋新，但在实际生活中仍然新旧方式并存。如在新式企业中，资本主义的管理方式所奠定的业缘关系和传统亲缘关系共存，业缘关系也常与地缘关系密切联系。某一行业常为同一地区移民所把控的情形在城市中屡见不鲜。在天津的地毯、织布、针织三业中，从业人员以来自河北深州、冀州者居多。而嘉瑞面粉厂工人以天津人和静海人为主。这是由于在城市做工的工人和店员们，经常以血缘或地缘关系为纽带组成某种利益共同体以谋求生存和发展。在1929年接受调查的317名天津织布工人中，经同乡、亲戚介绍来的有93人，占工人总数的29.34%；经朋友推荐来的有178人，占工人总数的56.15%。在550名学徒工中，由亲族或同乡介绍

---

① 《中国大事记》，《东方杂志》，1912年第9卷第4期。
② 《临时大总统关于革除前清官厅称呼致内务部令》，中国第二历史档案馆：《中华民国史档案资料汇编》（第2辑），江苏人民出版社，1981年，第31页。
③ 《心直口快》，《申报》，1912年5月6日第14082号，第10版。
④ 皮：《取缔腐化称呼》，《申报》，1934年11月23日第22126号，第17版。

来的有 345 名，占学徒工总数的 62.73%；由朋友介绍来的有 176 名，占学徒工总数的 32.00%。[1] 这些数据说明，传统的人际关系仍然在民国城市社会中发挥作用。

同时需要说明的一点是，民国城市社会各阶级或阶层在交往空间、交往方式等方面的差异也比较突出。城市中上层社会人士往往在高档消费场所进行交际，通过举办酒会、沙龙等方式扩大社交圈子。[2] 城市下层社会民众则往往在街头、劳动场所进行交往。

二、休闲娱乐方式的变化

休闲生活是现代职业分工出现后产生的概念，被社会学视为日常生活和职业生活之间必不可少的过渡形式，是居民恢复体力和完善人格所必需的活动。休闲能使人在精神的自由中体验审美的、道德的、创造的、超越的生活方式，丰富个体的文化修养和精神气质。[3] 在民国城市社会中，休闲生活的变化首先表现为"公共时间"逐渐社会化，休息日制度得到普遍推行与认同，居民休闲时间因而得到延长。与此同时，伴随马路、公园、游乐场、图书馆、运动场、公共澡堂等公共设施的兴建，以及电影、跳舞、篮球、网球、赛马、扑克等外来娱乐方式的传入，加之戏曲、麻将、评书等传统休闲娱乐方式的存在，民国时期城市市民的休闲方式呈现出多样化面貌。

（一）"公共时间"的社会化

"公共时间"的出现，是以"公共休闲"大众化、日常化为基础的。晚清以来，城市休闲娱乐业得到普遍发展，城市居民的休闲娱乐活动的商业化程度大为提高。同时，燃气灯、电灯等现代照明工具的使用，模糊了白天和黑夜的界限，晚间娱乐时间因而增多，人们在劳作之外有了富余的时间享受生活。与此同时，商业夜生活也兴旺起来。然而，中国民众向来是依照二十四节气在农闲或传统节日时进行长时段的休闲娱乐活动，并没有定期休息的习俗。进入民国后，随着劳动时间的集中、商业化休闲的发展、富余时间的增多，人们要求有一个定期的"公共时间"，以满足休闲娱乐的需要。在这样的背景下，信仰基督教的西方人所带来的七日一礼拜的习俗，逐渐为工商界人士乃至从事其他行业的市民所接受。19 世纪 80 年代以后，在上海、天津、汉口等城市的外国租界及外国人聚集区，礼拜日休息的生活方式逐渐成为一种主流作息习俗。[4] 到了清末新政期间，星期日休息开始走向制度化。1902 年，清廷颁布《钦定学堂章程》，其中规定中学堂和高等学堂实行星期放假制

---

[1] 罗澍伟：《近代天津城市史》，中国社会科学出版社，1993 年，第 198 页。
[2] 胡悦晗：《日常生活与阶层的形成——以民国时期上海知识分子为例（1927—1937）》，华东师范大学博士学位论文，2012 年，第 96—107 页。
[3] 于光远、马惠娣：《休闲·游戏·麻将》，文化艺术出版社，2006 年，第 12 页。
[4] 李长莉：《清末民初城市的"公共休闲"与"公共时间"》，《史学月刊》，2007 年第 11 期。

度:"除年假、暑假合计在七十日之外,每岁恭逢皇太后、皇上万寿圣节、皇后千秋节,至圣先师诞日,仲春仲秋上丁释奠日,端午、中秋节,暨房虚星晶日,各停课一日。"① 这个中西混杂的学堂休假制度,标志着此前在局部地区已经存在多年的七日一息的作息方式开始进入制度化阶段。此后,各部衙门也陆续实行星期日休息制度,流风所及,各地官方机构和一些社会团体也逐渐采行星期日休息制度。至此,在官僚体制内和部分城市的中上层社会中,逢星期日休息便成为居民日常生活的一个重要内容。所以,时人才说:"我们从前,读书人只知道初一、十五拜孔子,三六九做文课,商人只知道初二、十六请财神,吃猪肉,其余的种种人,据我所知,信教的既没有定期的休息,不信教的更没有定期的休息,所以星期日初次入门的时候,本来是格格不相入,但是休息自然谁也欢迎的,所以决不因他是洋货而有人出来抵制。星期日于是乎在中上级的社会里极通行了。"② 也就是说,星期日休息制度因为满足了中上阶层对于休闲的需求,所以没有遭到任何抵制便流行开来了。

进入民国以后,周末休息制度越来越为城市社会的居民所欢迎,这从当时的报纸纷纷开辟周六、周日专栏的现象中就可窥一斑。如 1919 年《申报》就发行了"星期增刊",以满足人们周末休闲的需要。而专载小说的周刊《礼拜六》之所以如此定名,也是因为周一到周五"人皆从事于职业,惟礼拜六与礼拜日乃得休暇而读小说也"③。由此可见,在星期六、星期日享受休闲生活已经成为民国初期职场人士的习惯。

不过,周末休息制度的进一步社会化还需要国家力量的支持。1923 年 3 月,北洋政府农商部颁布的《暂行工厂通则》就规定:"幼年工每日工作,除休息时间外,至多不得超过八小时。成年工每日工作,除休息时间外,至多不得过十小时";"对于成年工至少应每月给予二日之休息,对于幼年工至少应每月给予三日之休息"。④ 城市下层社会的工薪阶层开始有了休息时间。1932 年 12 月,南京国民政府所颁布的《修正工厂法》进一步确定了星期日休息制度:"成年工人每日实在工作时间,以八小时为原则,如因地方情形或工作性质有必须延长工作时间者,得定至十小时";"凡工人每七日中应有一日之休息作为例假"。⑤ 同时,国民政府还仿效西方国家的相关做法,在《修正工厂法》第十六条中规定:"凡国民政府法令所规定应放假之纪念日,均应给假休息。"即实行法定假日休假制度。国民政府又在《修正工厂法施行条例》中补充说明道,法定假日共有 8 个,分别是中华民国成立

---

① 《钦定学堂章程》,朱有瑜:《中国近代学制史料》第二辑(上册),华东师范大学出版社,1987 年,第 380 页。
② 松平:《星期日怎样过去》,《晨报副刊》,1921 年 1 月 16 日,第 1 版。
③ 王钝根:《礼拜六赘言》,《礼拜六》,1914 年第 1 期。
④ 《暂行工厂通则》第六条、第八条。中国第二历史档案馆:《中华民国史档案资料汇编》(第 3 辑),江苏古籍出版社,1991 年,第 38 页。
⑤ 《修正工厂法》第八条、第十五条。立法院秘书处:《立法专刊》,1933 年第 7 辑。

纪念日（1月1日）、总理逝世纪念日（3月12日）、革命先烈纪念日（3月29日）、劳动节（5月1日）、革命政府成立纪念日（5月5日）、孔子诞辰（8月27日）、国庆纪念日（10月10日）、总理诞辰纪念日（11月12日）。[1] 以上法令、法规的颁布和实施，标志着星期日休息制度已经在民国城市社会中全面实行。这意味着人们有了同一化、公共化的时间进行娱乐休闲活动，有益于人们的身心健康。所以，时人欢欣地说："星期日星期日，你是个舶来品啊……你是个神圣的东西……我从前也得过你的恩惠。那时节我是一个被雇佣者，是一个劳动者，所以一做六天，到星期日可以把身体精神休息一天，实在很舒服，六天的疲劳一齐恢复了。"[2]

必须指出的是，在实行星期日休息制度的过程中，有些企业主无视法律规定，通过剥夺工人的法定假日来加重对工人的剥削。如上海"先施""新新"等百货公司经营者，从成本、利润的角度考虑，就没有实行星期日休息制度。[3] 即便如此，现代意义的星期日休息制度通过法律程序实现社会化，不但使城市居民的休闲娱乐时间得到保障，生活质量得到提高，而且使人们有了更多的时间进行社会交往与公共活动。而大量新的休闲娱乐方式也正是在这些社会交往与公共活动中日益繁荣，城市生活因而更加多姿多彩。

（二）休闲方式的多样化

随着"公共时间"的社会化，民国城市社会的人们有了更多的时间缓解工作、生活的压力。同时，在日益现代化的城市中，各种传统的、现代的休闲设施，如茶楼、公园，不断涌现；休闲媒介如电影、书报、运动器具、传统曲艺等，日日翻新。市民的休闲生活因而多彩多姿。这里主要介绍娱乐性休闲、运动性休闲、社交性休闲、智力性休闲和博弈性休闲。

1. 娱乐性休闲

娱乐性休闲是民国时期市民最喜爱的休闲方式，而且种类繁多、新旧并呈，具有代表性的主要为看电影、逛公园、看戏听曲等。

民国时期，电影院在主要都市如雨后春笋般涌现。例如在汉口，自从1912年第一家专业性质的电影院——百代大戏院建成之后，"电影事业在汉口得到了飞速发展，几乎每年都有专门性的电影院落成营业"[4]。而作为转型时期城市休闲娱乐生活的引领者——上海，其电影院的数量更是迅猛增长，尤其是1928至1932年，"电影院的生长，有非常可惊的速度"，先后建成的"第一流"电影院有"大光明""南京"等六家，第二流电影院"更有十余所之多"；1935年，上海共有大小专业

---

[1] 《修正工厂法补充条例》第九条。立法院秘书处：《立法专刊》，1933年第7辑。
[2] 徐卓呆：《星期日》，《快活》，1922年第20期。
[3] 连玲玲：《日常生活的权力场域：以民国上海百货公司店职员为例》，《"中央研究院"近代史研究所集刊》，2007年第55期。
[4] 任晓飞：《都市生活与文化记忆：近代汉口的公共娱乐空间与大众文化（1912—1949）》，华中师范大学博士学位论文，2012年，第75页。

电影院 50 余家，且除固定的电影院外，每到夏季还会出现一种临时的露天电影场，其特点是"娱乐兼消暑而为一"，观看者众多。① 又据美国商务局的调查，1930 年，上海、天津、汉口、广州、厦门、哈尔滨、沈阳、长沙、重庆、成都、南京、香港等 24 个城市，共有 233 家电影院，可容 13 万多人观影。这些数据表明：看电影已经成为民国时期城市社会居民的主要娱乐休闲方式。在 20 世纪 20 年代的上海，据相关调查，上海市民每天的娱乐平均消费为 13 000 元，其中看电影的费用为 6 220 元。② 也就是说，上海市民每日的娱乐消费，近一半是被用来看电影。又据《女青年月刊》的记载，普通都市女性在辛苦工作之余，往往借助看电影缓解工作压力，寻求精神放松："公毕之后，妇女们二三成群，看电影借作消遣。"③ 综上可见，看电影可谓是民国时期城市居民最喜爱的娱乐休闲方式。

公园作为现代都市文明与公共空间的代表，自晚清时期开始被引入中国之后，曾被政治和文化精英赋予改良社会的重责大任。④ 不过，对于普通人而言，具有综合性功能的公园更多的是消遣、休闲的胜地。如 1921 年建成的广州第一公园便被市民视为消暑的好去处，"每当暑天，夕阳西坠的时候，那些人们，无论男女老幼，都成群结队而来，的确是好一个消暑的地方"⑤。而青岛中山公园，每到春季，"你跑到东，跑到西，随你跑到哪里，都有的是人，男人，女人，洋人，华人，熙来攘往，中山公园，竟热闹得和中山市场一样"⑥。上海的公园与公用私园的最主要功能也是休闲娱乐。⑦ 人们在上海的公园中，"春游芳草地，夏赏绿荷池，秋景苍凉，冬日严肃，在在都有一游的价值"⑧。可见，逛公园已经成为民国时期城市居民调节身心、享受生活的方式之一。

欣赏曲艺表演也是民国时期城市居民喜欢的娱乐休闲方式。其场所则主要是茶馆和戏园。在昆明，到茶馆中观赏滇剧、听评书是市民最爱的休闲方式。每当茶馆开演滇剧时，"锣鼓声一响，茶客便纷至沓来，风雨无阻"；而茶馆中轮番讲述的《水浒传》《封神榜》《三国演义》等评书，更是深深吸引昆明市民，"听书的人是风雨无阻，每晚座无虚席"。⑨ 在现代化程度最高的上海，虽然外来的娱乐五花八门，但用地方话表演的"申曲"仍然为"民众爱听"，而且随着上海城市地位的提升、人口的增多，上海话日益流行，"申曲因为是用道地的上海土话来唱的，于是在上海话发展的今日，便成为杂耍戏中的幸运儿。用科学来替他算命，知道他命运此后

---

① 《上海电影院的发展》，《上海研究资料续集》，上海书店出版社，1992 年，第 538、541—551 页。
② 《上海人与娱乐》，《时兆月刊》，1928 年第 23 卷第 3 期。
③ 张汇兰：《建设的娱乐》，《女青年月刊》，1931 年第 10 卷第 7 期。
④ 李德英：《公园里的社会冲突——以近代成都城市公园为例》，《史林》，2003 年第 1 期。
⑤ 佚名：《消暑的地方之今昔观》，《广州民国日报》，1925 年 9 月 22 日，第 3 版。
⑥ 芮麟：《神州游记》，上海古籍出版社，2005 年，第 418 页。
⑦ 熊月之：《近代上海公园与社会生活》，《社会科学》，2013 年第 5 期。
⑧ 葛得：《游顾家宅公园记》，《现世报》，1939 年第 85 期。
⑨ 尹建国：《民国时期昆明茶馆与社会生活》，《云南档案》，2015 年第 6 期。

真不差，只要上海繁荣，申曲的堂会与播音等等，还要生意兴隆"①。显然，民国时期上海人喜欢听申曲以消遣，还隐含着怀旧和身为上海人的骄傲之心理。至于全面抗战时期的成都人，则基本是以消遣为目的而看戏、听曲的。据《新成都》所载，评剧在全面抗战时期始传入成都，"此种戏剧，表情极为细腻，惟有时过火，不免有伤风化，但来川后，已大加改良，颇合成都人口味，场场客满"②。综上可见，欣赏传统戏剧、曲艺在民国时期仍然是城市居民娱乐休闲的选项。

2. 运动性休闲

在传统社会，由于分别文武，"所以运动竞技的事情，唯有属于武的方面将士去练习它。……至于一般民众呢，既无人去鼓励他们学习健身运动，也没有共同竞技的机会与地点"③。但在民国时期，一方面，各种现代体育运动及其用品已经舶来；另一方面，无论是国家还是社会，都推崇体育运动，希望借由对身体的改造实现国富民强。④ 相应的，运动性休闲就被视为一种现代、健康的生活方式。如有人就主张家庭休闲娱乐应该以乒乓球、篮球、网球等"球戏"为主，"球戏既不剧烈，又合于全身运动，最有益于身体，娱乐而兼有身体健康性质，何乐而不为？"⑤而当时的许多社会团体亦设立了各种运动设施，以供市民休闲娱乐。如20世纪20年代的成都市立通俗教育馆，其面向市民开放的运动设施可谓无所不包，计有体育室、排球场、篮球场、网球场、足球场、木牛、滑水场、浪桥、双杠、平梯、架栏、回旋柱、滑下台、秋千、沙坑等。⑥对于这些运动设施所涉及的休闲生活方式，成都市民兴致盎然。20世纪30年代，在成都少城公园，"每日游人杂沓，或射箭，或拍球，或驰脚踏车，士女追逐往来，厥状甚乐"⑦。这一幕在运动中休闲的情景，已经成为民国时期城市生活的一道风景。例如在20世纪30年代的青岛，每届夏令，市民和外地游客便直奔海水浴场休闲健身，"海水浴已逐渐成为一种主要的夏季休闲生活"⑧。都市新女性，则视休闲运动为时尚，骑马、打网球、游泳，"已成为都市女性标榜自己，追求时尚和文明生活的一种重要象征"⑨。总之，运动性休闲已是民国时期城市居民日常休闲娱乐生活的一个重要构成。

3. 社交性休闲

民国时期，随着城市生活的复杂化，人际关系越来越重要。加之受西方生活方式的濡染，一些以社交为主题、新旧兼具的休闲方式，如宴会、舞会、茶会、沙龙

---

① 佚名：《申曲研究》，上海通志社：《上海研究资料》，上海书店出版社，1992年，第577—578页。
② 周止颖：《新成都》，复兴书局，1943年，第211页。
③ 《历史上的上海运动事业》，上海通志馆：《上海研究资料》，上海书店，1992年，第443页。
④ 黄金麟：《历史、身体、国家：近代中国的身体形成（1895—1937）》，新星出版社，2006年，第21页。
⑤ 华芬：《家庭娱乐问题》，《慈幼月刊》，1930年第7期。
⑥ 杨吉甫等：《成都市市政年鉴·教育》，成都市政公所，1928年，附图"成都市立通俗教育馆全图"。
⑦ 陈友琴：《川游漫记》，正中书局，1934年，第72页。
⑧ 马树华：《海水浴场与民国时期青岛的城市生活》，《史学月刊》，2011年第5期。
⑨ 陈静：《民国都市女性休闲方式及特点分析》，《洛阳师范学院学报》，2011年第3期。

等，渐渐在城市中上层中流行。在20世纪二三十年代，上海、北平的知识分子群体便经常在闲暇时间举办宴会、茶会、沙龙，以联络感情，促进群体的交往。如1928—1929年，梁实秋、徐志摩等人便经常在每周星期六晚前往位于上海极司斐尔路的胡适寓所聚餐。觥筹交错之间，徐志摩每每以其活力和热情"弄得大家都欢喜不置"[①]。又据施蛰存的回忆，当时上海的文人，每日下班后经常在虹江路四川北路口的新雅茶室举办茶话会，"曹礼吾、曹聚仁、叶灵凤、姚苏凤，画家张光宇、正宇昆仲及鲁少飞诸人，皆在此相识"[②]。北平的中上层社会亦盛行举办生日会、聚餐会，"那时的政治人物以及上流商贾开生日会的兴趣极浓，以后一般政客为联络感情或培植势力，将生日会发展为聚餐会，多在私人的俱乐部举行。聚餐会的雅兴由上而下并由点到面，很快就流播到其他阶层人士中间，尤以大学教师这一群体最为活跃，其中又以欧美留学生表现得最多姿多彩"[③]。而且人们聚餐之余，还要跳舞。1927年1月，上海留美同学会举办聚餐会，除了吃喝外，还举行"演说、跳舞及高尚游艺"。更有意思的是，报道这一消息的《申报》，将标题定为"游艺消息"。[④] 由此可见，在当时聚餐、跳舞已经被视为城市休闲生活的一部分。

当跳舞等社交娱乐活动在城市中日趋风行时，这一现象引发了社会的广泛争议，不少人对此看不惯，认为跳舞涉及男女大防，有伤风化，主张禁止。[⑤] 也有人认为跳舞"是男女交际中一种极高尚的仪式或娱乐（不曾和人跳舞过的人们，闭着眼睛瞎猜，甚至于用下流的思想来揣测，这是他自己的人格欠高，最好不必跳舞，而且不宜跳舞）"[⑥]。但跳舞作为社会交际的方式，一直在大中城市中受到人们的欢迎，特别是商业化之后，商家对此广泛宣传引导，更使跳舞在大中城市盛行，但在小城市，跳舞往往容易受到抵制和指责，从而不能发展。全面抗战爆发以后，位于大后方的重要城市，如重庆、成都、贵州等，虽然前方战事吃紧，但跳舞之风仍然盛行，因而颇遭人诟病，特别是不少政府官员和军事将领也争相学习跳舞，如战时贵阳随着"避难者的光临，不但没有把敌人的火药味和铁臭带一点，反把理发所、歌舞场和摩登男女们的大腿等装点了贵阳的表面繁荣，麻醉了贵阳的市民"[⑦]。重庆一些娱乐场所更是夜夜笙歌，不少达官贵人出入其中，蒋介石得知此现象，勃然大怒，"痛诋此习"[⑧]，国民政府遂下令禁止跳舞。[⑨] 即便如此，大后方城市中跳舞的风气仍然是屡禁不止，一直是民国时期城市社交性休闲娱乐的方式之一。

---

① 梁实秋：《关于徐志摩》，《梁实秋文集》（第三卷），鹭江出版社，2002年，第494—495页。
② 施蛰存：《浮生杂咏》，《文坛漫忆丛书·散文丙选》，黑龙江人民出版社，1998年，第69页。
③ 梁锡华：《且道阴晴圆缺：新月的问题》，程新：《港台·国外谈中国现代文学作家》，四川文艺出版社，1986年，第179页。
④ 《游艺消息》，《申报》，1927年1月19日第19356号，第17版。
⑤ 左玉河：《跳舞与礼教：1927年天津禁舞风波》，《河北学刊》，2005年第5期。
⑥ 湘英：《说跳舞》，《申报》，1925年12月24日第18974号，第15版。
⑦ 熏子：《炸药》，《贵州晨报》，1938年6月6日，第3版。
⑧ 王世杰：《王世杰日记》（稿本），"中央研究院"近代史研究所，1990年，第452页。
⑨ 《渝市府报告严禁跳舞》，《新新新闻》，1939年1月12日。

第五章 城市社会生活的变迁与发展

4. 智力性休闲

智力性休闲方式主要包括读书，看报纸、杂志，听广播等。智力性休闲是民国时期城市主流社会最为倡导的一种休闲方式。如 1931 年有人撰文讨论"怎样利用休闲时间"，撰文者首先推荐的方式就是"阅读书报杂志"，其原因在于，书报杂志包含着各种不同的知识，"可以随着各人兴趣的不同，向各种不同的学问里追求知识"。① 这种休闲方式事实上在民国城市社会中颇为流行。如有人就这样介绍自己的休闲生活："予喜读书。故每值休闲之时，必手执一卷，或登高楼之上，或步公园之中。朗声而读之，聚神而阅之，至得意时也，不禁喜形于色。至悲哀处也，动辄长吁短叹。进兴奋之境，则手舞足蹈。入诙谐之地，则兴趣盎然。乐何如也，快何可支。"② 除此之外，大众传媒的发达也足以说明智力性休闲方式在民国时期城市社会中的受欢迎程度。

据戈公振所撰《中国报学史》，民国初年全国共有各类报纸达 500 余种，报纸销量则为 4 200 万份。到 1921 年，全国的报纸数量已上升为 1 134 种，内有日刊 550 种，仅经过邮局递送的报纸和印刷品即达每年 91 130 940 件。③ 20 世纪 20 年代末，每日发行的中文报纸共有 628 种，每日发行的外文报纸为 52 种。如果以报纸的订阅量与人口做一比较，则"报纸最多之地，每九人可阅一份报纸"，"全国平均每一百六十四人可阅一份"。④ 另据国民党中央宣传部 1931 年的统计，全国共有 6 家日销量逾 3.5 万份的大报，其中《申报》《新闻报》日销量高达 15 万份。⑤ 这些数据表明，阅读报纸、杂志已经成为民国时期人们日常生活中的一种习惯。这也意味着在休闲时间有相当数量的市民是以读书、看报为乐的。

此外，自 20 世纪 20 年代无线电广播出现于上海，直到 20 世纪 30 年代，全国初步形成了一个以上海为中心的无线电传播网络，1937 年全国官办、民办的电台达 76 座。⑥ 也就是说，部分城市居民已经养成了借助无线电广播获取政治、经济、文化等信息的习惯。考虑到绝大多数的城市居民不可能在工作时间收听广播，则可以认为，收听广播是民国城市社会居民的一种休闲方式。

5. 博弈性休闲

在民国时期的城市社会中，各阶层、性别的居民都乐于从事的休闲娱乐方式是赌博，以赌为生、沉迷其中者更是不可胜数。赌博方式则是中西皆有、土洋并存，如麻将、牌九、骰子、扑克、赛马、跑狗、回力球、彩票、轮盘赌、吃角子、老虎机等等。在各种博弈性休闲活动中，最具代表性、普及度最高的自然是麻将。例如，20 世纪 30 年代，居住在沪西工人社区的"二三十万产业工人""经过六天的

---

① 钱鹭英：《怎样利用休闲时间》，《沪大教育》，1941 年第 4 卷第 1 期。
② 陈念云：《余之休闲生活》，《百合花》，1940 年第 3 卷第 9 期。
③ 戈公振：《中国报学史》，商务印书馆，1927 年，第 243 页。
④ 戈公振：《中国报学史》，商务印书馆，1927 年，第 4、40、41、175 页。
⑤ 秦绍德：《上海近代报刊史论》，复旦大学出版社，1993 年，第 184 页。
⑥ 赵玉明：《中国现代广播简史》，中国广播电视出版社，1987 年，第 6 页。

疲劳，才得到一天的休息，当然要想办法来娱乐一下，不过，谈到娱乐……不是几圈麻将，就是去逛游戏场，这种的娱乐，真是可怜极了，不但花费无益的金钱，还要伤害精神"。① 城市小市民也喜欢在麻将上浪费金钱。南社成员朱瘦桐曾这样描述一位上海妇人的日常生活："有一位姓吴的妇人，她竟是生来不见天日的，起床至早总在傍晚的时候，盥洗后，就打着电话到各处去约着小姊妹过来，在这空闲的时候，趁着她们还没有来的当儿，便涂脂抹粉，装得像美人儿一般，不多一会，笑语声同着麻雀声，一齐同起一声一声的送到行人的耳里，那（哪）里想得到公众的讨厌，而且在上海的都市上，这般行为，还能博多数人的称羡，并也认为极普通事情哩。"② 城市的中上层人士亦颇喜欢用麻将消磨时间。1939 年 4 月 3 日，陈克文、陈之迈、蒋廷黻以及余上沅夫妇、万家宝夫妇一起在重庆聚会，"饭后不知谁人提议打麻雀牌，一直闹到深夜才散去"③。

此外，从西方传入的赌博方式，亦为民国时期城市社会的人们所追捧，如上海、天津、汉口三个城市一度流行的赛马。④ 仅以汉口为例，1926—1935 年，"三家跑马场同时赛马，整个汉口数万人同时进入马场看马、赌马，其声势可谓壮观"⑤。

总而言之，民国时期，随着城市的发展和城市公共设施的增多，东西方各种娱乐方式亦纷纷出现在城市的日常生活中，从而满足了生活压力日趋增大的城市居民的娱乐需求，城市休闲娱乐生活相应地表现出多样化特征。而休闲娱乐方式选择面的扩大，还造成了不同性别、年龄、社会角色的分野，如 20 世纪 40 年代的汉口："商人，多半爱汉戏。学生，多半爱电影。太婆，多半爱楚剧。小姐，多半爱跳舞。政客，多半爱平剧。小孩，多半爱魔术。文人，多半爱话剧。武士，多半爱国术。"⑥ 汉口市民各有各的娱乐喜好，这不仅反映了休闲娱乐方式的选择因年龄、性别、社会角色不同而存在差异，还说明了民国城市社会越来越多元化、越来越丰富多彩，传统城市的单调生活已经消失无踪。

三、消费生活方式的变化

辛亥革命以后，随着帝制的退场与民主共和制的确立，传统生活方式失去政治力量的庇护，进一步遭到摈弃。而晚清以来就已传入的西方生活方式，则因民主共

---

① 洪达能：《沪西工人生活》，《上海青年》，1931 年第 31 卷第 50 期。
② 朱瘦桐：《上海人之生活》，《新上海》，1925 年第 7 期。
③ 陈克文：《陈克文日记》（上册），社会科学文献出版社，2014 年，第 371 页。
④ 赛马运动在民国时期的发展，还涉及民族主义问题。参阅张宁：《从跑马厅到人民广场：上海跑马厅收回运动，1946—1951》，"中央研究院"近代史研究所集刊，2005 年第 48 期；熊月之：《从跑马厅到人民公园人民广场：历史变迁与象征意义》，《社会科学》，2008 年第 3 期。
⑤ 陈绍艳等：《清末、民国时期汉口赛马文化兴衰历史的研究》，《武汉商业服务学院学报》，2010 年第 2 期。
⑥ 楚风：《信不信由你》，《武汉报》，1941 年 5 月 17 日，第 6 版。

第五章 城市社会生活的变迁与发展

和国的建立,以及自由、平等、人权等新观念的弘扬,有了合法存在的"外衣",并成为新生活方式的代表,因而受到城市居民的大力推崇,诚如是,城市消费生活方式发生变化,并表现出以下面相。

(一)消费生活日趋大众化、平民化

传统社会的消费生活有着严格的等级规定,譬如在服饰方面,官有官服,民有民衣,官民不得杂越。甚至于官僚群体内部也因职位不同,而在服饰方面分为若干等级,颜色、质量、花饰、佩饰都有明确区分,彼此不得僭越。这种现象表明,因为身份等级政治制度的存在,传统社会的消费生活是由马克思·韦伯意义上的"等级"[①]决定而非经济状况决定的。

民国建立以后,随着"中华民国人民,一律平等,无种族、阶级、宗教之区别"原则的确立,身份等级制度已经在形式上被消除,就消费生活而言,每一个个体都有了在市场上平等消费的权利。于是,以下景象就出现在日常生活中,"阿狗阿猫,就都着起了西装,穿上了皮靴,提起了手杖"[②]。上引郁达夫这一反讽性的话语,折射的是消费生活中没有等级的区分,居民消费能力取决于自身经济状况而非身份等级的问题。于是,在20世纪二三十年代,上海丝织厂的工人,每到周末也可以"西装革履,行坐车,吃包饭,类似学生生活"[③]。而上海外资电厂的工人每到节假日,也可以前往四川路、南京路听戏或看电影,补习英语或学习技术。[④]不过,最能说明问题的还是当时无锡工厂里的"打工妹"的消费情况:"女工们的标致和她的职业地位待遇有密切的关系的,因为女工'摩登'了,才可以博得工厂职员的怜爱,所以,女工们是常有做职员夫人的希望的,不过,因此而衣服、脂粉以及一切的装饰品,在女工们每年的支出账上占了一个大的数目。"[⑤] 显然,女工的消费能力取决于她的"职业地位待遇",即她的经济收入,而非身份等级。不过她们打扮自己的动机则是另一层面的问题,此处不展开讨论。上引材料说明,个人只要有消费能力,市场的商品就向他敞开怀抱。这里还必须指出的是,民国时期的消费大众化、平民化是与资本主义工商业的发展相联系的。为了赚取每一个铜板,"顾客是上帝"而非"贵人是上帝"成为资本家信奉的信条。在此背景之下,消费大众化、平民化的发展因此而得到推动。

(二)城市消费生活日趋"以洋为尚"

1935年2月,经济学家章渊若应邀做播音演讲,章氏在谈及当时中国消费变

[①] 马克思·韦伯指出,任何等级社会都须依凭惯例,即生活方式之规则维系其制度,因而在经济方面制造出不合理的消费条件。[德]马克思·韦伯著,林荣远译:《经济与社会》,商务印书馆,1997年,第253—255页。
[②] 郁达夫:《说模仿》,《郁达夫文集》(第八卷),花城出版社,1983年,第116页。
[③] 何一民:《近代中国城市发展与社会变迁(1840—1949)》,科学出版社,2004年,第487页。
[④] 胡林阁、朱邦兴、徐声:《上海产业与上海职工》,远东出版社,1939年。
[⑤] 一蕊:《走进工友队伍》,《生活》,1931年第6卷第33期。

迁问题时痛心疾首地指出:"因为受了西洋文化侵略政策的麻醉,种种奇技淫巧新异奢侈物品的引诱,改变了我们民族朴素的生活。……举凡衣食住行种种生活的需要,均不能运用自己的心力,创造改新,无一非洋货,不足以厌其欲望";而且,地位愈高、财产愈多、知识愈丰者,其消费能力愈大,"其依赖的习性亦愈高"。① 这样的论述并非向壁虚构,亦非夸大其词。如民国初创未久,有人就用讥讽的语调描述了当时上海滩"时髦"人士的标准配置:"女界所不可少的东西:尖头高底上等皮鞋一双,紫貂手筒一个,金刚钻或宝石金扣针二三只,百绒绳或皮围巾一条,金丝边新式眼镜一副,弯形牙梳一只,丝巾一方。再说男子不可少的东西:西装、大衣、西帽、革履、手杖外加花球一个,夹鼻眼镜一副,洋泾话几句,出外皮篷或轿车或黄包车一辆。"② 可见所谓"时髦"人士全身上下无一不"洋"。

民国时期城市消费生活的"以洋为尚"还反映在进口商品的需求量不断增大与价格不断上涨等方面。如1923—1932年,上海日常生活消费产品的批发价整体而言变化并不大,如米、麦、面粉、蔬菜、畜产品、水产品等食物和一些日常生活用品的价格较为稳定,但是洋烟、洋酒、进口化妆品等外国奢侈消费品价格却上涨迅速。③ 1928—1931年上海市面上进口奢侈品的价格更是达到了民国以来的最高水平。1928年进口奢侈品总值13 998万元,1929年为11 271万元,1930年为12 502万元,1931年为12 740万元,分别占各年进口货物总值的7.50%、5.70%、6.10%、5.70%。④ 这些高档消费品价格的不断上涨,反映了市场对于"洋货"的热情。

诚然,近代中国城市社会"崇洋"的消费风气并不始于民国时期。在晚清的通商口岸及其附近地区,早已"洋风"高炽。⑤ 但民国时期"崇洋"的消费风气覆盖范围之广,远非晚清时期所能企及。1923年,去国十余载的蒋廷黻返回湖南老家邵阳,发现此乡已非彼乡:"一九一一年我离家时,乡下人没有抽烟的。一九二三年我返乡时,我自己是吸烟的,乡间也有好多人吸香烟了。我弟弟当家,他甚至能从附近买到香烟。点煤油灯的人家已经有一半,衣着全是洋布缝制的。"⑥ 由此可见,随着帝国主义列强经济侵略的加深,对"洋货"的消费风气已从沿海扩大到内陆,从城市辐射到农村。

然而,必须指出的是,"洋货"在民国时期的行销,与"洋商"运用其政治、经济权势对市场进行干预是密不可分的。譬如1935年成都的鸡、鹅、鸭毛业务,"遭德商之操纵后,遂一落千丈,营业收入,亦逐渐下跌,几有不可维持现状之势"⑦,同时,德国商人的产品乘机占领了成都市场。不过,中国产业不发达、产

---

① 章渊若:《民族经济的自救运动》,《交易所周刊》,1935年第1卷第6期。
② 田:《时髦派》,《申报》,1912年1月6日第13970号,第22版。
③ 何一民:《近代中国城市发展与社会变迁(1840—1949)》,科学出版社,2004年,第498页。
④ 谷源田:《吾人对于减少国际贸易入超应有的觉悟》,《大公报》,1935年6月26日。
⑤ 李长莉:《晚清"洋货流行"与消费风气演变》,《历史教学》,2014年第2期。
⑥ 蒋廷黻:《蒋廷黻回忆录》,岳麓书社,2003年,第97页。
⑦ 《成都鸡鹅鸭毛出口激增》,《四川经济月刊》,1936年6卷6期。

品质量差也是推动"洋货"畅销的一个因素。如1935年郁达夫在一篇谈支持国货的文章中就坦诚地指出，他和他的朋友们"对于饮食起居以及日用品之类，都抱着这一个主义：有中国代替品的时候，总以国货为第一义；没有中国代替品的时候，先硬着索性不用什么，到了万不得已的最后，才吃一点痛，后愿多出些钱，尽先去买西洋的好货来用"[1]。虽然不少人提倡国货，但是国货总是那么少，那么不如人意，其最终结果是不少人不得不选择使用"洋货"。

（三）以时尚、个性化为特征的女性消费主义日益发展

西美尔在讨论时尚这一哲学问题时曾经指出，在以男性为中心的社会里，"当女性表现自我、追求个性的满足在别的领域无法实现时，时尚好像是阀门，为女性找到了实现这种满足的出口"[2]。这是因为在当时的时代背景下，与男性相比而居于弱势地位的女性，为了避免彻底被男性"一般化"与"平均化"，亦须张扬其个性或"非凡性"，而追求时尚由此成为当时的女性彰显自我的最佳途径。

民国时期，女性虽然已经从深宅大院中走向社会，从男性的身后走到身旁，但事实的不平等依然存在于整个社会。如民国时期女性虽然获得了离婚的权利，但这仅仅是法律所给予其的权利，在实际生活中，绝大多数女性仍然遭遇不平等的对待。[3] 于是，部分都市女性为了凸显自己的存在，选择"以时尚抗命"。都市女性逐渐成为时尚的引领者，女性消费主义开始在民国城市社会中大行其道。在都市，"烫头发，买外国衣料，买外国首饰，买外国化妆品"[4] 成为新女性之标识。在城镇，"近十数年中，因受外界之影响，装饰骤然大变，剪其发而放其足，傅淡粉而不施朱，头不挂丝，耳不戴环，色彩尚素。形状忽宽忽窄无定式。且有衣旗袍而乳臀毕现，风飘裙而膝肉外露，盖非此不足以表现曲线矣"[5]。

为了牟利而无孔不入的资本家当然不会放过女性为展示自我之美的现象中所蕴藏的商机，他们运用各种营销策略明里暗里地推动女性消费的潮流。其中，最典型的例子便是当时的月份牌。当时，每一期月份牌中妇女的形象都具有时尚、前卫的特点，而其目的就是利用女性追求时尚的心理以倾销商品。[6]

同时，城市社会的特殊群体——妓女，为了取悦男性而身着各种新、奇、特的服饰，从而成为都市时尚的一道风景线。桑巴特所言的"风流社会"由此发挥了力

---

[1] 郁达夫：《关于使用国货》，《妇女与国货》，1936年第2卷第4期。
[2] [德] 齐奥尔格·西美尔著，费勇等译：《时尚的哲学》，文化艺术出版社，2001年，第81页。
[3] 艾晶：《离婚的权利与离婚的难局：民国女性离婚状况的考察》，《新疆社会科学》，2006年第6期。
[4] 杨卫玉：《谁之过矣？》，《申报》，1934年1月1日第21812号，第26版。
[5] 景佐纲、张镜源：（民国）《怀安县志》卷二，民国二十三年（1934）铅印本，第65页。
[6] 姜哲：《论女性形象在月份牌中兴起的缘由》，《美术广角》，2015年第7期。

量。① 面对情妇、妓女的挑战,"受尊敬的妇女们"为了夺回男性对自己的重视和欣赏,不得不追逐时尚潮流。如 1913 年,广东女学生被妓女的装扮吸引,"穿着猩红袜裤、脚高不掩胫,后拖尾辫,招摇过市"②。虽然女学生们求异追新的行为遭到社会舆论的批评而被当地教育部门整顿,但这种现象并未因此消失,在其后仍然以其他方式再现。综上,追新求异的女性消费主义已在民国城市社会中蔓延开来。

（四）不同区域城市之间、区域内部不同城市之间居民的消费水平差距拉大

如所周知,西力东渐以来,近代中国地域发展不平衡性日益扩大。1904 年有人就注意到,因为交通阻隔、信息闭塞诸因素的制约,在通商口岸的市民们追求享受现代物质和文化成果如洋楼、汽车、轮船、报馆、新式教育并蔚然成风之时,内地的士、农、工、商各阶层仍然"酣嬉如故"③。换言之,当通商口岸城市日益趋"新"、趋"洋"之时,内地民众仍沉酣于旧的物质社会里。这种情况在民国时期仍然得以延续,并逐步加大。比如在观念层面,民国《简阳县志》的编撰者就自豪地坦承:"民国以来,男女自由恋爱之说,虽朝夕簧鼓,县中尚无此风矣。"④ 物质消费方面亦然。例如饮用自来水这一现代生活方式,在清末民初就已经为上海市民所普遍采行,但 1932 年 1 月重庆自来水厂建成并向市民供水时,据一位外国医师的回忆:"那时候（1932 年）公用事业还没有存在,只除了新设的自来水厂。可是大多数的居民,都拒绝使用;他们宁愿用老方法,雇水夫从长江的泥水中挑了满桶的水送到他们的门前。"⑤ 这种现象的产生,应该是多力作用的结果,如经济的相对落后、文化的相对闭塞等,都是造成内陆地区的现代性弱于沿海地区的原因。

目前有研究者采用定量分析方法,将民国时期的 28 个省份划分为 3 个主要的消费区域:长江下游及东南区、北方及西南区、边远区。长江下游及东南区包括江苏、安徽、湖北、湖南、江西、浙江、福建、广东 8 省,北方及西南区包括黑龙江、吉林、辽宁、陕西、山西、河北、山东、河南、四川、云南、贵州、广西 12 省,边远区包括绥远、宁夏、新疆、甘肃、热河、察哈尔、青海、西康 8 省。然后根据生活费指数及各地区不同阶层的消费差异,得出不同区域的各阶层城市居民在食物、衣着、房租、燃料、杂项等方面的消费指数。在此基础上分析后研究者指出,1927—1937 年,"城市居民的生活水平从长江下游及东南区、北方及西南区到

---

① 桑巴特认为,"风流社会"乃整个社会生活方式的决定性力量,情妇实为"时尚""奢侈"和"挥霍"等消费行为的最早尝试者和实践者,此类怪异消费行为成为常态之后,终为"受尊敬的妇女接受",换言之,"正是妓女迫使品行端正的女士洗澡"。[德] 维尔纳·桑巴特著,王燕平译:《奢侈与资本主义》,上海人民出版社,2000 年,第 75 页。
② 《粤女学生之怪装》,《大公报》,1913 年 6 月 15 日。
③ 佚名:《论内地风气不开之原因》,《萃新报》,1904 年第 5 期。
④ 林志茂:《简阳县志·礼俗篇》,1927 年铅印本,第 56 页。
⑤ 钱士著,汪宏声译:《重庆杂谭》,贵阳文通书局,1946 年上海版,第 4 页。

边远区呈依次下降的阶梯状"[①]。现以该研究者提供的数据制成下表,以进一步说明问题。

表5-1　20世纪二三十年代不同区域城市上层社会居民的消费结构表

区　域	食　品	衣　着	房　租	燃　料	杂　项	合　计
长江下游及东南区	17.78	18.79	7.14	7.59	48.80	100.00
北方及西南区	15.68	26.62	12.96	5.66	39.08	100.00
边远区	59.04	6.25	5.20	10.79	18.72	100.00

陆汉文:《民国时期城市居民的生活与现代性(1927—1937)——基于社会统计的计量研究》,第47页。

注:杂项支出指文化教育、娱乐、社会交往、医疗卫生、储蓄等与个人发展密切相关的消费。

从表5-1可知,在20世纪二三十年代,不同区域城市社会中最具消费能力的城市上层社会居民的消费支出差异明显。长江下游及东南区的城市的上层居民的食品消费所占比例最小,而边远区城市上层居民的食品支出占比最大,北方及西南区城市上层居民的食品支出占比处于中间水平。但在与时尚、休闲、个人发展、社交密切相关的"衣着""杂项"方面,则是长江下游及东南区城市上层居民的消费水平最高,边远区最低,北方及西南区居中。这表明,边远区城市上层居民用以维持生存的"必需消费"占比最大,用于娱乐休闲、奢侈享受方面的"剩余消费"的占比最小;而长江中下游及东南区城市上层居民的"剩余消费"占比最大,"必需消费"占比最小;北方及西南区城市上层居民在这两个方面的消费水平则处于另外两者之间。根据恩格尔定律:食品支出占比越小,则生活越富裕。由此可以认为,民国时期区域消费不平衡问题比较严重。

需要指出的是,全面抗战爆发以后,西南区和边远区城市居民的消费水平有所提升。这是因为大量的战时移民从长江中下游和东南地区转移到西南、西北之后,促进了当地的经济发展,提升了当地的消费水平,推动了物价的上涨。如全面抗战时的昆明,若干行会"迅速改组以迎合新潮流的需要,如现在制糕饼时用面粉的比用米粉的为多,罐头食品也渐充斥于市面上。衣服也改西装形式,因此需要新式的裁缝匠。反之其他行会,则需要增加很多学徒,如理发匠,缝纫机工,皮鞋匠,打金饰匠及打银匠等"[②]。以上材料说明,全面抗战爆发以后内陆地区居民的"必需消费"尤其是"剩余消费"水平曾经有过短暂的繁荣期,却是畸形和不可持续的。抗战结束以后,其又迅速回落。

此外,区域内部不同等级城市之间的消费水平也存在差异。以云南为例,民国

---

① 陆汉文:《民国时期城市居民的生活与现代性(1927—1937)——基于社会统计的计量研究》,华中师范大学博士学位论文,2002年,第45、48页。

② 陈达:《现代中国人口》,天津人民出版社,1981年,第96页。

时期其域内城市消费水平总体上呈现出如下状况：省会昆明居民的消费能力居全省之首；下关、昭通、楚雄、曲靖、玉溪、丽江等各地中心城市，以及河口、蒙自、开远、宜良、路南等交通沿线城市次之，而普通城市和边远城市居民的消费水平则较低。① 20世纪30年代，昆明的娱乐行业颇为繁荣，电影院等娱乐场所生意兴隆，尤其是"逸乐""大众""南屏"等电影院，"每易新片，则座客恒满，日放二幕，夜亦二幕，每当固定购票时，门外人多于鲫，喧闹扰攘，道为之塞"②。而距昆明较近的路南则深受省会居民消费行为的影响，"比如在昆明市见到的旗袍、高跟鞋，在路南城里随时随处可以遇着。在昆明市流行的新歌曲，也朝发而夕至的辗转歌吟在路南的一般'摩登'的口中。她们爱口红、爱蔻丹、爱美丽的衣料"③。但在经济不发达、位置相对偏远的巧家县，直到20世纪40年代，"起居、饮食、酬酢、往来，虽海上之风由省垣而间接输入，但不过少数人习染，且较之省垣亦相差甚远"④。

民国时期，随着政治、经济、文化发展不平衡性的加重，各区域之间、区域内各城市之间居民的消费水平差距有所扩大。

（五）消费生活的阶级、阶层分化日趋严重

民国时期城市居民消费生活的另一个变化是城市上层社会盛行奢侈性消费、炫耀性消费，城市中层的"剩余消费"在其消费结构中占相当比例，城市下层社会则为生存而苦苦挣扎。

民国时期，城市上层社会之铺张浪费，令人咋舌。如英美烟草公司买办郑伯昭喜欢养狗，便雇人专门养了几十条狗，这些狗每日要消耗几十斤牛肉，而当时普通人家每年约消费3.8斤牛肉。⑤ 甚至在国难时期，城市上层社会仍然不忘享乐。据翁文灏日记所载，1939年12月31日，孔祥熙在新落成的重庆嘉陵宾馆大宴宾客，"到者一百数十人，黄仁霖领导种种游戏。孔在战时略过儿戏矣"⑥。1941年10月13日，西南公路局局长曾养甫在昆明太和坊宴请俞大维夫妇、梅贻琦等人，食物有"烤乳猪、海参、鱼翅；酒有Brandy、Whisky；烟有StateExpress"，梅贻琦不得不愧叹："饮食之余，不禁内愧。"⑦ 与此同时，大后方城市社会的其他阶层正因物价高涨、收入微薄而每日为生计担忧。全面抗战时从外省迁居四川乐山的钱歌川就曾无不辛酸地诉说："我在一年前初来乐山的时候，米价只有一元六角一斗，猪只卖到二角二分一斤，我们节衣缩食，每月薪俸刚够一家人吃；现在米价涨到二十

---

① 蒋枝偶：《论民国时期云南消费习惯的变化及影响》，《文山学院学报》，2015年第5期。
② 陈度：《昆明近世社会变迁志略·礼俗》，民国石印本。
③ 王思古：《转变》，《云南日报》，1935年12月20日，第4版。
④ （民国）《巧家县志》卷八之三，1942年铅印本，第7页。
⑤ 谯珊：《近代城市消费生活变迁的原因及其特点》，《中华文化论坛》，2001年第2期。
⑥ 翁文灏著，李学通整理：《翁文灏日记》，中华书局，2010年，第407页。
⑦ 梅贻琦著，黄延复等整理：《梅贻琦日记》，清华大学出版社，2001年，第95页。

第五章
城市社会生活的变迁与发展

五元一斗,猪油四元一斤,较以前涨了一二十倍。而我们既无津贴,薪俸不仅分文未加,而且仍要打七折,所以每月二百余元收入,领回家来,不到半月就用光了,出入不敷得远,非举债无以为生。原来一个七八口之家,每日吃六斗米,也是寻常事,照现在的米价,月薪所入,不够一石米。其余百物,无一不贵,即是几根尺多长的柴也要一元以上的代价。衣食住行,单维持一个食字,已不可能了。"[1] 两相比较,民国时期城市社会各阶层消费的差距令人触目惊心。不过,钱歌川所代表的城市中层社会人士在全面抗战爆发前也曾经有过一段好时光。全面抗战爆发前中国各大都市的中层社会人士的生活条件一般都较为优越,工作之余,喝茶、品咖啡、看电影、泡馆子吃美食、逛街买时装等,都是他们日常消费生活的常态。譬如上海的一位医生在中华人民共和国成立之后回忆全面抗战爆发前的饮食状况写道:"抗战前的物价很低,1936年米价约10元一石,布1元2角左右一尺;猪肉约4角一斤,每天都有鱼、肉等荤菜,小菜只需要7、8角钱,还经常吃鸡蛋、牛奶、水果等。"[2] 又据王映霞的回忆,她和郁达夫居住在上海期间,生活很惬意:"每天总要准备五六个人的饭菜,朋友早上九十点钟来,聊一会儿,就拉开桌子开始搓麻将,吃午饭时喝酒,日近黄昏,客人陆续离去。"[3] 这种悠闲的生活成为当时大都市中部分中层社会人士的日常。

但与此形成鲜明对比的是城市下层社会——他们在城市上层社会过着奢靡生活、中层社会过着相对轻松和悠闲生活的时候,却在温饱线上艰难挣扎,无论是全面抗战爆发以前还是全面抗战爆发以后,皆是如此。上海是民国时期中国最发达的城市,但下层人民的生活水平依然是十分低下。据1935年上海市社会局的调查,五口之家的上海工人家庭一年收入约416.51元,支出为454.38元,收支相抵,不敷支出的数目为37.87元,"须借款维持之家庭,平均占百分之八八,当物者占百分之七八,合会者占百分之六九。其中尤以借印子钱度日者为最残酷"[4]。支出方面,用于购买食物的钱占53.20%,交房租的为8.30%,买衣着的为7.50%,买燃料的为6.40%,杂项占24.60%,"食物一项虽占半数以上,然营养成分,大率来自植物,品质欠佳,且患不足。杂项费用百分比,虽不过低,然其中无谓费用,如嗜好迷信所占成分均觉太高,而教育、卫生、娱乐、储蓄等等,则又失之太低"[5]。又据1941—1942年国民政府社会部统计处的调查,被调查的192户重庆工人家庭,平均每户衣着方面开销为218元(法币),按1942年的市价,只能买到五尺半的粗白布;教育方面开销则平均全年只有2.60元(折合全面抗战爆发前币值

---

[1] 味橄:《巴山随笔》,中华书局,1946年,第76—77页。
[2] 《上海市委高等教育科学工作部关于高等学校、中等专业学校和中国科学院上海办事处的教师、科学家工资情况的调查报告》,1955年,上海市档案馆藏,A23-2-59-31,转引自沈楠:《上海公立高校教师工资收入及生活状况考察(1930年代—1950年代)》,华东师范大学硕士学位论文,2007年,第11页。
[3] 王映霞:《我家的常客》,《王映霞自传》,黄山书社,2008年,第104页。
[4] 上海市政府社会局:《上海工人生活程度之调查》,《劳动季报》,1935年第4期。
[5] 上海市政府社会局:《上海工人生活程度之调查》,《劳动季报》,1935年第4期。

为 7 分 6 厘）；没有任何娱乐方面的开支。如果厂方没有为他们准备一点医疗设备和药品，他们即使生病，也多不就医。①

此外，相对于有固定工作、有稳定收入的工人而言，城市社会的苦力、游民群体中的绝大多数人的收入远不足以维持生存，又何有消费可言！如山东济南、青岛等城市苦力群体的基本生活状况便是从事高强度的体力劳动，在最低的生存线上挣扎，老病无医。②

总而言之，民国时期城市上层社会盛行奢侈性消费、炫耀性消费，中层社会的"剩余消费"则因时局的好坏而有波动，但明显多于下层社会。城市社会消费生活的阶级或阶层分化比较严重。

第三节 城市劳动生活方式的变化与影响

社会学意义上的劳动生活方式，是"指人在社会生活中，在一定价值观、劳动观的指导下，为谋取生活资料而进行的物质生产、精神生产或提供劳务的经常性的活动方式的总和"③。需要指出的是，"劳动生活方式是生活方式系统中最重要的组成部分"，不过，劳动生活方式并不等同于劳动方式。劳动方式指人在一定的劳动条件下，进行劳动的具体方式；而劳动生活方式则是研究人们劳动活动的特点、机制、性质和演变规律，以及人的劳动观念、劳动心理、劳动态度等问题。④ 因而劳动方式只是劳动生活方式范畴中的一部分。笔者在此主要探讨民国时期城市工业劳动生活方式的变化及其对城市社会的影响，以揭示民国城市社会所经历的艰难变迁。

一、城市工业劳动生活方式的变化

民国时期城市工业劳动生活方式的变化主要表现为手工业劳动生活方式的演变和新式机器工业劳动生活方式的变化。而劳动生活方式的变化，对于个体和城市社会产生了深远的影响。

（一）手工业劳动生活方式的演变

民国时期，手工业在国民经济中仍然占有重要地位，发挥着重要作用，是"介

---

① 齐武：《抗日战争时期中国工人运动史稿》，人民出版社，1986年，第224—225页。
② 于景莲：《民国前期山东城市苦力群体的收支与生活状况（1912—1937年）》，《东岳论丛》，2011年第12期。
③ 陈伟：《劳动生活方式的探讨》，《重庆社会科学》，1986年第4期。
④ 董鸿扬：《劳动生活方式新探》，《学习与探索》，1988年第4期。

第五章 城市社会生活的变迁与发展

于传统农业和现代工业的中间经济带"[1]。据民国政府农商部的统计,1912年全国雇佣7人及以上的手工工厂至少有20 386家,机器工厂则只有363家。[2]又据巫宝三的估计,1933年中国制造业净产值为1 889 026 800元,其中手工业净产值为1 359 374 000元,手工业净产值占制造业总净产值的比例高达72%。[3] 这些手工业中的相当一部分集中于城市。譬如距上海不到70里的嘉定,1937年前后,其手工毛巾业得到复苏,城内共有15家手工毛巾厂,"织造工人,也有二万有余"[4]。又如开埠较早的口岸城市福州,直到1933年左右,"福州工业,尚未脱手工业时代,除南台港头地方有规模完备之福建造纸厂外,更无规模稍大之新式工厂,各种小工业中,以漆器、皮箱、角梳、乐器、织布、毛巾各种为最"[5]。山东济南则被时人称为"手工业之济南市",而且"济市手工业之存在,即一市经济基础之所在"[6]。很显然,手工业经济是民国时期城市经济的重要组成部分,许多城市居民的劳动生活仍然围绕手工业而展开。1932年发行的《第二次中国劳动年鉴》的编撰者们因而指出:"手艺工业,在今日中国经济上,犹占极重要之地位。各大都市中,新式工厂虽已日渐发达,仍有大部份工人,依赖其手艺为生。"[7]

不过,按照目前学术界的主流观点,民国时期的手工业已大不同于传统时代的手工业,其生产技术、生产形态、经营方式都发生了变化,已经"逐步脱离传统手工业的既定轨道,向着大机器工业生产生产力的方向发展。但是,从全局来看,手工业又远远没有完成这种转化,而是处在由旧式手工工具向现代生产机械的过渡之中"[8],因而具有很明显的过渡特征。下面先讨论民国时期城市手工业的主要形态。

1. 民国时期城市手工业的主要形态——家庭手工业和工场手工业

民国时期,城市手工业的形态多种多样,如成都市就存在家庭手工业、手工作坊、工场手工业、流动匠作手工业以及手工合作社等多种形态。[9]在民国时期的城市中,最常见、对城市发展和居民劳动生活影响最大的是家庭手工业及工场手工业。[10]

(1) 家庭手工业。

---

[1] 彭南生:《中间经济:传统与现代之间的中国近代手工业(1840—1936)》,华中师范大学博士学位论文,1998年,第316页。
[2] 农商部总务厅统计科:《中华民国元年第一次农商统计表》,中华书局,1914年,第1—2页。
[3] 彭泽益:《中国近代手工业史资料》(第三卷),生活·读书·新知三联书店,1957年,第814—815页。
[4] 程学鹏:《嘉定的手工业近况》,《共信》,1937年第1卷第2期。
[5] 《福州手工业调查》,《劳工月刊》,1933年第2卷第4期。
[6] 山东省国货陈列馆:《济南染织工业》,1935年,"弁言"。
[7] 邢必信等:《第二次中国劳动年鉴》,北平社会调查所,1932年,第180页。
[8] 彭南生:《中间经济:传统与现代之间的中国近代手工业(1840—1936)》,华中师范大学博士学位论文,1998年,第316页。
[9] 彭南生、张杰:《近代城市手工业形态及经营方式》,《江苏社会科学》,2015年第5期。
[10] 费维恺认为,家庭手工业和工场手工业是中国近代手工业的两种主要形态。费正清等编,中国社会科学院历史研究所编译室译:《剑桥中国晚清史》,中国社会科学出版社,1985年,第39页。

家庭手工业实为手工业的传统模式。它以家庭为生产场所，规模小，从业人数少，"家庭手工工业种类本多，如旧式之刺绣、纺绩、裁缝、烹饪皆所谓家庭工业也"①。在传统经济时代，城乡家庭手工业大都独立自主经营。但晚清以来尤其是民国时期，随着市场的扩大，以及商业资本的渗入，越来越多的家庭手工业不得不实行依附经营。需要指出的是，乡村家庭手工业往往是农业生产的补充，而城市家庭手工业则脱离了农业生产。从事家庭手工业实为很多城市居民获得收入的唯一来源。譬如在镇江，"城市贫家妇女衣食无赖者，皆以掉丝、纺纱为生"②。由于以家庭为生产单位，且无业人员皆可从事生产，故家庭手工业作坊的数量和总的从业人员都较多。不过，从理论上讲，在生存和利润的双重刺激下，家庭手工业主要倾向于扩大生产规模，因此当条件允许时，家庭手工业经营者往往会走出家庭，开设手工作坊甚至手工工场。民国以来，城市家庭手工业得以长期存在，主要有以下几方面的原因。

首先，某些传统家庭手工业产品本身就是艺术品，在当时具有不可替代性，机器生产的产品很难在短期内取代之。譬如陈达在1948年考察了北平的手工业生产状况后便指出，如宫灯、珐琅、纸花这些家庭手工业产品，只能"纯粹用人力的技术，绝不依赖机器"，而且"手艺品（生产）不是大量的，精致则远过于工厂的成品"，因此，"手工业的现状虽是萧条，但因其出品富有艺术性，尚有人喜欢购买"。③ 事实也确实如此，所以如传统丝织业这样的手工业能长期存在于民国城市社会。如1912年的杭州，在2 050户手工丝织者中，从事家庭个体生产者就有2 049户；而到了1936年，在4 141户手工织户中，从事家庭个体生产者有4 000户。④

其次，城市资本主义经济发展不充分，城市中有大量因无田可耕而流入其中的剩余劳动力，尤其是许多妇女因性别歧视、传统观念等因素的存在而不能走出家门工作，为补贴家用，她们只有在家中从事手工业生产，然后将产品送入市场出售（这一点与传统家庭手工业已经不同），家庭手工业因而得以存在。譬如镇江贫困家庭的女子之所以多在家中纺纱、织布，其原因之一便是"工厂工作，又因男女有嫌，未便同处谋生，而相戒不入"⑤。又如浙江平湖织袜业的手工工场主招工不足，只有改变经营方式，"改为女工到厂租机，领纱回家工作，缴袜时给与工资，于是有家庭职务之妇女，亦纷纷租机领纱，于家务闲暇时，在家工作。自此制一行，平邑针织工业，遂日臻兴盛，织袜遂为一种家庭之副业，无家务之累者，则日夜工作不稍休息"⑥。再如北京，"北京的城里关外，家庭以为副业的妇女很多，既可以维

---

① 河北省政府建设厅：《河北省政府调查报告》（第四编），1928年，第76页。
② 《镇江手工业之调查》，《教育与职业》，1924年第56期。
③ 陈达：《论北平手工业》，《周论》，1948年第2卷第16期。
④ 段本洛：《苏南近代社会经济史》，中国商业出版社，1997年，第182页。
⑤ 《镇江手工业之调查》，《教育与职业》，1924年第56期。
⑥ 《浙江平湖织袜工业之状况》，《兴华》，1926年第23卷第7期。

持生活，又可以养成保守贞节的美德"①。纵观整个民国时期，家庭手工业的从业者事实上也多为妇女及儿童。如20世纪20年代上海各火柴厂的糊盒工作，"概为附近家庭之妇女及其儿女所承做"②。再如1947年北平的补花业，"家庭工厂小者占房一二间，大者三四间，工人率为附近妇女，由其代作"③。一些无业男子也加入了城市家庭手工业从业者大军。如福州的纸伞业，"有男子亦从事其业者，多系在家无业之人"④。总之，民国时期城市经济发展的不充分和城市化的畸形发展，导致大量无业、失业人口聚集于城市，加之男女平等也未完全成为社会现实，使家庭手工业得以一直存在于城市中。

再次，某些现代工厂、现代企业为了降低成本，愿意把产品的某一部分工作外包给与自己没有雇佣关系的城市居民，他们甚至为了扩大产量，还采取计件工资的方法将某些工作外包，因而城市家庭手工业成了现代机器大工业的补充和配套，得以延续并发展。譬如20世纪20年代的上海机器印刷业，共有女工1400人，但除了"商务印书馆中有女工200人，中华书局中有100人，其余皆在家中工作"⑤。又如当时的机器火柴厂，"装储火柴之匣，通常由火柴厂将材料发给工人，在家糊制，制成后交厂换领工资，此种办法，于无须监视之工作颇为相宜，缘在工厂方面，可省厂中作工地面，工人方面亦以在家操作为便"⑥。由此可见，民国时期的城市家庭手工业已经成为城市现代工业体系里的一个部分。

最后，许多手工工场、手工作坊为了弥补劳动力的不足或节约成本，也往往采取"中人制"或"商人雇主制"⑦的方式外包拟生产产品的生产工作，从而也为家庭手工业的存在创造了条件。譬如成都的丝线业，经营者便采用"商人雇主制"扩大生产、降低成本，将"搓线"这个生产环节外包给城市居民，"由丝线店给予原料，使代搓线，付给少许工资"⑧。又如苏州的刺绣手工工场在进行"锦绣"这个生产环节的工作时，其流程往往如下："经过户内工人剪裁、整理，缀成各种物品之后，再分送于散处女工。女工均在自己家中，从事刺绣"，而且这种生产方式"除苏州之刺绣工业外，采用者甚夥。如丝织业、织袜业、花边业、纸花业等是，

---

① 金受申：《北京的手工业》，《立言画刊》，1942年第176期。
② 王清彬等：《第一次中国劳动年鉴》，北平社会调查部，1928年，第568页。
③ 联合征信所：《北平市手工业现态》，《工商新闻》，1947年第35期，第3版。
④ 《福州纸伞之调查》，《中外经济周刊》，1927年第222期。
⑤ 王清彬等：《第一次中国劳动年鉴》，北平社会调查所，1928年，第558页。
⑥ 《国内工业发展状况》，《中外经济周刊》，1927年第228期。
⑦ "中人制"指"商人雇主，将其原料交与中间人，而约定交货日期，届时商人雇主即向中间人取货。中间人自商人雇主处取得原料后，再分给之于散处工人，约期交货，届期由中间人收集散处工人所造之制成品或半制成品，交之商人雇主"；"商人雇主制"指"商人雇主自己购买原料，在自己办事所内发给散处工人，或由自己及其所雇之散活员将原料送至散处工人家中；俟散处工人将其所领来或送来之原料造成制成品或半制成品后，或迳自至商人雇主之办事所，或由商人雇主及其散活员亲往散处工人家中收集之，而售之于消费者或其他商人"。方显庭：《天津针织业之组织》，《清华学报》，1931年第6卷第3期。
⑧ 夏光耀：《成都市丝织业产销概况》，《四川经济季刊》，1945年第2卷第3期。

不胜枚举"。①

综上可见，民国时期城市社会中存在着大量的家庭手工业，这些城市家庭手工业已经走出了传统的模式而同现代市场紧密地联系在一起，甚至成为城市工业体系的一个组成部分。并且在此种经济模式的影响下，人们的劳动生活方式亦发生改变。比如，家庭已不再完全是生活空间而变成了生产场所。如20世纪20年代天津市的家庭手工业者所租赁的房屋，"既为工作室，亦即办公室、货栈、厨房、饭厅与卧室"②。此外，人们的劳动时间完全由市场支配，有时需要连续加班而不能休息，有时又无活可做而陷于生存困境。如福州的纸伞业驰名中外，其产品多销往厦门、汕头、上海、香港、东南亚、美洲，但纸伞贸易却为采办商所控制。采办商"自定一种商标及式样，分向各小伞店定做，故此种小伞店，是在家中工作，全家或数人合力做出后交给伞商出口。有时伞商急于要货，常需店主一家老少不分日夜，连日赶工"，工作异常辛苦。但纸伞业因多涉外贸经济，若国际市场发生变动，从业者有时又数月无工可做，生计都成问题。③ 诚如上述，民国家庭手工业存在种种弊端，但即便如此，由于这种工作全家男女老幼皆可从事，工作时间自由，没有老板、监工等层层催迫，加之城市生活压力日益增大，所以城市下层社会的男女老少仍自愿地从事家庭手工业生产。

（2）工场手工业。

民国时期城市手工业的另一种主要形态是工场手工业。这种手工业组织模式的特点是由工场主雇佣一定工人，在一个固定的场所进行集中生产，但尚未配备动力机器，或其所使用的生产工具处于彭南生所言的"石磨+蒸汽机"④ 的阶段。与使用动力机器的"成熟工厂"相比，方显廷认为工场手工业工场是"幼稚工厂"，但它仍然是"工厂"而非"作坊"，因为"凡工人集中一处又受厂主监督之制造场所，均可名言工厂"⑤。而厂主之所以有权监督工人，是因为厂主与工人之间发生了雇佣关系。这一关系正是资本主义生产关系的重要特征——雇佣劳动制——的具体表现。雇佣劳动制在民国时期城市工场手工业中的存在，使得工场生产实现了分工协作，改变了个体相对独立劳动的生产方式，生产相对社会化，工场手工业因而成为传统行会制手工工场向现代工厂或"成熟工厂"转化的中间形态。据相关统计，1912年，全国共有工厂20 749家，其中机器工厂仅有363家，占工厂总数的比例为1.75%，手工工场则有20 386家，占比高达98.25%。此后，随着工业化的发展，机器工厂所占比重逐步增大，但还是没有超过手工工场。直到1947年，机器工厂也只占工厂总数的23.53%，手工工场则占了76.47%。⑥ 以上数据足以说明手工

---

① 方显廷：《天津针织业之组织》，《清华学报》，1931年第8卷第3期。
② 彭泽益：《近代中国手工业史资料》（第三卷），生活·读书·新知三联书店，1957年，第284页。
③ 《福州之纸伞业》，《兴华》，1927年第24卷第32期。
④ 彭南生：《中间经济：近代手工业经济地位与作用的阐释》，《近代中国》，2001年第3期。
⑤ 方显廷：《天津针织业之组织》，《清华学报》，1931年第8卷第3期。
⑥ 彭泽益：《中国社会经济变迁》，中国财政经济出版社，1990年，第603页。

第五章 城市社会生活的变迁与发展

业工场在民国时期国民经济体系中的重要地位。

那么,民国时期的国民经济体系中为什么会有如此之多的手工工场或手工工厂,尤其是在工业化、城市化相较于晚清时期已经有了较大发展的城市中也是如此呢?

首先,民族资本主义机器工厂吸纳剩余劳动力的能力不足,手工工场因而在城市中有了生存空间。以当时资本主义工业最发达的上海为例,1947年,该市人口共有4 274 486人,而无业和失业人口的比重则达40.76%[1],也就是说,此时的上海有170余万人没有工作。而且,无业、失业人口的大量存在并非是一时性而是长期性的,每个城市都是如此。这种现象一方面意味着城市资本主义经济发展的不充分,另一方面也为城市工场手工业的存在与发展提供了大量的廉价劳动力。由于遍地皆是廉价劳动力,投资工业生产的资本家为了追求更多的利润,宁愿选择手工生产也不愿购置价格昂贵的机器进行生产,城市手工工场因而得以兴旺。如20世纪20年代广州的若干"旧式工厂",之所以采用改良后的传统生产办法,其关键原因就在于人力成本低于新式机器成本。而且,资本家们尤其喜欢使用女工,"广州女工工价,比男工约低十分之四,而工作则较男工勤慎。各工厂多利用之"[2]。由此可见,正是大量廉价劳动力的存在,使得工场手工业或"旧式工厂"在民国城市社会中能够生存、发展。

其次,国际国内市场的巨大需求为工场手工业在民国时期的继续存在创造了机会。晚清以来,中国就已被纳入国际贸易体系,并成为帝国主义列强的产品倾销地及原材料和半成品的供应地。这种畸形的贸易格局在民国时期没有得到任何改变。然而,民族资本主义现代工厂的生产能力根本不能满足国际市场的需求,工场手工业因而获得生存机会。如时人在对比分析了1934—1936年这3年间的出口贸易数据之后就指出,"手工业品在输出方面,是远非新式工业所能及的","中国对外贸易的输出,就是农产品与手工业品而已"[3]。也就是说,中国在国际贸易体系中的低下地位,为投资成本低、人工成本低的工场手工业在民国时期的存在与发展提供了机会。所以,李紫翔才愤怒地指出,正是因为国际资本主义把中国视为原料和半成品产地,才使中国的手工业长期苟延残喘,而"中国残存的手工业亦成了国际资本主义的附属物了"[4]。同时,民族资本主义现代工厂的生产能力不能满足国内市场的巨大需求,亦使手工工场的存在成为必要。如1940年,以平均每人每年需要消费5磅纺织品的标准计算,则全国棉纺织品的年市场需求"将在二十一万万磅",大约合1 600万担,但当时"全国工厂生产棉纺织品在八百七十六万担,输入品约八十三担,输出约十九万担",市场棉纺织品因而出现至少730万担的供应缺口,手工棉纺织业也就因此获得了生存、发展的契机。其他如衣食住行各业,亦大都如

---

[1]《上海人口》,《外交部周报》,1947年第36期。
[2]《广东妇女职业之调查》,《中外经济周刊》,1926年第171号。
[3] 胡阑亭:《中国手工业的容貌》,《中国世界经济情报》,1937年第1卷第16期。
[4] 李紫翔:《中国手工业之没落过程》,《中山文化教育馆季刊》,1937年第4卷第3期。

此，"甚至几千种日常用品，都是手工业品"①。总之，民国时期国际国内市场的需求以及民族资本主义工业的不发达，使得手工工场可以继续存在于城市经济体系中。

最后，从中央到地方各级政府的提倡与支持，为民国时期手工工场在城市社会中的生存与发展创造了环境。无论是北洋政府还是南京国民政府，都采取了一系列措施，如提供金融支持、减免关税、推动手工业职业教育、推进改良手工业生产工艺等，支持和保护手工业的发展。②而地方政府总体上也支持发展手工业，如1932年4月，济南市政府就成立了"手工业指导委员会，以便督促手工业之进展"③。又如1943年6月，四川省政府制定、颁布了《四川省政府办理成都市手工业贷款暂行办法》，以"补助成都市手工业"，"促其健全发展"。④虽然民国时期纸面上的政策、措施与实际操作的差别太大，但毕竟聊胜于无。事实上，民国时期城乡工场手工业的发展之所以历经坎坷曲折，国家政局的混乱、各种政治力量的角逐和军阀的蛮横是其重要原因之一。⑤但就工场手工业之所以能够生存，发展于民国时期城市社会而言，各级政府在政策层面的支持与鼓励无疑是一个重要的原因。

不管怎样，工场手工业在民国时期的城市社会中大量存在是不争的事实。在这些工场中，手工劳动者的劳动环境之恶劣、遭受剥削之惨重，可谓骇人听闻。如20世纪20年代的某个外国人就这样描述他所见到的中国手工工场的生产状况："彼苟一入中国内地或沿海之都市，目睹旧式工业制度下之工厂，彼亦不得不动怜悯之念。此种旧式工厂门前大抵满堆旧废之品及污秽之物，内外房屋及泥地皆满布尘垢，窗户非常狭小，且全年不开，自来火厂之设备尤为恶劣，童工女工麇集篷厂，冬季则手足颤裂，夏季则气闷欲绝，甚至时至正午犹需假借灯光，其黑暗可想见矣。"⑥而且，时人统计分析了上海、南京、厦门、北平、太原这5个城市的手工工场工人工作的劳动时间、劳动收入后指出："中国手工业工人的工作时间，平均每天都在十小时以上，工资则是很低的。"⑦也就是说，劳动强度大、劳动收入低是民国时期城市手工工场工人的基本特征。"然而他们还得格外努力地替厂主工作，因为他就不工作，也非吃饭点灯不可；工资无论怎样菲薄，但在他们看来已是分外的收入。"⑧

---

① 顾毓琮：《中国的手工业问题》，《经济研究》，1940年第1卷第8期。
② 彭南生：《中间经济：传统与现代之间的中国近代手工业（1840—1937）》，高等教育出版社，2002年，第161—186页。
③ 《齐鲁实业纪要》，《新电界》，1932年第24期。
④ 《四川省政府办理成都市手工业贷款暂行办法》，《四川省政府公报》，1943年总第397期。
⑤ 汪敬虞：《中国近代手工业及其在中国资本主义产生中的地位》，《中国经济史研究》，1988年第1期。
⑥ 彭泽益：《中国近代手工业史资料》（第三卷），生活·读书·新知三联书店，1957年，第278页。
⑦ 后起：《中国手工业者的分析》，《光明之路》，1931年第1卷第9期。
⑧ 莫乔：《中国手工业底分析》，《国货月刊》，1935年第6期。

第五章 城市社会生活的变迁与发展

2. 变迁中的城市手工业劳动生活方式

彭南生教授曾经指出:"处在外国资本主义和民族机器工业夹缝中的传统手工业,要么在不变中走向衰落和破产,要么在变革中不断发展和壮大。因此,能够在夹缝中生存下来的手工业,不论主动还是被动,都或多或少地发生了一些变化。"[1]这个就近代中国手工业变迁所做出的论述,当然涵盖了民国时期。而民国城市手工业劳动生活方式的变化则主要表现在以下方面。

首先,许多城市手工工场的生产工具已不再一成不变,而是对旧式生产工具加以改良,或者采用"石磨+机器"的模式进行生产,生产效率因而得以提高。如20世纪20年代,长沙的77家米商开始对碾米机进行改良,"前用人力,今用机器力","以求营业发达"[2]。又如参加第一次世界大战的华工,有一些人"得有一部之近世机器知识",回国后就用这些知识在北平等城市开设"小手工工场","制造编织机器及小车床等"[3]。再如"欧战时期中勃起"的河北高阳土布业,"欧战终了之后,高阳织布业改用改良机械,不断的扩展,并增加了人造丝织业,到民国十八年达到每年用纱十万包之最高纪录"[4]。同时,许多手工工场逐渐将传统生产工具与现代动力机器结合起来以提高生产力,从而促进了生产方式的转型。其中,最具代表性的例子发生于天津。1916年以前,天津400余家磨坊都是使用畜力的"旧式磨坊",但随着电力工业的发展,这些旧式磨坊开始采用电力带动石磨。到1930年,天津共有208家电力磨坊厂,其中使用畜力的碾磨仅22盘[5]。此后,北平、保定等城市都效仿天津的生产模式,采取"石磨+机器"的模式,生产效率因而得以提高。以上民国时期城市手工业在生产技术层面所出现的这些"新"现象,其意义在于,有些传统手工工场通过技术改良或使用"石磨+机器"的模式完成了资本积累,进而转型为现代工厂。如天津的针织业,在1922年以前,其生产工具都是手织机。不过,是年天津商人王济中开始对手织机进行改良,"设厂制半自动机"。此后,此项技术传播开来,许多人"群起组织作坊"。到1929年,"天津共有针织厂坊一百五十四家",竞争因此而激烈。1931年,完成了资本积累的商人为了占有市场份额,开始投资建立新式工厂,其中如义生针织厂"自欧洲购得电力机十余台,缝袜尖机及自动缠线机两部",丹凤针织厂、德记针织厂亦"购置电力机,行将开业矣"。这种变化甚至让时人断言:"一切手织机不久均将代以电力机,亦可预卜也。"[6]

其次,无论是城市家庭手工业还是工场手工业,其经营方式、生产关系都发生

---

[1] 彭南生:《中间经济:传统与现代之间的中国手工业(1840—1937)》,高等教育出版社,2002年,第187页。
[2] 《手工业调查》,《实业杂志》,1934年第197号。
[3] 《国内工业发展之概况》,《中外经济周刊》,1926年第147号。
[4] 顾毓琇:《中国手工业之科学化问题》,《工业中心》,1937年第6卷第5期。
[5] 彭南生:《中间经济:传统与现代之间的中国手工业(1840—1937)》,高等教育出版社,2002年,第203—204页。
[6] 荀文:《天津之针织工业》,《国货研究月刊》,1932年第1卷第3期。

了变化，逐步走出传统的模式而具有了资本主义性质。一方面，家庭手工业虽然仍主要依靠人工劳动，但独立的手工业者越来越多地依附于商人，成为包买主模式下的依附经营者。如1924年左右，北京从事地毯生产的家庭手工业者共有141家，"专为规模较大之地毯行做定货者约有半数"，而且，大地毯行不仅为家庭地毯行提供资本，与其签订包售合约，还干预其生产过程，"随时派人查看其织造时之过程、原料与颜色是否适当"。① 由此可见，城市家庭手工业者通过中间人或包买主与市场发生联系，劳动性质发生了改变，甚至家庭手工业者与包买主之间已经具有了雇佣关系。另一方面，城市手工工场普遍实行雇佣劳动制，劳动形式则采行分工协作方式，管理形式也发生了变化。譬如镇江的手工纺织工场，"工作分纺纱织布、染色、纹工、提工等种。纺工专属之女工"，"工资男工每日自钱二百文至四百文，纺工所得不及三分之二"，不过生产工具多以"旧式"为主。② 镇江手工纺织工场所呈现的上述面相，正是民国时期大多数城市手工工场的真实写照。不过，即便民国时期城市手工工场的生产力不高，"但在生产关系上已是资本主义的，即近代化的了。在这个意义上，它已不完全是传统经济了"③。

最后，很多城市手工工场加速向机器工厂转型。手工工场或作坊向机器工厂转型在晚清时期的缫丝、榨油、丝织等行业中就已经出现。但相对而言，上述现象在民国时期更为普遍。如济南的漂染业生产机构在晚清时期多是旧式手工工场。但进入民国以后，随着资本积累的完成，市场竞争的激烈，济南的漂染手工工场逐步向机器工厂转型。在全面抗战爆发以前，济南设备齐全的机器染厂如利民染厂、德和永染厂、中兴诚染厂、东元盛染厂、隆记绸绫染厂等，除利民染厂是新建的，其余的都是由手工染坊发展而来的。④ 又如苏州的丝织业，在辛亥革命以前，"长期停留在分散落后的手工业基础上"；辛亥革命以后，苏州丝织业"从分散织造转向工厂化"。1927年，由传统手工工场发展而来的大小铁木机织绸厂共有36家。此后，随着资本的增加，市场的拓展，苏州丝织厂开始普遍使用电力机。1929年，苏州丝织业共有电力机800台，1937年则增加到2 000多台。苏州丝织业基本完成了手工工场向现代动力机器工厂的转型。⑤ 再如天津的染坊业，在民国以前全是"旧式染坊"，但到1929年，39家染坊中"新式染坊凡22家，设置汽炉及研光机器，一切工作，大率运用电力"⑥。综上可见，民国时期有相当数量的城市手工工场逐渐向机器工厂发展，从而巩固了民族机器工业的基础。这种变迁，加快了劳动生活方式从传统方式向现代方式的演变。

---

① 包立德、朱积权：《北京地毯业调查记》，北京基督教青年会服务部，1924年，第18、24页。
② 《镇江手工业之调查》，《教育与职业》，1924年第56期。
③ 吴承明：《论工场手工业》，《中国经济史研究》，1993年第4期。
④ 孟玲洲：《传统与变迁：工业化背景下的近代济南城市手工业（1901—1937）》，华中师范大学硕士学位论文，2011年，第37页。
⑤ 陶叔男：《谈谈解放前的苏州丝织业》，政协苏州市委员会文史资料委员会：《苏州文史资料》（第1—5辑合集），1990年，第4—6页。
⑥ 方显廷：《天津织布工业》，南开大学经济学院，1931年，第53页。

第五章 城市社会生活的变迁与发展

总而言之,家庭手工业与工场手工业这两种民国城市手工业的主要形态,都具有很明显的过渡特征,传统经济的色彩越来越淡薄,资本主义色彩越来越浓厚,小手工业加速向大机器工业演变。与此同时,劳动主体的生活相应地发生了变化,劳动日益社会化、商品化,劳动者的劳动观念、劳动态度、劳动心理都相应地做出调整,以适应新型劳动生活方式。

(二) 新式机器工业劳动生活方式的变化

民国时期,新式工业在工农业总产值中所占的比重快速增长,如1920年其所占比重仅4.90%,1949年就增长到了17.00%。[1] 而新式工业产值比重的增加,意味着社会劳动方式正从手工作坊或个体劳动形态转变为有组织的大机器生产,意味着工厂制度正在逐步确立,也意味着上层建筑发生了变化。就劳动生活方式而言,在新的生产方式的冲击下,传统劳动生活方式加速分化瓦解,劳动主体不得不逐渐走出家庭而进入"大建筑物内共同工作"[2]。而随着劳动的社会化、商品化,劳动生活方式相应地发生改变。同时,现代大工业劳动生活方式的典型代表者是工人,因而以工人为例来考察新式机器工业劳动生活方式的变化是比较具有代表性的。

首先,劳动性质发生了变化。在传统的手工作坊、手工工场中,手工业者与坊主、场主之间的关系是封建主从关系,尤其是学徒与师傅之间更是如此。学徒成为伙计之前,"必须严守规约,常受吐骂及鞭笞,不得中途退去,或转往他处学习;稍有不正当行为,还得受公断处分"[3]。换言之,传统手工作坊、手工工场中的手工业者是没有人身自由的,其劳动性质因而充满封建特征。与此形成对比的是,新式工厂的工人与工厂主或资本家之间的关系是资本主义的雇佣劳动关系。在这个关系中,"资本家是买主,劳动者是卖主,工银是价格,劳动力是商品",虽然劳动者亦不占有生产资料,但他有权解除雇佣关系。[4] 也就是说,新式工厂的工人与工厂主或资本家之间的关系是买卖关系而非主从关系,其劳动性质因而充满资本主义的特征。

其次,劳动条件和劳动环境发生了变化。社会学认为,劳动条件和劳动环境是劳动生活方式的重要组成部分,劳动条件和劳动环境发生变化,劳动生活方式亦相应地变化。[5] 在民国城市社会的现代大机器工厂中劳动的工人,其所拥有的劳动条件和劳动环境明显优于在手工工场、手工作坊劳动的手工业者。譬如天津久大精盐工厂,"正角有洋式大门,进门右首是传达处和职员俱乐部的球场,西北有一形的房子,就是黄海化学社。内有分析室、仪器室、大量试验室、图书馆,另有一间接待室,专备招待久大、永利、黄海三处的来客。……全厂处所因事务上便利,现分

---

[1] 许涤新、吴承明:《中国资本主义发展史》(第2卷),人民出版社,1990年,第524页。
[2] 时家贤:《马克思恩格斯的工业化理论及其当代启示》,《当代世界与社会主义》,2011年第6期。
[3] 铁链:《中国劳动问题的现状及其特征》,《自决》,1932年第2卷第1期。
[4] 庞瞬勤:《中国劳动问题》,《南大周刊》,1932年第124期。
[5] 董鸿扬:《劳动生活方式新探》,《探索与学习》,1988年第4期。

为西厂、东厂、铁工房、电灯房、盐滩管理处、工人室六处。东厂内共有东厂、铁工房、电灯房、盐滩管理处四个机关，范围广大，设备也稍新些。连同西厂工人室合为久大精盐总工厂，自然构成一个完备的新式工厂了"。此外，作为职工福利，厂方还为单身工人提供有浴室、盥洗室、理发所、洗衣室、厕所及受严格管理的工人宿舍，又为解决工人子女教育问题而开设了"明星小学"，另有工人医院，"凡久大、永利两公司和附属机关的职员工人，与他们的家属都可来院就诊，免收号金、医药费"，又设有工人食堂，"厂方雇佣厨工，购买米面，蒸做馒头等物，按原价发卖"。工人每年可休息8天半，并有婚、丧、病、伤、事等假，"婚丧假限三十天，不扣薪，逾期以事假论。病伤假，不扣薪，不限日数。但由附属医院按照病症，规定给假日期，病久不愈的工人，临时看情形斟酌办理"[1]。又如上海申新九厂，"在申九是有惠工科的设立，他是专门为工人办福利事业的，所以申九惠工科下面设有工人子弟学校，工人俱乐部和工房等"[2]。此外，抗战胜利后，上海纺织工业的申新五厂、申新六厂、荣丰二厂为提高工人福利，各设医务室、职工食堂、哺乳室、工人夜校及子弟小学（申新五厂、申新六厂），并组织有康乐俱乐部（申新五厂）、歌咏队（申新六厂）、足球队、排球队（荣丰二厂）等以丰富职工业余生活。这体现了大工业在自身发展过程中通过对企业净收益的再分配，逐步趋向于发展能兼顾经营者、生产者、消费者的福利事业。[3] 不过，在当时城市的手工作坊、手工工场中劳动的手工业者，所拥有的却是另一种劳动条件、劳动环境。如20世纪20年代天津的手工针织工场，时人进去后发现："见坊主之妻，坐于土炕上勤作。土炕之旁，则为二三学徒，或立而织袜，或绕纱线。室约八方尺，室中空气触鼻，泥污满地。所赖以流通之空气者，仅一小窗及一旁门，复因冬日严寒，常时关闭。室中土炕即坊中夫妇之卧榻。其他工人，多半为学徒，则卧于后间。后间即为工作室，大小与前间相同。……室之中央，悬一木板，满堆织成之袜及线球，为一货栈。两间工作室之外，为一小天井，满晒已染之袜。"[4] 又如北京、天津的"地毯工厂或作坊中之工作情形，对于健康卫生之不讲求，已达极点。天津如是，北平亦然。一进地毯工厂或作坊之天井中，便见杂乱无章，肮脏不洁之状。大多数厂房，占房屋仅数间，皆挤集一处，光线暗淡，空气恶劣，又乏卫生设备。其工作房中唯一之光线，即来自其门，若在春冬两季不宜于开门时，则并此亦无之。其余则由久经尘土堆积之窗户，透入极微弱之光线而已。且工人不知卫生，随处吐痰，惰于沐浴。一离天井，即为露天厕所，臭气几遍全室。地上布满渣滓、碎屑羊毛、垃圾、灰土等等，龌龊不堪。多数厂房之空气中，充满干燥游荡之微物，即从屋之一端，视其它

---

[1] 林颂河：《塘沽工人调查》，北平社会调查所，1930年，第23—27、63—93、51—52页。
[2] 胡林阁、朱邦兴、徐声：《上海产业与上海职工》，远东出版社，1939年，第30页。
[3] 罗苏文：《高朗桥：1914—1949年沪东一个棉纺织工人生活区的形成》（上），《社会科学》，2006年第1期。
[4] 方显廷：《天津针织工厂》，转引自彭泽益：《中国近代手工业史资料》（第三卷），生活·读书·新知三联书店，1957年，第284页。

第五章 城市社会生活的变迁与发展

隅亦感困难。呼吸几不可能"①。诚然,资本家的工厂并不是天堂,劳动条件和劳动环境的优化与改善都是为了最大限度地榨取工人的剩余价值,但相较于当时手工工场、手工作坊的劳动条件和劳动环境,现代大机器工厂的劳动生活方式无疑具有一种进步性。

另外,劳动主体的劳动态度、劳动观念亦发生了变化。劳动态度、劳动观念的形成,是由劳动性质而非劳动主体决定的,并受劳动环境、劳动条件的影响。② 毫无疑问,无论是手工工场的工人还是现代大机器工厂的工人,由于不占有生产资料,都是被剥削者。事实上,清末民初以来,城市手工工场普遍喜欢使用学徒而不愿意雇工,即使雇工也多从学徒中挑选。其关键原因就在于,学徒"因无工资,而厂主利其值廉,竟事招收,作工时间与成人毫无区别"③。在某些竞争比较激烈的行业,为"节省经费起见,每多收学徒,少用工人,甚有拟将工人全行辞退,只留工头一二人,工作全以付诸学徒者"④。并且,即便是有一定薪酬的手工业工人,其收入仍然远远低于大机器工厂的工人。例如,苏州丝织业的手工业工人在20世纪20年代分为居住在乡村的"乡工"与居住在城市的"城工"两种,但两者的收入分别比"电机织工"(大机器工厂工人)低67.40%到61.50%和79.10%到74.40%。⑤报酬的差距必然会对工人的劳动态度产生影响。毕竟,"积极的劳动态度并非自然发生的,它需要以恰当方式予以激励"⑥。所谓"恰当的方式"则包括物质报酬、劳动成就感,以及劳动为劳动主体提供的接触他人的机会等。而劳动条件、劳动环境相对较好的大机器工厂所具有的薪酬激励制度、分工协作的集体劳动制度,以及使劳动者可以学会操控机器的机会,十分有利于培养工人积极的劳动态度和向上的劳动观念。例如,1946年陈达等人对上海201名现代工厂的工人进行了随机调查,其结果显示,有90%以上的工人希望能够得到继续进修学习的机会,其原因就在于"有了学识可以升职";还有些工人表示喜欢工厂生活,理由是"工资收入比较固定","工厂可以获得较有规律的生活","工厂工人可以互助合作","工厂里可以学习使用机器";更有工人认为,"我认为做工,并不是件丑恶事,只要不是偷不是抢就行了",还有人认为,"工人应替国家生产为天职""做工人可以为社会生产,是一种光荣的职业"。⑦ 这些言论表明,相较于传统手工工场的学徒和工人,民国城市中大机器工厂的工人的劳动态度、劳动观念更为积极、更为健康。

总之,民国时期,随着新式工业的发展,工厂制度的逐步完善,新的劳动生活

---

① 彭泽益:《中国近代手工业史资料》(第三卷),生活·读书·新知三联书店,1957年,第280页。
② 董鸿扬:《劳动生活方式新探》,《探索与学习》,1988年第4期。
③ 王季点、薛正清:《调查北京工厂报告》,《农商公报》,1924年第122期。
④ 《中国地毯之沿革与制法及其销路》,《中外经济周刊》,1924年第75号。
⑤ 王翔:《中国近代手工业史稿》,上海人民出版社,2012年,第178页。
⑥ 董鸿扬:《劳动生活方式新论》,《探索与学习》,1988年第4期。
⑦ 陈达:《我国抗日战争时期市镇工人生活》,中国劳动出版社,1993年,第486、520、455、463页。

方式逐渐在城市社会中形成，城市居民的劳动环境、劳动条件开始有了有别于传统的新范式，相应地，劳动的性质以及劳动主体的劳动态度、劳动观念亦慢慢地发生了变化。

二、劳动生活方式变化对城市社会的影响

民国时期劳动生活方式的变化对城市社会和劳动主体本身都产生了深远的影响，使城市的社会结构、职业结构、家庭结构都相应地出现变化，城市化进程加快，城市出现较快的发展。同时，城市劳动主体也日益现代化。

（一）劳动生活方式的变化对城市社会的影响

民国时期，随着劳动生活方式的变化，新的行业不断兴起，新的职业不断涌现，城市居民谋取新职业的空间日益扩大，职业结构日趋多元化，劳动主体获取社会资源的方式也多样化，从而影响着城市社会的变迁。主要表现在以下方面。

首先，社会流动日趋频繁，传统社会结构解体，新的社会结构形成。

所谓社会流动，指"个人的社会地位发生变化……是人们在社会阶层中所处地位和职业的流动"[1]。在传统中国社会，由于职业分工简单并且流动性极弱，"士者恒士，农者恒农"，从而形成了一个艾森斯塔德所言的"封闭的阶级体系"和"僵硬的等级结构"，人们的社会地位因而由身份等级而非职业功能决定，即"出生在什么地位，死也将在这个地位，子孙将继承祖辈的地位"[2]。然而，在民国城市社会中，随着政治、经济、文化的变迁，新的劳动生活方式的出现，普通工人、技术工人、工程师、职业经理人、律师、医生、记者、作家等新的职业及相关行业如雨后春笋般地涌现。并且，这些职业的获得"并非由任何固定和先赋的血缘关系，地方种姓，或等级结构所决定"[3]，而是取决于个人的能力以及专业化知识。劳动主体因而可以通过自己的努力改变自己的职业状况，获得新的职业以及相应的社会资源，进而改变自己的命运。譬如，沈从文在走出湘西之前，只是旧军阀中的一位军人，他在猛然醒悟之后，"准备到北京读书，读书不成便作一个警察，作警察不成，那就认了输，不再作别的打算了"[4]。此后沈从文到了北平，无权无势、无依无靠的他通过自己的努力成为职业作家、大学教授。又如民国时期小有名气的文人徐卓呆，"从前只是被雇佣在资本家手下的一个劳力人，现在是不同了，我不吃人家的

---

[1] ［日］横山宁夫著，毛良鸿等译：《社会学概论》，上海译文出版社，1983年，第159页。
[2] ［以］S. N. 艾森斯塔德著，张旅平等译：《现代化：抗拒与变迁》，中国人民大学出版社，1988年，第36页。
[3] ［以］S. N. 艾森斯塔德著，张旅平等译：《现代化：抗拒与变迁》，中国人民大学出版社，1988年，第2—3页。
[4] 沈从文：《从文自传》（改订本），开明书店，1948年，第146—147页。

第五章 城市社会生活的变迁与发展

饭,在自己家里劳动我的精神了,劳动一天,生活一天,很觉得非常自由"①。再如上海三友实业社所培养的一大批学徒,如王家珍、李道发、赵生才、项立民、黄葆康等,最后都实现了职业转型,从学徒转变为各被单织造厂的厂长、经理、老板。② 上述事例说明,随着劳动生活方式的变化,民国城市社会的人们获得了较多的具有开放性的择业机会,社会个体向上流动的可能性因而增大。每一个个体都有可能通过自己的努力实现自己的价值、改变自己的社会地位,旧的身份等级的社会结构加速瓦解,新的相对平等、开放的社会结构逐渐形成。例如,1946 年有些上海工人在接受陈达访问时谈及自己的人生目标就如此回答:"向往于独立自主的生活,准备自己开厂……在别人的工厂工作,永无翻身的日子,毫无意义";有些工人则不希望自己的子女"做工人,希望他多读几年书,在政府机关里做事,劳心总比劳力的小工略胜一筹";有些父母则希望子承父业,"工人最清白,希望自己的子弟做工人",甚至表露出一种高贵的情操,"希望他们能在机械上深造,因为中国必须工业化"。③ 这些工人的理想和希望表明,民国城市社会结构越来越具开放性,每一个阶层的成员都有向上流动的可能性和自己的目标。同时,人们对于职业的选择越来越多元化、个性化,不再纠结于"士农工商"的等级排序,甚至产生了"劳动是光荣的"高贵意识。

其次,民国时期城市劳动生活方式的变化,促进了人口在区域之间、城乡之间的流动,人口城市化进程加快。

随着旧的劳动生活方式逐渐转型,新的劳动生活方式不断扩张,民国城市社会生产力得到巨大提升,资本主义工商业日益发达,新的职业岗位大量涌现,尤其是第二、第三产业的职业岗位大量增加,劳动力需求急遽膨胀。而且,城市相对稳定的工作收入,有规律的劳动时间,多元的劳动生活方式,亦对各阶层人士产生了吸引力。总而言之,民国时期城市的"拉力"明显增强。但与此同时,动荡的社会情势、帝国主义的经济侵略、频繁的战争和天灾人祸,亦使得农村的"推力"被畸形放大。于是,"到城市去"成为很多人谋求生路、改变命运的一种途径。例如,蒋梦麟在 1917 年回到浙江余姚老家之后,前往探视他的大伯母,老人对他说:"世界变了,简直变得面目全非。……年轻的一代都上学堂了。有些女孩子则编织发网和网线餐巾销售到美国去,出息不错。很多男孩子跑到上海工厂或机械公司当学徒,他们就了新行业,赚钱比以前多,现在村子里种田的人很缺乏。"④ 又如沪宁线上的黄渡,"因为这里靠近上海,所以许多男子都向上海去谋生,每一家普通总有一二人离着家乡奔入都市"⑤。再如 1927 年初,天津久大制盐公司计划招收两三百名

---

① 徐卓呆:《星期日》,《快活》,1922 年第 20 期。
② 何一民:《从农业到工业时代:中国城市发展研究》,巴蜀书社,2009 年,第 251 页。
③ 陈达:《我国抗日战争时期市镇工人生活》,中国劳动出版社,1993 年,第 455、459—460 页。
④ 蒋梦麟:《西潮·新潮》,岳麓书社,2000 年,第 104 页。
⑤ 徐洛:《黄渡农村》,《新中华》,1934 年第 2 卷第 1 期。

工人，但1天之内就有400余名山东人前来应聘。① 不仅农村男性为城市新的劳动生活方式所吸引而进城打工，妇女们亦大规模地加入农村人口向城市涌去的洪流，以图获得城市发展所创造出来的就业机会。1927年2月14日的《时报》就登载了以下信息："上海近年以来人口日增，所需佣工亦日多。苏、松、常、镇、扬各地乡妇赴沪就佣者，岁不知几千百人。"② 在20世纪30年代的江村，据费孝通所言，当地有"人口流入城市的强烈倾向，其中尤以女性人口更为突出"，仅1935年，便有32名16—25岁的当地女青年前往无锡丝厂工作。③

凡此种种，使得城市人口迅速膨胀，尤其是上海、天津、北平、汉口、广州等大都市，其人口增长之快可谓惊人。以上海为例，1913年，上海人口总计1 175 129人（含租界、城厢内外及17个郊区农村），1936年则增加到3 551 523人，1947年11月更达4 447 015人。④ 其他大城市大都如是。民国时期人口城市化率相较于晚清时期因而有了明显提升。⑤ 这样的结果，如前所述，正是与新的劳动生活方式在民国时期的发展息息相关的。同时，在这一波人口城市化浪潮中，不仅大量城市急需的青壮劳力从农村来到城市，填补了城市的劳动力缺口，甚至造成劳动力过剩；而且各种精英人才以及受过各层次教育的普通人才也纷纷涌入职业结构更合理、生活更方便的城市中。据上海职业介绍所统计，在1927年9月到1934年4月，前往该所登记求职者共有20 880人，其中在国内外大学接受过高等教育的共有3 949人，国内各专科学校毕业的有2 753人，接受过师范教育的有2 238人，中等职业学校毕业的有2 845人，中学毕业的有4 638人，中学肄业者为3 043人，其他文化程度者为1 414人。⑥ 而且，这些中等以上文化程度的求职者大都不是上海本地人。诚然，接受过现代中高等教育的人才大量涌入大城市，可能会造成高素质人口资源在地域分布上的不均，但这对于提升相关城市的人口素质，推动相关城市现代化的发展来说，却具有重要意义。

最后，劳动生活方式的变化还刺激了城市生产和城市消费，从而推动了城市的发展。

民国时期，随着城市劳动生活方式吸引力的增强，大量的人口从四面八方聚集于城市，城市人口规模不断扩大。城市消费市场亦因而扩大。同时，相当一部分人在新兴行业或传统行业中获得了就业岗位，每月有了或高或低的固定收入。加之近代城市的商业属性增强，消费日益社会化，举凡衣食住行需求，都需要通过市场交换获得满足，这使人们的消费观念在一定程度上发生了改变。如20世纪30年代的

---

① 林颂河：《塘沽工人调查》，北平社会调查所，1930年，第39页。
② 《商业信息》，《时报》，1927年2月14日。
③ 费孝通：《江村经济——中国农民的生活》，商务印书馆，2002年，第95页。
④ 《最近京师、上海人口之报告》，《协和报》，1913年第4卷第6期；《上海人口》，《磐石杂志》，1936年第4卷第2期；《上海人口统计》，《中外工程周报》，1947年第24期。
⑤ 李蓓蓓、徐峰：《中国近代城市化率及分期研究》，《华东师范大学学报》，2008年第3期。
⑥ 《上海职业指导所概况》，《教育与职业》，1934年第156期。

第五章
城市社会生活的变迁与发展

上海工人家庭,其收入除了用以购买日常生活所必需的食物、衣着以及燃料外,每月还有一笔平均值为 33.68 元的"现代性开支",包括卫生、医药、娱乐、教育、交通、社交等"适应现代都市生活与人的发展的费用"[①]。尤其是青年工薪阶层,受都市文明影响,其享受性消费在自己的日常开支中占了相当比例。如 20 世纪 30 年代的广州工人,平均每人每月需要在烟、酒、茶等方面支出 6.9 元。其中,因"饮食风尚,广州最盛,无论上午、下午、夜间,俱有'饮茶'的习惯,劳工阶级恒有一日'饮茶'三次的,故'饮茶'一项费用,实占劳工日常生活的一种重要支出"[②]。又如上海青年工人在服装方面的消费,"普通纱厂的男工……工钱大一点的也有穿绸短衫裤、皮鞋、长衫的","有些女工们的服装,比较考究点的尤其比较有知识点的女工,很多的被人叫做'学生派',因为他们大都是长旗袍、皮鞋,到冬天外面加上一件绒线外套,插上一枝自来水笔,完全象读书的学生一样。特别是江南各县如上海、苏州、无锡、常州等地女工喜欢这样打扮"[③]。以上现象说明,劳动生活方式的变化使民国时期城市社会的居民有了出卖劳动力换取报酬的机会,在此基础上,人们亦逐渐适应了城市的商品化、社会化消费。这必然刺激城市消费市场的繁荣,而消费又反作用于城市生产,从而推动了城市的发展。

关于劳动生活方式的变化推动城市发展的颇具代表性的例证,一个见于西南重庆的北碚,另一个则在沪东的高郎桥综合区。20 世纪 30 年代,卢作孚以工业化为推动力,在重庆北碚开展现代化建设,尤其注重社会文化事业建设和人的现代化素质的提高,希望将一块"野蛮之地"改造为"人间净土",进而对重庆城市现代化产生示范效应。[④] 而沪东高郎桥综合区,之所以能够从"准乡镇"发展成现代性多功能综合区,其关键就在于上海几乎所有的现代大机器棉纺厂都集中于此,并演化出一种围绕机器运转的劳动生活方式,从而使其"不再是单一结构的传统乡土社会,而是以纱厂区为轴心,以纱厂女工为主体的低收入职业群体,及棚户简屋为主的工人聚居区,三者依存的紧密综合体"[⑤]。

总而言之,受劳动生活方式变化的影响,民国时期城市社会的职业结构表现出多元化面貌。社会纵向、横向流动不仅频繁而且相较于传统社会而言更加通畅,任何个体都存在通过自身努力实现向上流动的可能性,城市社会结构因而充满了活力。同时,大量人口为新的劳动生活方式所吸引而聚集于城市,加快了人口城市化进程,城市规模日趋扩大,城市消费和城市生产亦受到刺激而得到发展。最终,在

[①] 忻平:《从上海发现历史——现代化进程中的上海人及其社会生活》,上海人民出版社,1996 年,第 335 页。
[②] 余启中编,傅尚霖等校:《广州工人家庭之研究》,国立中山大学经济学院经济调查处,1934 年,第 66、64 页。
[③] 胡林阁、朱邦兴、徐声:《上海产业与上海职工》,远东出版社,1939 年,第 81 页。
[④] 张瑾:《卢作孚"北碚模式"与 20 世纪二三十年代重庆城市变迁》,《中国社会历史评论》,2005 年第 6 期。
[⑤] 罗苏文:《高郎桥:1914—1949 年沪东一个棉纺织工人区的形成》(上),《社会科学》,2005 年第 12 期;《高郎桥:1914—1949 年沪东一个棉纺织工人区的形成》(下),《社会科学》,2006 年第 1 期。

多种力量的共同作用下，城市得到了发展。

（二）劳动生活方式变化对劳动主体的影响

民国时期城市劳动生活方式的变化所冲击、影响最大的无疑是劳动主体。因为若离开了劳动主体的实践，也就没有所谓"劳动生活方式"。劳动主体在劳动生活中，在通过新的劳动方式改造劳动对象的同时，其自身也被改造、形塑。需要说明的是，民国时期城市劳动生活方式的变化对于劳动主体的影响是全方位的，这里只能择要予以分析。

1. 城市劳动主体日益现代化，逐步从"传统人"转变为"现代人"

英格尔斯曾经指出，"生活经验促使人们转向现代化"，而且，"在具备比较现代的经营管理和科学技术的机构里工作，具有改变人的特殊能力，可以使人在心理、态度、价值观和行为上从较传统的一端，逐渐转变到较现代化的一端"，其中，工厂作为现代文明的工业形态的缩影，是"培养人的现代性的学校"。[①] 诚如此，以民国时期工厂工人的变化来说明新的生活方式如何形塑劳动主体为"现代人"，比较具有说服力。

同时，按照英格尔斯的提示，"现代人"与"传统人"的主要区别在于"现代人"愿意同外界未知的事物进行广泛接触，具有强烈的个人效能感并相信事情的结果取决于自己努力与否，乐于接受新的经验和愿意面对改变，重视教育内容且乐于从事比较现代的职业，不迷信传统和权威；"传统人"则反之。[②] 将这些区别用于观察民国时期城市工厂中的工人，则可断言：民国时期的城市工人正行走在从"传统人"转变为"现代人"的途中，甚至有很大一部分人已完全是"现代人"，而这种变化是大机器生产所带来的结果。

首先，民国时期的现代工厂几乎都集中于城市中，并且实行分工协作的集体劳动，这就为初入工厂的"传统人"接触外界、增广见闻创造了条件。在新环境潜移默化地影响下，"传统人"对于新事物、新观念、新行为方式逐渐了解并产生认同，最终涵养出"现代人"特质。如1946年接受陈达调查的上海201名工人中，其中"出身于农村者有108人，占59.7%，出身于都市者75人，占37.3%，出身不明者18人，占9.0%"，并且工人们的"父亲一代亦以务农者居多数"。这些工人的工龄从半年到40年不等，其中以工龄从半年到25年之间者最多，"作工自半年至5年者计45人，内中男工26人，女工19人。其次工作自10年半至15年者计43人，内中男工36者，女工7人。又再次工作自5年半至10年者计40人，内中男工人22人，女工18人"。[③] 从以上资料可以看出，上海工人在进入现代工厂之前，多生长于传统农业社会，其性格特征应该是传统质素多于现代质素。不过，这些工

---

① 殷陆君：《人的现代化：心理·思想·态度·行为》，四川人民出版社，1985年，第9—10页。
② 殷陆君：《人的现代化：心理·思想·态度·行为》，四川人民出版社，1985年，第39—50页。
③ 陈达：《我国抗日战争时期市镇工人生活》，中国劳动出版社，1993年，第505、508、512－514、452页。

第五章
城市社会生活的变迁与发展

人在都市中的现代工厂里劳动生活半年以后,他们中的绝大多数已经成为"现代人"。例如,工人们开始关心外部事务,并认为这些事务与自己的命运息息相关。有些工人相信"只有民主才能使工人的地位提高";有些则强调"政府要好好的扶助工商业的发展,如果听其自然的发展,则外货充斥结果一定是工业不振,那么工厂的前途是堪虞的,而我们工人的命运,也就可想而知了";还有人认为"只要工人团结,服从工会,工人就有前途",工人"替国家生产为天职","争得了全体工人的解放,才有个人的解放,不合理的事情,就改革它"①。这些言论表明,工人从自己的劳动生活经验出发,开始关心外部世界的千变万化,并希望社会发生改革、希望工人团结起来改善或改变自己的劳动生活状况,由此具有了"现代人"的一个基本特征:"准备接受社会的改革和变化"②。同时,在目睹了都市生活中的各种诱惑以及身边老板、工头们的生活状况之后,工人们有了接受新的挑战、改变目前生活状况的意愿与行动,并表达出一种强烈的"个人效能"感,即相信自己只要努力就能成功。陈达的调查就表明,工人"跳厂"(即"跳槽")在1946年的上海工业界屡见不鲜。其原因则是工人们"为谋更好的生活而改厂",或"工资不够维持一家的生活而改厂",甚至还有工人认为,"如有机会的话,一定与人合伙,开一间小店",不愿意给人打工而要自己创业。③ 综上可见,都市中的工厂生活,开阔了工人的视野。他们开始积极关心外部世界的变化并期望对外部世界进行改造,且积极迎接新的挑战以图获得更好的生活,从而表现出"现代人"的一些基本特征。

其次,大机器工厂追求效率和效能,重视工人技术的提升和知识的培养,并将其与薪酬挂钩,从而给了工人获取现代知识的机会。在学习的过程中,工人们亦慢慢形成通过不断学习以获得新的知识和技能,进而改变自己命运的观念与行为。譬如,在全面抗战时期的重庆和昆明,涉及机械、食品、化学、纺织、造纸、印刷、冶炼、兵工等多个工业部类的现代工厂,大都对工人进行了技能教育。当时重庆有十家机械厂举办了"技训班、业余训练班",要求"全体艺徒和粗工必须参加",课程则"大致为国文、英文、机械工程、算术、常识、电机工程、物理、力学、绘图以及车、钳、铣、刨等专业课";昆明则有12家现代工厂举行了工人补习教育,"课程彼此不同,国文、算术是主要科目,每厂均有,其他科目则因厂而异。与机械有关的工厂,多有技术方面的课程,如识图绘图,技术常识甚至机械电机常识,而女工的工厂有音乐"。④ 对于这些现代工厂对工人进行免费补习教育,陈达道破了其中的缘由:"由课程的种类,可以看出工厂办理补习教育,除使工人一般能识字或增进知识而外,尚一部分工厂的兴趣,期在补习中增进工人工作方面的效能,如女工的工厂给工人以歌咏的训练,引导她们有正当的消遣的办法。在补习教育之外再掺上工厂本身的兴趣,这是工人教育的特色,不仅把教育当成单纯的福利,而

---

① 陈达:《我国抗日战争时期市镇工人生活》,中国劳动出版社,1993年,第463页。
② 殷陆君:《人的现代化:心理·思想·态度·行为》,四川人民出版社,1985年,第23—25页。
③ 陈达:《我国抗日战争时期市镇工人生活》,中国劳动出版社,1993年,第542、462页。
④ 陈达:《我国抗日战争时期市镇工人生活》,中国劳动出版社,1993年,第132、256页。

期望有收获。"① 也就是说，工厂对工人进行免费教育的终极目标在于获得更多的剩余价值。工人们长期在这种被迫学习的环境中濡染，逐渐生成如下"现代人"特征："尽可能多地去获取知识"，"重视专门技术"，"乐于让自己和他的后代选择离开传统所尊敬的职业"，重视自己和后代的教育。② 如全面抗战时期昆明、重庆的工人就认为"只有教育才有前途"，"学机器，可以使生活上得以上进"。而1946年上海的部分工人则"盼望自己的儿子能好好读书，将来不致干我这一行。因为自己没有读书而感到痛苦，所以不能使后人再受同样的苦楚"。还有的上海工人则期望自己的子女能上"工业的专门学校，多得一些知识"，期望自己的子女做工人——"我的儿子长大后，希望他能去做一名机器工人"。当时有的工厂没有补习学校和图书馆，工人们对此还表达了强烈的不满，"厂方不设补习学校，很不痛快"，"希望厂方有图书馆，可以使得工人在闲暇时有阅报看书的机会"。③ 此外，民国时期技术工人数量的不断增多也可以从侧面反映城市工人对于"现代性"的接受和认同，如1920—1931年，上海机械行业中的技术工人就从2 871人增加到9 754人。④ 总之，由于长期在工厂这所"培养人的现代性的学校"中劳动生活，民国城市社会的工人阶级日趋重视对知识和专业技能的获得与学习。

最后，工资制度、休息制度的存在，使得大机器工厂的工人们可以在闲暇时感受都市现代文明，加之工厂本身并没有阻断政治、经济、文化等各方面信息的传播，各种报纸、杂志经常在工厂中广泛传播。在耳濡目染之下，民国时期的城市工人们因而具有了"现代人特征中的首要因素"："乐于接受他未经历过的新的生活观念、新的思想观念、新的行为方式"⑤。如在休闲娱乐生活方面，上海工人逐渐接受了现代都市的娱乐方式，"许多以唱歌、踢球、吹箫、弹琴、玩公园、看电影为娱乐。他如游大世界，逛公司看戏观剧，亦不乏其人"，而且，上海自来水公司的工人还"自动组织了一队足球队，并且天天练习"⑥。又如在婚姻生活方面，一些青年工人也勇于向传统发起挑战，"男工和女工恋爱了，不经过什么麻烦仪式，直接实行同居的很多。过去的婚事，多数由家长主张，在乡下定亲的，现在不行了"⑦。并且，工人们还具有了明确的阶级意识，认为"资本家的唯一目的是追求利润，为此他可以摆弄一切损人利己的勾当，不管在什么情形下，资本家总是要剥削工人的"⑧。他们因而积极参加工会，为维护工人合法权益而举行示威罢工，有人在1946年时就相信"共产党一定能取得胜利"。随着工作经验的丰富、阅历的增

---

① 陈达：《我国抗日战争时期市镇工人生活》，中国劳动出版社，1993年，第256—258页。
② 殷陆君：《人的现代化：心理·思想·态度·行为》，四川人民出版社，1985年，第29—31页。
③ 以上引文均见陈达：《我国抗日战争时期市镇工人生活》，中国劳动出版社，1993年，第136、188、459—469、535页。
④ 上海社会科学院经济研究室：《上海民族机器工业》（上册），中华书局，1966年，第304、407页。
⑤ 殷陆君：《人的现代化：心理·思想·态度·行为》，四川人民出版社，1985年，第22页。
⑥ 胡林阁、朱邦兴、徐声：《上海产业与上海职工》，远东出版社，1939年，第129—130、257页。
⑦ 胡林阁、朱邦兴、徐声：《上海产业与上海职工》，远东出版社，1939年，第129页。
⑧ 陈达：《我国抗日战争时期市镇工人生活》，中国劳动出版社，1993年，第183页。

第五章 城市社会生活的变迁与发展

长,他们也不再盲目相信权威,而是敢于坚持自己的观点。如陈达在重庆的工厂中进行调查访问时,工人就告诉他这样一件事,"××机器厂的管理员是一个大学生,他叫工人作试验说:'这部机器应该每分钟开到480转。'工人开到400转左右,即见振动太大,就向主管员说:'这部机器只能开400转,不然可以将合同拿来查看。'结果合同上注明是每分钟400转"[1]。

总而言之,随着劳动生活方式的变化,在都市大机器工厂里工作的工人,透过工厂本身具有的现代性,以及资产阶级为最大限度榨取剩余价值而为之提供的各种接触现代文明的机会,已由昔日的"传统人"转变为"现代人",或走在成为"现代人"的路上。而民国时期城市工人的种种表现,折射的正是整个劳动主体在民国城市社会因受劳动生活方式发生变化之影响而日趋告别传统、拥抱现代的情况。

2. 变化中的劳动生活方式,重构了劳动主体的家庭关系与人际关系——家庭关系日趋平等,人际关系日益社会化

民国时期,工业化在部分大中城市的发展和工厂的不断增多,创造了越来越多的就业岗位,由此吸引了越来越多的农村人口向都市聚集,以寻找更好的发展机遇。现代工业与传统手工业不同,它需要大量的女性作为廉价劳动力。"工业化不但为男子创造了许多就业的机会,即从事家庭工作的女子,也可以走出家庭,在工厂里出卖劳力,赚得工资。"[2] 事实的确如是。早在五四运动前后,受世界潮流及国内新文化运动的影响,女子走出家门参加社会劳动就已经成为一种趋势。陈友琴曾经在1924年撰文回顾民国以来的妇女解放问题,并指出:"十年前,除了教师和医生,只有少数人从事卑微的不熟练的劳动,现在却已有男子职业的一小部分向女子开放了,如银行员、铁路事务员、商店的店伙以及公司会社的职员等,就是大学的教授里,以及官署中的官吏等也颇有以女子充任的事情,这都是十年以前所没有的。"[3] 这段回顾所指示的职业对象,显然不能涵盖由于劳动生活方式的变化而导致妇女就业普遍化的历史面貌。因为更多的妇女被现代工厂、传统手工业工场所吸纳,而成为职业层次相对较低的"工人"。据1930年国民政府工商部的统计,江苏、浙江、安徽、江西、湖北、山东、广西、福建等9省28市共有女工37万多,占工人总数的46.40%。[4] 又据上海市政府1934年的调查,全市工业系统中共有女性从业者15.80万人。[5] 这些数据下面所隐藏的是:可以挣"工资"的妇女在家庭和社会的地位得到提高。费孝通在江村就注意到:"现在挣工资被看做是一种特殊的优惠,因为它对家庭预算有直接的贡献。那些没有成年的妇女的人家开始懊悔了,妇女在社会中的地位逐渐起了变化。"他甚至碰到这样一个情况:"一个在村中工厂工作的女工因为下雨时丈夫忘记给她送雨伞,竟会公开责骂她的丈夫。这是很

---

[1] 陈达:《我国抗日战争时期市镇工人生活》,中国劳动出版社,1993年,第185页。
[2] 陈达:《我国抗日战争时期市镇工人生活》,中国劳动出版社,1993年,第516页。
[3] 琴庐:《最近十年内妇女界回顾》,《妇女杂志》,1924年第10卷第1期。
[4] 吴贵明:《中国女性职业生涯发展研究》,中国社会科学院出版社,2004年,第69页。
[5] 罗苏文等:《上海通史》(第9卷),上海人民出版社,1999年,第139页。

有意思的，因为这件小事指出了夫妻之间关系的变化。根据传统的观念，丈夫是不侍候妻子的，至少在大庭广众之下，他不能这样做。"① 乡村如是，城市中此种情况当更为普遍。如 1946 年便有男性城市居民抱怨道："丈夫是赞成妻子职业化的，而太太则大有要求丈夫妻子化的趋势。"② 也就是说，随着女性走出家门就业，传统"男主外，女主内""男尊女卑"的家庭横向关系就此发生变化，丈夫与妻子之间的关系日趋平等。

以上家庭关系中所出现的"新"情况，固然与政治、文化及思想观念的变迁有紧密关系，但劳动生活方式发生变化而使妇女获得参加社会劳动的机会，进而实现经济独立，才是真正的决定性因素。毕竟，经济基础决定上层建筑。没有经济的独立，就没有妇女社会地位的提高。所以，李达才指出："女子既然从事劳动，一则得免家庭的拘束，二则由劳力所得，有独立的收入，可以自营生活，所以渐渐的不为男子所左右，并且与男子立于相对的地位了。"③

劳动生活方式的变化不仅使妇女经济独立进而改变了家庭关系，而且扩展了她们的人际交往圈子。在陈达的调查中，有一位女工人就曾有如下回忆："现代世界变得太快，小时候，男男女女是不能混在一起的，老辈人要干涉的，旁人也要说闲话。而今工厂里男男女女常常混在一团，谈天说笑话，男女之间不像以前在乡下的时候了。"④ 也就是说，工厂所具有的集体劳动生活使男女工人得以自由交往，从而突破了传统"男女大防"的藩篱。这一情景事实上正是对当时民国城市社会的人际交往关系因新的劳动生活方式的出现而发生变化的写照。

一般而言，人际关系大体由亲缘关系、地缘关系和业缘关系三者构成。不过，在传统中国社会，人际关系更多地表现为亲缘关系、地缘关系，而业缘关系相对淡薄。这当然是由传统中国的宗法社会、乡土社会特征以及职业选择狭窄和单一的实情所决定的。然而，晚清以来，随着劳动生活方式的变迁，各种职业的不断涌现，业缘关系在人际关系网络中的重要性日益突出。尤其在民国城市社会中，劳动生活方式变化更快，社会分工更细致，城市居民日益被职业网络所覆盖。通过职业联系产生交往的机会、空间因而增多与扩大。业缘关系也因而成为城市劳动主体构建人际关系网络的最普遍、最重要的纽带。例如，在 1946 年陈达的调查中，有 110 位工人回答了关于工人间人际关系的问题。其中有 70 位工人认为，大家虽然来自天南地北，但相处得很好。有的工人坦承同工友的关系比"亲手足"还好——"我们很好，患难相顾，比亲手足还好得多"；有的说："同业的友爱互助，便是我们在人世间唯一的安慰了"；有的表达了强烈的阶级意识："工人才同情工人"。⑤ 由此可见，在新的劳动生活方式中，业缘关系的重要性已经超过亲缘关系、地缘关系。有

---

① 费孝通：《江村经济——中国农民的生活》，商务印书馆，2002 年，第 198 页。
② 佚名：《妻子职业化，丈夫妻子化》，《新天地》，1946 年第 3 期。
③ 李鹤鸣：《女子解放论》，《解放与改造》，1919 年第 1 卷第 3 号。
④ 陈达：《我国抗日战争时期市镇工人生活》，中国劳动出版社，1993 年，第 456 页。
⑤ 陈达：《我国抗日战争时期市镇工人生活》，中国劳动出版社，1993 年，第 524 页。

第五章 城市社会生活的变迁与发展

的劳动主体甚至反感亲缘关系、地缘关系影响劳动生活。陈达的某位调查对象便与同工厂主有亲戚关系、同乡关系的工人相处得不愉快,"老板都请他的亲戚、同乡来做工人,致使我们同事间的感情相处得很坏"①。之所以会出现这种现象,其根源应该与利益分配有关。亲缘关系、地缘关系的存在,往往会造成利益分配的倾斜和不公,因此在城市中举目无亲者就成了利益受损者。如所谓"蒋宋孔陈"四大家族的形成,亲缘关系、地缘关系便是不可缺少的纽带。因此,只有业缘关系可以依赖的群体唯有"抱团取暖",以对冲、缓和亲缘关系、地缘关系对自己的利益的侵蚀、损害,"同事间,感情往往是非常浓厚的,通常是过着小圈子生活,有了事情,大家来协助解决"②。

业缘关系在城市社会生活中的重要性不仅表现于工厂中,工厂外亦如此。经济生活的变迁,市场竞争的激烈,加之亲缘关系、地缘关系的存在,使各种职业团体组织应时而生,并且不断发展壮大。如上海1930年仅有工商业同业公会25家,到1934年便发展到217家。③ 成都的工商业同业公会在1932年有82个,到1945年则增加到110家。④ 此外,各种新兴行业也纷纷建立同业公会,如律师公会、医生公会、工程师协会、乐业公会、梨园公会、教育公会等。这些职业组织之所以大规模出现于民国城市社会中,固然隐含着政府加强社会控制的意图,但亦表明了这样一个事实:劳动生活方式的变迁促进了同一行业的从业者之间的交往与联系,进而强化了业缘关系在城市劳动主体的人际关系网络中的作用。城市劳动主体之间的交往不再仅依靠范围相对狭窄的亲缘关系、地缘关系,而日趋职业化、社会化。

需要指出的是,业缘关系在民国城市劳动主体构建人际关系网络中的作用和地位的增大与上升,并不意味着亲缘关系、地缘关系就此退场。事实上,亲缘关系、地缘关系仍然在民国时期的城市社会中发挥作用。如陈达1946年所调查的201名工人,其中有21人就是借助亲戚、同乡关系进入工厂并得到重用的。⑤ 又如著名的江浙财团,其形成的社会基础便是以"宁波帮"为核心的同乡关系网络。⑥ 诚如此,劳动生活方式变迁背景下的民国城市居民人际关系便呈现出新旧杂陈的特征,趋向于职业化、社会化,但亲缘关系、地缘关系仍普遍存在。

3. 机器化、纪律化的劳动生活方式,增大了劳动主体的劳动强度和精神压力,劳动异化问题日益严重

众所周知,大工业生产最重要的特征便是机器体系控制生产流程,以至于劳动主体的劳动生活日益程序化、纪律化。譬如现代工厂对工人的上下班时间便有严格

---

① 陈达:《我国抗日战争时期市镇工人生活》,中国劳动出版社,1993年,第525页。
② 陈达:《我国抗日战争时期市镇工人生活》,中国劳动出版社,1993年,第525页。
③ 张忠民:《从同业公会"业规"看近代上海同业公会的功能、作用与地位——以20世纪30年代为中心》,《江汉论坛》,2007年第3期。
④ 李柏槐:《民国时期成都同业公会的管理》,《四川大学学报》,2005年第2期。
⑤ 陈达:《我国抗日战争时期市镇工人生活》,中国劳动出版社,1993年,第524—525页。
⑥ 姚会元:《江浙财团形成的经济基础与社会基础》,《中国社会经济史研究》,1995年第3期。

的规定，工人一旦误点就要遭受劳动纪律的处罚。这样的生产方式固然大幅度提高了生产力，但也使劳动主体的劳动强度日趋增大。如上海申新五厂、申新六厂为了最大限度地使用机器以降低生产成本、增加利润，便在抗战胜利以后推行12小时工时制和日夜两班制。不仅如此，资本家们还通过提高机器转速来提高生产效率，从而使"工人的劳动紧张程度大大提高"①。

　　同时，为了使劳动主体与程序化的机器生产相协调，"兵营式纪律"②在劳动单位内被强制执行，劳动主体成为机器的一部分，其劳动生活日益纪律化。例如，全面抗战时期位于重庆江北的21兵工厂，为了便于管理和提高生产效率，厂方模仿日本的管理方法，规定工人上工要挂号（挂名牌），上厕所也要挂号，"惟恐工人偷懒"③。工人因而感觉自己已是机器。不仅兵工厂如此，就连一些纺织厂也是如此。一个纺织厂的女工便这样描述其工厂生活："工作时你别说打瞌睡，就连休息一回的时间都没有，眨眨眼，再工作。拿棉条，摇细纱、粗纱，还要磅纱等……每天像一部机器，一忽儿站立在格令天平的磅秤旁边看磅数，一忽儿，双手还得拿东西跑来跑去。要不是熟练灵敏的人，一定会忙得连饭都没有工夫吃，或是赶不上时针的速度，弄得手忙脚乱。"④劳动主体的精神压力因而增大，"机器不停地转，要拼命地工作，不能偷一点懒，一不小心，机器就会无情地把毛线弄断，机器又不听人的指挥，加以声音又嘈杂，越是烦躁心里就越厌烦"⑤。大机器工业所造成的劳动生活的单调、枯燥、机械化，使劳动主体的心理健康遭到严重损害。如陈达在1946年的调查中就发现，大多数的工人觉得自己的生活"忙得像一副机器一样，没有自己的意志"，因而深感痛苦。⑥人性和机器发生碰撞，机器可以无止境地工作，然而人是有肉有血的，怎么能像机器一样无止境地工作呢？所以，劳动生活方式变化以后所引起的人性和机器的冲突，实在是一件可悲的事。

　　总而言之，民国时期城市社会劳动生活方式的变化对于劳动主体的影响是深远的。它使劳动主体从"传统人"向"现代人"转化，改变了劳动主体的家庭关系和人际关系，传统时代盛行的各种行为规范、社会生活和家庭生活准则遭到冲击甚至颠覆。同时，机器的大规模使用，亦使劳动逐渐异化，越来越多的劳动者成为机器的附属物。

---

　　① 罗苏文：《高郎桥：1914—1949年沪东一个棉纺织工人区的形成》（上），《社会科学》，2005年第12期。
　　② 大机器生产使得"工人在技术上服从劳动资料的划一运动以及由各种年龄的男女个体组成的劳动体的特殊构成，创造了一种兵营式的纪律"。[参见《资本论选读和简论》，华夏出版社，2016年，第194页。]
　　③ 陈达：《我国抗日战争时期市镇工人生活》，中国劳动出版社，1993年，第686页。
　　④ 冷珍：《某工厂的夜班工人生活》，《职业生活》，1939年第2卷第6期。
　　⑤ 陈达：《我国抗日战争时期市镇工人生活》，中国劳动出版社，1993年，第523页。
　　⑥ 陈达：《我国抗日战争时期市镇工人生活》，中国劳动出版社，1993年，第520—521页。

第五章 城市社会生活的变迁与发展

小　结

　　民国时期，随着城市的发展，尤其是西方工业文明影响的日益加深，城市居民的生活观念和生活方式发生了巨大的变化。交往方式、消费方式、休闲娱乐方式以及劳动生活方式总体上都趋"洋"、趋"新"。但传统的生活仍然在很大程度上得以保留，西式生活方式和观念也日趋本土化。在城市社会生活的各个层面，传统仍然发挥着作用，使民国城市社会生活呈现出新旧并存、新旧混合的特征。

　　同时，城市居民生活观念和生活方式的变化，既是城市现代化的结果和表现，又反作用于城市现代化，推动了城市的发展。如随着居民消费观念的变化，消费产品市场得以扩大，从而促进了城市资本主义工商业的进一步发展。

　　需要指出的是，民国时期城市社会贫富分化非常严重，社会资源的占有和分配非常不公，城市不同阶层居民之间的生活水平因而差异巨大，普通居民一直在为维持基本生活而挣扎，富有阶层却过着奢侈与享乐的生活。半殖民地半封建的社会性质导致城市居民生活的变革具有极大的缺陷，许多腐朽、落后的生活观念和生活方式充斥于城市社会中，既对当时中国的政治、经济变革产生阻力，也对城市居民的现代化产生了负面作用。即便如此，民国城市居民生活的变革毕竟为城市社会带来了若干积极因素，多元化的生活对于涵养城市居民的个性以及独立、平等的民主意识，培育"变革""效率""进取""竞争"等价值观念，起着重要的推动作用。

第六章 城市婚姻与家庭的变迁

民国时期，随着城市化和工业化的推进，生活在城市中的人们日益面临着一个完全不同于传统时代的社会环境。为了生存，人们不得不从家庭走向社会，活动空间随之扩大，同其他成员之间的社会交往、经济联系亦日趋紧密，传统婚姻家庭制度遂遇到了前所未有的挑战。

进入民国后，国体和政体的变迁基本摧毁了传统婚姻家庭制度赖以存在的政治基础。加之中西文明的碰撞已深入观念层面，知识精英对封建伦理道德和传统婚姻家庭制度发起了一波又一波的批判，并鼓吹"个人主义""妇女解放""婚姻自由"等现代理念，大力提倡小家庭制，从而对城市社会民众的心理产生了重要影响。人们开始摒弃旧式婚姻家庭制度，逐步确立新型的婚姻家庭制度，城市婚姻家庭因此发生了巨大的变迁。

第一节 婚姻家庭观念的变迁

民国时期，中国社会加速从传统形态向现代形态转型，社会制度发生了根本性变革，资本主义经济迅猛发展，各种西方伦理道德理念四处流播，传统婚姻家庭制度因而遇到挑战，并最终解体。这种变化首先反映于婚姻观念、家庭观念层面，毕竟，观念是行动的先导，观念的形成、传播总是先于实践活动。

一、婚姻家庭观念变迁的政治、经济、思想基础

马克思曾指出："随着每一次社会的巨大历史变革，人们的观点和观念也会发生变革。"[①] 换言之，观念的变迁是以社会的变革为基础或前提的。社会的变革则主要表现于政治、经济、思想文化等方面。故此，民国时期婚姻家庭观念的变迁也有其政治、经济和思想文化的基础。

---

① ［德］马克思、恩格斯：《马克思恩格斯全集》（第7卷），人民出版社，1960年，第240页。

第六章
城市婚姻与家庭的变迁

（一）婚姻家庭观念变迁的政治基础

辛亥革命的胜利终结了存在两千多年的君主专制，以民主、共和、自由、平等为核心价值建构的中华民国走上历史舞台。虽然这个代表大地主、大资产阶级利益的政权最终为中国人民所抛弃，但作为建国之基的"主权在民""自由平等"诸原则依然为人们所接受和认同。也正因如此，袁世凯、张勋之流复辟帝制的行为仅是昙花一现，转眼间被民主、共和、自由、平等的洪流冲击得灰飞烟灭。

在民主、共和潮流已不可逆的历史背景下，在北洋政府统治时期，婚姻家庭制度就发生了了改变。研究者指出，北洋政府大理院关于婚姻问题的判解，已经"明确了婚姻的主体为婚姻双方本人，而非两方家庭，并在此基础上确定'婚约须当事人同意'，使得尊长主婚权有所削弱；并赋予主婚与传统不同的意义，即'为当事人利益而设'。这些改变在一定程度上否定了尊长的权威和传统的家族伦理观念，削弱了传统的家族制度对婚姻的影响"[①]。

20世纪20年代，国共两党虽然在复兴中华民族、实现中国现代化方面存在政治理念和实现路径等方面的歧异，但两党均在民主、共和、自由、平等的旗帜下，纷纷否定传统婚姻家庭制度，建构与其所追求的新社会相适应的婚姻家庭制度。1924年1月国民党在广州召开第一次全国代表大会，就男女平等、妇女解放问题在《中国国民党第一次全国代表大会宣言》中明确提出，"于法律上、经济上、社会上确认男女平等之原则，助进女权之发展"[②]。南京国民政府成立后，即着手编制"民法"。1931年，《中华民国民法》颁布实施，其中"亲属编"列有"婚姻"一章，确认了男女平等、婚姻自由的基本原则，并制定了有关婚约、结婚、婚姻效力、夫妻财产、离婚等的各项婚姻制度。在国民党的政治版图里，已经没有传统婚姻家庭制度的栖息之地，或者说，至少在制度层面是如此。

中国共产党更把男女平等、妇女解放视为无产阶级革命的一个重要内容。1922年7月，中国共产党在《中国共产党第二次全国代表大会宣言》中明确宣告："废除一切束缚女子的法律，女子在政治上、经济上、社会上、教育上一律享受（同男子的）平等权利。"[③] 第一次国共内战期间，中国共产党还着手就婚姻家庭制度进行立法和构建。在1931年11月颁布的《中华苏维埃共和国宪法大纲》中，对婚姻家庭问题有如下规定："中华苏维埃政权以保证彻底的实行妇女解放为目的。承认婚姻自由，实行各种保护妇女的办法，使妇女能够从事实上逐渐得到脱离家务的物

[①] 王亚敏：《民国婚姻法律的基本变迁——兼论其与近代家制演变的互动》，中国政法大学硕士学位论文，2007年，第15页。

[②] 《中国国民党第一次全国代表大会宣言》，《民国日报》特刊《中国国民党改组纪念》，1924年，第6页。

[③] 《中国共产党第二次全国代表大会宣言》，中共中央文献研究室、中央档案馆：《建党以来重要文选选编（1921—1949）》，中央文献出版社，2011年，第134页。

质,而参加全社会经济的、政治的、文化的生活。"[1] 此后颁布的《中华苏维埃共和国婚姻条例》还强调:"在封建统治之下,男女婚姻,野蛮到无人性,女子所受到的压迫和痛苦,比男子更甚。只有工农革命胜利,男女从经济上得到第一步解放,男女婚姻关系才随着变更而得到自由。目前在苏区,已取得自由的基础,应确定婚姻以自由为原则,而废除一切封建的包办、强迫与买卖的婚姻制度。"[2] 抗日战争和解放战争时期,中国共产党在其所领导的各根据地和解放区,如陕甘宁边区、晋冀鲁豫边区、晋察冀边区,根据男女平等、婚姻自由、一夫一妻等原则,制订了一系列地区性婚姻条例或暂行条例,如在华中革命根据地就制订、颁布了《苏皖边区婚姻暂行条例》《淮海区婚姻暂行条例》等有关婚姻的法令。这些法令不仅保护结婚自由、离婚自由、再婚自由,规定寡妇可以再嫁,禁止重婚和纳妾、蓄婢,保护军婚,等等。在华中革命根据地,上述婚姻条例"赋予了民众婚姻的自由,自主婚姻的曙光开始出现"[3]。

总而言之,在民国时期的政治环境里,传统婚姻家庭制度已经失去了继续生存的政治土壤,婚姻家庭观念则随之发生变迁。

(二)婚姻家庭观念变迁的经济基础

经济基础决定上层建筑,传统婚姻家庭制度赖以存在的经济基础是农耕结合、自给自足的小农经济。但这一经济基础,自晚清以来,随着资本主义经济的发展,逐渐支离破碎。

进入民国以后,无论在城市还是农村,资本主义经济对于传统婚姻制度所依存的经济基础的冲击力度较往昔更为猛烈。譬如在成都和重庆,20世纪30年代,随着机器生产的布匹大量行销于市场,传统手工棉纺织业生产的"土纱在渝市早已绝迹,成都人民,因生产力弱,且素尚朴素,销场尚占一小部之势力"[4]。在20世纪30年代的浙江农村,农民已经被彻底卷入资本主义市场经济体系,但"农产物价格较之制造品价格低得多了,区区百把个铜子,能换到几束线几束布呢?然而在脱离了自足经济时代的现在,他们又是被迫着去交换城市的制造品,这样难怪他们不能维持衣食了"[5]。在偏远的贵州开阳,传统制面业"因受机器面影响,已逐渐趋于没落。现全县所有制造者,不过二三家,且均维持现状,出品极少"[6]。综上可见,资本主义生产方式、资本主义经济在民国时期已经在一定程度上改变着社会的经济基础。

伴随着资本主义经济在民国时期的发展,"全国物质文化,即为之一改旧观。

---

[1] 《中华苏维埃共和国宪法大纲》,《红旗周报》,1931年第25期。
[2] 毛泽东、项英、张国焘:《中华苏维埃共和国婚姻条例》,《红色中华》,1931年第2期,第4版。
[3] 吴云峰:《婚姻自由政策与华中革命根据地择偶方式的变迁》,《北华大学学报》,2015年第6期。
[4] 佚名:《成都之棉纱业与棉织业》,《四川经济月刊》,1934年第2卷第3期。
[5] 陈毫楚:《浙江农村经济鸟瞰》,《浙江青年》,1934年第1卷第2期。
[6] (民国)《开阳县志稿·经济》,1940年铅印本,第39页。

第六章
城市婚姻与家庭的变迁

昔日自足自给的农村生活,至此突受工业文明的影响。都市日见繁盛,农村渐形没落。……工业化的趋向,已甚明瞭"[1]。大量工厂及工业品不断涌现,现代交通网络日益发达,现代教育体系不断完善,信息媒介覆盖面日趋扩大,这一切对传统婚姻家庭制度造成了强有力的冲击。

首先,民国时期资本主义经济的发展,使许多人或主动或被动地从家庭走向社会、从故土走向异乡、从农村走向城市,其社会交往面因而扩大,社会关系亦相应地调整、重组,传统大家庭制度的凝聚力遭到削弱,为维系家族而存在的婚姻制度亦逐渐失去吸引力。1930年,时人便撰文指出,"因工商业之发达,工场工人之吸引,遂使平日在农村工作之工人群趋城市",以至于"我国已形成城市集中,农村空虚之现象"[2]。大量的人口集中于城市从事资本主义性质的生产、承受资本的剥削,不仅表明以农业经济为根基的传统社会加速解体,还意味着人们的交往和关系日趋社会化,这势必对家族本位的大家庭制度及婚姻制度形成挑战。

其次,民国时期资本主义工商业的发展为青年男女的经济独立提供了机会,使许多青年男女起而挑战封建家长制权威,自由择偶,从而冲击了传统婚姻家庭制度。1944年7月3日《贵州日报》便刊登了如下一封读者来信:"敝人与某职业女士,由工作而结为终身伴侣,经请人向伊父母征求同意,伊父母坚意不允,而该女士已离家欲自主婚姻,未悉是否合法。"[3] 可见,重"父母之命,媒妁之言"的传统婚姻家庭观念因青年们的经济独立而逐渐瓦解。

最后,在资本主义经济的带动下,民国时期的教育事业、新闻出版业有了较大发展,接受过现代教育的青年男女不断增多,其获得信息的渠道亦日趋广阔,因而促进了现代婚姻家庭观念的传播。如1919年11月,湖南长沙连续发生了两桩反抗包办婚姻的事件:一位名叫赵汝贞的当事人自杀;另一位常姓女青年则不顾母亲反对而与意中人成婚。[4] 长沙版《大公报》对此进行了报道。很多知识青年在读报时获知上述事件后,纷纷致书《大公报》,对封建婚姻家庭制度进行谴责,对自由恋爱进行赞扬。《大公报》先后刊发了20多篇读者来稿,从而引起了社会的广泛关注,新型婚恋观念在此事件中亦得到传播。

总之,民国时期资本主义经济的发展加快了传统社会结构的解体,为现代婚姻家庭制度的形成奠定了经济基础。

(三)婚姻家庭观念变迁的思想文化基础

辛亥革命的胜利,民国的建立,使中国人受到极大的鼓舞,他们认为自己即将迎来一个独立、民主、富强的新中国,"全国人民欢欣鼓舞,中国已经新生,前途

---

[1] 孙本文:《现代中国社会问题》,商务印书馆,1947年,第52页。
[2] 佚名:《农村衰落与城市集中的危机》,《合作讯》,1930年第55期。
[3] 《社会服务·读者来函》,《贵州日报》,1944年7月3日,第4版。
[4] 陈蕴茜、叶青:《论民国时期婚姻观念的变迁》,《近代史研究》,1998年第6期。

光明灿烂"①。然而，现实无情地击碎了中国人的梦想，不但革命的果实被袁世凯窃取，而且国家长期处于动荡之中，"险涛巨浪，日恶一日，几有朝不保暮之势"②。其时军阀割据，外患日亟，兵灾不断，匪祸横行，民不聊生。所谓民国，只有共和之名，而无共和之实。忧国之士不得不重新寻觅救国之道。"德先生"和"赛先生"因此进入了他们的视野。虽然近代中国社会转型有着内部原因，但西方文明的刺激始终是推动中国从传统形态走向现代形态的一大动因，"中国近代社会的变迁，其主要原因，即在与西洋文化的接触"③。在"德先生"和"赛先生"大受欢迎之前，中国人对西方的认识已经先后经历了"器物"和"制度"两个阶段。洋务运动的失败和辛亥革命的不彻底，使进步的中国人开始迈入与西方文明接触的第三个阶段，即大举引入西方的思想文化、价值观念。这样的路径选择，是因为在经历了前面两次的失败之后，先进的中国人认为："改造国家须先改造社会。"④而改造社会的第一步就是"彻底改造中国人民的思想，使之合于现代潮流"⑤。辛亥革命后，政制上的皇帝虽然退出历史舞台，但思想上的"皇帝"却根深蒂固，诚所谓"破山中贼易，破心中贼难"。1919年吴虞在《吃人与礼教》一文中写道："到了如今，我们应该觉悟！我们不是为君主而生的！不是为圣贤而生的！也不是为纲常礼教而生的！甚么'文饰公'呀，'忠烈公'呀，都是那些吃人的人设的圈套，来诳骗我们的！我们如今应该明白了！吃人的就是讲礼教的！讲礼教的，就是吃人的呀！"⑥然而，就在该文发表的前一年，即1918年，吴氏曾因其女儿私自走出家门与男友相会而大发雷霆，认为"汝等不守规矩，不顾名誉，常游于后门，私出于户外，在中华黑暗社会，慕欧美自由之文明，至令浪子小人，敢于侵犯，所谓人必自侮，而后人侮之，辱没祖宗，辱没父母，更何面目立于人世"⑦。由此可见，即使以号召"打倒孔家店"为标榜的吴虞在实际生活中都迈不出家长威权的堡垒，其他人的情况亦可想而知。

从1915年开始，陈独秀、胡适、李大钊等人所代表的先进知识分子以《新青年》为阵地，以"民主""科学"为号召，对旧制度、旧道德、旧伦理发起进攻，进而掀起了一场声势浩大的思想文化启蒙运动，而倡导婚姻家庭方面的变革则是这场文化运动的内容之一。后来有人评价说："在这个伟大的运动中的主流，恐怕要算是反封建的斗争力量了。而这力量表现在实际行动上的厥为婚姻家庭问题。"⑧之所以会出现这样的现象，是因为文化精英们相信传统婚姻家庭制度乃支撑君主专制社会的重要支柱，如李大钊就认为："君主专制制度，完全是父权为中心的大家

---

① 蒋梦麟：《西潮·新潮》，岳麓书社，2000年，第112页。
② 马崇淦：《民国八年之回顾》，《约翰声》，1920年第31卷第1期。
③ 孙本文：《现代中国社会问题》，商务印书馆，1947年，第51页。
④ 杨杏佛：《新文化运动的失败与改造》，《晨曦》，1926年第1卷第4期。
⑤ 王觉源：《五四与新文化运动》，《现实评论》，1942年第1卷第5期。
⑥ 吴虞：《吃人与礼教》，《新青年》，1919年第6卷第6期。
⑦ 吴虞：《吴虞日记》（上册），四川人民出版社，1984年，第373页。
⑧ 哥帆：《五四运动影响及青年恋爱与婚姻问题》，《新动向》，1941年第3期。

族制度的发达体"①。故此,要剔除根深蒂固的专制思想,要清算君主专制,要改造社会,就必须发动婚姻家庭革命。又如沈钧儒便认为:"婚姻家庭,在中国社会中,实占有极大且普遍之潜势力。故欲改革社会或改革个人,皆非先着眼于婚姻家庭改革不可。"②

总之,传统婚姻家庭制度在民国时期不仅失去了维系其存在的政治、经济、文化的根基,而且被视为国家民族积弱积弊的一个"祸首",资产阶级民主主义者、十月革命后诞生的马克思主义者、无政府主义者、工读主义者等等,纷纷引进西方婚姻家庭理论作为思想资源,鼓吹家庭革命、婚姻革命③,自然又合乎逻辑地有了陈鹤琴所言的如下镜像:"……欧风美雨,渐渐东来,新思潮的升涨,一天高似一天,什么'自由结婚'、什么'自由恋爱'、什么'社交公开'、什么'男女同学'、什么'小家庭制',种种新名词常常接触吾人的眼帘,震荡吾人的耳鼓,使旧式的婚制大有破产的趋势。"④ 婚姻家庭观念因而发生变迁。

二、婚姻家庭观念的变迁

民国时期,随着政治、经济、思想文化的变迁,被视为君主专制社会缩影的传统家庭遭到猛烈冲击,并逐渐动摇、瓦解。人性自由、男女平等新思想、新观念逐渐流传并被民众认同,婚姻家庭观念开始发生变迁。

(一) 婚姻观念的变化

1. 重"父母之命,媒妁之言"的传统婚姻观念逐渐遭到抛弃,婚姻自由的现代观念逐步确立并为社会所认同

在传统社会中,结婚更多地被认为是个人完成传宗接代的社会义务,其主要目的是延续血脉,婚姻主体因而对婚姻没有选择的自由,一切都必须听命于父母。而且,传统社会的婚姻主体不但在婚姻问题上没有自主的意志和选择的权利,即便是日常异性间的接触,也要被"男女授受不亲"之类的封建观念束缚,因此男女双方也就无所谓恋爱可言。所以,民国时的人指出:"从前的青年,因为受'父母之命,媒妁之言'礼教的高压势力,对于婚姻问题往往不敢启口。一般做父母的,也以为这是我分内的事,必须把他一手包办。所以青年的婚姻,弄到后来不过是'父母讨媳妇'而不是'儿子娶妻。'"⑤ 这种状况,洋人也觉得不可理喻。1913 年,英国人季理斐就曾在《申报》发表文章,建议改良传统中国婚姻制度,并指出:"婚嫁者男女之大事也。百年之祸福,一身之运命。胥在此时,若误适其途,则吾人终身生

---

① 李大钊:《由经济上解释中国近代思想变动的原因》,《新青年》,1920 年第 7 卷第 2 期。
② 沈钧儒:《家庭问题》,《甲寅周刊》,1925 年第 1 卷第 3 号。
③ 徐建生:《近代中国家庭变革思想述论》,《近代史研究》,1991 年第 3 期。
④ 陈鹤琴:《学生婚姻问题之研究》,《东方杂志》,1921 年第 18 卷第 4 号。
⑤ 应元道:《婚姻问题与吾国青年》,《青年进步》,1924 年第 75 期。

活之大不幸也。观于中国以娶妻必告父母，而婚姻之道苦以撮合，必凭媒妁，而夫妇之义衰，驯致怨耦多，嘉耦少，男既不德，女复不贞，此世道所以衰微而淫风所以日盛也。惟实行自由结婚救济之，则此习可除。"① 作为当事人的中国知识阶层更是对之愤怒满腔，纷纷撰文抨击传统婚姻制度。如 1924 年，有人就在《妇女杂志》公开谴责传统婚姻制度，认为"中国向来的什么指腹为婚，什么媒妁之言，不用说都是野蛮的结合"，"现在的婚姻，是买卖婚姻，劫掠婚姻，迫诱婚姻"。② 关于婚姻问题的讨论渐渐蔚为壮观。《觉悟》《东方杂志》《妇女杂志》《每周评论》等众多刊物先后开辟专栏，就婚姻问题、新性道德、爱情定则等展开讨论。一时之间，对婚姻自主的强烈要求弥漫于城市社会，婚姻爱情方面的民主观念逐渐生成，人们深信婚姻自由是民主生活的表现，追求婚姻自由就是拥护民主，"要做民国国民，一定要婚姻自由。要拥护德谟克拉西，一定要拥护婚姻自由"③。争取民主与婚姻改革因而紧密结合。

　　在当时，人们认为婚姻自由应包含两方面的内容，首先是社交公开、恋爱自由。之所以如此，是因为保守人士认为"社交公开，是使国民道德堕落"，故而坚决反对男女正常交往。④ 然而，男女连社交都不能公开，又何谈婚姻自由？况且，不允许男女正常交往，隐喻的是男女地位不平等和女性被视为私有财产而非自由人。知识分子因而指出，传统的"男女大防"不过是"男性自私自利心的发现"，使得"女性既失了人格上的平等，渐渐地变成了男性的所有物了"。⑤ 所以，社交公开不仅关系到婚姻自由问题，还关系到男女能否平等、女性能否走出家门等问题，"社交公开，则男女之等级齐。等级齐，则知识相若，则一国之事一社会之事一家之事兼男女而全任之。教育于是而盛，经济于是而裕，团结力于是而坚，家于是而齐，国于是而治，于是而强矣。男女交际隔绝，则反此"⑥。就婚姻问题而言，社交公开扩大了男女交往的范围，从而为恋爱自由创造了条件，而恋爱自由又关系到婚姻稳定、婚姻幸福等问题，"从不自由的恋爱上所产生的婚姻，也不算得婚姻自由。一定要有自由恋爱的结合，才算真实、正确、含有意义的婚姻"⑦。他们认为，"维系夫妻间惟一的元素，是爱情。由爱情结成的婚姻，方为正当；否则，就和强奸无异，是极不道德的事情"⑧。恋爱自由是人生而自由的反映，是人性的表现，"人是两性的动物，所以性的生活乃是人类生活的重要一部分，决不能从生活中剔除的。人类日趋于进化，一切的生活也日趋于复杂、高尚、微妙、精醇，这是自然的唯一的原则。性的生活、由粗糙的、本能的肉的生活而进于复杂精醇的灵肉

---

① ［英］季理斐：《论中国宜改良婚制》，《申报》，1913 年 7 月 25 日，第 1 版。
② 炳文：《婚姻自由》，《妇女杂志》，1920 年第 6 卷第 2 号。
③ 陆秋心：《婚姻自由和德谟克拉西》，《新妇女》，1920 年第 2 卷第 6 号。
④ 雁冰：《男女社会公开问题管见》，《妇女杂志》，1920 年第 6 卷第 2 号。
⑤ 高尔松：《社交公开和恋爱问题》，《学生杂志》，1924 年第 11 卷第 1 期。
⑥ 陆静贞：《男女社交公开之我见》，《墨梯》，1921 年第 4 期。
⑦ 炳文：《婚姻自由》，《妇女杂志》，1920 年第 6 卷第 2 号。
⑧ 下天：《一件离婚的报告》，《妇女杂志》，1922 年第 8 卷第 4 号。

第六章
城市婚姻与家庭的变迁

一致的生活,正与这自然的原则相符合。视恋爱为不必要的卑劣的非恋爱自由论者,除了承认自己不具普通的人性以外,只有表明自己的思想为退化的思想而已"[1]。诚如此,社交公开、恋爱自由成为民国时期城市社会的青年男女追求婚姻自由的重要内容。

婚姻自由的另一个重要内容是婚姻主体对主婚权的掌握。民国时期的多数知识分子都认为婚姻主体对主婚权的掌握是实现婚姻自由的关键。不过,由于思想认识水平的不同,他们对自主程度的理解存在差异。激进者如陆秋心,不仅反对父母一手操办的"专制婚",而且对于"父母提出取得儿女同意的"或"儿女自由择婚但经父母同意"的"同意婚"也坚决反对,认为"主张同意婚、拥护同意婚,就是推翻德谟克拉西,推翻民国",只有"绝对不容许有第三者出而干预"的"自由婚"才是民国国民应有的婚姻形态,"现在我们做了民国人,断断不要再说什么同意婚,深望大家只记得婚姻自由"[2]。温和派的新式知识分子主张"婚姻之事,必不能全权委诸父母;必也先令子女得自由选择,而复经父母之承认,然后决定"[3]。也就是说,其认为应由父母与子女协商处理婚姻问题,既不由父母专断,也不由子女完全自己决定。事实上,这一方式在民国城市社会里实为多数男女青年所采行。如1930年,梁议生曾经组织人力调查青年男女的婚姻问题,而接受调查的燕京大学的 60 名女生在回答"主婚权"问题时便做出如下选择:40 人选择"自主,征亲意",10 人选择"亲主,征己意",6 人选择"完全自订",4 人选择"完全家订"。[4]这个结果一方面表明"婚姻之由父母主夺,今后将归消灭",另一方面反映出民国城市社会的青年男女并不完全认同不受任何人干预的"自由婚",而是希望借助父母的经验和阅历确保婚姻的幸福。

总之,在民国城市社会,婚姻自由观念已经得到广泛传播和认同,传统婚姻观念逐渐失去了市场,广大青年纷纷冲破封建礼教的藩篱、争取婚恋自由、追求自主生活。

2. 离婚自由、再嫁自由的观念得到认同,片面贞操观被彻底否定

离婚自由是衡量婚姻开放程度的一个重要标准。但在中国传统社会中,只有丈夫有离婚的权利,妻子没有离婚的自由。传统中国社会所谓的"休妻"制,规定丈夫可以休妻,但妇女不能休夫,休妻是丈夫对原婚姻契约的解除。被丈夫休掉的妻子将受到社会舆论的谴责和来自多方面的压力。男子可以三妻四妾,女子只可从一而终。丈夫休妻或丧偶后可以再娶,而妻子被休或丧偶后则不能再嫁,如果再嫁则会被人视为一件不光彩的事情。

在民国时期,人们不仅认为结婚应该自由,离婚也应该自由。如胡怀琛就认

---

[1] 晏始:《非恋爱自由论诸派》,《妇女杂志》,1925 年第 11 卷第 4 期。
[2] 陆秋心:《婚姻自由和德谟克拉西》,《新妇女》,1920 年第 2 卷第 6 号。
[3] 徐英:《婚姻自主权的一席话》(二),《妇女周报》,1937 年第 1 卷第 13 期。
[4] 梁议生:《燕京大学六十女生之婚姻调查》,《社会问题》,1930 年第 1 卷第 2、3 期合刊。

为:"男女性情不合,品行不齐。两方面愿意离婚,当然可以离婚。"[1] 也就是说,离婚是婚姻主体的私事,完全由婚姻主体自行决定。有些人甚至鼓吹没有爱情的婚姻都应该以离婚的方式立刻解除,"夫妻间到了爱情熄灭的时候,就应该立刻离婚。不然就玷污了两方的人格"[2]。针对传统时代女子没有离婚权利的情况,有人更鼓励女子冲破束缚勇敢离婚,如易家钺就认为90%被男子威权压迫的女子都应该离婚,鼓励女子要有"自由离婚的大无畏的精神"[3]。与女子离婚自由相贯通的是再婚自由。人们为此对所谓"烈女不事二夫"等传统节烈观进行了猛烈抨击,认为这些"非人道的男子利己的道德观……把女子的'人格'和'个性'完全埋没了",强调寡妇再嫁完全是符合"道德的行为"。[4] 在此基础上,有人进而否定传统贞操观,认为"我国的社会中,自古迄今,妇女都没有人的地位,为家族制度下的附属品,男权专制下的性的玩弄品,所谓贞操,完全是男子加诸妇女的桎梏,并没有丝毫人格的见地,存于其间",而且,"多妻制既然没有废止,所以在我国只有女子的贞操,没有男子的贞操"。[5] 他们认为这种片面的贞操观念必须被废除,而建立在爱情基础上的平等的贞操观念则应"成为男女对等双方应当遵守的道德律"[6]。民国时期对于传统贞操观念的声讨,令人群起响应。胡适、鲁迅、周作人等文化精英对此都有专文回应。如胡适在1918年便撰写《贞操问题》一文否定传统的片面贞操观念,抨击"中国的男子要求他们的妻子为他们守贞守节,他们自己却公然嫖妓,公然纳妾,公然'吊膀子'"的不平等现象,认为男子若是不以贞操观来要求自己,那就不配享有贞操所带来的待遇。[7]

总之,在民国城市社会中,人们在观念层面已经承认了离婚、再嫁的合理性,片面的贞操观念也遭到了猛烈抨击。

3. 早婚早育遭到否定与抨击,晚婚晚育逐渐成为风气

早婚现象在中国起源较早。春秋战国时期,各国诸侯基于生聚政策都提倡早婚,这可以说是早婚的肇始。此后,各朝代都把人口的增长作为社会繁荣的标志,历代帝王大多提倡生殖、提倡早婚。"养儿防老,积谷防饥""多子多福"等生育观念亦在传统社会流行,上自皇亲国戚,下至民间名流望族,乃至乡间百姓,都极尽所能地早婚早育。到了民国时期,早婚仍然具有相当的普遍性。例如江苏沛县的人"好早婚,多有十三四岁幼童即娶及年之妇者"[8]。又如吉林通化的人"俗好早婚,子未成年,父母已为之授室"[9]。再如广西宾阳,"对于婚姻在宾阳盛行着早婚,普

---

[1] 胡怀琛:《离婚问题》,《妇女杂志》,1920年第6卷第7期。
[2] 下天:《一件离婚的报告》,《妇女杂志》,1922年第8卷第4号。
[3] 易家钺:《中国的离婚问题》,《中国妇女问题讨论集》(第5册),新文化书社,1929年,第25页。
[4] 李宗武:《再嫁与人生》,《妇女杂志》,1922年第8卷第3号。
[5] 吴觉农:《近代的贞操观念》,《妇女杂志》,1922年第8卷第12期。
[6] 高山:《贞操观念的改造》,《妇女杂志》,1922年第8卷第12期。
[7] 胡适:《贞操问题》,《新青年》,1918年第5卷第1期。
[8] (民国)《沛县志》卷三,民国九年(1920)铅印本,第6页。
[9] (民国)《通化县志》卷二,民国十六年(1927)铅印本,第54页。

第六章 城市婚姻与家庭的变迁

通男十六当娶,女十四即嫁,因为自己感到年龄太小,所以在结婚一天新郎新娘非但没有欣快的感觉,反而到处形露着惭愧与恐惧的表情,甚至做出回避与藏匿的把戏"①。

民国时期,新式知识分子对于无处不在的早婚现象纷纷予以否定和抨击。一方面,他们指出,早婚往往给个人和家庭造成危害。这是因为:成婚过早,婚姻主体往往不知道婚姻的意义,且双方没有任何感情基础,故最终酿成婚姻悲剧;同时,早婚者过早接触性生活,往往无法完成学业,且影响身体健康;此外,早婚者生儿育女之后,往往没有抚育能力,必然影响孩子的健康成长;更为重要的是,早婚者身体还没有发育成熟,其子女也"一定很衰弱的。这样衰弱的种子传下去,到了几代以后,就不绝灭,也成个无用的残疾人了"②。另一方面,知识分子还认为早婚阻碍了国家民族的强盛。如1922年有人就撰文指出,早婚导致"不学之庶民,贫困之夫妇,失教之儿女,遍于全国",实为"国家之害"③,有人更具体地强调,国家国民之贫困,民族身体素质之弱败,全拜早婚之赐予,"中国民德所以日偷,国家所以日细","中国民力所以独弱于世界者","受早婚之报也"。④ 诚如此,民国时期的知识分子普遍认为"早婚之害,等于自杀",个人因早婚而"自杀",国家民族亦因早婚而"自杀",故而呼吁禁止早婚早育而实行晚婚晚育。⑤ 为此,知识分子在撰文呼吁禁止早婚实行晚婚之余,还深入社会进行宣传。如1920年左右,一位在北平清华大学任教的钟姓教师,"印成一种劝告废止早婚之纸片,其背面印美国著名男女影戏家之摄影,分送华人,借此影片,以引人注意。钟君此法,颇有效力,曾有多人来信索取"⑥。同时,政府亦注意到了早婚的危害。如国民政府不仅在《民法》"亲属编"中规定男未满18岁、女未满16岁者不得结婚,而且还要求各省市针对早婚做出调查,提出合理化建议,解决民间盛行的早婚问题。⑦

诚如是,民国时期城市社会的早婚现象得到一定程度的遏制,晚婚晚育的观念逐渐获得婚姻主体的认同。如甘南引在1922—1923年对313位城市未婚青年进行调查,发现愿意在20—25岁结婚的占39%,其中又以愿在25岁结婚的较多;准备在26—30岁结婚的占37%,另有的人则决定在大学毕业之后或有独立生活能力之时才结婚。⑧ 1930年左右,陈利兰调查40名已婚妇女,发现"以二十四岁结婚的为最多。其次以二十三岁的为最多。以二十岁结婚的为最少"⑨。综上可见,民国时期城市婚姻主体已经逐渐拒绝早婚早育,而倾向于晚婚晚育。

---

① 糜若拙:《宾阳的婚姻怪俗》,《申报》,1940年3月10日,第16版。
② 黄海波:《早婚的害处》,《粤海潮》,1925年第3期。
③ 叶治平:《早婚之害》,《时兆月报》,1922年第1卷第5期。
④ 郑佩昂:《说青年早婚之害》,《新青年》,1917年第3卷第5号。
⑤ 霜杰:《早婚等于自杀》,《会声》,1937年第2卷第4期。
⑥ 佚名:《应当废止早婚》,《新民报》,1920年第7卷第2期。
⑦ 刘春玲:《民国时期东北地区的早婚现象》,《北华大学学报》,2007年第5期。
⑧ 甘南引:《中国青年婚姻问题调查》,《社会学杂志》,1924年第2卷第2、3期合刊。
⑨ 陈利兰:《中国女子对于婚姻的态度之研究》,《社会学界》,1929年第3期。

4. 一夫多妻制遭到谴责，一夫一妻制得到肯定与认同

民国建立后，社会各界强烈要求废除传统的一夫多妻制，"禁止蓄婢纳妾"，"纳妾者以重婚罪论"。知识分子亦纷纷撰文谴责一夫多妻制，并分析其根源。如胡适就指出，一夫多妻制是传统大家族制度的产物。在大家族制度下，传宗接代是婚姻最重要之目的，"以望续嗣之心切，故不以多妻为非，男子四十无后，可以娶妾，人不以为非，即妻亦不以为忤，故嗣续为多妻正当理由"①。然而，随着社会的转型、文明的进步，一夫多妻制不过是"古代的蛮风"，是"反人道的制度。不但危害于个人的身家，并且对于社会，人种，国家都有莫大的影响"。② 在当时，人们普遍认为一夫多妻制违背男女平等原则的历史潮流，会助长男性纵欲，破坏家庭和睦，导致社会风气败坏，甚至影响到中国人的身体素质，所以，必须坚决根除。故此，知识界、妇女界纷纷发声，谴责一夫多妻制，而政府也表示支持。如 1935 年，国民党中央就命令各省市党部禁止"党员纳妾"，"凡入党后，如有蓄意纳妾情事，除法院有有罪之判决罪刑确定外，党部可酌量罪刑轻重，再予以'党纪制裁'"③。一时间，一夫多妻、纳妾等陋习渐渐退出城市婚姻生活。一夫一妻制则得到肯定和推崇。如有人就明确提出，"一夫一妻，这是在近代社会间，最有势力，最为大多数人欢迎的一种制度"④，中国社会必须采行之。纳妾制度则是违背人道，"完全为了夫家的'传宗接代'，而抹煞女子终生的幸福"，所以，"我们应该废除蹂躏女性的妾制，确立一夫一妻的婚制"⑤。

在事实上，根据甘南引在 20 世纪 20 年代的调查，当时的城市社会居民对一夫多妻制亦大多持否定态度。在接受甘氏调查的 841 人中，有 734 人坚决反对多一夫妻制，占总数的 87.00%，仅有 79 人支持纳妾，占比为 9.30%。⑥ 到了 20 世纪 30 年代，据周叔昭的调查，在燕京大学的学生群体中，78.32% 的男生和 88.69% 的女生坚决反对纳妾制，即使在"艰于子息"的预设条件下，仍有 76.90% 的男生和 80.00% 的女生坚持认为应无条件拒绝纳妾。⑦ 反对一夫多妻制的观念不仅流行于城市，在一些小城镇亦为妇女所接受。如河南获嘉县，"自一夫一妻之制行，而纳妾之风亦少"⑧。又如浙江鄞县，"妇女虽极贫寒，罕有愿为婢妾者"⑨。

综上可见，一夫多妻的观念在民国城市社会已经没有太多市场，一夫一妻逐渐成为城市家庭的基本组成形式。

---

① 胡适：《藏晖室札记》（续），《新青年》，1917 年第 3 卷第 2 号。
② 吴其钰：《一夫多妻的弊害与废除》，《节制月刊》，1928 年第 7 卷第 1 期。
③ 《党员不准蓄意纳妾》，《玲珑》，1935 年第 5 卷第 34 期。
④ 云峰：《婚姻报》，1931 年第 45 期。
⑤ 王汝琪：《婚姻制度的昨日、今日与明日》，《法轨》，1933 年创刊号。
⑥ 甘南引：《中国青年婚姻问题调查》，《社会学杂志》，1924 年第 2 卷第 2、3 期合刊。
⑦ 周叔昭：《家庭问题的调查——与潘光旦先生的调查比较》，《社会问题》，1931 年第 1 卷第 4 期。
⑧ （民国）《获嘉县志》卷九，民国二十四年（1935）铅印本，第 9 页。
⑨ 《鄞县通志·文献志》，转引自陈韵茜：《论民国时期城市婚姻的变迁》，《近代史研究》，1998 年第 6 期。

第六章 城市婚姻与家庭的变迁

5. 铺张浪费、耗时耗力的传统婚俗逐渐被淘汰，文明婚礼日趋流行

传统婚礼"徒以一人之事，动劳百千之众"，聘仪奁赠"成为互市之浇风……富者竭其脂膏，贫者亦思步武，相穷以力，相尽以财"①。烦琐的婚嫁礼俗不仅使双方家庭都要承担浩繁的结婚费用，常常使婚姻当事人被陈规陋俗弄得身心疲惫，而且使婚姻具有了买卖性质。直到民国初期，婚姻"论财"的恶习仍然流行。如山东昌乐，"二十年前，中产之家，嫁女妆奁无多，今则华奢靡相竞，较前不啻倍蓰，婚姻论财，觌不为怪"②。民国时期，青年们在新思潮的影响下，在追求婚姻本质现代化的同时，亦逐步引进新的婚姻仪式，反对具有迷信色彩、繁文缛节的旧式婚俗，追求西方式的文明结婚。婚姻礼俗日趋删繁就简，新式婚礼逐渐盛行。到20世纪二三十年代，文明结婚已广为城市青年所接受，江苏、浙江、河北等地都很流行文明婚礼，这一做法甚至逐渐普及到乡镇。此后，随着新生活运动的展开，集体结婚也逐渐被推行。总之，新式婚仪在民国时期得到城市社会居民的广泛支持，传统婚仪则在婚姻革命中经历着前所未有的涤荡，"新式婚礼婚制起到了除旧布新、移风易俗的社会作用"③。

民国时期城市居民婚姻观念的变化对于促进现代婚姻制度的形成、摆脱旧礼教的束缚、推动妇女解放、唤醒女性自我意识等具有积极意义。不过，由于时代和知识的限制，当时许多婚姻主体片面理解婚姻自由，从而造成了不少的家庭矛盾，加剧了社会不安，这是值得注意的。

（二）家庭观念的变化

婚姻实为家庭的基础，婚姻观念的变化必将对家庭观念产生影响。故此，民国时期城市社会的家庭观念亦出现了明显变化，并主要表现在以下两方面。

1. 摒弃传统大家庭制度，提倡小家庭制度

辛亥革命的胜利，虽然推翻了君主专制的中央集权制度，但新鲜出炉的资产阶级民主共和国并没有改变国弱民贫的基本情势。外部有强敌环伺，内部则动荡不安，许多先进的中国人都意识到：晚清以来的政治革命事实上已经失败。他们因而将目光聚焦到社会，认为政治革命失败的根源在于没有发动社会革命，以至于整个社会仍是死水一潭，不能为政治革命提供助力。而要改造社会，就必须铲除中国传统社会的根基——家族制度。其故在于：（1）在传统的家族制度下，"人各私其亲，驯至以私灭公"，最终导致"中国人爱国心薄弱"；（2）家族制度还养成"依赖之心，使民性堕落"；（3）家族制度以家长为尊，使"个人不能自由"；（4）在家族制度下，"聚族而居，自为风气，难于进化"。④ 因此，对于传统家族制度的抨击与否定，逐渐成为民国初期最为重要、影响最为深远的社会思潮。尤其是新文化运动期

---

① 陈王：《论婚礼之弊》，《广益丛报》，1905年第82期。
② （民国）《昌乐县志》卷九，民国二十三年（1934）铅印本，第1页。
③ 陈韵茜：《论民国时期城市婚姻的变迁》，《近代史研究》，1998年第6期。
④ 《改良家族制度札记》，《甲寅》，1915年第1卷第6号。

间，以陈独秀、胡适、李大钊、鲁迅等人为代表的知识分子，纷纷认为传统家族制度正是造成中国积弱积贫的祸首，故而从各个层面对传统家族制度发动猛烈攻击。譬如鲁迅便在《狂人日记》中对吃人的旧式家庭展开了全方位批判。直到20世纪30年代，时人仍把中国政治的落后、国家的贫弱归咎于家族制度的存在，"我国政治革命之不能彻底，非仅推过于政治一方面，实由于吾人无力推翻与国体不相容之家族制度耳，家族制度，吾国万恶之母也，家族制度一日不去，吾国民尚有发展个性与自动力之望乎"[①]。而要推翻家族制度，首先就必须摧毁它赖以存在的基础——大家庭组织。因为，一方面，"吾国旧俗，或多至数十叔侄弟兄，萃于一室，既无和睦之实，徒窃相忍之名。往往相视若仇，诟谇无已。且一人力作，十人仰给，依赖之性，于是遂成。害国凶家，莫斯为甚"；另一方面，大家庭往往不易于迁徙流动，故不适应于工商业社会的发展，所谓"在今日工商业竞争之世，同居之俗，尤为不适"[②]。诚如此，以西方核心家庭制为模板，废除大家庭的组织模式而代之以小家庭模式，便成为一时社会趋向。1916年有人在《新青年》发表文章指出，"家庭不良，社会国家斯不良耳"，故提出一整套"新青年家庭方案"，首要之事即为重新调整家庭组织，"家庭之组织，仅许一夫一妻，及未婚子女"[③]。1926年，光华大学社会学会对本校学生进行社会调查，接受调查的学生共有288人，其中赞成小家庭制者有173人，占接受调查总人数比例为60%；赞成大家庭制者则为115人，占比为40%。[④] 由此可见，小家庭制已在青年中得到了一定的认同。到20世纪30年代，大家庭制在观念层面退出城市社会的趋势已更为明显。如1939年，在接受徐超群调查的358名成都市大中学生中，赞成大家庭制者仅占24.03%，赞成小家庭制者占比则高达75.97%。[⑤]

总而言之，在民国时期，因人们视传统家族制度为阻碍国家富强、社会进步的障碍，故而从各个层面否定传统家族制度存在的合理性，加之社会政治、经济、文化的变迁亦摧毁了传统家族制度赖以生存的土壤，民国城市社会的人们在观念层面逐渐不接受大家庭的组织模式，转而认同小家庭模式。

2. 批判旧的传统家庭关系，要求建立新型平等的家庭关系

传统家庭关系主要包含以下几种：父子关系、母子关系、兄弟姊妹关系、夫妻关系、妯娌关系。在诸关系中，起主导作用的则是纵向的父子关系。这个关系以男权和父权为基础，同传统社会的伦理纲常及等级制度相适应。在父子关系中，子女对家长必须以服从为主，以"孝"字为先，不能做出不符自己身份的行为，否则即被视为"大逆不道"。

在民国时期，上述单向的、建立在家长权威基础上的父子关系遭到挑战。这种

---

① 杨明栋：《新家庭与社会革命》，《中华实事周刊》，1930年第2卷第15期，第1版。
② 苏鉴：《改良家族制度略论》，《留美学生季报》，1916年第3卷第2号。
③ 李平：《新青年之家庭》，《新青年》，1916年第2卷第2期。
④ 潘光旦：《中国之家庭问题》，新月书店，1929年，第44页。
⑤ 徐超群：《成都大中学生婚姻观念之调查》，《社会科学学报》，1939年第1卷第1期。

第六章 城市婚姻与家庭的变迁

挑战始于否定愚孝。孝是中国传统社会宗法观念中最基本、最核心的概念，它和由它派生出的其他宗法观念共同构成了中国家族制度和中国封建专制制度的思想基础。"夫孝德之本也，教之所由生也。"不讲"孝"就不成"教"，要讲"教"须先讲"孝"，"孝"为"德之本"和"百行之本"，这反映了"孝"在伦理纲常中的重要地位。但民国时期的知识分子认为，"孝"的存在不仅使子女完全屈从于家长的权威，而且使君主专制制度得以维系数千年，如李大钊在《由经济上解释中国近代思想变动的原因》一文中便指出："一个'孝'字，使子的一方完全牺牲于父"，而且"君臣关系的'忠'，完全是父子关系的'孝'的放大体，因为君主专制制度，完全是父权中心的大家族制度的发达体"。[①] 民国时期的知识分子还认为，"孝"的存在，使得"朝廷专制，移于家庭。威严甚而爱敬失，家庭乐趣斫丧无余矣"[②]。故此，他们主张重构父子关系，不再以"孝"为依据，而代之以"爱"。如鲁迅在以笔名"唐俟"发表的《我们现在怎样做父亲》一文中便主张："爱"是新型父子关系的基础，扩充这种爱，一要理解，以孩子为本；二要指导，而非命令、呵责；三要解放，使子女成为一个独立的人。"总而言之，觉醒的父母，完全应该是义务的、利他的、牺牲的。"[③] 吴虞亦认为，家长与子女的关系，"不必有尊卑的观念，却当有互相扶助的责任"，而且，父母"要承认子女自有人格，大家都向'人'的路上走"。[④] 这些主张都与传统的服从式父子关系相悖，而强调了父母与子女之间应当是相互促进、相互指导、共同发展的平等互动关系。

同时，传统家庭关系中的"夫权"亦被否定，男尊女卑、"三从四德"等传统夫妻伦理遭到无情的批判。陈独秀在《一九一六年》一文中便对"夫为妻纲"予以严厉批判，他指出，"夫为妻纲，则妻于夫为附属品，而无独立自主之人格矣"，号召妇女"奋斗以脱离此附属品之地位，以恢复独立自主之人格"。[⑤] 陈独秀的《一九一六年》发表之后，"《新青年》陆续发表了许多为女子鸣不平的呼声，也有些建设的议论"[⑥]。其中吴曾兰的《女权平议》、陶履恭的《新社会问题之一》、胡适的《美国的妇人》等文章，极力赞扬西方妇女独立自由的人格和人生观，猛烈抨击"三纲五常""三从四德"对妇女的压迫。吴曾兰指出："三从七出之谬谈，其于人道主义，皆为大不敬，当一扫而空之。"[⑦] 此外，还有一些人大胆提出，"人权乃男女共同意义上的权利，是男女共享的，而不是男有女无，或女有男无"[⑧]。他们认为，妇女固然应照顾家庭，但这并不是妇女"天赋的使命"或"高贵的天职"。"教养子女"不只是母亲的责任，做父亲的也有"教养子女的使命"。以上论述表明，

---

① 李大钊：《由经济上解释中国近代思想变动的原因》，《新青年》，1920年第7卷第2号。
② 徐汝弘：《改良家庭论》，《南开思潮》，1919年第4期。
③ 唐俟：《我们现在怎样做父亲》，《新青年》，1919年第6卷第6期。
④ 吴虞：《说孝》，《台湾民报》，1924年第2卷第6号。
⑤ 陈独秀：《一九一六年》，《青年杂志》，1916年第1卷第5期。
⑥ 陈登原：《中国妇女生活史》，上海文艺出版社，1990年，第3页。
⑦ 吴曾兰：《女权平议》，《新青年》，1917年第3卷第4期。
⑧ 谈社英：《中国妇女运动通史》，妇女共鸣社，1936年，第105页。

在民国时期的城市家庭中，传统"夫为妻纲"的观念已经为夫妻平等的现代观念所取代。

总而言之，正如周谷城在1931年所指出的那样，随着社会的变迁，婚姻家庭观念在民国时期已经发生了显著变化，"前此'孝'之一字几乎包括了道德的全部，社会变化之后乃有所谓社会道德、政治道德等名目。……前此女子只有所谓'三从四德'最要紧，现在乃有所谓男女平权。前此男女关系，由父母代定，现在乃有所谓自由恋爱"[①]。尤其是在城市社会中，婚姻自由、男女平等、小家庭等新型婚姻家庭观念已经成为小资产阶级和普通市民的常识，传统婚姻家庭观念渐渐远离了民国时期的城市社会。

第二节 城市婚姻的变迁

婚姻既是民众日常生活的重要组成部分，也是一种社会行为，故而必然受社会的影响，反映社会的趋向。社会发生变迁，婚姻亦会相应地出现变动。

民国时期，随着城市社会的日趋现代化，传统婚姻越来越不适应城市生活的节奏。比如，日益增多的城市公共空间就改变了人们接触、交往的方式，从而为婚姻自主创造了机会。一位民国女性就认为，在城市中生活，"无论谁要物色对象，首先必定要有一个适中的场合，如果没有了场合的话，那必无从得到新结识的机缘。我以为据一般的情状，不外是在友人家中、音乐会、学校、写字间、跳舞会、俱乐部……等等地方，这些地方都随时随地有结识新朋友的机会"[②]。同时，新型婚姻观念的传播，婚姻主体经济独立性的增强，城市生活节奏的加快，亦使城市居民的婚姻生活发生了相应的变化。

一、主婚权和择偶标准的变化

民国时期，在现代物质文明和精神文明汇聚的城市，新型婚姻观念逐渐为青年男女们所认同和实践，婚姻范畴下的结婚行为因而出现了新的趋向。这里以主婚权、择偶标准、婚姻年龄、婚姻仪式方面的变化进行说明。

（一）主婚权的变化

众所周知，涉及男女两性的婚姻，其主体的人身自由是婚姻自由的必要条件。但近代中国在受西方文明冲击而发生变迁之前，无论城乡，"盲婚哑嫁"可谓婚姻的常态，婚姻主体是没有主婚之权利的。其故在于，传统婚姻是为宗法制服务的，

---

① 周谷城：《中国社会之变化》，新生命书局，1931年，第91页。
② 婕妤：《怎样认识和选择你的对象》，《新女性》，1945年第1卷第2期。

第六章
城市婚姻与家庭的变迁

所谓"合二姓之好,上以事宗庙,而下以继后世也"①。于是,婚姻当事人就只能听"父母之命"。这"在旧中国曾是人们婚姻生活的最高准则,可以说是封建社会婚姻必须遵守的第一大律条"②。

不过,清末以来,中国社会受西方文明影响,传统主婚权开始遭到质疑。1905年,有人在《广益丛报》撰文痛责传统婚礼之弊,声称"婚姻之事,揆之公理,本之人情,父母不得专尸",但现实却是"父母专权",举凡问名、纳采、文定、纳币、结缡、合卺诸议程,"莫非父母为之",婚姻主体"不得任一肩,赞一词,惟默默焉立于旁观之地位",故撰文者主张应将主婚权归还婚姻主体:"约婚由于男女之自由,至其父母,则仅有裁度之责,而无阻止之权。"③ 在清末,除父母的主婚权受到质疑外,婚俗中的"媒妁之言"亦遭到猛烈的批评,时人认为媒人"说得天花乱坠,好似五光十色的迷魂阵",但实际上只会使婚姻更加"黑暗"。④ 时人除了在舆论方面对传统婚制进行抨击外,甚至还将具化为行动,如秋瑾、蔡元培、陈撷芬等革命党人,就以实际行动冲破制度藩篱,反对"父母之命,媒妁之言"。

在舆论的引导下和榜样的垂范下,传统主婚权的地位逐渐松动。据《清稗类钞》所载,上海、广州等地在清末已出现了以下情况:"以父母之命,媒妁之言,而取男女之同意,以监督自由。其办理次序,先由男子陈志愿于父母,得父母允准,即延介绍人请愿于女子之父母,得其父母准允,再由介绍人约期订邀男女会晤,男女同意,婚约始定。"⑤ 这表明,沿海部分城市的婚姻主体在清末已经获得有限度的主婚权。男女双方在父母的监督和允许下,可以先行会晤,此后,依据会晤后婚姻主体双方各自的意愿再来决定是否成为夫妻。相较于从前男女授受不亲、不得自择配偶的情景,传统主婚权已经发生转移。尽管这种转移只出现于一些开放的城市(以东部城市为主)和开明的士绅家庭,并不具有普遍性,但它仍是一种进步。

进入民国以后,主婚权发生转移的区域明显扩大,不再局限于东部城市。如在广西崇善,"城厢间有行婚姻自由,不待父母之命,惟凭介绍说合,双方同意,即行新式婚礼"⑥。1924年刊行的《江津县志》亦有如下记载:"近则闻有用新式婚礼者","男女经介绍人之传达,互得同意后,乃各告于父母为之主婚,或直由父母提起者,亦必经男女自身许可"。⑦ 在贵州兴义,婚姻"全由自己作主,男女双方有相当认识后,即请与女家相识之人作介绍,女家父母同意后,择期举行订婚,又经过相当时间,定期举行结婚"⑧。得风气之先的浙江省,其主婚权转移的情况则更

---

① 《礼记·昏义》。
② 曹定军:《中国婚姻陋俗源流》,新世界出版社,1994年,第42—43页。
③ 陈王:《论婚礼之弊》,《广益丛报》,1905年第82期。
④ 莞尔:《说中国之婚姻》,《竞业旬报》,1909年第40期。
⑤ 徐珂:《清稗类钞·婚姻》,中华书局,1996年,第1987页。
⑥ (民国)《崇善县志》第二编,民国二十六年(1937)钞本。
⑦ (民国)《江津县志》卷十一,民国十二年(1923)刻本。
⑧ (民国)《兴义县志》第十一章,民国三十七年(1948)稿本。

为普遍,"民国以来,男女重恋爱自由,已不复如往昔惟媒妁之言、父母之命是从矣。惟大多由双方相恋取得父母同意而订婚而已"①。需要指出的是,上述地方志书的记载只能反映出民国时期主婚权的转移已经具有全国性,但还不足以说明自主择偶者在数量上的变化。不过,透过当时知识界的相关调查研究结果,我们可以发现:民国时期可以自主择偶者的数量,随着时间的推移而呈增多趋势。

先看陈鹤琴在1921年公布的调查结果。1920—1921年,陈鹤琴在杭州、南京、绍兴、徐州4座城市调查学生的婚姻情况。陈氏将手中的1500多份调查问卷主要分发给坐落于上述4座城市中的浙江第五师范、浙江第一师范、金陵大学、南京高等师范的大学生,以及江苏第十中学、南京高等师范附属中学的高中生。最后共收回调查问卷631份。也就说,有631名高中生和大学生接受了陈鹤琴的调查,其中已婚者184人,已订婚的181人,未订婚的269人。在主婚权问题方面,接受调查的184位已婚学生的婚姻"只有6人自定的,有6人父母代定而得本人同意的"。即在接受调查的已婚者中,自己主婚和有限度主婚者仅占6.52%;逾93%的已婚者的婚姻都是由父母"代办"的。陈氏因而感慨:"现在江浙学生界中自定结婚的非常之少。"有意思的是,已婚者对于自己的婚姻状况,最不满意的"就是父母专制,不顾子女志愿剥夺他们的婚姻自主权"②。已婚者还推己及人,认为"婚姻自主"是最紧迫、最重要的"改良婚制"议题,甚至建议"政府宜禁父母者为儿子代定婚姻。凡婚姻出于代定者无效;已经结婚而非佳偶者有离婚的自由"。③

需要指出的是,综合调查时间和接受调查的已婚者成婚时间这两个因素考虑,可以认为:陈氏调查报告中的已婚者大多没有主婚权的情况,或许反映了1912—1920年主婚权变动的真实面相。也就是说,在1920年以前,婚姻自主的观念虽然已经广为流传(尤其是知识分子和有一定知识的青年对之最为认同、最为推崇),但其实际效果并不尽如人意。这个阶段的主婚权仍多为父母所掌控。

即便如此,陈氏的调查报告仍然表明:反对尊长主婚,追求自主择偶,的确已经是历史大势。以接受陈氏调查的266位"未定婚者"为例,他们在回答"婚姻主婚权"问题时,多数选择自主择偶而非"父母代定",详见表6-1:

表6-1 20世纪20年代婚姻主体主婚权意愿表

婚姻主权	人　数	百分比
自己定	171	66.02%
双方同意	55	21.24%
父母代定	21	8.11%
两可	8	3.09%

---

① (民国)《重修浙江省通志稿》第十七册,1983年油印本,第5页。
② 陈鹤琴:《学生婚姻问题之研究》(未完),《东方杂志》,1921年第18卷第4号。
③ 陈鹤琴:《学生婚姻问题之研究》(续),《东方杂志》,1921年第18卷第4号。

第六章 城市婚姻与家庭的变迁

续表

婚姻主权	人　数	百分比
无意见	4	1.54%
总　计	259	100%

陈鹤琴：《学生婚姻问题之研究》（续），《东方杂志》，1921年18卷第5期。

从表6-1中的数据以及前述已婚者希望政府立法禁止父母代办婚姻的情况可知，即便"父母之命"在1920年前后仍然决定着杭州、南京、绍兴、徐州这4座城市的青年男女的婚姻走向，但婚姻主体尤其是未婚的青年男女大多不认同父母主婚而希望自主择偶。因此，陈鹤琴在感慨江浙青年已婚者多没有主婚权的同时，又针对表6-1所反映的情况断言："不久，旧式婚姻的婚制就要破产了。"[1] 然而，传统的父母主婚制并没有如他们所愿那样破产，仍然主宰着城市青年男女的婚姻命运。与此同时，自主择偶和有限度自主择偶者的比例亦有所上升，尤其是反对父母主婚者的比例明显高于前一时段。

1922—1923年，甘南引对全国青年的婚姻情况展开抽样调查，接受调查者的年龄在15—36岁，人数共计835人，其中已婚者395人、已订婚者127人[2]、未订婚者313人。受调查者的籍贯覆盖26省，其中以北平青年为最多。在主婚权问题方面，甘氏的调查报告显示，完全自主择偶和有限度择偶并成婚者的比例较前已有所上升，详见表6-2：

表6-2　1922—1923年中国已婚青年的主婚权情况表

	无自主权	完全自主	有限度自主	总　数
已婚者	341	21	33	395
百分比	86%	5%	9%	100%
订婚者	91	20	19	130
百分比	70%	15%	15%	100%

甘南引：《中国青年婚姻问题调查》，《社会学杂志》，1924年第2卷第2、3期合刊。

相较于陈鹤琴的调查结果，从表6-2可知：虽然这一时期婚姻主体中无主婚权者的比例还非常高，但完全自主择偶者和有限度自主择偶者的比例已有所上升，尤其是有限度自主择偶者的比例上升较为明显。

20世纪20年代，主婚权加速从父母向婚姻主体转移，还反映在否定父母主婚者日益增多这一点上。1926年，潘光旦以《时事新报》的《学灯》副刊为平台，就婚姻家庭问题展开问卷调查。在主婚权问题上，接受调查者共317人（男273人，女44人），其中赞成婚姻"宜完全由父母或其他尊长做主"者仅有2人，占

---

[1] 陈鹤琴：《学生婚姻问题之研究》，《东方杂志》，1921年第18卷第5号。
[2] 依表6-2"订婚者"一行的数据，那么此处应为130人。

0.63%；不赞成者有 312 人，达 98.42%。赞成"父母做主，但须征求本人同意"者有 132 人，占 41.64%；希望"本人做主，但须征求父母同意"者有 253 人，占 79.81%；赞成"宜完全由本人做主"者有 107 人，占 33.75%，不赞成者则为 204 人，达 64.35%。①

上述甘南引和潘光旦的调查结果表明，在 20 世纪 20 年代，通过自主择偶和有限度自主择偶的方式结婚者，相较于前一时段已有所增长，尤其是反对父母主婚者的比例更是大幅提高。

进入 20 世纪 30 年代，主婚权从父母向婚姻主体的转移可谓突飞猛进。1935 年 5 月，张文昌在杭州进行有关"青年问题"的调查。接受调查者共 577 人，其中男 457 人，女 120 人，调查对象的年龄则在 15—20 岁。关于主婚权问题，回答获得主婚权的男青年共计 219 人，占男性总人数的 47.92%；女青年具有主婚权者共有 88 人，占女性总人数的 73.33%。享有主婚权的男女总计 307 人，占总调查人数的 53.20%。张文昌因而断言，在婚姻方面，"现在双亲守旧者不多"②。

前述情况的出现，其可能的原因有以下两个方面：一方面，在日趋现代化的城市，已经传播了 30 多年的新型婚姻观念逐渐为父母们所悉知，加之因子女婚姻问题而导致的家庭冲突时有发生，在此背景下，父母们逐渐放弃了主婚权；另一方面，20 世纪 30 年代的父母，其相当一部分人已经受过新教育、新观念的熏陶，从而不排斥甚至支持子女婚姻自主。如张文昌的调查就显示，在接受调查的 457 名男青年中，其父母接受过新教育的共有 108 人，占比达 23.63%，而 120 名女青年中，其父母接受过新教育的计有 91 人，比例高达 75.83%。③ 同时，20 世纪 30 年代的城市青年男女大都是在新观念、新思想的熏陶下成长起来的，故而在婚姻问题上更倾向于自主择偶而非听"父母之命，媒妁之言"。而且，南京国民政府已经立法保护婚姻自由，这也有助于主婚权从父母向婚姻主体的转移。也正是以上原因的存在，婚姻主体自主择偶的比例才在 20 世纪 30 年代出现了井喷式的提升。

到了民国后期，父母主婚在城市中不再具有决定性这一趋势更为明显。1940 年，张文昌曾组织人力调查过上海青年在健康、习惯、学业、家庭、社交、经济状况、政治观点等方面的情况。接受调查的共有 1 202 人，其中男青年 781 人，女青年 421 人。在主婚权方面，回答有主婚权的男青年计有 459 人，占男性总人数的比例为 58.77%；承认没有主婚权的男青年则有 272 人，占比为 34.83%。女青年具有主婚权者共有 186 人，占女性总人数的比例为 44.18%；没有主婚权者只有 38 人，占比为 9.02%。④ 尽管这次调查的结果同上述 1935 年张文昌在杭州的调查结

---

① 潘光旦：《中国之家庭》，新月书店，1929 年，第 73—75 页。
② 张文昌：《青年问题研究——杭市五百七十七高中学生调查表统计结果》，《教育杂志》，1936 年第 26 卷第 1 号。
③ 张文昌：《青年问题研究——杭市五百七十七高中学生调查表统计结果》，《教育杂志》，1936 年第 26 卷第 1 号。
④ 张文昌：《青年问题调查结果》，《教育季刊》，1940 年第 16 卷第 3 期。

果相比，城市青年男女自主择偶者的比例没有突破性的变化，甚至女性自主择偶者的比例还有所下降，但考虑到此时正是全面抗战时期，我们仍可断言：20世纪40年代的城市青年具有主婚权者，相较于20世纪30年代，应该只有增加而没有减少。因为此时大批具有新思想、新观念的青年人或奔赴抗日前线，或撤退到西南大后方，或进入中国共产党领导的抗日根据地，从而影响了调查结果。

其实，1940年以后的民国社会，由于大多数时间都为战争所笼罩，导致大批青年男女因爱国情怀的激荡或政治理念的影响而远赴他乡，先后投身于抗日战争和解放战争，这在客观上使这批青年男女的婚姻也相应地摆脱了父母的控制和干扰，主婚权也就得以加速从父母向婚姻主体转移。为此，在1942年10月到1946年初期之间，民族学者岑家梧因"发现报上'一切从简'的订婚、结婚的广告很多，而否认婚约、离婚及同居的广告，又触目皆是"，便大量收集贵阳《中央日报》《贵州日报》和重庆《大公报》的婚姻广告，以研究战争阴云下婚姻变迁的情况。岑氏介绍，他所收集的婚姻广告共分7类：订婚、结婚、否认婚约、单方声明解除婚约、双方协议离婚、同居、征婚。"这七类广告，每日平均有十五条，最多的一天有四十条，比较其他任何的广告都要多。"而且，这些婚姻广告"多数由双方当事人出名"，或"由律师代为声明"，与父母等亲属无关。也就是说，无论征婚、订婚、结婚、离婚，还是否认婚约、单方解除婚约以及同居，都由婚姻主体自行决定。这一方面是因为"当事人与其家属，多不同居一地"，另一方面则是因为贵阳、重庆等城市的青年男女在战争时期获得机会"与外方接触，受新思想的熏陶，对旧的制度，便表示反抗"，于是自行登广告否认"幼时由父母作主，未经当事人同意"的"盲婚"。[①] 上述材料表明，在20世纪40年代，因为战争造成了父母子女分离，以至于父母主婚权遭到进一步削弱。同时，战争还推动了新型婚姻观念向相对落后地区的传播，从而促进了这些地区的城市青年进一步获得了婚姻自主的权利。

此外，在中国共产党领导的革命根据地、抗日根据地和解放区的城镇，主婚权也同样回归于婚姻主体。父母违背婚姻主体的意愿主婚的行为，既得不到中国共产党的政策支持和法律保障，还要受到舆论的谴责。如1942年4月，江苏海门县富安区女青年仇兰英，因受中国共产党妇女干部宣传的婚姻自主思想的启发，前往区政府"申请解除包办婚姻。区长吴明受理了她的申请，并指示新河乡妇抗会派干部调查处理。我们经过调查，发现仇兰英婚姻确实父母包办，违背了她本人意志，如实向区领导做了汇报。吴区长根据抗日民主政府关于男女婚姻自主的有关规定，宣布仇兰英要求解除婚约的申请有效，并召集男女双方家长和双方当事人说明缘由，做好工作，要求他们不得干涉仇兰英的婚姻自由"[②]。更典型的事例则见于《兄妹开荒》《王贵与李香香》《小二黑结婚》《刘巧团圆》等文艺作品中。这些作品鲜明

---

① 岑家梧：《从婚姻广告观察中国战时的婚姻》，《社会建设》，1948年第1卷第7期。
② 南通市妇女联合会、中共南通市委党史工作委员会：《巾帼壮歌——南通新民主主义革命时期妇女运动史料专辑》，中国妇女出版社，1993年，第113页。

地反映出,在中国共产党控制的广大区域,无论是城镇还是农村,由于婚姻自主政策的推行,父母包办式婚姻逐渐一去不返,婚姻主体进而获得了婚姻自主的权利。不过,由于革命时期的特殊性,中国共产党控制区域内的主婚权的变动还存在一种新情况:与军政人员相关的婚姻并不适用于婚姻自主原则。如1946年颁布的《苏皖边区婚姻暂行条例》第17条就规定:"解放军人之婚约,非有下列情形之一者,不得请求解除。一、已与他人订婚结婚者。二、证明确已牺牲者。三、三年以上无音信者。"① 易言之,除非军人本身同意或者已经牺牲,军属离婚的申请是不会得到批准的。此外,"在土改运动中,婚姻自由政策被阶级斗争绑架,有的地方把妇女当作斗争果实分配给贫农,也有的妇女为了与地主划清界限而被迫离婚。根据地还出现了各种政治包办婚姻,政治干预使婚姻自由出现了异化"②。

总之,由父母主婚的传统婚姻模式在民国时期逐渐被抛弃,城市中的婚姻主体一步一步地获得了掌握自己婚姻的权利。但这并不意味着父母就此与子女的婚姻毫无关联,也不意味着传统父母包办婚姻模式完全退出了居民婚姻生活。事实上,从陈鹤琴的调查报告到张文昌1940年的调查结果都表明,在居民婚姻生活中,传统的父母主婚模式仍然在影响着婚姻主体的婚姻选择。同时,新型婚姻模式,除了婚姻主体自主择偶的模式外,还存在协商式、征求意见式的婚姻模式,即婚姻主体在选择配偶时与父母协商,或通过自由恋爱确定伴侣后征求父母的意见。但无论怎样,正如潘光旦在其《中国之家庭》一书中所指出的那样:"婚姻完全由家长决夺之制,今后将归消灭,可无疑。唯父母之意见,仍有相当之威力。"③ 子女婚姻完全由父母决定的传统主婚模式在民国时期逐渐走向消亡,实为不争的事实。

(二)择偶标准的变化

传统中国社会的婚姻,其目的在于"上以事宗庙""下以继后世"。由此决定了婚姻不是个人的私事,而必须以家庭、家族的利益和伦理纲常为基准。在此基准上,择偶标准亦因此不取决于当事人的喜好和意志,而取决于家族利益和出于维护伦理的需要,于是"往往以门第的贵贱和财产的多寡等外在条件来决定婚事的成败"④。如安徽铜陵,清乾隆《铜陵县志》载:"婚礼不视浮华,视门第相当者与缔姻好。"⑤ 再如浙江淳安,"婚必择门第相当者"⑥。此外,传统社会依据"内外有别""男尊女卑"的原则,对女性还有诸如"三从四德"一类的要求。总之,学识、品行、健康、情感这些事关婚姻幸福的重要因素,极少成为传统社会主要的择偶标准,单纯追求爱情更被视为乱伦之道、有伤风化。所以,有人在1931年批评道:

---

① 朱耀龙、柳宏为:《苏皖边区政府档案史料选编》,中央文献出版社,2005年,第85页。
② 吴云峰:《婚姻自由政策与华中革命根据地择偶方式的变迁》,《北华大学学报》,2005年第6期。
③ 潘光旦:《中国之家庭》,新月书店,1929年,第76页。
④ 庄华峰:《中国社会生活史》,中国科学技术大学出版社,2014年,第165页。
⑤ (乾隆)《铜陵县志》卷六,民国十九年(1930)铅印本。
⑥ (光绪)《淳安县志》卷一,光绪十年(1884)刻本。

第六章 城市婚姻与家庭的变迁

"我国古代的（婚姻）选择标准，只依门第和财势，其余如身体的健康，性情的优劣等等，一概不问，这是最不好的选婚标准。"[①]

不过，随着中国社会从传统形态向现代形态的转型和新型婚姻观念的传播，人们的择偶标准在清末就逐渐出现了新的趋向。如 1900 年蔡元培在其夫人王昭病逝后，为应付络绎不绝的提亲者，而拟定了一个择偶标准：（1）女子须不缠足；（2）须识字；（3）男子不娶妾；（4）男死后，女可再嫁；（5）夫妇如不相合，可离婚。[②] 又如 1902 年 6 月 26 日，《大公报》刊登了这样一则求偶广告："今有南清志士某君北来游学，此君尚未娶妇，意欲访求天下有志女子聘定为室，其主义如下：一要天足；二要通晓中西学术门径；三聘娶仪节悉照文明通例，尽除中国旧有之陋俗。如有能合以上诸格及自愿出嫁而又完全自主权者，毋论满汉新旧、贫富贵贱、长幼妍媸均可。请即邮寄亲笔复函，若在外埠能附寄大著或玉照更妙，信面写'AAA'，天津大公报馆或青年会二处代收。"[③] 以上两个事例所展现的新的择偶条件，不仅摒弃了"门当户对"的旧俗，还否决了"缠足""女子无才便是德"等传统择偶标准，转而对配偶的身心健康、意志自由提出了要求。在当时的社会条件下，这些择偶新标准对传统婚姻陋习发起了挑战，具有革命性和颠覆性。

民国时期，随着新观念和新思想的深入传播，城市化和工业化的进一步发展，与传统社会的婚姻价值取向相背离的择偶标准在城市中逐渐明朗化，门第、财产及妇德、妇言、妇容、妇功等传统择偶标准，日趋为品行、健康、学识、情感、职业、年龄等方面的新标准所取代。如有一位民国女性便主张："一个女人，她对于择偶的条件，不外是男性有美的脸庞，健强的体格，爽直而温和的心，有才能但不需要财势，能有相当的职业，有自立的可能，有真挚而诚恳的心情。这一个女性的对象——男性，我认为是很合于每个女性的条件的。"[④] 很显然，在这位女性的情感世界里，门第、财富这些传统择偶标准，已不再是其选择配偶的必要条件。

择偶标准的变化，还反映在教育学家、社会学家进行问卷调查时的问题设定上。1920—1921 年，陈鹤琴在东南大学调查学生婚姻情况时，所设定的择偶标准便有以下 7 类：品貌、年龄、学问、家世、性情、才识、身体。[⑤] 潘光旦在 1926 年设计的家庭调查问卷中则开列了以下 13 类择偶标准：（1）家世清白；（2）健康；（3）相貌与体态；（4）母性；（5）治家能力；（6）性情；（7）教育造诣；（8）经济能力；（9）性道德；（10）妆奁；（11）家产；（12）父性；（13）办事能力。[⑥] 1929 年，江文汉、鲁学瀛和徐先佑等人对南京市高中以上学生的婚姻情况展开了调查，

---

① 吴麟禧：《关于中国婚姻中的两个重要问题的讨论：姻选标准问题和结婚年龄问题》，《青年之路》，1931 年第 1 卷第 4 期。
② 顾涛：《蔡元培女权思想评析与探源》，《广西师范大学学报》，2000 年第 1 期。
③ 《大公报》（天津版），1902 年 6 月 26 日，第 10 版。
④ 娟：《择偶条件：男性和女性》，《皇后》，1934 年第 9 期。
⑤ 陈鹤琴：《学生婚姻问题之研究》（续），《东方杂志》，1921 年第 18 卷第 5 号。
⑥ 潘光旦：《中国之家庭》，新月书店，1929 年，第 141—142 页。

在择偶标准方面所设定的项目亦为性情、学问、容貌、家资、品格、体格、思想、同情心、治家能力、门当户对等。而且，江氏等人在调查报告中还阐释了"健全的选择标准"的重要性："婚姻之成，赖有相当的选择。何以言之，无标准在，则对象失。对象为人生意志之反映。寻常读书做事，且具有相当目的，在婚姻复何能例外？唯幻想可无，而健全的选择标准则不可不有。因婚姻即家庭之始，而家庭功能复不囿于个人发展一端，对于种族之久远，及强弱均能左右之。其影响末流，常涉及个人范围以外事。婚姻之选择与婚姻之影响为因果的关系。不慎于始，无以善终。且此种因果关系不仅为一二人之事，则吾人于确定选择标准时，应得于标准范围方面，仔细思量。明确言之，即基本的标准不应侧重于个人方面。"①

这些调查的设定表明，婚姻的成败和婚姻的质量，在民国时期知识精英的视阈中，不仅是个人问题，更关系着国家民族的振兴，故在设定择偶标准时，尽量地体现时代的需要，要健康而不要腐朽，以图影响青年男女的择偶观。诚如是，过去只重门第和财富的择偶标准，也就被其选择性地弱化甚至放弃。

那么，民国时期生活在城市中的婚姻主体在择偶标准方面究竟发生了哪些变化呢？详见表6-3：

表6-3　1926年城市婚姻主体的择偶标准重要性排序表

择偶标准＼性别	男	女
家世清白	第七	第八
健　康	第二	第二
相貌与体态	第五	第六
母　性	第九	—
治家能力	第四	—
性　情	第一	第一
教育造诣	第三	第四
经济能力	第八	第七
性道德	第六	第五
妆　奁	第十	—
家　产	—	第十
父　性	—	第九
办事能力	—	第三

潘光旦：《中国之家庭》，新月书店，1929年。

---

① 江文汉等：《学生婚姻生活》，《妇女杂志》，1929年第15卷第12号。

从表 6-3 可以看出，在 20 世纪 20 年代中后期，男性择偶标准中居于前五位者依次是："性情""健康""教育造诣""治家能力""相貌与体态"。在女性的择偶标准中排名前五的则为："性情""健康""办事能力""教育造诣""性道德"。而与门第、财富相关联的"家产""妆奁""家世清白""父性""母性"等，不再是婚姻主体择偶的重要标准。

1930 年，社会学家吴文藻在燕京大学开设家庭课，其学生周叔昭、黄忆萱、何贞懿为完成学业论文而在校园内进行了一个关于家庭婚姻观念的调查，印了 1 000 份问卷，"幸恰逢考期，同学们忙碌异常，无心及此，结果发了三百份，收回二百余份，检查的结果发现一百八十八份是可用的"。这 188 份可用的问卷，其回应调查者有男生 143 人，女生 45 人。在关系"配偶标准"这个问题上，以"打分"的方法进行测评。其结果，无论男女，选择门第、财富作为理想配偶标准的都居末位。参见表 6-4：

表 6-4　20 世纪 30 年代城市男女的理想配偶标准表

等　第	分数与位次（男）	分数与位次（女）
性　情	1 180 分　第一	365 分　第一
健　康	1 086 分　第二	364 分　第二
相貌与体态	1 061 分　第三	215 分　第七
教育造诣	879 分　第四	355 分　第三
治家能力（女生：办事能力）	850 分　第五	322 分　第四
性的道德	717 分　第六	251 分　第五
母仪（女生：父道）	620 分　第七	209 分　第八
经济能力	548 分　第八	217 分　第六
清白家世	533 分　第九	215 分　第七（并列）
嫁妆（女生：家产）	227 分　第十	81 分　第九

周叔昭：《家庭问题的调查——与潘光旦先生的调查比较》，《社会问题》，1931 年第 1 卷第 4 期，《红绿》第 1 卷第 6 期。

这些调查充分表明，民国时期，传统择偶标准不再是城市婚姻主体选择配偶的主要标准，性情、才学、健康、个人能力等成为重要指标。其实，在潘光旦、周叔昭进行调查之前，民国《妇女杂志》（上海）也曾在 1923 年 8、9 月间以"我的理想配偶"为题在全国范围内举行征文活动，以期"窥测我国现代青年选择配偶的倾向"。在对所征集到的 156 篇应征文章（其中有两篇为同一作者）进行全面分析之后，主办方明确断言："一般青年对于配偶选择的意见，大体似乎都还正确"，并"由此推测，我国现代青年男女配偶选择的倾向，似乎还不会歧误，这是我们所非常欢喜的"[1]。

下面从性情（性格、情感）与身体（容貌、健康）、教育、职业与经济条件这三方面进一步分析民国时期城市婚姻主体择偶标准的变化。

1. 性情（性格、情感）与身体（容貌、健康等）是民国时期城市婚姻主体的重要择偶标准

民国时期的城市婚姻主体在选择配偶时，最为看重的便是对方的性情。陈鹤琴、甘南引、潘光旦、江文汉、徐超群等人在不同时间、不同城市所进行的抽样调查都证实了这一点。如1929年江文汉等人在将自己的调查对比了此前潘光旦的调查结果之后便指出："今潘光旦先生与余等所得之统计，'性情'一项均占首要地位。"[2] 又据梁议生在1930年的抽样调查，燕京大学的女学生在选择配偶时最看重的便是性情。梁议生甚至指出："此次答案以性情为第一，其重要超出身体与学问之上。其所以然者，其意在求婚姻生活之能持久，彼此之能融合。"[3] 梁氏进行上述调查的同一年，葛家栋也调查了燕京大学男学生对于婚姻的态度。其结果为：接受调查的202名男青年，无论已婚者、订婚者还是尚未议婚者，在选择配偶时都把性情视为首位诉求。[4] 而这种理念一直延续到了民国末期。1946年，一位女士便声称："性情若不契合，宁愿独守终身。"[5] 1947年，一位男性亦视性情和思想为择偶时"决不能放弃的两个条件"[6]。综上可见，传统婚姻制度向来忽视的性格和情感，实为民国时期的城市男女最为重视的择偶标准。这表明，民国时期的城市男女在谈婚论嫁时考虑得更多的是婚姻质量、婚姻幸福，而非家族利益、传宗接代等。

另外，民国时期的城市男女在择偶时亦很重视身体方面的条件，并出现了一些新的变化。容貌仍然是一个重要的择偶标准，但重要性较前已经下降。如1921年陈鹤琴在分析了相关的统计数据之后便指出："对于女子的品貌一层，现在的青年学生似不曾注意。"[7] 女性亦然。1930年，刘式雅曾设计了一份包含如下内容的问卷用于调查大夏大学女学生的择偶标准："甲、某大学博士，身体很矮，不过五尺，相貌丑陋，令人生厌。乙、初中毕业生，仪表翩翩的美少年，现在年纪也有二十多。"在159名受调查者中，选择"甲"者共计72人，选择"乙"者有86人，另有1人未回答。由此可见，容貌对于民国城市女性而言，是一个重要的择偶标准，但并不具有决定性地位。刘式雅就感叹说："甲以令人生厌的相貌，而能得到七十二票之多，这七十二人居然能对于令人生厌的相貌而不生厌，学问的号召，效力如

---

[1] 瑟庐：《现代青年男女配偶选择的倾向》，《妇女杂志》（上海），1923年第9卷第11期。
[2] 江文汉等：《学生婚姻问题》，《妇女杂志》，1929年第15卷第12号。
[3] 梁议生：《燕京大学六十女生之婚姻调查》，《社会问题》，1930年第1卷第2、3期合刊。
[4] 葛家栋：《燕大男生对于婚姻态度之调查》，《社会学界》，1930年第4期，《社会问题》，1930年第1卷第1、2期合刊。
[5] 秀：《寻找理想的丈夫》，《南北》，1946年第2卷第9期。
[6] 尊一：《我理想中的妻子：决不能放弃的两个条件》，《彷徨》，1947年新5期。
[7] 陈鹤琴：《学生婚姻问题之研究》（续），《东方杂志》，1921年第18卷第5期。

第六章 城市婚姻与家庭的变迁

何之大。"① 不过，对于身体健康，无论男女，都很强调。如潘光旦的调查便显示，不论男女，健康都是排名第二的择偶标准。葛家栋的调查亦表明，燕京大学的男学生在选择配偶时，身体健康的重要性仅次于性情而高于品貌②。为了弄清楚健康在女子择偶标准中的重要性，刘式雅曾设计了这样一组题目："甲、某大学毕业生，体质瘦弱，易受感冒，常在吃药。乙、小学毕业生，好运动，体质健壮，现在年纪也有二十多。"在159名接受调查的女生中，选择病弱的"甲"的共有50人，选择健康的"乙"的则有101人，另有8人未回答。与前述在容貌与学问之间做选择的结果相比较，显然，健康这次战胜了学问。③

以上所述表明，性格、情感、健康等因素已经成为民国时期城市婚姻主体十分重视的择偶标准，而诸如家世、财产等因素已不再具有决定性地位。

2. 是否受过教育乃民国时期城市婚姻主体的另一个重要择偶标准

1929年，江文汉等人将自己的统计结果与陈鹤琴、潘光旦的调查结果进行对比分析后指出："综合潘、陈二氏之调查及余等此次征求答案之所得，在婚姻选择标准一项，无论性别，而教育造诣一端，仅次于性情健康。教育造诣一端，应否构成婚姻选择标准之重要条件，此文不暇及之。然答案人本身，无论已婚订婚，或为未定婚，由其理想，就其经验，均认终身伴侣同居之快乐，双方在智识上至少能够得上讨论，此不仅为承认，亦为事实。"④ 这个"事实"首先可证之于甘南引的调查报告。甘氏的调查表明，在313名未婚男青年中，"愿订入学校读过书的有三百零二人，几乎全体都是如此"，而"不愿订入学校读过书的有三人"，不答或没意见者计有八人。至于615名已婚男性，在回答对于妻子"不满意"的事项时，"答对于学问智识不满意的二百三十三人"，占总人数的比例近40%。⑤ 由此可见，民国时期的城市男青年已经拒绝了"女子无才便是德"的传统标准。但与城市男青年有所区别的是，城市女青年大多还继续坚守着"才子佳人"的梦想，择偶时比较重视对方的学历。时人曾在1938年指出，许多女青年在选择配偶时，"自己小学毕业，要求中学毕业的对方；中学毕业，要求大学毕业，或外国留学的对方；非如此，则不上她的眼孔"⑥。此种情景，亦被刘式雅女士发现。1930年，刘氏在大夏大学进行问卷调查时曾设计了如下选项："甲，某大学博士，家里有父母，在他家里要奉行一切旧礼教。乙，初中毕业生，家里有父母，他们期望于儿媳的，不过是暮年的慰藉。"对于这道题目，总计159位受调查者，选择博士的有81人，选择初中生的则有75人，其余3人未表态。刘氏因而讥讽道："旧礼教已经被认为是束缚妇女的东西，在妇女眼里更视为洪水猛兽，但是征求结果，适得其反，莫非是博士的吸引

---

① 刘式雅：《女子择偶标准》，《大夏大学文学院同学会会刊》，1930年，第24—25页。
② 葛家栋：《燕大男生对于婚姻态度之调查》，《社会学界》，1930年第4期。
③ 刘式雅：《女子择偶标准》，《大夏大学文学院同学会会刊》，1930年，第26页。
④ 江文汉等：《学生婚姻问题》，《妇女杂志》，1929年第15卷第12号。
⑤ 甘南引：《中国青年婚姻问题调查》，《社会学杂志》，1924年第2卷第2、3期合刊。
⑥ 葛梦醒：《择偶与家庭幸福》，《真光》，1938年第37卷第1号。

力太大?"① 1939年，接受徐超群调查的200名成都女生，表示希望自己的丈夫具有大学文凭者达111人，占比55.50%；有34人则希望配偶中学毕业；有27人希望配偶是留学生；有17人希望找到发明家为伴侣；另有11人不考虑对方教育程度。综上可见，民国时期的城市婚姻主体在选择配偶时普遍重视配偶是否接受过教育，其中，男性主体希望女性的学历低于自己，而女性主体则希望配偶有较高的学历。

3. 职业与经济条件对婚姻的影响

1933年12月安徽六安县城发生了一起女学生投井自杀事件。其具体情况是，年满17岁的安徽省立第六中学女学生魏文华的父母不经其同意而"代定婚姻"，为其找了一户"门户尚属相当"的人家。魏文华多次"表示不满"，其父母便断绝了她的生活费用达三月之久。魏写信或打电话"向家索款"，父母则要求她回家完婚。生活无着，被逼无奈，魏于是选择了轻生。② 这个自杀事件表明，经济独立是实现婚姻自由的必要条件。而传统中国之所以盛行包办婚姻，一个关键原因就是子女经济不独立，只能依附于家族。在以农业经济为根基的大家族制度下，子女因"受家庭的养活，自己的生活，完全操之于家庭之手。自己的生活既然完全操之于家长之手，那么舍绝对服从家长之外，更何敢自主？只得任人摆布罢了"③。因此，有无职业便成为民国时期的城市婚姻主体在选择配偶时的一个重要标准。如有人在1931年便强调："目下婚姻自由，决不能像旧礼教下所谓'门第相当'方为合格，只要对方具有正当职业，家庭中不是做娼妓盗贼这等卑鄙事业，就没有不可能的。"④ 1930年，刘式雅在大夏大学组织调查女子的择偶标准情况，在涉及职业问题时便设计了如下选项："甲、他相貌丑陋，有职业。乙、美貌男子，无职业。"来自江苏、浙江、河北、广东、福建、四川、贵州等14省的159名被调查者提供的答案如下：134人选择貌丑而有职业者，20人选择貌美无职业者，5人未填。⑤ 1941年，署名"寒芳"的女士投书《西风副刊》请教婚姻问题，并按重要性依次列出自己的8个择偶标准："思想""性情""职业""嗜好""身体""容仪""年龄""财产"。关于排在第三位的"职业"则有如下要求："有固定职业，可以赡家；有专门技能，不致有失业恐慌。"⑥ 综上可见，职业的确是民国时期城市婚姻主体选择配偶时的一个重要标准。

需要指出的是，民国时期城市婚姻主体对于职业的重视，存在着一定程度的性别差异。女性相较于男性更为重视对方有无职业。时人曾在1938年指出："近年来

---

① 刘式雅：《女子择偶标准》，《大夏大学文学院同学会会刊》，1930年，第26页。
② 《六女中校长呈报学生魏文华投井自杀情形》，《安徽教育半月报》，1933年12月20日第10期，第2版。
③ 崔溥：《急需改革的中国旧式婚姻制度和由经济上来解释这种改革的天然趋势》（续），《共进》，1922年12月10日第27期，第3版。
④ 蕙秀：《择偶的条件》，《玲珑》，1931年第1卷第35期。
⑤ 刘式雅：《女子择偶标准》，《大夏大学文学院同学会会刊》，1930年，第32—33页。
⑥ 寒芳：《择偶标准》，《西风副刊》，1941年第30期。

青年们的有无职业,和择偶的条件上是发生关系的,不再似以前的只要祖宗有遗产了。为甚么呢?因她们都觉悟了,知道无产乃贫的原理了。所以,她们于这切身择偶的问题上,格外地注意。这是女子对于男子的要求如此。至于男子之于女子,似乎是有职业也好,无职业也罢,视为无关甚重要的。"① 以成都市为例,据徐超群在 1939 年的调查,153 名受访女性中有 138 人要求配偶具有职业,占比高达 90.19%,而接受调查的 84 名男性中则有 49 人不考虑配偶有无职业的问题,占比接近 60.00%。② 1941 年,署名"男士"者在重庆发行的《星期评论》上刊登自己的择偶条件,共计 26 条,涉及"品行""容貌""学识""身体""爱好""社交能力"等方面,但唯独没要求对方要有职业。③ 以上现象的存在,其原因可能在于近代女性就业率低,尤其是受过现代教育又有职业的女性更是稀缺资源,男性不得不降低自己对配偶有无职业的要求。同时,民国时期的中国社会仍处于转型之中,虽然有识之士和女权主义者一直鼓吹和提倡"男女平等",但"男尊女卑""男主外,女主内"的传统观念事实上仍然决定着男性和女性在社会上的不同地位。许多男性既不愿意自己的配偶为稻粱谋而抛头露面,又自恃能够养家,故不太在意配偶有无职业。

(三)结婚年龄的变化

传统中国社会,因"不孝有三,无后为大"等观念影响,早婚盛行。此陋习在民国时期仍未消亡。如 1917 年前后的沈阳,"婚礼多沿古制,子女年及冠笄,乃通媒妁早婚,迟聘殊不常有"④。即或如此,但从长时段看,民国时期的城市男女总体仍倾向于晚婚。详考其故,一方面如时人所言:"在都市中,中上阶级尽有早婚的能力,但因为他们的儿子受了摩登教育,醉心所谓自由恋爱。父母的支配婚姻权早已丧失。都市无产者生活不安定,也没有早婚的可能。这样,哪怕目前还有部分的例外的早婚事实存在,但早婚现象已在日渐没落中,所谓早婚,已不能成为问题的了。"⑤ 也就是说,城市婚姻主体或因接受了新的婚姻观念,或因生活压力,逐渐告别早婚。另一方面,则或许缘于政府的禁止。如 1939 年 3 月,最高法院便裁定湖南宁乡人唐莲贞和长沙人刘建章之间的婚姻无效,因为唐氏出嫁时年仅 11 岁,属于早婚,其法理依据是:"未达十六岁而从父母之命结婚者,除于达十六岁后无异议而继续同居外,虽在《民法·亲属编》施行前,亦应许该当事人请求撤销。"⑥ 又如山西永和在 1931 年以前颇盛行早婚,"近来上峰尝有白话、文言告示,一再言

---

① 葛梦醒:《择偶与家庭幸福》,《真光》,1938 年第 37 卷第 1 号。
② 徐超群:《成都大中学生婚姻观念之调查》,《社会科学学报》,1939 年第 1 卷第 1 期。
③ 男士:《我的择偶条件》,《星期评论》,1941 年第 12 期。
④ (民国)《沈阳县志·礼俗》,民国六年(1917)铅印本,第 3 页。
⑤ 阿彦:《我对于早婚的观察》,《申报》,1932 年 9 月 13 日,第 20 版。
⑥ 郭卫、周定枚:《最高法院民事判例汇刊》,1934 年第 7 期。

之剀切，极中其弊。人民均痛知其非，刻已无形消除矣"[1]。也正因为上述原因的存在，故陈鹤琴、甘南引、潘光旦等人的调查结果都表明，城市婚姻主体拒绝早婚。如甘南引在1922—1923年的调查显示，未婚的313名被调查者，"到了二十一岁，还在过单独生活的，极为普遍"[2]。又如潘光旦以"女子十五以上，男子二十以上"为理想结婚年龄，征求317名被调查者的意见。赞成者仅有52人（男48人，女2人），占比16.40%；反对者则有265人（男225人，女40人），占比83.60%。在综合其他结婚年龄段的调查结果之后，潘光旦得出结论："大多数答案人显然以女子二十以上、男子二十五以上为最适当之婚姻年龄。十人中有八人以上赞成之。"[3] 但此一时期北洋政府仍然规定男女满16周岁便可结婚，对早婚予以支持。由此可见，晚婚虽然得到城市居民的支持，但从全国范围来看，要推行晚婚还是有很大难度。而在农村中推行晚婚尤为困难，因为在农村，早婚不仅是观念的问题，也是经济和社会问题。南京国民政府成立后，政府曾根据世界主要国家对结婚年龄的规定，重新调整了男女的法定结婚年龄。《民法》之"亲属篇"规定男未满18周岁、女未满16周岁者不得结婚，从而推后了法定结婚年龄。不过，其时城乡分化突出，农村早婚仍然较为普遍，但城市女性，特别是职业女性开始主动选择晚婚。据1929年陈利兰的调查，在接受调查的40名已婚女性中，"以二十四岁结婚的为最多。其次以二十三岁结婚为最多，以二十岁结婚的为最少"[4]。10年之后，徐超群调查了成都女性对结婚年龄的态度，其结果显示，被调查者亦以24岁为最理想的结婚年龄。

其时，在大中城市中，越来越多的男女青年除了拒绝早婚外，还对"女大男小"的传统婚姻习俗表示反对，所谓"女大三，抱金砖"等观念已不为具有新思想的青年男女所接受。男性在选择配偶时，普遍希望对方的年龄小于自己，女性则普遍希望配偶年龄大于自己。据陈鹤琴的调查，受访的266位男性未婚者中，有165位希望自己的配偶和自己年龄相当，占比达62.03%，101人喜欢年龄比自己小的女性，占比达37.97%，但没有一个人希望配偶比自己年龄大。[5] 甘南引的调查报告亦显示，在已婚的397名男性中，除了"未答及错答"的23人外，妻子年龄比自己大或同龄的共有244人，比自己小的则有130人。而313名未婚男性中，希望选择年龄比自己小的女性为配偶者共有267人，有40人希望配偶和自己同龄，只有6人希望配偶比自己大。[6] 另外，同一时期的青年女性则普遍希望自己配偶的年龄大于自己。据1929年陈利兰的抽样调查，40名已婚女性中有37人的丈夫年龄比自己大，另有两名女性与丈夫同龄，只有一名女性比丈夫年长3岁；在120名

---

[1] （民国）《永和县志·礼俗》，民国二十年（1931）抄本，第9—10页。
[2] 甘南引：《中国青年婚姻问题调查》，《社会学杂志》，1924年第2卷第2、3期合刊。
[3] 潘光旦：《中国之家庭》，新月书店，1929年，第66—68页。
[4] 陈利兰：《中国女子对于婚姻的态度之研究》，《社会学界》，1929年第3期。
[5] 陈鹤琴：《学生婚姻问题之研究》（续），《东方杂志》，1921年第18卷第5号。
[6] 甘南引：《中国青年婚姻问题调查》，《社会学杂志》，1924年第2卷第2、3期合刊。

女性未婚者中，有 90 名女性希望丈夫比自己年龄大，有 26 人希望未来的配偶与自己同龄，而希望未来的配偶比自己小的只有 4 人。陈利兰调查后得出结论，认为："现在的新式婚姻大半都是男人比较女人大。"① 这个结论同样为徐超群的调查所印证。1939 年的成都有 46％的女学生希望自己未来的丈夫比自己大 2 岁，而希望未来的丈夫比自己大 3 岁的则占 44％，有 6％的女生希望未来的丈夫比自己大 4 岁，有 3％的女生希望未来的丈夫比自己大 1 岁或 5 岁，仅有 1％的女生希望未来的丈夫比自己小。②

总而言之，民国时期的大中城市中，早婚习俗已逐渐发生变化。在新式社会群体中，婚姻主体普遍选择晚于法定的结婚年龄成婚。另外，由于"女子易老，女子大于男子，在爱情方面，终是要受很大的影响的"③，故在选择配偶时，越来越多的青年男女开始认识到男性的年龄应该大于女性，如此才能适应男女之间的性别差异和各自的生理特征，从而提高婚姻生活的质量。

（四）婚姻礼仪的变化

中国传统的婚仪十分烦琐。在成婚之前，有所谓六礼——纳彩、问名、纳吉、纳征、请期、亲迎，"俱诸六者，斯为礼备，非此，不得谓夫妇之正也"④。举行婚礼之日，又有拜天地、拜祖先、拜尊长、合卺、入洞房、坐帐、闹洞房等仪式。正式婚礼结束之后，还有所谓祭墓、拜庙、拜舅姑、回拜等仪节。全部流程所耗时间，至少为 10—15 天。传统婚礼不仅耗时，而且费钱，聘仪奁赠"成为互市之浇风，或者竞事繁华，互相凌驾，富者竭其脂膏，贫者亦思步武，相穷以力，相尽以财"，诚可谓"易使人失其时，家受其害也"。⑤ 同时，诸如闹洞房等习俗，格调低、庸俗不堪，更被时人视为恶习，"闹房恶习日盛，轻薄子弟，为种种无礼之玩笑，几与发狂无异"⑥。

正是因为传统婚姻礼仪存有种种弊端，故从晚清以来，伴随婚姻自由风潮的兴起，改良甚至改造婚姻礼仪的呼声也就从未断绝。1903 年就有人指出，传统婚姻礼仪"繁文错杂，通人窃笑。秽谬多端，智者见羞。……此野蛮之礼式，而非文明之礼式"。因而他们要求对传统婚姻礼仪中的"不正不文之事，删除净尽"。⑦ 在这样的背景下，新式婚礼（又称"文明结婚"）逐渐在上海等通商口岸城市兴起，并向其他大中城市及小城市传播。徐珂在《清稗类钞》中曾指出："光宣之交，盛行文明结婚，倡于都会商埠，内地亦渐行之。"⑧ 所谓"文明结婚"实为模仿西方婚

---

① 陈利兰：《中国女子对于婚姻的态度之研究》，《社会学界》，1929 年第 3 期。
② 徐超群：《成都大中学生婚姻观念之调查》，《社会科学学报》，1939 年第 1 卷第 1 期。
③ 陈利兰：《中国女子对于婚姻的态度之研究》，《社会学界》，1929 年第 3 期。
④ 编者：《改良婚礼刍议》，《宁波市政月刊》，1929 年第 2 卷第 5 期。
⑤ 陈王：《论婚礼之弊》，《觉民》，1904 年第 1—5 期合刊。
⑥ 伧父：《文明结婚》，《东方杂志》，1917 年第 14 卷第 5 号。
⑦ 杜士珍：《婚制改革论》，《新世界学报》，1903 年第 5 期。
⑧ 徐珂：《清稗类钞》，中华书局，1998 年，第 1987 页。

礼而来，其特征主要在于破旧立新。现抄录当时报刊所载两场婚礼如下：其一，"正月初十日，松属青浦有沈朱两姓行文明结婚礼，所有冠袍面红以及拜天地合卺坐床种种俗例，一概摒弃。当场请见证人某君宣证书，男女又各设试，男守不娶妾、不吸鸦片烟之约，女守不缠足、不迷信鬼神之约，亲友观礼者皆以办法甚当，可见内地风气已有转机矣"①；其二，"余姚施君久遂，娶了东乡周女士桂玉为妻，当亲迎时节，不用平常的花轿，他用官轿将植物扎成新鲜式样，前用龙旗两面，又用婚礼改良旗两面，锣四面，排枪一对。余姚的习俗，凡使用的人，惯用堕民，他却不用堕民，用自家的工人。迎来的时候，先到祠堂行结婚礼，由学界同人致颂词，施君的妹济民女士读答词，继由证婚人蒋君读证书，王君等为介绍人，邵君为司仪员，末复由施君演说，礼毕，复摄一影。四方观者不下千人，没有一个不极口赞美"②。从以上的记述来看，新式婚礼的形式、内容和意涵完全不同于旧式婚礼。虽然不同城市的婚礼仪式有所不同，但总体来看，仪式简单、不铺张浪费为其重要特点，故而受到时人欢迎，甚至被赋予了移风易俗、改造社会的重大责任。

新式婚礼主要在大中城市的新式群体中盛行，但并未成为主流，传统的旧式婚礼仍然居于主流地位。不过，在时代浪潮的冲击下，传统婚礼也逐渐趋向改良，不再完全遵循古制。如安徽太平县，"古有六礼，今只纳彩、纳币、请期，俗便之"③。又如广东茂名县，"婚之六礼并而为四"④。再如天津静海，"遵朱文公《家礼》议婚、纳彩、纳币、亲迎四礼，以从简便"⑤。随着新式婚礼的出现，以及旧式婚礼的改良，清末婚姻礼仪出现了多样化的景象，"各地行礼自为风气，或滥用缛节繁文，新旧庞杂，漫无标准"⑥，以至于婚礼流程五花八门。

综上可见，中国人习俗里非常重要的婚姻礼仪在清末已经逐渐脱离传统的轨道，趋向于以"新"换"旧"，化繁就简。

民国建立以后，婚姻礼仪开始出现的新变化首先表现为政府等相关部门力图对婚礼习俗进行改良与规范，试图终结其"漫无标准"的状况。1914 年，北洋政府教育总长汪大燮鉴于婚丧礼仪紊乱，无一定之规，乃倡导统一婚丧之礼，其建议："自民国以来，所有婚丧礼节，旧日之仪式既不适用，而仿行外国之仪式亦多有阂隔，而不能通……宜采取世界现行之通式，参照中国历来之风俗习惯，厘定民国婚丧通行礼节，颁行全国，以资适用。"⑦ 显然，汪氏力图规范出一种新旧杂糅的婚姻礼仪，但此建议无果而终。1919 年 6 月 18 日，徐世昌颁布大总统令，再次试图统一婚姻礼仪，"吾国为文明之邦，礼教攸尚，往昔贤哲，征考损益，辑为专籍，

---

① 《结婚新式》，《申报》，1906 年 2 月 12 日，第 9 版。
② 佚名：《文明结婚》，《竞业旬报》，1908 年第 15 期。
③ （光绪）《太平县志·建置》，光绪八年（1882）刻本，第 2 页。
④ （光绪）《茂名县志·风俗》，光绪十四年（1888）刊本，第 28 页。
⑤ （民国）《静海县志·人民部》，民国二十三年（1934）铅印本，第 19 页。
⑥ （民国）《巴县志》卷五，民国二十八年（1939）刻本，第 25 页。
⑦ 《各部新消息·教育部》，《申报》，1914 年 1 月 13 日，第 6 版。

第六章 城市婚姻与家庭的变迁

以挞扬钜制,固期切于民生日用也。民国以来,草创经营,典章未备。虽经前礼制馆规拟草案,亦多议而不行。思婚姻为人伦之始,丧葬为人事之终。若不厘析礼则,昭示崇模,海内士民,靡所适从。臆为规行,益乖礼意。将何以范围群伦,纳于轨物"①。因当时正值反帝反封建的五四运动开展的时期,加之北洋政府的号令根本不能让各省遵从,所以,上述统一婚礼的"大总统令"仍然没有发挥作用。

1928年6月21日,已经取得国家政权的国民党有感于"礼制服章为一国文华及时代精神之表现,民国成立已十有七载。所有礼制服章仍多用'满清'时代之旧习,此实有背新国家之精神及新时代之趋势",遂决定成立礼制服章审定委员会,"为新中国订定统一遵行的新礼制与新服制"。② 其中,婚丧祭礼制度由大学院和内政部会同起草。1928年10月,大学院院长蔡元培和内政部部长薛笃弼拟定《婚礼草案》呈报国民政府,其宗旨为:"矫正奢靡,消弭诈伪,破除迷信,提倡质朴,酌采可以保存之旧制至婚礼,期在废除买卖婚姻,以当事人之意思为基础,兼参考民国草案,期与法律相符。"③ 这部草案的具体内容如下:

一、订婚。(1) 订婚年龄:依法律之规定。(2) 双方交换订婚帖,各种聘礼一概免除。

二、通告。结婚一月前,由男女两家同意,订定结婚日期,双方只具名帖,所有礼品一概革除。

三、结婚。(1) 结婚地点:在公共礼堂或在家庭行之。(2) 结婚关系:甲、介绍人;乙、主婚人,双方父母或保护人为当然主婚,无父母或保护人者,各就亲长中推定一人主婚;丙、证婚人,双方共推本地有声望者一人为证婚人;丁、傧相,男女傧相各二人,由双方邀请;戊、司仪,由双方公推一人为司仪。(3) 结婚礼服:结婚时应着礼服(礼服式另定之)。(4) 结婚礼节:司仪入席;奏乐(乐谱另定之),来宾入席;介绍人就位,证婚人就位;主婚人就位;新郎、新妇就位;全体肃立,向党、国旗及总理遗像行三鞠躬礼;证婚人读证书(证书另定之),证婚人分别讯问新郎、新妇是否同意,新郎、新妇受问时,须各进一步答复,答后退复原位;新郎、新妇盖章或签字;证婚人、介绍人、主婚人依次盖章或签字;新郎、新妇相向立,互行三鞠躬礼,并交换戒指,奏乐;证婚人致词;主婚人致训词;来宾致贺词;新郎、新妇谢证婚人三鞠躬,证婚人退;谢介绍人三鞠躬,介绍人退;谢来宾三鞠躬;奏乐,礼成。

四、谒见。(1) 新郎、新妇向舅姑及外舅姑行谒见礼,三鞠躬。(2) 新郎、新妇向男女双方尊长行谒见礼,三鞠躬。(3) 新郎、新妇向平辈亲戚行相见礼,一鞠躬。(4) 男女亲戚全体行相见礼,一鞠躬。礼成。④

---

① 《命令》,《申报》,1919年6月20日,第3版。
② 何国遑:《礼制服章审定委员会成立记录》,《国民政府内政部内政公报》,1928年第1卷第3期。
③ 蔡元培、薛笃弼:《呈为拟定婚礼丧礼相见礼暨文官就职礼宣誓礼各草案仰祈鉴核施行事》,《内政公报》,1928年第1期第7期。
④ (民国)《巴县志》卷五,民国二十八年(1939)刊本,第26—27页。

以上婚礼程序的制定,标志着清末以来杂乱无章的婚姻礼仪在几经周折之后终于有了一个相对规范化的样本。

与传统婚礼相比,规范化的婚姻礼仪具有如下特点:

(1) 中西结合,新旧并成。规范化的新式婚礼虽然在议程、仪式上趋于"新",但某些环节仍然取法于旧式婚礼。如"谒见"礼就显然保留了旧式婚礼的"拜舅姑"之礼,以增进亲缘联系,从而维护传统大家庭制。这正与"酌采可以保存之旧制"的宗旨相符合。规范化的新式婚礼因而呈现出不中不西、新旧并呈的特点。

(2) 废除了传统婚仪的"聘金"和"妆奁"之制,节约了婚姻费用,杜绝了传统婚礼的奢侈浪费。规范化新式婚礼要求"各种聘礼一概免除",以及"所有礼品一概革除",即女家不索男家聘金,男家不责女家妆奁,从而提倡了节俭,避免了传统婚礼常出现的如下现象:"娶妇者典贷无余,遣嫁者需索不膺,女子过门,质变殆尽,致贫之道,此其一端。"[①]

(3) 在婚礼流程方面,删繁就简,简化仪节。规范化的新式婚礼延续了清末以来婚仪日趋简约的趋势,以"订婚""通告""结婚""谒见"四礼取代了传统的六礼,并简化了仪节,从而避免了传统婚礼的烦琐,节约了时间。

(4) 提倡男女平等,废除婚俗陋习。规范化的新式婚礼废除了传统的跪拜礼,改为夫妻在主婚人、证婚人、来宾的见证下互相行鞠躬礼,从而彰显了男女的平等。同时,婚礼流程还摒弃了闹房、厌胜、驱邪等陋习,增加了婚礼的文明性,抵制了封建迷信。

(5) 宣传了现代法律意识、政治意识,有利于遏制早婚,增强国家观念。规范化的新式婚礼得以举行的前提是婚姻主体必须达到法定婚龄,从而保护了未成年人,遏制了早婚。同时,在婚礼过程中向国旗、党旗、孙中山肖像行礼,有助于培养民众的国家意识。

必须指出的是,虽然相较于清末,新式婚礼流行的地域在民国时期已经扩大到全国范围,但在实际中仍然是新、旧婚礼并存,并出现如下现象:

首先,在不同地域间和城乡之间,新式婚礼的采行情况呈现出不平衡性,东部沿海城市推行新式婚礼的力度大于广大内陆城市,城市推行新式婚礼的力度又大于乡村。20世纪20年代,上海、广州、天津等城市举行新式婚礼已经成为常态,但在不少内地中小城市却仍为稀罕之事。如吉林通化,"文明结婚虽已实行,然绝无而仅有矣"[②]。又如江苏沛县,"婚礼仍凭媒说,无自由择配、文明结婚之俗"[③]。又如河北广宗,"旧式婚礼乡间多行之,至于新式文明结婚则犹未能通行也"[④]。再如贵州开阳,"入民国后,间有采行文明结婚仪式者。民国十六年以来,风气日开,自由恋爱,日盛一日。去文章繁缛之旧,趋简单明了之新,风气为之一变。而乡间

---

① 方鸿铠:《川沙县志·方俗》,民国二十五年(1936)刊本,第3页。
② (民国)《通化县志》卷二,民国十六年(1927)铅印本。
③ (民国)《沛县志》卷一,民国九年(1920)铅印本,第6页。
④ (民国)《广宗县志》卷四,民国二十二年(1933)铅印本。

第六章 城市婚姻与家庭的变迁

守旧者,多依然如故"[1]。

其次,对新、旧婚礼的采行,存在着阶级或阶层差异。总体而言,士绅官商阶层、知识分子多举行新式婚礼,普通民众则采行旧式婚礼。如辽宁北镇县,"近年官绅之家有仿西式行文明结婚礼,至平民之家则悉仍旧制"[2]。又如绥中,"民国改行文明结婚礼,搢绅家多行之,而乡间则仍沿旧习,仅易跪拜为鞠躬也"[3]。再如四川南川,"新式婚礼……惟学生喜行之。惟学生旅外自娶,始能完全行之,至在本地,间有仿者,不过于成婚日略采仪式,未经习惯,老辈旧俗多不悦之,乡间间则概未之见"[4]。

最后,在新式婚礼与旧式婚礼并存的格局下,出现了新旧混杂的婚礼形式。如河南淮阳,"近日亦间有用文明结婚之式,然虽礼数稍殊,而一禀父母之命,媒妁之言,则固率履不越也"[5]。又如江苏宜兴,"自民国以来,政体虽变,而新郎之戴顶履靴者,仍属有之,然亦有喜学时髦,着大礼服,戴大礼帽,以示特别开通者。最可笑者,新郎高冠峨峨,履声橐橐,在前视之,固俨然一新人物也。讵知背后豚尾犹存,红丝辫线,堕落及地"[6]。再如厦门,"婚礼有新旧两式,新式行文明结婚,旧式仿古六礼……新旧并用,结婚行文明式,余仍采六礼"[7]。

除上述现象外,民国时期在生活方式和观念等方面更趋新趋洋的城市还出现了这样一些现象,如交换生辰八字时附上双方相片,婚书上要求女性不得缠足、男性不得纳妾等等。不过,最值得一提的是集团结婚。

集团结婚一方面是文明结婚逻辑发展之物,是清末以来婚姻礼仪总体趋向简单、节约、文明的又一产物;另一方面,它又与新生活运动的开展相关联。

在南京国民政府统治时期,虽然文明婚礼通过国家的支持、社会精英的示范(如蒋介石与宋美龄的婚礼)以及舆论的宣传而逐渐扩大到全国范围,但其推广、普及的难度还是较大,首先其所需费用颇多。时人曾在1928年指出:"正在风行的什么文明婚礼,一举行就要用很多的钱,几百元或几千元。经济力强的人,那是不成什么问题的;经济力弱的人,到那个时候,忙糟了!真没有法子的时候,也只得'典卖',或'借贷',好凑足所需要的钱。婚礼虽然成了;债呢,也来了。"[8] 之所以出现借贷结婚,社会奢风过炽是一个重要原因,而其癥结并不在于文明结婚的仪式本身。譬如在文明婚礼盛行的上海,"习俗益趋奢侈,结婚费用,动辄数千,市民对于俭婚之希望虽殷,终不敢以身作则,惧遭亲友之轻视"[9]。因而,规划更经

---

[1] (民国)《开阳县志·社会》,民国二十九年(1940)铅印本。
[2] (民国)《北镇县志》卷五,民国二十二年(1933)石印本。
[3] (民国)《绥中县志》卷七,民国十八年(1929)铅印本。
[4] (民国)《重修南川县志》卷五之二,民国十五年(1926)铅印本。
[5] 丁世良等:《中国地方志民俗资料汇编·中南卷(上)》,书目文献出版社,1991年,第144页。
[6] 胡朴安:《中华全国风俗志》(下篇),广益书局,1923年,第85页。
[7] (民国)《厦门市志》卷二十,民国抄本。
[8] 龚钰:《文明婚礼?》,《新评论》,1928年第14期。
[9] 《新生活集团结婚方法》,《申报》,1934年12月9日,第13版。

济、更简单的结婚方式并推而广之，逐渐为当权者所考虑。

1934年2月，蒋介石在南昌发起了以"整齐、清洁、简单、朴素、迅速、确定"为标准的新生活运动，力图"改良社会秩序，挽救国家危亡，恢复民族道德"①。新生活运动中的一个重要内容就是改良社会风俗。相应地，婚礼的改革亦被提上日程。同年12月，上海市社会局率先拉开了婚礼改革的帷幕，"为推行新运，提倡俭婚，仿意大利集团结婚办法，发起新生活集团结婚典礼"②。1935年2月7日，在上海市政府召开的第276次市政会议上，以简单、经济、庄严为宗旨的《上海市新生活集团结婚办法》被批准通过并予以公布，其内容大体如下："凡上海市民举行婚礼者，均可申请参加集团结婚，每月每一个星期三为集团结婚日，在市政府大礼堂举行，市长与社会局长为证婚人；经社会局审核批准参加集团结婚者，需缴费二十元，由市政府印备发给结婚证书。"③

上海市政府将举办集团结婚典礼的消息传出之后，各界适龄男女纷纷踊跃登记，据说当时"上海请求记名加入这项集团结婚的人们，本埠不论，内地如江阴、常熟等，亦有人询问可否来沪参加"④。最后，上海市社会局核准了59对新人参加首届集团结婚典礼。

1934年4月3日下午3时，民国时期的第一届集团结婚典礼在上海市政府大礼堂举行。参加集团结婚典礼的59对新夫妇统一着装，新郎穿蓝袍、黑褂，头披白纱、手持鲜花的新娘身穿粉红色软缎旗袍。59对新人伴随军乐声步入礼堂，分列两行。司仪宣读新人名单，新郎、新娘按照名单顺序，每次两对新人，轮番登台，先向孙中山像三鞠躬，然后，新夫妇相互二鞠躬，最后向证婚人一鞠躬。接着，证婚人颁发结婚证书、纪念品，致证婚辞。整个婚礼到此结束，新郎、新娘在音乐声中步出礼堂，到广场摄影留念。

关于集团结婚，时人曾在1935年指出，其"主要目的，首在节省金钱的耗费，次为减省日时和精力。这两种需要，都是生活压迫急激苛酷的大都市，才敏锐地感觉到。乡间老农虽然穷困，但婚姻事所致的困难，却倒反不如大都市市民的严重"⑤。也就是说，集团结婚的出现有助于缓解城市社会因居民经济压力、生存压力而出现的"结婚难"的问题。所以，搁置国家推行集团结婚的政治意涵不论⑥，首届集团结婚典礼在上海举行之后，全国各主要大中城市纷纷效仿。1935年4月17日的《申报》便指出，自上海举办集团结婚典礼之后，"如天津、北平、汉口、

---

① 萧继宗：《新生活运动史料》，秦绍仪：《革命文献》（第68辑），"中央"文物供应社，1975年，第237页。
② 孙泳沂："新生活集团结婚"拟议的前后》，《社会半月刊》，1934年第1卷第8期。
③ 《四月三日举行第一届集团结婚典礼》，《申报》，1935年2月7日。
④ 邵彤欣：《我对集团结婚制度举行后之希望》，《社会半月刊》，1934年第1卷第8期。
⑤ 黄华节：《集团结婚的来龙去脉》，《东方杂志》，1935年第32卷第13号。
⑥ 谷秀青：《集团结婚与国家在场——以民国时期上海的"集团结婚"为中心》，《江苏社会科学》，2007年第2期。

无锡、嘉定等处,均已着手筹备,并已有开始首届登记者"①。汉口、南京、昆明、郑州、青岛、广州、重庆、贵阳、开封等城市都先后举办了集团结婚典礼。到抗战即将结束时,"全国各大都市多已先后举办(集团结婚),风气已为之大变"②。

抗战胜利之后,举办集团结婚典礼再次出现高潮,其原因在于,"战争甫经结束,建国方在开始,物力凋残,民生困苦,应当剪除不必要的靡费,一方面以充建国的需要,一方面改良社会的风气,所以有恢复集团结婚之举"③。如 1947 年在南京举办的国民政府还都后的第六届集团结婚典礼,"参加结婚人数达二百五十五对,打破历届纪录"④。又如杭州于 1948 年 10 月举行了抗战胜利后的第四届集团结婚典礼,参加者总计 43 对,"为杭州历届集婚最多之一次"⑤。

集团结婚作为民国时期新式婚礼的一个类型,它的出现及推广推动了城市婚姻礼仪文明化的进程,也促进了新型婚姻观念在城市乃至乡镇的传播,从而对改善社会风气起到了一定的作用。

总而言之,婚姻礼仪在清末发生的变动——传统婚礼化繁为简、新式婚礼逐渐勃兴,延续于民国时期的城市日常生活中。并且,在国家力量的介入下,新式婚礼在民国时期日趋规范化,并加速从口岸城市向内陆城市及城镇、乡村传播,进而从社会精英阶层向社会各阶层普及。然而,由于区域发展不平衡、城乡发展不平衡以及阶级或阶层差异等因素的存在,旧式婚礼并没有完全退出民国时期的城市日常生活。民国时期的城市婚姻礼仪因而出现如下情况:在事实上,新、旧婚礼并存;在趋势上,新式婚礼日渐取代旧式婚礼。

二、离婚方面的变化

民国时期,随着新型婚姻观念的进一步传播,女性意识的不断觉醒,城市化和工业化的进一步发展,以及法律对婚姻自由的保护,离婚逐渐成为城市婚姻生活中一种屡见不鲜的现象,并主要表现出以下的新动向:离婚人数日趋增多、离婚权不再由丈夫把持、离婚原因多样化。

(一)"离婚潮"的出现

中国传统社会虽然自唐代以来就有一套完整的离婚规范(包括两愿离婚等,妻子亦有"和离"之权),但男女绝不平等,如丈夫可根据"七出""义绝"等规定休妻,而妻子却无与之对等的权利。在旧社会,由于"出妻"的名声不好听,"一般

---

① 《市社会局修订集团结婚办法》,《申报》,1935 年 4 月 17 日,第 11 版。
② 萧继宗:《新生活运动史料》,秦绍仪:《革命文献》(第 68 辑),"中央"文物供应社,1975 年,第 241 页。
③ 丁冠颜:《如何举办集团结婚》,《社会月刊》,1946 年第 1 卷第 5 期。
④ 《南京六届集团结婚,双十节隆重举行》,《新运导报》,1947 年第 14 卷第 5 期。
⑤ 《有情人终成眷属,集团结婚盛况空前》,《杭州市政季刊》,1948 年新 1 卷第 2 期。

社会群以出妻为耻",所以除妻子犯"七出",丈夫极少选择用这种方式来处理夫妻关系,但选择和离的则较多。① 同时,由于"从一而终""三纲五常""嫁鸡随鸡,嫁狗随狗"等传统观念的压迫,以及女性经济的不独立,作为婚姻主体另一方的妻子"尤其以为离婚是天下所有的惟一侮辱,羞言离婚,不敢也不能离婚"②。因此,离婚较少见于中国传统的婚姻生活。其实在传统社会中,离婚权并不完全掌握于婚姻主体手中,而更多的是围绕家族制这一中心,匍匐于父权家长制之下。

然而,伴随着西方文明的传入,清末的政治、文化精英逐渐以西方制度为参照,鼓吹"婚姻革命""家庭革命",对传统婚姻家庭制度发起攻击,并以实际行动宣传离婚自由。如1905年,留日学生寿昌田和林复为反对父母包办婚姻而选择"自由离婚","于中国三千年黑暗婚姻界上放一大异彩","宜受中国夫妇之崇拜,宜受中国朋友之崇拜"。③ 同年,杨荫喻女士因"深衔翁姑及其夫之专制,即行离婚",署名"志群"的记者因而赞言:"此女子不依赖男子而能自立之先声也。此等事能多见,则婚姻自然改良。"④ 上述事例虽然在清末并不具有普遍性,但亦表明耻言"离婚"的传统已经遭到挑战,"离婚"逐渐成为主张婚姻自由者的一个重要选项。

随着辛亥革命的胜利和民国的建立,传统家族制度和伦理规范遭到进一步的瓦解,婚姻自由的观念得到了进一步的传播,妇女日趋觉醒且其社会地位、经济地位有所提升,自由离婚与自由结婚一样,逐渐流行于城市社会。1915年,《大公报》就刊文指出:"自中国改建民国而后,虽春秋无几,而自由结婚,自由离婚之事,于城市中日有所闻。中外比较,中华民国大有后来居上之势。"⑤ 譬如在天津,报载:"近来法庭诉讼,男女之请求离婚者,实繁有徒,此皆前此所未有。"⑥ 又如民国初年的上海,"自由离婚、自由结婚之风,上海最盛"⑦。甚至连一些小城市亦渐染此风。如河北威县,因县境内民众受离婚自由风气熏染,"今日夫妻,明日即可路人,兼以公妻之说,日震耳鼓,贞烈二字,更无所用乎"⑧。又如浙江遂安,"近自妇女解放声起,离婚别嫁亦日渐多"⑨。

五四运动爆发以后,城市社会迎来了一波离婚潮,并持续到全面抗战爆发以前。其原因首先在于,五四运动打破了封建礼教的桎梏,使男女平权、婚姻自由等新观念得到广泛传播。时人曾指出:"几千年被束缚着的思潮,在清末至民八期间,还不过像高坝里的流水由孔隙中缓缓地浸泄出来,虽然孔隙愈浸愈大,但泄出的水终嫌太小,太无气力。无过'五四运动'以后,高坝像是忽然坍塌了一大段,狂波

---

① 王世杰:《离婚问题》,《法律评论》,1927年第190期。
② 义刚:《新旧婚制的利弊》,《兴华》,1935年第32卷第36期。
③ 佚名:《自由离婚》,《东京留学界纪实》,1905年第1期。
④ 志群:《离婚创举》,《女子世界》,1905年第2卷第3期。
⑤ 心森:《闲评二》,《大公报》,1915年4月12日,第2版。
⑥ 无妄:《闲评二》,《大公报》,1913年8月15日,第2版。
⑦ 讷:《杂评三》,《申报》,1913年5月21日,第10版。
⑧ (民国)《威县县志》卷十一,民国十八年(1929)铅印本,第24页。
⑨ (民国)《淳安县志》卷一,民国十九年(1930)刻本,第9页。

怒潮湍激奔啸的泛溢出来。这种波涛经过的荒地上,便春笋般发生了不知多少新生物。"[1] 这些"新生物"便包括自由离婚的观念。1930年,徐亚生在《妇女杂志》撰文指出:"我国人民的习惯,对于离婚这件事,从前本是非凡之忌讳的。所以夫妇间的感情,无论到了怎样恶劣的程度,决不肯提出离婚这么的一个办法,因此,离婚的事实,在中国便简直的听不见,但是自从五四运动之后,离婚这种习惯,便也被一般人所习染得来,至于到了最近几年,这种风气便更加的来得厉害了。"[2] 也就是说,经过五四运动的冲击,离婚逐渐成为民国时期城市生活中的普遍现象。人们不再羞言"离婚",并把离婚视为反抗包办婚姻、争取婚姻自由的重要手段。其次,第一次国共合作时期,蓬勃发展的妇女解放运动以及北伐的成功,也推动了离婚自由观念的传播。如吴至信便指出,北伐的成功再度扫除了"封建遗风",从而使人们不再害怕或拒绝"离婚"。[3] 再次,城市化和工业化的发展,不仅为妇女的经济独立创造了条件,还促进了新思想和新观念的传播,同时拓展了人们交往的空间,从而增大了离婚的可能。如南京国民政府司法部在公布1933年6月至1934年7月的全国离婚案件统计结果时就强调,"都市愈发达,风气就愈开通,离婚案件亦愈多"[4]。最后,南京国民政府所颁布的《民法》,不但为离婚自由提供了法律保障,而且扩大了女性的离婚权利,亦造成了离婚案件的增多。如1931年就有人认为,离婚案件之所以像"伤寒症发出来",就在于法律扩大了女性的离婚权利。[5]

诚如此,1920—1937年,中国城市社会出现了一波"离婚潮"。这首先反映于青年学生对于"离婚"认同度的持续加深。详见表6-5:

表6-5 1920—1931年城市男女青年对于"离婚"之意见表

时　间	总人数	赞　成	反对或无意见	赞成百分比
1922	381	44	337	11.5%
1926	317	227	90	72%
1929	200	182	18	91%
1930	259	159	100	61%
1931	188	150	38	80%

甘南引:《中国青年婚姻问题调查》,《社会学杂志》,1924年第2卷第2、3期合刊;潘光旦:《中国之家庭》,新月书店,1929年;陈利兰:《中国女子对于婚姻的态度之研究》,《社会问题》,1931年第1卷第4期;葛家栋:《燕大男生对于婚姻态度之调查》,《社会学界》,1930年第4期;梁议生:《燕京大学六十女生之婚姻调查》,《社会问题》,1930年第1卷第1、2期合刊;周叔昭:《家庭问题:与潘光旦先生的调查比较》,《社会问题》,1931年第1卷第4期。

---

[1] 王希曾:《"五四运动"的成就》,《中国评论》,1925年第1卷第1期。
[2] 徐亚生:《离婚论略》,《妇女杂志》,1930年第16卷第3期。
[3] 吴至信:《最近十六年之北平离婚案》,《社会研究》,1935年第1卷第1期。
[4]《司法部统计离婚案件苏省最多》,《法学论丛》,1936年第2期。
[5] 编者:《离婚是法律造成的吗》,《齐墉月刊》,1931年第6卷第1期。

从表 6-5 可以看出，在五四运动之后，城市男女青年已经不再回避离婚问题，甚至越来越多的人赞成以离婚的方式处理婚姻主体不满意的婚姻，其赞成比例呈上升趋势。1931 年，周叔昭经过用自己的结论比对潘光旦的调查结果后认为：在离婚问题上，"总结说起，我们答案人的意见较潘君的答案者的意见的确比较激烈些，尤其是在女子一方面"①。这说明女性更加赞同通过离婚来解除不幸福的婚姻。实际上，五四运动以后，中国各地大中小城市相继出现了所谓的"离婚潮"。也许用"离婚潮"来形容这一社会现象略有夸大之处，但是据相关调查，1920—1937 年，城市社会里日趋增加的离婚案件确实不少。如 1922 年，有人为了反击"不准离婚"的社会舆论，特意调查了自己周围的已婚亲戚，发现 53 个家庭中有 9 个家庭已经发生了离婚，另有 17 个家庭也"正面临离婚的危机"。因而作者强调："我劝反对离婚的人，不要无理的固执，尽先调查调查你四周的婚姻情形，细细的考察，究竟是主张可以离婚的多呢，还是主张不可离婚的多？"② 从 1929 年 10 月到 1930 年 9 月，北平市地方法院总共受理离婚案件 974 件，最终裁判离婚的达 611 件。而同一时期，北平市民共有 10 998 人成亲，前后数据相比较，则每 9 对结婚者中就有一对离婚，可见此时北平离婚率之高。③ 另外广州的离婚率也呈上升趋势，1929 年 8—12 月，广州共有离婚案件 59 件，而 1930 年 1—6 月的半年中离婚案件则增至 88 件，增加了 29 件。④ 又据上海市社会局的统计资料，1928 年 8—12 月，该市共有离婚案件 370 件，1929 年为 645 件，1930 年则为 853 件。⑤ 此外，中小城市的离婚案件在这段时期亦呈增加趋势，如广西融县，"民国十三年，男女离婚绝对自由之说倡，一月至数十起"⑥。又如四川三台县，"民十七年，妇女宣传自由解放，结婚自由者尚少，离婚自由者渐多矣"⑦。

需要说明的是，在 1930 年以前，新式知识分子是城市社会中不断涌现的离婚案件的主要当事人。如时人在分析了 1929—1930 年发生在上海的离婚案件之后指出："上海的离婚全是百分之百的知识阶级的男女。"⑧ 但此后数年，情况有了微妙的变化，涉及工商阶层的离婚案件日益增多。如时人在 1932 年就指出："目前的婚姻纠纷的发生原因，和数年前的完全不同。数年前，那是指西方的婚姻自由说初次冲入中国的封建社会的时候，婚姻纠纷的中心是道德的问题，纠纷的两方是代表一种自由的主张与一个礼教的标准。但在最近几年来，中国社会的发展已经把从前这种为新旧道德的冲突而起的婚姻纠纷完全推过去，新发生的婚姻纠纷渐渐转移到经济的中心题材上，而纠纷的两方则代表着一个以金钱力量骗取或购买爱的男性和一

---

① 周叔昭：《家庭问题：与潘光旦先生的调查比较》，《社会问题》，1931 年第 1 卷第 4 期。
② 臻悟：《关于离婚的小调查》，《妇女杂志》，1922 年第 8 卷第 4 期。
③ 沈登杰、陈文杰：《中国离婚问题之研究》，《东方杂志》，1935 年第 32 卷第 13 期。
④ 《十八年八月至十九年六月广州市离婚案件统计》，《统计周刊》，1930 年第 1 卷第 29 期。
⑤ 上海市社会局：《上海市十九年的离婚统计》，《社会学杂志》，1931 年第 3 卷第 8 期。
⑥ （民国）《融县志》第二编"社会"，民国二十五年（1936）铅印本，第 62 页。
⑦ （民国）《三台县志》卷二十五，民国二十年（1931）铅印本，第 17 页。
⑧ 张少微：《中国的离婚热》，《旁观》，1933 年第 17 期。

第六章　城市婚姻与家庭的变迁

个以爱换取给养的女性。淡淡地蒙上一层资本主义色彩的中国社会，却追踪着真正的资本主义的国，扮演着一幕幕'遗弃'与'不顾赡养'的离婚悲剧。"① 也就是说，随着城市资本主义经济的发展，城市社会中充斥着"金钱"和"爱情"的交易，以至于相当一部分离婚案件的发生不再是因为反抗旧道德、旧礼教，而是缘于经济交换。

综上可见，由于新文化运动和妇女解放运动的推动，以及政府对离婚自由的保护和城市经济的发展，1920—1937年中国各级城市中出现了一波"离婚潮"。离婚对于城市婚姻主体而言，已不再是洪水猛兽，而是一种进步的表现，是"近代文明的产品"②。

全面抗战爆发到中华人民共和国成立这段时间，中国城市社会出现了第二波"离婚潮"，其原因则是多方面的。与前一阶段不同的是，此一阶段的社会背景发生了重要变化，在这段时期，频繁的战争使城市社会长期处于动荡之中，不仅使法制和道德力量趋于削弱，而且使城市居民维持婚姻稳定的要素发生了变化，如生命安全、经济收入等得不到保障，从而增大了离婚的可能性。另外，离婚的方式也发生了变化，当时有研究者如岑家梧就注意到，全面抗战时期，在重庆、贵阳、昆明、成都等地生活的许多人，因通过司法系统无法正常办理离婚的法律手续，遂单方面以登广告的方式解除婚姻关系。这种单方解除婚姻关系的方式虽然不为相关法律所承认，但在当时特殊的环境下，却十分普遍，甚至这样的离婚广告"每天平均总有六条之多，最多的一天为二十五条"③。此一时期，因战时生活困难或因战争分离等因素而引发的离婚案件较为普遍，如1943年3月2日的《贵州日报》登载了一则离婚广告，妻子提出的离婚理由便是："君自三十一年五月离筑至滇，音信杳无，值此百物昂贵，生活高涨之时，实难维持，为自身前途计……脱离夫妻关系，另谋出路。"④ 又如1944年2月27日，重庆《中央日报》刊登了萧仁源、余敏夫妻的离婚协议，其原因便是："我俩因工作关系不能在一地同居，故协议离婚。"⑤ 尤其需要指出的是，许多军人家属因丈夫从征、自己无力生存而不得不提出离婚者也有不少。如1944年6月12日《贵州日报》刊登了一则离婚启事，其离婚的原因便是："窃我与你结婚以来，情感尚属融洽，讵料你于去年调驻兴义迄今半年，音信杳无，尤在此经过期间，生活高昂，只穷苦度日，似此情形……若无音信，嗣后脱离夫妻关系，任凭改嫁。"⑥ 另外，战争时期男女关系比较混乱，遗弃、重婚、纳妾、通奸等社会问题丛生，从而推高了离婚率。如时人在分析战时成都离婚案件发生的原因时便指出："成都市社会中不正当引诱较多……男女一经接触，便容易动结婚之

---

① 孟如：《目前中国之婚姻纠纷》，《东方杂志》，1932年第29卷第4号。
② 芳女士：《最近的离婚潮》，《今代妇女》，1931年第25期。
③ 岑家梧：《从婚姻广告观察中国战时婚姻问题》，《社会建设》，1948年第1卷第7期。
④ 《离婚启事》，《贵州日报》，1943年3月2日，第1版。
⑤ 《离婚启事》，《中央日报》（重庆），1944年6月12日，第1版。
⑥ 《申明》，《贵州日报》，1944年6月12日，第1版。

念,在男子方面,既可以重婚、纳妾,或非正式同居,女子便可以持此为离婚的理由,而女子方面,倘别有所恋,或嫌丈夫穷困而欲改嫁,或因邻里亲戚之勾引已与人私通,则与前夫之离异,为很迫切的问题。"[1] 全面抗战时期,大量东中部的官员和社会各阶层人员迁居西南地区,从而出现了一种新的现象——"抗战夫人"现象,即他们之中的一些男士在大后方组建了新家庭。但抗战胜利以后,来自东中部的官员等要重返故地,因而他们必须在"抗战夫人"与"沦陷夫人"之间做出选择;另外,当时还有一些夫妻因对方是汉奸或与敌伪有关系而终止婚姻关系,因而抗战胜利后,大后方和东中部城市的离婚率亦有所升高,"这一类的离婚案件占百分之八十以上"[2]。也正是由于以上种种原因的存在,1939—1949 年,中国城市社会的离婚率呈现出上升的趋势。这一点可于 1939 年到 1945 年《大公报》所刊登之离婚和解除同居启事的数量变化中略见一斑。详见表 6-6。

表 6-6　1939—1945 年《大公报》离婚、解除同居启事件数表

年　度	1939	1940	1941	1942	1943	1944	1945
数量（件）	17	48	70	181	265	244	169

据《大公报》1939—1945 年所刊离婚、解除同居启事统计。

从表 6-6 可以看出,1939—1945 年,城市社会的离婚率呈总体上升趋势,1939 年只有 17 件,次年（1940 年）即增加到 48 件,增加了 1.8 倍,此后逐年递增,并在 1943 年、1944 年达到峰值,分别为 265 件和 244 件,分别较 1939 年增加了 14 倍以上与 13 倍以上。

上述《大公报》数据所反映的现象,亦可证之于成都市。据萧鼎瑛 1939 年写成的《成都离婚案之分析》所载,在 1937 年 3 月到 1938 年 11 月期间,成都地方法院共受理离婚案 70 件,同时,成都地方报纸《新新新闻》所刊登离婚启事总计 160 件。也就是说,在这期间,成都共有 230 对夫妻通过法院和媒体结束婚姻关系。但据黄谦 1946 年撰写的《成都市卅四年度离婚的研究》一文的统计,1945 年成都共有 427 对夫妻离婚。显然,在 1937 到 1945 年期间,成都市的离婚率亦呈上升趋势。

抗战胜利后,城市社会的离婚率居高不下。据相关统计,1947 年上海市共有 1 474 对夫妻离婚,汉口则有 531 对夫妻离婚。其中相当数量离婚案件可能与"抗战夫人"和"沦陷夫人"问题有关。1948 年曾有妇女组织调查"抗战夫人"和"沦陷夫人"问题,参与此项调查的 227 名女性提供的问卷反馈显示,有 45 人因"抗战夫人"问题而离婚,另有 55 人因"沦陷夫人"问题而离婚。

总之,民国时期,随着婚姻自由观念的传播,传统旧家庭制度开始瓦解,城市

---

[1] 萧鼎瑛:《成都离婚案之分析》,金陵女子文理学院社会学系编印:《社会调查集刊》（下册）,1939 年,第 7 页。

[2] 濮舜卿:《战后离婚问题面面观》,《妇女文化》,1947 年第 2 卷第 3 期。

化、工业化的发展，女性社会地位的提高，特别是随着法制建设的不断进步和完善，离婚已不再是城市社会中的惊世骇俗之事，城市离婚率不断上升，尤其是"各大城市离婚率普遍很高"[1]。这种现象，诚然会引发种种社会问题，但正如王世杰所指出的那样："晚近离婚事实的增加，决不能看作婚姻失败的增加。晚近离婚事实的增加，只是因为新的思想，新的社会环境，使许多人不能忍受不良的婚姻，使许多人不甘忍受婚姻的失败。在一个十分健康的社会，失败的婚姻应该是绝无仅有；那么，晚近离婚事实的增加，虽然不是婚姻失败增加的结果，当然也不是一个十分健康的社会应有的现象。但是我们如果依照以上所述，根究中国的夫妻，历来何以能够忍受不良的婚姻，近来何以不能忍受，我们仍然可以说，晚近离婚的增加，是社会比较健康的象征。"[2] 也就是说，民国时期城市社会的婚姻主体经常以离婚的方式处理不成功的婚姻关系，从社会转型的角度看，可以将之视为一种进步。

（二）离婚权的变化

关于传统社会中离婚主导权问题，瞿同祖曾做出了这样的解释："我们可以相信婚姻的解除以家族为前提，甚少涉及夫妻本人的意志。有些人误会夫权在这方面的应用，以为夫的单独意志可以任意休妻，是不合于事实的。与其说妻受夫的支配，离合听夫，不如说夫妻皆受家族或父母意志的支配。"[3] 也就是说，在传统社会，由于婚姻是服务、服从于家族利益的，以至于离婚权都不掌握于婚姻主体之手。不过，这一情况在民国时期发生了变化，在城市之中，离婚权开始回归于婚姻主体，并出现女性与男性平分离婚权的新现象，甚至于女性比男性更主动地行使离婚权。

民国建立后，传统的家族制度受到抨击，在城市化与现代化的背景下，家族的影响力在弱化，家长父权制度亦受到抨击，更多的城市男女青年挣脱家族、家长的控制，具有了更大的自主权，同时法律也开始对婚姻主体权利进行保护。北洋政府统治时期，大理院以"协议离婚"和"裁判离婚"两种方式处理离婚案件，并且规定"协议离婚，只遵从当事人意见"[4]。这使婚姻主体离婚与否在一定程度上不再唯父母之命是从。与此同时，女性权利也开始得到提倡和保护，特别是"大理院在某种程度上扩大了女性的权利，使离婚不再是男性专有的权利"[5]。南京国民政府统治时期，新颁布的《民法》第1049条明确规定："夫妻两愿离婚者，得自行离婚。"[6] 父母及家族从此在法律层面不能再干预婚姻主体的离婚问题。

---

[1] 张国刚：《中国家庭史》（第5卷），广东人民出版社，2007年，第120页。
[2] 王世杰：《离婚问题》，《法律评论》，1927年第190期。
[3] 瞿同祖：《瞿同祖法学论著集》，中国政法大学出版社，1998年，第145页。
[4] 郭卫：《大理院判决例全书》，"六年上字735号"，会文堂新记书局，1932年，第230页。
[5] 王新宇：《民国时期婚姻法近代化研究》，中国政法大学博士学位论文，2005年，第77页。
[6] 编者：《关于婚姻问题的几条重要法律》，《田家半月报》，1941年第8卷第23期。

以五四运动为分界,婚姻主体对于离婚权的运用出现了变化:"离婚主动方,在五四运动以前,男多于女,五四运动以后趋势逆转,近年以来而尤甚,盖已呈年增之趋势矣。"[1] 这是吴至信在研究了1917—1932年这16年间北平所发生的1 109件离婚案后得出的结论。通过吴氏提供的调查数据和相关分析,我们还可以发现,1917—1918年,北平共有离婚案54件,且诉讼主体几乎全是男性;但1919—1932年,共有1 055件离婚案,其中有779件是由女方主动提起诉讼离婚的,占离婚案总数的73.84%。1929年10月—1930年9月,北平地方法院共受理离婚案件947件,判决有效者610件,其中"妻请求与夫离异者,计五百二十八案"[2]。又据南京市社会局的统计,1933年该市共有离婚案件51件,"由女方提出者十分之七"[3]。而广州1934—1935年共有离婚案281件,"女方提出占二百三十一宗"[4]。此外,1937—1938年,成都地方法院受理的70件离婚案中,丈夫主动提出离婚的有11件,妻子主动申请离婚的则有56件,另有3件为双方共同提出。[5] 再据国民政府司法部的统计,1933年7月到1934年6月,全国各省高院报送司法部的离婚案件总计448件,其中由女方提出的有344件,占总数的76.80%,由男方提出的为104件,仅占总数的23.20%。[6]

上述现象的产生,一方面缘于"五四"以来妇女解放运动的持续高涨,许多被"专制婚姻所压迫的妇女"奋而向男权社会发起挑战。[7] 另一方面或许得益于法律的保护。按国民政府《民法》的相关规定,夫妻双方离婚,如妻子感觉自己受到伤害,可要求赔偿,如"夫妻无过失之一方,因判决离婚而陷于生活困难者,他方纵无过失,亦应给予相当之赡养费"[8]。所以,有人指出:"一般女子之所以不敢离婚,其一部分原因,就是怕离了之后,生计上发生困难,现在法律有这赡养费的规定,他们更以为有利可图了,因此离婚率增加,而造成中国的离婚问题。"[9] 这种将离婚所造成的社会问题完全归咎于女性的看法是片面的、不恰当的,虽然女性主动提出离婚的确是民国城市社会中的一种普遍性现象。要正确认识这一现象,就必须在更广阔的社会背景下对此加以分析,显然它反映的是城市女性自我意识的觉醒,是现代女性对长期压迫女性的父权、夫权的反抗。在这个过程中,离婚权经历了由家长到婚姻主体的转移,由男性垄断到男女共享的变化,它是社会的一种进步,所以我们要做具体的分析,而不应笼统地归咎于女性。

---

[1] 吴至信:《最近十六年之北平离婚案》,《社会研究》,1935年第1卷第1期。
[2] 《离婚统计》,《社会问题》,1930年第1卷第2、3期合刊。
[3] 《首都离婚统计》,《玲珑》,1934年第4卷第31期。
[4] 《广州市离婚统计》,《法轨》,1935年第2卷第2期。
[5] 萧鼎瑛:《成都离婚案之分析》,金陵女子文理学院社会学系编印:《社会调查集刊》(下册),1939年,第7页。
[6] 《中国的离婚统计》,《东方杂志》,1936年第33卷第5号。
[7] 沈登杰、陈文杰:《中国离婚问题之研究》,《东方杂志》,1935年第32卷第13期。
[8] 编者:《关于婚姻问题的几条重要法律》,《田家半月报》,1941年第8卷第23期。
[9] 蔡智傅:《中国离婚问题》,《金陵月刊》,1929年第2卷第1期。

（三）离婚原因的变化

潘光旦曾指出，"离婚本身实不成问题，成问题者为离婚之原因"[①]。故此，考察民国时期引发离婚的原因亦颇重要。

相对于传统社会而言，民国社会的离婚原因发生了变化。在传统社会，具有规范性并发挥效用的离婚原因是"七出"，即无子、淫乱、不事舅姑、口舌、盗窃、妒忌、恶疾。这七条规定成为丈夫解除婚姻关系的依据，而且这些"罪状"只适用于妻子，而不适用于丈夫，显然，在婚姻中，女性处于弱势地位。此外，"七出"中没有一条涉及婚姻主体的情感意志，因此从这个角度来说，它基本上就是为了维护宗法社会、家族利益而设计的。

民国建立后，随着君主专制政体的终结、主婚权的转移、男女平等观念的提倡和逐渐普及，以及女性自我意识的觉醒，国家层面的与离婚相关的法律条款不仅适用于妻，也适用于夫。这一点首先反映在国民政府制定的相关法律中。据《民法》之"亲属篇"第1052条的规定，婚姻主体双方若有违反下列十条者，即可申请离婚：（1）重婚；（2）通奸；（3）虐待；（4）妻子虐待丈夫父母，或丈夫父母虐待妻子；（5）夫妻之一方以恶意遗弃他方在继续状态中者；（6）夫妻之一方意图杀害他方者；（7）恶疾；（8）精神病；（9）生死不明超过三年；（10）被处三年以上之徒刑或犯了不名誉之罪被处徒刑者。[②] 显然，民国时期国家法律中有关离婚的条款，虽然部分与"七出"内容重叠，但"七出"中大多数内容在事实上已被摒弃了；尤为重要的是，该法律的约束对象不仅是夫妻中的某一方，而是夫妻双方，赋予了女性提出离婚的法律权利。不过，在实际离婚案件中，引发离婚的原因远远超出法律条款的覆盖面，比如，"性情不合"就不见于相关的法律条款，但因该问题引发的离婚案件却占比较大。下面以1929—1932年发生在上海的离婚案件为例进行说明，详见表6-7：

表6-7 1929—1932年上海市离婚原因分析表

原因	性情不合	对方有不道德行为	对方遗弃	虐待及侮辱	买卖婚姻	外遇	经济压迫	对方疾病	卷逃	重婚	其他	不明	合计
件数	2008	193	54	51	27	24	23	16	11	34	66	45	2552

沈登杰、陈文杰：《中国离婚问题之研究》，《东方杂志》，1935年第32卷第13期。

从表6-7可以看出，1929—1932年，上海共有离婚案件2552件。其中，"性情不合"为最主要的离婚原因，占比高达78.68%；"对方有不道德行为"则是第二重要的原因，占比达7.56%；"对方遗弃"和"虐待及侮辱"是导致离婚的第

[①] 潘光旦：《中国之家庭》，新月书店，1929年，第226页。
[②] 编者：《关于婚姻问题的几条重要法律》，《田家半月报》，1941年第8卷第23期。

三、第四重要的原因；而因反对包办婚姻而提出离婚的件数则排在第五位；"外遇"和"经济压迫"也是导致离婚的重要原因。

北平市民离婚原因也大体相同。据吴至信的调查分析，1917—1932年，生活在北平的1 109对要求离婚的夫妻离婚的最主要原因也是"性情不良"，其次为"生活困难"，再次为与对方的亲属不能融洽相处。[①]"性情不良"之所以成为导致离婚的主要原因，与当时的结婚方式有着密切关系，当时相当部分的婚姻是在"父母之命、媒妁之言"的主导下发生的，因而夫妻双方在婚前多无接触，婚姻缺乏感情基础，婚后则易出现感情不和的现象。

全面抗战爆发以后，因性情不合而离婚者的比例有所下降，重婚、遗弃、通奸、家庭暴力及经济因素在离婚案件原因中所占的比重则增大。如1937—1938年，成都地方法院受理的70件离婚案中，以虐待、重婚、遗弃、通奸、经济困难为由提出离婚者共有46件，以"感情不睦"提出离婚者则只有4件。[②] 这种情况正好说明战争导致的离散、分居、经济压力给婚姻造成的伤害，而情感问题已不是危害婚姻稳定的主要因素。

综上所述，我们可以发现，在民国时期的城市社会中，情感问题、道德问题和经济问题实为导致离婚的最主要、最常见的因素。这说明，随着社会的转型，城市婚姻主体选择是否离婚的依据是个人需要而非家族利益，情感、忠诚度、经济等因素成为判断婚姻质量的重要标准。而且，女性的独立意识越来越强，以至于传统社会允许男性可以"出妻"的种种理由都被女性用以反制男性。

第三节　城市家庭的变迁

民国时期，随着新型婚姻制度的确立，以夫妇为核心的小家庭如雨后春笋般出现。同时，变迁中的城市政治、经济和文化，不断地吸引着人们由家庭走向社会，从而削弱了传统大家庭的凝聚力。在这样的背景下，民国时期的城市家庭规模逐渐由大转小，家庭结构趋向简单，家庭功能和家庭关系亦相应发生了明显的变化。

一、城市家庭规模与结构类型的变化

1936年，社会学家雷洁琼曾指出："我国现在家庭，大概可分两大类，一为沿海都市的家庭，直接或间接已受西洋或苏俄思想所影响，多数已采纳或趋于采纳西洋式小家庭制度，一为中国内部的农村家庭，未直接受西洋或苏俄思想所影响，仍

[①] 吴至信：《最近十六年之北平离婚案》，《社会研究》，1935年第1卷第1期。
[②] 萧鼎瑛：《成都离婚案之分析》，金陵女子文理学院社会学系编印：《社会调查集刊》（下册），1939年，第15—16页。

保持固有家庭制度。"① 虽然这种将中国家庭分为两大类的说法有值得商榷的地方，但它反映了一种现象：城市家庭与农村家庭已经发生了很大的分化，出现了很大的差别。民国时期，城市家庭受外来文化的影响很深，发生了深刻的变化，其中一个重要的表现便是小家庭逐渐成为主流的家庭组织模式，家庭规模逐渐变小，家庭结构日趋简单；但广大的农村家庭，仍基本上保持了传统的家庭模式。

（一）城市家庭规模的变化

所谓家庭规模，"主要指家庭中所含成员数的多少和家庭组织范围的大小，家庭人口数是考察家庭规模的一个最基本的指标，它从整体上反映家庭规模"②。易言之，要考察民国时期城市家庭规模的变化，须从家庭人口入手。

据相关研究者对民国时期有关统计资料的分析，发现在中华人民共和国成立以前中国家庭人口平均数如下：1912 年为 5.33，1928 年为 5.27，1933 年为 5.29，1936 年为 5.38，1946 年为 5.39，1947 年则为 5.34。③ 也就是说，民国时期的中国家庭平均人口数在 5—6 人，不分农村与城市。但事实上，民国时期城市家庭平均人口数是少于全国平均数的。据陈正谟对北洋政府内务部所藏户籍资料的统计可知，1912 年全国家庭平均人口数为 5.33。④ 但 1916 年城市家庭平均人口数明显少于上举全国平均数。详见表 6-8：

表 6-8　1916 年中国 12 个大中城市户均人口统计表

城　市	年　份	人口数	户　数	户均人口数	资料来源
开　封	1916	153 124	30 195	5.07	《统计月刊》1918 年第 6 期
福　州	1916	295 451	56 274	5.25	《统计月刊》1918 年第 9 期
南　昌	1916	189 500	36 446	5.20	《统计月刊》1918 年第 9 期
安　庆	1916	86 707	17 290	5.01	《统计月刊》1919 年第 12 期
武　汉	1916	170 461	35 020	4.87	《统计月刊》1919 年第 15 期
哈尔滨	1916	38 480	6 704	5.74	《统计月刊》1918 年第 4 期
杭　州	1916	305 147	68 440	4.46	《统计月刊》1918 年第 8 期
济　南	1916	227 848	63 119	3.61	《统计月刊》1919 年第 11 期
厦　门	1916	113 298	18 592	6.09	《统计月刊》1918 年第 9 期
苏　州	1916	259 819	57 658	4.51	《统计月刊》1918 年第 4 期
九　江	1916	46 784	9 234	5.07	《统计月刊》1918 年第 9 期

---

① 雷洁琼：《中国家庭问题研究》，《社会研究》，1936 年第 125 期。
② 张国刚：《中国家庭史》（第 5 卷），广东人民出版社，2007 年，第 23 页。
③ 杨子慧：《中国历代人口统计资料研究》，改革出版社，1996 年，第 145 页。
④ 陈正谟：《我国人口问题之研究》，《统计月报》，1933 年第 14 期。

续表

城 市	年 份	人口数	户 数	户均人口数	资料来源
芜 湖	1916	92 629	17 928	5.17	《统计月刊》1919 年第 12 期
总 平	—	—	—	5.00	

从表 6-8 可见，民国初年不同城市的家庭平均人口数有所不同，除哈尔滨、厦门的家庭平均人口数多于上举 1912 年的全国平均数，其他城市的家庭平均人口数都少于全国平均数，而家庭平均人口最少的济南则仅为 3.61 人/户。从总体上看，以上 12 个城市的家庭平均人口数亦只有 5.00 人/户。可见，民国初年中国城市的家庭平均人品数少于全国平均数，且基本上与国际接轨。1918—1919 年，美国劳工统计局曾对全美 92 个城市工人家庭进行调查，共调查了 12 096 户工人家庭，结果表明，美国每户工人家庭平均有 4.90 人。1920 年纽约进行户口普查，其统计数据显示纽约家庭人口数为 4.40 人/户。1921 年 5 月至 1922 年 4 月，印度孟买市劳工局对该市 2 473 户工人家庭进行了抽样调查，调查数据表明该市每户工人家庭平均有 4.20 人。[①] 由此可见，这一时期的中国城市家庭规模与国外相当部分城市的家庭规模大体相当。

民国时期的城市家庭规模既然小于全国平均规模，自然也小于农村家庭规模。在 20 世纪二三十年代，乔启明、李景汉、卜凯、马伦等人相继在中国城乡进行社会调查，而家庭人口规模则是其中的一个重要内容。调查结果表明，各地乡村家庭平均人口为 5.50 人。[②] 而同期，据国民政府内政部的调查，南京、上海、杭州、宁波、北平等 21 个城市的家庭平均人口数为 5.14 人/户。详见表 6-9：

表 6-9　1928 年内政部调查各市每户平均人数统计表

市 名	户 数	人口数	每户平均人数
南 京	88 257	496 526	5.626
上 海	309 400	1 500 100	4.848
杭 州	83 954	426 916	5.095
宁 波	44 717	212 518	4.753
北 平	264 020	1 436 122	5.439
天 津	269 440	1 388 747	5.154
西 安	23 506	108 243	4.605
太 原	18 355	101 293	4.518
汉 口	120 288	616 174	5.122

---

① 李秉贞：《成都市牙刷工业与其工人生活概况调查》，金陵女子文理学院社会学系编印：《社会调查集刊》（下册），1939 年，第 20 页。

② 言心哲：《中国乡村人口问题之分析》，《现代读物》，1937 年第 2 卷第 27 期。

续表

市　名	户　数	人口数	每户平均人数
绥　远	14 495	76 334	5.266
包　头	12 784	62 571	4.894
张家口	17 512	89 586	5.115
南　昌	40 883	224 160	5.483
九　江	15 196	80 840	5.320
福　州	66 194	386 976	5.846
厦　门	24 918	141 622	5.684
广　州	174 506	713 564	4.089
青　岛	66 572	343 661	5.147
辽　远	57 122	355 030	6.215
营　口	16 597	102 343	6.166
安　东	12 901	86 759	6.725
总计或平均	1 741 617	8 950 085	5.140

陈正谟：《我国人口问题之研究》，《统计月报》，1933 年第 14 期。

从以上 21 个城市家庭人口的调查数据来看，这一时期我国城市家庭规模的地域分布极不平衡，家庭规模较大的城市的家庭人口平均数已超过了 6 人/户，并且都分布在东北地区；家庭规模较小的城市的家庭人口平均数小于 5 人/户，既有江南的上海、宁波，也有华南的广州，还有西北的西安等。不过从总体来看，该时期城市家庭人口数的平均值要少于同期的农村家庭人口平均数。1928 年，也有相关机构对上海、南京、北平、天津、杭州、宁波、安庆、芜湖、九江、福州、汕头、广州、昆明、张家口、西安等 16 个城市进行户口调查，调查结果显示，这 16 个城市的家庭人口平均数为 5.08 人/户。① 相较于民国初期城市家庭人口平均数只有 4.75 人/户而言，20 世纪 20 年代末城市家庭规模已有所扩大。尤其值得注意的是，表 6-9 还反映出城市家庭规模的地域差异问题，尤其是南北差异比较明显。为说明问题，笔者特将表 6-9 中的 21 个城市按南方城市和北方城市的区别进行拆分，然后绘制以下两表（见表 6-10、6-11）。

表 6-10　1928 年 10 个南方城市家庭每户平均人口数统计表

市　名	户　数	人口数	每户平均人数
南　京	88 257	496 526	5.626
上　海	309 400	1 500 100	4.848

① 王士达：《最近十年的中国人口估计》，《社会科学》，1931 年第 2 卷第 2 期。

续表

市　名	户　数	人口数	每户平均人数
杭　州	83 954	426 916	5.095
宁　波	44 717	212 518	4.753
汉　口	120 288	616 174	5.122
南　昌	40 883	224 160	5.483
九　江	15 196	80 840	5.320
福　州	66 194	386 976	5.846
厦　门	24 918	141 622	5.684
广　州	174 506	713 564	4.089
总计或平均	968 313	4 799 396	4.960

陈正谟：《我国人口问题之研究》，《统计月报》，1933 年第 14 期。

表 6-11　1928 年 11 个北方城市家庭每户居民平均数统计表

市　名	户　数	人口数	每户平均人数
北　平	264 020	1 436 122	5.439
天　津	269 440	1 388 747	5.154
西　安	23 506	108 243	4.605
太　原	18 355	101 293	4.518
绥　远	14 495	76 334	5.266
包　头	12 784	62 571	4.894
张家口	17 512	89 586	5.115
青　岛	66 572	343 661	5.147
辽　远	57 122	355 030	6.215
营　口	16 597	102 343	6.166
安　东	12 901	86 759	6.725
总计或平均	773 304	4 150 689	5.370

陈正谟：《我国人口问题之研究》，《统计月报》，1933 年第 14 期。

通过对比以上两表可以发现，民国时期北方城市的人口规模总体小于南方，南方 10 个城市共有城市人口 4 799 396 人，而北方 11 个城市只有 4 150 689 人，相差 648 707 人。但在家庭人口规模方面，北方城市略大于南方城市，南方城市家庭每户平均有 4.960 人，北方城市每户平均有 5.370 人。家庭规模的大小反映出南方城市和北方城市在城市化、工业化以及城市居民收入方面存在的一些差距。一般而言，城市化、工业化水平越高，城市家庭规模就越趋小。如 20 世纪 50 年代以来的日本，其城市家庭规模随着城市化、工业化的发展而趋小。到1980年日本经济最为辉煌时，"全国每户平均人口已下降至3.33人"[①]。民国时期北方城市的家庭规模大于南方城市，正好反映出得风气之先的南方城市在城市现代化方面领先一步的真实情况。有研究者指出："家庭规模与人均可支配收入成反比，与需求水平和需求层次也成反比。"[②] 也就是说，家庭规模越大，人均可支配收入就越少，需求水平也就越低，即家庭成员只能购买一般消费品，对高档品的需求量较少，反之则较多。而北方城市由于城市化、工业化水平整体上低于南方城市，城市居民的经济收入与支出也就相应少于南方城市，表现于家庭规模方面，便是北方城市的家庭规模大于南方城市。另外，民国时期城市家庭规模的大小还反映出大城市与中小城市之间存在发展差距的问题。详见表6-12、6-13：

表6-12　20世纪30年代中国大城市家庭平均人口数统计表

调查地点	调查户数	每户平均人口数	调查者
成　都	80	4.24	李秉贞
南　京	180	4.12	吴文晖
上　海	230	4.72	社会调查所
上　海	100	4.11	房福安
上　海	100	4.42	房福安
上　海	21	4.62	赖孟生
北　平	500	4.44	社会调查所
北　平	48	4.48	社会调查所
北　平	113	4.10	甘　博
天　津	132	4.30	南开大学

李秉贞：《成都市牙刷工业与其工人生活概况调查》，金陵女子文理学院社会学系编印：《社会调查集刊》（下册），1939年。

表6-13　20世纪30年代中国中小城市家庭平均人口数统计表

调查地点	调查户数	每户平均人口数	调查者
河北邢台	150	5.35	金陵大学
河南新郑	144	6.99	金陵大学
河南开封	149	7.83	金陵大学
安徽怀远	124	5.20	金陵大学
安徽来安	100	5.72	金陵大学

---

① 翟边：《日本家庭规模的变化》，《外国问题研究》，1986年第2期。
② 张国刚：《中国家庭史》（第5卷），广东人民出版社，2007年，第29页。

续表

调查地点	调查户数	每户平均人口数	调查者
江苏江宁	203	5.77	金陵大学
福建连江	161	5.02	金陵大学

李秉贞：《成都市牙刷工业与其工人生活概况调查》，金陵女子文理学院社会学系编：《社会调查集刊》（下册），1939年。

对比以上调查结果可以发现，上海、天津、北平、成都等现代化水平较高的特大城市、大城市的城市家庭规模明显小于邢台、新郑、开封、怀远、来安、江宁、连江等中小城市。

尽管民国时期的城市家庭规模存在着地区差异、大小城市之间的差异，但整体而言，中国城市家庭规模在民国时期趋向于小型化，或者说，大家庭制在城市中渐行渐远，核心家庭制逐步确立。详见表6－14、表6－15：

表6－14　1928年天津、杭州、汉口、汕头四市家庭每户居民平均数统计表

市　名	天　津	杭　州	汉　口	汕　头
户　数	183 490	83 954	21 903	22 508
口　数	922 134	423 476	658 365	144 105
每户平均数	5.03	5.04	5.40	6.53

王士达：《最近中国人口的新估计》，《社会科学》，1935年第6卷第2期。

表6－15　1930年、1931年天津、杭州、汉口、汕头四市家庭每户居民平均数统计表

市　名	天　津（1930）	杭　州（1931）	汉　口（1931）	汕　头（1931）
户　数	190 967	98 786	151 695	28 588
口　数	937 978	478 065	811 244	175 953
每户平均数	4.90	4.84	5.35	6.15

王士达：《最近中国人口的新估计》《社会科学》，1935年第6卷第2期。

通过以上两表，可以比较清晰地发现：民国时期中国从北到南的主要城市的家庭规模虽然存在地域差异，但总体趋势是向小型化演变。即使是全面抗日战争爆发后，这个趋势仍然没有因战争而被终止，详见表6－16：

表6－16　20世纪三四十年代中国城市家庭平均人口数变迁表

年份　城市	1936	1937	1938	1939	1940	1941
桂　林	—	4.67	4.93	5.27	4.68	4.57
柳　州	—	4.56	4.66	4.37	4.45	4.24

第六章 城市婚姻与家庭的变迁

续表

年份 城市	1936	1937	1938	1939	1940	1941
贵 阳	5.41	5.54	5.38	4.65	4.40	4.57
重 庆	4.45	4.27	4.28	4.19	4.91	5.05
成 都	2.36	5.92	5.61	4.87	4.56	4.29
昆 明	—	4.70	4.76	4.95	4.97	4.83
西 安	4.06	5.73	5.42	4.94	4.66	4.80
兰 州	4.72	4.68	4.60	4.43	4.28	4.11

王士达：《最近中国人口的新估计》，《社会科学》，1935年第6卷第2期。

从表6-16可见，20世纪三四十年代中国8个城市的家庭平均人口数虽然有一定的波状变化，但总体上趋向于减少。而当代学者的研究也表明民国时期城市家庭规模变化虽然各地不同，但总体上趋于缩小，20世纪20年代家庭平均人口数为5~6人/户，20世纪30年代家庭平均人口数为4.7~5.5人/户，20世纪40年代家庭平均人口数为4.4~4.8人/户。[①] 民国时期城市家庭平均人口数一般而言比同一时期农村家庭平均人口数要少1~2人，与西方国家的家庭平均人口数相近。这说明民国时期中国城市家庭的小型化是同世界工业化和社会潮流相适应的，在现代化进程中，中国城市居民逐渐放弃了重视多子多孙、累世而居的大家庭制。

（二）城市家庭结构类型的变化

费孝通曾指出："大家庭和小家庭的差别决不是在大小上，不是在这社群所包括的人数上，而是在结构上。一个有十多个孩子的家并不构成'大家庭'的条件，一个只有公婆儿媳四个人的家却不能称之为'小家庭'。在数目上说，前者比后者为多，但在结构上说，后者比前者更为复杂。"[②] 也就是说，民国时期中国城市家庭规模虽然有由大变小的趋向，但还不足以说明城市家庭组织已经逐渐由大家庭变为小家庭，家庭结构已经发生了重要的变化。故此，需要对城市家庭结构进行考察。

所谓家庭结构，主要指家庭成员之间的姻缘和血缘关系，以及因这些关系而形成的家庭模式。它通常包括以下四种类型：核心家庭、主干家庭、复合家庭（联合家庭）以及单亲家庭。[③] 家庭结构类型最能概括和反映家庭结构的基本特点，因而是考察家庭组织变迁的"最主要的指标"[④]。

[①] 杨子慧：《中国历代人口统计资料研究》，改革出版社，1996年，第1448—1449页。
[②] 费孝通：《乡土中国》，生活·读书·新知三联书店，1985年，第37—38页。
[③] 刘英、薛素珍：《中国婚姻家庭研究》，社会科学文献出版社，1987年，第84页。
[④] 姜涛：《中国近代婚姻与家庭结构》，《中国社会科学院研究生报》，1994年第4期。

在中国传统社会，主干家庭和复合家庭居于主导地位，核心家庭和单亲家庭则处于从属和被支配地位。有研究者对清咸丰年间山东宁海州的197个家庭进行了统计分析，发现主干家庭和复合家庭达123个，占总数的62.43%；核心家庭只有70个，占总数的35.53%。① 另外，也有人研究了湖北孝感的一份宗谱所载的989个家庭，发现该宗谱所载的家庭中，核心家庭共429个，占总数的43.38%；直系家庭和联合家庭共有535个，占总数的54.10%；另有家族家庭25个，占总数的2.52%。② 从以上的研究可见传统社会的家庭结构类型的部分面貌。

民国建立后，君主专制统治被推翻，传统大家庭所依赖的政治、法律基础亦被摧毁。资本主义工商业的发展，亦动摇了传统大家庭的经济基础——农业经济，"在从前农业经济支配一切的时代，家庭中的份子，也随着过他们安土重迁的生活。一到了工商业发达以后，家庭中的份子，多半因工作关系，漂流无定，事实上的变动，已根本给大家庭一个致命的打击"③。加之，城市化的快速发展，新型婚姻制度的确立，以及妇女意识的觉醒，使传统大家庭难以为继，"在现代的社会潮流中，断不能再让它存在"④。核心家庭逐渐成为民国时期城市家庭结构类型的主流类型，甚至连农村的家庭结构类型也发生了类似变化。据20世纪二三十年代学者的抽样调查，在当时河北定县被抽样的515个农村家庭中，核心家庭占60.51%；而浙江嘉兴被抽样的5 113个家庭，核心家庭占75.45%。⑤ 而在城市中，家庭结构类型的变化更为明显，原因在于，"工业化和城市化会影响家庭结构类型的变化，促进核心家庭的发展"⑥。1982—1983年，中国社会科学院社会学研究所对北京、天津、上海、南京、成都的居民进行回溯性调查，调查结果表明民国时期这5个城市的核心家庭数量呈不断增加趋势，而复合家庭、主干家庭则日趋减少。详见表6-17：

表6-17 民国不同时期城市家庭类型对比表

单位：%

家庭类型	1912	1922	1936	1949	合计
核心家庭	16.98	27.63	57.95	76.82	53.07
主干家庭	58.49	61.84	35.22	19.20	39.51
联合家庭	5.66	2.63	1.89	1.98	2.71
单亲家庭	13.20	7.89	2.65	1.32	3.14
其他家庭	5.66	0	2.27	0.68	1.57

刘英：《我国城市家庭结构的规模和类型》，《社会》，1984年第3期。

---

① 许檀：《清代山东的家庭规模与结构》，《清史研究通讯》，1987年第4期。
② 张妍：《清代家庭结构与基本功能》，《清史研究通讯》，1996年第3期。
③ 王容川：《中国家庭问题的商榷》，《社会月刊》，1930年第2卷第5号。
④ 陈伯吹：《中国家庭改善问题》，《妇女杂志》，1930年第16卷第2号。
⑤ 张静如：《国民政府统治时期中国社会之变迁》，中国人民大学出版社，1993年，第314页。
⑥ 马有才、沈崇麟：《我国城市家庭结构类型变迁》，《社会学研究》，1986年第2期。

从表 6-17 可见，在中华人民共和国成立以前，城市中核心家庭的比例不断上升，从 16.98% 攀升到 76.82%，增幅显著。与之形成鲜明对比的是，其他家庭结构类型占比则直线下降。这说明，在民国时期城市化、现代化急遽发展的时代背景下，城市的物质、文化生活环境也随之而变化，传统大家庭在城市中开始瓦解。越来越多的年轻人选择核心家庭类型，特别是那些接受了新思想、新观念的城市青年普遍对传统大家庭说"不"。1927 年潘光旦曾就家庭问题进行了调查，在接受调查的 317 人之中，赞成"中国之大家庭制有种种价值，允宜保存"者仅 91 人，占总数的 29%；余下的 226 人皆不赞成保留大家庭制，占比达 71%。[1] 在 1931 年，周叔昭以同样的问题对城市青年进行了调查，调查结果也大同小异。参见表 6-18：

表 6-18 1931 年关于"中国大家庭制度有种种价值允宜保存"问题调查统计表

	男		女	
	人　数	百分比	人　数	百分比
总　　数	143	100.00	45	99.99
赞　　成	35	24.28	16	35.55
不赞成	99	69.23	27	60.00
未　　详	9	6.26	2	4.44

周叔昭：《家庭问题调查——与潘光旦先生的调查比较》，《社会问题》，1931 年第 1 卷第 4 期。

注：以上数据，据覆核，未必完全准确，但缺乏相应的修改依据，故一仍其旧。

民国时期，越来越多的城市青年反对保留传统大家庭制，充分说明新思想、新观念对青年群体的影响，但对中年及以上的城市居民而言，他们对大家庭还是赞同或接受的。城市青年主张建立核心家庭，除了思想观念的变化外，经济因素也是重要原因，尤其是那些被卷入城市化进程的农村青壮年无力也无法在城市中建立大家庭。众所周知，农村社会凋敝、城市畸形繁荣是近代中国社会的一个基本特征。为了生存，大量农村青壮年不得不进入城市寻求生路。然而，低水平的收入、高昂的生活费用却是这些"被城市化者"必须面对的现实，仅核心家庭中的众多的子女就难以养育，更不要说要维持大家庭的生活。如 1927 年，陶孟和调查北平工人家庭生活费用时就发现，北平工人家庭的月平均收入为 93.45 元，而平均支出却为 103.26 元，平均每月赤字近 10 元，他们甚至不得不靠借贷来维持生活。因而陶孟和感慨道："至少就吾人调查之家庭言之，人口增加实为家庭及个人之不幸，而非如一般所信足以增加收入及家庭之福利也。"[2] 同一时期，上海工人平均每家每月的总收入为 32.89 元，每月平均费用则是 32.50 元。[3] 也就是说，上海工人的家庭

---

[1] 潘光旦：《中国之家庭制度》，新月书店，1929 年，第 115 页。
[2] 陶孟和：《北平生活费之分析》，商务印书馆，1930 年，第 41 页。
[3] 杨西孟：《上海工人生活程度的一个研究》，《劳动季报》，1935 年第 4 期。

收入亦仅能维持温饱。如此巨大生活的压力必然迫使许多工薪家庭少生少养，更不敢奢望将还在农村中挣扎的尊长接进城一起生活。可以说，经济压力正是导致城市工薪家庭多为小家庭或核心家庭的关键原因。蔡正雄在 1934 年对上海市 305 个工人家庭的调查结果就表明，每户平均人口为 4.62 人，且四口之家的数量最多。① 又据李秉贞的调查，成都生产牙刷的 339 户工人家庭中，平均每户人口只有 4.42 人，"四口之家最多"，其原因则在于"生计压力"。②

正是由于经济因素影响了家庭结构类型，所以，民国时期的城市家庭结构类型还表现出阶层、阶级差异。详见表 6-19、6-20：

表 6-19　民国时期北方非工业城市 1 365 个不同阶层的家庭结构类型表

	工薪阶层	中产阶级下层	中产阶级	上层阶级
家庭数量	426（100%）	251（100%）	496（100%）	192（100%）
核心家庭	58%	51%	50%	52%
主干家庭	34%	36%	34%	28%
联合家庭	8%	13%	16%	20%

葛剑雄主编，侯杨方著：《中国人口史（1910—1953）》（第 6 卷），复旦大学出版社，2001 年。

表 6-20　民国时期上海 208 个不同阶层的家庭结构类型表

	工薪阶层	中产阶级下层	中产阶级	上层阶级
家庭数量	143（100%）	42（100%）	15（100%）	8（100%）
核心家庭	71%	62%	73%	50%
主干家庭	24%	33%	27%	50%
联合家庭	5%	5%	—	—

葛剑雄主编，侯杨方著：《中国人口史（1910—1953）》（第 6 卷），复旦大学出版社，2001 年。

从表 6-19、6-20 可以看出，无论是在北方还是南方，城市中、上层阶级的联合家庭、主干家庭的人口数量都多于城市工薪阶层、平民阶层。在北方，联合家庭在 192 个上层阶级家庭中占比达 20%，而 426 个工薪家庭，联合家庭的比例只有 8%。南方亦然。造成这种现象的一个主要原因，就在于经济压力。相对于城市工薪阶层、平民阶层而言，生活在城市中的中、上阶层有足够财富维持家庭的运转，多子多福、累世而居的传统家庭观念也就得以坚持。这一点，可证之于人口学家陈达在 20 世纪 40 年代对云南昆明、呈贡一带的调查结果。据陈达对 57 129 对

---

① 蔡正雄：《上海工人生活程度》，上海市社会局，1934 年，第 6 页。
② 李秉贞：《成都市牙刷工业与其工人生活概况调查》，金陵女子文理学院社会学系编印：《社会调查集刊》（下册），1939 年，第 18—19 页。

已婚夫妇调查样本进行分析，社会地位、经济收入导致不同阶层之间存在所谓"差别生育率"："市镇的居民，以党政人员的生育率最高，100 对已婚者有 212.6 个子女。在别的城市工人，其生育率是比较来得低些，如零售商人及店主（195.1），大商人及企业家（184.2），及教育界中人（163.2）"，"社会地位较低的阶级，也是有较低的生育率，如店员及小贩（177.7），普通劳工（149.8），工厂技工（148.5），仆役（142.5）及手工业工人（118.4）。"[①]

同时，以上两表还反映出民国时期城市家庭结构类型同样存在着地域差异。先从核心家庭数量来看。北方 426 个城市工薪阶层家庭中，核心家庭比例为 58%，而上海的 143 个城市工薪阶层家庭中，核心家庭的比例达 71%。中产阶级下层、中产阶级、上层阶级中核心家庭的占比，同样是南方高于北方。其次再考察传统联合家庭，南方城市中产阶级、上层阶级家庭中已经没有联合家庭，北方相应阶级中仍然存在，这应与北方城市保守的风气有一定关联。尽管传统大家庭并没有彻底退出民国时期城市社会，但从总体上看，核心家庭已经成为民国时期城市社会主要的家庭结构类型，传统大家庭则日趋消亡。

二、城市家庭功能与家庭关系的变化

民国时期，随着城市家庭规模、家庭结构类型的变化，传统家庭所具有的综合社会功能逐渐瓦解，经济功能发生变化，家庭生产消费向社会生产消费转化。此外，家庭单纯的生育功能亦开始降位，生育之后教养的重要性上升。而城市文明的发展更削弱了传统家庭的宗教功能（详后）。同时，家庭关系亦相应改变，纵向的父子关系逐渐让位于横向的夫妻关系。

（一）城市家庭功能的变化

1. 经济功能的变化

早在 20 世纪 30 年代就有学人指出，传统家庭之所以能存在 3 000 多年，"经济的关系占了一大部分"[②]。其主要原因在于建立在小农经济基础上的传统家庭的成员依赖家庭进行生产、分配、交换和消费，脱离了家庭便无法生存，生产社会化水平极低。这使得传统家庭不仅是生活单位，还是生产单位。但晚清以后，在资本主义生产方式的冲击下，传统小农经济逐渐解体，生产日趋社会化，传统家庭自给自足的经济功能逐渐被各种社会生产单位的经济功能所取代。尤其是在城市之中，大量工厂、企业、店铺及各种生产服务机构的涌现，完全摧毁了家庭的经济功能，家庭成员如果不参与社会生产、分配、交换和消费，便无法维持自己的基本生活。这一情势在民国时期更为凸出。据国民政府经济部的调查统计，1912—1923 年，

[①] 陈达著，廖宝昀译：《现代中国人口》，天津人民出版社，1981 年，第 44—45 页。
[②] 范迪瑞：《大家庭问题》，《社会学杂志》，1931 年第 3 卷第 6 期。

上海、天津、青岛、汉口、广州等17个城市新增工厂企业653家,较晚清时期的171家增长了近3倍。民国时期上海等城市的新式工厂企业发展很快,全面抗战爆发以前,上海共有工厂5 525家,工业总产值超过11亿元。[①] 又据吴承明的估计,1936年外国在华工业资本相较于1920年增长了34倍,这些工业资本大多集中于中国的部分重要城市,由此推动了当地工业化和城市化的发展。另据费正清等人的估算,1937年以前,"中国现代工业和矿业产量如果用1933年的物价计算,以给人印象深刻的8%—9%的增长率在增长"。[②] 民国时期城市商业资本的增长更是迅猛。以天津为例,该市在1929年共有大小店铺21 043家,资本总额逾2.20亿元。虽然西部成都的经济发展水平较低,且战乱不断,但在1934年该市也有各类商店17 497家。[③] 工商业的快速发展反映了一个重要的现象,即大量城市居民和众多农村男女进入城市,他们到工厂、商店以及各种服务机构工作,谋求生存。现代工商业和城市化发展的结果就是"昔日之大家庭制度已不适用"[④],即传统家庭经济功能在城市化进程中被弱化,已经"不适用"于城市。走出农村的人们进入城市后,通过打工获取工资,维持基本生活,其经济来源不再是传统家庭全家庭对收入的再分配。其交换和消费也不再囿于家庭内部,他们在城市之中必须通过市场来换取生活必需品,家庭只是生活的处所而非经济活动的场所。1927年4月,陶孟和在北平调查了48户工人家庭。这48户工人家庭共有220口人,在47名男家主中,在外做工者共有45人,女家主则有41人在外做工,此外,子女、老人在外干活的有60人,总计在家庭外谋生者有146人,占比达66.36%。[⑤] 1928年杨西孟亦调查了230户上海工人家庭,合计1 097人,其中在外做工谋生的成年男性共有319人,成年女性则有219人,老人、子女在家庭外做工者有238人,总计在外做工者有776人,占比高达70.74%。杨西孟指出:"这些家庭的收入几乎完全由工资一个源泉得来。"[⑥] 由此可见,在城市中下层居民家庭已经没有经济功能。

传统家庭经济功能在民国时期城市社会中的弱化,还可以从大量女子进入社会参与社会生产的现象中得到反映。在传统"男主外、女主内"的家庭模式里,女性较少参与家庭的经济活动,更不消说走出家庭参与社会生产了。即使在女权运动已经兴起的晚清时期,女性谋求职业仍然困难重重。如1906年,秋瑾在蔡元培等人的推荐下去浔溪女校执教,便遭到校董事会中传统势力的反对,仅执教一学期就被迫辞职。[⑦] 然而,进入民国之后,随着资本主义工商业的日益发展,小农经济、家庭手工业日益萎缩,传统家庭经济已经不足以应对生存压力,所谓"男主外,女主

[①] 张仲礼:《近代上海城市研究》,上海人民出版社,1990年,第315页。
[②] 费正清等编,章建刚等译:《剑桥中华民国史》,上海人民出版社,1991年,第61页。
[③] 《成都市商店种类及分布》,《四川月报》,1934年第5卷第3期。
[④] 方显廷:《中国工业化之程度及其影响》,《南大周刊》,1929年第75期。
[⑤] 陶孟和:《北平生活费之分析》,商务印书馆,1930年,第26—27页。
[⑥] 杨西孟:《上海工人生活程度的一个研究》,《劳动季报》,1935年第4期。
[⑦] 张国刚:《中国家庭史》(第5卷),广东人民出版社,2007年,第293页。

内",对于许多家庭而言仅是一种说法而已,因为仅靠男主人一人在外做工已经不足以养活一家人,女性的工资成为家庭收入的重要来源之一。在城市中的每一处经济活动场所,都有女性的身影,甚至在部分企业中,女性成为最主要的劳动力。如杨西孟在调查上海工人生活状况时就发现:"上海厂工人数有一特点,是女工多于男工,总计23万之中约14万是女工。"① 这些进入工厂的女性,当然未必都是为家庭经济压力所驱使,但对于家庭而言,如果缺少了女主人的收入,该家庭是难以在城市里生存下去的。1927—1928年,南开大学社会经济研究委员会对天津132家工人家庭的生活状况进行了调查,通过分析这些家庭的收入与支出情况后,他们得出一个结论:"全家之收入因有主妇之收入而裕余。"② 也就是说,如果没有女主人的收入作为支撑,许多家庭就难以在城市里立足。1941年太平洋战争爆发之前,上海租界工部局对上海工人的生活状况进行了调查,调查显示上海工人家庭的平均人口数在5.02—4.41之间,家庭收入则从1929年的34.709元增加到268.706元,"但以生活费用上涨更速之故,所得消费物品,不如以前充分,且反形减少,因之工人生活常感窘乏,收入不敷支出,有时并借贷或经营其他副业以资维持"。在所有的工人家庭中,男主人的收入只占家庭平均收入的66.20%,余下部分则靠包括女主人在内的其他家庭成员挣回来。③ 以上事实表明,民国时期的城市下层社会女性及其他家庭成员参与社会劳动是一种常态,是维持家庭生存的必要条件之一。因此,包括女主人在内的家庭成员参与社会生产,就意味着传统家庭自足自给的经济功能在城市家庭中的消失。前述南开大学的调查人员甚而感慨道:"试思一家男女,老幼而外,全体动员于吃饭问题之解决,弃置家务于不顾,老者无奉,幼者无育,就令其收入较多,岂真福耶?"④ 这种论调虽有"何不食肉糜"之嫌,却反映出民国时期的家庭收入已经社会化的实情。

城市之中,社会分工的细化,使一般家庭消费必须通过市场才能完成。杨西孟的调查就表明,上海工人家庭月收入的97%必须被用来缴纳房租、购买食物、支付燃料费及其他各种杂费。⑤ 天津工人的收入也大都被用于"食物、衣着、房租、燃料、杂项五项"⑥。往昔农村自耕自食的几乎与市场"老死不相往来"的传统家庭经济模式,在民国建立以后已不可能存在于城市之中。

此外,不断扩大的社会分工范围,新兴职业的大量出现,迫使和吸引着各阶层人员走出家门参与社会生产,以获取劳动收入,并通过社会交换满足自己的生活

---

① 杨西孟:《上海工人生活程度的一个研究》,《劳动季报》,1935年第4期。
② 冯华年:《民国十六年至十七年天津手艺工人家庭生活调查之分析》,《统计季刊》,1932年第1卷第3期。
③ 《上海市工人家庭最低生活费数额表》,《工商管理通讯》,1942年第1期。
④ 冯华年:《民国十六年至十七年天津手艺工人家庭生活调查之分析》,《统计季刊》,1932年第1卷第3期。
⑤ 杨西孟:《上海工人生活程度的一个研究》,《劳动报报》,1935年第4期。
⑥ 冯华年:《民国十六年至十七年天津手艺工人家庭生活调查之分析》,《统计季刊》,1932年第1卷第3期。

需要。

总而言之，传统家庭包含生产、消费、交换、分配的经济功能在民国时期的城市中逐步为各种社会机构的经济功能所取代，家庭再也不是一个独立的生存单位，家庭生产消费日益向社会生产消费转化。

2. 家庭生育功能的变化

家庭是社会的细胞，婚姻是家庭的基础，生育功能则是家庭的基本功能。但因中国传统婚姻之目的在于"上以事宗庙，下以继后嗣"，故"多子多孙，为吾国人视为最荣幸之事"[1]。因此，无节制生育成为传统社会的普遍现象。如河北省人口学会于1980年通过回溯调查方法对该省90—94岁（生于1885—1891年）妇女的生育经历进行调查，接受调查的4 002名妇女中，除132名终身不婚或终身不育，其余3 870名妇女都有生育史，平均每个妇女生育活婴6.03个，平均每个妇女产活胎5.996胎次；生育活婴15个的有3人，生育活婴14个的有7人，生育活婴13个的有15人，生育活婴12个的有63人，生育活婴11个的有118人，而生育活婴6~7个的妇女所占比例最高，占生育妇女总数的46.74%，生育5~8个的有2 330人，占生育妇女总数的62%。[2]

无节制生育不仅摧残妇女身体，还会引起诸多社会问题，所以，在晚清时期，汪士铎已主张节制生育、优生优育，但并没有引起任何社会反响。

在五四运动前后，随着妇女解放运动的展开，生育问题亦成为妇女解放的一个重要内容。许多知识分子发表文章，主张节制生育，并认为妇女获得生育自主权是反对专制家庭的一个重要内容。1923年，美国著名妇女节育倡导者桑格夫人来华演讲，宣传节制生育，中国知识界积极回应。与此同时，马尔萨斯的人口论、西方优生学也为陈长蘅、潘光旦等人所认同并被引入中国。"九一八"事变之后，节制生育甚至和国家、民族的存亡问题挂钩，"节育救国"成为当时人们的一种主张。其后节制生育的理念也引起了政府高层的关注，1945年，国民政府颁布的《民族保育政策纲领案》，其主旨即为"优生节育"。[3]

在以上背景下，节制生育、优生优育的观念从20世纪20年代开始就逐渐为许多城市居民所认同。如甘南引1922年的调查就表明，有77%的人赞成生育制裁，甚至认为"非实行此事，无以改变中国人种"[4]。1927年潘光旦的调查亦显示，在接受调查的317名上海市民中，87.90%的人主张以养护能力即经济能力的强弱来决定生育子女的多寡，有66.20%的接受调查者认为应视父母的智力强弱而决定生育子女之多寡。[5] 20世纪30年代，燕京大学60名女生在填写梁议生的调查问卷

---

[1] 陈正谟：《我国人口问题之研究》，《统计月报》，1933年第14期。
[2] 张瑞、任立忠、赵晓茂：《清光绪年间出生妇女婚育状况——河北省90—94岁妇女婚育状况的回顾性调查》，《中国人口科学》，1990年第3期。
[3] [韩]俞莲实：《民国时期关于"节制生育"的四大论战》，《史林》，2008年第5期。
[4] 甘南引：《中国青年婚姻问题调查》，《社会学杂志》，1924年第2卷第2、3期合刊。
[5] 潘光旦：《中国之家庭问题》，新月书店，1929年，第94—95页。

时,"关于节制生育,六十人中无一不赞成者"①。同一时期,燕京大学 197 名男学生在填写葛家栋的问卷时,赞成节制生育的共有 150 人,反对者 25 人,中立者 22 人。综上可见,民国时期越来越多的城市居民在观念上倾向于反对无节制生育。但必须指出的是,民国时期城市居民在生育观念方面的变化,既与新思想、新知识的传播有关联,也是城市生活压力日益增大的结果。事实上,在梁议生的调查中,接受调查者赞成节制生育的"理由多为经济",他们担心如无经济能力而抚养过多的孩子,就不能为孩子提供较好的教育环境,让他们很好地成长。接受潘光旦调查的上海市民也更多的是从经济承受力的角度来考虑生育问题的。由此,民国时期城市社会里的生育观念就出现了阶级和阶层分野,城市小资产阶级、中产阶级、上层阶级的养育能力较强,故仍主张多子女,相反,下层民众的养育能力较弱,因而主张少生少育。不同群体的生育率于是产生差异,参见表 6-21、6-22、6-23:

表 6-21　20 世纪 30 年代城市中不同职业妇女生育量表

职业类别	妇女数	现有子女	每百妇女所生子女
工　人	1 735	3 372	262
仆　佣	419	807	233
店　员	1 177	2 465	251
零售商	167	407	314
经理及企业家	1 118	3 476	376
公务员	883	2 590	363
自由职业	346	1 057	373
学　者	282	1 012	458

陈正谟《我国人口问题之研究》,《统计月报》,1933 年第 14 期。

注:为了清晰地说明问题,本表对原表的排列顺序做了调整,并删除了"死亡子女百分数"一栏。

表 6-22　20 世纪 30 年代 5 个城市中不同职业丈夫的子女数统计表

职　业	每一百个已婚妇女现存子女数	职　业	每一百个已婚妇女现存子女数
学　者	298	无　业	198
商会会长	278	商店店员	192
自由职业	272	运输工人	189
经理及企业家	269	手艺工人	188
公务员	256	工厂工人	176

① 梁议生:《燕京大学六十女生之婚姻调查》,《社会问题》,1930 年第 1 卷第 4 期。

续表

职　业	每一百个已婚妇女现存子女数	职　业	每一百个已婚妇女现存子女数
农　人	222	仆　役	171
零售商	208		

苏汝江：《中国差别生育率之研究》，《社会学刊》，1948年第6卷合刊。

注：本表数据原为1931年陈华寅在北平、上海、南京、杭州、无锡这5个城市的调查结果。

表6-23　20世纪40年代城市中不同文化程度妇女生育量表

母亲文化程度	平均每人生育数	现有小孩平均数
小　学	5.99	4.52
中　学	6.47	5.11
大　学	6.94	5.44
游学国外	10.09	7.62

陈达：《人口问题》，转引自邓伟志：《现代中国家庭的变革》，上海人民出版社，1994年。

从以上统计数据可看出，一是民国时期城市中不同职业层次的妇女的生育情况有所不同，职业层次较低的妇女之生育量低于职业层次较高者。二是城市家庭中丈夫的职业层次越高，可以生育并抚养的孩子就越多。三是经济因素应该是决定民国时期城市家庭生育量的一个重要因素，职业层次的高低决定了个人或家庭收入的高低，也影响了家庭的生育率。民国时期，一个熟练技术工人工资大约只相当于最低级文官工资的二分之一，相当于小学教师工资的三分之一，或是大学教授工资的十几分之一。至于粗工、临时工、家庭雇工等，工资更少。[①] 收入的差距意味着职业层次越高、收入越高的家庭可以抚育较多的孩子，而低收入群体在经济负担不断加重的情况下，会节制生育。另外，婚姻主体的教育背景与家庭生育率也有一定的关系，文化程度越高的家庭，生育率越高，反之，文化程度越低的家庭，生育率越低。文化程度高低一般而言与经济收入有着直接的关联，文化程度越高意味着获得较高薪酬的机会就越大，而家庭成员的高薪会使家庭生育率提高。陈正谟在对中西人口生育率进行比较后指出："据西洋各国之调查，凡文化程度较高或财产较富之人民，其生育皆低于文化程度较低财产较贫之人民者。反观吾国，似得其反。……我国文化程度较高，财产较富之人民之生育量，高于文化程度较低财产较穷之人民者矣。若勉强解释此种现象，惟有承认终日劳苦，牛衣对泣者之生育机会较少，饱暖者之生育机会较多。"[②] 在生活压力大、生活成本高的城市里，城市平民或者说低收入群体要维持生存，少生育必然是一个重要措施。同时，上述现象可能还反映

---

① 慈鸿飞：《二三十年代教师、公务员工资及生活状况考》，《近代史研究》，1994年第3期。
② 陈正谟：《我国人口问题之研究》，《统计月报》，1933年第14期。

第六章 城市婚姻与家庭的变迁

出,虽然节育观念已得到城市居民特别是中上层居民的认同,传统大家族观念也遭到他们的拒斥,但由于传统"多子多福"的生育文化已深入他们的骨髓,故只要经济条件许可,他们还是愿意选择多生多育。即便如此,无节制生育的观念还是被越来越多的人抛弃,更多的人只是纠结于究竟生育几个孩子才适合的问题。据不同时段、不同组织者的调查,一子加一女、二子加二女,或二子加一女被多数城市居民认为是理想的生育量。如在梁议生所进行的相关调查中,60位调查对象中选择一男一女、一男两女、两男两女者共有53人,选择两男三女、三男五女者各1人,选择不要子女者5人;在葛家栋的179位调查对象中,选择一男一女、一男两女、两男一女、两男两女者共有140人,选择五男两女、五男五女者各为1人和2人,选择不要子女者9人,选择其他子女数量者22人;1939年徐超群调查成都市大中学生,结果显示,无论男性还是女性,都以选择两子两女、两子一女者为多。① 这些数据说明,民国时期城市家庭越来越倾向于优生优育,而对无节制生育并不赞同,城市居民理想的核心家庭人口为5~6人。

此外,重男轻女的传统观念在民国时期的城市社会中有所淡化。如甘南引的调查就表明,有824人表示"愿生男生女平均",46人愿"听其自然",151人"男女都愿生,都喜欢",共计有52.49%的人对生男生女没有偏见,甚至有40人表示"愿多生女孩"。②

总而言之,民国时期家庭的生育功能已经走出传统模式,不再无节制生育,且经济因素成为影响生育子女多寡的一个重要因素,多子多福、重男轻女等观念也不再受追捧。

3. 家庭赡养功能的变化

"尊祖敬老"是中国传统社会的特点之一,赡养父母不仅是子女的义务,而且是其不可违逆的伦理责任,同时是传统家庭的一个主要功能。民国以来,随着西方小家庭观念的引进,大家庭制度日趋破碎,家庭的赡养功能在城市中出现了新的变化。

首先,作为奠定家庭赡养功能之根本的孝道遭到严厉抨击,从而在理论上动摇了传统家庭的赡养功能。1915年12月,陈独秀所撰《东西民族根本思想之差异》一文发表,陈氏在这篇文章中严厉批评了以孝为核心的传统家庭制度,主张父子关系要根植于"法治"而非"感情",反对"亲之养子,子之养亲,为毕生之义务"的传统父子关系。③ 1917年,吴虞撰写了《家族制度与专制主义之关系》一文,把孝视为封建伦理纲常的中心理论而加以彻底批判,鼓吹"非孝"。此后,整个思想文化领域掀起了一股反对大家庭制度、否定孝道合法性的潮流,甚至有激进者开始

---

① 梁议生:《燕京大学六十女生之婚姻调查》,《社会问题》,1930年第1卷第4期;葛家栋:《燕大男生对于婚姻制度之调查》,《社会学界》,1930年第4期;徐超群:《成都大中学生之婚姻调查》,《社会科学学报》,1939年第1卷第1期。
② 甘南引:《中国青年婚姻问题调查》,《社会学杂志》,1924年第2卷第2、3期合刊。
③ 陈独秀:《东西民族根本思想之差异》,《新青年》,1915年第1卷第4号。

拒绝赡养父母。譬如，1927年，上海居民金则思致信《生活》杂志编辑部，希望该刊多宣扬大家族制度的"罪恶"，声称"所谓'五世同堂''天伦之乐'等等美誉，都不过是哄人的脚镣手铐"，明确反对"以孝事亲"。① 这种不愿侍奉父母的言论在当时已经不是特例。其时，作家冰心亦专门撰文描述此种现象，她在《小家庭制度下的牺牲》一文里就描述了出身农村家庭的"儿子"为了在城市里建立小家庭而拒绝赡养父母，其理由是："中国贫弱的原因在哪里？就是因为人民的家族观念太深……这万恶的大家庭制度，造成了彼此依赖的习惯……像我们这一班青年人，在这过渡的时代，更应当竭力的打破习惯，推翻偶像……我们为着国家社会的前途，就不得不牺牲了你二位老人家了。"② 冰心所写的虽然是文学作品，但也在一定程度上反映了当时社会的情况。

其次，随着城市家庭结构类型小家庭化，赡养方式出现以下分化：一为父母子女同居一室，儿女侍奉；一为父母子女分居，子女提供一定程度的经济资助。如1921年陈鹤琴的调查表明，在392名接受调查者中，有281人愿意同父母居住，而其主要理由是这两条："因为要侍奉年老父母"和"可以享受天伦之乐"；另外111名不愿同父母居住者，他们回答有关赡养的问题时表示："可以予经济资助。"③ 1931年，接受周叔昭调查的188位城市男女青年在回答"采取小家庭制，祖父母与父母之生计由子或孙辈担任"这个问题时，赞成者共有116人，不赞成者共有63人，未表态者9人。周叔昭认为这是一个有"趣味"的现象，表明接受调查的人是"有思想与主张的"，既不盲目崇拜纯西化的"小家庭制"，也拒绝传统"大家庭"，而选择"折衷家庭"模式，既满足了组建小家庭的愿望，也侍奉了父母。④ 梁议生的60个调查对象，在回答关于赡养父母的问题时，有25人愿意"另组家庭，但担负生计"，有30人愿与父母同居并赡养，有3人选择视经济情况而定，另有2人不能确定。⑤ 综上可见，民国时期的家庭赡养方式已出现分化，但相对而言，选择以"折衷家庭"的模式进行赡养者较多，且这一模式在当时很受人推崇，如陈伯吹就声称："组织家庭，应该以欧美小家庭制度为基本单位；但是至少同居的分子至少除一夫一妻、子女外，须加入父母。"⑥ 这种家庭赡养功能的变化反映了时代特征。

最后，决定民国时期城市家庭赡养能力、赡养模式的最重要因素是经济条件而非情感或传统家庭政治伦理。民国时期，政局动荡、战乱频起，城市经济发展不充分，城市中下层居民的生活十分艰难，逐渐失去谋生能力的老人的生活则更为困窘，而社会或政府没有为老人提供任何养老计划，对老人的赡养责任由各个家庭承

---

① 金则思：《大家族制度必须打倒》，《生活》，1927年第2卷第49期。
② 冰心：《小家庭制度下的牺牲》，《冰心文集》（第一卷），上海文艺出版社，1982年，第448页。
③ 陈鹤琴：《学生婚姻问题之研究》（续），《东方杂志》，1921年第18卷第5号。
④ 周叔昭：《家庭问题的调查：与潘光旦先生的调查比较》，《社会问题》，1931年第1卷第4期。
⑤ 梁议生：《燕京大学六十女生之婚姻调查》，《社会问题》，1930年第1卷第4期。
⑥ 陈伯吹：《中国家庭改善问题》，《妇女杂志》，1930年第16卷第2号。

担。故此,许多选择小家庭模式的子女不得不赡养父母。如陈鹤琴就指出,"在同居(引者按,指与父母同居)的理由中,最强的就是因父母年老侍奉无人;但所谓侍奉者,乃物质上之侍奉非精神上之侍奉。父母年老无以为生,只好依赖其子",那些"父母自能供给无依赖其子之必要"者,则选择纯小家庭制。① 同时,在城市化过程中,很多农村青壮年离开父母只身进入城市谋生,城市的动荡和社会流动性的增强,使得众多市民辗转于多个城市或一个城市的不同区域。有的人尚能给老人寄钱财及信物,有的人则只能勉强生存,根本就无力赡养家中老人。如 1934 年 8 月 14 日的《申报》刊载的一则反映上海房租问题的文章就言及以下之事:"有一个客籍居民,侍奉父母,率领妻子,连本身也不过五六口人,寄居在普通住宅集团中。他并且还是个有职业者,每月所入也有六七十元,可是房舍一项,每月就得付十五元,这是无可再少之数目。然而他一家老小藏身之所,只占有一间房子,没有办法,只得送父母回乡。"②

民国时期,由于经济负担加重,城市家庭的赡养范围明显缩小,大多数人只承担赡养父母的责任,祖父母、兄弟姊妹、妯娌多不在赡养范围内。如梁议生总结其调查对象关于赡养问题的选择时就指出:他们愿意赡养的人,"只包括二代,无其他妯娌叔侄之关系",而且据梁氏的说法,在这个问题上,该次调查结果与"复旦大学婚姻调查之结果相同"。③ 事实上,民国时期由不同组织者在不同时段所展开的关于城市婚姻家庭情况的社会调查,接受调查者在回答有关家庭赡养问题时,其选择赡养的对象亦大都只限于父母。这种情况表明,只赡养父母在民国时期的城市家庭中具有普遍性,甚至社会调查者在设计问卷时都已经预设了赡养对象的范围。显然,传统大家庭赡养对象众多这一特征已经不见于民国时期的城市家庭。此外,生性凉薄,借反对大家庭、建立小家庭之势而不愿承担赡养责任者,在民国的城市社会中亦大量存在。

综上可见,在民国的城市社会中,家庭的赡养功能已经不断弱化,并呈现出多种赡养模式并存、赡养范围缩小的特征。

4. 家庭宗教信仰功能的变化

在中国传统社会中,祖先崇拜既是孝道的表现和存在方式,也是凝聚家族成员、形成家族观念的重要手段,是"大家庭制的一个特征"④。在族人慎终追远的过程中,家庭伦理教化功能得到加强,家族认同感逐渐形成,长辈的权威亦得以维护,所以,民国时期有学人指出,祖先崇拜使得"家长的威权也十分增加起来"⑤。祖先崇拜在祖先与后人之间构建出一种带有宗教权威性的关系,"中国最普通之宗

---

① 陈鹤琴:《学生婚姻问题之研究》(续),《东方杂志》,1921 年第 18 卷第 5 期。
② 洋洋:《鸽笼式的住宅》,《申报》,1934 年 8 月 14 日,第 27 版。
③ 梁议生:《燕京大学六十女生之婚姻调查》,《社会问题》,1930 年第 1 卷第 4 期。
④ 麦惠庭:《中国家庭改造问题》,商务印书馆,1935 年,第 421 页。
⑤ 王容川:《中国家庭问题的商榷》,《社会月刊》,1930 年第 2 卷第 5 号。

教，即家庭中之崇拜：祖先崇拜"①，家庭也因而具有了宗教功能。在传统时代，每逢重要节日或家族中有重大事件发生之时，都要举行隆重的祭祖活动，此时全家族的人都需要参加，这是一种义务，也是一种权利。清明祭祖上坟更是一件大事，民谚有云："清明不祭祖，死了变猪狗。"在传统婚姻礼仪中，新娘入门合卺只是成妻之礼，其在觐见舅姑和拜谒宗庙后才算成妇。这就是所谓的庙见之礼，即新妇拜祭宗族的祖先象征着她已得到了宗族的认可。完礼后，新娘才算加入夫宗，获得了族中的地位。但是，民国建立以后，随着新思想、新观念的传播和个人主义的兴起，尤其是科学思想和无神论的传播，使原有的神灵崇拜逐渐遭到质疑，祖先崇拜也慢慢淡出了现实的家庭生活，尤其是在城市之中，随着小家庭的普遍化，祖先崇拜日趋式微。在潘光旦的调查中，有85.50%的人赞成摒弃具有宗教特征的祖先崇拜；72.60%的人认为祖先崇拜阻碍了中国社会的进步，81.50%的人则认为应该改变对于祖先的纪念方式。在关于祖先记忆或者说家族记忆的调查中，可以不假思索便道出其曾祖之名字者只占65.60%，能说出其高祖之名字者则仅有44.80%。②20世纪30年代初，周叔昭所组织的社会调查亦涉及这一问题，问卷结果显示，在188人之中，赞成保留祖先崇拜者仅有24人，余下164人皆不赞成祖宗崇拜。在回答是否改变传统祭祀仪式的问题时，有139人认为应废除祭祀祖先仪式而代之以别的纪念方式，支持按传统仪式祭祀者仅49人。此外，周叔昭的调查还显示，在188名接受调查者中，有60人回答自己家族已经没有宗祠。③从以上社会调查结果可以看出，祖先崇拜已经不是民国时期城市家庭日常生活的必需内容。如人们对年复一年举行、次数繁多的祖先祭祀越来越厌烦，"'扫墓'这名词，在一般新人物眼中，早已看得轻微渺小而无意义的事了"④。每年清明扫墓，因从城市返乡参加扫墓者日益减少，有些地方的组织者不得不"多在坟上按人数酌发钱文，以示勉励子孙踊跃上坟之意"⑤。这种现象一方面可能表明城市生活的巨大压力迫使人们无暇顾及既费钱又耗时的祖先祭祀；另一方面则说明接受新思想、新观念的城市居民的宗法观念已经淡化，祖先崇拜不再具有吸引力，甚至于金钱关系开始左右后人和祖先的关系。

总而言之，在民国时期的城市社会中，随着思想文化、生活方式、经济环境的变迁，传统家庭的宗教功能逐渐远离市民的日常生活，不再具有支配作用。

（二）城市家庭关系的变化

在传统家庭中，家庭纵向关系以家长为尊，家长独掌家庭的大权，家庭的所有事务由家长决定；其他家庭成员，"男女有别，尊卑有分，长幼有序"。在家庭横向

---

① 继郁：《家庭之功用》，《申报》，1923年3月13日，第20版。
② 潘光旦：《中国之家庭问题》，新月书店，1929年，第45—50页。
③ 周叔昭：《家庭问题的调查：与潘光旦先生的调查比较》，《社会问题》，1931年第1卷第4期。
④ 征鸿：《扫墓团》，《申报》，1933年8月5日，第22版。
⑤ 严昌洪：《西俗东渐记——近代中国社会风俗的演变》，湖南出版社，1991年，第254页。

关系中，强调"夫为妻纲"，即丈夫对妻子具有绝对控制权。父权和夫权主宰着家庭的全部关系。并且，家庭横向关系必须服从于纵向关系。为了家庭纵向关系的稳定与延续，家庭横向关系必须随时做出牺牲，因而父子关系可以主导、干预横向的夫妻关系。譬如夫妻间出现生育问题时，为了传宗接代，丈夫就必须忍痛休妻或纳妾。民国时期，家庭纵向关系和横向关系出现了新的变化，即家庭纵向关系中的父权和横向关系中的夫权都受到挑战，越来越多的城市青年开始主张家庭成员平等化、家庭关系民主化，而且，在核心家庭中，家庭横向关系成为整个家庭关系网络的轴心，纵向关系不能左右横向关系。

1. 家庭纵向关系的变化

传统家庭纵向关系以父母和子女的关系为主，子女在家长权威的约束下，必须无条件服从父母。这种关系在民国时期出现变化，家长的权威遭到挑战，子女在家庭中的地位日趋上升，父母与子女的关系因而向民主化、平等化方向发展，并主要表现在以下几方面。

首先，父母的绝对权威在思想观念领域遭到挑战，构建平等、民主的父母与子女的关系成为时代的重要思潮。譬如胡适就在1919年撰写了新诗《我的儿子》，鼓吹父母与子女无恩，儿女不必以孝顺为先，"我实在不要儿子/儿子自己来了/……树本无心结子/我也无恩于你/但是你既来了/我不能不养你教你/那是我对人道的义务/并不是待你的恩谊/将来你长大时/这是我所期待于你/我要你做一个堂堂的人/不要你做我的孝顺的儿子"[①]。胡适的主张得到吴虞的回应，并将其思想提升到父子平等、子女人格独立的层面："我的意思，以为父子母子，不必有尊卑的观念，却当有互相扶助的责任。同为人类，同做人事，没有什么恩，也没有什么德，要承认子女自有人格。"[②] 此外，陈独秀、鲁迅以及其他知识分子都对传统社会中父母的权威予以批评、否定，主张父母与子女之间应当是以民主、平等为根基的相互促进、相互指导、共同发展的互动关系。[③] 在这样的基础上，家庭纵向关系不能再干预横向关系，"青年夫妇对于两性底父母都当负同等底孝养恭敬，但是父母对于已婚的子女不当有过分底要求，更不当干涉他底家政，只可自居顾问底职任"[④]。这就意味着家庭关系不再以父子关系为主，而转向以夫妻关系为主。

其次，民国时期城市家庭纵向关系趋向民主化、平等化还表现在财产支配权的转移这个方面。随着小家庭制的兴起，大家庭制的衰败，家庭经济来源主要为夫妻双方收入而非父母收入，由此家庭财产支配权不再把持于父母之手，这就意味着传统父权再也不能操纵、主宰家庭关系。时人曾指出，"组织一个快乐家庭的基础，彻底的讲来，第一是先要有固定的经济基础"[⑤]。但传统家庭实行"共产之制"，子

---

① 胡适：《我的儿子》，《每周评论》，1919年8月3日第33期，第3版。
② 吴虞：《说孝》，《台湾民报》，1924年第2卷第6期。
③ 郑全红：《论民国时期家庭关系的变化》，《中州学刊》，2008年第6期。
④ 谢维鹏等：《家庭底良制》，《民国日报·妇女评论》，1922年第44期。
⑤ 张巴玲：《家庭的经济问题》，《家庭星期》，1936年第1卷第10期。

女不允许有"私财","有敢违此经义者,则为士林所不耻"。[1] 而经济不独立正是传统时代子女在家庭中不能掌握自己命运的一个重要原因。但在民国时期,一方面人们相信经济独立是建立良好家庭关系的必要条件,"子女父母终须脱离关系,故必须自己早行发达自立能力,铲除依赖根性"[2];另一方面随着城市化、工业化的发展,许多小家庭在城市里单独发展,他们都是自食其力的劳动者,不再仰仗父母供给,父权对于家庭的影响也就相应弱化。如陈鹤琴就注意到,在其调查对象中,有111人已经组织或即将组织小家庭,他们对此给出的理由便是可以"独立自营,不去依赖父母"[3]。经济的独立意味着父权对于家庭干预的减少,家庭关系渐趋平等。如在1921年的天津,一张姓老汉因两个已成亲的儿子欲分家独居,而告儿子忤逆。他的两个儿子之所以想分家,就是因为他们都有职业,能够自食其力。"守旧的"张老汉对此十分不满,后来在多方协调下,父子之间最终通过协商的方式达成和解。[4]

此外,民国时期城市家庭纵向关系趋向民主、平等,亦表现在社交公开、主婚权转移等方面。在传统社会,子女的社会交往完全为父母所控制,尤其是女子,不得父母允诺,甚至不能踏出家门一步。但在民国时期,随着妇女解放、婚姻自由观念的传播,所谓"男女大防"终被雨打风吹去。譬如广东思恩,"民国十五年以前男女无公开交际,后礼教偶像之尊严渐为时代思潮所摧毁,社交公开,浸渐成习尚"[5]。又如贵州兴义,"社交公开,在十年前无人敢道,今则青年男女,同学问难,不以为怪"[6]。民国时期,在这些相对保守的县城里,青年男女都已可以公开交往,那么大中城市中的情况就更无须多言了。这种现象固然与民国以来思想文化的变迁有关,但从家庭纵向关系方面看,城市青年男女能够自由交往,说明父母与子女的关系已经调整,逐渐走向民主、平等。同时,正如前文所述,民国时期的城市青年男女已经获得了决定自己婚姻的权利,父母在婚姻问题上只有建议权而没有决定权。这一现象同样表明,父母在家庭中的绝对权力已经被削弱,父母和子女的关系日益趋向平等、民主。

总之,在民国时期的城市社会,"父为子纲"的传统家庭伦理关系已经渐行渐远,父母和子女之间逐渐建立起一种平等、民主的家庭关系。

2. 家庭横向关系的变化

民国时期,在家庭横向关系方面,传统的男尊女卑加速向现代的男女平等演变。女性地位日益提高,男性的中心地位逐渐发生位移,夫妻关系逐步从原来的单向被动型过渡到双向互动型,这主要表现在以下几个方面。

---

[1] 吴贯因:《改良家族制论》,《大中华杂志》,1915年第1卷第4期。
[2] 高思庭:《理想家庭》,《妇女杂志》,1929年第9卷第8号。
[3] 陈鹤琴:《学生婚姻问题调查》(续),《东方杂志》,1921年第18卷第5期。
[4] 《经济压迫下的家庭纠葛》,《家庭研究》,1921年第1卷第4期。
[5] (民国)《思恩县志·社会》,民国二十二年(1933)铅印本。
[6] (民国)《兴义县志·社会》,民国三十七年(1948)稿本,第36页。

第六章
城市婚姻与家庭的变迁

首先，随着城市社会变迁速度的加快和妇女解放运动的日益高涨，女性的社会地位、经济地位逐渐提高，独立意识不断增强，"夫为妻纲"的传统观念在民国时期的城市社会中已经没有市场，男女平权不再是新奇可怪之论。在传统社会，妻子完全从属于丈夫，没有独立姓名权、财产权，甚至行为能力都要受丈夫的支配和限制。这种情况在民国时期逐渐有了改观。当时的女权运动者主张"人权乃男女共同意义上的权利，是男女共享的，而不是男有女无，或女有男无"①。这种观念表现于家庭中，则是"把家庭当作妇女的专门职务和应尽义务的制度，现在已经不合时宜了"②。也就是说，妻子不仅是主妇，还是具有其他社会身份的独立个体，"可以在社会上从事男人的各种工作"，而丈夫也应该在家"作妻作母的工作"。③ 如前文所述，民国时期社会的变迁已为妇女提供了走出家门的机会，因此在"男女平权"观念的鼓动下，城市中的各种空间都出现了妇女的身影。而妇女社会地位尤其是经济地位的提高，又反作用于家庭关系。其结果，正如有人在1946年抱怨的那样："丈夫是赞成妻子职业化的，而太太则大有要求丈夫妻子化的趋势。"④ "夫为妻纲"的传统家庭横向关系一去不返。而关于这一变迁最具有代表性的实证，则为费孝通于20世纪30年代在考察江村时所注意到的一个事例。当时，在江村缫丝厂工作的一个女工，因丈夫下雨时未给自己送伞而当众责骂丈夫。⑤ 这件小事说明，工厂的出现改变了江村妇女的经济地位，夫妻之间的关系亦相应发生变化。江村如此，工厂集中、商铺林立的城市的情况更可想而知。总之，由于政治、经济、文化的变迁，城市家庭的横向关系在民国时期已经由男尊女卑逐渐转向男女平等。

其次，民国时期城市家庭横向关系的变化还表现于婚姻方面。在民国时期的城市社会，婚姻的目的已不再如传统社会观念所规训的那样——生儿育女、传宗接代、侍奉父母，而是以浪漫生活及相互陪伴为首要目的。如周叔昭在1931年的调查结果就表明，接受调查的188名城市男女青年大多数都"以浪漫的爱及共同生活为（婚姻）最重要的目的"⑥。这样的婚姻不仅使夫妻满意度提升，而且给予了妻子对家庭事务发表意见的权利，丈夫也愿意倾听她们的意见，有时妻子的意见还会成为主导意见。同时，离婚自由在民国时期的城市社会中成为常态，而且离婚权由婚姻主体共享，甚至主动申请离婚的女性超过了男性。这说明民国时期的城市家庭横向关系已经突破了夫权独尊的传统模式，妻子与丈夫在家庭中享有对等的权利和义务。

最后，一夫一妻制的确立、一夫多妻制的终结以及寡妇再嫁的普遍化，亦说明民国时期城市家庭横向关系日益走向平等化、民主化。在传统家庭中，丈夫死后妻

---

① 谈社英：《中国妇女运动通史》，妇女共鸣社，1936年，第105页。
② 程均：《家庭制度的存在与男女平等》，《家庭星期》，1936年第1卷第50期。
③ 佚名：《休矣！林语堂》，《女子月刊》，1936年第4卷第3号。
④ 佚名：《妻子职业化，丈夫妻子化》，《新天地》，1946年第3期。
⑤ 费孝通：《江村经济——中国农民的生活》，商务印书馆，2002年，第198页。
⑥ 周叔昭：《家庭问题调查：与潘光旦先生的调查比较》，《社会问题》，1931年第1卷第4期。

子只能守寡或殉情，否则，就会被视为不贞，有辱门风；而男子妻妾成群，却是天经地义的事。进入民国后，随着思想文化的变迁及妇女运动的发展，上述不平等的夫妻关系遭到严厉谴责和抨击。当时的社会舆论、妇女团体都强烈要求"禁止蓄婢纳妾""纳妾者以重婚罪论"，主张取消一夫多妻制。据甘南引在1922—1923年的调查，在接受其调查的841名城市已婚、未婚男女青年中，反对一夫多妻制者达734人，占总数的87.28%，仅有79人持赞成态度，占9.39%。① 而潘光旦1926年主持的调查之结果亦表明，79.80%的人反对男子纳妾，主张实行一夫一妻制，甚至有70.40%的人反对为传宗接代而纳妾。② 到了20世纪30年代，周叔昭、梁议生、葛家栋等人的调查之结果亦显示，一夫多妻制已被大多数城市居民抛弃，一夫一妻成为人们普遍接受的婚姻模式。以周叔昭的调查为例，接受调查的188名男女城市青年，在回答是否允许"纳妾"问题时，共有152名反对，占比高达80.9%；同意者仅有26人，占比仅14.9%；另有10人未回答。至于为了传宗接代而纳妾，支持者亦只有48人，占比25.5%；反对者共有146人，占比77.7%；另有2人未表态。最后回答"男子厉行一夫一妻制，无论如何都不宜置妾"问题时，共有148人支持，占比78.7%；只有35人反对，占比18.6%；另有3人未回答。③ 以上情况足以说明，民国时期城市家庭的夫妻关系已经建立在互相尊重、平等对待的基础上，传统时代那种支配与被支配的夫妻关系已成明日黄花。

总而言之，民国时期，随着妇女在家庭中经济地位的逐渐提高，人们越来越把以爱情为基础的婚姻作为追求的目标，夫妻关系也在一定程度上受到了重视，得到了改善，男性本位的夫妻关系逐渐在城市社会中走向没落。

小　结

民国时期，随着城市政治、经济、文化的变迁，作为社会制度核心的婚姻家庭制度也发生了明显变化。传统的婚姻家庭观念、婚姻家庭制度遭到抨击与抛弃，新型婚姻家庭观念逐渐确立。结婚自由、离婚自由不再是口号，走出大家庭、组建小家庭已成为一种社会风气。择偶标准不再仅仅局限于门第等因素，情感、学识等因素的重要性被越来越多的人认同。家庭的各种功能亦随着社会的变化而发生变化。传统家庭的功能，除了消费功能，其他的均逐渐为社会及其他机构所取代。家庭的纵向关系和横向亦不再由父权、夫权左右，夫妻关系成为家庭关系的轴心，夫妻平等成为家庭和谐的衡器。

不过，民国时期，由于社会经济发展存在不平衡性，以及社会转型正处于新旧

---

① 甘南引：《中国青年婚姻问题调查》，《社会学杂志》，1924年第2卷第2、3期合刊。
② 潘光旦：《中国之家庭问题》，新月书店，1929年，第77—78页。
③ 周叔昭：《家庭问题调查：与潘光旦先生的调查比较》，《社会问题》，1931年第1卷第4期。

第六章 城市婚姻与家庭的变迁

交替阶段，故城市婚姻家庭制度的实践与变革亦表现出不平衡性和新旧杂陈的特征。一方面，当沿海沿江的城市已经确立了新型婚姻家庭模式时，内陆城市仍然盛行传统婚姻家庭模式。因此，民国时期的新型婚姻家庭制度经历了由沿海向内陆逐步传播、由城市向农村逐渐推行的过程。另一方面，旧式婚姻家庭观念、婚姻家庭习俗仍在城市中发挥作用。比如婚俗便没有全盘西化，而是保留着若干传统的元素。又如在婚姻自主权方面，婚姻一决于父母的情况虽然在城市中有所减少，但是婚姻主体完全自己做主而拒绝第三者干预的情况也比较少，更多的是男女双方经人介绍或自由恋爱之后，再征得父母同意，然后才结婚。这一切都反映了民国时期转型中的社会的过渡性。

尽管如此，民国时期的婚姻家庭变革仍然具有现代意义，传统的婚姻家庭制度和模式逐渐解体，与城市化、工业化相适应的婚姻家庭制度、模式逐步确立，从而推动了城市的发展。

第七章 中国城乡关系的变迁

第一节 近代城乡关系变化的趋势

一、近代城乡关系变化的动因

城乡关系广泛存在于城市和农村之间。城市产生以后，就与农村紧密联系在一起，既相互制约又相互依赖。因而城乡关系表现为一定社会条件下政治关系、经济关系、阶级关系等诸多关系在两者之间的集中反映，其中最根本的关系是经济关系。[①] 城乡关系是一种城乡之间客观存在的无形联系。19世纪中叶以后，中国传统社会的发展进程在外力的强大冲击下被迫中断，中国传统社会自此开始向近代社会转型。与此同时，由于中国没有经历过完整意义上的工业革命，也没有资本主义独立发展的社会环境，故其先进的社会生产力、生产关系到了近代仍未确立，这就最终导致近代中国资本主义成为在西方资本主义列强入侵后所形成的半殖民地半封建社会中的畸形儿。外力的冲击诱发了中国社会内部结构的变革，从而又形成了推动中国向现代化迈进的内在力量。在这两种力量的共同作用下，中国发生了一场由城市逐步波及农村的异于农业时代社会变化的现代化变迁。正是在城乡社会变化的牵动下，中国城乡关系的现代格局逐步形成，并由此反作用于近代中国的城市和农村。在城市、农村和城乡关系这三个元素中，城市与农村的存在、发展和变迁是城乡关系发展、变迁的前提和基础，没有城市与农村的存在、发展和变迁，城乡关系的发展、变迁便无从谈起。同时，城乡关系的发展、变迁又是城市和农村发展、变迁所产生的必然结果和内在反映。基于城市、农村和城乡关系之间的这种逻辑关系，可以探析近代中国城乡关系变化的根本原因。

民国时期中国社会的现代化变迁主要集中体现在城市的变化之上，因为城市是区域的政治中心、经济中心、文化中心及军事中心，是社会财富的集中地。19世纪中叶以后，西方列强不断加大对中国的侵略力度，将"中国一步步地变成一个半

[①] 刘应杰：《中国城乡关系与中国农民工人》，中国社会科学出版社，2000年，第22页。

第七章 中国城乡关系的变迁

殖民地半封建社会",并使中国成为西方国家的工业品销售市场和廉价原料供应地。西方列强欲达此目的,首先就要从城市开始,然后再从城市辐射状地影响广大农村。城市因此首先畸形发展,这一点,时人有比较清醒的认识,"中国都市的发展,不是顺着自然,是在列强帝国主义者枪炮压迫之下,出于不得已,而发展"[①]。从"后见之明"的视角看,晚清中国社会的发展变迁轨迹亦充分证明了这一点。

鸦片战争后,西方势力的强行楔入对中国的城市和农村产生了深远的影响,并最终引起了城乡关系的变化。这种影响主要表现在以下几个方面。

第一,中国城市脱离了原来的发展轨道。

西方列强武力侵入中国的目的是把中国变成他们的殖民地,但这一行为客观上却加速了中国封建自然经济的解体。毛泽东认为,如果没有西方资本主义国家的入侵,中国或迟或早也要进入资本主义社会。从近代中国的政治、经济诸方面来考察,客观地讲,如果没有外部力量的作用,中国进入资本主义社会还需要相当长的时间,封建城市过渡到近代城市也不是很快就能实现的。西方列强的入侵,加快了这一进程,在此意义上,来自西方的外部冲击力对近代中国城市的发展在客观上起到了推动作用,迫使中国城市脱离原来的发展轨道。这正如马克思所言,由于外国资本主义的侵略,"它迫使一切民族——如果它们不想灭亡的话——采取资产阶级的生活方式;它迫使它们在自己那里推行所谓文明制度"[②]。而在资本主义从西方向全球扩张的过程中,城市是其进一步侵略、殖民的桥头堡,半殖民地国家的城市纷纷被开辟为通商口岸的同时,也为这些城市的发展创造了一个契机。西方列强同样把这类城市作为侵略中国的据点,倾销商品,设立工厂,创建银行,建立文化教育机构,使这些城市很快脱离了原来的发展轨迹而畸形地获得发展,逐渐成为全国性或地区性的经济中心,诸如上海、天津、广州、武汉、重庆、青岛、厦门等便是最具代表性的例证。这些城市在外力的作用下,原有的经济结构、社会结构、文化观念和社会心理均发生了异于农业时代的显著变化,逐步开始向近代城市过渡。并且,西方列强在通商口岸划分租界,在租界实行直接管理,使其成为国中之国,成为各列强侵略中国的桥头堡。其结果无疑地改变了这些城市的性质,使这些城市蜕变为殖民地或半殖民地城市。然而,我们还应看到它的另一面,在租界里,西方人依照西方的模式建设、管理租界,由此对所在城市的结构、功能、政治、经济、文化等产生了深远的影响。1932年,署名"阔亭"者便撰文指出,中国遭遇帝国主义侵略以来,"无论如何不像样的都市上,都必定有巍巍的洋式楼房暴露出来,不过这等洋房起先全是甚么教堂和公使馆,久而久之,遂把中国的旧都市上的习惯、思想、制度渐渐西洋化起来了,加以中国产业界因受了帝国主义刺激渐渐起了变化,变化的第一步,是直接模仿外国,中国方面,即有了这样模仿外国的心态……

[①] 济生:《中国都市发展的原因与农村生计的影响》,《中国文化建设协会山西分会旬刊》,1934年第1卷第9期。

[②] [德]马克思、恩格斯:《马克思恩格斯选集》(第1卷),人民出版社,1972年,第255页。

中国旧的都市便突飞猛进的繁荣"①。这种所谓"突飞猛进的繁荣"在市政建设方面表现得尤为明显。在传统时代,以"首都北京而论,除了宫殿、庙宇、宗祠、会馆、军营等等的建筑以外,商业的地区是非常狭小的,虽然也有了独立的手工业和商店,但还够不上近代的小都市。其他如上海、天津、汉口等处,还是一种小市镇,远不及北京",然而,在近代城市文明以畸形、屈辱地方式移植到中国以后,"中国都市的外表,显示得非常壮丽与繁荣"②。高楼、马路、工厂、学校、医院、银行等如雨后春笋般涌现在中国都市里,城市形态、城市空间以及城市功能出现了根本性变化,有"十里洋场"之称的上海甚至逐渐发展为与欧美城市媲美的国际性大都市,以至于有地方人士在民国初年感叹道:"上海繁华,甲于中国。洋场十里,向为邦人士之销金窟。然囊昔热闹地,仅英租界之大马路、四马路,以及宝善街一带而已。今则非惟美、法各界,尽成盛地,即闸北、南市,亦渐改旧观。车水马龙,衣香鬓影,又增倍迁莅,桑田沧海,人事不常,触目感慨,曷其有极。"③ 总之,近代城市文明在客观上使中国部分城市的功能发生了变化,城市规模也逐步得以扩大,出现了近代城市化发展的迹象,其辐射力也相应得到了增强。

第二,造成了近代中国城市畸形发展的格局。

在农业时代,中国城市在地理分布上已呈现出不平衡的现象,比如东部城市多,经济相对发达;西部城市少,经济较为落后。近代以来,随着外国资本主义的不断入侵,中国城市地理空间分布不平衡的情况加剧(参见本书第二章第二节)。这主要表现为近代中国最主要的通商口岸城市大多分布在东部沿海、沿江地区。这些城市在开埠通商后,各区域的大量商品、资金、技术、工人、信息等均聚集于此,使这些城市在短时间内获得了畸形的发展和繁荣。如上海在开埠之初连同郊区人口在内仅约50万人;而到1880年,仅其城区人口就近100万人,在不足50年的时间里,一跃成为中国最大的工商业经济中心城市。再如开埠较晚的重庆在1895年开埠前只是一个规模不大的地区性行政中心城市和商品集散地。开埠后,重庆的商业贸易飞速发展,城市空间不断拓展,从朝天门到南纪门,沿南城一带形成了一条长达数里的商业繁荣区;洋行、公司、工厂、医院、学校等机构也陆续在城市中出现,使城市的结构、面貌发生了显著变化,重庆逐渐取代成都成为西南地区的经济中心。与开埠城市畸形发展形成鲜明对比的则是许多内地城市的衰败与落后。这些城市发展缓慢,部分城市的发展甚至出现停滞或倒退。例如,河南省曾经在历史上被称为"中州"(意为全国之中心),历史中河南的城市非常发达,洛阳为汉唐时期著名的都市,"当时固有种种可以号令全国之设备,呈非常殷赈之状况,只因单倚政治为中心,其结果仅是一政治中心都市,地理上极难认出其经济上之重要位置",所以到了现代,其"惟日趋凋落,不过在历史上存有影响而已"。④ 此外

---

① 阔亭:《从中国方兴的都市说到垂死的农村》,《读书集刊》,1932年第1卷第3、4期合刊。
② 黄宪章:《中国都市的过去与今后》,《新中华》,1934年第2卷第1期。
③ 佚名:《十年来上海之今昔观》(未完),《上海》,1915年第1卷第1期。
④ 冯飞:《都市发达之历史的考察》,《东方杂志》,1922年第19卷第1号。

其他很多在历史上非常著名的政治中心城市在近代都出现不同程度的衰退，如古都西安的城市人口在 1930 年为 12.50 万人，仅为 1843 年的 40% 左右；太原、兰州等城市人口虽略有增长，但也分别仅为 13 万和 9.50 万人；此外，20 世纪初期成都、贵阳、乌鲁木齐的城市人口都只相当于或略高于 1843 年的水平。至于一些中小城市，衰退程度更为显著。① 这种城市发展的不平衡状况，究其原因，从客观上讲是由经济地理位置的差异性，交通运输水平，东西部城市与国内外资本主义市场联系的强弱度，以及城市中资本主义工商业发展水平等因素造成的；但是，从本质上讲，则是城市的发展中原发性外力和诱发性内力的强弱不均所造成的。时人因此就当时的历史条件提醒道："如果不加以适当的控制一任人口过度集中少数大都市，则不仅都市过度膨胀的弊害将随以发生，且将使全国的政治、经济、文化发生显著的差异而不能平衡地发展"，并开出了大力打造新都市的药方，盖"新都市的建设，可以相当防止大都市的膨胀"，并减少国家力量过度集中于大都市而引发的国防风险。②

第三，城市经济结构和功能发生了改变。

从春秋战国至清朝的几千年的发展历程中，从社会整体意义上讲，城市始终是政治功能占主要地位，军事功能占次要地位。虽然到了封建社会中后期，我国出现了一些经济功能较强的城市，但无论在数量上还是在整个社会中所占的比重上，都不足以改变其城市性质，也没有能够发展成为中国城市的主体。

鸦片战争之后，列强以武力打开了中国的大门，开埠通商的城市在外力的作用下被强行从清王朝的封建统治中剥离出来而成为外国资本主义侵略中国的基地，成为连接中国与外部世界的桥梁。在外力作用下，这些城市的结构和功能逐渐发生变化，一些传统城市开始向现代化城市转型。

开埠通商城市在外力的作用下，逐渐蜕变成了外国商品的集散地和销售市场，也成为中国原料的输出基地，进出口贸易成为这些城市的经济支柱，并由此推动了这些城市经济结构、功能率先发生变化。开埠通商城市在促进中外贸易不断扩大的同时，还在一定程度上促进了国内贸易的发展，如城市中出现了许多新兴的行业。这些变化，在城市经济结构、运作方式及城市功能结构的演变过程中起到了重要的推动作用。

随着通商口岸城市结构、功能的演变，特别是城市经济功能的逐步增强，现代交通运输业进一步发展。交通运输是人类生产活动得以正常进行的必要条件，是国民经济得以发展的重要前提，而城市经济又是国民经济的重要组成部分。西方列强要扩大商品流通总量，不断开拓市场，但传统、落后的运输条件自然无法实现这一目的。因此，西方先进的运输工具和运输方式随着开埠通商范围的不断扩大而不断被引入。据不完全统计，从 1861 年到 1911 年，英、美、法、俄、德、日、葡等国

---

① 何一民：《中国城市史纲》，四川大学出版社，1994 年，第 328 页。
② 陈伯心：《中国都市的发展》，《南京市政府公报》，1947 年第 3 卷第 7 期。

商人在中国先后创办了 125 家轮船运输公司，有大小轮船数百艘。[①] 19 世纪下半叶，铁路运输也开始传入中国。从 1876 年吴淞铁路的修建开始，到 1948 年，中国境内共有铁路干线 58 条，全长 23 443.21 公里，连同各地附设支线，总里程达到 24 945.52 公里。交通运输水平与一个城市的兴衰是息息相关的，而近代中国的现代交通运输业在外力的直接启动、推进和内力的继发作用下，实现了长足的发展，从而为加强城市之间以及城市与其腹地之间的联系创造了客观条件，同时促进了人口的流动和商品流通范围的扩大，使城市的辐射力和吸引力不断增强，还刺激了金融业、机械制造业、建筑业、服务业及其他行业的发展，进而在总体上促进了城市功能结构的演变和城市经济功能的强化。此外，现代交通运输业的发展，不仅培育了一批因路而兴的城市，还使原有的一些交通线附近的城市加快向近代城市转型。

农村从属于城市，这是资本主义社会体系的一个特点。这个特点决定了资本主义生产关系在城市出现和发展之后，必然会影响到农村，并促成农村社会的演变。而交通工具的进步、交通条件的改善，又在客观上为这种影响的扩大、深入提供了现实的物质途径和载体。1840 年鸦片战争后，在原发性力量——外力的作用下及继发性力量——内力的推动下，近代中国城市尤其是通商口岸城市率先在功能、结构上发生了一系列的变化，这种变化随着时间的推移逐渐波及农村，并引发了农村社会的演变。

近代中国农村社会的演变从总体上来讲可以概括为以下几个方面。

（一）农村自然经济结构的逐步解体

鸦片战争后，外国资本主义商品经济的入侵，成为近代中国自然经济逐步解体的原始动力。在这种动力的推动下，近代中国通商口岸城市的商品经济首先得到发展，并向农村传统经济发起冲击，导致近代中国农村的自然经济结构逐步走向解体，其具体表现在以下几个方面。

1. 农村商品经济得到发展，农产品的商品化率不断得到提高

近代农村自然经济结构逐步解体的一个最为显著的标志便是农村商品经济的发展以及农产品的商品化率不断提高。而有关近代中国农村商品经济发展的记载比比皆是，现略举一二如下。1905 年，"直隶宣化府蔚州一带盛产白麻。商人刘有才等禀准商部设立麻行公司，统办宣化一带之麻"；"山西农村学校教习……近于该校试验场中遍栽榆苗，令民领种不取分文"；浙江"安吉属地，半皆荒废，近有程君进之，筹设公司，所科皆毛竹、棉花、莺粟及各种本经效速之树"；"四川万县为产丝之地，近有邓君设立蚕桑研究会，春夏试验，秋冬讲学"，"泸州里仁乡有大荒山一座，近经乡人刘荊划草，种桑三万余株，以兴地利。石泉县四面环山，不宜农事，近该令特饬遍种青枫，发放山蚕，以尽地利"。[②]

[①] 严中平等：《中国近代经济史统计资料选辑》，科学出版社，1955 年，第 239—241 页。
[②] 《各省农桑汇志》，《东方杂志》，1905 年第 2 卷第 2 号。

第七章　中国城乡关系的变迁

从上引史料不难看出，在商品经济大潮的冲击下，20世纪初近代中国农村商品经济在全国范围内已有了一定的发展。各地往往因地制宜，发展农村商品经济。那么，近代中国农村商品经济到底发展到了一个什么样的水平呢？对于这个问题，不少学者通过对农产品商品化率的研究，得出了较为科学的结论。严中平先生曾认为，近代农村经济的商品化率"一般不低于40%，在专业化的种植区域内则达到60%~70%"①。吴承明先生也认为，"粮食商品率，1840年约为10%，1895年约为16%，1920年约达到22%，1936年约不足30%"②。另外，我们从近代我国农产品出口贸易额的变化情况来看：1936年比1873年增长了110多倍；③ 1893年中国农产品出口值在全部商品出口总值中占15.60%，1930年提高到了45.10%。④农产品在出口贸易总值中所占份额的逐步提高，从一个方面反映出近代中国农村商品经济的发展水平在逐步提高，农业剩余产品进入市场的数量在逐步增加。这些数据相互间有一定的差异，但无论如何它们表明了近代中国农村商品经济的发展，以及农产品的商品化率不断提高的历史事实。

2. 农民生活用品供应方式由自给逐渐转向市场供应

列宁说："谁都知道，商品流通先于商品生产，是商品生产发生的条件之一。"⑤近代中国农村在来自城市的国内外商品经济的冲击下，商品流通也在缓慢地增速，并由此引发了农村传统经济结构在生活用品供给方式上的嬗变。这种嬗变通过对农民对市场依赖程度和农村经济市场——农村集镇数量变化的考察，可以得到较为充分的印证。慈鸿飞先生认为：很多地方的调查数据表明，农民的生活费每月只需三四元，甚至只要两三元。这只是按一次性交易来计算的，如一年中有多次交易，再加上借贷等情况，则农民对市场的依赖程度更大，农民的生活资料至少有45%以上来自市场。⑥ 有资料显示，根据对全国数省多地的调查，在第一次世界大战结束后，约有三分之一农村农户的家庭生活资料是购于市场的；全部农产品中，约有一半是用于出卖的。从区域上看，华北地区农民一般对市场的依赖度偏低，华中、华东地区农民一般偏高。⑦ 调查统计资料还显示：在农民的消费资料中，自给部分占比已降至65.90%，购买部分占比上升至34.10%，有些地方则高达54.70%。⑧ 又据金陵大学1922—1925年的调查，江苏省农民购自市场的生活品的费用占其全部生活费的46.90%。⑨ 1934年，浙江吴兴农家总收入中出卖商品的收

---

① 严中平等：《中国近代经济史统计资料选辑》，科学出版社，1955年，第325页。
② 吴承明：《中国资本主义与国内市场》，中国社会科学出版社，1985年，第272页。
③ 章有义：《中国近代农业史资料（1912—1927）》（第2辑），生活·读书·新知三联书店，1957年，第146页。
④ 严中平等：《中国近代经济史统计资料选辑》，科学出版社，1955年，第72页。
⑤ [苏]列宁：《俄国资本主义的发展》，《列宁选集》第1卷，人民出版社，1958年，第508页。
⑥ 慈鸿飞：《二十世纪前期华北地区的农村商品市场与资本市场》，《中国社会科学》，1998年第1期。
⑦ 严中平等：《中国近代经济史统计资料选辑》，科学出版社，1955年，第328页。
⑧ 严中平等：《中国近代经济史统计资料选辑》，科学出版社，1955年，第328页。
⑨ [美]卜凯：《中国农家经济》，商务印书馆，1936年，第522页。

入已占44%；而在生活支出中，现金支出占50.86%。在吴兴农户家庭的全部支出中，现金支出已占到47.60%，非现金支出占52.40%；在全部收入中，现金收入占58.10%。① 即便在农村商品经济水平低于华东、华中的华北地区，19世纪末山东有农村集镇2 150个，河北有1 785个；到20世纪30年代，山东已有集镇7 272个（106县），河北有集镇3 066个，分别比40年前增加了238.23%和71.76%。另外，20世纪30年代，山西省104个县的集镇数量也达到了1 326个。② 由此可以看出，华北农村集镇发展的速度是十分惊人的。从以上数据来看，近代中国农村家庭的收支中，现金收支已占了相当的比重，农村集镇的发展速度亦明显加快。这就充分表明，近代农民的生活用品供应方式正在逐渐由自给转向市场供应，农村自然经济向商品经济过渡已成为历史发展的一大趋势。当然，我们也并不排除在个别受商品经济影响较小的偏远地区仍基本处于原有的自然经济环境之中，毕竟区域发展的不平衡性是近代中国社会的一个突出特点。

3. 农产专业化种植区的逐步形成

随着对外贸易范围的扩大、中国工商业的发展和资本主义农业模式（如新型农业公司和农场等）的出现，我国部分地区开始逐步出现经济作物的集中种植区。这些经济作物多为棉花、蚕桑、烟草、油料等。我国经济作物的集中种植是从19世纪末20世纪初开始兴起的，到20世纪二三十年代则达到了相当的规模。以长江三角洲为例，对外贸易和国内埠际贸易的发展，不仅直接刺激了苏南浙北农副业的生产，使棉花、蚕桑、蔬菜等经济作物的种植面积明显扩大，而且使这些经济作物的生产形成了较为鲜明的地域分布特征。如临江近海的地区为棉花产区，在这一区域内，"到处产出棉花，此等产出棉花地之名，常著闻于当业者之间"③。"上海棉田约占全部可耕田的百分之六十"④。太湖沿岸等地区则为蚕桑产区，在这一区域，"自上海至苏州有江，江岸多有桑园点缀；自苏州至无锡……江之两岸一望无际皆桑也"；附近村落，"每村或三十户至五十户，家家育蚕，不问男女皆从此业"⑤。上海近郊也形成了专门供应上海城市居民的蔬菜产区，1912年的上海海关报告载："一个颇有规模的，以供求市场为目的菜园行业已经兴起，这种形式正在广泛地被采用，特别在上海近郊。"⑥

从全国范围来看，棉花种植领域逐渐形成了长江流域、黄河流域、淮河流域和汉水流域四大集中种植区。长江流域，以上海、松江、太仓地区为最；宁波、绍兴

---

① 中国经济统计研究所编印：《吴兴农村调查》，1939年，第38页。
② 于长清、慈鸿飞：《中国农业现代化之路：近代中国农业结构、商品经济与农村市场》，商务印书馆，2000年，第356页。
③ 章有义：《中国近代农业史资料（1840—1911）》（第1辑），生活·读书·新知三联书店，1957年，第517页。
④ 戴鞍钢：《近代上海与苏南浙北农村经济变迁》，《中国农史》，1997年第2期。
⑤ 章有义：《中国近代农业史资料（1840—1911）》（第1辑），生活·读书·新知三联书店，1957年，第579页。
⑥ 戴鞍钢：《近代上海与苏南浙北农村经济变迁》，《中国农史》，1997年第2期。

地区次之，年产量不下 400 万担，以上海为集散市场。在黄河流域，包括直隶之保定、正定、顺德、广平，山东之西北地区，山西之平阳、蒲州、解州，河南之郑州，陕西之西安、同州等地，以天津为集散市场。汉水流域的棉花种植区以湖北为最，植棉面积占全国的 21%。蚕桑养植的集中地区有江苏的无锡、常州、苏州，浙江的杭州、嘉兴、绍兴，广东的顺德、香山、南海等，该三省的鲜蚕茧产量占全国的 20% 以上。烟草的种植区主要集中在山东的潍县、安丘、青州、临淄等地，这些地方大约有 20%～30% 的土地被用于种植烟草，植烟户占农户总数的 63.40%；河南的许昌、湖北的襄城等地也是闻名全国的烟草产地。油料作物的集中种植区方面，东三省的大豆产量占全国总产量的 60%～70%；山东出产的花生占全国总量的 82%。[①] 其他经济作物的种植也均出现了程度不同的区域专业化现象。例如，鸦片的种植多集中于西南各省，种植面积占该地区可耕地面积的 8.60%，西北次之，种植面积占可耕地面积的 2.43%。其中以云南为最，当地鸦片种植面积占可耕地面积的比重最大，达 17.83%（1906—1918）。[②] 又据 1935 年的调查资料，四川涪陵鸦片种植面积占全县农田总面积的 25%，[③] 其他粮食作物种植反而降到了次要的地位。

（二）农村家庭手工业与农业逐渐分离

在中国长期的封建社会中，虽然存在一定程度的商品经济和社会分工，但主要局限于城市工业、商业等部门；至于农村以农业为主的农耕经济，则一直处于自给自足的自然经济状态。不可否认，中国的封建经济发展到清代中前期，社会分工已有了较大的发展，已形成了许多专门化程度较高的生产部门。随着社会分工的发展，农业中的商品经济较前也有了很大的发展。例如，当时的湖广、江西等地已成为工商业相对发达的江浙等地的商品粮供给地，而且棉花、桑树、烟叶、茶叶、甘蔗等商品率较高的经济作物的种植也都较为普遍地发展起来。但是，这种农村经济的变动也仅仅表现为某一经济作物的集中种植而已，"从事农业的居民自己进行农产品加工，几乎没有交换和分工"[④]。因此，这种"小农业与家庭手工业相结合的中国社会经济结构"并没有发生质的变化。

近代以来，随着城市经济功能的逐步增强，城市工业以其比农村家庭手工业高得多的劳动生产效率取代了很大一部分以往在农村进行的生产，致使"农业和手工业的原始的家庭纽带……被资本主义生产方式撕断"[⑤]。农民家庭手工业被城市近

---

① 章有义：《中国近代农业史资料（1912—1927）》（第 2 辑），生活·读书·新知三联书店，1957 年，第 219—227 页。
② 章有义：《中国近代农业史资料（1840—1911）》（第 1 辑），生活·读书·新知三联书店，1957 年，第 457 页。
③ 章有义：《中国近代农业史资料（1927—1937）》（第 3 辑），生活·读书·新知三联书店，1957 年，第 50 页。
④ ［苏］列宁：《列宁全集》第 3 卷，人民出版社，1958 年，第 19 页。
⑤ ［德］马克思：《资本论》第 1 卷，人民出版社，1975 年，第 551—552 页。

代工业逐步取代，工业与农业分离，工业向城市集中，少数城市（如上海、武汉、天津、重庆等）逐步成为区域经济中心。"城市和农村无差别的统一"局面被打破。洋纱、洋布、五金、煤油、颜料之类的商品陆续由城市贩至农村，它们因低廉的价格和优良的品质，成为取代家庭手工业产品的利器。以棉纺织业为例，随着近代商埠的陆续开放，西方棉纺织品大量输入，导致农村手工棉纺织业破产。包世臣在1846年曾这样描述道："近日洋布大行，价才当梭布二分之一，吾村专以纺织为业，近闻已无纱可纺。松江布市，削减大半。"[1] 甲午战争之后，《马关条约》的签订不仅给予了外国人在通商口岸设厂制造之权，而且给予了其在中国制造的商品和进口洋货享有同样特权的优惠政策。这样一来，洋布取代土布的进程进一步加快。1893—1911年，进口棉布价值由4 491万元增至11 653万元，[2] 而外国在我国收购的棉纺纱锭数则由1897年的16万枚增至1913年的34万枚，翻了逾一番。"洋货愈益畅销，土货愈益不振，相形相因，判若霄壤。"[3] 除棉纺织制品外，其他机制品从各个方面排挤和取代手工业品的史实也是举不胜举。如："东南各省所植甘蔗获利颇丰。自通商以来……旧日之糖，销路日微，销数日绌。"[4] "粤省民间素用花生油……自火油盛行，相形见绌，销路愈滞，价值愈昂。"[5] 这一情势持续到民国。在20世纪30年代，有人就注意到，广东那些传统上以养蚕织丝维持生计的"蚕村"，"茨莨纱、绸，已被日本工业化的产品所攘夺，塘鱼产销，亦受海鱼侵入而致减少，销途与价值，均大为缩减，其他桑田间作的产品，如芜菁（头菜）腌制，原为蚕村家庭手工业的大宗产品，年来亦受资本主义国家的势力伸展，在外地设立大规模的工厂来制造，所以蚕村家庭手工业，受剥削的程度特甚"[6]。这些例证充分表明，从清季到民国，农村手工业在资本主义商品经济冲击下，由于工具陈旧、工艺落后、产品质量低劣、规模弱小等客观因素制约，在与机器大工业的抗衡中表现得极其弱小、乏力以至于节节败退。不生则死，家庭手工业逐渐走出家门而面向市场，以改良技术、改进设备、规模化、分工化、抱团经营等方式，以及在政府的鼓励下，继续在中国广大的县城、乡镇、村庄等地与机器产品抗衡。如上海闻名遐迩的织绸业，"初仅为一种家庭手工业，由织造者自行采办原料，织成绸缎，或由丝账房发料，供给织户"，但机器产品进来以后，传统丝绸业遭到严重冲击，为此，在民国时期随着绸缎需要量增加，传统丝绸生产开始改造为"电力机织绸厂，设立者日众"，最终，"杨树浦、虹口、斜桥、曹家渡诸区，绸厂密布，已蔚为大观矣"[7]。与财大气粗、设备和技术提升、改造相对方便的上海绸缎业不同，定县传

---

[1] 包世臣：《安吴四种》卷二十六，同治十一年（1872）刊本。
[2] 汪敬虞：《中国近代工业史资料》第2辑（上册），科学出版社，1962年，第3页。
[3] 《加税裁厘意见书》，藏苏州档案馆，转引自王翔：《十九世纪末二十世纪初中国传统手工业的危机》，《江海学刊》，1998年第3期。
[4] 陈炽：《种蔗制糖法》，《续富国策》卷一，慎记书店，光绪三十二年（1906）石印本。
[5] 张之洞：《张文襄公全集·致总署书札四》，中国书店影印本，1990年，第7页。
[6] 欧阳耀：《家庭手工业与复兴蚕村》，《广东蚕声》，1936年第2卷第3期。
[7] 佚名：《商业调查：上海之绸缎业》，《社会半月刊》，1935年第1卷第21期。

第七章 中国城乡关系的变迁

统家庭手工业是以规模化、分工化等方式继续存在于市场。据1931年调查，定县全县453个村共有家庭手工业约120种，最大宗的则是织布和纺线，专门纺线的农户约28 000家，织布的则有13 000余家。纺、织分离以后的终端产品分"大布"和"庄布"两大类，计"大布"年产60万匹，"庄布"年产则高达100万匹，价值230余万元。大布如同传统时代一样自用，"庄布"则完全挂钩市场，"卖与布店输出西北"①。也就是说，在定县所谓"男耕女织"的"织"已不再是农业社会的配角，而是以市场为导向的一个重要产业。同时，在民国时期，政府还积极支持农村家庭手工业发展，以期建立"中国民族的工业"②。如湘潭政府就提倡发展家庭手工业，并"介绍银行贷款，以期充实资本，流通金融"，"庶几活泼农村经济，减除生产停滞之困难"③。鉴于陕西"本是产棉丰富之区域，反成外货倾销之市场，原棉输出，纱布输入，一转移间，利增数倍，人得其利，我丧其资"④，陕西省政府大力推广家庭染织手工业。凡此种种都表明，农村家庭手工业因无力与城市机器大工业相抗衡而走向衰落甚至湮灭的同时，反而在各种有意无意的行动、措施乃至资本的扶持下加快向近代工业转型，最终造成了农村家庭手工业与农业相分离的这一发展趋势。

总体而言，鸦片战争后，在外力的强大冲击下，随着中国固有的社会结构被打破，封建社会开始逐渐解体，封建专制集权王朝的统治面临着越来越严重的危机。在这种状况下，清朝统治集团从维护其统治的主观愿望出发，先后在洋务运动时期和晚清新政时期采取了一系列应变和改革措施，以适应形势的发展。这些应变和改革措施的实施，客观上加速了中国传统社会结构的瓦解，有力地进了中国社会现代化的发展，成为推动中国城乡关系变化的又一重要因素。

在外力的冲击与推动下，中国社会变革的进程日益加快，力度日益加强，程度日益深化。中国社会结构变革本身及其产生的影响和作用，又成为近代中国社会变迁的内在动力。近代中国社会正是在这两种力量形成的合力的作用下，逐步脱离原来的发展轨道，开始步入传统社会向现代社会转型的轨道。而这种社会的转型与变迁，因其最初的着力点是城市而不是农村，故而城市社会首先发生变迁，随后通过城市的辐射作用推动并影响周边农村社会的变迁。而一旦城市与农村在外力与内力相互作用下发生了异于农业时代的社会变迁时，存在于城市与农村之间的普遍联系和相互制约、相互影响的互动关系也自然会发生相应的变化，并随着城市与农村的发展变迁而逐步走向深化。从城市、农村和城乡关系三者紧密联系、相互影响这个特点出发，可以毫不夸张地说，导致近代中国城市与农村发生社会变迁的外因和内因及城市与农村社会所发生的现代化变迁所展现出的一系列变动，即为城乡关系发

---

① 张世文：《定县农村家庭手工业》，《民间》，1934年第1卷第3期。
② 工隐：《家庭手工业是农村合理的复业》，《大众农村副业月刊》，1937年第2卷第6期。
③ 周礼：《提倡小规模工厂及家庭手工业案》，《湘潭县政府公报》，1940年第10—11期合刊。
④ 《推广陕西染织家庭手工业分期实施办法（附购置收支概算说明书）》，《陕西建设周报》，1932年第4卷第30期。

生变迁的内生动力。由于中国是一个幅员辽阔的国度，受不同区域政治、经济、文化、地理等各种因素的制约，以及不同地域所受到的外力与内力的冲击程度的差异，故而各区域现代化的发展水平各异，其社会变迁的深度与广度也各不相同。

二、城乡经济的双向流动

前近代时期，中国城乡之间的经济关系总体上是城市统治和剥削农村，城市统治者通过超经济强制手段获取乡村农民的生产成果，为自身的发展提供动力。虽然从秦至清的两千多年中，封建的租税制度经历了由劳役地租、实物地租到货币地租的变迁，但是，农村作为城市生活资料供给地这样一种社会关系从未改变。中国传统的一家一户的耕织同体的经济结构，使整个中国农村变成了一个放大的自然经济结构体中的经营单位。在这种客观条件下，乡村农民不需要与外界发生过多的联系，除获取盐、铁等少数特殊商品，农民不必同城市发生频繁的经济联系，他们很少需要从城市获得生活资料，多数生产资料可以通过乡间的交换而获取，如此便能开展简单的农业再生产。另外，由于农村商品经济的普遍不发达，农产品的商品率低，以及广大农民的普遍贫困化等因素的存在，又在客观上制约了乡村农民与市场发生联系。与之相反，城市因其自身的经济生产能力弱，缺乏维持自身存在的造血功能，其消费能力大于生产能力，故而很少有城市的社会财富和工业品向农村流动。在这些因素的共同作用下，便形成了城乡经济关系的物质流主要是"单向流动"的情况，即农村向城市流动。

鸦片战争后，城乡间经济关系的物质流"单向流动"开始逐步向城乡间的"双向流动"过渡，城乡经济联系日益加强。一方面，随着近代中国城市数量的增加和城市化的缓慢发展，尤其是城市人口的增加，城市客观上需要农村向其输出更多的剩余农产品，以满足城市的生存和发展需求；另一方面，也是极其重要的一个方面，即随着城市工商业的发展，原有的狭小的城市市场已不能满足日益发展的工商业的需要，客观上要求城市去开拓更为广阔、更有吸引力的农村市场。而对于农村这个经济客体来讲，由于商品经济的发展，农产品专业区域的逐步形成，农产品商品化率的提高，客观上也要求它必须与市场发生更多的联系，以维持农村经济的再循环。城市与农村的这种变化，促成了城乡之间经济关系的物质流逐步由"单向流动"向"双向流动"的转变，并且使这种双向性不断得到加强。正如珀金斯在《中国农业的发展》一书中所描写的那样："1910年以前，货物（主要是粮食）离开农村进入城市，但是，除了那些富裕的土地占有者外，却很少有东西从那些城市中拿回来。可是到了20世纪中叶，有越来越多的农民将他们的商品输送给现代的工厂，在那里加工并且其中有部分回到了农村。"[①] 在农村，机制布逐渐取代了土布，机

---

① [美]德·希·珀金斯著，宋海文译：《中国农业的发展（1368—1968）》，上海译文出版社，1984年，第147页。

制面粉逐渐取代了手工面粉,纸烟取代了旱烟,煤油取代了植物油,等等,这一系列的变化从表面上看是城市工业品对农村手工业品的部分替代,但在实质上却反映了农村对市场的依赖性及城乡经济关系的转变。此外,20世纪初,天津、浙江、湖南、福建等省市还开始引进一些机电农具用于近代农业生产,如洋犁、马耙、玉米播种机、抽水机、刈麦器、刈草器、脱粒器等。根据当时的海关报告,1918年农具及抽水机的进口价值为164 188海关两,1920年猛增至1 004 277海关两,1921年再增至2 192 404海关两,到1931年,每年进口价值均在260万海关两左右。① 虽然在这些进口中包含了农产品加工机械和工用抽水机,但直接被运用于农业生产的机械还是有一定比重的。除这些进口农业机具外,20世纪20年代后期,中国部分城市工厂也相继生产出数量不等的农业机具并销往农村。例如,1919年无锡设立了工艺机器厂,"制造农家应用器具,及大口径离凡轴、抽水机、柴油机等"。后来因"求过于供",又有"二十余家"农机具厂相继设立。1925年以后,上海的新中、大隆、中华、上海、勤昌等厂亦相继制造农用内燃机和其他机具。② 1925年苏州设立省农具制造厂,生产柴油机、火油机、抽水机、打谷机、新式犁、中耕器、条播机等,月产值约万元,月销额五六千元。③ 1931年,江苏省各机器制造厂生产的各种业农机具共487台,销售173台,价值6万余元。④ 此外,河北省农具改良制造厂、河南省农工器械制造厂、国立中央大学农具制造所、江西民生工厂等,均先后于20世纪30年代设立,生产各种农机具并销往农村⑤。由于中国农村地域辽阔,各地区经济现代化水平差异很大,农具生产技术的引进、投产等方面的资金总量不足,以及过剩而廉价的农业劳动力对机械农具的排挤等,农业机具普及率极低。以使用范围最广泛的机灌工具为例,20世纪30年代初,江浙两省机灌面积仅占可耕地总面积的0.93%,即使按两省的稻田面积计算,其普及率也只有2.30%。⑥ 在其他省区,机灌率则更低。但不管怎样说,农业机具在农业生产中的使用,从一个侧面反映出城市对农村的影响正在逐步地扩大,城乡经济关系中的物质流已逐渐由农村向城市的"单向流动"转变为城乡间的"双向流动"。

三、农村人口向城市的流动及人口回流

人口流动指人口在空间地域上的迁徙现象,它包含众多的内容。从人口流动的主体数量角度讲,它可以分为个体的自主流动和群体的组织流动;从流动的方向角度讲,可分为流出和流入(逆流或回流);从流动的社区类型角度讲,可分为农村

---

① 实业部:《中国经济年鉴》,商务印书馆,1934年,"K",第630—631页。
② 上海工商局机器工业史料组:《上海民族机器工业》,中华书局,1966年,第362—363页。
③ 实业部:《中国经济年鉴》,商务印书馆,1934年,"K",第600页。
④ 实业部:《中国经济年鉴》,商务印书馆,1934年,"F",第275—276页。
⑤ 实业部:《中国经济年鉴》,商务印书馆,1934年,"F",第276—279页。
⑥ 上海工商局机器工业史料组:《上海民族机器工业》,中华书局,1966年,第362—363页。

间的流动、城乡间的流动、城市与城市间的流动；从流动的空间距离角度讲，可分为近距流动和远距离流动。在此，笔者将从城乡关系的角度出发，着重分析近代中国城乡之间的人口流动问题。

鸦片战争前，中国经济以自给自足的自然经济为主，农村人口占总人口的95%左右，城市经济对农村影响甚小，城乡之间的经济、社会交流基本上是单向的。在古代中国漫长的历史中，除战争年代和自然灾害时期会出现短期的城乡人口流动，和平时期绝少出现人口的双向流动。这一方面是因为统治阶级对人口流动采取多种强制性的限制政策；另一方面则是由于数千年形成的"父母在，不远游""安土重迁"和"重农轻商"等传统观念的束缚，以及社会不同阶层身份的固化，即所谓"官有世职……农亦恒为农，工商也恒为工商"[①]。综上，多种因素对城乡间的人口流动起着抑制作用。古代中国城市数量虽然较多，但大多数规模较小，城市经济除了满足本城市居民的需求以外，对外的辐射和吸引能力较弱，市场规模极小，因而无论手工业还是商业所能提供的就业岗位都十分有限，城市的"推力"大于城市的"拉力"。"中国的城市，无论对穷人还是对富人来说，都不会有如磁铁一般的功效"，"从前现代农村与城市交替发生的协调来看，中国提供了一种稳定的模式。农村与城市之间的鸿沟所造成的问题并不明显"，[②] 从而使农业时代生活在农村的中国农民大多"终其身未尝入城市与人相往来"。而居住在城内的统治者及为其服务的消费性人口更极少向农村流动。

人口流动是某种"推力"与"拉力"共同作用所形成的社会流动。中国历史的发展表明，只有在工业化的进程中，在非农产业化发展的背景下，才会形成城乡之间人口流动的强劲的"推力"和"拉力"，从而加速农村人口向城市的流动，实现城市化的快速发展。近代以来，由于封建剥削、外国资本主义压榨、政治压迫、军阀战争等，加剧了农村危机，于是在人口压力、自然灾害等众多因素的共同作用下，农民的贫困化加速，农村社会对农村人口产生了强大的"推力"。与此同时，由于通商贸易的发展，造成传统"重农轻商""农本商末"的观念开始动摇，重商思潮和功利主义有所抬升，越来越多的人开始把谋生的期望由土地转向市场，由农村转向城市。

众所周知，中国的人口压力早在18世纪就已经客观存在，人口和土地的平衡关系被打破，资源短缺问题以人口过剩的形式表现出来，在农业生产技术无法大幅度进步的情况下，大量的农村剩余人口不得不背井离乡，自东向西、由南向北迁徙，甚至移民海外。民国建立以后，人口压力非但没有减轻，反而继续增大，据相关统计，中国人口密度在19世纪中叶以后的百年间仍呈曲线上升趋势，每平方公里的人口数从1840年的43.63人增长到1919年的45.87人，而到1925年则达到

[①]《论居官经商》，《申报》，1883年1月5日。
[②][美]吉尔伯特·罗兹曼主编，国家社会科学基金"比较现代化"课题组译：《中国的现代化》，上海人民出版社，1989年，第207—209页。

第七章
中国城乡关系的变迁

了每平方公里 50.40 人。1936 年该数据略有回落，但仍然高于 1919 年的水平，达到每平方公里 48.80 人。因此，农村长期存在的人口压力使许多农民难以维生。与此同时，连年的天灾、兵祸加剧了农村经济的崩溃，使农民生活雪上加霜，越来越多的农民被迫离开土地进入城市。如 1928 年，水旱之灾遍及全国 21 个省区，灾民达 7 000 多万人；1931 年长江中下游 8 省发生洪灾，灾民超过 1 亿。20 世纪二三十年代，中国各地军阀混战，连年的战乱进一步加剧内地农民的贫困，仅据 1933 年农情报告所披露的 22 个省的调查资料就表明，此一时期靠借贷度日的农户占 56%，靠借粮糊口的占 48%，自耕农破产率在 50% 以上的省有 16 个，无法维持生存的农户占总农户数 50% 以上省的有 9 个。① 即使在这种情形下，中国农村的封建经济基础始终没被触及，封建剥削在各地普遍日益加重。如江苏省宝山县 1920 年至 1930 年地租平均提高了 50%，广东全省农村在 1930 年前后的 5 年之中，地租平均增长了 20% 左右。② 由于耕地成为稀缺资源，因而近代以来出现的土地兼并之势越演越烈。据江苏省农业银行 1935 年的统计，宜兴一县出卖、典押土地的农户达 6 000 多户，典押土地面积达 2 万亩；另据安徽省的统计，1931—1936 年，安徽全省有 5% 以上的自耕农出卖或典押土地，兼并土地者多为军阀。③ 由于多种因素的共同作用，对近代中国农村人口产生了巨大的"推力"，导致 20 世纪 30 年代中国出现了农村人口大量离村的现象。

在农村"推力"增大的同时，城市的"拉力"也有所增强。由于现代城市经济的发展，尤其是开埠通商城市现代商业贸易和工业的迅速发展，这些城市对农村剩余人口产生了巨大的"拉力"。据 20 世纪 30 年代对上海、武进、无锡等城乡工资情况的调查，此一时期城市工人的工资比农村一般农民的收入高 50% 到 500%。当地农村雇农月均收入在 6.8~10.1 元，碾米工月收入在 6.0~12.0 元；而在城市中，武进棉织工的月收入在 14.0~18.0 元，无锡棉织工的月收入在 18.0~27.0 元、榨油工的月收入在 8.4~23.0 元，吴江丝绸工的月收入在 9.0~12.0 元，南通榨油工的月收入在 9.0~19.8 元，上海制革工的月收入在 30.0~60.0 元。④ 在这样差距较为悬殊的比较利益的引诱下，农民自然对城市"趋之若鹜"。于是，更多的农村人口将目光由农村转向城市。在城市"拉力"与农村"推力"的共同作用下，农村过剩人口涌向城市，从而形成具有近代意义的城乡人口空间流动。正如列宁所说，"商品经济的发展，本身就意味着越来越多的人口同农业人口分离，就是说工业人口增加，农业人口减少"⑤。据 1935 年实业部中央农业实验所对 22 个省 1 001 个县的调查，全家离村的农户占总农户的 4.8%，有青年男女离村的则占到总农户

---

① 章有义：《中国近代农业史资料（1927—1937）》（第三辑），生活·读书·新知三联书店，1957 年，第 50 页。
② 刘佛丁、王玉茹：《中国近代的市场发育与经济增长》，高等教育出版社，1996 年，第 166 页。
③ 章有义：《中国近代农业史资料（1927—1937）》（第三辑），生活·读书·新知三联书店，1957 年。
④ 池子华：《中国近代流民》，浙江人民出版社，1996 年，第 94 页。
⑤ ［苏］列宁：《俄国资本主义的发展》，《列宁选集》（卷 1），人民出版社，1958 年，第 163 页。

的8.9%；而且，由农村向城市流动，是离村农民的主要流向，"离村之农家以赴城市占多数，各省平均，赴城市之农家，不论逃难、做工、谋生或迁居，共占离村农家之总数之59.1%"①。同时，在铁路沿线地区和近代城市工商业较发达地区的农村，人口流动的规模更大，单身青年男女入城者占到农村总人口的65.5%。②举家离村、举族离村已经是普遍现象，"今日农民的离村，已非个人的而为家族的，至少是直系亲属；已非一时的，而是永久的，家族的永久的离村"③。除农村贫困者向城市流动外，农村中的土豪劣绅，也因为兼营商业、金融业，以及农村日益不如城市安定，纷纷迁居城市。如太平天国时期，逃往上海的地主数以万计，曾引起租界房地产的大涨价。又如在1926年的农民运动中，湖南农村的土豪劣绅"头等的跑到上海，二等的跑到汉口，三等的跑到长沙，四等的跑到县城"④。从总体上看，农村人口向城市流动的基本流向是东南沿海地区、武汉三镇、广州、天津等地，尤以上海为最，"在沪之人多系客居，并无土著"⑤。总之，上海在经济、地理上的优势，使得"各地富户商人以及失业农民，纷纷至上海经商或谋生"⑥。至1931年2月，上海人口由1843年的20万增至313万，为1843年的15.65倍。大量外来人口的移入，是造成上海人口急剧膨胀的主要原因。根据1946年人口统计，上海的本籍人口仅占总人口的20.7%，外籍则占到79.3%。⑦天津1840年到1936年的96年间，按城市人口自然增长率3‰计算，人口仅净增6万。而从1840年至1906年，实际人口就净增22万余人，1906年至1928年又实际净增近70万人，1928年至1936年实际增长13万余人。两者比较，差距甚大，很显然近代天津城市人口的迅速增长主要来源是移民的大量增加，而不是城市人口自然增长的结果。⑧这些移民主要是农村人口，即农村中的过剩人口和破产农民。

  近代中国城乡人口的空间流动存在着地区间强度的差异性。中西部地区城市的数量、规模较小，加之商品经济发达的程度较东部、东北部落后，因而人口流动率较低，约为3.85%。⑨东部、东北部地区的城市工商业发展迅速，尤其是东部地区，城乡人口流动率较高。在长三角地区，随着上海城市发展的突飞猛进，大量的农村人口被其吸引，以至出现了许多"空心村"，即青年人都前往上海谋求出路，只余老弱坚守故园。1917年，蒋梦麟游学归国，返回余姚故乡，发现留守家园的都是老人，"很多男孩子跑到上海工厂或机械厂当学徒，他们就了新行业，赚钱比

---

① 实业部中央农业实验所：《各省农民离村调查》，《农情报告》，1936年第4卷第7期。
② 实业部中央农业实验所：《各省农民离村调查》，《农情报告》，1936年第4卷第7期。
③ 蔡斌咸：《从农村破产所挤出来的人力车夫问题》，《东方杂志》，1935年第32卷第16期。
④ 毛泽东：《毛泽东选集》（合订本），人民出版社，1964年，第14页。
⑤ 佚名：《论近日沪上迁徙之多》，《申报》，1900年8月10日。
⑥ 韦息予：《上海》，大江书铺，1932年，第99页。
⑦ 邹依仁：《旧上海人口变迁研究》，上海人民出版社，1980年，第122页。
⑧ 张利民：《论近代天津城市人口的发展》，《城市史研究》（第4辑），天津教育出版社，1991年，第87页。
⑨ [日]田中忠夫：《中国农业经济研究》，转引自宫玉松：《略论中国近代农村人口迁移的特点和性质》，《中国农史》，1989年第2期。

以前多。现在村子里种田的人很缺乏，但是强盗却也绝迹了"[1]。这并非个别现象。1935年无锡县政府编印的《无锡概况》也强调，农民离乡已经是彼时无锡一个比较突出的社会现象，"迩岁强壮农民，颇多抛离乡村，群趋城市或上海，舍农就工"[2]。1931年，有关人员对上海东郊附近140名农村人口进行调查，发现留村从事农业生产者仅为26名，其余的都到上海谋生。

大量农村人口向城市流动所导致的城乡人口空间流动，造成连锁性反应，人口职业构成也在发生变化。据调查分析，1928—1933年间，南北七县离村的36 400名农民中：从事农业者仅占6.7%，非农业者高达62.7%，农业和非农业兼顾的占28.6%，无业者为0.8%，不详者为1.2%[3]。同时，农村人口向城市的空间流动还造成了人口性比例失调这一近代中国城市社会现象。据上海公共租界1870—1915年间成年人口性别比的统计数据，有6年均超过200，最高者为1870年，达299[4]。清末福建的南台、厦门、三者各埠平均性别比为152。江西各属商埠这一比例也达189[5]。清末天津华界性别比也达155。20世纪30年代早期，全国十大城市人口中的性比别分别为：南京167，上海170，北平176，青岛174，杭州179，福州172，汉口161，兰州184，济南161，天津164[6]。20世纪40年代这种状况仍然持续发展，南京、上海、北平、青岛和汉口五市，男性未婚人口高于女性未婚人口[7]。严重失调的人口性别比，不仅影响城市人口的自然增长，而且也使众多的男子无以成偶，为婚姻家庭生活和城市社会风气带来诸多负面影响。

近代中国城乡人口流动在多重因素的影响下，出现了以下个几方面的特点。

（一）城市的聚集力、支配作用与辐射功能有限，城市"拉力"较弱

民国以来，部分重要城市的功能发生了变化，由政治中心向生产中心、流通中心转型，新的经济地位使这些城市获得了对乡村经济的部分支配能力，并借助于新式工商业、交通运输业和金融业将其影响力向农村腹地扩散。但民国时期由于政局动荡、战争频仍、自然灾害不断，农村长期处于衰败状态中，农村对城市的支撑作用非常弱小；除少数城市，大多数城市的经济功能不健全，城市对乡村的支配作用和辐射能力也相对较弱。一方面，由于城市经济的发展与社会分工范围的扩大，部分农民获得了一些新的就业机会，城市对农村人口的吸纳能力加强；另一方面，城市经济结构的畸形化和工业化的低水平发展，又使城市对大量涌入的农村人口出现严重排斥。除少数开埠通商城市和区域中心城市，大多数城市都很难带动其周围农

---

[1] 蒋梦麟：《西潮》，辽宁教育出版社，1997年，第92页。
[2] 无锡县政府编印：《无锡概况·农业》，1935年，第1页。
[3] 《中国经济年鉴》（第3编），商务印书馆，1936年。
[4] 《旧上海公共租界成人男女性别统计》，转引自邹依仁：《旧上海人口变迁研究》，上海人民出版社，1980年，第122页。
[5] 见《中国经济年鉴》（商务印书馆，1934年）第3章"人口"。
[6] 民国政府主计处统计局编：《中华民国统计提要》，商务印书馆，1945年，第234页。
[7] 郑全红：《中国传统婚姻制度向近代的嬗变》，南开大学出版社，2015年，第94页。

村的经济发展。正如毛泽东所说:"在半殖民地,城市虽带有领导性质,但不能完全统制乡村,因为城市太小,乡村太大,广大的人力物力在乡村,不在城市。"[1]

另外,民国城市经济所呈现出的商强工弱的格局,也导致中国城市的发展主要不是由现代工业推动,而多以商贸、金融业为主动力。由于现代工业落后,农村人口涌入城市后,主要不是被现代工业企业所吸纳,以商业、服务业为主的第三产业在本缺乏第二产业支撑的情况下,只能暂时作为流入人口的巨大容器。在城市化起步阶段,它们只能起到"启动"和"引桥"的作用,对人口的"拉力"十分有限。因此民国时期当大量的农村人口涌入城市之后,立即面临着就业困难问题,由此城市对农村人口形成"反推力"。

从总体上看,民国时期农村人口向城市的空间流动性增强,但由于城市的整体发展水平不高,其发展的动力主要来自世界资本主义市场和本国商业的发展,现代大机器工业发展很不充分,开埠通商后成积累的商业资本也没有大规模向工业部门转移,致使近代工业的投资规模极为有限,进而导致近代工业始终处于低水平发展状态,大多数城市的规模难以迅速扩大,因此也就无法产生足够的"拉力",将从农业中游离出来的人口全部吸纳。无论这些人口是因战争或天灾人祸逃离农村,还是因有一技之长又受城市物质文明的吸引而到城市谋生,民国时期中国城市发展不充分这一特征决定了城市不可能给这些人提供足够的就业机会和生活空间,于是,只有小部分流入城市的农村人口获得一席之地,大多数则滞留在城市成为所谓"都市上的寄食者"。1933年9月,汉口市公安局进行人口普查,不包括日、法两租界,全市共有771 924人,有职业者仅368 214人,尚不及全数之一半。所谓有职业者,"尚未必既有正当职业,其真能从事生产事业者,不过十之四五而已",加之天灾人祸频仍,"今后在乡村不能立足之农民为求出卖劳力起见,就食都市者必日多,以目前都市之衰落情形,断不能销纳如许劳工,徒然增加失业人口之比例,而予社会各方面以不良之影响","此不第汉口一市为然,其如上海天津各埠,其情形大率称是"[2]。这里的叙述可能略显冷漠,但也反映出民国城市化进程中一方面大量农村人口涌入城市,另一方面城市却不能充分吸纳人力资源的历史事实。然而,不计其数的人怀着对都市生活的向往,走出农村,前往城市寻找机会。1935年公布的一份调查资料就表明,离开乡土以后准备前往城市谋事、做工、求学者的比例高达62.3%,其他有22.6%的人准备到别的村寨做雇农,有5.9%的人准备到垦区开垦,有6.2%的人另有图谋。[3] 但是,城市并不是梦中的天堂,许多进城的农民被迫去做苦力、仆人、个体小贩、店铺伙计、作坊帮工、江湖艺人,甚至乞丐、娼妓、无业流氓。据估计,在20世纪20年代中期,上海的人力车夫在6万到8万人之间,码头工人约为五六万人。20世纪30年代前期,上海的苦力仍持续膨胀,

---

[1] 毛泽东:《毛泽东选集》(合订本),人民出版社,1964年,第749页。
[2] 佚名:《都市上的寄食者》,《劳动季报》,1934年第3期。
[3] 实业部中央农业实验所:《各省农民离村调查》,《农情报告》,1936年第4卷第7期。

1930年为93 671人,到1936年已达157 539人,年均增长在9 000人以上。[①] 流入城市中的一部分农村人口由于在城市找不到工作,无法安身立命,不得不返回故里,从而形成人口回流现象。同时,滞留城市的人口有相当部分从事临时性工作,季节性强,农闲进城,农忙则返村,游离于城市和农村之间。如上海人力车夫,定居上海以拉车为固定职业者很少,大都是春去秋来,视农村季节的闲忙而定,这又形成了城乡人口流动中的循环流动模式。

(二) 乡村"推力"作用的异化

中国农村的自然经济结构经过逾两千年的发展,牢牢根植于农村,从来没受到过任何触动。近代以来,农村的封建剥削没有减轻反而日益加重。正因为农村没有发生过经济层面上的革命,所以不能为工业化的发展奠定坚实的基础,更不可能走上农业资本主义的道路,农业生产率的提高只能应付日益增长的人口。而我们知道,只有当农业生产效率大幅度提高,农业经济快速发展,农产品大量商品化,相对剩余人口增加时,由此形成的乡村"推力"才能促进人口城市化。近代中国农村在贫困、灾荒、战乱、苛捐杂税等的压力下,出现了人口向少数大城市涌动的潮流,然而一旦农村状况好转,相当一部分流动人口还是会返回农村的。

对城市来说,中国农村虽然由于人多地少而存在大量剩余劳动力,但大多数农民的乡土观念很重,对土地有着强烈的依恋,所以在城市劳动力市场不成熟和城市"拉力"加大的情况下,不少农民进入城市中工作往往只是暂时性的,由此导致近代中国产业工人的流动十分频繁。例如,在本溪煤矿,"挖煤工人,时来时去,坑内工作,受其影响,至巨且大。该矿采煤苦力,在坑总数1 500人中,其来坑退坑人数,每月各在500人左右。而在矿满一年以上者,不及总人数5%";在日本人开办的鞍山制铁所,工人流动率达126.2%;甚至山西的保晋煤矿因工人的流动太过频繁,"影响及于全矿"[②]。更早前,1882年,英国领事在对其上级汇报开平煤矿生产情况时就承认,"最初找矿工感到很大的困难,特别在夏季。曾试用过从各地来的人。但最后感到本地人最好,也最容易管理"[③]。毕竟,乡土是中国人的情感寄托之一,本地人的流动性相对较弱。

总之,虽然民国时期劳动力总量过剩,但劳动力多在相对贫困、封闭、落后的农村,当他们进入纪律性、时间性要求严格的工厂,必然难以适应,加上潜藏在他们骨子里的乡土情结总是时不时牵引着离乡者回望故土,民国时期"进城者"们的流动性强也就是情理中的事了。同时,民国时期的离乡者大多不过是粗放型的劳动力,除了劳力可谓一无所有,这必然限制了他们的职业选择范围,进而迫使他们在城市与城市之间、在城市与乡村之间不停奔波。

---

① 张仲礼:《近代上海城市研究(1840—1949)》,上海人民出版社,1990年,第587页。
② 王清彬等:《第一次中国劳动年鉴》,北平社会调查部,1928年,第372、375页。
③ 李保平、邓子平、韩小白:《开滦煤矿档案史料集(1876—1912)》(第1集),河北教育出版社,2012年,第678页。

（三）农村市场的萎缩给城市化造成的阻力

中国传统经济是一种以农业为主的大陆经济，近代以来，中国虽然被迫加入世界资本主义经济体系，但由于当时中国经济处于世界经济的边缘地位，因而当时中国的经济不可能走外向型发展道路，其发展主要依靠国内市场，尤其是广大农村市场。中国近代城市工业主要是以农产品为原料的轻工业，如纺织、制面粉、制卷烟、制糖等，它们无不依赖于农村的原料供给。农村能否提供充足而廉价的原料是它们能否充分开工和获得利润的首要条件。可见农村市场的开拓对城市工业的发展、城市化的发展具有重要的影响。

然而中国农村市场长期处于封闭状态，低水平发展，顽疾众多。由小农业与家庭手工业的牢固结合形成的封闭性经济形态给市场的开拓造成了极大的困难：如在受现代机器织布业冲击较大的棉布市场，直到20世纪中期，手工产品仍在农村占据相当大的一部分市场份额。农村的贫困使农民的消费水平十分低，购买力严重不足。如火柴业方面，到20世纪30年代，许多农村地区的农民还在使用火绳、火镰、火石，山西有的村庄使用火柴的人家只占总户数30％。同时，近代以来农村的动荡不安、天灾战乱不断亦反作用于城市经济，使城市的工业产品销售和原材料供应渠道不畅。

城市化的顺利发展必须建立在一个良好互动的城乡关系上，城市的"拉力"与乡村的"推力"共同作用才能使城乡发展进入良性循环状态，城市化才能平稳进行。在民国城乡关系链中，城市的"拉力"严重不足，乡村的"推力"却不断加强，这两个关键作用力的相互状态发生了扭曲，甚至出现了变形：城市没有带动乡村发展，非但不能充分吸收农村剩余人口，反而以乡村的极度贫困为代价促进自己的畸形繁荣；乡村没有推动城市的发展，反而其与城市间的差距不断被拉大，使城市发展失去了后续动力。这种不良的城乡关系正是半殖民地半封建社会的产物。近代以来我国城乡的发展严重失衡，社会阶级矛盾不断激化，农村问题成为我国近代一切矛盾的焦点。

在现代化发展的早期，工业经济为了加速资本的原始积累而加剧了对乡村经济的掠夺，乡村与城市的不平衡发展状态是一种普遍的历史现象。但在中国，它却远远超出了经济攫取的范畴，成为政治危机的先兆。如前所述，近代贫困、动荡的农村的问题已成为中国发展的中心问题，在危机重重的民国时期，现代化的领导者们急于使中国早日摆脱半殖民地半封建社会的困境，把现代化的希望寄于沿海地区和大城市，自然就忽略了广大农村和内陆城市的均衡发展。然而在这时的农村，各种危机的蔓延已达到极限，人地矛盾十分尖锐，农业产量的减少和人口的压力增加，使土地占有和使用关系无法维持原来的格局，再加上频繁的战争和灾荒，大量无地农民挣扎在死亡线上，导致城乡关系进一步恶化。亨廷顿曾指出，"在某种程度上讲，现代化中国家政府的稳定取决于它进行农村改革的能力"，"农村的角色是可变的，它或是充当稳定的源泉，或是充当革命的源泉"，"一旦农村充当反动派的角色，政治体系和政府都有被颠覆的危险"①。不过，在这风起云涌的大时代，从清廷到民国以来的历届政府都穷于应付转型时期出现的各种危机，尤其是都市的危机，故听任他们认为无关痛痒的农村状况恶化。然而，正如王亚南所言："任何一个畸形发展的国度，它的经济上的畸形，都不应分别从它的都市方面单独考察，或从它的农村方面单独考察。它不可能在非现代的农村关系中建立起现代性的都市。它都市方面的每一脉络，都贯注着农村的血液；它的病症，它的危机，不是离开农村经济实况而单独发生的，我们稍作探源的考察，甚且可以说，它在都市经济上露出的破绽，正是整个农村经济在都市方面的集中表现。"② 农村的破产与崩溃，已为都市敲响丧钟，变成"革命的源泉"。

民国时期农村人口向城市的流动虽然产生了一些负面作用，但其积极作用还是值得肯定的。一方面，大量农村人口流入城市不仅为城市工商业的发展提供了必要的劳动力，为近代中国城市工商业的发展做出了积极的贡献；同时，这种流动在城乡间架起了一座人力资源流动的桥梁，为城乡间相互联系的进一步加强创造了客观条件。另一方面，人口的逆向流动和循环流动还使农村人口的人际交往范围扩大，城市中先进的思想、行为、观念等通过人口的这种空间流动而被带入农村，使农村社会受到近代文明的熏陶，从而逐渐挣脱传统文化的束缚，步入近代文明的轨道。正如列宁所说的那样，居民离开农村而转向城市，是一种进步的现象，"它把居民从偏僻、落后、被历史遗忘的穷乡僻壤中拉出来，卷入现代社会的漩涡。它提高了居民的文化程度及觉悟，使他们养成文明的习惯和需要"③。

第二节 扭曲的城乡关系

一、城市对农村的掠夺和破坏

城市在经济上剥削农村，在政治上统治农村。这是中国城市自产生以来，便具有的双重功能。这种城市功能一直延续到近代并被强化。正如毛泽东所说的那样，近代中国的城乡关系是"外国帝国主义和本国买办大资产阶级所统治的城市极野蛮地掠夺农村"的关系④，而不是基于城市与农村进行分工，互通有无，相互促进的关系。近代中国城市固有的浓厚的封建性，以及近代以来外来势力强加给中国城市的殖民地性，使城市对农村的剥削程度更深，剥削手段更加完备和多样化。它不仅

---

① [美]塞缪尔·亨廷顿著，李盛平等译：《变革社会中的政治秩序》，华夏出版社，1988年，第365、285页。
② 王亚南：《论中国都市与农村的社会经济关系》，《时与文》，1947年第15期。
③ [苏]列宁：《列宁全集》第3卷，人民出版社，1958年，第527页。
④ 毛泽东：《毛泽东选集》（合订本），人民出版社，1964年，第310页。

延续和强化了农业时代的剥削方式,而且增加了新的殖民掠夺和资本主义的剥削手段,使近代城乡关系变得更加残酷与不协调,城乡之间严重对立。这种对立在经济上主要表现为城市对农村剥削程度的加深和城乡间发展差距的进一步拉大,城乡形成极不协调的发展情况。

早在20世纪30年代,著名学者周谷城就指出:民国时期"都市的发展,其反面就是农村的崩溃,使农村加速崩溃的种种事实,同时就是使都市发展的事实。……例如中国的商业资本,因帝国主义侵略之故益形扩大,这是一个事实。这个事实,在一方面,促进了新都市之发展,在另一方面又恰恰使农村加速度地崩溃。又如中国近来资本主义的生产制,因受了帝国主义的刺激,日渐发展,这也是一个事实。这个事实,使都市繁荣起来了,因是显而易见;但同时把农村中的资本及农民吸收到都市上来,便是直接破坏了农村。又如银行资本,近来也渐渐成型了。向来农村中流通的现金,渐渐转入银行,再由银行转入商界。工商界因此增加了活泼的气象,农村却因此增加了枯窘的气象。总而言之,中国近几十年都市发展的事实,恰恰是破坏农村的。农村加速度的崩溃,便促成了都市的发展"①。与周谷城同时代的另一位学者用更简练的语句概括了民国时期的城乡关系:"中国的都市是农村的剥削者,农村是都市的被剥削者。"② 若干年后,国外学者在细致研究民国时期的城乡关系后也认为:"随着城市的富裕,农村更加贫困。"③,可以说,城乡之间严重对立,是民国时期城乡关系的基本特征。

民国时期,在日益对立的城乡关系下,城市对农村的剥削、掠夺和破坏主要通过以下几种方式进行。

(一)苛重的田赋、地租、杂税,造成农村农业经济日益走向衰落和崩溃

民国建立后,随着政治局势的动荡和各地战争的频繁发生,以及列强对中国入侵的加深,农民所遭受的盘剥日益加重。周谷城在20世纪30年代就指出:"现在农民所受的压迫,可以勉强概括之为三类:一曰赋税压迫,这是军阀横行的结果;二曰帝国主义的压迫,这是国际资本主义侵入的结果;三曰地主的压迫,这是土地私有制盛行的结果。"④ 正如马克思所指出的那样:"中国在1840年战争失败后,被迫付给英国的赔款,大量的非生产性鸦片消费,鸦片贸易所引起的金银外流,外国竞争对本国生产力的破坏,国家行政机关的腐化,这一切就造成了两个后果:旧捐税更重更难负担,此外又加上新捐税。"⑤ 据周谷城的统计,"中国农民现在负担

---

① 周谷城:《中国社会之变化》,新生命书局,1931年,第181页。
② 黄宪章:《中国都市的过去与今后》,《新中华》,1934年第2卷第1期。
③ [美]苏姗·曼著,路磊光译:《中国的城市化和历史变迁》(下),天津社会科学院历史研究所、天津城市科学研究会:《城市史研究》(第4辑),天津教育出版社,1991年,第152页。
④ 周谷城:《中国社会之变化》,新生命书局,1931年,第325页。
⑤ [德]马克思、恩格斯:《马克思恩格斯全集》(第9卷),人民出版社,1961年,第111页。

的赋税最显著者有十四种之多：一曰外债，二曰公债，三曰强借，四曰辅币，五曰纸币，六曰田赋，七曰契税，八曰鸦片税，九曰盐税，十曰煤油税，十一曰农产税，十二曰通过税，十三曰营养税，十四曰勒索与拉夫。上面这十四种都是要农民负担的……此外，苛捐杂税之繁多，不胜枚举"[1]。另据相关统计，从康熙五十二年（1713）至光绪二十九年（1903），漕粮的税率提升了21%，附加税的税率提升了128%；民国元年（1912）至十七年（1928）间田赋正税的税率提升了39.30%。[2] 在近代中国，由于实行很高的农业税率，农民交纳给国家的赋税一直占其收获价值的20%以上。有的地区的农业税率更高，个别灾荒年份，农民甚至倾其所有也不足以完纳苛税。如甘肃种地一户"（60亩）收粮30余石，价值300余元，而每年田税官款即达300余元，罄其地之所出，供应粮款，犹虞不足，况种地尚需资本、工人。不得不鬻卖牲畜器物以应款命"[3]。到了20世纪三四十年代，田赋税率之高更是到了十分惊人的地步。例如1942年，四川稻田平均每亩收获4市石，其所负担的征实、征购、县公粮附加和地方积谷，以及国民政府在征粮时规定的溢收15%的"折耗"等项，共计二市石三斗八升，即占每亩稻田收获量的59.5%。在湖南滨湖十县，每亩田负担的上述各项税额，占收获量的52.70%。在云南的田赋税率也达到了49%。以上这些还不包括经手人浮收中饱的数目。

近代中国，由于土地所有制关系并未发生变革，土地的使用权与所有权仍分属不同的农民阶层，存在于土地使用者与所有者之间的租佃关系并未发生任何动摇。国家赋税与地租是分开的，这种封建性质的租佃制度是近代中国所特有的，是建立在封建的土地所有制基础之上的。因此，在近代中国的农村，地租的剥削率都相当高。根据国民党南京政府主计处1934年的统计材料，其时全国地租占农产量的百分比见表7-1：

表7-1　1934年全国地租在农产量中所占的比例表

单位：%

田地等级	水　地 分　租	水　地 定　租	旱　地 分　租	旱　地 定　租
上　等	51.50%	46.30%	47.80%	45.40%
中　等	44.90%	46.20%	45.30%	44.60%
下　等	48.20%	46.10%	43.70%	44.30%

国民政府主计处：《1934年农村调查报告》，转引自邓拓：《旧中国农村阶级关系与土地关系》，《社会科学战线》，1982年第3期。

---

[1] 周谷城：《中国社会之变化》，新生命书局，1931年，第181页。
[2] 陈翰生：《中国农民担负的赋税》，载《中国农民问题与农民运动》，上海平凡书局，1929年，第156页。
[3] 章有义：《中国近代农业史资料（1927—1937）》（第3辑），生活·读书·新知三联书店，1957年，第39页。

又据1931年国民政府统计处对四川田租的调查，地租在农产量中所占的比例实在是太高，见表7-2：

表7-2 1931年四川田租在农产量中所占的比例表

单位：%

田身	上田			中田			下田		
等级	甲	乙	丙	甲	乙	丙	甲	乙	丙
水田	62.00	67.70	16.80	57.00	56.00	14.80	52.00	58.30	14.60
旱田	40.00	53.50	7.60	30.00	33.50	7.80	22.00	20.00	6.50

吕平登：《四川农村经济》，商务印书馆，1936年。

通过对以上两表数据的分析，我们可以清楚地看到，近代中国农村的地租是相当高的。地租剥削是地主对农民实行盘剥的主要手段。除地租外，地主还通过诸如增加正租、增加押租、提高地租折价、改分成租为定额租，以及额外浮收等手段，来增加其地租的剥削量，使地租剥削量达到骇人听闻的程度。如江苏吴江县"田每亩得20石粟已庆有余，其代价不过6—7元。除去肥料人工，所余几何？及收租竟至5—6元"①。

除每年应交的田赋、地租之外，各省区的军阀和地方政府还在农村实行"竭泽而渔"的所谓"预征"制度。预征制自1918年创制以来，很快便在全国各省普遍实行开来。在预征制下，田赋可以一年数征甚至十数征，同时预征的年限也逐年增加，一般可预征数年，有甚者竟达数十年，如四川梓潼在1920年就已预征到1957年；成都平原温江、郫县等5县在1931年就已预征到1961年；四川安岳县在1925年8月至1934年12月的9年间，先后共预征了38次，预征至1983年。在川陕军阀"防区"内，甚至个别地方预征到了"民国一百年"以后，即连21世纪的田赋也预征了若干年。②

在近代中国农村，统治者除了吸吮农民田租、赋税等膏血外，还有名目繁多的苛捐杂税像毒蛇般缠绕在农村早被榨干的经济躯体之上。特别是到国民党统治时期，苛捐杂税之多，可谓居近代之冠。20世纪30年代就有学者语带不平地指出："近年来地方政府每举办一事，动辄以田赋附加为筹款之不二法门，以致叠床架屋，附税常超过正税数倍或数十倍"，如"江苏全省各县附税皆超过正税，最低者超过一倍，最高者超过正税二十四倍至二十六倍之谱"；湖南全省其附税征收没有超过正税的有6个县，超过1倍到2倍的有4个县，超过2倍到3倍的有20县，超过3倍至4倍的有19县，超过4倍至5倍的达12县，超过5倍至6倍的有8个县，超

---

① 章有义：《中国近代农业史资料（1840—1911）》（第1辑），生活·读书·新知三联书店，1957年，第287页。
② 中国人民大学经济系：《中国近代经济史》，人民出版社，1985年，第208页。

过6倍以上的亦有3个县。①虽然国民党中央三令五申禁止乱征乱收,然而,相关文件都是具文。②除了围绕田赋进行各种加征外,各地军阀和政府还在田赋之外巧立名目增设各种杂税、杂捐。"在军阀统治下,所谓杂捐,不唯不能免去,而且日益加多",如在"河北有火车捐、车捐、船捐、妓捐、戏捐、茶捐、鱼捐、晓市摊捐、码头捐、亩捐、花生捐、肉捐;辽宁有亩捐、车捐、船捐、货捐、菜市捐、客店捐、户捐、质捐、验牲捐、戏捐、乐户捐、女伶捐、卫生捐、盐梨鱼花捐、盐摊捐、木排捐……窑捐、渔捐、网捐、渡捐、桥捐、驮捐、青苗捐、菜园捐、车头捐、墙房照捐、银元经纪捐等;黑龙江有斗秤捐、车捐、船捐、窑捐、戏捐、妓捐、五厘捐、警学粮捐、警学车捐、油榨捐、碱锅捐、大梨捐、柴炭捐等"。③全国各地几乎是无物,无事不捐,杂税多如牛毛,举不胜举。有研究者指出:这些苛捐杂税都是从农业品及手工业品上征取的,所以苛捐杂税必然是农村的仇敌。④据浙江瑞安县的统计,1934年经国民政府财政部命令废除的各种苛捐有83种;同年广西被废除的也有45种。当然,所谓"废除苛杂",无非是将有名目的捐税改为无名目的种种摊派而已,农民的负担并没有丝毫减轻,国民政府的捐税额实际上是有增无减,所谓"民国万税"即是对社会现实的真实写照。

民国时期,城市从农村榨出的田赋、地租、杂税等通常被分作三种用途:一部分被留在农村,成为军阀、官员、新贵、商人等购买土地、扩充家产的资本;另一部分则被政府抽走,作为城市统治集团的享用经费和维护其统治机器运转的费用;还有一部分进入城市流通领域,成为商业资本。这种社会财富的不合理流动,造成农村经济日益走向衰落和崩溃,与部分城市的畸形繁荣形成十分鲜明的、极不协调的巨大反差。最为重要的是,其给农村社会带来了严重的社会后果:其一,这加深了农民对高利贷的依赖。"中国农村固有之金融机关,只有两种:一种是当铺,一种是私人借贷。……私人借贷,有的是亲友,有的是村中富户,但以放债为业者实居多数。借贷的抵押品大多是田地或房屋。押价约等于房地价的50%,其利息条件,非常苛刻,约为年利三分六利之谱。至低的也在二分以上。农民因需款孔急,不得不仰债主之鼻息。"⑤据相关部门在1933年对全国的22省的调查数据,其时农村告贷农户已占农户总数的56%,借粮的农户占农户总数的48%。⑥其二,这造成大批农民逃亡。被盘剥殆尽的农民,虽终年辛劳,仍经常是腹空而不得一饱。为摆脱死亡的威胁,大批农民离村逃亡。农村农民的大量逃亡,使应摊派的各种税捐被分摊于未逃亡的农民身上,昔日由三人负担的赋税,现在变为由两人负担,因

---

① 贺渡人:《社会经济月报》,1934年第1卷第4、5期合刊。
② 陈登原:《中国田赋史》,商务印书馆,1998年,第261页。
③ 周谷城:《中国社会之变化》,新生命书局,1931年,第304—305页。
④ 周谷城:《中国社会之变化》,新生命书局,1931年,第310—313页。
⑤ 周谷城:《中国社会之变化》,新生命书局,1931年,第213页。
⑥ 严中平等:《中国近代经济史统计资料选辑》,科学出版社,1955年,第339页。

此，又进一步加剧了农民的逃亡。[①] 其三，耕地大量荒芜，农业生产进一步萎缩。近代之初，全国耕地面积约15亿亩，到1928年，减为12.5亿亩。民国时期抛荒之严重，可见一斑。而人多地少本就是清中叶以来中国社会遭遇的一个深层矛盾，到民国时期却发展到农民抛弃宝贵的耕地，农民、农村、农业问题之严重可以想象。到第二次国内革命战争时期，中国农村经济已经面临全面崩溃的危机。

（二）工农产品价格剪刀差的拉大，加剧了农村经济崩溃和农民的贫困

民国成立以后，随着社会半封建半殖民地化程度的不断加深，自然经济结构进一步瓦解，农民被迫越来越深地卷入不平等的交换关系中。工农产品交换价格的剪刀差随着外国资本主义对中国经济侵略的加深而拉大，工业与农业矛盾加大，城乡对立关系更加严峻。总的说来，中国农产品价格在外国农产品的倾销下呈日趋低落之势。由于中国已逐步丧失了对外贸出口价格的控制权，国货在外贸比价上的劣势日益明显。其时，一方面是对外贸易额的迅速增加，另一方面则是进出口比价不断提高。这种外贸上的劣势对国内物价产生了巨大影响，致使国内工农业产品价格的剪刀差进一步拉大，"对农民越来越不利"。在第一次世界大战期间，工业品价格猛涨，农产品价格的涨幅却远远滞后。1913—1919年，上海工业品批发物价上扬了50.0%，而小麦价格反而跌了6.0%，米价下跌了3.7%；同期，上海市场的面粉价格却上扬24.0%。1913—1919年，天津市场粗布价格上扬70.0%，而棉花则只上升了40.0%；全面抗战爆发以后，物价直线上升，工农业产品价格的差价继续扩大。1937—1943年，上海农产品价格上升94倍，而制造品价格上升182倍，重庆食品价格上升98倍，衣着价格则上升222倍。[②] 又据学者研究，1926—1936年的10年间，上海市场的工业品价格指数上扬12.0%，而同期农产品价格却下降了13.0%，两者的"剪刀差"增加了29.0%。[③] 在甘肃某地，农民甚至要用70斤羊毛才能换1磅由天津进口的毛线。全面抗战爆发后，各类物价直线上涨，但工农业产品间的剪刀差也继续拉大。1937—1943年，上海市场的农产品价格指数上升了94倍，而工业品价格指数却上升了182倍。据学者对安徽六安、广西百色、四川大足和陕西安康4地若干农村初级市场的典型材料的分析：1936—1948年工农产品交换比价平均增加了65.70%。[④] 广大农民从工农产品价格剪刀差日益扩大而形成的农产品价格劣势中所受的灾难日益加重。剪刀差的拉大，不仅加速了近代中国农村经济的日渐崩溃和农民的日趋贫困，而且使得本来就狭窄的农村市场进一步萎缩，城乡矛盾进一步加剧。从本质上讲，近代中国工农产品价格的剪刀差，体现了

---

① 章有义：《中国近代农业史资料（1927—1937）》（第3辑），生活·读书·新知三联书店，1957年，第37页。
② 吴承明：《我国半殖民地半封建国内市场》，《历史研究》，1984年第2期。
③ 田善符：《半个世纪以来我国工农产品价格差的变化》，《中国近代经济史问题》，1992年第2期。
④ 冯和法：《中国农村经济论》，黎明书局，1954年，第248页。

外国殖民者、中国官僚资产阶级对广大农民阶级的剥削与压迫，体现了先进的资本主义工业对落后的半封建性质农业经济的掠夺，体现了城市对农村的掠夺。

在近代中国工业化进程中，资本原始积累的一个重要途径就是加重对农民的盘剥。仅就清末推行的洋务运动而言，据相关推算，从19世纪60年代中期到甲午战争之前，各种洋务费用已超过6亿两。这庞大的财富大多来自农村。自光绪中叶始，各省田赋附加名目繁多，至宣统初年，"田赋之暗增于旧者，已不啻二三倍"，"负担此赋之小农，前此仅足以自足者，今者岁暖而号寒，丰年而啼饥矣"。虽然工业化对农村的压榨是不可避免的历史趋势，但农民既得不到政策性的补偿，也没有享受到生产技术革命的红利，始终处于贫困中而没有喘息的机会。民国成立后，城市对农村的掠夺和破坏除了在经济方面日益加强外，在政治和军事方面也逐渐加强。城市自身的特点决定了它无法脱离农村而独立存在。生活在城市中的统治集团为了保障城市的生存和发展，维护其统治，必然要从政治上、军事上加强对农村的统治和掠夺。而这种政治、军事统治和掠夺的加强，实际上等于强化了对农村经济的剥削，最终导致的是农民反抗运动的风起云涌。而此起彼伏的农民起义以及各派军阀间争权夺利的混战不仅对城市本身造成了破坏，而且大规模的战争所需要的军费仍要从农村搜刮，兵员需要从农村征招，这一切反作用于农村的不利因素，加剧了农村经济的衰败，而战争本身对农村造成的破坏更是毁灭性的，其结果不仅造成农村经济的崩溃，也使城市发展受到限制，城乡之间发展的恶性循环加剧。

二、扭曲状态下的农村社会的变迁

近代以来，由于城市与农村均在外力与内力的作用下发生了一系列的变化，故而存在于城市与农村之间的普遍联系和相互制约、相互影响的互动关系也发生了一系列的变化，并随着城市与农村向早期现代化方向的发展而深入。但是，中国特殊的国情、环境决定了城乡关系是"外国帝国主义和本国买办大资产阶级所统治的城市极其野蛮地掠夺农村"[①]的关系，而不是基于城市与农村进行社会分工，互通有无，相互促进的关系。城市在经济上剥削农村，在政治上统治农村的传统格局并未发生本质上的变化。在这种城乡对立关系影响下的近代中国农村，只能以畸形的样态来实现从传统形态向现代形态的变迁。具体表现在以下几个方面。

（一）广大内地农村与城市（尤其是沿海城市）发展脱节

在近代中国，城市的中心地位得到进一步加强。开埠以来，由于外国资本主义势力首先在东南沿海一带的城市登岸落脚，同时因沿海、沿江一带的城市在交通、资金、技术等方面具有的便利条件，中国的资本主义近代工业便首先在这些城市中发展起来，从而将这些城市逐渐推上早期现代化的发展轨道。晚清时期，封建统治

---

① 毛泽东：《毛泽东选集》（合订本），人民出版社，1964年，第310页。

者在大势所趋的情况下,不得不自开口岸,其后,更多的中国城市涌入了早期现代化的发展浪潮之中。而早期现代化因素也通过这些城市,沿着近代交通网络,传至更为广阔的地域空间。不可否认,近代中国城市的早期现代化发展水平存在着地域上的不平衡性,沿江、沿海城市与广大内地城市之间存在着巨大差距,但是,"若将近代中国各城市之间发展的不平衡性忽略不计,而从整个城市经济的总体趋势看,中国城市现代化的进程是相当可观的"[1]。当近代中国城市,尤其是沿江、沿海城市商业迅速发展,各类大小工厂纷纷设立,居民的消费水平和生活方式发生了相应的变化,呈现出一派畸形繁荣景象时,广大农村,尤其是内地农村的变化甚小,或者根本谈不上有什么变化。当沿海城市近代机器工厂纷纷开办之时,内地的农民却仍然是"面朝黄土背朝天",在土地上沿袭着古老的耕作方式;当沿海城市的生活节奏日益加快,昼夜区分已经不太明显的时候,内地农民仍然恪守着"日出而作,日落而息"的传统作息时间;当沿海城市已经凭借火轮船等各种现代化交通工具构筑起崭新的交通网络时,在内地农村的广大地区,农民仍靠牛车、帆船等旧有交通工具来维持各个地域之间的联系。例如,在北部城市太原,20世纪初期,已是拥有"电灯、碎石路、整齐干净的十字街道、带有小湖的公园、音乐厅、剧院、幼儿园、林荫道、广场、火柴厂、军事学校、警察、教养院和半周报等"[2]的早期现代化城市景观,然而,"在中国大多数农村随处可见的(是)这些街景:成堆的垃圾,粪堆、污池,泥坑,下陷的屋顶,倒塌的墙壁,腐性中的草屋以及散乱的碎石"[3]。在四川广大农村,"到处看起来都是对土地的劣质运用和精打细算","路过农舍,一眼就会看见脏兮兮的一丝不挂的婴儿、无精打采的小脚女人、破烂的地板、被烟熏黑的墙、黑暗的房间……没有报纸、法庭、社会集会","没有好的公立学校、好的经济条件"[4]。广大农村,尤其是内地农村无处不充斥着令人触目惊心的贫困和落后。广大内地农村与城市,尤其是与沿海城市的脱节已达到了惊人的程度。

(二)农村社会变迁的缓慢性与各地区间发展的不平衡

当近代中国城市在外力与内力的共同作用下向早期现代化方向发展时,作为人类社会存在和经济、社会活动场所的另一个地域空间——农村,也在发生着异于传统时代的变迁。然而在近代特殊的时代背景下所形成的城乡关系的制约下,近代中国农村的变迁不可避免地出现了发展、变迁缓慢和区域间发展不平衡的特点。

近代中国农村变迁的缓慢性主要表现在以下四个方面。第一,传统的自然经济结构并未完全解体。根据相关机构在第一次世界大战结束后对全国数省10多地的调查资料,在当时农村农户的家庭生活资料中,仍有三分之二为自给,在农民的消

---

[1] 陈曼娜、陈伯超:《论近代中国社会结构的转型》,《河南大学学报》,1996年第4期。
[2] [美]E.A.罗斯著,公茂虹、张皓译:《变化中的中国人》,时事出版社,1998年,第251页。
[3] [美]E.A.罗斯著,公茂虹、张皓译:《变化中的中国人》,时事出版社,1998年,第6页。
[4] [美]E.A.罗斯著,公茂虹、张皓译:《变化中的中国人》,时事出版社,1998年,第276页。

费资料中,自给部分则占到了 65.90%。① 部分受商品经济影响较小的内陆边疆地区仍基本处于原有的自然经济形态之中。直到 20 世纪 30 年代,"农村的生活,总的来说是贫苦、单调、闭塞、落后的。农村社区大量的是小农经济的简单再生产,除少数集镇和沿海地区外,农村工商业是不太发展的。简单再生产所提供的物质生活条件使广大农村居民仅能处于维持生计的境地……其突出特点是靠天吃饭,极其脆弱"②。

第二,农村农业的耕作方式仍基本处于封建社会状态。据 1935 年的抽样调查,中国每户家庭的农业耕作面积平均为 15.75 亩,其中约三分之一的家庭农田面积在 10 亩左右。③ 近代意义上的农业公司和农场虽有一定的发展,但其拥有的耕地在全国耕地总量中占的比例极低。据 1947 年的统计,当时的 18 个省共有垦场 195 个,总计拥有耕地 14 518 248 亩,仅占该 18 省耕地总面积的 1.78%。④ 在当时的农业经济中,居主体地位的仍是以小农经济为核心的封建经济。农村农业在耕作的手段方面仍是封建社会形态的,表现在农作物的品种改良微不足道,良种选育和推广甚少,现代农业机械的使用极其罕见等方面。在 20 世纪 30 年代,全国的拖拉机不足 500 台,灌溉机械数与全国的耕地面积相比,普及率不足千分之一⑤,农业生产仍处于畜力和人力的联合耕作乃至刀耕火种的状态。

第三,地主所有制仍是土地的主要所有制,1949 年,仅占全国农村人口 4% 的地主,却占有全国耕地的 60%~70%。⑥ 收租形式虽然逐渐从分成租转变为定额租,从实物租变为货币租,但地租率并没有任何下降的迹象,通常占产量的 50% 左右,有些地区甚至高达 60%~75%。⑦ 落后的封建生产关系仍占据主导地位。

第四,近代中国的产业结构始终未能完成工农业的位置转换。1900 年至 1920 年,农业和手工业产值占工农业总产值的 86%,近代工业只占 14%。⑧ 即使到了 1949 年,农业产值所占比重降至 69.90%,工业产值也只占了 30.10%。在工业产值中,手工劳动创造的产值占比仍高达 83%,而现代工业所创造的产值只占 17%。⑨ 中国的国民经济仍是农本经济,其产业结构终历近代百余年也未能完成

---

① 严中平等:《中国近代经济史统计资料选辑》,科学出版社,1955 年,第 328 页。
② 龚书铎:《中国社会通史》(民国卷),山西教育出版社,1996 年,第 198-199 页。
③ 张培刚:《农业与工业化》,转引自王翔:《论近代中国的二元经济结构》,《中州学刊》,1992 年第 1 期。
④ 章有义:《天津开源垦殖公司 1924 年营业报告书摘要并序》,转引自章开沅等:《比较中的审视:中国早期现代化研究》,浙江人民出版社,1993 年,第 271 页。
⑤ 章有义:《天津开源垦殖公司 1924 年营业报告书摘要并序》,转引自章开沅等:《比较中的审视:中国早期现代化研究》,浙江人民出版社,1993 年,第 259 页。
⑥ [美]黄宗智:《华北的小农经济与社会变迁》,中华书局,1986 年,转引自王翔:《论近代中国的二元经济结构》,《中州学刊》,1992 第 1 期。
⑦ [美]黄宗智:《华北的小农经济与社会变迁》,中华书局,1986 年,转引自王翔:《论近代中国的二元经济结构》,《中州学刊》,1992 第 1 期。
⑧ 许涤新、吴承明:《中国资本主义发展史》第 2 卷,人民出版社,1990 年,第 1053 页。
⑨ 黄逸峰、姜铎:《中国近代经济史论丛》,上海社会科学院出版社,1988 年,第 220 页。

调整。

在近代中国农村的发展、变迁中,另一个显著特点就是区域间的不平衡性。近代中国早期现代化的动因首先为外力。外国资本主义因素最先在东南沿海一带的城市落脚,然后向四周传播,自然经济便也率先在这些通商大埠周边的农村解体,并逐渐波及更远的地区。由于通商大埠周边农村的资本主义因素出现得较早且发展较快,故其现代化变迁不仅在时间上较早,而且程度和规模也较深、较大。与此同时,广大的内陆及西部农村在生产关系的变动上不仅时间较晚,而且规模和程度也无法同发达的沿海、沿江农村相提并论,由此形成了近代农村社会在现代化变迁进程中的区域间的不平衡性。例如,近代上海开埠后,受其影响,周边的苏南浙北农村经济发生了结构性的深刻变化,农副业迅速发展,棉花、蚕桑、蔬菜等经济作物种植面积明显扩大,农产品商品化率不断提高,并相应形成了临江近海的棉产区、太湖沿岸等地的蚕桑产区、上海近郊的蔬菜产区等。不仅如此,原先面向国内市场的以缫丝、棉织业为主的农村传统手工业的生产、经营也发生了巨大的变化,呈现出转而面向国际市场、服务于进出口贸易的新趋向。与此同时,反观近代的河南地区,因受近代资本主义冲击很小,传统的经济结构基本原封未动,至全面抗战爆发前,河南的资本主义近代工业虽有一定发展,但仍远远落后于沿海地区。据金陵大学农业经济系主持者孙本文的《中国食粮消费概况》,20世纪30年代河南农民生产之大米的88%、小麦的85%、玉米的71%、小米的79%、甘薯的80%全是自用;山西则大米的86%、小麦的82%、玉米的65%、小米的80%、莜麦的80%为自用;四川85%的大米、75%的小麦、70%的小米、68%的甘薯自用。[①] 同时,其地生产方式一直停留在手工作业的阶段,甚至有些地方在中华人民共和国成立前夕仍处在刀耕火种的原始状态,劳动生产率非常低下,小麦、玉米等等主要粮食作物的亩产一直停留在150斤左右,棉花亩产仅20多斤。[②] 自然经济的瓦解程度也不深,市场商品流通量小。1936年,河南全省年火柴销售量仅为740万盒,平均全省每四人还不到一盒,绝大部分农村还停留在石镰取火的状态;机制面粉全省人均仅4斤,不仅广大农村,而且90%以上的城镇居民消费的均为土面。彼时河南自然经济之强固,市场之狭窄,可见一斑。[③] 陕西南部的汉中至19世纪末20世纪初,农业生产"惜不知改良种子、变更土壤之法,率循天然","在民国前县东北境仅种土棉",经济作物"人民多听其自生"。[④] 而西南地区直到19世纪末20世纪初,近代工业才开始缓慢起步。[⑤] 整个农村呈现出的仍是一派自然经济的田园景

[①] 金陵大学农业经济系:《中国食粮消费概况》,《农情报告》,1934年第2卷第8期。
[②] 许道夫:《中国近代农业生产及贸易统计资料》,上海人民出版社,1983年,第19—20页。
[③] 郭豫庆等:《略论历史上河南经济的兴衰》,王忠林:《河南省经济研究中心年刊》(1985),河南省经济研究中心年刊编辑委员会,1986年,第74页。
[④] 陕西省南郑县地方志办公室:《续修南郑县志校注》,中国人民公安大学出版社,1993年,第251—252页。
[⑤] 谢本书:《近代时期西南地区现代化问题的历史考察》,《云南学术探索》,1997年第1期。

观。从以上的描述不难看出，近代中国农村变迁进程中的区域间的不平衡性是显而易见的。

（三）农村粮食作物产量增长滞缓

近代中国，农村的商品经济有了一定的发展，部分地区的农产品商品化率有了显著提高，且形成了一定数量的农产品种植专业化区域，这是我国农村农业经济向早期现代化的资本主义商品农业经济转型的标志。但是，在这个转型过程中，却出现了另一种现象，即农村粮食作物发展的滞缓。从粮食产量来看：1877—1919年，中国粮食产量仅增长了7.20%。[①] 就连四川这样的农业大省，也在19世末起逐渐从全国重要的商品粮基地转而呈现出"粮价日昂，饥荒频仍，官私藏并形匮竭"[②]的景象。至民国，素以农业立国的中国，每年都不得不从国外进口大批粮食，以维持国民生计。详见表7-3：

表7-3 民国以来洋米输入情况表（1912—1941年）

年代	金额（两）	年代	金额（两）
1912	11 680 462	1927	107 323 244
1913	18 383 719	1928	65 039 232
1914	21 842 253	1929	58 981 045
1915	25 226 328	1930	121 234 193
1916	33 789 045	1931	100.3百万元（以下单位均为百万元）
1917	29 584 093	1932	329
1918	22 776 933	1933	275
1919	8 300 291	1934	111.70
1920	5 362 455	1935	135
1921	41 220 998	1936	45
1922	79 874 788	1937	58
1923	98 198 591	1938	130
1924	63 248 721	1939	233
1925	61 041 505	1940	385
1926	89 844 423	1941	557

刘仲廉：《民元以来我国之粮食问题》，见《近代中国经济丛编》卷一《民国经济史》，华文书局，1967年。

---

① 据［美］德·希·珀金斯著，宋海文译：《中国农业的发展（1368—1968）》（上海译文出版社，1984年）第375、377、379页有关数字计算。

② 锡良：《锡良遗稿·奏稿》，中华书局，1959年，第426-428页。

由表7-3中的统计数据可以看出,近代中国农村的粮食生产与农村商品经济的发展呈现出明显的不协调性及滞后性特征,农村粮食作物产量并没有因农村资本主义因素的刺激而迅速增长。造成这种现象的原因主要有以下两个。

第一,耕地不增与人口猛增,致使人均耕地占有量呈逐年下降趋势。

据严中平先生的统计,自1873年至1933年,中国22个省的耕地面积一直没有什么增加。① 又蔡无忌先生据自己对民国以来22省耕地总面积的调查资料的分析,他同样认为:"民国以来,耕地总面积似并无增减,唯各省情形不同,或增或减,亦系事实。"② 耕地总面积不增,而同期的人口却大幅度增加。从1841年至1949年,我国人口从413 457 311人增至541 670 000人,增长幅度为31%。两相比较,不难看出近代农村农民人均占有耕地量日趋减少的社会现实。耕地不增,人口猛增,使人地矛盾日益突出。

第二,经济作物与粮食作物之间的争地现象日趋严重。

经济利益是推动经济活动的内在动力,种粮与种经济作物相比较,后者的经济收益要明显大于前者,故而农户自然对经济作物倍加青睐。"吾国纺织业勃兴,棉之需要骤增,花价乃日昂,农人遂相率舍稻、豆而专事棉作";"今日……山、陕、豫、鲁、直各省棉产,日益增多"。③ 在山东,由于种烟获利颇丰,于是潍县等农户争相种植,一时间该地种烟户占总户数的63.40%。④ 在四川,由于鸦片获利丰厚,以至于"四川鸦片之产额位于全国之首,川省百四十余州县,除边厅数处,几无一地不种鸦片者"⑤。在当时,耕地本已不足,但在经济利益的诱惑下,农户只好在有限的耕地中抽出一块来种植经济作物,从而形成经济作物与粮食作物之间日趋严重的争地现象。例如,1935年,涪陵鸦片种植面积占到全县农田总面积的25%,而其他粮食作物种植面积反而仅居第二位。如:玉米占20%,水稻占17%,甘薯占19%,小麦占11%,其他经济作物占8%。⑥ 甘肃"自烟禁大弛,向之种豆菽之良田,大半为婴粟所占据。本省每年所产粮食,遂不足供全省人民之食用"⑦。经济作物与粮食作物之间的争地详情,通过以下两表可进一步窥之,见表7-4、7-5:

---

① 严中平:《中国近代经济史统计资料选辑》,科学出版社,1955年,第328页。
② 蔡无忌:《民元来我国之农业》,《近代中国经济丛编》卷一《民国经济史》,华文书局,1967年,第223页。
③ 章有义:《中国近代农业史资料(1912—1927)》(第2辑),生活·读书·新知三联书店,1957年,第147页。
④ 董廷之:《近代中国农村经济商品化的历史命运》,《山东社会科学》,1991年第4期。
⑤ 鲁子健:《清代四川财政史料》(下册),四川省社科院出版社,1982年,第567页。
⑥ 章有义:《中国近代农业史资料(1927—1937)》(第3辑),生活·读书·新知三联书店,1957年,第50页。
⑦ 野马:《甘肃鸦片问题鸟瞰》,《西北言论》,1932年第1卷第2、3期合刊。

第七章 中国城乡关系的变迁

表7-4　各种农作物播种面积占耕地面积百分比变动表（1904—1929）

作物种类	调查地区数	1904—1909	1914—1919	1924—1929
稻	17	40	41	37
大麦	29	26	27	27
小麦	10	24	23	20
高粱	14	26	23	20
小米	15	22	18	17
玉米	22	11	14	16
油芽籽	5	15	21	27
芝麻	7	4	8	10
花生	18	9	8	11
棉花	29	11	14	18
鸦片	13	14	3	11

章有义：《中国近代农业史资料（1912—1927）》第二辑，生活·读书·新知三联书店，1957年。

表7-5　各种农作物面积占该区作物总面积百分比表（约1906—1918）

单位：%

地区	米	小麦	平米	高粱	小米	马铃薯	大麦	杂粮	大豆	花生	棉花	烟草	麻纤维	芝麻	甘蔗	鸦片	合计
东北地区（黑吉辽）	1.37	11.54	10.78	28.67	12.64	0.70	4.81	6.33	20.13	0.32	0.28	0.69	1.39	0.05	—	0.25	100
西北地区（甘蒙新青陕）	3.94	43.21	5.36	3.15	8.65	0.94	5.94	18.31	1.28	0.03	6.66	0.17	0.48	0.16	—	1.73	100
华北地区（晋冀鲁豫）	1.83	29.67	6.03	14.42	17.59	0.38	5.62	7.75	8.44	1.57	5.93	0.10	0.40	0.81	—	0.46	100
东部地区（苏皖浙）	34.91	18.4	2.55	4.74	3.02	1.07	10.03	10.74	6.16	2.05	4.72	0.42	0.24	0.51	0.03	0.37	100
中部地区（鄂湘赣）	55.24	9.84	0.95	1.67	2.02	1.70	9.48	7.58	2.37	0.90	4.25	1.55	1.00	1.15	0.21	0.06	100
东南地区（闽粤桂）	72.33	4.87	1.80	0.46	1.07	3.04	3.27	4.03	2.22	0.90	0.42	0.70	0.58	0.01	1.18	0.12	100
西南地区（滇黔川）	31.79	12.05	9.10	3.15	1.35	4.42	9.38	14.32	3.24	1.67	1.75	1.53	0.51	—	0.05	5.69	100

注：该表计算按四舍五入取小数后两位数。

鸦片种植面积由李文治《中国近代农业史资料（1840—1911）》第1辑第457页的表中得出；其他作物面积见珀金斯著、宋海文译《中国农业的发展（1368—1968）》（上海译文出版社，1984年）第249—265页。

经济作物与粮食作物间的争地现象,是经济利益驱动的结果。但在本质上则是外国资本主义对华农产品原料之需求和本国轻工业对农产品原料之需求所致的结果。在耕地相对不足的情况下,它直接影响了粮食总产量的变化,是造成以农业立国的中国在近代大量从外国进口粮食的主要原因,也是近代中国农村畸形发展的表征之一。

(四) 日渐衰败的农村及其变迁的总趋势

近代中国畸形发展的城市在一定程度上促进了农产品的商品化,但并没有因此促进农村经济的繁荣发展,"都市的发展,其反面就是农村的崩溃"①。在帝国主义、官僚资本主义的侵夺以及封建主义的严重束缚下,分散的小农经济没有也不可能完成向现代化的转型,整个中国农村呈现出日渐衰败的趋势,其主要表现如下。

1. 耕地大量荒芜,生产日渐萎缩

近代中国农村农民在苛重的田赋、地租、杂税等人为负担的重压下,以及在频繁的自然灾害、战争等的摧残下,为摆脱死亡的威胁,大批农民离村逃亡,使得大量土地荒芜。如1933年和1936年,甘肃永登县的庄浪乡和西乡先后遭受水旱灾害,抛荒总计5 400亩,甘肃省政府不得不请求中央政府允许减免粮赋。② 在全面抗战期间,江西81个县中有35个县出现农田大量抛荒,其面积达131万亩,"其余县抛荒农田较少,未尽纳入,惟估计抛荒面积,当仍有二十万亩以上,全省抛荒农田当在150万市亩以上"③。更具有讽刺性的是,素来珍惜土地的中国农民为躲避苛捐杂税,竟然跪求政府官员收回农田。1946年,江西省政绩考察团巡行到素称"鱼米之乡"的都昌县时,"有农民跪求请愿,将其所种田地,无条件收归公有,只须不征捐税"④。同在1946年,据统计,河南的荒地已占到耕地总面积的30%,湖南占40%,广东占40%,三省共有荒地达6 900万亩。⑤ 所以,忧时之士不得不感叹道:"时至今日,农地在中国至少是一部分地区,已失去往昔受人重视之高贵地位,似不感兴趣,抛荒之势,逐渐伸展。"⑥ 农业耕地的减少,以及生产环境的恶化,乃至农作物种子的退化,在诸多因素的合力作用下,必然导致农业生产的萎缩。以小麦为例,1938年我国小麦达到新中国成立前的历史最高亩产量(183斤),此后就一直走低,1946年统计,22个省的平均产量为140斤;1947年统计,35个省的平均产量则为137斤。⑦ 1949年全国粮食总产量为2 254.768亿斤,相较于1936—1937年间全国年均粮食产粮(844.6亿斤)降低21%,甚至低于抗战期间

---

① 周谷城:《中国社会之变化》,新生命书局,1931年,第181页。
② 国民政府:《国民政府第257号指令》(1936年2月3日),《国民政府公报》,1936年第1936期。
③ 佚名:《江西省战时农业抛荒区域图》,《江西善后救济》,1946年创刊号。
④ 施珍:《农地抛荒问题》,《农业通讯》,1947年第1卷第5期。
⑤ 《中国经济发展史》编写组:《中国经济发展史(1840—1849)》(第1卷),上海财经大学出版社,2016年,第342页。
⑥ 施珍:《农地抛荒问题》,《农业通讯》,1947年第1卷第5期。
⑦ 陆仰渊、方庆施:《民国社会经济史》,中国经济出版社,1991年,第847页。

的年均产粮(2 390 亿斤)。①

2. 农产品价格低，农民购买力减弱

近代以来，由于外国农产品的大肆倾销及日益拉大的工农产品价格剪刀差，农民的购买力逐渐减弱。光绪后期"其民甚苦，老既无帛可衣，幼复短褐不完……穷其究竟，殆由粮价日下，银价日高，匹布之资，几需斗米"②。1913—1919 年，上海工业品批发物价上涨了 50%，而米价却下跌了 3.70%；面粉价格上涨了 24%，而小麦价格反而下跌了 6%；同期天津市场上的粗布价格上涨了 50%，而棉花价格只上涨了 28%。③ 1921—1936 年，上海粮食价格指数经常比一般物价指数低 20% 左右。④ 广大农民在工农产品价格剪刀差日益拉大而形成的农产品价格低的经济环境中所承受的灾难日益加重，农民购买力日渐减弱。据相关机构在 1923 年对 22 省的统计调查，农村告贷的农户已占农户总数的 56%，借粮食的农户已占农户总数的 48%。⑤

3. 农村金融日渐窘迫

近代以来，由于资金不断向城市尤其是大城市集中，农村金融日渐窘迫。究其原因，主要有以下一些。第一，城乡工农产品不等价交换，造成农村贸易严重入超，致使农村资金大量流入城市。对此，1937 年有人便撰文指出：外国的、本国的大量廉价工业品进入农村，摧毁家庭手工业的同时还使广大农村成为商业资本、买办资本的原材料生产基地，"农民在不得已的情势下将农产品与帝国主义的工业品作不等价的交换，使农民无形中受到无限的损失，其他方面则是通过都市高利贷和金融资本家的手，使农村金融不断集中到都市，再由都市流到国外去"⑥。第二，日益苛重的地租、田赋、杂税剥削，绝大部分无条件地以货币形态转移到了城市。剥削程度越高，农村资金流入城市越多。以 20 世纪二三十年代的四川为例，1912 年到 1924 年期间，四川农村粮税一年一征，1925 年到 1930 年，则是一年三征，1932 年到 1934 年这两年猛然攀升到一年六征。除了正税，还有附额。1927 年四川农民缴纳的附加税为 3 元，此后，年年翻倍地增加，1929 年为 12 元，1932 年上半年增加到 30.6 元。再就总额看，1930 年，四川农民承担的赋税为 927 900 元，1932 年增加到 1 375 400 元，1932 年跃升至 2 015 000 元。所以，时人愤怒地指出："四川农村中的大多数农民，负担苛捐杂税的极度剥削和由苛租转化而来的间接剥削，自然促进农村贫穷的强化"，"四川到了现在，已经不是天府之邦而是七千万人

---

① 《中国经济发展史》编写组：《中国经济发展史（1840—1849）》（第 1 卷），上海财经大学出版社，2016 年，第 345 页。
② 章有义：《中国近代农业史资料（1840—1911）》（第 1 辑），生活·读书·新知三联书店，1957 年，第 562 页。
③ 章有义：《中国近代农业史资料（1840—1911）》（第 1 辑），生活·读书·新知三联书店，1957 年，第 526 页。
④ 吴承明：《中国资本主义与国内市场》，中国社会科学出版社，1985 年，第 271 页。
⑤ 严中平等：《中国近代经济史统计资料选辑》，科学出版社，1955 年，第 339 页。
⑥ 张腾发：《中国的都市与农村》，《农声》，1937 年第 210—211 期合刊。

的大地狱了"①。这些从农村中攫取的民脂民膏转化为货币投入都市,"一般的豪商大贾土豪劣绅,把农村的现金都直接送到都市上的工厂里或银行里!由官僚军阀搜括起来,是间接送到都市里的工厂或银行里,使农村空无所有"②。第三,农村经济凋敝,社会动荡不安,战争此起彼伏,使拥有资金的地主、富农携资金入城,"乡间富户,或以匪患迁徙都市,或以农产衰败,不再投资田亩,乡间储蓄,遂逐渐向城市携移"③。第四,银行、钱庄等金融机构主要集中于通商口岸城市,其主要职能是为城市"供血"而不是服务农村。这是因为农业货款周期长、风险高、收益低,故金融资本很少投向农村,即使少量投入,也实行重利盘剥。相反,由于银行的利率有越来越高的趋势,农村流向城市的资金也越来越多。据中国银行1932年度的营业报告书,上海各银行的存款比1930年增加了1亿元,"这种资金集中大都市的现象,从反面就证明了内地农村资金的贫乏"④。不仅上海,其他各大城市的银行、其他金融机构也大量吸纳农村流出的资金,天津的银行对于华北内地各省只吸纳不放款,广州的银行对于华南各省亦只揽储而不放款,"内地的现银,既大批集中到都市,而都市的现银,又大批地流往国外"⑤。更残酷的是,农村金融枯竭,不仅严重地阻碍了农业再生产,而且还造成农村高利贷的猖獗和典当业的兴盛。1929年,《东方杂志》刊登了张镜予所撰写的《中国农民经济的困难和补救》一文,对民国时期农村高利贷的泛滥与残酷有具体描述,现摘录如下:"东三省有几处地方,年息须出六分,才可以借到钱。安徽滁县一带,农民贷银十元,在三个月内,除还本金以外,须加还稻或麦一石作为利息。以市价计之,约在五元左右。江浙出蚕茧区域,茧忙时借钱,要加一分的利息,即借银十元,期限四十天,还时除本银外,须加利息一元。南通地方,农民借银一元,在三个月内,须还棉子一石,其贷价约为三四元。是则一元本银,在三个月内,竟有三四元之利息。江宁各县,农民借银一元,在一年内,须还稻或麦一石。如当年不还,等下年,则须加还两石。……苏州吴江一带,有所谓'念个头'者,即农民借洋二十元,按年息须付利息一元。又有所谓'借三还四'者,就是借银三元,还时加利息一元,其期限长短,由债主规定。广东农民,在青黄不接的时候,或家中死人的时候,便要借债。在平时每石谷可借六元,到此时期限只抵得三元,利息还须加倍。约在三分至四分之高,期限在二个月至四个月还清。若过期不还,以利作母。"⑥ 如此种种,广大农民被迫陷入"寅吃卯粮""负债经营"的恶性循环状态。

总之,近代中国城乡资金呈单向流动态势,由此造成两极分化,一方面大城市

---

① 居父:《苛捐杂税之横溢与农民之没落》,《民间意识》,1934年第9卷第9、10期合刊。
② 阔亭:《从中国方兴的都市说到垂死的农村》,《读书集刊》,1932年第1卷第3、4期合刊。
③ 章有义:《中国近代农业史资料(1927—1937)》(第3辑),生活·读书·新知三联书店,1957年,第678页。
④ 黄宪章:《中国都市的过去与今后》,《新中华》,1934年第2卷第1期。
⑤ 因铭:《帝国主义在华的金融统治与中国的金融》(四),《平民杂志》,1933年第2卷第21期。
⑥ 张镜予:《中国农民经济的困难和补救》,《东方杂志》,1929年第26卷第9期。

游资充斥，投机行业盛行；另一方面农村资金严重枯竭，农民的再生产条件趋于恶化，高利贷猖獗，购买力下降。所以，著名学者李紫翔尖锐地指出："资金由农村集中都市，是中国近百年经济发展过程中一个最显著的趋势。这一趋势发展到今天，已经达到农村资金流尽，都市资金膨胀到无出路的阶段"，而且这些资金最终都汇聚于上海，"全中国之可称为资金的银货，已全部集中于上海一地了"，"此种畸形之发展，前途实至堪忧虑。盖金钱者血也，沪市如头脑，内地如四肢，四肢之血尽入头脑，则四脚僵矣，至头脑中则亦将因血过多而患脑充血"①。

在资本主义经济体系中，资本和劳动力在流动中既形成了资本积累，又造成了贫困积累，然而农村中却仅有贫困积累而鲜有资本积累。在此特别需要指出的是，当社会资金向城市流动时，社会资金并没有主要集中在民族资本主义产业中，而是一部分流向在华外资企业，一部分被上层社会消费掉或用于购置田产。另外，当银行系统还不能有效地吸纳民间储蓄时，许多资金被闲置或成为游资，未能得到充分的利用；而当金融系统渗透到实业界时，外国银行又成了其中翘楚，造成大量资金外流。20 世纪初，一个西方人曾这样描述过外国银行在中国的作用，他说："中国是一个奇异的国家，那里银行家能变外交家，外交家又能变为劫掠家。"② 因此我们看到，在农民已经做出牺牲后，却无法得到回报，因为原始积累的异化和资本主义发展的先天不足，少数大城市无法成为吸纳广大农村剩余人口的容器，更无法带动农村的发展。

4. 农民在死亡线上挣扎

近代中国农村的农民在苛重的田赋、地租、杂税、高利贷、工农产品价格剪刀差等的层层盘剥之下，已难以维生。与此同时，频繁的自然灾害更使广大农民雪上加霜，导致农村破败不堪。被盘剥掠夺殆尽的农民，虽终年辛劳，仍经常是腹空而不得一饱。在广大贫困农民之中，吃糠咽野菜，剥食树皮草根，吞食观音土者比比皆是。至于因饥饿而死的农民更数不胜数。例如，1929—1932 年，因饥饿而死者：陕西 150 万人，甘肃 350 万人，四川 650 万人，贵州 300 万人，湖南 700 万人，江苏 800 万人，广东 1 200 万人。③ 1946—1947 年，仅广西、广东和湖南 3 省，就有 1 750 万农民被饿死。④ 大批农民为摆脱死亡的威胁而离村逃亡，或去城市，或去垦区，或流落海外，在死亡线上挣扎，呈一幅凄惨的景象。

---

① 李紫翔：《资金集中都市与资金回到农村》，千家驹：《中国农村经济论文集》，中华书局，1936 年，第 96、102、107 页。
② RRGibson: *Force Mining and Undermining China*，1914：177. 转引自汪敬虞：《十九世纪外国在华活动中的银行与洋行》，《历史研究》，1994 年第 1 期。
③ 陆定一：《两个政权——两个收成》，《斗争》，1934 年第 72 期。
④ 王菂：《中华人民共和国三年来的伟大成就》，人民出版社，1952 年，第 35 页。

第三节　城乡关系变化的特点与影响

一、城乡关系变化的特点

古代中国的城市与农村处于自然经济的体系之中，它们彼此直接联系。在统一的中央集权体制下，城乡关系便体现出农村在政治上依附城市，在经济上制约城市的特点。城市与农村被自然地划分为政治中心和经济腹地，在整个社会体系中，它们各自承担着不同的社会职能，实现着城市与农村无差别的统一。

19世纪中叶以后，由于城市与农村均在外力与内力的作用下发生了一系列的变化，存在于城市与农村之间的普遍联系和相互制约、相互影响的互动关系也发生了一系列的变化。这些变化随着城市早期现代化的兴起而不断深入。当早期现代化因素由城市渗入农村并释放出越来越大的影响力之后，城乡关系便呈现出两极发展的新特点，即城乡间联系性加强与对抗性加剧。

民国时期城乡联系的逐步加强，缘于三个方面的因素：其一，随着城市的发展，以及城市经济功能的强化和需求的多样化，城市对农村商品粮、工业原料、劳动力、市场等的需求日益扩大；其二，农村自然经济的逐步瓦解，手工业从农业中的逐步分离，使农村被迫与城市发生越来越多的经济联系；其三，农村经济崩溃导致人口过剩，收入降低的农民只能进入城市寻找就业机会，以此来获取农业收入以外的收入，从而维持生存。

民国时期城乡关系的对抗性加剧，是近代中国特殊社会历史背景下的必然产物。城市在经济上剥削农村，在政治上统治农村，这是中国城市自产生以来便被赋予的双重社会功能。但民国成立后，随着西方资本主义国家强加给中国的带有殖民性质的现代化的兴起，城市对农村的剥削、压迫程度更深，手段更加多样化。它不仅沿袭和强化了农业时代传统的剥削和统治方式，还增加了新的殖民掠夺和资本主义的剥削手法，因而使城市与农村的关系变得更加扭曲与不协调，农业时代"城市与农村无差别的统一"关系，被半殖民时代"外国帝国主义和本国买办大资产阶级所统治的城市极其野蛮地掠夺农村"和"压迫农村"的关系所取代。[①]

城市"是直接从生产中得来的"，是人类社会生产力发展的产物。同时，城市作为生产力的空间存在（组织）形式，又伴随社会生产力的发展而发展。从这一观点出发，城乡之间存在内在的、本质的必然联系——城乡关系有一个随着社会生产力发展变化而发展变化的必然过程。从发展经济学的角度讲，城市与农村乃属于社会经济发展进程中的不同物质承担者，城市与农村的关系是反映经济上的社会分工

[①] 毛泽东：《毛泽东选集》（合订本），人民出版社，1964年，第310页。

和互通有无的关系。然而，民国时期由于缺乏消除城乡间对立关系的客观条件与外部环境，城乡间的联系性日益得到加强的同时，城乡间的对抗性也日益加剧。这种社会发展进程中的"二律背反"现象的出现，是近代中国社会特殊历史背景下的必然产物，它的存在，对于中国城乡的发展，尤其是对于近代中国城市化的发展的影响是巨大的。

（一）城市与农村间联系性的加强

中国城市自古以来就是社会财富的集中地，城乡之间的关系总体上是城市统治和剥削农村，但因自然经济占主导地位，农村又始终是社会经济活动中心，"耕作居于支配地位"，整个社会呈现出浓郁的"乡土特色"。城市主要作为封建统治的政治中心而存在，其消费性大于生产性，经济功能并不突出。事实上，在封建社会中，我国城市始终没有成为独立的具有强大吸引力和辐射功能的经济中心，"城市和农村无差别的统一关系"也始终未发生质的变化。步入近代之后，伴随着城乡社会分工范围的日渐扩大及农村现代化的发展，城乡间的相互联系日渐加强。这一切使农村农民的谋生手段、生存空间、收入来源等逐渐发生了一系列的变化，农村社会开始突破封闭的结构而产生了流动性。城市日益依赖于农村，农村也日益依赖于城市，两者间的联系性普遍加强，制约性也得到进一步的加强。

总体上看，民国城乡间联系性逐步加强，主要集中表现在以下几个方面。

1. 城乡间经济联系由单向流动向双向流动转化

在农业时代，由于农村作为城市生活资料供给地的社会角色从未改变过，以及城市本身在功能结构上所表现出的消费性大于生产性的特点，使得城乡间经济关系的物质流始终处于单向流动的状态——由农村向城市流动。农村向城市提供农业剩余产品以维持城市的存在与发展，这种状况长期未得到改变。从城市经济学的角度来看，这种经济上的单向流动，一方面是缘于城市自身经济功能弱，无法维持自身的存在；另一方面也是由中国传统的经济结构所决定的；它与中国封建社会经济形态的长期超稳定结构紧密相连。在一家一户的耕织同体的经济结构下，农民除盐、铁等极少数商品仰给于市场，获取其他生产生活用品基本不需要与外界发生经济上的联系，便能进行简单的农业再生产活动。同时，农村商品经济的不发达，农产品商品率低，农民的普遍贫困等，又在客观上制约了农民与市场发生联系。

进入近代之后，城乡间经济联系的单向流动逐渐向双向流动转化。这是因为：第一，随着城乡社会分工范围的扩大，农村现代化的发展，城市数量的增多、规模的扩大，客观上需要农村向城市输出更多的农业剩余产品，以维持城市的生存和发展；第二，近代城市工商业的发展，使原有的狭小的城市市场已不能满足日益发展的工商业的需要，客观上要求城市去开拓更为广阔、更有吸引力的农村市场；第三，农村作为一个经济客体，随着商品经济的发展，部分地区已逐步形成农产品专业生产区域，农产品商品化率提高，客观上也要求它必须与市场发生更广泛的联系，以维持农村经济的再循环。城市与农村的这种变化，促成了城乡之间经济联系逐步由单向流动向双向流动转变。

近代城乡间双向流动经济联系的加强，除了表现为城市对农村经济的影响力的加强外，同时还表现为农村对市场、对城市影响力的加强。近代中国农村在资本主义商品经济的冲击下，农产品的商品化率逐步地提高，而这些商品化的农产品"不能自己到市场去，不能自己去交换，必须借助于流通当事人，通过流通渠道去完成这一过程"①。作为商品由生产领域进入消费领域的途径，商品流通渠道在商品经济发展的不同层次有着与其相适应的流通方式。在自然经济状态下，农产品的商品数量和流通范围都极为有限，因此，流通环节和市场结构都十分简单，其流通渠道表现为"生产者→消费者"的直接流通过程。这种直接交换的形式，在鸦片战争前的中国农村表现在定期的集市和庙会中。鸦片战争之后，随着农产品商品化率的提高，商品流通总量的不断增加，流通范围的进一步扩大，流通渠道、商品市场也由低级向高级，由单一结构向多层次的复合型结构发展。在国内部分商品经济较发达的地区，逐渐形成了某些农产品流通的间接渠道（①生产者→中间商→消费者；②生产者→一级中间商→二级中间商→消费者）和复合市场（初级市场→中间市场→终点市场）。例如，山东烟台成为山东大花生、苹果的终点市场；江苏苏州成为碧螺春茶和丝绸的终点市场；辽宁大连成为辽东地区苹果的终点市场等。这种间接流通渠道和多层次复合型市场的形成，是商品经济发展的必然结果，是农村经济对市场、对城市影响力增强的表现。

2. 城市对农村依赖性的加强

中国城市工商业虽自晚清以来取得了一定的发展，城市经济功能得到增强，但直到民国结束，中国仍未能摆脱农业国的身份，在这种社会经济结构下，农村经济的荣枯便在很大程度上决定着城市的发展。与此同时，由于民国城市规模的扩大，城市人口总量的增加，以及城市近代工商业的发展，城市更加无法离开农村而独立发展，这就使得城市对农村的依赖性呈逐步加强之势。具体来讲，主要表现在以下几个方面。

第一，城市对农村粮食的需求进一步增大。

剩余农产品的数量或农业劳动生产率的高低决定着城市所能供养人口的多寡。民国农产品的商品化率已达到了一个较高的水准，"一般不低于40%，在专业化的种植区内，则达60%~70%"②。1921—1925年，华北、华东7省17县农产品的平均出售率为52.60%。③ 但这种农产品商品化率并不是建立在农产品产量大幅度提高的基础上的，而是农产品商品化发展速度大大超过农业生产发展速度的结果，也是广大农民节衣缩食的结果。城市的粮食来源于农村，农村的余粮率对城市数量、规模有着巨大的影响。在近代以前，中国已有一个庞大的人口基数，人均粮食不

---

① ［德］马克思、恩格斯：《马克思恩格斯全集》（第23卷），人民出版社，1979年，第102页。
② 严中平等：《中国近代经济史统计资料选辑》，科学出版社，1955年，第325页。
③ 许涤新：《旧民主主义革命时期的中国资本主义》，人民出版社，1990年，第989页。

第七章 中国城乡关系的变迁

多,很多地区民众的温饱问题都不能解决,人口的快速增长对粮食的生产造成很大的压力;同时,由于地少人多,农业生态遭到严重破坏,水土流失严重,地力下降,劳动力投入的回报率已大幅下降。此外,近代以来机械动力没有大量地被引入农业生产,也决定了农业的劳动生产率不可能有大幅度提高。19世纪中期到20世纪中期,中国的农业基本循着原有的轨道缓慢地向前运行。19世纪80年代到20世纪30年代,农业年增产率只有1.03%。[1] 这种状况不仅使近代中国城市化的水平难于出现一个较大的飞跃,而且有限的粮食供给使得城市对农村的依赖性进一步增强。近代中国城市,尤其是大城市,人口动辄百万以上,所需粮食大都依赖于农村供给。如武汉"人烟辐辏,烟火百万家,日食所需,几难数计",故"武汉若无湘米接济,立招变乱"[2]。上海同样"人烟稠密,食指众多,每日食米约需万石,而本地非产米之区,全恃常熟、无锡、苏州、同里、湘泾、松江、青浦等处的白米,湖南、安徽的各色籼米等接济。"[3] 据1933年直隶商品陈列所的调查,在全省小麦外销的36县中,有3县向北平供应小麦,13县供应天津,11县同时供应平、津。[4] 农村粮食供应对城市的重要性由此可见一斑。这一点,从西北地区农村经济崩溃导致该地区城市发展停滞甚至衰退的历史事实中,也可以得到充分的验证。

第二,城市对农村工业原料的需求度增大。

近代中国由于处在半殖民地半封建的特殊历史环境中,城市工业的发展自然无法摆脱时代的束缚。在近代中国工业体系中,轻工业发展的速度、规模都远远超过重工业。1895—1913年,在全国民族资本厂矿中,轻工业有407家,几乎占到了五分之四。在轻工业中,尤以纺织、面粉、食品加工等行业的工厂数量最多,发展最快。据相关统计,在1914年至1922年9年间,民族资本新设的工厂中,仅纱厂就有54家之多,其资本在资本总额中占35.40%。[5] 在面粉加工行业中,1913年,全国华商开设的面粉厂为50余家,1919年猛增至120余家,七年时间增加了一倍多。[6] 这些行业的生产原料均以农产品为主,所以,农村能否提供充足而廉价的原料,客观上决定着它们的发展速度和兴衰存亡。一个典型的例子可以充分证明这一点。1936年是我国资本主义经济发展的高峰期,其最主要的原因则是各地农业的丰收。这一年,全国粮食产量达2 844亿斤,人均达600斤,为历史最高水平。[7] 这一年的农作物产量与1935年相比,小麦增加8.30%,花生增加20.30%,棉花增加46.90%。农业的丰收,为轻工业的发展提供了充足的原料。据相关统计,1936

---

[1] 王玉茹:《在近代化进程中日本和中国农业发展的比较研究》,《南开经济研究》,1992年第2期。
[2] 章有义:《中国近代农业史资料(1840—1911)》(第1辑),生活·读书·新知三联书店,1957年,第478页。
[3] 汪敬虞:《中国近代经济史(1895—1927)》(中),人民出版社,1998年,第886页。
[4] 章有义:《中国近代农业史资料(1912—1927)》第2辑,生活·读书·新知三联书店,1957年,第255、147页。
[5] 严中平:《中国棉纺织史稿(1289—1937)》,北京科学出版社,1955年,第117页。
[6] 周季鸾:《第一次世界大战时期中国民族工业的发展》,上海人民出版社,1958年,第39页。
[7] 陆仰渊、广庆秋:《民国社会经济史》,中国经济出版社,1991年,第416页。

年棉纱成交量较 1935 年增加 25%，1936 年末到 1937 年间成交总额同比增长 20%～30%。① 1936 年与 1935 年相比，棉纱生产量增长了 43.63%，卷烟生产量增长 70.23%；② 对外贸易额增加 22.6%，进口总值增加 2.40%。③ 1937 年 7 月 7 日，全面抗战爆发，1945 年抗战取得胜利之后，又是 4 年内战。长期的战乱使农业生产遭到巨大破坏，农作物产量全面大幅度减少。以 1949 年全国农作物总产量与 1936 年相比，粮食产量减少了 24.55%，棉花产量减少了 47.60%，烟草产量减少了 76%，花生产量减少了 60%。总的来讲，1949 年农业产量比全面抗战前减少了 25%。④ 这一年，全国粮食总产量为 11 318 万吨，每亩产量仅 68.50 公斤；棉花总产量 44.40 万公斤，每亩产量仅 10.50 公斤。按人均计算，每人占有粮食 209 公斤，棉花 0.8 公斤。⑤ 这样的平均产量和人均占有量决定了农业创造的剩余产品和能够提供的积累部分是非常有限的，自然其对工业发展的推动力就极其微弱。据全国工业总会理事长刘鸿生在 1949 年致财政部部长徐堪的电报，"上海市棉纺、毛纺、卷烟等厂实际开工数不过十之六七；水泥、火柴、造纸、化工等，其开工率更低"⑥ "军布、面粉、染织、制药、造纸、被服、化工、针织等工厂，实际停业者，已超过 80%。沿海内迁的工厂中 60%全部停闭"⑦。该年，就连原本能够自给的面粉、棉花、烟草等也因此转而仰赖于进口。

通过以上对比分析，我们不难发现，近代城市工业，尤其是民族资本主义轻工业的发展变化与农产品原料供应的充足与否存在着十分紧密的联系。由此我们可以毫不讳言地说：农产品原料供应的状况，直接决定着近代中国城市轻工业的发展状况，也对城市重工业有一定的间接影响，近代中国的城市工业不可能挣脱农村经济的束缚而走上独立、健康的发展之路。

第三，城市对农村市场的需求性加强。

近代中国，广阔的农村市场对城市工业具有举足轻重的意义。这是因为：近代中国城市工业产品中的相当部分要依靠农村市场来消化。近代中国工业起步晚，基础薄弱，生产技术落后，工厂规模较小，且资金严重短缺，劳动生产率低。以轻工业中的龙头产业——棉纺织业为例来说，1937 年全面抗战爆发前，日资纱厂平均资本为 200 万元，英资纱厂为 500 万元，而中国纱厂平均每厂资本只有 150 余万元；以纱锭论，日资纱厂每个纱锭 680 元，而中国纱厂每锭只有 50 元；20 支纱每

---

① 陆仰渊、广庆秋：《民国社会经济史》，中国经济出版社，1991 年，第 416 页。
② 孙健：《中国经济史——近代部分》，中国人民大学出版社，1985 年，第 492—493 页。
③ 骆清华：《民元来我国之商业》，《民国经济资料丛编》第一卷《民国经济史》，华文书局，1967 年，第 229 页。
④ 中国人民大学经济系：《中国近代经济史》，人民出版社，1985 年，第 358—359 页。
⑤ 刘应杰：《中国城乡关系与中国农民工人》，中国社会科学出版社，2000 年，第 44 页。
⑥ 《刘鸿生致徐堪代电》，1949 年 3 月 5 日，中国历史档案馆藏。
⑦ 骆清华：《民元来我国之商业》，《民国经济资料丛编》第一卷《民国经济史》，华文书局，1967 年，第 245—246 页。

万锭，日资工厂只需工人240名，而中国纱厂则需350~750名。① 近代中国工业的这种发展水平决定了它的销售对象只能定位于国内市场，在国际市场中它是没有什么竞争力的。而在国内市场中，城市市场的容量有限，尤其是在轻工业产品的消费方面，城市有限的人口总量在客观上制约了其商品市场的规模。这样，传统自然经济结构已在逐步解体且拥有众多消费人口和辽阔地域的农村，便自然而然地成为又一个潜力极大的商品消费市场。有关资料显示，1921—1925年，在部分地区的农村，农民的消费资料中购买部分已占到34.10％。② 在商品经济发达的江南地区，1934年农家生活中的现金支出甚至已占到其总支出50.86％。③ 这充分表明近代中国农村正在逐步成为一个工业品的庞大消费市场，这个市场的消费状况在一定程度上也必将影响城市工业的发展。以上海橡胶业为例，农村市场的开拓直接或间接消化了其75％的产品，而上海本埠只消化了10％的产品。20世纪30年代，由于农村经济的凋敝和农民购买力的极度减弱，很快便造成城市工业品的大量积压，销售情况严重不佳，市场需求减少，许多行业减产，开工不足，停工成了众多企业的常态。例如，1931年上海胶鞋产量达两千数百万双，1932年减少为1 700万双，1934年再减为1 400万双，1935年更减为100万双。胶鞋产量呈逐年急剧减少之势。1936年由于农业丰收，农村市场得以恢复并扩大，橡胶业迅速发展，当年上海胶鞋产量即达3 000万双，创历史最高纪录。

农村是一个庞大的消费市场，对城市工业的发展有着巨大的作用，因此，开拓农村市场是近代城市工业发展进程中一个无法回避的现实问题。但是，在近代中国，由于农村居民消费水平的低下，以及家庭手工业并未彻底破产，农村市场的进一步开拓面临着诸多客观上的困难，这在很大程度上不仅制约着城市工业的进一步发展，也阻碍了中国城市化的发展。

3. 城乡人口流动性日益加强

近代以前，由于整个中国被笼罩在自然经济的樊笼之中，缺乏利于城乡间人口空间流动的客观环境。加之数千年来形成的"父母在，不远游""安土重迁"等传统观念的束缚，生活在农村的农民大多"终其身未尝入城市与人相往来"，而居住在城内的人更绝少向农村流动。近代以来，由于"大机器工业必然造成人口的流动性，各个区域间商业交往大大地扩展了；铁路使人们的往来更方便了"④。在比较利益的驱动下，更多的人将目光由农村转向了城市。与此同时，近代中国人均占有耕地日渐减少，且土地兼并又日趋严重，从而造成农村大量人口隐性失业和劳动力过剩的现象（此现象在人口稠密处更为严重）。这种局面使中国农村产生出一股对人口的无形"推力"。在农村"推力"与城市"拉力"的共同作用下，农村人口向城市流动的趋势明显增强。据相关机构在1935年对当时的21个省1 001个县的调

---

① 许涤新：《中国经济的道路》，生活书店，1946年，第34页。
② 严中平等：《中国近代经济史统计资料选辑》，科学出版社，1955年，第328页。
③ 宫玉松：《从我国近代城乡关系看农村的特殊经济意义》，《农村经济研究》，1990年第6期。
④ ［苏］列宁：《列宁全集》（第3卷），人民出版社，1958年，第501页。

查数据，全家离村的农户占总农户的 4.80%，有年轻家庭成员离村的农户则占总农户的 8.90%。① 这其中，全家离村去城市者占 59.10%，青年男女只身入城者更多，占 65.50%。② 由于农村人口大量流入城市，我国城镇人口增加。1949 年我国城镇人口总数达 5 765 万人，比 1893 年增长了 1.45 倍，年平均增长率为 16.10%，城镇人口比重由 6% 上升至 10.60%。华北地区和上海的城市人口从 1900—1910 年的 460 万增长到 1938 年的 1 300 万，增长了将近 2 倍。③ 东北地区，1907 年城市人口占该地人口总数的 6%，而 1925 年则上升为 10.20%。④ 城市人口，尤其是沿江沿海地区城市人口的迅速增加，主要是大量农村人口的移入造成的，这从一个侧面反映了近代城乡人口流动日益加剧的社会现象。

（二）城乡间对抗性的加剧

城市在经济上剥削农村，在政治上统治农村，这是中国城市自产生以来便被赋予的双重社会功能，至近代此功能则更加强化。近代中国的城乡关系是"外国帝国主义和本国买办大资产阶级所统治的城市极野蛮地掠夺农村"⑤ 的关系。近代中国城市固有的浓厚的封建性，以及近代以来西方侵略者强加给中国城市的殖民性，使城市对农村的剥削程度更深，剥削手段更加完备和多样化。近代中国城市不仅沿袭和强化了传统的封建剥削方式，还增加了殖民性质的掠夺和资本主义剥削的新手法，从而使近代城市与农村的关系变得更加扭曲，城乡对立更为严重。这种对立在经济上表现为城市对农村剥削力度的加强，城乡间差距的进一步拉大；在政治上则表现为列强持续的侵华战争与军阀的连年混战，民族矛盾与农村阶级矛盾空前激化，农村农民的反抗运动风起云涌。在这种对抗性日渐加剧的城乡关系的作用下，近代中国城乡发展出现了非一致性，即部分城市出现畸形繁荣，广大农村却日渐衰败。这种不协调的城乡关系，是近代中国特定历史背景下的产物，是城乡二元经济结构在城乡关系上的突出反映。在这种对抗性日渐加剧的城乡关系的影响下，不仅造成了农村经济的衰败，而且使城市的发展受到限制。近代中国城乡关系的对立，实质反映了占人口大多数的农民阶级与城市中的外国殖民主义、本国封建势力、官僚买办资产阶级之间的尖锐矛盾和斗争。这种对抗性的矛盾关系从经济方面看，主要表现在以下几个方面。

1. 城乡差距不断拉大

近代中国社会一方面是现代化城市的兴起与发展，另一方面则是农村的日渐衰

---

① 薛暮桥：《旧中国的农业经济》，中国农业出版社，1980 年，第 91 页。
② 实业部中央农业研究所：《各省农民离村调查》，《农情报告》，1936 年第 4 卷第 7 期。
③ [美] 德·希·帕金斯著，宋海文译：《中国农业的发展（1368—1968）》，上海译文出版社，1984 年，第 202 页。
④ 章有义：《中国近代农业史资料（1912—1927）》（第 2 辑），生活·读书·新知三联书店，1957 年，第 640 页。
⑤ 毛泽东：《毛泽东选集》（合订本），人民出版社，1964 年，第 310 页。

败。畸形发展的城市和残破的农村构成极不协调的景观。开埠百余年后的上海，至20世纪40年代，已"建立了现代工业制造中心"，"现代中国的银行金融、工业制造、商业行号都在上海发迹——中国经济变革和民族主义运动，都在黄浦江边生长出最早的现代根苗"。[①] 天津至1934年也已成为城市基础设施较北方各城市先进、齐全，文化娱乐设施十分集中，具有现代化的交通工具、通信工具，对内对外联系十分便捷，资金、商品、信息的流通十分通畅的多功能中心城市。就连地处八百里秦川西端的宝鸡，也随着陇海铁路的修通与全面抗战的爆发，迅速跨入了近代城市的行列。但是，畸形发展的城市并没有因此促进广大农村的普遍繁荣。广大农村，特别是内地农村仍然停滞在封建社会里沉睡未醒。

近代以来，随着城市经济的发展和科学技术的进步，城市居民的消费水平、消费结构都有了明显的变化，而农村居民的消费结构却基本上没有变化，城乡居民之间的差别进一步拉大。参见表7－6。

表7－6 1933年中国城乡居民消费结构一览表

单位：%

项　目	农业人口	非农业人口	蒙藏地区	总计
食　品	59.80	29.50	61.80	46.80
衣　着	6.80	15.90	6.70	10.70
房　租	3.80	11.30	4.00	7.00
燃料、灯光	10.40	7.30	12.10	9.10
杂　项	19.20	36.00	15.40	26.40

巫宝山：《中国国民所得》（上册），中华书局，1947年。

1933年，在中国农村居民消费结构中，食品开支仍占消费总额的近60%；城市人口的食品消费只占其消费总额的29.50%，而其在衣着和杂项（文化娱乐、教育费用、交通医疗费用、各种日用品等）方面的支出却高达50%以上。由此可见，城乡居民消费结构已经出现了明显的二元化，消费差距的拉大也相应地反映了收入差距的拉大。美国学者凯卜曾在1922年做过估计，当时经营土地的报酬率只有2.50%，而商业和放债的报酬率可高达10%～20%。[②] 比较利益低下、生产环境日益恶化的农业和畸形发展的城市商业及投机业、高利贷之间形成了极大差距。农村的现代化因素如此之少，使城乡在社会运行机制、社会服务、教育卫生、生活水平、收入水平等方面的差距越来越大，使整个社会形成了严重的二元化结构。

不仅如此，由于近代土地兼并加剧，租佃关系日渐紧张，工农业产品价格剪刀

---

① ［美］罗兹·墨菲著，上海社会科学院历史研究所编译：《上海——现代中国的钥匙》，上海人民出版社，1987年，第1页。

② ［美］帕金斯著，宋海文译：《中国农业的发展（1368—1968）》，上海译文出版社，1984年，第129页。

差日益扩大,农村金融萧条,以及自然灾害频繁和战争的迭起,使广大农村耕地大量荒芜,农业日渐萎缩,农民生活条件日益恶化,失业、饥饿与死亡笼罩着广大农村,农村经济日益凋敝,农村面貌日渐残破不堪。

2. 城市对农村的掠夺性剥削日渐加强

随着半殖民地半封建社会的形成,农民所承受的剥削日益加重。正如马克思所指出的那样:"中国在1840年战争失败后,被迫付给英国赔款,大量的非生产性的鸦片消费,鸦片贸易所引起的金银外流,外国竞争对本国生产力的破坏,国家行政机关的腐化,这一切就造成了两个后果:旧捐税更重更难负担,此外又加上新捐税。"① 据相关统计,从康熙五十二年(1713)至光绪二十九年(1903),漕粮的税率增加了21%,附加税的税率增加了128%;民国元年(1912)至十七年(1928),田赋正税的税率增加了39.30%。② 到了20世纪三四十年代,田赋税额之重更是到了十分惊人的地步。除田赋之外,地租、苛捐杂税也像毒蛇一样缠绕在农村本已被榨干了的经济躯体之上。在苛捐杂税、地租、田赋的重压之下,农民为了生存下去,不得不借高利贷。商业资本通过高利贷这把无形之刀,在农村广大农民身上又剥去了一层皮。除以上传统的盘剥手段之外,城市还利用工业农产品价格剪刀差对农村农民进行敲骨吸髓的经济掠夺。近代以来,"帝国主义列强从中国的通商都市直至穷乡僻壤,造成了一个买办的和商业高利贷的剥削网,造成了为帝国主义服务的买办阶级和商业高利贷阶级,以便利其剥削广大的中国农民和其他人民大众"③。凭借这个剥削网,外国资本主义和中国的城市买办阶级组成了一个以通商都市为基地同内地和广大农村进行不等价交换的半殖民地半封建性质的剥削体系。这个体系通过抬高工业品销售价格、压低农产品收购价格的手段,以工农产品价格剪刀差对农村进行超经济剥削。据吴承明先生的研究:工农业产品的价格变动,大约1895—1905年的长期间,是不利于农产品的;1905—1912年的短期间,是有利于农产品的,1913—1920年,工业品价格的上升速度远快于农产品价格的上升速度,8年间两者的差距扩大了1/3;1921—1929年的短期间,这个差距缩小,农村得以稍苏,但1926年,工业品价格上升的速度又远快于农产品,到1931年两者的差距又达到了1/3。1931年秋,物价开始下跌,而农产品价格下跌的幅度远大于工业品价格下跌的幅度,两者差距继续扩大。④ 工农业产品剪刀差的扩大加剧了农民的贫困、农村资金的外流、农村市场的萎缩,从而加剧了城乡矛盾,使城乡对立日益加剧。

3. 社会资金大量流入城市,农村金融日趋窘迫

近代以来,资金不断向城市,尤其是大城市集中,到20世纪二三十年代则达

---

① [德]马克思、恩格斯:《马克思恩格斯全集》(第9卷),人民出版社,1961年,第111页。
② 陈翰笙:《中国农民担负的赋税》,《中国农民问题与农民运动》,上海平凡书局,1929年,第156页。
③ 毛泽东:《毛泽东选集》(合订本),人民出版社,1964年,第592页。
④ 吴承明:《中国资本主义与国内市场》,中国社会科学出版社,1985年,第109—110页。

到高峰。究其原因，主要有以下几点：第一，城乡工农业产品的不等价交换，致使农村资金大量流入城市；第二，日益苛重的地租、田赋、杂税，无条件地将农村财富以货币的形态转移到了城市；第三，农村经济凋敝，社会动荡不安，战争此起彼伏，使拥有资金的地主、富农携资金入城，致使近代中国出现了大量的离乡地主，农村财富进一步流失。"乡间富户，或以匪患迁徙都市，或以农产衰败，不再投资田亩，乡间储蓄，遂逐渐向城市携移。"[①] 第四，银行、钱庄等金融机构主要集中于通商口岸城市，其主要职能是为城市"供血"。由于农业贷款周期长、风险大，故而银行资金很少被投向农村，农村信贷额极其微小。近代中国农村高利贷的活跃、典当业的兴盛，从一个侧面反映了农民的极端贫困和农村资金缺乏的窘况。到20世纪三四十年代，农村资金枯竭的现象更为严重。与此同时，一些大城市则游资充斥、投机之风大盛。农村与城市之间存在着严重的、无法调和的金融矛盾。

城乡的对立和矛盾不断加剧，从一个侧面反映了城市对农村的严重依赖性，城市的存在及"繁荣"是建立在掠夺农村的基础之上的，沿海、沿江地区城市的相对发达是以广大农村的破产、经济的凋敝和农民的日渐贫困为代价的。它充分表明近代中国城乡发展的严重脱节和城乡矛盾的日趋尖锐。

二、城乡关系的变化对城乡发展的影响

民国城乡关系的变化主要不是经济上的社会分工和互通有无，而是聚居在城市中的外国殖民者、商人以及各种势力，中国的官僚集团、军阀、买办、商人、高利贷者等，通过地租、捐税、商业利润、高利贷等方式，不断地加大对农村广大小生产者的掠夺和压迫。在这种城乡关系的作用下，一方面是少数大城市出现畸形繁荣，而另一方面则广大农村日渐残破凋敝，城市与农村之间出现了极不协调的景观，城市与农村的发展严重脱节。

（一）城市的畸形化发展

城市与农村的发展变迁是相互影响、相互联系且互为因果的。民国时期中国没有像西方英、法等国那样真正出现"一个变农村人口为城市人口的过程"[②]。近代中国社会是被西方列强强行从农业社会掠入世界一体化的滚滚洪流中的。因此，在外力强行推动下而走上现代化之路的中国只能走上一条畸形的发展道路。中国城市从晚清到民国的发展，特别是沿海、沿江通商口岸城市的发展，不是因农村自然经济产品商品化率的提高而产生出强大的推动力量所推动的，而是在西方强力的介入下，被强行从自然经济环境中抽离出来而纳入世界资本主义经济体系之中，在短期

---

① 章有义：《中国近代农业史资料（1927—1937）》（第3辑），生活·读书·新知三联书店，1957年，第678页。
② 毛泽东：《毛泽东选集》（合订本），人民出版社，1964年，第978页。

内获得畸形发展。这部分城市大多位于中国东、中部沿海、沿江地区和铁路沿线地区，具有典型的地理区位优势，其代表城市如上海、武汉、广州、天津等均是如此。这部分城市在开埠通商后，大量商品、资金、技术、工厂、工人、信息等向其高度聚集，使其在短时间内获得畸形发展的繁荣，成为全国性或地区性的经济中心。与此同时，地缘环境封闭的内陆省份以及落后的西部地区的城市的发展却相当缓慢，有的甚至出现停滞和倒退。据1930年的初步统计，古城西安的人口仅12.5万人，为1843年的40%；太原、兰州的城市人口也仅略有增长；成都、贵阳、乌鲁木齐的城市人口都只相当于或略高于1843年的水平。唐宋以来许多著名的工商业城市，如苏州、杭州、佛山、顺德、松江、太仓，大运河沿线的临清、扬州、淮阴、淮安，冀中的正定，上海的嘉定，长江沿线的一些城市都日益衰落，走上了下坡路。而一些内陆中小城市则因种种主客观原因而急剧衰败。

造成近代中国城市畸形发展的原因是多方面的，有历史的、地理的因素，也有政治的、经济的和文化的因素。然而，如果从城乡互动的视角来考察便不难发现：历经千年的小农经济因受到外力冲击的程度不同，造成了不同区域间传统农业区域和农业专业化区域并存的局面。在传统农业区域，城乡间的联系和互动较弱、较少，农村对城市产生的"推力"较小，城市对农村产生的"拉力"也较弱，故而城市与农村均发展缓慢。在农产品商品化率高的农业专业化区域，城乡间的联系性和互动性强，农村离不开城市市场，城市更需农村作为其发展的支撑，农村对城市的"推力"强，城市对农村的"拉力"大，故而城市发展迅速，但农村的衰败也十分明显。从以上分析可以得出这样的结论：城市畸形的发展导致广大农村的区域发展不平衡性加剧；而农村发展的区域不平衡又反作用于城市，进一步加剧了城市发展的畸形化。

（二）缺乏农村支持的城市化运动只能低速缓进

近代中国尽管有少数重要的城市走上了资本主义的发展道路，城市的现代化也在日趋迅速地促使着农村自然经济形态的瓦解，如商业性农业在东南沿海及长江中下游区域有了一定的发展。但是，由于此两者的发展、变迁并不是由于自然经济产品商品化率的提高而顺理成章地发展起来的，而是由于"第三者"即西方殖民势力插足所导致的结果。因此，传统的农工结合体并未在早期现代化的发展进程中退出历史舞台。直到20世纪二三十年代，西北地区、华北地区、西南地区的农村也仅有少数的农业专业化区域，其他边远的山区农村，自然经济受破坏程度微乎其微，大部分农民仍然经营着传统生存型农业。有的学者甚至认为，民国农业生产的整体水平不仅没有提高，还出现下降现象，除个别年份，民国水稻亩产量长期低于明代和清代，与历史相比，粮食生产出现了低落现象。[①] 农业剩余产品不足的直接后果是必须投入更多的劳动力从事农业生产。农业人口因此被拴在土地上，无法向城市

---

① 郑庆平、岳琛：《中国近代经济史概论》，中国人民大学出版社，1987年，第158页。

大规模转移。据有关学者的统计，在1935年21个省1 001个县中，只有1.70%的农户和4.20%的农村青年弃农进城。① 小农经济占统治地位和农村人口占压倒性多数的社会现实成为制约近代城市化运动的一个根本性因素。与此同时，近代中国城乡关系中的对抗性矛盾所导致的城市与农村的全面对立，以及城市通过赋税、地租、利润、利息等方式对农村进行的掠夺，使日渐衰败的农村无法也不可能对近代中国城市化运动产生应有的支持力量。这样，中国的城市化运动也只能低速缓进。从纵向角度来看，据相关统计，1843—1894年，中国城镇人口从2 072万增至2 351万，城镇人口在总人口中的比重从5.10%增至6%，50年时间仅增长了0.90个百分点。1895—1949年，城镇人口从2 351万增至5 765万，城镇人所占比重由6%增至10.60%，55年间也只增加了4.60个百分点。总计在这一百余年中，人口城市化率仅增长了5.50个百分点。② 从横向角度来看，1850年发展中国家的人口城市化率为4.40%，低于中国的水平，但到1949年，发展中国家人口城市化率的平均水平达到16.70%，高出中国6.10个百分点。1850年中国人口城市化率落后工业发达国家5个百分点，但到1949年，此差距扩大到42个百分点。③ 直到1949年，中国仍是一个典型的农业国。

城市化过程是一个农村人口转变为城市人口、农村社会向城市社会转型的历史过程。其根本目的之一是实现对农村社会的改造与转型，但这种改造和转型由于在近代中国不仅没有得到农村的强有力的支持，反而农村对城市化有巨大阻碍，由此便产生了近代中国城市化运动中的"二律背反"现象。这一独特现象是城市与农村发展严重脱节、城乡关系的对抗性在城市化运动中的具体体现。

（三）城市对农村发展、变迁的"拉力"不足与区域发展的失衡，是导致农村发展滞缓和区域间的不平衡性进一步加剧的重要原因

"城市是经济、政治和人民精神生活的中心，是前进的主要动力。"④ 由于城市与农村之间客观上存在着一种内在的必然联系，城市的发展、变迁必然会影响农村的发展、变迁。这种辐射性拉动作用是城乡关系的本质体现。民国成立后，城乡关系的联系性加强，为城市对农村的辐射性拉力的发挥创造了客观条件。但是，由于城乡关系中联系性与对抗性共存，且其自身无法克服，对抗性矛盾关系在客观上削减了联系性所能作用于农村的辐射性拉力，使这种拉力在面对非常强固的农村自然经济结构时显得格外孱弱无力。与此同时，由于民国城市整体发展滞后，人口城市化率偏低，真正完全意义上的早期现代化城市屈指可数，因此，城市对农村的"拉力"严重不足。一方面是来自城市的"拉力"不足，另一方面是农村自身所生成的

---

① 薛暮桥：《旧中国的农业经济》，农业出版社，1980年，第93页。
② 据胡焕庸、张善余：《中国人口地理》（华东师范大学出版社，1984年）第261页有关资料统计而得。
③ 黄仕诚：《城市建设经济学》，中国建筑工业出版社，1987年，第10页。
④ ［苏］列宁：《列宁全集》（第19卷），人民出版社，1958年，第264页。

早期现代化因子极为有限,这就造成了民国数十年间自然经济未完全解体的结局。另外,由于新兴城市多集中在中国东、中部的沿海、沿江及铁路沿线地区,广大内陆和西部地区的城市基本上仍然是在传统的发展轨道上缓慢地前行,城市发展的不平衡性非常突出,这也导致了农村发展中的区域不平衡性。

(四)城市与农村间对抗性的掠夺关系最终导致农村经济崩溃,同时也使城市的发展受到制约

民国时期,城市对农村的疯狂掠夺,在导致广大农村衰败、凋敝的同时,也使城市失去了赖以生存发展的基础,农村的发展滞后成为城市发展的一大阻力,制约着城市的进一步发展,城市与农村在对抗性的矛盾关系中皆陷入恶性循环之中。这一恶性循环的浅层结果是城市愈发展,农村愈落后,城乡差异愈大;而深层结果则表现为农村愈落后,城市进一步发展的阻力愈大,整个社会经济发展和社会转型的任务自然也就愈加难以完成。

小 结

马克思、恩格斯认为,城市和农村既是两种不同的生产力的空间存在(组织)形式,又体现了一定的生产资料所有制关系,并随着社会生产力的发展而发展。当其所体现的生产资料所有制关系适应城乡作为生产力的空间存在(组织)形式时,就会促进城乡的发展;反之,则阻碍城乡的协调发展。从城乡关系的角度讲,城乡关系与城市化是一种相互影响的正向关系。当城市与农村之间对抗被消除,变对立关系为协调、平衡、融合的分工协作、共同发展的关系时,社会经济就能以较快的速度健康发展,并由此推动城市化的快速发展;反之则阻碍其发展。这是因为,在一定区域内,城市和其相邻的农村共同组成一个区域系统,在这一系统中,城市和农村是一种相互依存、相互影响的关系,这种依存和影响关系通过经济、政治、社会、生态、技术、信息等具体事物表现出来。同时,城市与农村在资源上的互补性,在生态上的共生性,在经济上和发展上的相互依存性,决定了两者在发展、变迁上的互动共进关系是不可分割的。在一定的区域范围内,城市的发展变化,取决于自身以外的其他地域,即广大农村的支持力度。农村的发展虽然处于被动地位,但它是区域发展的基础,也是推动城市发展的基础。而农村的发展除了自身必须具备的条件外,也与城市的辐射、扩散作用有着密切的关系。处于社会转型时期的近代中国,由于生产资料所有制并没有发生本质的改变,加之半殖民地半封建社会的特殊性,社会在体制创新和政策更新方面并未产生有利于传统城乡关系发生质变的社会经济条件和政治条件,不仅城乡之间固有的对立关系没有得到本质上的改变,矛盾对立关系没有得到缓解,反而日渐加剧。在这种城乡关系的影响下,城市不仅在政治上压迫农村,而且通过农村中的商业资本和高利贷资本,以价格、利息、地

租、赋税、徭役等经济手段盘剥农村,导致农村经济日益凋敝。亚当·斯密在论述城乡关系时曾这样说:"农村居民须先维持自己,才以剩余产物维持城市居民。所以,要先增加农村产物的剩余,才谈得上增设都市。"[1] 民国城乡关系的日益对立与矛盾的尖锐化,造成了广大农村经济的崩溃和农业生产者的贫困,并进而导致近代中国城市的畸形发展和近代中国城市整体发展水平受到诸种因素制约,使城市的发展无法得到必要的物质基础作为支撑力量。

近代中国城乡关系的对抗性矛盾,是近代中国社会自身无法克服的。这是因为:外国资本主义侵入所带来的各种因素虽然与中国固有传统因素异质,却不能不给自然经济中的各因素施加影响从而使这些因素发生变化,同时,其力量又不足以从根本上消灭自然经济;而中国固有的自然经济因素虽然与侵入的资本主义各因素不发生内在的联系,但又无力抗拒它,即不能不受其影响却又不会轻易地放弃自己而完全地依附于它并被它所消融。正因为如此,近代中国的城乡关系才呈现出联系性的加强与对抗性日益加剧的畸形发展格局,城乡关系便呈现出一种新旧交替、由传统形态向早期现代化形态过渡的特征。

---

[1] [英]亚当·斯密著,郭大力、王亚南译:《国民财富的性质和原因的研究》,商务印书馆,1981年,第346页。

结 语

美国社会学家刘易斯·芒福德曾经指出，城市作为人类赖以生存和发展的重要介质，是"新文明的孕育所"，人类文明的每一轮更新换代，都以"密切联系着的城市作为文明孵化器"。①换言之，当文明或文化发生变化时，是通过城市的发展表现出来的。而民国时期中国城市的发展，所表现的正是工业文明在都市中不断扩张而传统农业文明持续衰落这一历史过程。与之相伴的是，城市社会生活的各个领域亦加速从传统形态向现代形态变迁。

必须指出的是，上述现象事实上始于晚清，只不过在民国时期变得更为激烈、涉及的层面更多、波及的范围更大而已。例如，1912年在成都办报的刘师培曾经认为，对于工业文明的接受与认同，"川人到南人程度尚待十年后矣"②。10多年后，当舒新城在1924年抵达成都时惊讶地发现，其市政建设和城市景观足以号称"小巴黎"，而市面上"舶来品与下江货的种类几乎应有尽有"，并且，"无论何种广货店，生意都很不恶。虽然所看见的顾客多有带马弁的老爷太太们，但普通平民之枉驾者也不少"。③又过10年（1934），时人更是感叹："几乎被东南人士遗忘了的蜀国故都，最近更是时代化了。马路、洋房、汽车居然在腹心的内地里，代替了石路、平房、鸡公车"，而"成都的女人，在今日居然也足与津沪的争时髦了"，④由此可见，晚清以来的中国城市社会转型在民国时期已经不再局限于东南沿海一隅而扩展到全国范围，内地的一些大中城市也发生了根本性的变化。

民国时期，城市之所以发生如此巨大的变化，最为重要的一个关键点便是政治制度的变迁。民国的建立，结束了君主专制统治，标志着阻碍工业文明扩张的传统专制政治制度一去不返，即或偶有逆流，但"青山遮不住，毕竟东流去"，工业化、城市化、现代化显示出了不可逆转的趋势，中国社会从农业时代走工业时代已经成为不可改变的时代潮流。现代化理论家G.E.布莱克指出，在后发外生型国家，现代化一旦启动，就需要将"固执于传统系统的政治领导转变为热心现代化的政治领

---

① ［美］刘易斯·芒福德著，宋俊岭、倪文彦译：《城市发展史：起源、演变和前景》，中国建筑工业出版社，2005年，"序言"第14页。
② 吴虞：《吴虞日记》（上册），四川人民出版社，1984年，第48—49页。
③ 舒新城：《蜀游心影》，开明书店，1929年，第155、167页。
④ 友琴：《成都印象记》，《申报月刊》，1934年3卷7号。

导"①。资产阶级共和国取代帝制专制的清朝，满足了工业化持续展开所需要的国家制度层面的保障。而辛亥革命后资本主义之所以有飞速的发展，城市现代化之所以成绩斐然，关键就在于资产阶级共和国的建立，"排除了城市现代化进程中的严重障碍"②。民国建立以后的历届政府尽管存在这样或那样的不足和缺陷，即使不是全部至少也是部分为工业文明的发展提供了政策支持。

  正是在辛亥革命所开启的新时代的背景下，城市现代化在民国时期以前所未有的速度全面展开。一批在世界上有重要影响力的大城市如上海、天津等迅速崛起，这些城市在民国时期基本完成了从传统城市向现代城市的转型。民国时期的大部分中小城市尤其是内陆城市和边疆城市，相较于晚清而言，其现代性亦有了明显增强，这在城市等级体系中表现得比较明显。城市在区域中的地位不再如传统时代那样完全取决于其行政等级，经济功能越来越成为城市等级体系构建的重要因素。较有代表性的例证则是华北城市体系的变化。在传统时代，天津、通州、德州、济宁、张家口、大同等华北城市都是为北京"服务的城镇"，这些城市之下又有一系列行政等级更低的城市为它们服务，从而在华北构建出一个"以政治职能为主、经济职能为辅，以北京为中心的传统社会晚期城市系统"。③ 然而，晚清以来尤其是进入民国以后，随着天津、济南、青岛、烟台、秦皇岛、唐山、石家庄等一系列工商业城市、交通枢纽城市的崛起，华北城市等级不再由政治职能决定，而取决于其经济对于区域的影响力与辐射力。其中的天津更在民国时期发展为"北方的经济龙头"，20世纪30年代，其经济腹地"遍及华北、西北和东北的广大地区"。④ 天津的人口吸纳能力因而增强。1906年天津只是一个人口为42.50万人的中等城市，但进入民国以后，随着经济的发展，1928年天津人口达到112万人，增长了164.37%，"一跃成为人口超百万的特大城市"，1948年，天津人口更达到191.40万人。⑤ 而随着天津经济的发展、人口规模的膨胀，以及其他城市的崛起，民国时期的华北城市体系逐渐打破传统时代格局，在20世纪30年代，出现了一个以北平和天津为首位城市，一系列工矿业城市和交通枢纽城市附属于后，一大批小城市、城镇跟随其后的近代华北区域城镇系统。

  民国时期，城市的发展不仅表现在城市等级体系的变化和以经济为导向的区域城市体系的构建方面，更反映在现代城市管理体制的创建方面。民国初期，由于国家政治整合的失败，促使地方社会自谋生路，并寄希望于通过地方的改造推动国家、民族的复兴，加之西方民主思潮、政治体制以及世界城市改革浪潮的冲击与影响，地方社会在民国时期率先揭开了建构现代城市管理体制的帷幕。晚清以来已经松动的传统管理模式——城乡合治，加速向现代城乡分治的管理机制转型。以《广

---

① [美] G.E. 布莱克著，段小光译：《现代化的动力》，四川人民出版社，1988年，第89页。
② 张宪文、田玄：《辛亥革命：中国城市化的新纪元和新境界》，《江海学刊》，2002年第1期。
③ 张利民：《近代华北城市人口发展及其不平衡性》，《近代史研究》，1998年第1期。
④ 樊如森：《天津：北方经济的龙头》，《中国历史地理论丛》，2006年第21卷第2辑，第42页。
⑤ 张利民：《天津城市人口的形成和发展》，《天津经济》，2004年第2期。

州市暂行条例》和北洋政府的《市自治制》为代表，在国民党完成形式上的国家统一之前，许多城市已经模仿西方市政制度建立了现代城市管理体制。南京国民政府成立之后，以1928年的《特别市组织法》和《市组织法》的制定和颁布为标志，代表国家的中央政府开始全面介入现代城市管理体制的创建，城乡合治自此完全退出国家的政治舞台。然而，"以党治国"的国民政府之所以大力推行现代城市管理体制，固然有适应城市发展需要的一面，但更隐藏着控制地方社会、维护国民党集权统治的企图，因而造成了城市管理民主化、法制化的道路曲折蜿蜒的历史事实。

尽管如此，随着现代城市管理体制建设的全面启动，许多城市建立起现代城市管理机构，城市管理日益向系统化、规范化、科学化、专门化、专业化发展，从而提高了城市管理的水平，推动了城市的发展。同时，依法治市也在形式和实践上得到贯彻，而城市政治民主化在经历了不断的博弈之后也有所收获。在中华人民共和国成立以前，一个现代的城市管理体制已经初步确立。

当民国城市管理的现代化改革日益深入之时，民国时期的城市社会亦逐渐发生着巨大的变化。

首先，大量农村人口在多种原因的驱使下进入城市寻找生存、发展的机会，城市人口结构相应发生变化，表现为城市人口年轻化、性别比例严重失衡、籍贯结构多样化、职业结构功能化等。此外，与城市的发展、变迁相适应，城市社会结构亦进行了重新调整，传统身份等级制度被现代职业功能制度取代，新的阶层不断涌现，旧的阶层逐渐没落。各阶层的自我意识和阶层归属感逐渐形成，并对本阶层和其他阶层间的处境差距相当敏感。城市上层社会作为城市现代经济发展的最大既得利益者，虽然赞同并努力推进有秩序的社会改革，但反对剧烈的社会革命。城市中层社会也是城市现代化的受益者，中小企业家拥有部分经济资源，党、政、军、警系统内的一般人士也拥有部分政治资源，自由职业者则拥有文化资源。他们亦希望维持社会稳定，其中的知识分子阶层还希望体现自身价值，实现社会进步。城市下层社会则没有生产资料，收入微薄，生活极不稳定。他们依靠出卖体力为生，维持着低下的生活水平。一般工人、商店小职员担心一旦失去工作，就无法养家糊口，他们平时省吃俭用，经常举债度日。而人力车夫等苦力甚至无力组建家庭，不敢设想明天的生活。一旦城市经济衰退，他们很容易就被推入无业人员群体中，成为经济危机代价的承受者。在社会上游荡的无业、失业人群，极易对社会秩序造成破坏。当上述这一系列的诉求聚合投射到社会中时，便体现为阶层间的冲突。其中，无产阶级和资产阶级的对立、冲突逐渐成为城市社会主要的阶级矛盾。

其次，民国时期，随着城市的发展，尤其是西方文明影响的深入，城市居民的生活观念和生活方式发生了巨大的变化。交往方式、消费方式、休闲娱乐方式以及劳动生活方式总体上都趋"洋"、趋"新"；但传统因素并未消失，在城市社会生活的各个层面，传统因素仍然若隐若现地发挥着作用，因而造成民国城市社会生活呈现出新旧并存的多元化特征。同时，城市居民生活观念和生活方式的变化，既是城市现代化的结果和表现，又反作用于城市现代化，推动了城市的发展。如随着居民消费观念的变化，消费产品市场得到扩大，从而促进了城市资本主义工商业的进一步发展。还需要指出的是，民国时期城市社会的贫富分化非常严重，社会资源的占有和分配非常不公，不同阶层城市居民之间的生活水平因而差异巨大，普通居民一直在为维持基本生存而挣扎，城市富有阶层成员却崇尚奢侈与享乐。

此外，半殖民地半封建社会性质导致城市居民生活的变革具有极大的缺陷，许多腐朽、落后的生活观念和生活方式充斥于城市社会，既对当时中国的政治、经济变革形成阻力，也对城市居民的现代化起了负面作用。即便如此，民国城市居民生活的变革毕竟为城市社会带来了若干积极因素，城市居民所形成的多元化生活，对于培养城市居民的个性以及独立、平等的意识，培育变革、进取、竞争和追求效率等价值观念，起着重要的推动作用。

最后，民国时期，随着城市政治、经济、文化的变迁，作为社会制度核心的婚姻家庭制度也发生了明显变化。传统的婚姻家庭观念、婚姻家庭制度遭到抨击与抛弃，新型婚姻家庭观念逐渐确立。结婚自由、离婚自由不再是幻梦，走出大家庭组建小家庭成为风气。选择配偶不再取决于门第，情感、学识等的重要性日益得到民众认同。家庭的各种功能亦与时俱进，除了消费功能，其他功能均逐渐由社会取代。家庭的横向和纵向关系亦不再由父权、夫权左右，夫妻关系成为家庭关系的轴心，夫妻平等成为家庭和谐的衡器。

不过，由于民国时期社会经济的发展存在不平衡性，以及社会转型正处于新旧交替阶段，故而城市婚姻家庭制度与实践的变革亦表现出不平衡性和新旧杂陈的特征。一方面，当沿海、沿江的城市已经确立了新型婚姻家庭模式之时，内陆城市仍然盛行传统婚姻家庭形态，因此，民国时期的新型婚姻家庭制度经历了由沿海向内陆逐步传播、由城市向农村逐步辐射的过程。另一方面，"旧"的婚姻家庭观念、婚姻家庭习惯仍在城市中发挥作用。比如婚俗方面便没有全盘西化，而是保留着传统的若干元素。又如婚姻自主权方面，婚姻主体完全自己做主而拒绝"第三者"干预的较少，更多的是自由恋爱之后在决定是否成婚之时征求父母的意见和求得认可。这一切都反映了民国时期转型社会的过渡性。尽管如此，民国时期的婚姻家庭变革仍然具有现代意义，传统的婚姻家庭制度和模式逐渐消亡，与城市化、工业化相适应的婚姻家庭制度、模式逐步确立，从而推动了城市的发展。

综观民国时期城市发展与社会变迁的基本状况，可以发现，此一时期的城市表现出以下特征。

首先，城市发展和社会变迁的总体趋势是加速从传统农业时代的形态向现代工业时代的形态转型，新与旧、传统与现代相互交织。在大多数情况下，新与旧、传统与现代表现为冲突与对立，但某些时候又相互渗透、相互融合，因而整个城市社会表现出新旧混杂、中西交错的特征。譬如1946年陈达在上海调查工人生活时就发现一件事，一位女工因自由恋爱而被其父母禁锢在家中，同事前往询问，女工父母答道:"工厂不是好地方,伤风败俗。"① 又如全面抗战时期的贵阳,面对日益增多的"摩登"男女,有人就公开撰文指责:"国家将亡,必有妖孽,现在贵阳的摩登男女就是妖孽。"② 1933 年,《生活周刊》记者左绍入蜀采风时还发现,从重庆到成都沿线城镇的住房、旅店、茶楼、鸦片馆都贴有各类"谕文""醮文""劝世文",以求神祈佛、消灾免难,其中某一张的内容则是:"反对现在这般奢淫的披发女子与西装少年",因为"他们讲平等,讲自由,朝与甲恋爱,夕与乙恋爱,明天又同丙丁恋爱",故"相信阎王必有平等狱,自由狱,来治他们"。③ 在这些充满对立、紧张气氛的社会现象中,可以发现,"新"的未必是新的,"旧"的也未必是旧的。"新"中有"旧","旧"中有"新",是民国时期城市社会变迁的基本面相。譬如20 世纪 40 年代的福建金融业,表面上都已经按银行制度运行,但实质不然,"名为新式金融机构,实乃钱庄之变相"④。又如婚姻家庭制度的变革也存在同样的情况,城市青年男女虽然向往西方婚姻家庭制度,许多人主张自由选择配偶并付诸实践,但最后决定是否结婚时仍要征询父母意见,求得父母的认可。并且,在婚后生活方面,他们也多选择同父母一起居住,而非采行西方的核心家庭模式。其间,传统伦理和现实经济条件起到了重要的作用。因而,民国时期城市政治、经济、文化的变迁都普遍呈现出中西并存、新旧混杂的特征。

其次,民国时期由于中国政治、经济、文化发展的不平衡性,城市发展和社会变迁亦存在着严重的不平衡性。如全面抗战初期昆明已经"是一个现代的都市,马路、电影院、博物馆、工厂、银行,所在多有",但距离昆明不足 50 公里的蒙自,还"把持着中世纪封建城邑的色彩"。⑤ 而 20 世纪 20 年代,当崇洋风气流行于东部沿海、沿江城市之时,云贵高原上的山城贵阳,"男女服饰,多朴素,没有争奇斗巧淫糜奢侈的风气",而且"黔人因受地理关系,犹多古风,较之长江及沿海各省民性,浑厚、忠实多了"。⑥ 甚至在 20 世纪 30 年代城市现代化水平相对较高的重庆,其城市居民在生活观念和生活方式的变迁方面,仍然显得保守。如自来水在清末民初就已经被上海市民普遍使用,但 1932 年 1 月重庆自来水厂建成并向市民供水时,"大多数的居民,都拒绝使用;他们宁愿用老方法,雇水夫从长江的泥水中挑了满桶的水送到他们的门前"。⑦ 而在云南蒙自,由于生活观念、价值理念、生活方式充满着新与旧、传统与现代的紧张对立,以至于全面抗战时期西南联大蒙自学院的学生与当地居民发生了冲突,其原因就在于西南联大的学生多来自"平津或上海、广州等地","行动自然摩登一些",有些恋爱中的男女学生还经常挽臂并

---

① 陈达:《我国抗日战争时期市镇工人生活》,中国劳动出版社,1993 年,第 459 页。
② 漆林:《谈贵阳》,《文艺阵地》,1938 年第 1 卷第 6 期。
③ 左绍:《四川的精神生活》,《生活周刊》,1933 年第 8 卷第 11 期。
④ 朱代杰、季天佑:《福建经济概况》,福建省政府建设厅,1947 年,第 267 页。
⑤ 丁丁:《西南联大的根据地——蒙自》,《现世报》,1939 年第 43 期。
⑥ 于峦曙:《贵阳社会的状况》,《东方杂志》,1924 年 21 卷 6 号。
⑦ [美]钱士著,汪宏声译:《重庆杂谭》,贵阳文通书局,1946 年上海版,第 4 页。

行于蒙自街头，甚或无所顾忌地流连于花前月下，地方人士目睹此情此景，"不禁相顾愕然"，认为联大学生"有伤风化""大逆不道"，"从此以后蒙自人与联大之间，暗暗生下隔膜渐至于不能相容"。① 综上可见，在民国城市及社会总体由传统形态向现代形态转型的历程中，各地经济、政治、文化发展的不平衡性，导致区域差异明显，这种差异不仅表现于不同区域之间，在区域内部亦然。同时，同一个城市社会内部的不同群体之间，也因其所占有的社会资源的不同，而对所谓"现代"的接受与认同度存在差异。

总之，民国时期的城市发展与社会变迁是在半殖民地半封建社会形态下发生的，其时外患不绝，内乱不断，时局动荡，缺乏稳定有序的社会环境，导致城市和社会在从传统形态向现代形态的变迁过程中，充满了曲折和坎坷。在这一进程中，传统因素虽日渐式微，但并没有完全退出历史舞台，现代性因素日趋增多，却也没有取得绝对的优势。于是，新与旧相激相荡又相容相合，从而使民国时期的城市发展和社会变迁表现出明显的过渡性特征。

---

① 沈星辉：《联大在蒙自的时候》，《战时中学生》，1939年第1卷第6期。

参考文献

一、报刊资料

1. 《申报》
2. 《时报》
3. 《大公报》
4. 《东方杂志》
5. 《益世报》
6. 《妇女声》
7. 《地理学报》
8. 《临时公报》
9. 《统计月报》
10. 《统计月刊》
11. 《道路月刊》
12. 《醒钟月刊》
13. 《时事月报》
14. 《中华国货月报》
15. 《中国实业杂志》
16. 《新新新闻》
17. 《北京银行周刊》
18. 《奉天省城总商会月刊》
19. 《昆明市政旬刊》
20. 《安徽建设月刊》
21. 《安徽实业杂志》
22. 《四川月报》
23. 《四川经济月刊》
24. 《成都市政统计》
25. 《西康统计季刊》
26. 《杭州市政季刊》

27. 《冀察调查统计丛刊》
28. 《汕头市市政公报》
29. 《上海总商会月报》
30. 《东北日报》
31. 《重庆商埠月刊》
32. 《江西官报》
33. 《新广西旬报》
34. 《河北省银行经济半月刊》
35. 《西北向导》
36. 《贵阳市政》
37. 《国货评刊》
38. 《银行月刊》
39. 《光明之路》
40. 《向导》
41. 《商业杂志》
42. 《民铎》
43. 《中华国货展览会纪念特刊》
44. 《星期评论》
45. 《新闻报》
46. 《内政统计》
47. 《中国年鉴》
48. 《市政统计年鉴》
49. 《申报年鉴》
50. 《协和报》
51. 《社会评论》
52. 《钱业月报》
53. 《新中华》
54. 《民间》
55. 《国际劳工通讯》
56. 《现代青年》
57. 《统计季报》
58. 《南开统计周报》
59. 《政治通讯》
60. 《外交部周报》
61. 《乡村建设》
62. 《银行月刊》
63. 《征信新闻》

二、档案资料

1. 《内务部档案》，中国第二历史档案馆藏。
2. 《临时执政府档案》，中国第二历史档案馆藏。
3. 《裕华公司第10次股东会议事录》，武汉市档案馆藏，109－01－310，1930年12月7日。
4. 《四川省会警察局档案》，成都市档案馆，民003803－141，1944年。

三、资料汇编

1. 徐有朋：《袁大总统书牍汇编》，上海：广益书局，1914年。
2. 冯和法：《中国农村经济资料续编》，上海：黎明书局，1935年。
3. 陈真、姚洛：《中国近代工业史资料》（第1辑），北京：生活·读书·新知三联书店，1957年。
4. 彭泽益：《中国近代手工业史资料》（第3卷），北京：生活·读书·新知三联书店，1957年。
5. 章有义：《中国近代农业史资料（1927—1937）》（第3辑），北京：生活·读书·新知三联书店，1957年。
6. 秦孝仪：《革命文献》（第26辑），台北："中央"文物供应社，1963年。
7. 《中国近代史丛书》编写组：《洋务运动》（第6册），上海：上海人民出版社，1973年。
8. 故宫博物院明清档案部：《清末筹备立宪档案史料》，北京：中华书局，1979年。
9. 王铁崖：《中外旧约章汇编》，北京：生活·读书·新知三联书店，1982年。
10. 中国第二历史档案馆：《中华民国史档案资料汇编》（第2辑），南京：江苏人民出版社，1981年。
11. 中国第二历史档案馆：《中华民国史档案资料汇编》（第3辑），南京：江苏古籍出版社，1991年。
12. 杨子慧：《中国历代人口统计资料研究》，北京：改革出版社，1996年。
13. 四川联合大学经济研究所、中国第二历史档案馆：《中国抗日战争时期物价史料汇编》，成都：四川大学出版社，1998年。

四、方志

1. 李鸿章、黄彭年：《畿辅通志》，宣统二年（1910）石印本。
2. 吴馨、姚文枬：《上海县续志》，民国七年（1918）本。

3. 王钟、胡人凤：《法华乡志》，民国十一年（1922）松蕴印刷所刊本。
4. 朱之洪、向楚：《巴县志》，民国二十八年（1939）本。
5. 徐子尚、张树梅：《临清县志》，民国二十三年（1934）本。
6. 方鸿铠、黄炎培：《川沙县志》，民国二十五年（1936）本。
7. 梁秉锟、王丕煦：《莱阳县志》，民国二十四年（1935）本。
8. 曾学传：《温江县志》，民国九年（1920）本。
9. 陆崇仁、汤祚：《巧家县志》，民国三十一年（1942）本。
10. 景佐纲、张镜源：《怀安县志》，民国二十三年（1934）本。
11. 杨吉甫：《成都市政年鉴》，《成都旧志》本，成都：成都时代出版社，2008年。

五、调查统计

1. 阮湘、李希贤：《第一回中国年鉴》，上海：商务印书馆，1924年。
2. 林颂河：《塘沽工人调查》，北平：北平社会调查所，1930年。
3. 铁道部业务司劳工科：《调查工人家庭生活及教育程度统计》，南京：铁道部业务司统计科，1930年。
4. 上海市政府社会局：《上海市工人生活程度》，上海：中华书局，1934年。
5. 上海市社会局：《上海市人力车夫生活状况调查报告书》，上海：上海市社会局，1934年。
6. 中华民国教育部：《第一次中国教育年鉴》，上海：开明书店，1934年。
7. 国民政府主计处统计局：《中华民国统计提要》，上海：商务印书馆，1936年。
8. 内政部：《中华民国行政区域简表》，上海：商务印书馆，1947年。
9. 东北物资调节委员会：《东北经济小丛书》，北平：京华印书局，1948年。
10. 中华续行委办会调查特委会：《中华归主：中华基督教事业统计（1901—1920）》，北京：中国社会科学出版社，1987年。
11. 朱邦兴、胡林阁、徐声：《上海产业与上海职工》，上海：上海人民出版社，1984年。
12. 余启中：《广州工人家庭之研究》，广州：国立中山大学法学院经济调查处，1934年。
13. 刑必信等：《第二次中国劳动年鉴》，北平：北平社会调查所，1932年。

六、民国著述

1. 黄炎培：《一岁之广州市》，上海：商务印书馆，1922年。
2. 张锐：《市制新论》，上海：商务印书馆，1926年。
3. 董修甲：《市政学纲要》，上海：商务印书馆，1927年。

4. 唐海：《中国劳动问题》，上海：光华书局，1926年。
5. 陆丹林：《市政全书》，南京：道路月刊社，1928年。
6. 许仕廉：《中国人口问题》，上海：商务印书馆，1930年。
7. 苏警予等：《厦门指南》，厦门：新民书社，1931年。
8. 周谷城：《中国社会之变化》，上海：新生命书局，1931年。
9. 梅心如：《西康》，南京：正中书局，1934年。
10. 陈达：《人口问题》，上海：商务印书馆，1934年。
11. 蒋慎吾：《近代中国市政》，上海：中华书局，1937年。
12. 何德明：《中国劳工问题》，上海：商务印书馆，1938年。
13. 巫宝三：《战时物价之变动及其对策》，上海：商务印书馆，1943年。
14. 何辑五：《十年来贵州经济建设》，南京：南京印书馆，1947年。
15. 叶楚伧、柳诒徵：《首都志》，南京：正中书局，1935年。
16. 白蕉：《袁世凯与中华民国》，人文月刊社，1936年。
17. 钱端升：《民国政制史》，上海：商务印书馆，1946年。
18. 姚骧：《市组织法释义》，上海：世界书局，1930年。
19. 周芷颖：《新成都》，成都：复兴书局，1943年。

七、游记、诗词文集

1. 谢彬：《云南游记》，上海：中华书局，1934年。
2. 陈友琴：《川游漫记》，南京：正中书局，1934年。
3. 芮麟：《神州游记》，上海：上海古籍出版社，2005年。
4. 何廉著，朱佑慈等译：《何廉回忆录》，北京：中国文史出版社，1988年。
5. 蒋廷黻：《蒋廷黻回忆录》，长沙：岳麓书社，2003年。
6. 沈从文：《从文自传》，上海：开明书店，1948年。
7. 胡汉民：《胡汉民自传》，台北：台北传记文学出版社，1969年。
8. 王映霞：《王映霞自传》，合肥：黄山书社，2008年。
9. 刘大鹏遗著，乔志强标注：《退想斋日记》，北京：北京师范大学出版社，2020年。
10. 梅贻琦：《梅贻琦日记》，北京：清华大学出版社，2001年。
11. 翁文灏：《翁文灏日记》，北京：中华书局，2010年。
12. 味橄：《巴山随笔》，上海：中华书局，1946年。
13. 毛泽东：《毛泽东选集》（合订本），北京：人民出版社，1964年。
14. 梁启超：《饮冰室合集》，上海：中华书局，1926年。
15. 鲁迅：《鲁迅全集》（第6卷），北京：人民文学出版社，2005年。
16. 郁达夫：《郁达夫文集》（第8卷），广州：花城出版社，香港：生活·读书·新知三联书店香港分店，1984年。

17. 程天固：《程天固回忆录》，香港：龙门书店，1978年。

八、文史资料

1. 中国人民政治协商会议广东省广州市委员会文史资料研究委员会：《广州文史资料》（第4辑），1961年。
2. 中国人民政治协商会议广东省广州市委员会文史资料研究委员会：《广州文史资料》（第7辑），1963年。
3. 济南市志编纂委员会：《济南市志资料》（第3辑），1982年。
4. 中国人民政治协商会议湖北省委员会：《辛亥首义回忆录》（第3辑），武汉：湖北人民出版社，1958年。
5. 中国人民政治协商会议江苏省委员会文史资料委员会：《江苏文史资料》（第24辑），1988年。
6. 中国人民政治协商会议四川省委员会、四川省省志编辑委员会：《四川文史资料选辑》（第10辑），1963年。
7. 中国人民政治协商会议贵州省委员会文史资料研究委员会：《贵州文史资料选辑》（第1辑），贵阳：贵州人民出版社，1980年。
8. 中国人民政治协商会议贵州省委员会文史资料研究委员会：《贵州文史资料选辑》（第31辑），1990年。
9. 北京市政协文史资料委员会：《北京文史资料》（第55辑），北京：北京出版社，1997年。
10. 中国人民政治协商会议云南省委员会文史资料委员会：《云南文史资料选辑》（第37辑），昆明：云南人民出版社，1989年。

九、论著

（一）国外论著

1. ［美］施坚雅主编，叶光庭等译，陈桥驿校：《中华帝国晚期的城市》，北京：中华书局，2000年。
2. ［美］葛凯著，黄振萍译：《制造中国：消费文化与民族国家的创建》，北京：北京大学出版社，2007年。
3. ［美］安德森著，吴叡人译：《想象的共同体：民族主义的起源与散布》，上海：上海人民出版社，2005年。
4. ［美］李欧梵著，毛尖译：《上海摩登——一种新都市文化在中国 1930—1945》，北京：北京大学出版社，2001年。
5. ［美］卢汉超著，段炼等译：《霓红灯外——20世纪初日常生活中的上海》，上海：上海古籍出版社，2004年。

6. ［美］罗兹·墨菲著，上海社会科学院历史研究所编译：《上海：现代中国的钥匙》，上海：上海人民出版社，1986年。

7. ［美］鲍德威著，张汉等译：《中国的城市变迁：1890—1949年山东济南的政治与发展》，北京：北京大学出版社，2010年。

8. ［美］贺萧著，韩敏中、盛宁译：《危险的愉悦：20世纪上海的娼妓问题与现代性》，南京：江苏人民出版社，2003年。

9. ［美］伊沛霞著，胡志宏译：《内闱：宋代的婚姻和妇女生活》，南京：江苏人民出版社，2004年。

10. ［美］曼素恩著，定宜庄、颜宜葳译：《缀珍录：十八世纪及其前后的中国妇女》，南京：江苏人民出版社，2005年。

11. ［美］阿瑟·恩·杨格著，陈泽宪等译：《一九二七至一九三七年中国财政经济情况》，北京：中国社会科学出版社，1981年。

12. ［美］帕克等著，宋俊岭等译：《城市社会学》，北京：华夏出版社，1987年。

13. ［美］柯白著，殷钟崃、李惟健译：《四川军阀与国民政府》，成都：四川人民出版社，1985年。

14. ［美］费正清等编，章建刚等译：《剑桥中华民国史》，上海：上海人民出版社，1991年。

15. ［美］齐锡生著，杨云若等译：《中国的军阀政治（1916—1928）》，北京：中国人民大学出版社，1991年。

16. ［英］琼斯著，胡继瑗译：《1931年以后的中国东北》，北京：商务印书馆，1959年。

17. ［苏］A. B. 巴拉诺夫著，孙淑清译：《大城市的社会人口发展》，北京：知识出版社，1988年。

18. ［日］满史会著，"东北沦陷十四年史"辽宁编写组译：《满洲开发四十年史》，内部印行本，1988年。

19. ［日］沟口雄三著，郑静译：《中国的公与私》，北京：生活·读书·新知三联书店，2011年。

20. ［日］小浜正子著，葛涛译：《近代上海的公共性与国家》，上海：上海古籍出版社，2003年。

21. ［日］岸本美绪著，刘迪瑞译：《清代中国的物价与经济波动》，北京：社会科学文献出版社，2010年。

22. ［法］安克强著，张培德、辛文锋、肖庆璋译：《1927—1937年的上海——市政权、地方性和现代化》，上海：上海古籍出版社，2004年。

（二）国内论著

1. 罗澍伟：《近代天津城市史》，北京：中国社会科学出版社，1993年。

2. 何一民：《中国城市史纲》，成都：四川大学出版社，1994年。

3. 何一民：《中国近代城市发展与社会变迁（1840—1949年）》，北京：科学出版社，2004年。

4. 王笛：《跨出封闭的世界——长江上游区域社会研究（1644—1911）》，北京：中华书局，1993年。

5. 王笛：《街头文化：成都公共空间、下层民众与地方政治，1870—1930》，北京：中国人民大学出版社，2006年。

6. 王笛：《茶馆：成都的公共生活和微观世界（1900—1950）》，北京：社会科学文献出版社，2010年。

7. 叶文心：《上海繁华：都会经济伦理与近代中国》，台北：时报文化出版企业股份公司，2010年。

8. 林星：《城市发展与社会变迁：福建城市现代化研究（1843—1949）——以福州、厦门为中心》，天津：天津古籍出版社，2009年。

9. 曹子西：《北京通史（第9卷）》，北京：中国书店，1992年。

10. 李孝悌：《中国的城市生活》，北京：新星出版社，2006年。

11. 熊月之：《异质文化交织下的上海都市生活》，上海：上海辞书出版社，2008年。

12. 王敏：《上海报人社会生活（1872—1949）》，上海：上海辞书出版社，2008年。

13. 侯艳兴：《上海女性自杀问题研究（1927—1937）》，上海：上海辞书出版社，2008年。

14. 陈同：《近代社会变迁中的上海律师》，上海：上海辞书出版社，2008年。

15. 汪之成：《近代上海俄国侨民生活》，上海：上海辞书出版社，2008年。

16. 汤水清：《上海粮食计划供应与市民生活（1953—1956）》，上海：上海辞书出版社，2008年。

17. 唐艳香、褚晓琦：《近代上海饭店与菜场》，上海：上海辞书出版社，2008年。

18. 马学强、张秀莉：《出入于中西之间：近代上海买办社会生活》，上海：上海辞书出版社，2009年。

19. 施扣柱：《青春飞扬：近代上海学生生活》，上海：上海辞书出版社，2009年。

20. 阮清华：《上海游民改造研究（1949—1958）》，上海：上海辞书出版社，2009年。

21. 宋钻友：《同乡组织与上海都市生活的适应》，上海：上海辞书出版社，2009年。

22. 白华山：《上海政商互动研究（1927—1937）》，上海：上海辞书出版社，2009年。

23. 陈祖恩：《上海日侨社会生活史（1868—1945）》，上海：上海辞书出版社，2009年。

24. 葛涛：《唱片与近代上海社会生活》，上海：上海辞书出版社，2009年。

25. 瞿骏：《辛亥前后上海城市公共空间研究》，上海：上海辞书出版社，2009年。

26. 张生：《上海居，大不易——近代上海房荒研究》，上海：上海辞书出版社，2009年。

27. 张笑川：《近代上海闸北居民社会生活》，上海：上海辞书出版社，2009年。

28. 叶中强：《上海社会与文人生活（1843—1945）》，上海：上海辞书出版社，2010年。

29. 王健：《上海犹太人社会生活史》，上海：上海辞书出版社，2010年。

30. 马军：《舞厅·市政：上海百年娱乐生活的一页》，上海：上海辞书出版社，2010年。

31. 江文君：《近代上海职员生活史》，上海：上海辞书出版社，2011年。

32. 宋钻友等：《上海工人生活研究（1843—1949）》，上海：上海辞书出版社，2011年。

33. 葛涛、石冬旭：《具像的历史：照相与清末民初上海社会生活》，上海：上海辞书出版社，2011年。

34. 王敏等：《近代上海城市公共空间（1843—1949）》，上海：上海辞书出版社，2011年。

35. 金大陆：《非常与正常：上海"文革"时期的社会生活》，上海：上海辞书出版社，2011年。

36. 李明伟：《清末民初中国城市社会阶层研究》，北京：社会科学文献出版社，2005年。

37. 曲彦斌：《中国乞丐史》，上海：上海文艺出版社，1990年。

38. 忻平：《从上海发现历史：现代化进程中的上海人及其社会生活（1927—1937）》，上海：上海人民出版社，1996年。

39. 张开敏：《上海人口迁移研究》，上海：上海社会科学院出版社，1989年。

40. 李文海：《民国时期社会调查丛编（人口卷）》，福州：福建教育出版社，2004年。

41. 陈卫民：《天津的人口变迁》，天津：天津古籍出版社，2004年。

42. 佟新：《人口社会学》，北京：北京大学出版社，2006年。

43. 侯杨方：《中国人口史·第六卷·1910—1953年》，上海：复旦大学出版社，2001年。

44. 姜涛：《人口史话》，北京：社会科学文献出版社，2011年。

45. 葛剑雄等：《中国移民史》，福州：福建人民出版社，1997年。

46. 高乐才：《日本"满洲移民"研究》，北京：人民出版社，2000年。

47. 姜涛：《中国近代人口史》，杭州：浙江人民出版社，1993年。
48. 姜涛：《人口与历史：中国传统人口结构研究》，北京：人民出版社，1998年。
49. 严昌洪：《20世纪中国社会生活变迁史》，北京：人民出版社，2007年。
50. 李长莉：《晚清上海社会的变迁：生活与伦理的近代化》，天津：天津人民出版社，2002年。
51. 陈平原、王德威：《北京：都市想象与文化记忆》，北京：北京大学出版社，2005年。
52. 陈国庆：《中国近代社会转型研究》，北京：社会科学文献出版社，2005年。
53. 朱汉国：《中国社会通史·民国卷》，太原：山西教育出版社，1996年。
54. 乔志强：《中国近代社会史》，北京：人民出版社，1992年。
55. 张静如、刘志强：《北洋军阀统治时期中国社会之变迁》，北京：中国人民大学出版社，1992年。
56. 陈达：《我国抗日战争时期市镇工人生活》，北京：中国劳动出版社，1993年。
57. 张东刚：《总需求的变动趋势与近代中国经济发展》，北京：高等教育出版社，1997年。
58. 《中国近代金融史》编写组：《中国近代金融史》，北京：中国金融出版社，1985年。
59. 贾秀岩、陆满平：《民国价格史》，北京：中国物价出版社，1992年。
60. 黄冕堂：《中国历代物价问题考述》，济南：齐鲁书社，2008年。
61. 巫宝三：《中国国民所得（一九三三年）》，北京：商务印书馆，2011年。
62. 王玉茹：《近代中国物价、工资和生活水平研究》，上海：上海财经大学出版社，2007年。
63. 曲晓范：《近代东北城市的历史变迁》，长春：东北师范大学出版社，2001年。
64. 熊月之：《西制东渐：近代制度的嬗变》，长春：长春出版社，2005年。
65. 王新宇：《民国时期婚姻法近代化研究》，北京：中国法制出版社，2006年。
66. 严昌洪：《中国近代社会风俗史》，杭州：浙江人民出版社，1992年。
67. 罗苏文：《女性与近代中国社会》，上海：上海人民出版社，1996年。
68. 郑永福、吕美颐：《近代中国妇女生活》，郑州：河南人民出版社，1993年。
69. 李少兵：《衣食住行》，北京：中国文史出版社，2005年。
70. 陆汉文：《现代性与生活世界的变迁》，北京：社会科学文献出版社，2005年。
71. 王守中、郭大松：《近代山东城市变迁史》，济南：山东教育出版社，2001年。
72. 钱实甫：《北洋政府时期的政治制度》，北京：中华书局，1984年。
73. 胡春惠：《民初的地方主义与联省自治》，北京：中国社会科学出版社，2001年。
74. 宓汝成：《帝国主义与中国铁路》，上海：上海人民出版社，1980年。
75. 朱英、石柏林：《近代中国经济政策演变史稿》，武汉：湖北人民出版社，

1998 年。

76. 罗荣渠：《现代化新论续编》，北京：北京大学出版社，1993 年。

77. 胡焕庸、张善余：《中国人口地理》，上海：华东师范大学出版社，1984 年。

78. 包伟民：《江南市镇及其近代命运（1840—1949）》，北京：知识出版社，1998 年。

79. 顾朝林：《中国城镇体系——历史·现状·展望》，北京：商务印书馆，1992 年。

80. 苑书义等：《艰难的转轨历程——近代华北经济与社会发展研究》，北京：人民出版社，1997 年。

81. 吴承明：《帝国主义在旧中国的投资》，北京：人民出版社，1955 年。

82. 张仲礼：《东南沿海城市与中国近代化》，上海：上海人民出版社，1996 年。

83. 张利民：《艰难的起步：中国近代城市行政管理机制研究》，天津：天津社会科学院出版社，2008 年。

84. 马小泉：《国家与社会：清末地方自治与宪政改革》，郑州：河南大学出版社，2001 年。

85. 刘铮等：《人口统计学》，北京：中国人民大学出版社，1981 年。

86. 苏云峰：《中国现代化的区域研究：湖北省，1860—1916》，台北："中央研究院"近代史研究所，1987 年。

87. 黄金麟：《历史、身体、国家：近代中国的身体形成（1895—1937）》，北京：新星出版社，2006 年。

十、论文

1. 殷本洛：《历史上苏南多层次的工业结构》，《历史研究》，1988 年第 5 期。

2. 连玲玲：《日常生活的权力场域：以民国上海百货公司店职员为例》，《"中央研究院"近代史研究所集刊》，2007 年第 55 期。

3. 何一民：《辛亥革命前后中国城市市民生活观念的变化》，《西南交通大学学报》，2001 年第 3 期。

4. 张利民：《近代中国的殖民城市》，《江西社会科学》，2012 年第 10 期。

5. 张利民：《近代华北城市人口发展及其不平衡性》，《近代史研究》，1998 年第 1 期。

6. 张利民：《论近代天津城市人口的发展》，《城市史研究》（第 4 辑），天津：天津教育出版社，1991 年。

7. 慈鸿飞：《近代中国镇、集发展的数量分析》，《中国社会科学》，1996 年第 2 期。

8. 侯峻、曲晓：《近代辽河航运与沿岸城镇的兴起》，《社会科学战线》，1998

年第 6 期。

9. 彭南生：《也论近代农民离村原因：兼与王文昌同志商榷》，《历史研究》，1999 年第 6 期。

10. 孙蓓蓓、徐峰：《中国近代城市化率及分期研究》，《华东师范大学学报》，2008 年第 3 期。

11. 宫玉松：《中国近代人口城市化研究》，《人口科学》，1989 年第 6 期。

12. 皮明庥：《近代武汉城市人口发展轨迹》，《江汉论坛》，1995 年第 4 期。

13. 戴一峰：《近代福建的人口迁移与城市化》，《中国经济史研究》，1989 年第 2 期。

14. 刘文楠：《规训日常生活：新生活运动与现代国家治理》，《南京大学学报》，2013 年第 5 期。

15. 刘海岩：《近代华北自然灾害与天津边缘化的贫民阶层》，《天津师范大学学报》，2004 年第 2 期。

16. 王印焕：《民国时期人力车夫分析》，《近代史研究》，2003 年第 3 期。

17. 邱国盛：《北京人力车夫研究》，《历史档案》，2003 年第 1 期。

18. 孔祥成：《现代化进程中的上海人力车夫群体研究》，《学术探讨》，2000 年第 10 期。

19. 李红英：《略论近代中国社会的职业乞丐问题》，《安徽师范大学学报》，2000 年第 1 期。

20. 邓小东：《略论民国时期的乞丐》，《宁夏社会科学》，2004 年第 1 期。

21. 池子华：《近代中国乞丐及其职业化》，《中国党政干部论坛》，2004 年第 2 期。

22. 顾鉴塘：《民国时期人口研究探微》，《北京大学学报》，2000 年第 6 期。

23. 张庆军：《民国时期都市人口结构分析》，《民国档案》，1992 年第 1 期。

24. 郭大松、贾月臣：《民国前期济南的人口与社会问题辨析》，《山东师范大学学报》，1998 年第 2 期。

25. 侯杨方：《民国时期全国人口统计数字来源》，《历史研究》，2000 年第 4 期。

26. 侯杨方：《民国时期中国人口死亡率》，《中国人口科学》，2003 年第 5 期。

27. 张庆军、刘冰：《略论民国时期的人口素质》，《学海》，1996 年第 2 期。

28. 崔玉婷：《抗战以前青岛华人社会阶层分析》，《文史哲》，2003 年第 1 期。

29. 姜进：《中国近代城市大众文化史研究问题》，《史学月刊》，2008 年第 5 期。

30. 陆兴龙：《民国时期工人的工资及家庭消费状况简析》，《档案与史学》，1995 年第 1 期。

31. 张伟：《近代不同城市工人家庭收入分析》，《西南交通大学学报》，2000 年第 4 期。

32. 姜铎：《中国早期工人阶级状况初探》，《上海社会科学院学术季刊》，1994年第4期。

33. 黄汉民：《试析1927—1936年上海工人工资水平变动趋势及其原因》，《学术月刊》，1987年第7期。

34. 李映涛：《民国前期内地城市工人生活研究：以成都为例》，《中华文化论坛》，2005年第4期。

35. 孙利霞：《抗战前成都工人与上海工人之比较》，《宜宾学院学报》，2004年第1期。

36. 慈鸿飞：《二三十年代教师、公务员工资及生活状况考》，《近代史研究》，1994年第3期。

37. 姜良芹：《抗战时期高校教师工资制度及生活状况初探》，《南京师范大学学报》，1999年第3期。

38. 陈育红：《二十世纪二三十年代小学教师的薪水及其生活状况》，《民国档案》，2004年第4期。

39. 王印焕：《民国时期的人力车夫分析》，《近代史研究》，2000年第3期。

40. 王玉茹、李进霞：《近代中国农民生活水平分析》，《南开经济研究》，2008年第1期。

41. 张启耀：《南京国民政府前期山西农民生活水平分析》，《中国经济史研究》，2009年第1期。

42. 李小尉：《1912—1937年北京居民的工资收入与生活状况》，《史学月刊》，2007年第4期。

43. 谯珊：《抗日战争时期成都市民消费生活水平研究》，《社会科学研究》，2003年第3期。

44. 李伯重：《1820年代华亭—娄县地区各行业工资研究》，《清史研究》，2008年第1期。

45. 李彦宏：《简论晚清至五四时期的婚姻变革思潮》，《船山学刊》，2007年第1期。

46. 徐建生：《近代中国婚姻家庭变革思潮述论》，《近代史研究》，1991年第3期。

47. 王印焕：《试论民国时期京津两市婚姻自由的实施进度》，《北京社会科学》，2006年第6期。

48. 陈文联：《论五四时期探求"婚姻自由"的社会思潮》，《江汉论坛》，2003年第6期。

49. 李钊：《试论五四运动后中国的女性与婚姻家庭》，《牡丹江师范学院学报》，2003年第5期。

50. 艾晶：《离婚的权利与离婚的难局：民国女性离婚状况的研究》，《新疆社会科学》，2006年第6期。

51. 徐永志：《清末民初婚姻变化初探》，《中州学刊》，1988 年第 2 期。

52. 行龙：《清末民初婚姻生活中的新潮》，《近代史研究》，1991 年第 3 期。

53. 梁景时：《清末民初婚俗演变述论》，《山西师范大学学报》，1999 年第 1 期。

54. 安秀玲：《清末民初婚姻家庭观念的变化》，《历史教学问题》，2002 年第 5 期。

55. 陆汉文：《民国时期城市居民的生活与现代性（1928—1937）》，武汉：华中师范大学博士学位论文，2002 年。

56. 郭谦：《民国时期统治者对城市下层社会的社会调控》，济南：山东大学博士学位论文，2007 年。

57. 周进：《北京人口与城市变迁（1853—1953）》，北京：中国社会科学院博士学位论文，2011 年。

58. 翁有利：《长春人口发展与城市变迁研究（1800—1945）》，长春：吉林大学博士学位论文，2012 年。

59. 胡悦晗：《日常生活与阶层的形成：以民国时期上海知识分子为例（1927—1937）》，上海：华东师范大学博士学位论文，2012 年。

60. 刘永丽：《民国时期郑州城市人口变迁研究（1912—1948）》，郑州：郑州大学硕士学位论文，2011 年。

61. 张斌：《1928—1937 年南京城市居民生活透析》，长春：吉林大学硕士学位论文，2004 年。